2024年

国家统一法律职业资格考试

主观题120分过关讲义

法律考试中心／组编
张博／主编

法律出版社
LAW PRESS·CHINA
北京

图书在版编目(CIP)数据

2024年国家统一法律职业资格考试主观题120分过关讲义 / 法律考试中心组编；张博主编. -- 北京：法律出版社，2024
ISBN 978-7-5197-8701-1

Ⅰ. ①2… Ⅱ. ①法… ②张… Ⅲ. ①法律工作者－资格考试－中国－自学参考资料 Ⅳ. ①D920.4

中国国家版本馆CIP数据核字(2024)第010758号

2024年国家统一法律职业资格考试主观题120分过关讲义
2024 NIAN GUOJIA TONGYI FALÜ ZHIYE ZIGE KAOSHI ZHUGUANTI 120 FEN GUOGUAN JIANGYI

法律考试中心 组编
张 博 主编

策划编辑 徐 菲
责任编辑 徐 菲
装帧设计 李 瞻

出版发行 法律出版社
编辑统筹 法律考试·职业教育出版分社
责任校对 裴 黎
责任印制 胡晓雅
经 销 新华书店

开本 787毫米×1092毫米 1/16
印张 30.5 字数 731千
版本 2024年1月第1版
印次 2024年1月第1次印刷
印刷 三河市兴达印务有限公司

地址：北京市丰台区莲花池西里7号(100073)
网址：www.lawpress.com.cn
投稿邮箱：info@lawpress.com.cn
举报盗版邮箱：jbwq@lawpress.com.cn
销售电话：010-83938349
客服电话：010-83938350
咨询电话：010-63939796

书号：ISBN 978-7-5197-8701-1
定价：118.00元
凡购买本社图书，如有印装错误，我社负责退换。电话：010-83938349

备战主观，方法先行 | 前言

备战主观，方法先行。我们可以通过本书掌握主观题常考的“核心考点”，并且能够通过本书中的“小案例”来巩固练习。但要想顺利通过主观题，还要掌握科学的复习方法。如果你想要高分通过主观题，欢迎加我微信交流学习，下面先简单介绍一下主观题的学习方法：

一、知己知彼，知道主观题和客观题的区别

2018年法考改革，得先通过客观题考试，然后才能参加主观题考试。从这以后，主观题成为最终决定考生是否通过法考的决定性考试。主观题考试重点考查考生的法律知识、法治思维和运用法律知识解决实务的能力。

主观题考试选拔的是又“红”又“专”的法律人，“红”主要是从思想上进行考查，就是主观题第一题论述题，从2021年开始结合习近平法治思想进行命题。而“专”重点考查考生运用所学的法律知识分析具体案件的能力，表现为对案例分析题的考查，主要针对刑法、刑事诉讼法、民法综合（民法、商法、民事诉讼法和仲裁制度）、行政法与行政诉讼法等学科。

在着手主观题复习之前，一定要知道主观题和客观题的区别是什么？很多考生客观题通过了，觉得主观题也必然能通过。这种考生大概率是要参加第二次主观题考试的。因为主观题的备考方法和客观题截然不同，按照客观题的方法去备考必然事倍功半。

客观题的形式都是选择题，考生只要能选出正确的结论就可以。而学习客观题的时候，老师们重点讲的是分析思路，告诉你如何选出正确的结论。比如，甲用尖刀扎向乙的心脏导致乙当场死亡，老师会告诉你：甲主观上有杀人的故意（扎心脏等重要的器官和扎脚后跟和胳膊故意不同），客观上实施了杀人的行为，出现了死亡的结果，行为和结果之间有因果关系，对甲没有阻却事由，主客观相统一，直接选择故意杀人罪这一选项。

但对于主观题而言，需要考生根据所掌握的知识点（故意杀人罪、故意伤害致人死亡）分析案情，并且要自己给出结论及相应的理由。其实做主观题更像是法官判案，要客观地分析案件事实，准确总结案件焦点，正确引用法律规定，经过严谨周密论证，最后得出结论。所以，把客观题的答题思路写在试卷上最多得60%的分数。按照主观题思维来回答刚才的例题：

答：甲依法成立故意杀人罪。

依据《刑法》第232条，非法剥夺他人生命的行为成立故意杀人罪。甲用尖刀扎乙心脏导致乙死亡的行为符合刑法关于故意杀人罪的规定，依法成立故意杀人罪。

但，如果是乙正在实施抢夺行为，甲用尖刀扎向乙的心脏导致乙当场毙命。此时我们除了“故意杀人罪”，还要想到“正当防卫（是否成立特殊正当防卫，或者是防卫过当）”。

二、掌握主观题“阅卷”规则

只有了解主观题阅卷评分的规则是什么，才知道“怎么写”才能得高分。主观题的试卷一般会交由“五院”（中国政法大学、中南财经政法大学、西南政法大学、华东政法大学、西北政法大学）进行阅卷，每个学校只批阅一道题，确保能够按照“同样”的标准给分。

规则一：答题的时候结论置前，理由要结合案情

答题的时候，一定要先给结论！结论单独评判，而且在法考中有很多开放性的答案，尤其是民商法，关键在能否言之有理。所以这种题只要有结论就有分，阅卷人一般在阅卷时都会希望考生能多得分，这点毋庸置疑。再者就是理由部分一定要结合案情，不要照抄，简单一句话总结即可，这里往往也有关键1分。

论述题阅卷要求一篇文章具有四个要素，即“明确观点、理论阐释、结合材料、给出结论”，其中第三部分就是结合材料进行分析。每个要素单独给分，少哪个部分就扣哪个部分的分数。

规则二：要用法言法语，“复述”法条而非粘贴法条

在答题时不要用一堆话去搪塞自己法律知识、法律语言的匮乏。不需要抄具体的法条原文，但要学会运用法言法语进行“复述”法条。以诈骗罪为例，可以写成依据刑法及相关规定，以非法占有为目的，使用虚构事实、隐瞒真相的手段使被害人基于错误认识处分财物的行为构成诈骗罪。一定要运用法言法语，考试的时候尽量不要当场去查阅法条，要保证能够答完卷。

规则三：没有标准答案，要善于推理分析

2018年法考改革以后，就不再公布标准答案了。答题时一定要善于推理分析，大胆地写出自己的“结论”和“理由”。有些题目的问题往往是答案的突破口，2021年全国卷刑法题目的前两个问题，在问题中已经告知了结论，要善于推理分析，给出符合结论的理由。从问题中寻找答案的蛛丝马迹来答题，有些题目你觉得难，是因为你还在“检索”头脑中几乎忘没了的知识库，不善于推理分析。

三、学会主观题法律思维

多年以来，我潜心研究司考（法考）应试技巧，发现主观题与客观题对考生能力要求完全不同，训练模式也应当完全不同，所以本人创造了主观题—客观题—判断题的复习模式，对考试科目进行分类管理，可以迅速提升应试能力。

主观题考试所有题目的答案都要自己“编写”出来，所以是“主观题”（不是客观、唯一的答案），而不是以“识别—选择答案”为标志的“客观题”。主观题主要适用“大前提—小前提—结论”逻辑“三段论”进行回答，实际上法律文书、案例题的回答都与逻辑“三段论”有相通之处。

概括而言,主观题的法律思维就是:法律规定(或理论)—具体案件(或材料)—结论。这个“三段论”就是法律人要用到的法律思维。这个思维掌握了,主观题答题将立于不败之地。

在论述题(主观题第一题)中,这个三段论就是“核心观点—法学理论—材料分析—最终结论”这四个要素。

在案例题(部门法案例)中,每一个小问题的回答,都是“观点—法律依据—案件事实”这个基本思路。

法律文书中,更是少不了这个思路。比如起诉书中,“诉求—法律规定—案件事实”,判决书中的“案件事实—法律规定—判决结果”等,都是三段论式的法律思维。

四、巧用历年真题

对于真题,不多练则生,不巧用则钝。历年(全国卷)真题是参考价值最高的资料,做历年真题就是做未来的考题。主观题一直有一个规律“变化的是案情,不变的是考点”,通过对历年真题的练习,可以印证这一规律。

第一遍做真题:学习完本书一整编内容,可以开始做单科涉及的真题。

比如,学习完第一编,就可以根据自己对论述题的理解及解题技巧来做 2021 年至 2023 年的真题来提升自己的能力。

第二遍做真题:本书学习完毕,可以按年做试卷版真题。

全部学习完本书以后,对考点、小案例、真题都有一定的提高,此时可以做 2018 年的全国卷。要求自己在规定的时间完成,测一下自己能够得多少分,尤其是 2018 年是法考改革首年,测试一下自己对于民综题能否在 60 分钟内完成。

推荐给大家一本主观题的历年真题书《十年主观题分类阅评与试卷分析》,这本书也是我编写的。该书一经上市,很有口碑,用过的考生都高分过主观题。这本书前面是按照学科讲题目进行编写,并且按照“法考阅卷规则标准”编写的答案,有的题目答案有多种,该书在编写过程中结合不同的给分标准对每种答案都进行了分析。购买本书的读者可以免费获取《2018 年 ~ 2023 年试卷(自测版)》的电子资料。

五、注重模拟练习

完成 2 ~ 3 遍的真题练习,基本上就具备了通过法考主观题的水平。学有余力的考生可以看一下官方的《案例分析指导用书》(新版预计 2024 年 5 月中下旬左右出版),或者再做一下《主观题必做 100 题》,通过模拟练习来巩固考点,提高自己写题的速度。

熟能生巧,模拟练习一定要动笔。千万不要盯着答案去看,觉得自己能写出来,只有亲自动笔写才知道自己水平段位如何。每年培训都发现好多备战主观题的考生都眼高手低,觉得自己很“厉害”,因为一看就懂,心里想得头头是道,真正动笔写的时候要么写特别冗长,要么就是写不出来。

备战主观，方法先行。掌握科学的复习方法，事半功倍。智慧的你，一定要认真阅读方法论，然后再去学习。希望你能够顺利通过2024年法考主观题，120分过关！

抖音/微博：法考张博

张博

2024年1月于北京

目　　录

第一编　论　述　题

第二编　刑　　法

第三编　刑事诉讼法

第四编　民　法

第五编　民事诉讼法和仲裁制度

第六编 商　法

第七编　行政法与行政诉讼法

行政主体

行政行为

行政救济

第八编　文　书　题

第一编

论 述 题

第一讲 习近平法治思想学科复习指引

2021年法考大纲正式将“中国特色社会主义法治理论”内容改成“习近平法治思想”,2021年以来论述题第一题都以此来命题。习近平法治思想是顺应实现中华民族伟大复兴时代要求应运而生的重大理论创新成果,是马克思主义法治理论中国化的最新成果,是全面依法治国的根本遵循和行动指南。习近平法治思想是法考的核心和关键内容,考生备考时务必要重视。

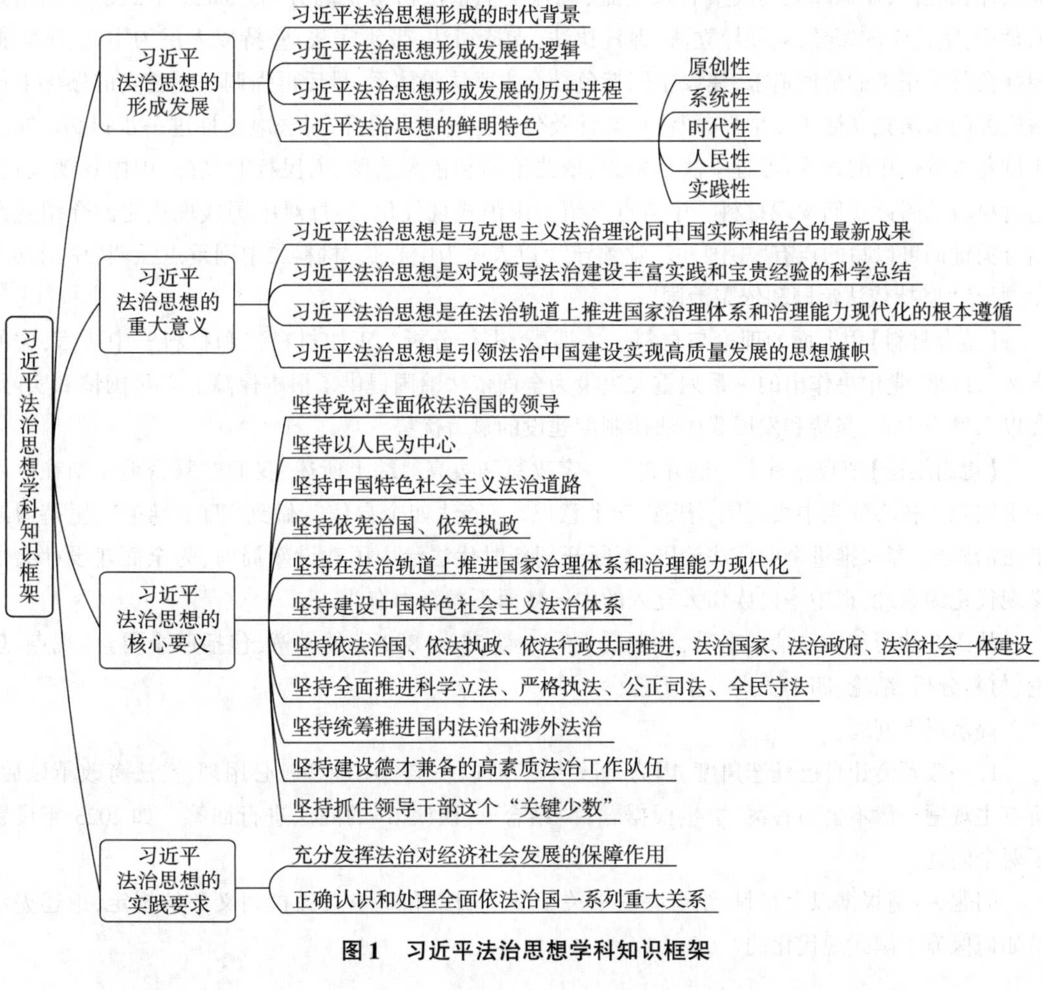

图1 习近平法治思想学科知识框架

第二讲 论述题解题思路与技巧

主观题试卷的第一题属于“政治题”，考查方式是给两三段材料，让学生结合习近平法治思想或者重要理论对材料进行分析。这些材料基本上是重要领导人在重要场合的讲话，材料下面会有答题要求和问题，如2023年设置了两个问题，在复习的过程中一定要注意材料的积累，考试的时候务必要用心看题目问题的数量，防止漏题。

回答此类题目，思路比较清晰，就是依照“四要素”的逻辑、三段论的模式展开。基本思路如下：

【提出观点】中国特色社会主义法治道路的核心要义就是能够体现我国法治道路最本质特征的三项内容，即坚持中国共产党的领导、坚持中国特色社会主义法治理论、坚持人民主体地位。

【讲理论】写习近平法治思想中涉及的重要理论。2021年试题可以用到的理论：建设中国特色社会主义法治体系，必须坚持党的集中统一领导，实现党领导立法、保证执法、支持司法、带头守法，健全党领导全面依法治国的制度和工作机制，通过法定程序使党的主张成为国家意志，形成法律，通过法律保障党的政策有效实施，确保全面依法治国正确方向。2022年试题可以用到的理论：坚持党的领导，党领导立法、保证执法、支持司法、带头守法，坚持以人民为中心，牢牢把握社会公平正义的价值追求，建设中国特色社会主义法治体系，最后再强调一下在党的领导下司法机关的依法独立性明显增强，司法权威性及公正性进一步提升，司法廉洁性进一步提高。2023年试题可以使用的理论：习近平法治思想、依法治国和依宪治国、人民权利义务、中国式现代化。通过材料的阅读我们发现材料一中重点介绍了中国式现代化，通过对中国式现代化的介绍我们结合关键词可以写的点有“中国共产党领导”“以人民为中心”。材料二中则重点强调“中国共产党领导”“坚持依法治国和依宪治国”。

【结合材料】用上面的理论与材料一一匹配，进行分析。正如材料二和材料三中所言，党的十八大以来，党中央作出的一系列重大决策为全面依法治国提供了根本保障。立足国情和实际，要以人民为中心，坚持和发展我国法律制度建设的显著优势。

【得出结论】把观点重申一遍并进行一定改写和拔高。综上所述，我们要紧密地团结在以习近平同志为核心的党中央周围，增强“四个意识”、坚定“四个自信”、做到“两个维护”，坚持习近平法治思想，深入推进全面依法治国，不断开创新时代法治中国建设新局面，为全面建设社会主义现代化国家、实现中华民族伟大复兴的中国梦而不懈努力奋斗。

从法考的历年命题情况来看，此题需要写一篇750～800字的文章，包括四个要素：观点、理论、材料分析、结论，四个要素一个不能少。

提示以下问题：

1. 一般不会让自己任选角度，因为是政治题，所以一定会明确答题必用理论，法考改革以后，所有主观题一律不公布答案，学生根据题目“结合A，谈谈B”的问法进行回答。如2023年设置了两个问题：

问题一：请根据以上材料，结合宪法中关于基本制度和基本人民权利义务的规定，论述宪法是如何保障中国式现代化的？

问题二：请根据以上材料，结合习近平法治思想，论述依法治国和依宪治国。

2. 一定要知道提问中的“关键词”是什么，关键词在观点和结论里面要有所体现，不能丢，在“讲理论”部分，一定要对关键词进行解释（这都是给分点）。2018 年可以多选几个角度，最主要的是“党的领导”“指导思想”“人民主体地位”；2019 年考查的角度是“法治政府建设”和“党的领导”两个考点；2020 年考查的角度是党的领导、人民主体地位、法律监督、科学立法、法治与经济基础关系等考点；2021 年考查的角度是结合习近平法治思想的核心要义，谈谈你对当前和今后一个时期推进全面依法治国重点抓住的“十一个坚持”的认识。2022 年考查的角度是结合你对习近平法治思想的学习理解，谈谈党的十八大以来改革重构司法权力配置和运行机制的重大成就和意义。

第二编

刑　法

第一讲　刑法概述

一、刑法规范性思维

刑法的学习在于运用。对于法考主观题考试而言，备考刑法要遵循“功利主义”，即考什么，学什么，以拿到合理的分数为首要任务。学习的过程中请记住以下几点：

1. 知己知彼，方法先行。要掌握历年真题考查了哪些考点。

2. 变化的是案情，不变的是考点。系统掌握刑法主观题常考的考点。

3. 学以致用，通过小案例和大案例去巩固、练习核心考点。

4. 不要陷入观点冲突，入罪思维不要太重，养成用法律人的视角去分析问题的习惯。

学习刑法的过程就是实践法律人思维的过程，刑法的得分捷径就是对法律人思维的贯彻和运用，即大前提 + 小前提 = 结论。掌握了法律人思维，即便是知识掌握略有瑕疵，通过思维惯性，也能够顺利作答，从而得到高分！

掌握刑法规范性思维，熟练运用学过的知识点，就可以顺利攻破主观题试卷中的刑法试题。

（一）刑法大前提

法律依据，即《刑法》分则 10 章，罪刑法定。依据《刑法修正案（十一）》（2021 年 3 月 1 日起实施），刑法的罪名一共是 483 个。这是法律人对行为作出“判断”的准绳。但是针对主观题考试，刑法只需要掌握如下重点罪名即可。

人身、财产法益（身家性命）	侵犯财产罪	1. 盗窃罪（5 种行为）（2021 年、2023 年考查） 2. 抢劫罪（拟制型、转化型、加重犯）与抢夺罪（2021 年考查） 3. 侵占罪（与盗窃罪的区分）（2023 年考查） 4. 诈骗罪与敲诈勒索罪（两罪区别）（2023 年考查） 5. 故意毁坏财物罪
	侵犯公民人身权利、民主权利罪	6. 故意杀人罪与故意伤害罪（2021 年考查） 7. 绑架罪与非法拘禁罪 8. 强奸罪（《刑法修正案（十一）》）与强制猥亵、侮辱罪（《刑法修正案（十一）》） 9. 拐卖妇女、儿童罪

续表

国家法益（人民正义）	贪污贿赂罪	10. 贪污罪（职务侵占罪）（《刑法修正案（十一）》），挪用公款罪（挪用资金罪） 11. 受贿罪（斡旋受贿），利用影响力受贿罪，行贿罪（2023 年考查） 12. 巨额财产来源不明罪
	渎职罪	13. 滥用职权罪 14. 徇私枉法罪（2023 年考查）
社会法益（稳定有序）	危害公共安全罪	15. 以危险方法危害公共安全罪 16. 妨害安全驾驶罪（《刑法修正案（十一）》） 17. 危险驾驶罪 18. 交通肇事罪
	破坏社会主义市场经济秩序罪	19. 生产、销售、提供假药罪（《刑法修正案（十一）》）与生产、销售有毒有害食品罪 20. 走私假币罪 21. 伪造货币罪，变造货币罪 22. 非法吸收公众存款罪（《刑法修正案（十一）》） 23. 洗钱罪 24. 集资诈骗罪（《刑法修正案（十一）》），贷款诈骗罪 25. 信用卡诈骗罪（2019 年、2020 年考查）与帮助信息网络犯罪活动罪（2023 年考查） 26. 非法经营罪
	妨害社会管理秩序罪	27. 袭警罪（《刑法修正案（十一）》）与妨害公务罪 28. 聚众斗殴罪与寻衅滋事罪 29. 组织、领导、参加黑社会性质组织罪 30. 窝藏、包庇罪，掩饰、隐瞒犯罪所得、犯罪所得收益罪

（二）刑法小前提

案件事实，是《刑法》总则用大量篇幅讲解的内容，也是刑法主观试题的“案情”，还是法律人作出“判断”的依据。要能通过“案情”读出老师要考查的知识点，从而迅速调取“大前提”进行作答。

主客观相统一	客观包括犯罪客体，犯罪客观要件——违法层面 主观包括犯罪主体，犯罪主观方面——有责层面 如果某行为只符合某个或者某几个要件，而不符合主观要件，则该行为也不构成犯罪。比如 11 岁的彪弟故意杀了一个人，该行为虽然符合违法层面，但不符合有责层面，主客观不统一，彪弟不成立故意杀人罪，也不成立其他犯罪
违法层面	什么人→（不）干什么事→产生了什么结果→是否有正当性 （主体）（作为/不作为）（危害后果）（正当防卫等）
有责层面	实施这个行为的心理态度——刑事责任承担 （故意/过失/意外事件）（年龄《刑法修正案（十一）》，能力）
共同犯罪（每年都考）	几个人共同故意违法干坏事（主观案例题一定会考查）
罪数	一个人多次干或者干多次坏事（有原则，考例外）
量刑	犯罪形态：预备、未遂、中止、既遂
	定罪、量刑［累犯、自首、坦白、立功（2023 年考查），数罪并罚、缓刑］、执行（减刑、假释）、消灭（经过时效、特赦、死亡）

主观题小案例

【案例】甲与乙素来不和。某日因为口角,甲将乙推倒在地,并捡起一块砖头猛砸乙的头部,乙被当场打死。

问题:试分析甲的行为。

分析思路:

1. 明确主体:甲是犯罪嫌疑人。

2. 找出行为:(1)推倒,这不是刑法评价的行为;(2)用砖头猛砸乙头部。

3. 知道结果:乙死亡(被砖头打死的)。

4. 定位法条:故意杀人罪、故意伤害罪(致人死亡)。

答案参考:甲成立故意杀人罪。

我国《刑法》规定,非法剥夺他人生命的行为成立故意杀人罪,甲用砖头猛砸乙头部导致乙当场死亡的行为符合该规定,依法成立故意杀人罪。

【提示】在定罪的时候我们要运用两阶层理论进行判断,考试的时候基本会结合共同犯罪进行考查。所以,结论一般为:

(1)甲和乙在某某罪范围内成立共同犯罪,甲成立A罪,乙成立B罪。

(2)甲成立A罪(未遂、中止、预备等),乙成立B罪、C罪数罪并罚(或者择一重罪论处)。

分析的顺序就是两阶层的理论、大小前提及主客观相统一原则的反复论证。

客观上:甲的行为造成了乙死亡的结果,行为和结果有因果关系,没有法定的阻却事由,成立故意杀人罪。

主观上:甲主观上有杀人的故意,精神、年龄均符合法律要求(没有阻却事由),那就承担法律规定的刑事责任。

主客观相统一,依据罪刑法定原则进行定罪量刑。

二、刑法核心考点分布

刑法核心考点分布足以让考生发现刑法试题的规律:变化的是案情,不变的是考点。考生务必要对常考的核心考点进行精准掌握,并且涉及理论的题型与分值不断提高,考生需要掌握刑法基本理论。法考时代的刑法试题更突出灵活性,考生要掌握刑法规范性思维,进而能够应对观点展示等灵活性的题目。

核心考点	命题方向	考查次数
疑罪从无	无法查明事实的认定	2
正当防卫	偶然防卫、假想防卫、防卫过当	3
共同犯罪	承继的共犯、教唆犯、帮助犯、实行过限、部分犯罪共同说	10
认识错误	打击错误、事前故意的处理意见、因果关系认识错误、结果的提前实现	5
未遂与中止	未遂与中止的认定	4

续表

核心考点	命题方向	考查次数
自首、立功	准自首、坦白、自首、立功	5
故意伤害罪	故意伤害罪认定,非法拘禁过程使用暴力致伤	5
故意杀人罪	故意伤害致人死亡与故意杀人罪的区别	4
非法拘禁罪	非法拘禁的认定,与绑架罪结合考查	5
绑架罪	绑架罪=非法拘禁+敲诈勒索	4
盗窃罪	盗窃罪认定,转化抢劫,与诈骗罪、侵占罪区别	7
诈骗罪	诈骗罪认定、转化抢劫、与盗窃罪区别	7
敲诈勒索罪	敲诈勒索罪与诈骗罪的区别	6
抢劫罪	转化型抢劫、携带凶器抢夺定抢劫、加重情节	6
抢夺罪	成立条件、转化为抢劫罪	2
行贿、受贿罪	斡旋受贿、利用影响力受贿、行贿和受贿	5
贪污罪	挪用公款与贪污	2

第二讲 两阶层犯罪构成

一、犯罪构成体系(☆☆☆)

1.【违法层面】客观要件(行为主体、危害行为、危害结果、因果关系),客观违法阻却事由(正当防卫、紧急避险、被害人承诺等)。

违法层面主要解决是什么人、(不)干什么事、产生了什么结果(行为和结果之间有无因果关系)、是否具有干这个事的正当性。

例1:辽北彪哥一狼人,见举报者在他家大门口走过,将举报者打成轻伤。由于举报者举报在先,所以彪哥打人的行为不是违法行为。【错误】已经达到轻伤结果,彪哥没有打人的正当性,属于刑法上的危害行为。

例2:彪哥殴打举报者至轻伤也不解气,于是找出木棍继续殴打举报者,此时三好青年刚子见状将彪哥拉开,彪哥持续追打举报者,被刚子打成轻伤。刚子将彪哥打成轻伤,属于危害行为。【错误】虽然造成了轻伤结果,但是刚子打人具有正当性,是法定的阻却事由。

2.【有责层面】主观要件(犯罪故意、犯罪过失、无罪过事件、事实认识错误),主观责任阻却事由(责任年龄、责任能力、违法性认识可能性、期待可能性)。

违法了,但不一定承担刑事责任。一定是主客观相统一后才成立犯罪。

例1:辽北彪弟11岁,因为暗恋班花将情敌打成轻伤。虽然造成了轻伤后果,符合违法层面的要件,但是由于彪弟没有达到刑事责任年龄,因此不承担故意伤害罪的刑事责任。【正确】

例2:兴安岭深山的狼人自幼由母狼喂养大,以捕猎为食,某日见一狍子(国家珍贵保护动物)，将狍子猎杀。狼人猎杀国家保护动物，要承担相应的刑事责任。【错误】虽然在违法层面上狼人构成危害珍贵、濒危野生动物罪，但是狼人自幼由母狼养大，对违法没有认识的可能性，因此不承担刑事责任。

主观题小案例

【案例】小明(9 岁)盗窃了一部华为保时捷款手机(价值 1.5 万元)，让小强(25 岁)保管，小强欣然答应。

问题：小明、小强是否构成犯罪，为什么？

分析思路：

1. 小明——盗窃——一部手机—没有正当性(违法层面符合)。

故意—责任年龄不符合(有责层面不符合)。

2. 小强——保管—盗赃物—没有正当性(违法层面符合)。

故意—符合责任要件(有责层面符合)。

答案参考：

1. 小明不构成犯罪(盗窃罪)。

理由：小明的盗窃行为符合我国刑法关于盗窃罪“以非法占有为目的，窃取他人财物，数额较大”的规定，但是小明仅 9 岁，没有达到刑事责任年龄，所以小明不构成犯罪(盗窃罪)。

2. 小强构成掩饰、隐瞒犯罪所得罪。

理由：我国刑法规定明知是犯罪所得而予以窝藏的，成立掩饰、隐瞒犯罪所得罪，小明虽然不构成犯罪，但是这部手机属于盗赃物，小强明知该事实还予以保管，符合刑法规定，依法构成掩饰、隐瞒犯罪所得罪。

二、对事实存疑的处理

疑罪从轻、疑罪从无。认定小前提主要是刑事诉讼法及其证据的任务，但是当无法查明案件事实的时候，存在疑问作有利于被告人的认定。

1. 疑罪从无。在调查案件事实过程中，如果既存在有罪事实的可能，也存在无罪事实的可能，根据存疑时有利于被告人原则，应当认定无罪事实。

2. 疑罪从轻。如果既存在重罪事实的可能，也存在轻罪事实的可能，不存在无罪事实的可能，根据存疑时有利于被告人原则，可以认定轻罪事实。

主观题小案例

【案例】王某上车时气不过，让刘某“好好教训这个保安”，随即开车离开。刘某随即让林某、丁某二人开枪，武某中弹身亡。事后查明，其中一人朝武某腿部开枪，未击中腿部，另一人朝武某腹部开枪，但无法查明谁朝腿部开枪、谁朝腹部开枪。事后查明只有一颗子弹击中武某腹部，导致其死亡，但无法查明击中腹部的这颗子弹是谁射击的。(2018 年回忆版真题)

问题：对王某、刘某、林某、丁某如何处理？

分析思路：

1. 事后查明，丁某、林某其中一人朝武某腿上开枪，另一人朝武某腹部开枪，在无法查明的情况下，属于对事实存疑。对事实存疑就要作有利于被告人的认定。如何有利？都射腿有利，即认定丁某和林某都实施了故意伤害的事实，都朝武某腿上开枪，但是均没击中。没击中就定故意伤害罪（未遂）。

2. 事后查明，是丁某、林某二人的子弹击中了武某的腹部，导致武某死亡。但无法查明是谁的子弹击中武某腹部。由于二人在开枪时，客观上具有相互协作的关系，在主观上有意思联络，二人依法成立共同犯罪。基于"部分实行全部责任"的原理，二人都对死亡结果负责。由于二人构成的是故意伤害罪，而非故意杀人罪，因此在主观上对死亡结果持过失心态。此处又考查了结果加重犯的考点，最终两人被定故意伤害罪（未遂），但需承担致人死亡的刑事责任。

答案参考：王某、刘某、林某、丁某针对武某的死亡依法以故意伤害罪（未遂）致人死亡论处。

我国《刑法》及相关司法解释规定，两人以上共同故意犯罪的属于共同犯罪，对于共同犯罪的处罚适用"部分实行、全部责任"。本案中王某指使刘某"教训"武某，刘某指使林某、丁某。王某作为教唆犯的教唆者，应以教唆犯论处。王某在共同犯罪中起主要作用，应以主犯论处，基于共犯从属性，刘某、林某、丁某三人对死亡结果均应负责，但由于林某、丁某二人构成的是故意伤害罪，而非故意杀人罪，因此四人均以故意伤害罪（未遂）致人死亡论处。

三、不能犯

不能犯在学理上有绝对不能犯、相对不能犯、对象不能犯等分类，但在法考主观题领域，我们一般只需要掌握绝对不能犯，也即行为本身就不是犯罪行为，没有法益侵害的可能性。

例：把白糖当砒霜毒害仇人，送别人跑步鞋劝其雨天跑步被雷劈死，扎小人诅咒仇人早点死等，均没有法益侵害的可能，属于绝对不能犯，即便发生仇人喝糖水呛死、跑步被雷劈死、诅咒几天仇人死了等情况，行为人也不构成犯罪。【正确】

第三讲　行为主体

一、自然人

作为（犯罪）行为的主体，只要求是一个人，其是否具备责任年龄、责任能力则属于责任要件。关于自然人犯罪，主要问题是身份，具体可以分为真正身份犯与不真正身份犯。

（一）真正身份犯（定罪身份）

行为人只有具备某种特殊身份，才能构成犯罪。例如，徇私枉法罪的主体必须是司法工作人员，受贿罪的主体必须是国家工作人员。

1. 定罪身份必须在开始犯罪时就具备。【注意】在实施犯罪过程中或者之后形成的身份，不属于定罪身份。

例如，在犯罪集团中起组织、策划、指挥作用的首要分子，主犯、从犯、胁从犯，生产、销售伪劣产品罪的行为人,组织、领导传销活动罪中的组织者,都不是真正的身份犯。

2. 定罪身份是针对实行犯的要求。【注意】不具有定罪身份的人,可以构成共犯(帮助犯、教唆犯)。

例如,甲是国家工作人员,可以构成受贿罪的实行犯。乙(甲妻)不是国家工作人员,不能构成受贿罪的实行犯,但可以构成受贿罪的教唆犯或帮助犯。

(二)不真正身份犯(量刑身份)

行为人的某种特殊身份不影响定罪,仅影响量刑。

例如,非法拘禁罪的主体是一般主体,但是国家机关工作人员利用职权犯本罪的,要从重处罚。因此,非法拘禁罪就是不真正身份犯,国家机关工作人员的身份是量刑身份。

【总结1】国家机关工作人员与国家工作人员。

1. 根据司法解释,国家机关工作人员包括如下五类:

(1)立法机关中从事公务的人员。

(2)司法机关中从事公务的人员。

(3)行政机关中从事公务的人员。

(4)军事机关中从事公务的人员。

(5)乡(镇)以上中国共产党机关、人民政协机关中从事公务的人员。

2. 国家工作人员,主要包括如下四类:

(1)国家机关中从事公务的人员。

(2)国有公司、企业、事业单位、人民团体中从事公务的人员。常见的人民团体有:共青团、妇联、工会。

(3)国家机关、国有公司、企业、事业单位委派到非国有公司、企业、事业单位、社会团体从事公务的人员。

(4)其他依照法律从事公务的人员。村主任虽然从形式上没有国家工作人员的编制,但如果协助人民政府从事行政管理工作,就具有了国家工作人员的法定职权,可以构成贪污等罪。

【总结2】国家机关工作人员是定罪身份:

1. 渎职犯罪(《刑法》分则第9章)。

2. 报复陷害罪(《刑法》第254条)。

3. 包庇、纵容黑社会性质组织罪(《刑法》第294条第3款)。

4. 徇私舞弊不征、少征税款罪(《刑法》第404条,税务机关工作人员)。

5. 放纵走私罪(《刑法》第411条,海关工作人员)。

6. 帮助犯罪分子逃避处罚罪(《刑法》第417条,有查禁犯罪活动职责的国家机关工作人员)。

【总结3】国家机关工作人员是量刑身份:

1. 非法拘禁罪(《刑法》第238条)。

2. 诬告陷害罪(《刑法》第243条)。

3. 非法搜查罪、非法侵入住宅罪(《刑法》第245条,司法工作人员)。

4. 妨害作证罪,帮助毁灭、伪造证据罪(《刑法》第307条,司法工作人员)。

【注意】窝藏、包庇罪没有规定量刑身份。

【总结4】关于具有不同身份的人共同实施犯罪的处理：

1. 有身份者是身份犯的实行犯＋无身份者是共犯，按实行犯来定罪（按有身份者定罪）。

2. 无身份者是非身份犯的实行犯＋有身份者是共犯，按实行犯来定罪（按无身份者定罪）。

3. A身份者是A身份犯的实行犯＋B身份者是B身份犯的实行犯，按实行犯来定罪，存在想象竞合，择一重罪论处。

主观题小案例

【案例1】甲和乙分别是国有医院的院长和药品管理处的主任，甲在订购药品期间收受医药代表送的5万元人民币，订购了超额的药品。乙在管理医院药品时，利用职务便利把治疗抗癌的进口药品5折卖给了病人，私吞了相关的收入，并把其中的50%分给了知情的甲。

问题：对甲、乙的行为如何定性？

分析思路：甲、乙在国有医院从事公务，属于国家工作人员。甲利用职权，非法收取医药代表送的5万元人民币，构成受贿罪。乙利用职务之便，非法出卖医院的药品，非法占有收入，构成贪污罪，分给甲50%，甲成立贪污罪共犯。

答案参考：甲、乙在贪污罪的范围内成立共同犯罪。刑法规定，两人以上共同故意犯罪的成立共同犯罪，乙作为国有医院的药品管理处主任，利用职务之便，非法出售医院药品，获利分给了知情的甲，两人成立贪污罪。甲收受医药代表送的5万元人民币，符合刑法关于受贿罪的构成要件，依法成立受贿罪。甲构成贪污罪、受贿罪。乙构成贪污罪。

【案例2】公安局民警甲利用身份之便和亲戚乙共同非法拘禁欠乙钱不还的丙，其间二人使用暴力殴打丙，致使丙当场死亡。

问题：对甲、乙的行为如何定性？

分析思路：甲具有国家机关工作人员的身份，与乙共同拘禁丙，使用暴力致丙死亡，依法应该转化为故意杀人罪，二人成立故意杀人罪的共犯。同时，甲有量刑身份，对甲应该从重量刑。

答案参考：甲、乙在故意伤害罪范围内成立共同犯罪，承担故意伤害致人死亡的刑事责任。刑法规定非法拘禁他人或者以其他方法非法剥夺他人人身自由的，成立非法拘禁罪，非法拘禁使用暴力致人伤残、死亡的以故意伤害罪、故意杀人罪定罪处罚。本案中甲、乙在非法拘禁过程使用暴力将丙打死，依法成立故意伤害罪（致人死亡），甲具有国家机关工作人员身份，应当从重处罚。

【做题技巧】

1. 判断行为人是否具有国家工作人员身份的核心在于其是否从事公务，只要是从事公务，无论在什么单位都具有这个身份。

2. 有了身份，不一定成立身份犯罪，一定要看是否动用了公权力。

二、单位

（一）主体资格

1. 单位：依法成立，拥有一定财产或者经费，能以自己名义承担责任的公司、企业、事业单位、机关。

2. 内部机构:单位的内部机构或者分支机构,可以成为单位犯罪的主体。根据司法解释,需要符合两个条件:

(1)以自己名义犯罪;

(2)违法所得归该机构。

【提示】立法解释重申单位犯罪必须有法律的明文规定。需要注意两点:

第一,单位不能构成贷款诈骗罪,单位贷款诈骗的,只能追究相关自然人的责任。

第二,单位帮助自然人实施只能由自然人构成的犯罪,不成立单位犯罪。例如,甲欲贷款诈骗,请乙公司帮助。乙公司集体研究后为甲虚假担保,甲构成贷款诈骗罪,乙公司不构成贷款诈骗罪的帮助犯,对乙公司直接的责任人员按照贷款诈骗论处。

(二)主观要件

1. 单位意志。这是指为单位或者单位多数成员谋取非法利益。【注意】如果谋取合法利益,不构成单位犯罪。

单位意志的体现有二:第一,单位集体决定;第二,单位负责人为了单位利益依照程序作出决定。

【提示】缺乏单位意志,不构成单位犯罪。根据最高人民法院《关于审理单位犯罪案件具体应用法律有关问题的解释》,下列情形以自然人犯罪论处:

(1)个人为进行违法犯罪活动而设立的公司、企业、事业单位实施犯罪的。

(2)公司、企业、事业单位设立后,以实施犯罪为主要活动的。

(3)盗用单位名义实施犯罪,违法所得由实施犯罪的个人私分的。

2. 罪过形式。单位犯罪既可以是故意犯罪也可以是过失犯罪。单位故意犯罪,例如:逃税罪(《刑法》第 201 条)。单位过失犯罪,例如:工程重大安全事故罪(《刑法》第 137 条)、出具证明文件重大失实罪(《刑法》第 229 条)。

【提示】单位既可构成作为犯罪,也可构成不作为犯罪。单位不作为犯罪,例如:拒不执行判决、裁定罪。

(三)处罚

1. 原则双罚,既处罚单位又处罚个人(主管人员和直接责任人)。

2. 例外单罚,只处罚个人,不处罚单位。个人只能是主管人员和直接责任人,其他人即使参与了单位犯罪,也不得处罚。

第四讲 不作为犯

一、不作为犯的成立条件

(一)应为:负有作为义务

行为人消除危险的作为义务主要来自三个方面:监督义务、保护义务与阻止义务。这是从实质上进行的归类。

(二)能为:具有履行义务能力

这是指行为人具有作为的可能性,从行为人自身能力和客观条件两方面进行判断。

1. 义务是客观的，责任是主观的。

例如，甲和20岁的脑瘫儿子乙共同生活，甲滑倒摔伤，乙虽然没有作为的能力，但是有救助义务。【注意】有无义务应当进行客观判断。

2. 不要求冒生命危险履行作为义务。

例如，甲带邻居小孩进入动物园，小孩不慎坠入虎园被老虎撕咬，甲投石块想将老虎吓走未果，小孩被咬死。甲虽然没有跳进虎园救孩子，但不构成不作为犯罪。

（三）不作为：没有履行义务

不作为的核心是行为人没有履行作为义务，行为人在应当履行作为义务而不履行作为义务的期间所实施的其他行为，不是该不作为的内容，也不影响不作为的成立。

（四）等价性

当以不作为方式构成犯罪时，要求不作为与相应的作为在性质上相当。

【考点】不作为犯罪可能成立未遂犯，可能成立故意犯，也可能成立过失犯。

例1：游泳健将甲从湖边经过，听到有人喊"救命"，因急着回家没有施救，落水儿童被淹死，甲后来发现落水儿童就是儿子乙。甲没有认识到落水儿童是自己儿子，即没有认识到产生作为义务的客观事实，故不构成故意的不作为犯罪。【正确】如果甲看到了落水儿童是儿子乙，还不救助，即成立不作为的故意杀人罪。

例2：甲携儿子野泳，儿子抽筋溺水。甲自认为儿子泳技好，没有施救，结果不一会儿儿子溺亡。甲有救助义务，没有救助，成立不作为的故意杀人罪。【错误】甲负有救助义务，但是甲对儿子的死亡结果是过失而不是故意，故甲构成不作为的过失致人死亡罪。

二、作为义务的来源（☆☆☆）

（一）危险源：监督义务

1. 危险物。这包括危险动物、危险物品、危险设施等。

例1：主人对饲养的动物负有监督义务，防止其伤人；主人对摆放在阳台上的花盆负有监督义务，防止其坠落砸中他人。

例2：生产商对其生产的缺陷产品负有召回义务，广告牌的设置者对广告牌负有管理义务。

2. 危险人。这包括精神病人和未成年人，其监护人或监管人负有监督义务。

例1：精神病人发病期间伤害他人，监护人负有制止义务。

例2：父母对幼儿负有监督义务，幼儿伤害他人时，父母有阻止义务。

例3：幼儿园的老师对幼儿有监督义务，有义务防止幼儿伤害他人。

【提示】精神正常的成年人之间没有监督义务。例如，丈夫受贿，妻子没有监督义务。

3. 先行行为。这是指先行行为对他人的法益造成危险的，行为人负有消除危险的义务。

例1：随手扔烟头，导致发生火灾，行为人负有灭火的义务。

例2：晨跑时不慎将老人撞倒，行为人对老人负有救助义务。

【考点1】只有在先行行为给法益增加或创设法律不允许的危险时，才产生作为义务。

(1)生活行为不产生救助义务。

例1：甲男与乙女谈恋爱，甲提出分手，乙女声称如分手就自杀，甲依然要与乙分手。乙自杀时,甲不负阻止义务。因为谈恋爱以及分手的行为没有对法益造成法律不允许的危险。

例2:甲向乙敬酒,乙不胜酒力醉倒。由于是否饮酒由乙本人决定,甲敬酒的行为没有对法益造成法律不允许的危险,甲没有救助义务。

例3:甲将匕首递给乙观看,乙突然持刀刺杀丙,无论甲是否在场,甲都没有作为义务。

(2)降低危险的行为不产生救助义务。

例1:路人甲将路边的弃婴抱到民政局门前之后放任不管。

例2:甲将丙撞倒后逃逸,乙将丙送至医院门前之后离开。

例3:护士丙偶遇他人昏迷,进行简单心肺复苏后离开。

以上案例都没有先行行为,均不产生救助义务。【注意】上述对他人救助的行为如果形成相对稳定的依赖关系,则产生救助义务。例如,甲将弃婴抱回家后抚养,婴儿就依赖于甲的扶养,甲负有继续救助的义务。

(3)被害人自陷风险时,行为人没有救助义务。

例1:甲将吸毒工具借给乙,乙因吸毒过量受伤,甲没有救助义务。

例2:乙为了戏弄乞丐,将100元纸币扔入河中。乞丐跳入河中捡拾,不幸溺水。乙没有救助义务。

关于被害人自陷风险,有两项判断指标:第一,被害人有能力认识风险;第二,被害人有能力控制风险。满足两项指标时,被害人自己支配风险,自己对结果承担责任。

【考点2】犯罪行为可以作为先行行为而产生作为义务。

在先行行为(合法行为、犯罪行为)给法益增加或创设法律不允许的危险时,都会产生作为义务。因此当先行行为是犯罪行为时,就必然产生作为义务。那么后续不作为能否独立构成犯罪?这取决于作为与不作为之间的关系。判断标准:吸收关系定一罪,并列关系要并罚。

(1)过失犯罪。

例1:甲过失致人重伤,故意不救助,被害人死亡后,甲离开。甲的先行行为产生救助义务,其对死亡结果是故意的。甲不救助的行为构成不作为的故意杀人罪。由于故意杀人罪可以吸收过失致人重伤罪,故对甲仅定故意杀人一罪。【注意】针对同一对象,侵犯同一法益。

例2:乙过失致人重伤后逃跑,被害人流血过多死亡。乙的先行行为产生救助义务,其对死亡结果是过失的。死亡结果由乙的过失行为和不救助的行为共同造成,由于过失致人死亡罪可以吸收过失致人重伤罪,故对甲仅定过失致人死亡一罪。【注意】针对同一对象,侵犯同一法益。

例3:丙醉酒驾驶致人重伤,为逃避法律追究倒车轧死被害人。丙的先行行为产生救助义务,其对死亡结果是故意的。由于故意杀人罪不能吸收交通肇事罪,故对丙应当以交通肇事罪与故意杀人罪并罚。【注意】交通肇事罪侵害的法益是公共安全,故意杀人罪侵害的法益是人身权利。

(2)故意犯罪。

例1:甲故意轻伤乙,乙昏迷流血不止。甲故意不救助,乙死亡后,甲离开。甲的先行行为产生救助义务,其对死亡结果是故意的。甲的不救助行为构成不作为的故意杀人罪。由于故意杀人罪可以吸收故意伤害罪(轻伤),故对甲仅定故意杀人一罪。【注意】针对同一对象,侵犯同一法益。

例2:乙故意重伤丙,丙昏迷流血不止。乙逃离现场,丙因得不到及时救助死亡。乙的先行行为产生救助义务,其对死亡结果是过失的。乙的不救助行为构成不作为的过失致人死亡罪。由于故意伤害罪包含故意伤害致人死亡的情形,因此故意伤害罪可以吸收过失致人死亡罪。故对乙仅定故意伤害(致死)一罪。【注意】针对同一对象,侵犯同一法益。

例3:丙盗掘古墓葬,致使丁的房屋倒塌,丁被砸中。丙明知但继续盗墓,丁流血过多死亡。丙的先行行为产生救助义务,其对死亡结果是故意的。丙的不救助行为构成不作为的故意杀人罪。由于故意杀人罪不能吸收盗掘古墓葬罪,故对丙应当以盗掘古墓葬罪与故意杀人罪并罚。【注意】针对不同对象,侵犯不同法益。

(二)特殊关系:保护义务

1. 法律规定。这是指基于法律规定产生的保护义务。例如,母亲对婴儿有哺乳义务,执勤的交警对事故的受害人有救助义务,父母见幼女被人猥亵时有制止义务。

【提示】夫妻之间的救助义务,存在观点展示。

第一,妻子非自愿陷入风险,丈夫有救助义务。例如,妻子患病、失足落水、遇到歹徒等,丈夫有救助义务。

第二,妻子自陷风险(自杀、自残等),丈夫有无救助义务?

观点一:有。因为刑法对生命绝对保护,妻子自陷风险只能免除妻子自杀的刑事责任,并不免除丈夫的救助义务。

观点二:没有。妻子作为成年人,精神正常,没有被骗、被胁迫,自己主动陷入险境属于被害人自陷风险,不应让丈夫承担刑法义务。

妻子仅在砍杀婆婆,即丈夫的亲生母亲时,丈夫才有阻止义务。

2. 制度要求。这是指基于职业、制度产生的保护义务。例如,游泳教练对游泳学习者有保护义务,保镖有保护雇主安全的义务。

3. 自愿接受。这是指行为人自愿承担保护法益的义务,当法益的保护依赖于行为人时,行为人负有继续保护的义务。【注意】要形成相对稳定的依赖关系。

例1:甲在野外发现弃婴后未予理睬,没有保护义务;甲将弃婴抱起后发现相貌丑陋又放下的,没有形成相对稳定的依赖关系,不负继续保护的义务;甲将弃婴带到加油站后丢弃,是降低风险的行为,没有继续保护的义务;甲将弃婴带回家抚养两天后又丢弃的,由于形成了相对稳定的依赖关系,甲负有继续保护的义务,构成遗弃罪。

例2:乙在偏僻路段听到枯井内有人求救,扔下绳子后发现是仇人丙,转身离开。此时没有形成相对稳定的依赖关系,乙没有继续保护的义务。如果乙提起绳子开始救人时发现是仇人,遂松开绳子转身离开,由于形成了相对稳定的依赖关系,故乙负有继续保护的义务。如果乙将丙提至井口,发现是仇人,直接松开绳子致丙摔死。从松开绳子看,乙是作为犯罪,从应当继续救助而不救助看,乙是不作为犯罪,优先认定为作为犯罪。

主观题小案例

【案例1】小强开了一个棋牌室,棋牌室里有一位失足妇女小花。某日凌晨5点左右,张三在小强的棋牌室找到小花,两人在棋牌室地下室将要发生性关系时,张三口吐鲜血,陷入昏迷状态。小花见状赶紧告诉小强,让他去看一看,并且催促小强赶紧报警或者拨打120急救。但是小强不同意,拒绝报警也拒绝救治。2个小时后小强又到地下室观察发现张三仍有生命体征,便告诉小花说人还活着,小花又提出报警,小强没有同意。10点小强下去看张三,确认张三还活着,小花要报警,小强再次拒绝,后张三死亡。法医鉴定张三系突发脑出血死亡,死亡时间在12

点左右。

问题:小强是否负有救助义务?小花是否负有救助义务?为什么?

答案参考:小强负有救助义务,小花没有救助义务。

刑法规定,对于具有独立支配的领域内的法益危险的现实化,该领域的管理人负有阻止义务。小强开的棋牌室是小强支配的场所,小花对该场所没有支配力。

【案例2】七夕节下午,甲和乙发微信说"找个女孩搞一下",当晚,两人将丙女骗上车并驶向森林深处,乙把丙往里面拉,丙不愿意。甲大吼道"你知道我爸是谁吗,弄死你就像踩死一只蚂蚁"。丙害怕,到树林后,乙一巴掌把丙打倒在地,强迫丙脱衣裤,丙宁死不从,乙就对甲说"你去把车里的刀拿过来"。甲知道车里没有刀,也意会到了乙就是想吓唬一下丙,于是站着没动,也没说话。接着,乙强行与丙发生了关系。事后查明,关于事先说的"搞"一下,乙的意思是劫色,甲的意思是劫财。

问题:甲的行为是否成立强奸罪。

答案参考:甲的行为成立强奸罪。刑法规定,违背妇女意志,奸淫妇女的行为成立强奸罪。本题中甲先实施的行为客观上使丙处于孤立无援的境地,乙实施强奸行为甲负有阻止义务,甲的行为与丙被强奸之间具有因果关系,且甲具有帮助的故意,所以,甲成立强奸罪的共犯。

【案例3】甲生下小甲后,对小甲一直怀有怨恨。某日,甲与小甲在寒冷的夜里从外地步行回家,由于太冷,小甲没有力气行走,累倒在地上,甲有能力救助小甲却出于其他动机不予救助,而是独自步行回家。小甲第二天早晨被人发现时已经被冻死。

问题:甲的行为是否构成犯罪?

答案参考:甲的行为成立遗弃罪与不作为故意杀人罪,构成想象竞合,择一重罪论处。

刑法规定,一个行为触犯了数个罪名,构成想象竞合,对于想象竞合从一重罪论处。本案中甲将小甲置于危险境地不予救助,属于"拒绝抚养"的遗弃行为,同时不履行抚养义务直接导致小甲死亡,成立不作为故意杀人罪。

第五讲　结　果

一、实害犯与危险犯

(一)实害犯

这是指犯罪的成立必须发生法定的实害结果,也即发生实际法益侵害,最经典的表述是"情节严重的,造成严重后果的……"例如,过失致人死亡罪的成立要出现死亡结果。

【提示】过失犯罪必须发生法定的实害结果才成立。因此,过失犯罪都是实害犯。

(二)危险犯

这是指只有行为对法益造成特定危险,犯罪才能成立。根据危险的程度,又可分为具体危险犯和抽象危险犯。

1. 具体危险犯,是指只有对法益造成的危险达到具体、现实的程度,犯罪才能成立。

例如,《刑法》第143条规定:生产、销售不符合食品安全标准的食品,足以造成严重食物中毒事故或者其他严重食源性疾病的，处3年以下有期徒刑或者拘役，并处罚金……

成立该罪要求“足以造成严重食物中毒事故或者其他严重食源性疾病”，因此该罪是具体危险犯。

2. 抽象危险犯，是指对法益造成的危险达到抽象、缓和的程度，犯罪就能成立。

例如，《刑法》第144条规定：在生产、销售的食品中掺入有毒、有害的非食品原料的，或者销售明知掺有有毒、有害的非食品原料的食品的，处5年以下有期徒刑……

成立该罪只要求实施生产、销售行为，不要求判断具体危险，因此该罪是抽象危险犯。

二、结果加重犯（☆☆）

根据结果有无法律的明文规定，可以分为行为犯、结果犯与结果加重犯。

1. 行为犯，是指法定的行为实施完毕，就构成犯罪，实害结果不是犯罪的构成要件。例如，伪证罪、盗窃枪支罪等。【注意】行为犯大致等同于抽象危险犯。

2. 结果犯，是指成立犯罪要求出现实害结果，实害结果是犯罪的构成要件。例如，所有的过失犯罪、滥用职权罪等。【注意】结果犯大致等同于实害犯。

【总结】以下罪名为常考的实害犯。

(1) 丢失枪支不报罪（《刑法》第129条），要求“造成严重后果”。

(2) 侵犯商业秘密罪（《刑法》第219条），要求“情节严重的”。

(3) 挪用特定款物罪（《刑法》第273条），要求“国家和人民群众利益遭受重大损害”。

(4) 寻衅滋事罪（《刑法》第293条），要求“破坏社会秩序”。

(5) 滥用职权罪（《刑法》第397条），要求“致使公共财产、国家和人民利益遭受重大损失”。

3. 结果加重犯，是指犯罪行为导致基本结果以外的加重结果，基于刑法的明文规定而加重处罚。

结构：基本行为+加重结果=基本罪名+加重处罚。

例如，甲故意伤害乙，过失致其死亡。甲实施了伤害行为（基本行为），导致乙死亡（加重结果）。基于刑法的明文规定，对乙只定故意伤害罪（基本罪名），但要适用更重的法定刑（加重处罚）。

(1) 实施基本行为，造成加重结果。

例1：甲强奸乙时，为压制反抗卡住其脖子，致乙窒息死亡。甲的强奸行为导致乙死亡，根据刑法规定，甲构成强奸罪的结果加重犯，适用强奸致人死亡的法定刑。

例2：乙入户抢劫，逃跑时将睡在地上的婴儿踩死。乙逃跑的行为致人死亡，该结果与抢劫行为无关。因此乙不是抢劫致人死亡，应以抢劫罪与过失致人死亡罪并罚。

(2) 基本行为与加重结果有因果关系。

例1：甲拘禁丙，丙因被捆绑过紧，血液流通不畅死亡。甲的拘禁行为造成死亡结果，行为与结果具有直接的因果关系。故甲构成非法拘禁致人死亡。

例2：乙强奸丙后，丙自杀。死亡是由自杀导致的，不是强奸行为造成的。强奸行为与死亡结果没有因果关系，乙不构成强奸致人死亡。

(3) 行为人对加重结果至少有过失。

第一，仅限过失。例如，故意伤害致人死亡，行为人如果对死亡结果是故意的，则构成故意杀人罪，而不是故意伤害罪（致人死亡）的结果加重犯。

第二，故意或过失。例如，抢劫致人死亡是结果加重犯，行为人对死亡结果可以是故意或者过失的。【注意】强奸致人重伤、死亡，拐卖妇女致人重伤、死亡，抢劫致人重伤、死亡均可由故意构成。

(4)《刑法》分则就加重结果规定加重法定刑。

如果《刑法》没有规定加重法定刑,不管结果多么严重行为人也不构成结果加重犯。例如,遗弃致人死亡,因为刑法没有对此规定加重法定刑,所以行为人就不构成结果加重犯。

【总结】常考的结果加重犯。

(1)《刑法》第 234 条:故意伤害致人死亡。

(2)《刑法》第 236 条:强奸致人重伤、死亡。

(3)《刑法》第 238 条:非法拘禁致人重伤、死亡。

(4)《刑法》第 240 条:拐卖妇女、儿童致人重伤、死亡或者其他严重后果。

(5)《刑法》第 257 条:暴力干涉婚姻自由致人死亡(包括被害人自杀)。

(6)《刑法》第 260 条:虐待致人重伤、死亡(包括被害人自杀、自残)。

(7)《刑法》第 263 条:抢劫致人重伤、死亡。

(8)《刑法》第 318 条:组织他人偷越国(边)境造成被组织人重伤、死亡。

(9)《刑法》第 321 条:运送他人偷越国(边)境造成被运送人重伤、死亡。

(10)《刑法》第 384 条:挪用公款数额巨大客观上不能退还。

主观题小案例

【案例】大美指使自己的情夫小强强奸自己的女儿小美,在小强强奸过程中,大美一直站在旁边观看,小强过失导致小美生命处于危险状态后离开。大美没有救助,导致小美得不到及时的救助而死亡,后鉴定说如果小美早点送往医院就不会死亡。

问题:简要分析两人的行为性质(本题重点考查不作为犯及结果加重犯,还有想象竞合,考生只需要掌握分析思路即可)。

答案参考:小强和大美均负有救助义务,小强的救助义务来源于先前的犯罪行为,大美的救助义务源于共犯“先前行为”及作为父母的保护义务。

小强是强奸罪的实行犯,大美是强奸罪的共同正犯,大美的不救助行为成立不作为的故意杀人罪和强奸罪致人死亡的结果加重犯,属于想象竞合,择一重罪论处。

第六讲 因果关系

此处的因果关系是刑法上的因果关系,特指实行行为与实害结果(构成要件结果)之间的引起与被引起的关系。

1. 在主观题中,主要是判断行为与结果之间是否具有因果关系。只要行为的发展符合大致的方向,就应该让行为对结果负责。如果出现异常的、偶然的介入因素,则改变原因果关系,形成新的因果关系。

2. 故意犯罪中,因果关系解决的是犯罪是否既遂的问题,而不是犯罪是否成立的问题。没有因果关系,只是不对结果承担刑事责任,但可能承担未遂的刑事责任。

3. 有因果关系不一定成立犯罪,还要看主观要件。如果行为人不具有责难可能性,即主观上不具有非难可能性(如无故意、过失、期待可能性等),也不成立犯罪。

【总结】因果关系与犯罪成立、既遂的关系。

主体(自然人/单位)—客观行为(作为/不作为)—主观(故意/过失)。

主客观相统一,犯罪成立。

犯罪既遂 = 犯罪成立 + 因果关系。

例外,过失犯罪是结果犯,不存在犯罪未完成形态,成立过失犯罪需要有因有果有关系,即过失犯罪 = 主体 + 主观(过失) + 犯罪行为 + 客体 + 因果关系。

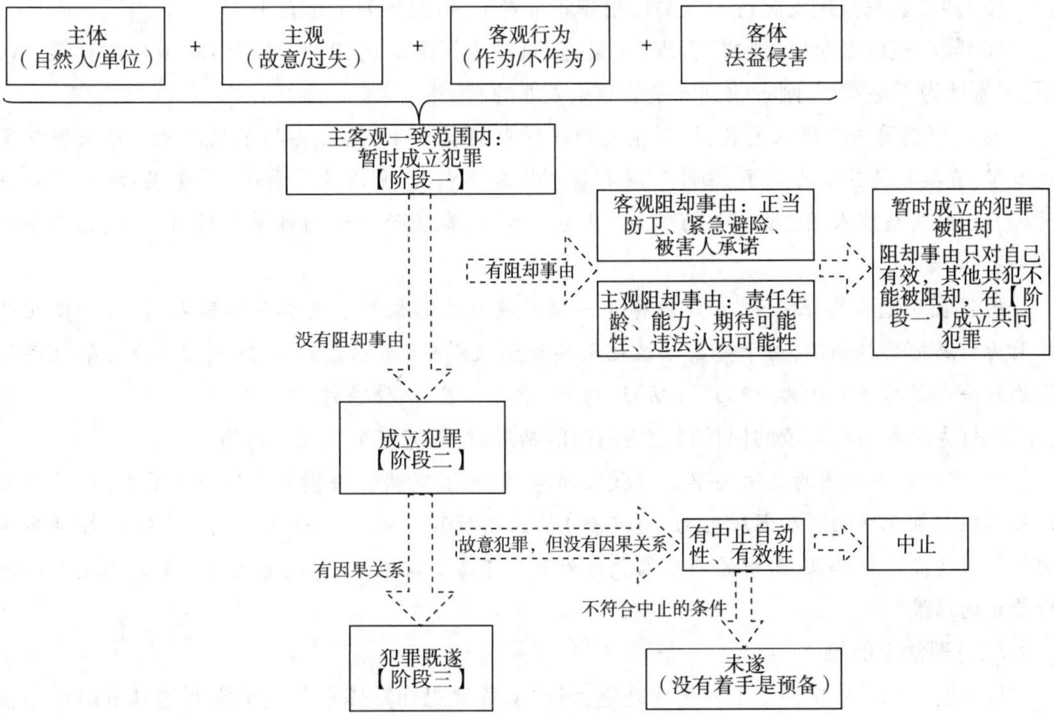

一、刑法上的因和果

(一)刑法上的因

1. 必须是刑法评价的危害行为,而不是生活行为。

例1:吴老二得知女友移情别恋,内心怨恨想要杀死女友,于是送给她一双旱冰鞋,期望女友运动时摔死。女友欣然接受,在滑旱冰的时候,果真摔死了。吴老二的行为与女友摔死之间存在刑法上的因果关系。【错误】因为送旱冰鞋的行为不是刑法上评价的危害行为,危害行为要同时具备有体性、有意性、有害性。

例2:三好青年在追赶小偷时,小偷慌忙中撞上了正常驾驶的汽车身亡。如果小偷没有被追赶就不会被撞死,所以追赶行为与死亡之间具有因果关系。【错误】三好青年追赶小偷的行为不是危害行为。

2. 必须已经着手,有实行行为,而不是预备行为。

"着手"的判断标准:行为对法益是否造成具体、紧迫、现实危险。法考常考的"着手"情形:

(1)开始实施杀人行为是故意杀人罪的着手,之前的行为属于预备。

(2)对人使用暴力、胁迫或者其他强制手段(开始脱衣服、掐脖子)时,就是着手,之前是预备行为。

(3)为了保险诈骗而制造事故的行为是预备行为,向保险公司提出理赔才是着手。制造事故后,打电话咨询理赔相关事宜,也不是着手。

(4)不作为犯的着手一定是不履行作为义务导致法益受到现实、紧迫、直接的危险。比如母亲故意不哺乳婴儿,婴儿快要饿死了,如果刚吃饱,即便不哺乳也不成立不作为的故意杀人罪。

(5)间接正犯直接支配行为人实行犯罪才是着手,指使行为不是着手。

(6)隔离犯的着手以危险是否现实、紧迫、直接为标准。比如,彪哥寄给刚子一盒有毒的饼干,邮寄行为不是着手,刚子收到才是故意杀人罪的着手。

例1:甲想要杀死仇人吴某,计划预先用安眠药将其毒晕,然后再扔水里淹死。结果安眠药放多了,直接把吴某给毒死了,由于甲没有着手将其扔水里,所以没有着手。【错误】投放安眠药的行为已经对被害人的生命产生了现实、紧迫的危险,在理论上称为结果的提前实现,已经属于着手。

例2:吴某想要毒死妻子,于是准备了一瓶具有剧毒的饮料。在妻子回家之前,孩子提前放学因为口渴把饮料喝了,由于吴某已经把剧毒放到饮料中,所以已经着手。【错误】吴某仅实施了故意杀人罪的预备行为,即为了(实行)犯罪,准备工具、制造条件。

3.行为没有引起规范的保护目的所指向的结果时,不能将结果归于行为。

例:甲酒后在封闭的高速公路上驾驶机动车,撞死了突然违法横穿高速公路的乙,乙的死亡结果不能归责于甲的酒后驾驶行为。【正确】禁止酒后驾车是为了防止丧失或者减轻控制车辆的能力而造成伤亡结果,而甲的酒后驾驶行为虽然违法了该规定,但是造成的结果并不是该规范所禁止的结果。

(二)刑法上的果

1.一般犯罪需要实害结果发生才既遂,但抽象危险犯和具体危险犯只需要达到危险状态就既遂。

2.一个行为可能导致多个结果,如果没有分则特殊规定,就按照想象竞合择一重罪论处。比如为了打死仇人,一枪下去仇人死亡,古董打碎,行为人构成故意杀人罪与故意毁坏财物罪,想象竞合,定故意杀人罪。

3.如果分则有特殊规定,直接按照分则特殊规定处罚。比如结果加重犯就是基本行为导致基本结果和加重结果,最终按照结果加重犯定罪处罚,参见上文结果加重犯部分。

二、常考的因果关系(☆☆)

(一)假定的因果关系

模型:前行为(0作用)+后行为(100%作用)→结果,前行为尚未发生作用,后行为直接引起结果发生,后行为与结果具有因果关系。

例如,乙被执行死刑前1小时,被害人的父亲甲为手刃仇人,夺走警察的枪将乙射杀。如果没有甲的行为,警察同样会执行死刑,如何判断因果关系?结论:甲的行为与结果有因果关系。

(二) 二重的因果关系

模型:前行为(100% 作用) + 后行为(100% 作用)→结果。两个行为都能独立导致结果发生,相互没有意思联络,同时发生作用,结合到一起导致了结果发生。

例如,甲、乙二人无意思联络,分别给丙的食物中投放足以致死的毒药,两种毒药同时发挥作用,导致丙死亡。如何判断因果关系? 结论:甲、乙的行为与结果有因果关系。

(三) 重叠的因果关系

模型:前行为(50% 作用) + 后行为(50% 作用)→结果。两个行为单独都不能导致结果的发生,结合到一起同时起作用导致了结果的发生。

例如,甲、乙无意思联络,分别向丙的食物中投放了 50% 致死量的毒药,丙服用后死亡。如何判断因果关系? 结论:甲、乙的行为与结果有因果关系。

三、因果关系的中断(☆)

因果关系的判定主要取决于在犯罪过程中有无介入因素。

(一) 无介入因素

当不存在介入因素时,犯罪行为的发展过程表现为:实行行为→实害结果。

(二) 有介入因素

1. 当存在介入因素时,犯罪行为的发展过程表现为:实行行为 + 介入因素→实害结果。

2. 当存在介入因素时,实害结果应当归属于实行行为还是介入因素?

判断标准在于:介入因素独立于先前行为且这个介入因素的出现是异常的。

例如,甲向乙的茶水投毒,重病的乙喝了茶水后更加难受,自杀身亡。甲的投毒行为与乙的死亡有无因果关系? 答案是没有,因为乙是自杀身亡而非中毒身亡。

考试中常见的介入因素的种类:

(1) 被害人自身的行为。

例 1:甲点燃乙的衣服,乙跳入身边的河中灭火时溺死。介入因素是乙跳河灭火的行为,这很正常,死亡不能归属于介入因素,甲的行为与乙的死亡有因果关系。

例 2:乙在悬崖旁强奸丙致其昏迷,丙苏醒后因头昏跌崖死亡。介入因素是丙跌崖的行为,这很正常,死亡不能归属于介入因素,乙的强奸行为与丙的死亡有因果关系,属于强奸致人死亡。

例 3:丙被打轻伤后逃离,未去就医而是祈祷神灵保佑,并将香灰敷于伤口,后丙因感染而截肢(重伤)。介入因素是敷香灰,这很异常。因感染截肢说明介入因素对重伤结果作用很大。此时介入因素异常并且作用大,重伤应当归属于介入因素,与轻伤行为无因果关系。

(2) 他人的行为。

例 1:甲在高速公路上将同车人乙推下,乙跌落后被正常行驶的丙轧死。介入因素是乙被丙轧死,这很正常。死亡不能归属于介入因素,甲的行为与乙的死亡有因果关系。

例 2:乙被丙打致轻伤,流血不止。警察将乙送医,途中遇堵车,乙流血过多死亡。介入因素是堵车,这很正常。死亡不能归属于介入因素,丙的行为与乙的死亡有因果关系。

例 3:丙被甲放火烧伤,医生对其抢救。在抬向手术台时,医生乙不小心扭断丙的脖子致其死亡。介入因素是乙扭断丙的脖子的行为,这很异常,也是导致丙死亡的直接原因。此时介入因素异常并且作用大,死亡应当归属于介入因素,与丙的放火行为无因果关系。

(3)自然事件。

例1:甲杀乙致其重伤,1小时内必死无疑。但因地震,乙被坠落的石头砸中死亡。介入因素是地震引发石头坠落,这很异常,也是导致乙死亡的直接原因。死亡应当归属于介入因素,与甲的杀人行为无因果关系。

例2:乙在冬天的深夜致丙轻伤昏迷,丙因无人救助被冻死。介入因素是寒冷的天气,这很正常。死亡不能归属于介入因素,乙的伤害行为与丙的死亡有因果关系。

【总结】因果关系破题思路:先找"儿子"(危害结果),再找"他的亲爹"(直接导致此结果的原因)。万法皆空,因果不虚,所以只要能够捋清事情的"前因后果"即可完美破题。另,需反复琢磨介入因素的种类。

【提示】因果关系既是重点也是难点,要重点掌握。近年来关于因果关系理论有重大发展,知识需要更新升级,主观题也会考到。

四、因果关系其他考点

(一)共同犯罪的因果关系

如果结果的发生和共同犯罪人的行为有因果关系,那么共同犯罪人需要对结果负责(既遂),如果没有因果关系,则不需要对结果负责(但成立犯罪不受影响),具体而言:

1. 原则:共同犯罪具有整体性,部分实行全部责任,一人既遂整体既遂。
2. 实行犯没有用到帮助犯的帮助,结果的发生和帮助行为没关系,则帮助犯成立犯罪未遂。
3. 帮助犯要想成立犯罪中止,需要明确告知退出+消除因果力,否则不构成中止。

(二)财产犯罪的因果关系

行为人实施诈骗、敲诈勒索、抢劫行为,受害人识破了其行为而基于怜悯、赏识等情况交付了财物,行为人虽然得到了财物,但也仅成立犯罪未遂。

(三)对事实存疑的因果关系

1. 故意犯罪同时犯,无法查明都定未遂。
2. 过失犯罪同时犯,无法查明都无罪。
3. 构成共同犯罪,不用查明,部分实行全部负责,都定既遂。
4. 聚众斗殴过程中,一人致死,无法查明的,聚众的人对死亡承担责任,其他参与的人不承担。

主观题小案例

【案例1】吴某打算杀死都某某,于是在都某某的水壶里投放了毒鼠强。都某某在穿行沙漠期间,正好要喝水,结果被仇人刘某直接开枪打死。

问题:试分析吴某、刘某的行为。

答案参考:吴某成立故意杀人罪(未遂),刘某成立故意杀人罪。

依据《刑法》第232条的规定,非法剥夺他人生命的成立故意杀人罪。吴某投毒的行为已经"着手"了,但在结果发生之前,介入了刘某枪击的因素。介入因素独立于投毒行为,单独导致死亡结果发生。所以,吴某对死亡结果不负责,仅承担未遂的刑事责任,刘某对死亡结果负责。

【案例2】甲、乙无意思联络,同时分别向丙开枪,均未击中要害,因两个伤口同时流血不止,丙失血过多死亡。

问题:甲、乙的行为与丙死亡之间是否具有因果关系?

答案参考:有因果关系。

两个行为单独都不能导致结果的发生,结合到一起同时起作用导致了结果的发生,在理论上称为重叠的因果关系。甲、乙的行为共同导致丙死亡,二人的行为与死亡结果具有因果关系。

【案例3】甲、乙合谋,由乙将丙引诱到甲家地下室,由甲亲手枪杀丙。乙在驾车载丙前往甲家途中,二人因琐事争吵起来,乙被丙的言语激怒,在车上直接把丙给杀死了。

问题:试分析甲、乙的行为。

答案参考:甲、乙成立故意杀人罪的共同犯罪,但甲对死亡结果不承担刑事责任。

《刑法》规定,帮助正犯犯罪的属于帮助犯,成立帮助犯要求有帮助的行为与帮助的故意。虽然甲与乙共谋杀害丙,但是甲只是让乙把丙引诱到甲家,可乙在路上直接将丙杀死了,这在刑法理论上被称为实行过限,甲对死亡结果不承担责任。

【案例4】黄某放火烧范某的房子,范某发现后跑进房子取财物被砸死,如认定黄某放火与范某被砸死之间存在因果关系,可能有哪些理由?如否定黄某放火与范某被砸死之间存在因果关系,可能有哪些理由?

答案参考:

观点一:肯定因果关系的理由。

1. 根据条件说,可以认为放火行为和死亡之间具有"无A就无B"的条件关系。

2. 被害人在当时,来不及精确判断进入住宅取财的危险性。

3. 被害人在当时,进入住宅取财符合常理。

观点二:否定因果关系的理由。

1. 根据相当因果关系说,放火和被害人死亡之间不具有相当性。

2. 黄某实施的放火行为并未烧死范某,范某为抢救数额有限的财物返回高度危险的场所,不合常理。

3. 被害人是精神正常的成年人,对自己行为的后果非常清楚,因此要对自己的选择负责。

4. 被害人试图保护的法益价值有限。如黄某对范某的住宅放火,范某为了抢救婴儿而进入住宅内被烧死,才能肯定放火行为和死亡后果之间存在因果关系。

【案例5】不会游泳的张三不幸落水,恰巧身边漂过来一救生圈,眼看即将抓住,却被有情仇的李四将救生圈拿走,张三溺水身亡。李四拿走救生圈的行为与死亡结果之间是否具有因果关系?

答案参考:李四拿走救生圈的行为与死亡结果之间具有因果关系。救生圈的存在,原本可能阻止张三溺水身亡的结果发生,而李四消除了这种条件,导致结果发生,这种情况称为救助性因果流程的中断,所以,可以肯定李四拿走救生圈的行为与张三死亡结果之间具有因果关系。

第七讲　客观(违法)阻却事由

正当防卫向来是理论和实务上比较重要的违法阻却事由。2013 年的刑法题目就涉及正当防卫问题;2020 年全国卷也考查了执行职务中遭受不法侵害而进行还击构成正当防卫问题,并且还涉及了互殴、偶然防卫等考点;2021 年大纲新增了最高人民法院、最高人民检察院、公安部《关于依法适用正当防卫制度的指导意见》。所以,考生在备考中务必要重视这个考点。本书将主观题能考到的知识点进行重点讲解,客观题考查的常规考点不再复述。

一、假想防卫

正当防卫必须针对现实存在的不法侵害,不能是主观想象的。主观题有可能会考到假想防卫,即误以为存在不法侵害而进行防卫。

例如,甲违章停车,返回时发现乙正尝试打开汽车。甲以为遇到小偷,便捡起木棍将乙打成轻伤。事后查明,乙是交警,当时正想将违章车辆拖走。甲属于假想防卫。

【提示】假想防卫不能构成故意犯罪。这是因为,防卫人客观上实施的是犯罪行为,但主观上自以为是正当防卫,缺乏犯罪故意。

二、防卫意思(☆☆)

防卫意思 = 防卫认识 + 防卫意志。防卫认识,是指防卫人认识到不法侵害正在进行;防卫意志,是指防卫人具有保护法益免受侵害的正当目的。本部分的内容可能会考查观点展示,考生学习的时候务必注意。

1. 防卫认识——认识到不法侵害正在发生。

(1)传统观点:成立正当防卫要求具有防卫认识,没有认识到存在不法侵害,只有杀人故意的,就构成故意杀人罪既遂。

(2)张明楷观点:不要求有防卫认识,制造好结果的行为就是好行为,甲的杀人行为救了被害人,那么甲构成正当防卫,无罪【结果无价值】。

(3)周光权观点:要求有防卫认识,没有防卫认识不构成正当防卫,但是如果制造了好结果,如甲想杀死乙,开枪打死正在对丙行凶的乙,虽然甲杀人的行为是个坏行为,但是制造了好结果,所以甲不构成故意杀人罪既遂,而构成故意杀人罪未遂。

2. 防卫意志——防卫人具有制止不法侵害、保护法益的正当目的,成立正当防卫不需要有防卫意志。比如甲看到仇人正在强奸妇女,出于报复把仇人打成重伤,制止其强奸行为,甲具有防卫认识,没有防卫意志,但成立正当防卫。

三、偶然防卫(☆)

偶然防卫,是指故意或者过失侵害他人法益的行为,符合正当防卫的情况,客观上起到了人身防卫的效果。2020 年主观题全国卷就考查了关于偶然防卫的观点展示。

1. 故意型偶然防卫。例如,熊大想要杀死光头强,正要开枪时,被窗外的李老板开枪打死。李老板没有认识到熊大正要杀人,李老板只有杀死熊大的故意。经事后调查明确,如果李老板当时不开枪打死熊大,熊大就会杀死光头强。

李老板虽然客观上制止了熊大的杀人行为,但是主观上没有认识到这一点,这在理论上称为偶然防卫。李老板涉嫌的罪名是故意杀人罪。

2. 过失型偶然防卫。例如,熊大想要杀死光头强,正要开枪时,被附近的李老板开枪打死。李老板是猎人,正坐在附近擦枪,不慎走火将熊大打死。经事后调查明确,如果李老板当时不将熊大打死,熊大就会把光头强打死。

李老板虽然在客观上制止了熊大杀人行为,但主观上没有认识到这一点,这在理论上称为偶然防卫。李老板涉嫌的罪名是过失致人死亡罪。

观点一:不需要具备防卫认识,就可以成立正当防卫。

偶然防卫成立正当防卫,一个行为只要是好行为(具有正当性),即客观上制造了好结果(制止了不法侵害),就成立正当防卫,不需要行为人主观上认识到自己制造了好结果。基于此,上述故意型偶然防卫和过失型偶然防卫均成立正当防卫。

观点二:需要具备防卫认识,才能成立正当防卫。

偶然防卫不成立正当防卫,一个行为要成为好行为(具有正当性),不仅要在客观上制造了好结果(制止了不法侵害),还要求行为人主观上认识到自己是在干好事。基于此,偶然防卫不构成正当防卫。

1. 在故意型正当防卫中,李老板没有认识到熊大在杀光头强,没有制止熊大杀人的防卫认识,只有杀死熊大的故意。因此李老板不成立正当防卫,依法承担故意杀人罪的刑事责任。但由于李老板制造了好结果(杀了熊大救了光头强),因此不能说李老板构成故意杀人罪既遂,因为既遂是个坏结果。所以,只能定李老板成立故意杀人罪(未遂)。

2. 在过失型正当防卫中,李老板没有认识到熊大在杀光头强,也不成立正当防卫。李老板涉嫌过失致人死亡罪。但是成立过失犯罪需要具备:过失行为(坏行为) + 实害结果(坏结果) + 因果关系。李老板有过失行为,但是没有实害结果,因为杀了熊大,救了光头强(是个好结果)。因此,李老板不构成过失致人死亡罪,作无罪处理。

四、正当防卫与不作为结合(☆☆☆)

甲对正在实施一般伤害的乙进行正当防卫,致乙重伤(仍在防卫限度之内)。乙已无侵害能力,求甲将其送往医院,但甲不理会而离去。乙因流血过多死亡。所以,甲需要承担防卫过当的刑事责任。

答案参考:

观点一:正当行为不能成为先前行为,因为合法行为产生的危险不需要实施合法行为的主体承担救助义务,法秩序所许可的合法的危险前行为不产生保证人义务。

观点二:正当防卫有可能成为先前行为,根据具体情况分析如下:

1. 特殊的正当防卫,无救助义务。当正当防卫行为造成被害人死亡也不过当时,防卫人无救助义务。

2. 当正当防卫不过当,且无死亡的紧迫危险时,无救助义务。当正当防卫致人受伤,但并未过当,而且该伤害也不可能导致死亡时,防卫人没有救助义务。

3. 当正当防卫不过当,但具有死亡的紧迫危险时,有救助义务。当正当防卫造成了伤害,该伤害本身没有过当,但具有死亡的紧迫危险,发生死亡结果就会过当时,防卫人具有救助义务。这属于先前行为与后面的不作为共同导致的防卫过当。

主观题小案例

【案例 1】张三与李四因口角发生冲突,张三举起拳头正要击打李四的面部,李四随手拿起身旁的一个旧锅盖挡住自己的面部,张三一拳打穿锅盖导致手部重伤。李四的行为是否成立正当防卫?

答案参考:没必要认定李四的行为是否成立正当防卫。因为李四没有实施伤害罪的构成要件行为,张三的伤害结果是自己造成的。因此,没必要去讨论李四的行为是否属于正当防卫以及防卫行为是否过当。

【案例 2】张三、李四、王五三人以暴力轮奸妇女,张三奸淫后,因担心被他人发现,于是三人强行将该妇女带往另一地点,欲继续对其实施侵害。在三人将受害人带往另一地点期间,该妇女或第三者能否针对强奸行为进行正当防卫?

答案参考:可以进行正当防卫。在张三、李四、王五对妇女连续进行的不法侵害过程中,即使表面上某段时间停止了不法侵害,但从整体上看侵害行为仍在进行,所以,可以进行正当防卫。

【案例 3】独自在路上行走的张三突发心脏病晕倒,恰逢醉酒的李四,且李四的私家车停放在不远处。为挽救张三的生命,李四在不得已的情况下驾车将张三送往医院进行抢救。李四的行为是否成立紧急避险?

答案参考:李四的行为可以成立紧急避险。李四的具有抽象危险的醉酒驾驶行为能够挽救张三的生命,说明避险行为仍在必要限度内可阻却行为的违法性,成立紧急避险。

第八讲 主观要件

一、主客观相统一

1. 行为主体

成立故意犯罪,要求行为人对自身有认识。一般而言,行为人对自身当然有认识。例如,故意杀人罪中,甲不可能对自己“人”的资格没有认识。【注意】如果是真正身份犯,要求行为人明知自己的定罪身份。例如,甲不知道自己患有严重性病去嫖娼,甲对定罪身份无认识,没有传播性病罪的故意。

2. 危害行为

这是指行为人对行为内容及其社会意义的认识。例如,甲误以为有不法侵害而进行防卫,致乙重伤。甲客观上实施的是犯罪行为,主观上以为是正当防卫。故甲没有认识到行为的内容与社会意义,缺乏犯罪故意。这也是假想防卫故意犯罪的原因。

3. 行为对象

行为人认识到特定对象,才有对其侵害的故意,如果对象是构成要件,需要明知才有故意。

例1:甲将乙当成猎物开枪射杀,甲对行为对象缺乏认识,没有杀害乙的故意。

例2:明知他人是犯罪的人而对其窝藏、包庇的,才有窝藏、包庇的故意。

例3:明知是赃物而窝藏的,才有掩饰、隐瞒犯罪所得的故意。

例4:明知对方是幼女,才有奸淫幼女的故意。若幼女乙身材高大、发育成熟,甲经其同意与之发生性关系,则甲对行为对象缺乏认识,没有奸淫幼女的故意。

例5:明知是淫秽物品,才有贩卖淫秽物品牟利的故意。甲(文盲)捡到英文书籍,以为是普通教材,到学校贩卖。甲对书籍没有正确的认识,缺乏贩卖淫秽物品牟利的故意。

【提示】不要求行为人对行为对象有非常具体的认识。例如:只要求认识到是幼女,不要求认识到具体年龄;只要求认识到是淫秽物品,不要求认识到有多么淫秽。

4. 危害结果

成立故意犯罪,要求行为人明知行为可能造成的危害结果。例如:成立故意杀人罪,要求行为人明知可能致人死亡;成立盗窃罪,要求行为人明知会侵犯他人的财产权。

【提示】有些危害结果不要求认识(明知)。例如:故意伤害致人死亡,不要求行为人明知伤害行为会导致死亡结果;如果行为人对死亡明知,就构成故意杀人罪。

5. 无违法阻却事由

成立故意犯罪,要求行为人认识到无违法性阻却事由。如果行为人以为有违法阻却事由,则无犯罪故意。例如,甲向乙借手机,乙点头,事实上乙是在与别人打招呼。甲误以为得到乙的承诺,取走其手机。甲缺乏盗窃的故意。

6. 因果关系

因果关系是行为与结果之间的发展过程,充当桥梁作用。成立故意犯罪,要求行为人认识到因果关系的两端,即危害行为与危害结果。但是,不要求其认识到因果关系发展的具体样态,即因果过程的曲折复杂。例如,甲欲杀乙,将乙推进深井,但是井中无水,乙被摔死。只要甲认识到自己的行为是杀人,可能导致死亡结果,甲就有杀人的故意。至于乙是被淹死还是摔死,不要求行为人有具体认识。

二、犯罪故意

1. 直接故意 = 明知(必然或可能) + 希望。

2. 间接故意 = 明知(可能) + 放任。

如果明知结果必然发生,只能是直接故意。例如,甲想杀乙,见乙与丙聊天,朝乙扔了一颗手榴弹,结果乙、丙均被炸死。甲对乙、丙的死亡都是直接故意。

理由:第一,甲扔手榴弹时,明知丙会死亡,认识到结果的必然性。第二,"放任"意味着危害结果可能发生或者不发生,具有不确定性。当甲扔手榴弹时,丙必死无疑,这不是放任,而是直接故意。

间接故意的类型:

(1)为实现非犯罪意图而放任结果发生。例如,为了打猎,放任猎物附近的孩子死亡。

(2)为实现犯罪意图而放任另一结果发生。例如,甲为杀妻,在食物中投毒,明知孩子可能食用,放任孩子死亡。

(3)在情绪冲动时不计后果,放任结果发生。例如,甲、乙斗殴,乙恼羞成怒拔刀刺向甲,连捅数刀,乙对甲的死伤是间接故意。

三、犯意提升(降低)

这是指行为人在实施犯罪的过程中犯意改变,导致此罪与彼罪的转化。犯意提升的特点在于:行为对象同一,并且侵害的法益同类。主观题考试可能会结合共同犯罪进行考查。例如,在共同犯罪的情况下,部分行为人犯意提升或者另起犯意,其他共犯人对此是否需要负责,核心考查有无共同的故意及行为。

例1:甲故意伤害情敌张三,但是为了独自占有阿莲,改变犯意,意图将张三杀死。(伤害的故意已经提升到杀人的故意了,成立故意杀人罪。反之亦然。)

例2:甲见李四从银行取出了10万元现金,起了抢夺之意,在抢夺过程中转化为使用暴力打李四,在李四不敢反抗的情况下拿走了现金。(从抢夺的故意提升到抢劫的故意,成立抢劫罪。)

例3:丙本来想要杀死仇人,在杀害的过程中,丙觉得上天有好生之德,认为弄残了就行,遂停止了杀人行为,造成仇人重伤。(犯意降低,成立故意杀人罪的中止。)

结论:在犯意提升的情况下,从高者。在犯意降低的情况下,从旧,按照高的定罪,仅按照一罪论处即可。

四、另起犯意(☆☆)

另起犯意是指在前一个犯罪既遂、未遂或者中止后,又另起犯意实施另一犯罪行为,因而数罪并罚。其特点在于对象不同或者侵害的法益不同类,或者说,行为对象或侵害的法益较原来计划的发生了转变。

例1:甲想要抢劫妇女张三,在使用暴力之后,发现张三长得颇有几分姿色,于是另起犯意对张三进行了强奸,对甲的行为应以抢劫罪(中止)与强奸罪定罪,数罪并罚。【正确】

例2:甲想要强奸妇女张三,于是在其饮料中下了迷药。事后,甲发现张三和闺蜜均喝了饮料晕倒了。甲打量了一下,张三闺蜜的身材更好,于是仅强奸了闺蜜。甲的行为成立对张三的强奸罪(中止)和对闺蜜的强奸罪既遂。由于同种数罪不并罚,仅定强奸罪一罪即可。【正确】

结论:原则上要数罪并罚,但在侵害的对象不同、法益同类的情况下,同种数罪不并罚。

五、无罪过事件

无罪过事件是指行为人主观上不具备可责罚性,没有故意、过失,不成立犯罪。《刑法》第16条规定,行为在客观上虽然造成了损害结果,但是不是出于故意或者过失,而是由于不可抗拒或者不能预见的原因所引起的,不是犯罪。考生要注意:

1. 无罪过事件不是违法阻却事由,阻却事由是已经成立犯罪但因为正当性把犯罪阻却了,而无罪过事件是缺乏主观要件,直接不成立犯罪。

2. 无罪过事件只是不满足主观构成要件,但可能满足因果关系等其他构成要件。如张三的行为造成了死亡结果,因为被害人是特殊体质,那么行为与结果之间是存在因果关系的。最终是否成立犯罪要看主观罪过,但无论什么罪过,都不会影响因果关系的成立,只是最后可能不会被定罪。例3就说明了这个问题。

例1:甲是血友病患者,乙对此了如指掌。为了杀死甲,乙推了甲一把,导致甲突然流血不止,最后甲死亡。乙的行为和甲死亡有因果关系,乙成立故意杀人罪。【正确】

例2:甲是血友病患者,乙对此不知情。乙在工地推了甲一把(有过失),导致甲摔倒并流血不止而亡。乙的行为和甲死亡有因果关系,乙成立过失致人死亡罪。【正确】

例3:甲是血友病患者,乙对此不知情。甲、乙同窗多年未见,乙见到甲后拍了一下,导致甲流血不止。乙的行为和甲死亡有因果关系,但乙没有故意,也没有过失,属于意外事件,不成立犯罪。【正确】

【总结】题干中如果使用了行为人过失、玩忽职守、不慎、不料、不小心、不认真负责、不注意、违反操作规则之类的词汇,一般认定为过失犯罪。题干中使用了“突然”“意外”等词汇,一般认定为意外事件。题干中如果强调某人是特殊职业,没有尽到应该的注意义务,就认定为过失。

主观题小案例

【案例1】瓜农为了防止小偷偷西瓜,给西瓜注射了毒鼠强,但是为了防止卖错瓜,于是在瓜旁边插了一个“此瓜有毒”的小旗。小偷到瓜地一看,觉得瓜农肯定是“此地无银三百两”,就把这个瓜给吃了,最后中毒身亡。

问题:试分析瓜农主观是故意还是过失?

分析思路:瓜农主观上是故意,属于间接故意。瓜农认识到注射毒鼠强的西瓜可能会毒死人,采取的避免措施并无太大效果。从注射毒鼠强来看,是放任心理(偷的话毒死活该)。从写字插小旗来看,是过于自信(根据一般常识,采取这个措施效果不大)。但瓜农加害措施的危害后果很明显,瓜农对这个结果持放任态度,属于间接故意。

【题外话】如果该行为危害到不特定多数人的生命安全,瓜农还可能涉嫌投放危险物质罪。

【案例2】吴某深夜潜入女生宿舍,意图强奸郝某某,进入宿舍发现同住的室友更有风韵,于是放弃强奸郝某某而强奸其室友。

问题:试分析吴某的行为。

分析思路:吴某应成立强奸罪中止和强奸罪既遂。同一罪名不需要数罪并罚,但人身法益具有专属性，需要单独保护，实际上成立强奸罪中止和强奸罪既遂。

【案例3】王五贪污大量公款，欲掩盖此事实，企图放火烧毁会计室。王五深夜放火时发现会计甲正在会计室睡觉，明知放火行为可能烧死会计甲，但仍然继续放火，且未对会计甲采取任何防护措施，会计甲被火烧死。王五目的为烧毁账簿，并不希望会计甲死亡，王五对会计甲的死亡结果是否具有故意？

答案参考：王五对会计甲的死亡结果具有故意。虽然王五的目的是烧毁账簿，不希望会计甲死亡，但也不是一定期待会计甲不死亡，而是对会计甲的死亡持听之任之的态度，这就是放任的心理态度。因此，王五对会计甲的死亡结果具有间接故意。

【案例4】张三、李四站在山顶欣赏美景，见山下一美女，张三玩心四起，对李四说："这块石头推下去是否能砸中那个美女？"李四说："应该不会这么准吧？"于是，二人合力将石头推下山，结果恰巧把美女砸死。张三、李四对美女的死亡持何种心理态度？

答案参考：张三、李四属于间接故意，张三、李四对结果持漠不关心的无所谓态度，或者内心决定由推石头的客观行为任意决定美女死亡与否。无论哪一种情况，张三、李四都接受了美女死亡的结果，因此，应认定为间接故意。张三、李四成立故意杀人罪。

【案例5】张三是一烤鸭店老板，某天发现李四盗窃了自己的烤鸭，张三立即乘坐出租摩托车追赶，追上李四后，便抓住李四的衣服并将其扯倒在地（行为一），随后在询问被盗烤鸭去向的过程中，用脚踢打李四的背部和头部（行为二），后李四被送往医院因伤重不治身亡。经法医鉴定，李四的死因是由于摔倒时，头部右侧倒地造成颅脑损伤死亡。张三是否构成故意杀人罪或者故意伤害罪（致人死亡）？

答案参考：张三不构成故意杀人罪或者故意伤害罪（致人死亡）。本案件中，死亡原因是由行为一造成的，但很难认定行为人对伤害结果与死亡结果是否持有故意态度。属于轻微暴力致人死亡的，只能认定为过失犯罪或者意外事件。

第九讲　事实认识错误

- 认识错误
  - 法律认识错误
  - 事实认识错误
    - 具体的事实认识错误
      - 对象错误
      - 打击错误
      - 因果关系错误
        - 狭义的因果关系错误
        - 事前的故意
        - 结果的提前发生
    - 抽象的事实认识错误
      - 对象错误
      - 打击错误

刑法上的认识错误，有法律认识错误和事实认识错误。法律认识错了，错了等于没错。事实认识错误，是指行为人的主观认识与客观事实不一致。事实认定错误解决两个问题：

第一，行为人的认识与客观事实不一致，能否成立故意犯罪。

第二，行为人的认识与客观事实不一致，能否成立犯罪既遂。

近年来，主观题中经常出现因果关系错误中“事前的故意”这一考点，进而考察观点展示内容。对象错误和打击错误也是历年主观题的常考点，尤其是结合共同犯罪来考察。

一、主客观不一致

（一）客观上的错误

例1:（对象不能犯）甲在荒郊野外，误将野兽当作仇人射杀。

例2:（对象错误）甲看到不远处的树下有个人，误以为是仇人，开枪射击，走近发现是路人丙。

（二）主观上的错误

例1:（无犯罪故意）文盲甲以为自己贩卖的是普通光碟，实际上是淫秽光碟。甲对行为对象存在认识错误，属于事实认识错误。因此，甲不成立贩卖淫秽物品罪。

例2:（有犯罪故意）猎人甲看到仇人之子和一群小朋友在草丛中捉迷藏，想要杀死他。看到草丛中有动静，甲以为是仇人之子而开枪，实际上打死的是一条狗。

（三）事实错误的类型

1. 具体的事实认识错误，是同一犯罪构成内的认识错误。这种错误在一个犯罪构成内，只涉及一个罪名，因此是小错误。

例：甲开枪杀乙，黑夜中误把丙当成乙射杀。甲主观认识的事实（以为是杀乙）与实际发生的事实（实际是杀丙）不一致，但无论是乙还是丙，都是人。这种错误在故意杀人罪的犯罪构成内，是小错误，即具体的事实认识错误。

2. 抽象的事实认识错误，不同的犯罪构成间的认识错误。这种错误超出一个犯罪构成，涉及两个罪名，因此是大错误。

例：甲欲盗窃手机，得手后发现是枪支。甲认识的事实（盗窃普通财物）与实际发生的事实（盗窃枪支）分别属于不同的犯罪构成。这种错误已经超出了同一犯罪构成，涉及两个罪名，是大错误，即抽象的事实认识错误。

（四）两种处理学说

处理事实认识错误有具体符合说和法定符合说。法定符合说曾经是主流观点，但目前两种理论存在激烈争论，是历来考试的重点。【注意】如无特别说明，按照法定符合说作答。

1. 具体符合说。

具体符合说认为，只有行为人主观认识的事实与实际发生的事实具体地相一致时，才能成立故意犯罪既遂。

例如，张三想要杀死情敌吴某某，由于没瞄准将吴某某身边的李四打死了。

主观上，张三有杀死吴某某的故意。客观上，张三没瞄准，死的是李四。

主观和客观不一致，根据具体符合说，张三不成立故意杀人罪的既遂，只能成立故意杀人罪的未遂（故意杀人罪未遂与过失致人死亡罪想象竞合，择一重罪论处）。

2. 法定符合说。

法定符合说认为，行为人主观认识的事实与实际发生的事实，只要在一个犯罪构成内相一致，就成立故意犯罪既遂。

例如,张三想要杀死情敌吴某某,由于没瞄准将吴某某身边的李四打死了。

主观上,张三有杀人的故意。客观上,死了人。

无论是吴某某还是李四,都是《刑法》第232条规定的“人”。根据法定符合说,主观上想杀人,客观上也死了人,主客观相统一,张三成立故意杀人罪既遂。

二、具体认识错误(☆☆☆☆)

(一)对象错误(主观认错了)

主观上对具体对象出现认识错误。无论按照具体符合说还是法定符合说,均不影响故意犯罪的成立。误将路人甲当作仇人杀害的,属于典型的对象错误,无论按照什么学说,行为人都成立故意杀人罪(既遂或者未遂)。

对象错误的本质:主观认识错误,指行为人对某一行为对象的身份属性等产生认识错误,如行为人误把王某写成了汪某。如在案例中,想杀的人就没出现过,由于主观原因行为人认错了。

(二)打击错误(也称方法错误,客观上导致错了)

对于行为指向的对象没有认识错误,但客观因素导致错误结果。

打击错误的本质:客观结果错误。例如,甲想杀乙,因为没有瞄准,射中乙身旁的丙,致其死亡。甲是否构成故意杀人罪既遂?

1.具体符合说。

第一,甲主观上想杀乙,杀人行为指向的也是乙,因意志以外的原因未得逞。故甲对乙成立故意杀人罪未遂。

第二,甲主观上想杀乙,实际发生的事实是丙死亡。甲的主观认识与客观事实没有具体地相一致,甲对丙的死亡无故意,也就是说,甲对丙构成过失致人死亡罪。

综上所述,甲客观上实施一个行为,因此构成故意杀人罪未遂与过失致人死亡罪,想象竞合,从一重罪处罚。

2.法定符合说。

第一,甲对乙成立故意杀人罪未遂,理由同上。

第二,甲主观上想杀乙(杀人),实际发生的事实是丙死亡(人死亡)。甲的主观认识与客观事实在故意杀人罪的犯罪构成上一致,故甲对丙构成故意杀人罪既遂。

综上所述,甲客观上实施一个行为,因此构成故意杀人罪未遂与故意杀人罪既遂,想象竞合,从一重罪处罚。

【注意】具体符合说中的“认错人”“没打准”,在法定符合说看来都无关紧要。

【结论】打击错误时,法定符合说与具体符合说处理的结论不同:法定符合说的结论是两个故意犯罪的想象竞合,具体符合说的结论是故意犯罪和过失犯罪(意外事件)的想象竞合。

(三)因果关系错误

1.狭义的因果关系错误。

这是指因果关系的发展过程与行为人预想的不一致。例如,甲想杀乙,将其推入深井,意图将其淹死,但井中无水,乙被摔死,甲成立故意犯罪既遂。

【提示】如果行为与结果没有因果关系,不是狭义的因果关系错误。甲想杀乙,刀刺乙的心脏，乙是血友病患者，因流血过多而死亡。甲预想的因果关系的发展过程为用刀直接刺死乙，实际的因果关系的发展过程为流血过多死亡，这是狭义的因果关系错误，甲构成故意杀人罪既遂。

2. 事前的故意（结果的推迟发生）。

这是指行为人误认为第一个行为造成结果，出于其他目的实施第二个行为，实际上是第二个行为导致预期结果发生。例如，甲想杀乙，致乙休克。甲以为乙已经死亡，为了毁尸灭迹，将乙抛至水中（第二个行为），实际上乙是溺水死亡。对甲如何处理？

通说认为，只要能认定第一个行为与实害结果具有刑法上的因果关系，则成立故意犯罪既遂。

3. 结果的提前发生。

这是指期望第二个行为导致实害结果，但实施的第一个行为就导致了实害结果。该情形的焦点在于第一个行为能否被认定为故意犯罪的实行行为：如果能够肯定为实行行为，则犯罪提前实现，属于因果关系错误，构成故意犯罪既遂（如果认为行为人实施第一个行为时缺乏既遂的故意，则成立故意犯罪未遂与过失犯罪的想象竞合）；否则，可能构成故意犯罪预备与过失犯罪的想象竞合。

例1：丈夫想要毒死妻子从而和小爽双宿双飞，将放了毒药的酒给妻子喝，以为妻子10个小时后必死无疑。实际上，妻子刚喝完10分钟就死了。由于妻子提前死了，所以丈夫成立故意杀人罪的预备。【错误】丈夫已经着手实施犯罪，结果发生时间早晚不影响犯罪既遂的成立，本题丈夫成立故意杀人罪既遂。

例2：丈夫想要毒死妻子从而和小爽双宿双飞，将放了毒药的酒放在酒柜中，打算第二天结婚纪念日的时候毒死妻子。不料妻子下班后想喝酒，从酒柜中拿出酒瓶一饮而尽，中毒身亡。因为是妻子自己喝的毒酒，丈夫没有着手实施杀人，故丈夫不承担故意杀人罪既遂的刑事责任。【正确】由于丈夫没有着手，且对死亡结果有过失，故成立故意杀人罪（预备）+过失致人死亡罪，想象竞合择一重罪论处。

三、抽象认识错误

（一）对象错误

这是指行为人误把甲对象当作乙对象加以侵害，而甲对象与乙对象属于不同的犯罪构成。

例如，甲想杀死乙的宠物狗，却误将乙的孩子当作宠物狗射杀。

甲主观认识的事实（杀死宠物狗）与实际发生的事实（致孩子死亡），分别属于故意毁坏财物罪与过失致人死亡罪的犯罪构成，这就是抽象错误中的对象错误。

（二）打击错误

这是指由于行为的偏差，行为人欲攻击的对象与实际受害的对象不一致，而且超出了同一犯罪构成。

例如，甲欲杀乙，但因没有瞄准，将乙身边价值万元的宠物打死。甲主观认识的事实（杀人）与实际发生的事实（毁坏财物）分别属于不同的犯罪构成。

处理方法：想象竞合，择一重罪处罚。

(三)抽象认识错误的判断技巧

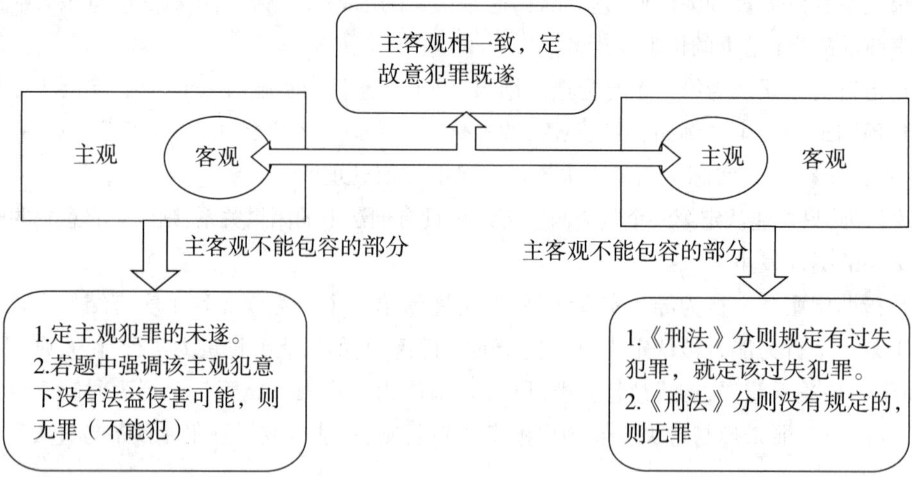

【考法一】主观超出了,超出部分定未遂。

<u>主观上犯重罪+客观上是轻罪=重罪未遂(或无罪)+轻罪既遂。</u>

例1:甲想盗窃一把枪支,实际上仅仅偷到了一个皮枪套。

例2:甲以为是活人予以强奸,实际上是尸体。

因为是一个行为,最终都要想象竞合,择一重罪处理。

【考法二】客观超出了,超出部分定过失犯罪。

<u>主观上犯轻罪+客观上是重罪=轻罪既遂+重罪过失(或无罪)。</u>

例1:甲想偷点钱,结果盗窃了一把54式手枪。

例2:甲以为是刚死的尸体,于是发生性交,但实际上是练龟息功的活人。

因为是一个行为,最终都要想象竞合,择一重罪处理。

主观题小案例

【案例1】甲想要杀死自己的杀父仇人,某日在仇人家对面用狙击步枪瞄准仇人家阳台,不料将去仇人家做客的路人甲当成仇人射杀。

问题:对甲的行为如何定性?

答案参考:甲成立故意杀人罪,属于对象认识错误。

【案例2】乙想要销售假药,实际上却是劣药,且对人体健康造成了严重危害。

问题:对乙的行为如何定性?

答案参考:乙有销售假药的故意,但客观上却销售了劣药,生产销售假药罪和生产销售劣药罪之间有刑法上的包容评价关系,根据主客观相统一原则,乙在生产销售劣药罪范围内成立既遂,而超出主观部分成立生产销售假药罪未遂,想象竞合择一重罪处理。

【案例3】事实认识错误之事前的故意,存在观点展示,以真题举例。

2010年卷四第二题:“赵某致钱某死亡的事实,在刑法理论上称为什么?刑法理论对这种情况有哪几种处理意见?你认为应当如何处理?为什么?”

2015年卷四第二题:“请根据《刑法》相关规定与刑法原理分析高某、夏某、宗某和尹某的刑事责任(要求注重说明理由,并可以同时答出不同观点和理由)。"

2016年卷四第二题:"关于赵某以为钱某已经死亡,为毁灭罪证而将钱某活埋导致其窒息死亡这一事实,可能存在哪几种主要处理意见?各自的理由是什么?"

2019年主观题试卷:"蓝某先离开了现场,洪某误以为赵某已经死亡,便将赵某扔到附近的水库,导致赵某溺死(经鉴定赵某死前头部受重伤)。"

以上题目均考查了事前故意的观点展示。

答案参考:

观点一:行为人的第一个行为成立故意杀人罪未遂,第二个行为成立过失致人死亡罪,有观点成立想象竞合犯,有人主张成立数罪。

观点二:如果在实施第二个行为之际,对于死亡持未必的故意(或间接故意),则整体上成立一个故意杀人罪既遂;如果在实施第二个行为之际,相信死亡结果已经发生,则成立故意杀人罪未遂与过失致人死亡罪。

观点三(通说):将前后两个行为视为一体,视为对因果关系的认识错误,只要因果关系发展过程是在相当的因果关系之内,就成立一个故意杀人罪既遂。

【案例4】熊大看到仇人光头强,向其开枪射击,结果打偏了,将附近散步的谢广秃打死了。

问题:试分析熊大的行为,如存在多种观点,请分别分析。

答案参考:

观点一:具体符合说。熊大对光头强成立故意杀人罪未遂,对谢广秃成立过失致人死亡罪。一个行为触犯两个罪名,想象竞合,择一重罪论处,定故意杀人罪未遂。

观点二:法定符合说。熊大对光头强成立故意杀人罪未遂,对谢广秃的死亡虽然是过失心理,但是可以看作是对谢广秃的死亡持故意心理,因此熊大对谢广秃成立故意杀人罪既遂。一个行为触犯两个罪名,想象竞合,择一重罪,定故意杀人罪既遂。

【案例5】熊大以为前方20米处的黑影是仇人光头强(实际是光头弱),向其开枪射击,结果打偏了,将附近散步的光头强打死了。

问题:试分析熊大的行为,如存在多种观点,请分别分析。

答案参考:熊大对黑影存在对象认识错误,对散步的光头强存在打击错误。由于对象错误不存在观点展示,而打击错误存在观点展示,所以我们主要分析打击错误。

观点一:具体符合说。熊大对黑影成立故意杀人罪未遂,对散步的光头强构成过失致人死亡罪。想象竞合,择一重罪,定故意杀人罪未遂。

观点二:法定符合说。熊大对黑影成立故意杀人罪未遂,对散步的光头强构成故意杀人罪既遂。想象竞合,择一重罪论处,定故意杀人罪既遂。

第十讲 主观(责任)阻却事由

一、刑事责任年龄(☆☆)

这是指刑法规定的行为人承担刑事责任必须达到的年龄。如果没有达到法定年龄,即使行为人客观上实施了法益侵害行为,主观上具有故意或者过失,也不承担刑事责任。

(一)太小绝对无责任

不满 12 周岁的人,一般不负刑事责任。

【提示】生日的第 2 天才算满周岁,12 周岁生日当天为不满 12 周岁。

(二)太老相对减责任

已满 75 周岁的人故意犯罪的,可以从轻或减轻处罚;过失犯罪的,应当从轻或者减轻处罚。

(三)完全责任年龄

《刑法》第 17 条第 1 款:已满 16 周岁的人犯罪,应当负刑事责任。

已满 16 周岁的人,对一切犯罪行为都要承担刑事责任。这包括故意、过失犯罪,作为、不作为犯罪。

(四)相对责任年龄(☆☆)

《刑法》第 17 条第 2 款:已满 14 周岁不满 16 周岁的人,犯故意杀人、故意伤害致人重伤或者死亡、强奸、抢劫、贩卖毒品、放火、爆炸、投放危险物质罪的,应当负刑事责任。

《刑法》第 17 条第 3 款:已满 12 周岁不满 14 周岁的人,犯故意杀人、故意伤害罪,致人死亡或者以特别残忍手段致人重伤造成严重残疾,情节恶劣,经最高人民检察院核准追诉的,应当负刑事责任。

1. 八种行为

《刑法》第 17 条第 2 款规定的是八种行为,而不是具体罪名。例如,拐卖妇女时又奸淫被拐卖妇女的,根据《刑法》规定,只定拐卖妇女罪,适用加重的法定刑。如果 15 周岁的甲拐卖妇女又对其奸淫,甲虽然对拐卖妇女罪不承担责任,但要对强奸行为负责,故甲构成强奸罪。

2. 具体内容

(1)故意杀人:包括转化来的故意杀人罪。例如,聚众斗殴致人死亡的,定故意杀人罪。

(2)故意伤害致人重伤、死亡:仅限重伤、死亡结果,对轻伤不负责。

(3)强奸:包括奸淫幼女和拐卖妇女过程中,奸淫被拐卖妇女。

(4)抢劫:包括准抢劫。例如,携带凶器抢夺的,定抢劫罪。【注意】不包括事后抢劫。例如,犯盗窃罪,为窝藏赃物,当场使用暴力的,定抢劫罪。对于这类抢劫,司法解释要求行为人年满 16 周岁才能构成。

(5)贩卖毒品:仅限于贩卖行为,不包括走私、运输、制造行为。

(6)放火:只有危害公共安全,才能定放火罪。

(7)爆炸:只有危害公共安全,才能定爆炸罪。

(8)投放危险物质:包括投放毒害性、放射性、传染病病原体等物质。【注意】《刑法修正案(十一)》将投毒罪修改为“投放危险物质罪”。

【提示】八种行为都是故意犯罪,但不要求有暴力。【注意】不包括绑架罪。因为绑架罪既要控制人质,又要与人质家属周旋,这个年龄阶段的行为人还不具备“斗智斗勇”的能力。

二、刑事责任能力

(一)精神病人如何担责

1. 精神病人在不能辨认或者不能控制自己行为的时候造成危险结果的,不负刑事责任;责令他的家属或者监护人严加看管和医疗,必要的时候由政府强制医疗。

2. 间歇性精神病人。

(1)在精神正常的时候犯罪,应当负刑事责任。

(2)在精神完全不正常的时候实施犯罪行为的,不承担刑事责任。

(3)在精神正常的情况下决定并着手实施犯罪,在实施过程中精神病发作丧失责任能力的,如何处理?

①如果犯罪成功,成立犯罪既遂。

②如果实际实施的犯罪与预想实施的犯罪不同,成立原计划实施的犯罪未遂。

(二)醉酒人的责任能力

《刑法》第 18 条第 4 款:醉酒的人犯罪,应当负刑事责任。

1. 生理性醉酒:直接追究刑事责任,不能从轻、减轻处罚;

2. 病理性醉酒:按精神病处理,如果行为人知道自己有这个毛病,预见自己饮酒后会实施犯罪,行为人对饮酒造成的结果应当承担刑事责任。

(三)具有生理缺陷的人的责任能力

又聋又哑的人或者盲人由于缺陷无法辨认和控制自己犯罪的,可以从轻、减轻或者免除处罚。

(四)吸毒的人的责任能力

吸毒的人具有完全责任能力,不能对其从宽处罚。饮酒是合法行为,吸毒是违法行为。根据当然解释,醉酒的人犯罪,应当负刑事责任。举轻以明重,吸毒的人犯罪,更应当负刑事责任。

三、期待可能性

期待可能性,是指根据行为时的具体情况,有可能期待行为人遵守法律。如果不可能期待行为人继续遵守法律,即使行为人实施了犯罪行为,也无罪。例如,甲犯罪后,破坏现场,毁灭证据。不能要求甲犯罪后保护现场,等待警方侦查。故甲毁坏证据的行为没有期待可能性,无罪。常考的有如下几种情况:

1. 亲亲得相首匿。

这是指近亲属之间的窝藏、包庇行为,一般不以犯罪论处或者从宽处罚。例如,甲犯罪后,甲的母亲给甲钱,帮其逃跑。法律无法期待儿子犯罪后,母亲对其横眉冷对甚至大义灭亲。因此,对母亲可以不追究窝藏罪的刑事责任或者从宽处罚。这说明期待可能性理论是关乎人性的理论。

2. 犯罪后毁灭证据、伪造证据。

这是指行为人犯罪后,毁灭、伪造自己的犯罪证据,这没有期待可能性,不构成犯罪。这里的“毁灭”“伪造”,包括自己实施,也包括唆使他人实施。

例1：甲杀人后，将尸体掩埋，伪造他人足迹。甲毁灭、伪造证据的行为没有期待可能性，不构成犯罪。

例2：甲杀人后，将凶器遗忘在现场。甲教唆乙将凶器扔在枯井中，乙照办。乙不是犯罪人，对其毁灭证据的行为有期待可能性，故乙构成帮助毁灭证据罪，但甲因没有期待可能性，不构成毁灭证据罪的教唆犯。

3. 无罪的人脱逃。

这是指原本无罪的人，被司法机关错误羁押，趁其不备又脱逃。由于原本无罪，脱逃行为没有期待可能性，行为人不构成脱逃罪。

4. 犯罪后掩饰、隐瞒犯罪所得。

这是指犯罪以后，行为人又对赃物掩饰、隐瞒。例如，甲盗窃后，又将赃物出售给他人。法律不能期待小偷盗窃后不销赃，故销赃行为没有期待可能性，甲不构成掩饰、隐瞒犯罪所得罪。

5. 共犯人的窝藏、包庇、毁灭证据。

这是指共犯之间相互窝藏或包庇以及毁灭共同犯罪证据的行为，没有期待可能性，不构成犯罪。例如，甲、乙共同盗窃后，为躲避侦查，甲、乙一起藏于甲乡下的老宅。由于甲、乙是共同犯罪，甲窝藏乙的行为没有期待可能性，不构成窝藏罪。

6. 特殊情形的重婚。

因强迫、包办婚姻或因婚后受虐待外逃，或者已婚妇女在被拐卖后，与他人形成事实婚姻的，是受客观条件所迫，没有期待可能性，不构成重婚罪。【注意】上述妇女又与他人登记结婚的，有期待可能性，成立重婚罪。

第十一讲 犯罪形态

犯罪形态，是犯罪在时间上的呈现形态，包括犯罪完成形态（既遂）和犯罪未完成形态（犯罪预备、未遂、中止）。只有（直接）故意犯罪才有犯罪形态，间接故意犯罪、过失犯罪无犯罪形态，因为间接故意犯罪和过失犯罪必须造成结果才能定罪处罚，没有造成结果的不处罚，也就不存在未遂、中止等未完成形态。弄清楚具体的犯罪形态有利于更清楚地界定犯罪，进而更好地定罪量刑，实现罪刑均衡。

法益侵害性：预备阶段的犯罪中止 < 犯罪预备 < 实行阶段的犯罪中止 < 犯罪未遂 < 犯罪既遂。

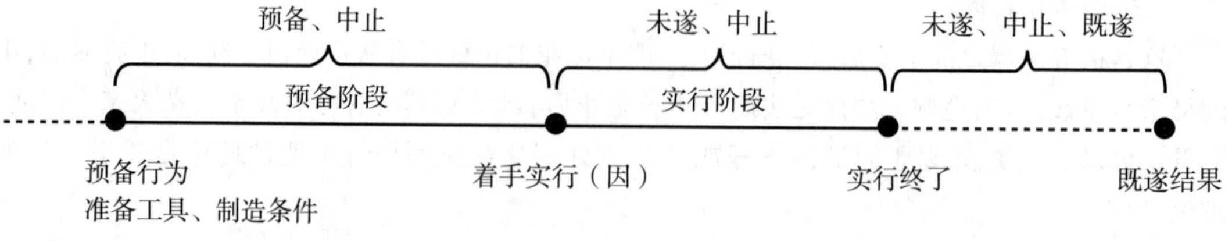

犯罪未遂与犯罪中止是常考的考点，两者都表示既遂结果没有出现。对于未遂犯而言，未出现既遂结果，违反了行为人的意志。对于中止犯而言，未出现既遂结果，符合行为人意愿，也即行为人主动停止犯罪，属于“迷途知返”，需要大大奖励。在主观题备考中，考生要对犯罪未遂、中止重点掌握。

一、犯罪预备

（一）成立条件

1. 主观上为了实行犯罪

预备行为是为实行行为做准备，即为了进一步实施实行行为。例如，甲想毒杀乙，先买了毒药。买毒药是预备行为，就是为投毒做准备。

（1）为预备行为实施的“准备”行为，不是犯罪预备。例如，甲想毒杀乙，但无钱买毒药。甲先打工挣钱，再买毒药杀乙。买毒药是杀人的预备行为，为了买毒药而打工，是为预备行为做准备。甲打工无罪，打工不是犯罪预备行为。

（2）为了实行犯罪，包括为自己实行犯罪与为他人实行犯罪。例如，乙知道甲想盗窃，为其提供一把钥匙。甲后悔，放弃盗窃。甲是预备阶段的犯罪中止，乙是犯罪预备。

2. 客观上实施了预备行为

（1）准备工具（购买凶器、制造凶器等）、制造条件（踩点、尾随被害人、出发前往犯罪现场、等候被害人到来、诱骗被害人前往犯罪现场、商议犯罪计划等）。

（2）预备行为对法益造成一定危险，如果是单纯的流露，对法益没有造成危险，则不成立犯罪。例如，辽北彪哥心仪桂花许久，某日喝多了对朋友说“桂花真有女人味，好想睡了她”。这只是彪哥犯罪思想的流露，不会对桂花造成危险。但彪哥说完后就去尾随夜里下班的桂花，则是为强奸制造条件，对法益造成抽象危险，是预备行为。

3. 未能着手实行犯罪

这包括两种情况：一是没有完成预备行为，因意志外原因无法着手实行。例如，甲在盗窃途中，中风瘫痪。二是完成预备行为，因意志外原因无法着手实行。例如，乙等候被害人出现，因行踪鬼祟，被警察抓获。

4. 自动放弃犯罪

自动放弃犯罪属于预备阶段的中止。例如，彪哥见桂花进入家门，家中正好无人。但是想到自己的行为会给桂花的工作造成不良的影响，于是放弃强奸，默默地祝福她，这属于预备阶段的犯罪中止。

（二）预备犯的处罚

《刑法》第22条第2款：对于预备犯，可以比照既遂犯从轻、减轻处罚或者免除处罚。

1. 犯罪预备行为不能直接造成侵害结果。犯罪预备行为的外部形态往往是日常生活行为，比如购买辣椒面，打算在日后抢劫时撒向被害人眼睛。如果大量处罚预备犯，就必然导致原本不是犯罪预备的日常生活行为也受到怀疑。

2. 在犯罪预备阶段，行为人可能随时放弃犯罪。只有某种预备行为的发展必然或者极有可能造成重大犯罪结果时，才有必要处罚预备犯。比如恐怖主义组织实施的犯罪预备，《刑法》第120条组织、领导、参加恐怖组织罪规定，该种行为也要受到刑罚处罚。

二、犯罪未遂(☆☆)

(一)成立条件

1. 已经着手实施犯罪

关于“着手”的判断,第六讲“因果关系”中已经详细讲解,不再赘述。

2. 犯罪未得逞

法益虽然面临危险但尚未被侵害,没有发生行为人所希望或者放任的、行为性质所决定的犯罪结果。例如,彪哥都将桂花的衣服脱了,但这个时候刚子出现将彪哥制止。彪哥是因意志以外的原因未得逞,未造成希望的强奸结果,构成犯罪未遂。

3. 由于意志以外的原因未得逞

2021 年全国卷刑法题考查了这个知识点。未遂是因意志以外的原因未得逞,而犯罪中止是行为人主观上的放弃。犯罪未遂始终违背犯罪分子意志。客观上使犯罪不可能既遂或者犯罪人认为不可能既遂因而被迫停止犯罪的因素,常见的有:

(1)自然因素:彪哥想用定时炸弹炸死搅扰好事的刚子,结果定时炸弹出故障没响。

(2)第三人因素:犯罪行为被警察或者群众发现或者行为人在实行犯罪的时候被肇事汽车撞死。

(3)行为人自身因素:想开车撞死刚子,但是车技不好自己撞路肩上了——行为能力不行;窗外传来警笛声音,以为是抓自己的,跳窗逃跑——主观认识出现错误。

(4)被害对象自身因素:彪哥猛扎刚子数十刀,以为刚子必死无疑,离开现场,结果刚子只是休克,后被救活。

(5)虽然能够继续实施相同行为,但继续实施行为不适合实现行为计划,应当否定自动性。

判断未遂的标准:行为人着手犯罪后,只要不是自动放弃犯罪,都构成犯罪未遂。

(二)犯罪未遂的类型

1. 实行终了的未遂与未实行终了的未遂

实行终了的未遂,是指行为人将其认为的达到既遂要求的全部行为实施完毕,因意志以外的原因未得逞。例如,甲向乙的食物投毒,乙中毒,丙发现后将乙送医,乙未死。甲将自己认为的构成故意杀人罪既遂的行为全部实施完毕,因意志以外的原因未得逞。

未实行终了的未遂,是指由于意志以外的原因,行为人未能将其认为的达到既遂要求的全部行为实施完毕。例如,甲强奸乙时,被乙制服。甲因意志以外的原因,没有将构成强奸罪既遂的行为全部实施完毕。

2. 能犯未遂与不能犯未遂

彪哥用满弹左轮手枪打刚子,第一枪没打到,准备开第二枪的时候被警察抓获。这是能犯的未遂。

不能犯又分为对象不能犯和手段不能犯。对象不能犯实际上不可能侵犯到特定对象,例如,行为人在荒郊野岭中把稻草人当作仇人射击,对象不能犯与对象错误不同的是,对象错误是行为人主观上认错人了。手段不能犯是这个手段压根就不能把人杀死,比如误把白糖当砒霜,拿一把玩具枪去射杀仇人。

【注意】手段不能犯和迷信犯的区别：

相同点：二者都无法益侵害性，都无罪。区别：手段不能犯，行为人选择的犯罪手段有错误；迷信犯，行为人选择的犯罪手段没有错误。

迷信犯，是指出于无知，行为人自认为"犯罪手段"会导致结果，事实上无任何法益侵害可能性。例如，甲扎面人，诅咒乙死亡。

（三）未遂犯的处理

《刑法》第23条第2款：对于未遂犯，可以比照既遂犯从轻或者减轻处罚。

三、犯罪中止（☆☆☆）

（一）成立条件

1. 时间性：在犯罪过程中。

犯罪中止，可以发生在预备阶段、实行阶段以及实行行为结束后，犯罪既遂前。

2. 自动性：自动放弃犯罪或者自动有效地防止犯罪结果发生。

放弃的动机是否高尚，不影响犯罪中止的成立。

3. 客观性：要有中止行为。

中止行为有两种：一是自动放弃犯罪行为，二是自动有效地防止犯罪结果发生。

（1）行为未实行终了：自动放弃犯罪就能中止。例如，甲骗乙的财物，见乙可怜，于是放弃。由于诈骗行为还未实行完毕，甲自动放弃犯罪，故成立诈骗罪中止。

（2）行为已实行终了：自动有效地防止犯罪结果发生才能中止。例如，甲投毒杀乙，乙疼痛难忍，甲心生怜悯将其送医，乙被救活。虽然甲的杀人行为已经实施完毕，但甲有效阻止了乙的死亡，构成故意杀人罪中止。

4. 有效性：没有发生法定的危害结果。

这是指没有发生犯罪既遂要求的危害结果，如果发生结果，一般成立犯罪既遂。例如，乙托甲买胃药，甲却将毒药交给乙。甲产生悔意后到乙家想取回毒药，乙谎称药已被服用。甲见乙无异常，未告知真相。几天后，乙服用毒药死亡。由于发生了死亡结果，即使甲有防止措施，也构成犯罪既遂。

中止行为足以防止侵害结果发生，但事实上是由与中止行为无关的其他人的行为防止侵害结果发生的，也应认定为犯罪中止。

（二）中止犯的处罚

《刑法》第24条第2款：对于中止犯，没有造成损害的，应当免除处罚；造成损害的，应当减轻处罚。

1. "造成损害"，是指造成了一定的法益侵害结果，构成了某种轻罪的既遂，但没有造成行为人原本希望或者放任的犯罪结果。如彪哥以暴力实施威胁行为后，自动中止了强奸行为，其先前行为已经侵害了桂花的性自主权，虽然没有强奸既遂，但是强制猥亵既遂了。所以对彪哥只能定强奸罪中止，减轻处罚，不能免除处罚。

2. 中止是行为人"能"达目的而"不欲（干）"，迷途知返，需要嘉奖。考试常考的中止情形：

（1）真诚悔悟，良心发现而停止。

（2）因被害人的哀求、怜悯被害人、第三人的劝说而停止。

(3)因为害怕受到法律制裁、神的处罚、鬼怪的纠缠而停止。

(4)害怕受到刑法处罚。(例外:如果刑法处罚马上起作用的,如警察就在身边,停止下来成立未遂。)

(5)因为已经实现构成要件外的目标,而放弃犯罪的,成立犯罪中止。

【案例】张三的女儿与李四的儿子谈恋爱,张三欲阻止其交往,故意向李四的儿子开了一枪,但未打中,李四儿子遂承诺不再与张三女儿来往,张三没有继续开枪。张三是否成立犯罪中止?

答案参考:张三成立犯罪中止。虽然构成要件外的目标已经实现,但张三在客观上可以继续开枪的情况下,主观上放弃了继续开枪的行为,应当认定为杀人中止。

四、犯罪既遂

(一)既遂的类型

1.结果犯。这是指发生构成要件结果的,才能构成犯罪既遂。例如,取得财物才能构成诈骗罪既遂,发生轻伤以上结果才能构成故意伤害罪既遂。

2.具体危险犯。这是指发生具体、现实危险的,才能构成既遂。例如,《刑法》第143条规定的生产、销售不符合安全标准的食品罪,只要足以造成严重的食物中毒,就构成既遂,不要求实际造成严重食物中毒。

3.抽象危险犯(行为犯)。这是指法定行为实施完毕,基于立法规定而构成既遂。例如,盗窃枪支罪是抽象危险犯,只要将枪支偷到手,无论是否使用枪支危害公共安全,都构成犯罪既遂。

(二)既遂的判断标准

1.原则。

(1)实害犯:发生实害结果则既遂,但有的实害结果本身也有程度之分,只有达到严重程度才既遂。

(2)危险犯:产生危险是犯罪成立要件,造成实害结果才是犯罪既遂。

2.例外:根据危险的严重程度进行衡量。

(1)危险与实害结果难以区分:组织、领导、参加黑社会性质组织罪。并非一旦实施组织行为就既遂,只有组织成立了黑社会性质组织(具备四个条件),才可能既遂;并非一旦参加该组织就既遂,只有参加后实施了某些违法活动才可能既遂。

(2)按照实害结果来认定既遂会造成保护法益为时过晚:诬告陷害罪。并非一旦实施了诬告陷害的行为就既遂,但是等到他人被错判下狱、陷害意图得逞才既遂会为时过晚。所以,司法机关收到并看到诬告材料时就既遂。伪证罪也是同理。

(3)有些危险犯的实害结果被规定为其他罪名的要件:危险驾驶罪,其实害结果(造成交通事故)被规定为交通肇事罪及以危险方法危害公共安全罪的要件。所以,对其便用了危险达到一定程度来衡量既遂,而不能要求造成交通事故才既遂。

【总结】只有满足特定罪名完整的逻辑结构,才能构成犯罪既遂。常考的有:

1.抢劫罪。抢劫罪的逻辑结构:强制手段→压制对方反抗→对方无法反抗放弃财物→行为人取得财物。例如,甲抢劫乙,乙逃跑,甲随后追赶。乙在逃跑时钱包不慎从身上掉下,甲拾得钱包后离开。甲虽然取得财物,但并未压制乙的反抗,故甲构成抢劫罪未遂。

2. 敲诈勒索罪。敲诈勒索罪的逻辑结构:恐吓行为→对方陷入恐惧心理→对方基于恐惧心理处分财物→行为人取得财物。例如,甲敲诈乙,乙见其可怜,给其5000元。乙没有陷入恐惧心理,也不是基于恐惧心理处分财物。故甲虽然取得财物,但构成敲诈勒索罪未遂。

3. 强奸罪。强奸罪的逻辑结构:强制手段→压制妇女反抗→妇女无法反抗→奸淫妇女。例如,甲想强奸乙,见其在单身宿舍熟睡,于是扑上去,脱衣服、掐脖子。乙正要反抗,发现竟然是爱慕已久的甲,于是假装熟睡,全程未反抗。甲并未压制乙的反抗,构成强奸罪未遂。当奸淫行为违反被害人意志,且行为人也明知奸淫行为违反被害人意志时,才能成立既遂。

第十二讲 共同犯罪

一、共犯的概念(☆☆)

共同犯罪,是指二人以上共同故意犯罪。二人以上共同过失犯罪,不以共同犯罪论处;应当负刑事责任的,按照他们所犯的罪分别处罚。

1. "两人":例如,18周岁的路人甲和11周岁的路人乙,共同抢劫富商丙。

2. "共同":只要两个行为人客观上的行为是共同的(不存在谁支配谁、谁控制谁的问题),共同推进犯罪的进行,各行为人主观上对行为的意义能够基本了解(知道自己是在干坏事),交换意思、互相帮助,即便两个人的罪名完全不一致,甚至有一方最终因为没有达到责任年龄而不构成犯罪,二者也成立共同犯罪(只要有共同犯罪行为,无须共同具备有责性;不需要罪名一致就可以构成共同犯罪)。

3. "故意":交通事故发生后,车辆的所有人、乘车人、单位主管人,命令或指示驾驶员逃逸,并因逃逸使受害人得不到及时救助而死亡的,车辆的所有人、乘车人、单位主管人成立交通肇事罪的共同犯罪,法定刑为7年以上有期徒刑;如果最后法医鉴定就算救助及时也一样会死的,则不构成交通肇事罪的共同犯罪。

4. "犯罪":两阶层理论——客观上要符合违法层面,但能否承担责任还要看是否符合主观有责层面。

二、共犯的本质

1. 共同(正犯)犯罪的本质:解决法益侵害结果的归属问题,也即多个行为人共同导致法益侵害结果时,应算到谁的头上?

例如,辽北彪哥、刚子相约杀死共同的仇人三虎,同时开枪。彪哥击中三虎的头部,致其死亡,刚子未击中。三虎的死亡结果应归属于谁的行为?

共同犯罪的理论价值是:虽然刚子未击中,法益侵害结果也要算到刚子的头上。

2. 违法的连带性:当各共犯参与人都与结果有因果性时,他们都要对结果负责。因果性就像一条绳子,将共犯参与人串在一起,连带着对结果负责。也就是说,他们都是结果发生的原因,共同对结果负责。

(1)“对结果负责”不是指负刑事责任,而是指当共犯参与人共同导致结果时,结果应归属于各共犯参与人,是因果关系意义上的结果归属。

(2)违法连带的例外:自损行为。

例如,辽北彪哥、刚子、三虎共谋抢劫。三人合计:如果有人反抗就立马枪杀。三人抢劫的时候,彪哥误以为旁边的三虎是反抗的被害人,开枪致三虎重伤。由于三人构成共同犯罪,彪哥的杀人行为就是刚子、三虎的杀人行为,彪哥的杀人故意就是刚子、三虎的杀人故意,故彪哥构成故意杀人罪未遂,刚子、三虎也构成故意杀人罪未遂。但是,这相当于三虎在杀人故意下朝自己开枪,致自己重伤。故三虎不构成故意杀人罪未遂,这是违法连带唯一的例外。

3. 责任的个别性:解决共犯参与人对客观上造成的法益侵害结果是否承担刑事责任的问题。

例如,彪哥想杀三虎,刚子想伤害三虎,最终彪哥、刚子共同将三虎打死了。彪哥、刚子在共同故意范围内成立共同犯罪。彪哥构成故意杀人罪,刚子构成故意伤害致人死亡罪。二人有共同的伤害行为,成立共同犯罪。

三、共犯的责任(☆☆☆)

1. 原则:部分实行,全部责任(针对正犯)。

2. 例外:实行过剩。

(1)概念:共同犯罪中部分正犯的行为超出了共同犯罪的范围,可见只有正犯(实行犯)才可能超出。

(2)判断标准:

①客观条件:共同部分与超出部分有无物理或心理上的类型化的因果关系。

②主观条件:未过剩者对超过的部分没有过失、故意。

四、间接正犯(☆☆)

间接正犯是指将他人作为犯罪的工具,通过支配他人实施犯罪。间接正犯的成立条件:一是客观上对实行者有支配力,二是主观上对实行者有支配的故意。

(一)间接正犯的类型

间接正犯也是正犯,要对实行者具有支配力。

1. 利用无刑事责任能力、未达到刑事责任年龄的人实施犯罪:让智力障碍者进行强奸,间接正犯不管是男性还是女性,都构成强奸罪。

2. 利用他人不属于犯罪行为的身体的动作:明知甲梦游切西瓜,还安排甲与被害人在一起睡觉,并放上刀——间接正犯,构成故意杀人罪(致死的)。

3. 利用他人不知情的行为:隐瞒屏风后面有人,让人射击;医生将有毒针剂谎称是治疗最佳药物,欺骗护士铁钢给病人注射,致病人死亡。

4. 利用被害人自身的行为:告诉孩子从楼上跳下去就能飞,孩子跳了,行为人是间接正犯。但是让正常成年人跳,正常人跳了,行为人不构成犯罪。因为正常人有能力选择不跳,行为人对其没有支配地位,但是对孩子是有支配地位的。

5. 法律拟制的支配力：警察甲得知健身教练乙与嫌疑人丙有仇，便请乙殴打丙以逼取供述，乙欣然接受，致丙重伤。

(1)就故意伤害罪而言，甲并未通过欺骗或胁迫方式支配乙的行为，故乙是故意伤害罪的实行犯，甲是故意伤害罪的教唆犯。

(2)就刑讯逼供罪而言，乙没有司法工作人员的身份，不能构成刑讯逼供罪的实行犯，甲并未通过欺骗或胁迫方式支配乙的行为，原应构成刑讯逼供罪的教唆犯，但是由于乙不是实行犯，如果甲也不是实行犯，无法定罪，因此只能对甲定刑讯逼供罪的间接正犯，甲对乙的支配力来自法律的拟制。

综上所述，甲构成刑讯逼供罪的间接正犯与故意伤害罪的教唆犯，乙构成故意伤害罪的实行犯与刑讯逼供罪的帮助犯，两人都是想象竞合犯，从一重罪处罚。

(二)间接正犯的责任

1. 间接正犯的着手：被利用者着手实行犯罪。例如，甲教唆3岁的乙盗窃，乙着手盗窃时，即为甲盗窃罪的着手。

2. 间接正犯的既遂：被利用者完成犯罪。例如，甲教唆3岁的乙盗窃，乙偷到手后，即使还未来得及将财物交给甲，由于乙已经完成盗窃，故甲构成盗窃罪间接正犯既遂。

3. 间接正犯的责任承担：甲教唆3岁的乙盗窃，乙盗窃10万元财物，甲构成间接正犯，犯罪数额为10万元。

五、教唆犯(☆☆☆)

在客观阶层，教唆犯要引起实行者着手实行犯罪；在主观阶层，教唆犯要有教唆他人犯罪的故意。也就是说，客观上有教唆行为，主观上有教唆故意，主客观相一致时，才能成立教唆犯。

(一)教唆犯构成要件

1. 客观阶层：有教唆行为。

(1)教唆的对象：教唆的对象必须具有规范意识、责任能力，但不要求其达到责任年龄。教唆对象必须特定，让他从无心犯罪到有心犯罪。说者无心，听者有意不算教唆。

(2)教唆的行为：引起实行者着手实行犯罪。

2. 主观阶层：有教唆故意。

教唆故意有两层含义：一是教唆行为本身的故意，这是指故意教唆正犯着手实行犯罪(过失教唆无罪)。二是教唆正犯实施故意犯罪。如果故意教唆正犯实施过失犯罪，成立间接正犯。

3. 如果被教唆的人没有犯被教唆的罪，对于教唆犯，可以从轻或者减轻处罚。此处存在观点争议：

旧理论认为：即使被教唆者没有犯罪，教唆者也构成犯罪，只是可以从轻或者减轻处罚。这是共犯独立性的立场，是错误的。

张明楷老师认为：被教唆的人(实行犯)已经着手实行了犯罪，但是没有达到既遂的程度，只是未遂或者中止了，所以可以从宽处罚。这是共犯从属性的观点，法考采取该观点。

2009年的刑法主观题：乙教唆甲抢劫甲的情妇丙的钱，甲说“不可以！”，乙未再吭声。几天后，甲去丙家约会的时候，临时起意抢劫了丙的钱。第一，甲拒绝接受教唆。乙不构成教唆犯，不能给乙定教唆犯未遂。第二，甲几天后的抢劫罪是单独犯罪，与乙无关。不能因为甲抢劫既遂了，就给乙定抢劫罪的教唆犯既遂。

（二）教唆行为的正犯化

教唆行为都是由《刑法》总则规定的，如果某种教唆行为由《刑法》分则单独规定，并配备了独立的法定刑，就成了独立的罪名。常见的教唆犯正犯化的罪名有：

1.《刑法》第 103 条第 2 款：煽动分裂国家罪。

2.《刑法》第 105 条第 2 款：煽动颠覆国家政权罪。

3.《刑法》第 301 条第 2 款：引诱未成年人聚众淫乱罪。

4.《刑法》第 307 条第 1 款：妨害作证罪（引诱证人违背事实改变证言或作伪证）。

5.《刑法》第 353 条第 1 款：引诱、教唆他人吸毒罪。

6.《刑法》第 359 条第 1 款：引诱卖淫罪。

（三）教唆犯的处罚

1. 对于教唆犯，我国刑法对其没有独立的处罚原则，而是根据教唆犯在共同犯罪中所起的作用大小将其分为主犯、从犯来处罚。

2. 教唆不满 18 周岁的人犯罪的，从重处罚。

3. 被教唆的人没有犯被教唆的罪的，对教唆犯可以从轻或者减轻处罚。

六、帮助犯（☆☆☆）

帮助正犯的，是帮助犯。成立帮助犯，要求有帮助的行为与帮助的故意，共犯从属性原理还要求被帮助者着手实行了犯罪。

（一）帮助犯构成要件

1. 客观阶层：有帮助行为。

（1）帮助的时间：事前的帮助、事中的帮助、事前约定事后帮助。

（2）帮助的形式：物理帮助（提供工具，踩点）、心理帮助（提供建议，强化犯意）。

2. 主观阶层：有帮助故意。

帮助故意有两层含义：一是帮助行为本身的故意，这是指故意帮助正犯着手实行犯罪（过失帮助无罪）。二是帮助正犯实施故意犯罪。如果故意帮助正犯实施过失犯罪，成立间接正犯。

【总结】教唆犯、帮助犯与间接正犯的关系。

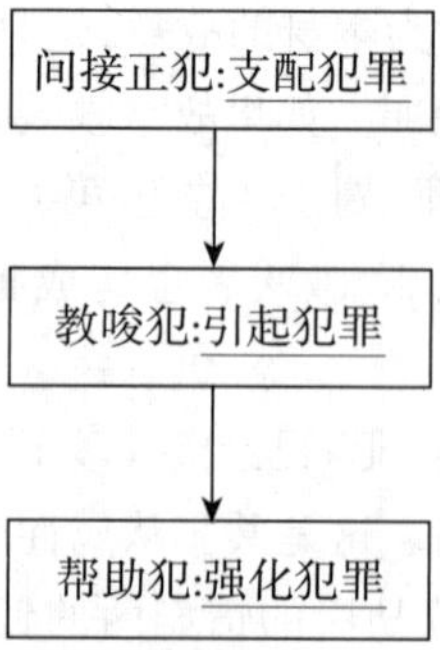

（二）帮助犯的正犯化

如果某种帮助行为由《刑法》分则单独规定，并设置独立的法定刑，就成了独立的罪名。常见的帮助犯正犯化的罪名有：

1.《刑法》第 107 条:资助危害国家安全犯罪活动罪。

2.《刑法》第 120 条之一:帮助恐怖活动罪。

3.《刑法》第 229 条:提供虚假证明文件罪。

4.《刑法》第 306 条:辩护人、诉讼代理人毁灭证据、伪造证据、妨害作证罪。

5.《刑法》第 307 条第 2 款:帮助毁灭、伪造证据罪。

6.《刑法》第 320 条:提供伪造、变造的出入境证件罪。

7.《刑法》第 358 条第 4 款:协助组织卖淫罪(相对正当化)。

8.《刑法》第 407 条:违法发放林木采伐许可证罪。

9.《刑法》第 411 条:放纵走私罪。

10.《刑法》第 417 条:帮助犯罪分子逃避处罚罪。

(三)帮助犯的既遂

1. 实行犯制造了既遂的结果(行为人已经既遂);

2. 帮助行为与既遂有因果关系(没有因果关系时,是帮助犯的未遂)。

同时满足两点才构成帮助犯的既遂。

七、实行过限(☆☆☆☆☆)

1. 甲、乙共谋去入户抢劫,控制住被害人后,甲上楼去寻找财物。不想乙背着甲顺便又对被害人劫了个色。乙强奸的行为超出了共同犯罪的范围,责任自负,甲不负责。

2. 甲教唆乙去入户盗窃,乙却入户抢劫。甲对抢劫行为不负责,但是对财产损失的结果要负责,即甲、乙在盗窃罪范围内成立共同犯罪,甲是盗窃罪的教唆犯,乙成立抢劫罪。

【总结】原则上对超出行为不负责,但超出的结果如果与之前共谋行为有类型化关系就要对结果负责。

例 1:甲、乙共谋盗窃,甲在门口望风,乙入户盗窃,但乙入户后被发现,为了抗拒抓捕将被害人打成重伤,取走了财物就和甲跑了。甲对室内发生的事情不知情。甲不对抢劫的结果负责,仅构成盗窃罪。【错误】甲、乙有盗窃罪的共犯故意,虽然乙转化为抢劫了,但是甲、乙二人在盗窃罪范围成立共同犯罪,甲构成盗窃罪,乙构成抢劫罪既遂,并适用致人重伤的法定刑。但二人对取得财物这个结果都要负责,即二人罪名不同,既遂的数额是一样的。

例 2:甲、乙想要控制丙,让丙偿还赌债,甲在门口望风,乙在室内看守。其间乙使用暴力将丙打死。由于甲一直在门口,对死亡结果不负责。【错误】甲、乙有非法拘禁的共同故意,虽然是乙把人打死的,但甲对死亡结果也要承担刑事责任,二人在非法拘禁范围内成立共同犯罪,甲成立非法拘禁罪,承担致人死亡的刑事责任。乙成立故意杀人罪(转化了)。

八、共犯的形态(☆☆☆☆☆)

(一)承继的共同犯罪

承继的共同犯罪,是指前行为人已经着手犯罪,后行为人中途加入。后行为人如果与前行为人共同实行,就是承继的共同正犯;如果对前行为人进行帮助,就是承继的帮助犯。【注意】前行为人已着手犯罪,有犯罪故意,不存在承继的教唆。

1. 承继的时间

只能存在于犯罪既遂前。犯罪既遂后对正犯的帮助,构成窝藏罪、包庇罪等;帮助处理赃物的,构成掩饰、隐瞒犯罪所得罪等。这些都是独立的犯罪,不再是共犯。

2. 承继的方式

(1)在诈骗、敲诈勒索之类的犯罪中,前行为人实施欺骗、恐吓行为之后,后行为人只是参与接受财物的,应认定为承继的帮助犯。例如,在甲诈骗乙的过程中,丙知情并为甲提供账户。丙的帮助行为与甲的诈骗行为及结果有因果关系,丙构成诈骗罪承继的帮助犯。

(2)在抢劫罪中,前行为人实施了暴力、胁迫等行为,后行为人参与取走财物,后行为人成立承继的共同犯罪。至于后行为人是承继的共同正犯还是承继的帮助犯,则取决于其所起的实质作用。

(3)在强奸罪中,后行为人参与部分行为,应按照前行为人的行为性质认定。

(4)在结合犯中,后行为人仅参与后一犯罪的,不构成结合犯,仅成立后一犯罪。

3. 责任的承担

(1)原则:先行为人导致的结果,后行为人不承担责任。

(2)例外:

①能证明后行为人参与后共同行为引发的结果,无论是谁导致的,两人都承担责任。

②能证明结果是其中一人导致,但查不清是谁,先行为人承担责任,后行为人不承担。

(二)片面的共同犯罪

这是指在同一犯罪中,甲认识到自己在和乙共同犯罪,乙却没有认识到自己在和甲共同犯罪(也就是传说中的“一厢情愿”)。

1. 片面共犯的分类

(1)片面的共同实行犯(正犯),即实行的一方没有认识到另一方的“实行”行为,即彼此之间没有“意思交互”。

(2)片面的教唆,被教唆者没有意识到自己被教唆的情况。例如,甲将乙的妻子丙与他人通奸的照片和一支枪放在乙的桌子上,欲教唆乙杀害丙。乙看见后立即产生杀人故意,将丙杀死。但乙并没有认识到自己是被甲“教唆”而实施犯罪。

(3)片面的帮助行为,即实行的一方没有认识到另一方的“帮助”行为(非实行行为)。例如,甲明知乙正在追杀丙,由于其与丙有仇,便暗中设置障碍物将丙绊倒,从而“帮助”乙顺利地杀害丙。

2. 片面共犯的处罚

对知情的一方适用共同犯罪的处罚原则,对不知情的一方不适用。

(三)不作为的共同犯罪

不作为的共同犯罪,有两种类型。

1. 不作为的共同正犯

例1:甲、乙见儿子落水,都袖手旁观,致使儿子溺亡。甲、乙构成不作为的故意杀人罪,是不作为的共同正犯。

例2:甲毒杀儿子,妻子乙有能力而不制止。甲构成作为的故意杀人罪,乙构成不作为的故意杀人罪。甲、乙构成故意杀人罪的共同正犯。

2. 不作为犯罪的共犯

(1)不作为的实行犯+作为的教唆犯。例如,甲跑步时不慎撞倒老人,致其重伤,如不及时救助,老人会流血过多死亡。乙唆使甲逃跑,甲接受教唆,老人死亡。甲是不作为故意杀人罪的实行犯,乙构成不作为故意杀人罪的教唆犯。甲是不作为的实行,乙是作为的教唆。

(2)不作为的实行犯+作为的帮助犯。例如,甲产下私生子,请邻居乙将孩子丢弃在火车站。甲是遗弃罪的实行犯,乙是遗弃罪的帮助犯。甲是不作为的实行,乙是作为的帮助。

(3)作为的实行犯+不作为的帮助犯。例如,甲是剧场的负责人,看到乙组织淫秽表演而不制止。乙是组织淫秽表演罪的实行犯,甲是组织淫秽表演罪的帮助犯。乙是作为的实行,甲是不作为的帮助。

(4)作为的实行犯+不作为的教唆犯。由于不作为难以构成教唆犯,故这种情形不存在。例如,甲知道乙追求丙被拒绝,开玩笑地对乙说:“如果你强奸了丙,丙自然就会和你谈恋爱。”乙信以为真,强奸了丙,甲在现场没有制止。甲对乙开玩笑时,没有教唆乙强奸的故意,不构成强奸罪的教唆犯。甲因为先行行为负有阻止乙强奸的义务,但乙强奸的意思不是由甲的不作为引起的,这不是不作为的教唆,对甲只能认定为强奸罪的帮助犯或者共同正犯。

九、共犯认识错误问题(☆☆☆☆☆)

1. 正犯中的认识错误,重点阐述同一个构成要件中的错误(具体认识错误)

例1:张三、李四二人以杀人的故意向吴某开枪,致其死亡。后来发现死者是路人甲。此为对象认识错误,不论根据具体符合说还是法定符合说,均成立故意杀人罪既遂。【正确】

例2:张三、李四二人以杀人的故意向吴某开枪,均没有打中吴某。李四误击中吴某身边的路人乙,致其死亡。不论根据何种学说,均成立过失致人死亡罪。【错误】此种情况属于打击错误,根据法定符合说,均成立故意杀人罪既遂。根据具体符合说,均成立故意杀人罪(未遂),由于过失没有共同犯罪,李四单独对路人乙成立过失致人死亡罪,一个行为造成两个后果,属于想象竞合。

例3:张三、李四二人以杀人的故意向吴某开枪,误打中吴某身边的路人丙,致其死亡。按照法定符合说,二人均成立故意杀人罪的既遂。按照具体符合说,对于吴某的死亡,二人均成立故意杀人罪(未遂),对于路人丙的死亡,二人均存在过失,如果路人丙只中一弹,无法区分是谁射出的,按照具体符合说,只能认为二人对路人丙的死亡都不负责任。【正确】

2. 共犯中的认识错误,重点阐述教唆犯中的认识错误

例1:甲教唆乙杀死仇人吴某,乙以为路人丙是吴某,将其杀害。甲想要让乙杀死吴某,但是吴某没出现,客观上路人丙死了,属于打击错误,根据法定符合说,甲成立故意杀人罪的教唆既遂。但是乙主观上认错人了,属于对象错误。【正确】

例2:甲教唆乙杀死仇人吴某,乙看到吴某后开枪,但是由于枪法不准,打死了旁边的路人丁。甲想要杀死吴某,但客观上路人丁死了,属于打击错误。根据法定符合说,甲成立故意杀人罪的教唆既遂。乙由于枪法不准,客观上把路人丁杀死了,也是打击错误。【正确】

例3:甲主观上想教唆乙杀死吴某,实际上乙早就有杀死吴某的犯罪意图,所以乙假意答应,将吴某杀死。甲客观上对乙杀人只起到了帮助作用,由于教唆的本质是创造犯意,强化犯意属于帮助犯,故甲在教唆和帮助的范围内重合,成立故意杀人罪的帮助犯。【正确】

3. 间接正犯中的认识错误

例1:甲以为乙也就10岁,教唆乙去盗窃,实际上乙已经18岁了。由于教唆犯和间接正犯在利用

他人犯罪这个方面有重合的地方,可以把间接正犯当成特殊的教唆。因此,甲主观上有教唆他人犯罪的故意,客观上也达到了利用的效果,主客观范围内教唆重合,甲构成盗窃罪的教唆犯。【正确】

例2:甲想要杀死吴某,将有毒的饮料交给自己的员工乙保管,并且对乙说,“如果看到吴某,你就将这个有毒的饮料给我”。某日吴某果真来找甲,乙以帮助的故意将有毒饮料递给了甲,但是此时甲已经忘了饮料有毒的事情,在缺乏杀人故意的情况下将饮料递给了吴某喝,最后吴某死亡。间接正犯和帮助犯在帮助犯的强化犯罪中是重合的,因此乙构成故意杀人罪的帮助犯。【正确】

例3:乙让11岁的甲进入某办公楼盗窃他人财物,甲正要进入办公楼时,巧遇同龄的丙,便邀丙一起行动,丙同意后,二人一起进入办公楼盗窃,甲窃取一台价值9000元的笔记本电脑,丙窃取一部价值4000元的手机。间接正犯必须对被利用者所造成的法益侵害结果承担正犯的责任,故乙的盗窃数额认定为1.3万元。【正确】

例4:普通公民甲欺骗国家工作人员乙,以购买住房需要现金为由借款,并承诺10日内归还,乙于是挪用公款给甲。甲将该款用于贩卖毒品,并于10日之内将该款项归还给了乙,乙并不知情这一真相。对于真正身份犯而言,直接正犯、间接正犯都需要具有特定身份。甲不具有国家工作人员身份,因此,甲的行为仅成立挪用公款罪的教唆犯,不构成挪用公款罪的间接正犯。【正确】

例5:甲声称要盗窃丙的财物,要求乙为其提供入户盗窃所需工具,乙将工具给甲后,甲使用该工具对丙住所实施抢劫行为,劫取了价值2万元的财物。对于甲、乙犯罪的认定,采用以正犯为中心认定共犯的原则,甲构成抢劫罪,乙构成盗窃罪。【正确】

例6:甲欲盗窃乙放置在游泳馆里的救生圈,丙知情并为甲提供了盗窃工具,但甲盗窃时心跳莫名加速,误将丙放置在游泳馆的救生圈当作乙的救生圈盗走。实行犯的认识错误对于教唆犯、帮助犯而言,都是打击错误;法律不会评价一个人给自己造成的损害事实。因此,甲构成盗窃罪既遂,丙构成盗窃罪预备。【正确】

主观题小案例

【案例1】钱某持刀抢劫沈某,将沈某控制后,吴某加入并帮钱某取得了财物,沈某被钱某伤害,流血过多,抢救无效死亡。

问题:试分析钱某和吴某的行为。

答案参考:钱某、吴某成立抢劫罪共犯。钱某成立抢劫罪并适用致人死亡的加重刑。

依据刑法规定,以非法占有为目的,使用暴力控制他人劫取财物的成立抢劫罪,抢劫致人重伤、死亡,需要承担抢劫罪的加重刑。吴某中途加入,仅对加入以后的结果负责,但死亡结果是加入前钱某所致。

【案例2】大憨和二憨应当预见山下可能有人走过,但是没有预见,共同从山顶上推下去一块石头,结果砸死了吴某。

问题:试分析大憨、二憨的行为。

答案参考:不构成共犯,分别定过失致人死亡罪。

刑法规定两人以上共同故意犯罪成立共同犯罪。大憨、二憨虽然有共同行为,但是没共同的故意,属于共同过失。二人应当负刑事责任,按照他们所犯的罪分别处罚,应分别定过失致人死亡罪。

【案例3】甲、乙共谋要教训一下共同的仇人吴某,因为甲有夺妻之恨,所以暗藏杀人之心,但是并没有和乙说。某日,二人共同去找王某,和王某说:“听说吴某别墅中有巨款,我们入户盗窃,你在门口望风，事成之后，三人平分钱财。”王某欣然答应，并在门口望风，甲、乙进入别墅后对吴某实施暴力致其死亡。

问题：试分析本案中甲、乙、王某的行为。

答案参考：甲、乙在故意伤害罪范围内成立共同犯罪，甲成立故意杀人罪，乙成立故意伤害罪（致人死亡），王某不构成犯罪。

依据刑法规定，两人以上共同故意伤害他人，成立故意伤害罪的共同犯罪。甲主观上有杀人的故意，乙仅有伤害的故意，故甲成立故意杀人罪，乙成立故意伤害罪（致人死亡）。王某主观上有盗窃的故意，但是客观上没有盗窃行为，所以不符合刑法关于盗窃罪的规定，不成立盗窃罪。

【案例4】张三教唆李四："大强是坏人，你将这个毒药给他喝。"李四却听成"大强是病人，你将这个土药给他喝"，李四遂将毒药给大强服用，导致大强中毒身亡，但李四主观无杀人故意。张三是否构成故意杀人罪的教唆犯？

答案参考：张三构成故意杀人罪的教唆犯。李四在客观上实施了符合构成要件的违法行为，而其实施该行为的意思是由张三的教唆行为导致的，张三、李四在客观层面成立共犯；李四在主观层面没有犯罪故意，因此，张三单独成立故意杀人罪的教唆犯。

【案例5】大强与菜花暧昧已久，菜花教唆大强用毒药杀害自己的妻子。大强接受了菜花的教唆，准备用毒牛奶杀害自己的妻子。大强将毒牛奶递给妻子，妻子不知道牛奶有毒，此时，孩子想要喝妻子手中的牛奶，妻子便随手递给孩子饮用。大强看着妻子把牛奶递给孩子，就说了一句"不要把牛奶给孩子喝"，但他没有作出其他任何阻止行为，孩子喝完牛奶后死亡。菜花的行为构成何罪？

答案参考：菜花构成故意杀人罪（未遂）的教唆犯。大强孩子的死亡是大强的不作为造成的，不是菜花的教唆行为导致的，因此，不能肯定菜花的教唆行为与大强孩子的死亡结果之间具有因果关系。所以，菜花对大强孩子的死亡不承担教唆犯的责任，只对大强的妻子承担故意杀人罪（未遂）的教唆责任。

【案例6】张三欲入户盗窃大强的财物，让李四将大强家的钥匙放在自家门口的花盆里，李四答应后却误将钥匙放在了别人家花盆里。张三盗窃前未找到钥匙，于是采用其他方法入户盗窃了大强家的财物。如何评价李四的行为？

答案参考：李四无罪。李四的帮助行为与张三的盗窃行为和盗窃结果之间没有因果关系，李四对法益侵害没有起到任何作用，所以，李四无罪。

延伸扩展

在刚刚的案例3中，有的同学觉得甲、乙的"入户"行为是违法的，且王某有入户的主观故意，客观上为共犯入户提供帮助，可以定非法侵入住宅罪。甲、乙的故意伤害罪（共同犯罪）已经吸收了非法侵入住宅罪，但王某的非法侵入住宅行为没有被吸收掉。所以，回答三个人在非法侵入住宅罪范围成立共同犯罪也是正确的，对于王某认定非法侵入住宅罪也可以的。答案参考如下：

王某成立非法侵入住宅罪。甲、乙二人入户对吴某实施暴力，在故意伤害罪范围内成立共同犯罪，甲成立故意杀人罪，乙成立故意伤害罪（致人死亡）。甲、乙同时也触犯了非法侵入住宅罪，非法侵入住宅罪被故意伤害罪吸收。但是，王某主观上没有伤害的故意，仅有入户盗窃的故意，入户盗窃和非法侵入住宅有一部分是重合的，王某虽然不构成盗窃罪，但是成立非法侵入住宅罪。

【案例1】甲教唆乙去殴打仇人丙，但是乙认错了人，把张三当成了丙，把张三打成重伤。

问题：试分析甲、乙的行为。

答案参考：甲、乙成立故意伤害罪的共同犯罪，甲是教唆犯。

我国刑法规定，在共犯中存在认识错误，导致危害结果发生时，根据所犯之罪分别定罪量刑即可。本案中乙认错了人属于对象认识错误，实施教唆行为的甲属于打击错误。但二人成立共同犯罪，根据刑法规定，一人既遂全部既遂。

【案例2】甲、乙共同去吴某别墅盗窃，甲在外望风，乙在盗窃过程中发现都某某正在别墅内睡觉，于是临时起意将其强奸。

问题：试分析甲、乙的行为。

答案参考：甲、乙在盗窃罪范围内成立共同犯罪。乙的强奸行为属于实行过限，成立强奸罪。

依据刑法规定，两人以上共同故意犯罪的，构成共同犯罪。甲、乙共谋盗窃行为成立盗窃罪的共同犯罪。乙强奸都某某的行为属于实行过限，对此甲不承担刑事责任。所以，甲成立盗窃罪，乙成立盗窃罪、强奸罪，应数罪并罚。

【案例3】甲、乙共谋去教训一下丙，乙在门外望风，甲在伤害丙的过程中突然想要杀死丙，于是连续用刀刺丙的要害，致丙死亡。

问题：乙是否对丙死亡结果负责，为什么？

答案参考：甲、乙在故意伤害罪范围内成立共同犯罪，甲成立故意杀人罪，乙成立故意伤害罪（致人死亡）。

甲、乙二人共谋伤害丙，依法成立故意伤害的共同犯罪，甲的杀人行为属于实行过限，超过了共谋的范围。但是故意杀人和故意伤害两者具有包容关系，乙需要对死亡结果负责，故乙承担故意伤害致人死亡的刑事责任。

【案例4】甲想要入户抢劫吴某，担心自己没办法进入吴某的别墅。于是找到乙，对乙说："我要去吴某家入户盗窃，但是担心打不开门，能否帮忙做一把钥匙，我们一起发点财。"乙觉得甲这是看得起自己，于是利用祖传的开锁手艺做了一把万能钥匙给了甲。次日，二人见面一起去吴某别墅，乙担心坐牢，于是对甲说：我突然想起今天要祭祖，你自己去吧。无奈，甲一个人进入别墅，抢了80万元。

问题：试分析甲、乙的行为。

答案参考：甲、乙在盗窃罪范围内成立共同犯罪，甲成立抢劫罪（既遂），乙成立盗窃罪（既遂）。既遂数额均为80万元。

我国刑法对抢劫罪和盗窃罪有明文规定，二者之间有包容关系。两人以上共同故意犯罪成立共同犯罪。本案中甲依法成立抢劫罪，乙成立盗窃罪。乙虽然中途没去，但是并没有明确退出也未取回钥匙，因此不属于共犯脱离。根据一人既遂整体既遂的规定，二人均既遂。

【案例5】甲、乙想要干点来钱快的事，于是想要绑架富商钱某的儿子。但是担心人手不够，于是找到丙，和丙说钱某欠钱不还，能否请丙把钱某的儿子弄来，然后逼迫钱某还债。丙按照甲提供的线索把钱某的儿子骗到自己的住所看管起来。

问题：试分析甲、乙、丙的行为。

答案参考：甲、乙、丙在非法拘禁范围内成立共同犯罪，甲、乙成立绑架罪，丙成立非法拘禁罪。

刑法规定，非法控制人质，向第三人提出不法要求的行为构成绑架罪。甲、乙共谋绑架，并利用不知情的丙实施拘禁人质行为，依法成立绑架罪（共犯）。丙被利用，仅有非法拘禁的故意，依法成立非法拘禁罪。

第十三讲　罪　　数

罪数论是刑法中比较复杂的知识点，它主要解决行为人实施犯罪行为之后如何定罪的问题。常考的知识点是想象竞合犯、结合犯、结果加重犯（特殊的法条竞合关系），前文已讲述。

一、罪数体系

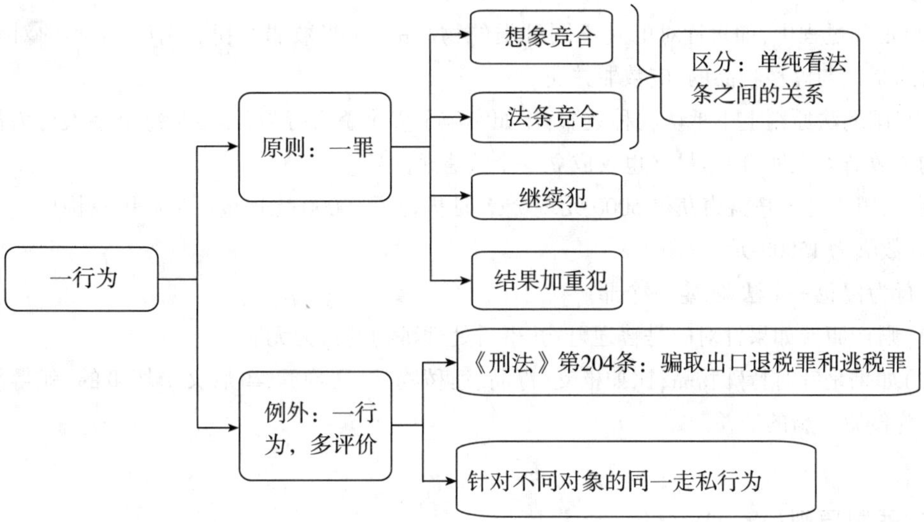

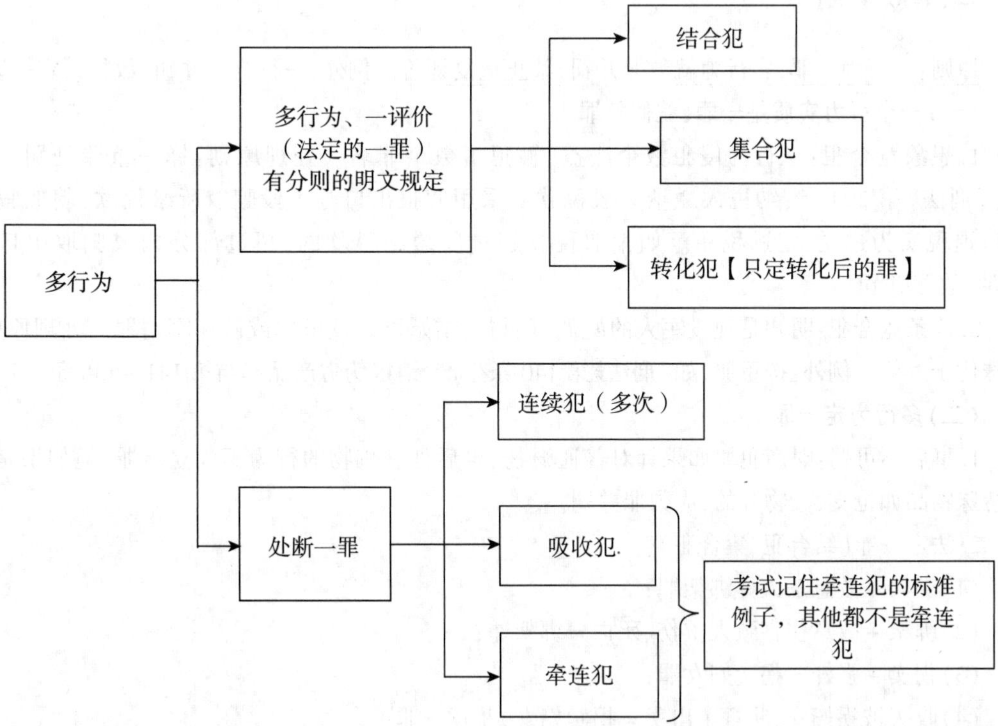

1. 行为人实施一个行为,原则上只能定一罪。

行为是一个还是数个,以法律规定为准,而不能自己数。例如,甲基于非法占有乙财物的故意,把乙打晕(轻伤)后,取走财物。有的同学觉得打晕(轻伤)是一个行为,取走财物又是一个行为。这是错误的,因为法律将其评价为"一个"抢劫行为。

2. 一行为一罪的例外情况:一个行为但是定了数罪。

罪刑法定,法律规定了的要按照法律规定来定罪。考试中有两个知识点需要掌握:

(1)《刑法》第 204 条:纳税人缴纳一般税款后采用假报出口等手段骗取所缴税款,貌似骗取出口退税实为逃税,定逃税罪。如骗取税款超过所缴纳税款的,超过部分构成骗取出口退税罪,数罪并罚。

(2)走私过程中,如果针对的是不同种类的物品的,应当数罪并罚。例如,走私的对象同时包含普通货物与淫秽物品的,应数罪并罚。

3. 我国刑法原则上不承认同种数罪,比如实施了多个杀人行为,即便是每个杀人行为都可以独立构成故意杀人罪,但是最终也仅成立一个故意杀人罪。

例如,甲 4 月入户盗窃获得 5000 元现金,5 月扒窃了 10000 元现金。最后甲只构成一个盗窃罪,既遂数额为 15000 元。

4. 行为侵犯一个法益,定一个罪。

(1)财产犯罪如果针对的是普通财物,事后处理赃物的行为无罪。

(2)如果是针对特殊物品,比如枪支、毒品、淫秽物品、文物等,事后又干坏事的,就得数罪并罚。因为侵犯了新的法益。

二、罪数原则(☆☆)

<u>原则:一行为一罪,多行为就数罪并罚,禁止重复评价</u>。例外:一行为要并罚,数行为定一罪。

(一)一个行为实质是一罪,貌似数罪

1. 想象竞合犯:一行为侵犯数个法益,触犯了数个罪名。处理原则:择一重罪处罚。例外:《刑法》第 204 条,纳税人缴纳一般税款后采用假报出口等手段骗取所缴税款,貌似骗取出口退税实为逃税,定逃税罪。如骗取税款超过所缴纳税款的,超过部分构成骗取出口退税罪,数罪并罚。

2. 法条竞合犯:明知是现役军人的配偶,还与之结婚可定重婚罪或破坏军婚罪。处理原则:特殊优于一般。例外:按重罪,如《刑法》第 140 条生产、销售伪劣产品罪与第 141 ~ 148 条。

(二)多行为定一罪

1. 事后不可罚:财产犯罪如果针对普通财物,事后处理赃物的行为不成立新罪;但如果是针对特殊物品如枪支、文物等的,应数罪并罚。

2. 法定一罪(结合犯、集合犯):

(1)绑架 + 故意杀人 = 绑架罪;

(2)绑架 + 故意伤害致人重伤、死亡 = 绑架罪;

(3)拐卖 + 强奸 = 拐卖妇女罪;

(4)收买被拐妇女、儿童 + 出卖 = 拐卖妇女、儿童一罪;

(5)组织、运送他人偷越国边境,走私、贩卖、运输、制造毒品+妨害公务=一罪(加重处罚情节),其他+妨害公务并罚;

(6)中介组织收受他人贿赂后提供虚假证明文件的,仅定提供虚假证明文件罪一罪,作为加重量刑情节;

(7)针对假币、假发票、假货(如假冒注册商标的商品、侵犯著作权的作品)实施了一连串行为的,只要这些行为之间具有关联性,原则上仅定一罪;

(8)交通肇事+遗弃(逃逸)=交通肇事罪。

(三)事后不可罚的行为

某个犯罪已经既遂,又实施另一个犯罪行为的,事后行为不需要处罚。不处罚的原因:第二个行为没有侵犯新的法益或者不具有期待可能性。财产犯罪如果针对普通财物,事后处理赃物的行为不成立新罪;但如果是针对特殊物品如枪支、文物等的,应数罪并罚。

【案例1】菜花长期虐待继女,情节恶劣,2019年最后一次实施了伤害行为,造成继女重伤。菜花的行为成立何罪?

答案参考:菜花的行为应被认定为虐待罪和故意伤害罪,数罪并罚。因为最后一次致人重伤的行为已经超出了虐待罪的范围,故另成立故意伤害罪,再与之前的虐待罪并罚。

【案例2】张三看上了李四家的一件宝贝,承诺借看数日便归还,后李四要求返还宝贝时,张三以暴力手段迫使李四免除返还该宝贝。张三该当何罪?

答案参考:对张三以抢劫罪论处即可,不实行并罚。诈骗罪与抢劫罪(对象为财产性利益)实质上指向的是同一财产,而且两个行为具有紧密的关联性,属于混合的包括的一罪,以抢劫罪一罪论处即可。

【案例3】张三听说大强盗窃了一块名表,故前来观赏,张三看到此表,想起李四前天对自己说其丢失一块名表,并怀疑是大强所为,张三告知大强此事,二人合计后共同将这块名表毁坏。张三、大强的行为成立什么罪?

答案参考:张三成立故意毁坏财物罪,大强成立盗窃罪。盗窃罪的保护法益本身就包括了所有权,所以,大强将盗窃的名表毁坏的行为可被包括地评价在盗窃罪中,不另认定为故意毁坏财物罪。

主观题小案例

【案例1】吴某听路人甲说周某家里有一把AK-47自动步枪,吴某听完想看看是不是真的。于是深夜潜入周某家,见周某家的保姆正在睡觉,于是绕到地下室把枪偷了出来。

问题:吴某的行为成立什么罪,为什么?

答案参考:吴某成立盗窃枪支罪。

吴某入户盗窃的行为同时构成盗窃罪和盗窃枪支罪,在刑法理论上这属于法条竞合关系,适用于特别规定,即定盗窃枪支罪。

【案例2】甲绑架吴某某,想要索取一笔巨额的费用,但是吴某某说自己的名气很大,在朝阳区很有势力,如果不放了他就弄死甲。甲一气之下把吴某某当场打死。

问题:甲的行为成立什么罪,为什么?

答案参考:甲成立绑架罪,适用法定加重刑。

刑法规定，以勒索财物为目的，控制人质向第三人提出不法要求的行为构成绑架罪。犯绑架罪，杀害被绑架人的，处无期徒刑或者死刑，并处没收财产。本案当中，甲控制吴某某，绑架罪既遂；后杀害被绑架人，属于刑法理论上的结合犯，只定绑架罪一罪。

【案例3】甲租了一辆帕萨特汽车，然后伪造机动车行驶证及相关证件交给二手车中介，中介公司看完证件后，把车卖给了不知情的张三，甲获利10万元。

问题：试分析甲的行为。

答案参考：甲构成诈骗罪。

甲的行为依法符合刑法关于伪造国家机关证件罪和诈骗罪的规定，依法成立伪造国家机关证件罪与诈骗罪，但是两者之间具有牵连关系，根据刑法理论，伪造是手段行为，甲最终被定诈骗罪。

【案例4】王某要求女下属与其一起出差，之后在酒桌上殷勤敬酒导致女下属醉倒。之后王某与男客户一起与醉酒女下属发生了性关系。事后，男客户回房间睡觉，王某到楼下买了一盒避孕套又回到房间意图与昏醉的女下属发生性关系，中途女下属酒醒，对王某进行抵抗，并对王某说你再这样我就报警把你抓起来，王某恼羞成怒，直接将女下属掐死了。之后王某又趁着尸体有余温，继续与其发生性关系。

问题：试分析王某的行为。

答案参考：王某构成强奸罪（适用轮奸的法定刑）、故意杀人罪、侮辱尸体罪，应数罪并罚。

《刑法》第236条规定，违背妇女意志强行与其发生性关系的，成立强奸罪，两人以上轮奸的，承担加重法定刑。本案中王某与男客户共同与女下属发生性关系，依法成立强奸罪，并适用轮奸的法定刑。之后王某折返，发生关系过程中女下属酒醒反抗，成立强奸罪，后另起犯意故意杀死了女下属，成立强奸罪和故意杀人罪（【注意】杀人不是为了强奸，此时正在性交，不能评价为强奸的结果加重）。之后王某又与尸体发生性关系，构成刑法规定的侮辱尸体罪。根据罪数理论，对王某三罪并罚。

【案例5】张三夜里潜入富豪家中盗窃，看到了一尊金佛，在抱起金佛又寻找其他财物之际，被富豪家的忠犬发现。忠犬系纯种的贵族狗（价值10万元），直接扑向张三。张三为了窝藏金佛，使用暴力把忠犬打死后逃跑。

问题：试分析张三的行为。

答案参考：张三构成盗窃罪、故意毁坏财物罪，应数罪并罚。

刑法规定，以非法占有为目的，入户盗窃的成立盗窃罪。故意毁坏他人财物的行为成立故意毁坏财物罪。本案中张三入户盗窃金佛，被忠犬发现后使用暴力将忠犬打死，符合故意毁坏财物罪的规定。张三的行为不转化为抢劫罪，转化型抢劫罪要求为了窝藏赃物、抗拒抓捕、毁灭证据对阻碍的人使用暴力。

第十四讲　刑罚的裁量

一、自首(☆)

(一)一般自首

1. 自动投案。

这是指主动将自己置于办案机关的合法控制下,接受审查与裁判的行为。可分为“自动”与“投案”两部分。

(1)“自动”投案。“自动”的本质是主动性和彻底性。

①主动性。不要求出于特定动机,由于生活所迫而投案也是自动投案。

亲友将犯罪嫌疑人送去投案,没有捆绑的,视为嫌疑人有主动性;如果有捆绑,不是自动投案。

②彻底性。这是指投案后自愿接受控制,直到最终审判。

第一,自动投案后又逃跑,不是自首;逃跑后又回来,还是自首。

第二,被动归案后又逃跑,逃跑后又回来,不是自首。

(2)自动“投案”。投案的本质是将自己置于司法机关的合法控制下。在立法精神上,鼓励自首,以节约司法资源,故投案的认定范围较大。

【注意1】自首中的“犯罪以后”是指着手实行犯罪以后,不要求犯罪行为终了。

【注意2】因特定违法行为被采取行政拘留、司法拘留、强制隔离戒毒等行政、司法强制措施期间,主动向执行机关交代尚未被掌握的犯罪行为,是自动投案,构成自首。例如,甲涉嫌嫖娼被行政拘留,又主动供述自己患有艾滋病的事实,甲是自动投案,构成传播性病罪的自首。

常考的自动投案的情况:

(1)犯罪后主动报案,虽未表明自己是作案人,但没有逃离现场,在司法机关询问时交代自己罪行的;

(2)明知他人报案而在现场等待,抓捕时无拒捕行为,供认犯罪事实的;

(3)在司法机关未确定犯罪嫌疑人,尚在一般性排查询问时主动交代自己罪行的;

(4)因特定违法行为被采取行政拘留、司法拘留、强制隔离戒毒等行政、司法强制措施期间,主动向执行机关交代尚未被掌握的犯罪行为的;

(5)其他符合立法本意,应当被视为自动投案的情形。

2. 如实供述。

(1)如实供述自己的罪行,除供述自己的主要犯罪事实外,还应供述姓名、年龄、职业、住址、前科等情况。犯罪嫌疑人供述的身份等情况与真实情况虽有差别,但不影响定罪量刑的,应认定为如实供述自己的罪行。犯罪嫌疑人自动投案后隐瞒自己的真实身份等情况,影响对其定罪量刑的,不能认定为如实供述自己的罪行。

(2)犯罪嫌疑人自动投案时虽然没有交代自己的主要犯罪事实,但在司法机关掌握其主要犯罪事实之前主动交代的,应认定为如实供述自己的罪行。

(二)准自首(特殊自首)

这是指被采取强制措施的犯罪嫌疑人、被告人或者正在服刑的罪犯,如实供述司法机关还未掌握的本人其他罪行。例如,甲犯盗窃罪,在服刑期间如实供述司法机关未掌握的强奸事实,甲就强奸罪构成准自首。

1. 主体:依法被采取强制措施的犯罪嫌疑人、被告人或者正在服刑的罪犯。

根据刑事诉讼法的规定,被采取强制措施是指被采取拘传、拘留、取保候审、监视居住与逮捕等措施。

2. 如实供述:司法机关还未掌握的本人其他罪行。

司法机关已经"掌握"的罪行,是指已被证明成立的罪行。如果司法机关针对的犯罪事实不成立,行为人在此范围外交代罪行的,以自首论。例如,甲涉嫌盗窃被羁押,司法机关掌握的线索不足以证明甲构成盗窃罪;甲主动供述新的盗窃事实,由于该事实未被司法机关掌握,甲构成准自首。

二、立功(☆☆)

(一)立功的类型

根据刑法和司法解释,立功有三种类型:揭发型、线索型、协助型。

1. 揭发型:揭发他人犯罪行为,查证属实的。

揭发的内容是他人的"犯罪行为",只要求在客观阶层构成法益侵害行为,不要求符合主观阶层,最终构成犯罪。例如,甲揭发乙杀人,经查证属实,但乙杀人时只有11岁。由于乙客观上有犯罪行为,甲构成立功。【正确】

2. 线索型:提供重要线索,从而得以侦破其他案件的。

(1)线索的来源要合法。

①根据司法解释,通过贿买、暴力、胁迫等非法手段,获取他人犯罪线索,并"检举揭发"的,不构成立功。

②被羁押后,与律师、亲友会见过程中违反监管规定,获取他人犯罪线索,并"检举揭发"的,不构成立功。

【提示】原本不是被行为人掌握,而是由亲友等先前告知的线索,由行为人检举揭发的,不影响立功的认定。例如,甲被逮捕后,检举揭发先前在饭店偶然听到的线索,经查证属实的,构成立功。

(2)线索不能来自负有查办犯罪、监管职责的国家工作人员。

例1:公安局局长犯罪后,检举其利用职务便利掌握的犯罪线索,不构成立功。【正确】

例2:甲被逮捕后,检举乙涉嫌强奸的线索,经查证属实,但是该线索是某刑警先前告知的,甲不构成立功。【正确】

【提示】揭发他人犯罪行为,或者提供重要线索从而侦破其他案件,这两种类型的立功使用的线索都要合法,而且不能来自负有查办犯罪、监管职责的国家工作人员。

3. 协助型:协助抓捕犯罪嫌疑人。

(1)协助抓捕的对象。

①根据司法解释,协助抓捕犯罪嫌疑人构成立功,这里的"犯罪嫌疑人"包括同案犯。例如,

甲、乙抢劫后分头逃跑,甲被抓获后,带领警察将乙抓获,甲构成立功。

②这里的“协助抓捕犯罪嫌疑人”,包括犯罪嫌疑人已经被其他司法机关采取强制措施,但还有其他罪行不被司法机关掌握的情形。例如,甲因盗窃罪被逮捕,揭发因强奸罪正在服刑的乙还曾犯抢劫罪,该罪行未被司法机关掌握,且查证属实。甲协助司法机关抓捕犯抢劫罪的乙,构成立功。

(2)协助抓捕的方式。

根据司法解释,有下列行为之一,使司法机关抓获其他犯罪嫌疑人的,属于协助司法机关抓捕其他犯罪嫌疑人(包括同案犯)。【注意】必须抓获犯罪嫌疑人。

①按照司法机关的安排,以打电话、发信息等方式将其他犯罪嫌疑人约至指定地点的。

②按照司法机关的安排,当场指认、辨认其他犯罪嫌疑人的。

③带领侦查人员抓获其他犯罪嫌疑人的。

④提供司法机关尚未掌握的其他案件犯罪嫌疑人的联络方式、藏匿地址的。

⑤犯罪分子提供同案犯姓名、住址、体貌特征等基本情况,或者提供犯罪前、犯罪中掌握、使用的同案犯联络方式、藏匿地址,司法机关据此抓捕同案犯的,不能认定为协助司法机关抓捕同案犯。【注意】以上信息是如实供述的内容,不构成立功。

(二)立功的好处

1.一般立功:可以从轻或者减轻处罚。

以下情形属于一般立功:

(1)阻止他人实施犯罪活动的;

(2)检举、揭发监狱内外犯罪活动,或者提供重要的破案线索,经查证属实的;

(3)协助司法机关抓捕其他犯罪嫌疑人的;

(4)在生产、科研中进行技术革新,成绩突出的;

(5)在抗御自然灾害或者排除重大事故中,表现积极的;

(6)对国家和社会有其他较大贡献的。

第4项、第6项中的技术革新或者其他较大贡献应当由罪犯在刑罚执行期间独立或者为主完成,并经省级主管部门确认。

2.重大立功:可以减轻或者免除处罚。

重大立功,是指被检举、揭发或者协助抓捕的犯罪嫌疑人、被告人可能被判处无期徒刑以上刑罚或者案件在本省、自治区、直辖市或者全国范围内有较大影响等情形。【注意】只要求可能被判处无期徒刑以上刑罚,不要求最终被判处无期徒刑以上刑罚。

根据司法解释,以下情形属于重大立功:

(1)阻止他人实施重大犯罪活动的;

(2)检举监狱内外重大犯罪活动,经查证属实的;

(3)协助司法机关抓捕其他重大犯罪嫌疑人的;

(4)有发明创造或者重大技术革新的;

(5)在日常生产、生活中舍己救人的;

(6)在抗御自然灾害或者排除重大事故中,有突出表现的;

(7)对国家和社会有其他重大贡献的。

第4项中的发明创造或者重大技术革新应当是罪犯在刑罚执行期间独立或者为主完成并经国家主管部门确认的发明专利,且不包括实用新型专利和外观设计专利;第7项中的其他重大贡献应当由罪犯在刑罚执行期间独立或者为主完成,并经国家主管部门确认。

【提示】只要有“重大”两字,都属于重大立功;发明创造的难度很大、舍己救人很难得,也属于重大立功。

三、累犯

累犯,是指被判处一定刑罚的犯罪人,在刑罚执行完毕或者被赦免以后,在法定期限内又犯罪的。累犯分为一般累犯与特殊累犯。

(一)一般累犯“故意—有期—5—18”

1. 主观条件:前后罪都必须是故意犯罪。

2. 年龄条件:前后罪都必须是已满18周岁的人犯罪。第一次犯罪时未满18周岁,第二次犯罪时已满18周岁的,不是累犯。

3. 刑度条件:前后罪必须是被判处或者应当被判处有期徒刑以上刑罚。

(1)前罪的要求:被判处有期徒刑以上刑罚。

(2)后罪的要求:应当被判处有期徒刑以上刑罚。

4. 时间条件:后罪发生在前罪刑罚执行完毕或者被赦免以后5年内。

【总结】缓刑无累犯;成功的假释有累犯,失败的假释无累犯。

5. 累犯(包括特殊累犯)的法律后果:(1)应当从重处罚;(2)不适用缓刑;(3)不得假释;(4)对被判处死缓的累犯,可以限制减刑。

6. 溯及力。2011年5月1日《刑法修正案(八)》生效前,未成年人可以构成累犯;生效后,未成年人不再构成累犯。【注意】如果在本修正案生效前犯罪,且不满18周岁,在本修正案生效后审理的,不构成一般累犯。例如,甲(17岁)犯盗窃罪被判处1年有期徒刑,2010年4月刑罚执行完毕。2011年4月甲又犯诈骗罪,应处2年有期徒刑。如果在2011年5月1日前审理,甲构成累犯;如果在2011年5月1日后审理,甲不构成累犯(从旧兼从轻)。

(二)特殊累犯“故意—18—三类罪”

1. 犯罪性质:前后罪都是特定的故意犯罪(国、恐、黑)。

(1)危害国家安全犯罪,是指《刑法》分则第一章“危害国家安全罪”的所有罪名。例如,叛逃罪、间谍罪、资助危害国家安全犯罪活动罪等。【注意】故意泄露国家秘密罪是渎职犯罪,不是危害国家安全犯罪,不能构成特殊累犯。

(2)恐怖活动犯罪,是指以恐怖组织为主体实施的犯罪,既包括组织、领导、参加恐怖组织罪,准备实施恐怖活动罪等,也包括以恐怖组织为主体实施的爆炸、杀人、绑架等犯罪。

(3)黑社会性质组织罪,是指以黑社会性质组织为主体实施的犯罪,既包括组织、领导、参加黑社会性质组织罪,入境发展黑社会性质组织罪等,也包括以黑社会性质组织为主体实施的杀人、伤害、敲诈勒索等犯罪。

2. 时间要求:特别累犯的前后罪发生时间,不要求在5年内。

3. 年龄要求:多数观点认为,特殊累犯的前后罪也要求行为人年满18周岁。

主观题小案例

【案例1】大憨和二憨系邻居,二人因为口角大打出手,大憨用小刀刺进了二憨的肚子,导致二憨脾破裂死亡。大憨见事情不妙,就跑到派出所了。但是到了派出所,大憨说是二憨先动手的,自己只是反击而已。

问题:大憨是否成立自首,为什么?

答案参考:成立自首。

犯罪后主动投案,如实供述犯罪事实属于刑法规定的自首,辩解行为不影响自首的认定,大憨的行为成立自首。

【案例2】张三因为引诱妇女卖淫被抓,在公安机关审讯之下,张三还交代了自己容留过该妇女卖淫的事实。

问题:张三交代容留该妇女卖淫的行为是否成立特别自首?

答案参考:不成立。

引诱、容留、介绍卖淫罪属于选择性罪名,张三交代的容留该妇女卖淫的事实,属于交代同种罪行,不构成特别自首。

【案例3】杜某因为敲诈勒索罪被拘留,在讯问过程中,杜某揭发曾经被王某某强奸了,公安机关据此展开侦查工作,但是没有证据可以证明杜某说的情况。

问题:杜某的行为是否成立立功?

答案参考:不成立。

刑法规定,揭发他人犯罪应查证属实,本案中无法查明杜某说的事实,不能认定为立功。

【案例4】张警官因为诈骗罪被抓,为了立功,将自己担任警察期间查办犯罪活动时掌握的路人甲抢劫财物的犯罪线索告诉了办案人员,经查证属实。

问题:张警官的行为是否成立立功?

答案参考:不成立。

虽然张警官提供的线索经查证属实,但是这个线索是其侦查办案过程中获取的,不能认定为立功。

【案例5】甲被抓获后,向侦查机关交代了同案犯另外的罪行,导致同案犯的该罪行被追究。

问题:甲的行为是否成立立功?

答案参考:成立。

依据刑法规定,犯罪嫌疑人提供了不为有关机关掌握或者有关机关按照正常工作程序无法掌握的同案犯犯罪、藏匿的线索,抓获同案犯的行为属于协助司法机关抓获同案犯,应认定为立功。

【提示】

1. 对自己罪行和同案犯共同犯罪的交代,属于"如实供述",而非立功中的"检举揭发"。

2. 协助抓捕同案犯,可以成立立功。但对同案犯基本信息的交代,属于"如实供述",而非立功中的"协助抓捕"。当然,如果交代的是基于案发后的新罪行,就属于"协助抓捕"。

【案例6】甲实施了盗窃行为,之后又实施了强奸行为,由于被害妇女情绪不定,甲决定自动投案,但是仅交代了强奸行为。不久后其盗窃行为也被侦破。为了争取从宽处理,甲交代了邻居乙曾经抢劫杀人的行为,并经查证属实。

问题:对于甲的盗窃行为,能否减轻或免除处罚?

答案参考：可以。

甲对强奸行为的交代成立自首，对强奸行为可以从宽处理。对于盗窃行为，也可以从宽处罚。因为甲检举揭发邻居乙的行为可能被判处无期徒刑以上刑罚，属于重大立功，所以对甲的盗窃行为可以减轻或者免除处罚。

第十五讲 侵犯财产罪

一、财产犯罪基本原理

侵犯财产罪，是指非法取得公私财物、挪用单位财物、故意毁坏公私财物以及拒不支付劳动报酬的行为。

（一）财产犯罪的法益

1. 财产犯罪有两项法益：一是所有权，二是占有事实。所有权有四种权能：占有、使用、收益、处分。只要侵害其中的一个权能，就是对所有权的侵犯。

"白吃黑"——不管	甲偷了乙的手机，乙发现后又偷回来，刑法不管——甲构成盗窃罪，乙无罪
"黑吃黑"——要管	甲偷了乙的手机，丙看到后非常喜欢，于是抢劫走了——甲构成盗窃罪，丙构成抢劫罪
总结	既保护所有权，又保护占有。此处的"占有"包括合法占有和非法占有，非法占有可以对抗所有权人之外的其他任何第三人，因为非法占有只能通过法定程序才能予以没收、追缴，一般人无权侵犯

2. 占有的分类。

（1）观念占有。

自己观念占有	①占有意思只需要有概括的认识。例如，即使记不清家中的财物，对其也存在占有。②当物理占有松弛时，占有意思对物理占有可以起到补充作用
社会观念占有	这是指推定存在占有，需要根据社会的一般观念进行判断。例如，甲提着自己的包去乙家做客，应当认定该包由甲占有，而不是乙占有。即使甲与乙一起到户外散步聊天，短暂离开乙家，包仍然由甲占有

（2）物理占有。

实力占有	处于主人实力控制范围之内的占有，主人在通常情况下能够左右财物，对财物的支配没有障碍，实力占有包括以下情形： 第一，身体部位现实控制的财物。例如，甲手中提的公文包、口袋内装的手机。 第二，与财物保持一定距离，但仍在实力控制范围内。例如，旅客放在火车行李架上的行李属于旅客占有。 第三，他人短暂遗忘或者短暂离开，但仍处于他人实力控制范围内的财物。例如，大学生在校园食堂先用自己的电脑占座，然后购买饭菜，该电脑仍然由大学生占有
转化占有	当主人丧失了对财物的占有，财物转化为由场所管理者或者第三人占有时，也属于他人占有的财物

续表

共同占有	两人共同占有财物时,其中一人将财物偷出变卖,定盗窃罪
存款占有	银行占有现金,存款人占有债权
封缄物占有	封缄物由受托人占有,封缄物里面的内容物由委托人占有

(3)死者占有。

争议问题	①以抢劫故意杀害他人后,当场取得死者财物。 ②出于其他目的杀害他人后,又取得死者的财物。 ③无关的第三人从死者身上取得财物。 【结论】 第一种情况成立抢劫罪,没有争议。第二种和第三种情况如何处理?	
司法解释	实施故意杀人行为之后,临时起意拿走他人财物的,以此前实施的犯罪与盗窃罪并罚	
理论学说	否定说	财物的占有者已经死亡,就不可能在客观上继续支配财物,也不可能有支配财物的意思,可将死者身上的财物解释为"遗忘物"
	肯定说	死者占有的观念值得保护,占有的意思对占有的成立无关紧要。其他人拿走死者身上的财物,都成立盗窃罪
	折中说	对死者占有应当区分不同情形,根据杀人行为与取财行为之间的时空间隔等因素,有限制地承认死者对财物的占有
结论	当场杀,当场拿定盗窃;当场杀,日后拿定侵占;在家杀,在家拿定盗窃;他人杀,路人拿定侵占	

(二)主体及对象

1. 主体:财产犯罪的主体为已满 16 周岁的自然人,但是抢劫罪的主体为已满 14 周岁的自然人。

2. 对象:

(1)财物——实物及财产型利益,包括违禁品但不包括劳务和服务。

【注意】劳务和服务本身不是财产犯罪的对象,因为他人付出的劳务或提供的服务本身不能转移给行为人占有。

(2)财物的价值:

①主观价值,又称使用价值,是指个人使用时主观上的价值。例如,有纪念意义的照片、情书、信用卡等。

②客观价值,又称经济价值。例如,一些财产犯罪的成立以"数额较大"为前提。

【提示】刑法所保护的财物必须具有一定的价值,餐巾纸、铅笔、名片等价值极为低廉的财物不是刑法保护的对象。信用卡、身份证、存折等是刑法保护的财物。

（三）行为方式

<table>
<tr><td>毁坏型</td><td colspan="2">故意毁坏财物罪，没有非法占有的目的</td></tr>
<tr><td rowspan="3">取得型（非法占有目的）</td><td>完全违背了被害人意志</td><td>抢劫罪、抢夺罪、盗窃罪</td></tr>
<tr><td>瑕疵违背了被害人意志</td><td>诈骗罪、敲诈勒索罪</td></tr>
<tr><td>变占有为所有</td><td>侵占罪</td></tr>
<tr><td>拒不支付劳动报酬型</td><td colspan="2">拒不支付劳动报酬罪</td></tr>
</table>

【提示】我国刑法规定的财产犯罪，都是对个别财产的犯罪，也即只要造成被害人个别（特定）财产损失，即使被害人同时获得相应的利益，也构成犯罪。例如，甲偷走乙价值 3000 元的手机，将 4000 元现金放在乙的桌子上。由于盗窃手机违反了乙的意志，乙对手机的占有值得保护，甲构成盗窃罪。

（四）结果

侵犯财产罪的结果，一般是致使被害人遭受财产损失。

【注意】这里的损失不包括非法债权的丧失。

例如，甲许诺妓女乙高额报酬，乙服务很周到，结束交易后，甲趁机溜走。由于性行为本身不是经济利益，所以乙没有遭受财产损失，甲不成立诈骗罪。

（五）主观要件

是否具有占有目的	取得型财产犯罪都要求行为人主观上具有非法占有目的。取得型财产犯罪与毁弃型财产犯罪的区别在于：有无非法占有目的。非法占有目的由排除意思和利用意思构成
排除意思	这是指排除占有人占有，将财物转为自己占有或者第三人占有的意思，要求严重妨碍他人对财物的使用。例如，甲先盗窃超市商品，又伪装退货，取得商品退货价款，甲的行为具有排除意思，成立盗窃罪
利用意思	这是指遵从财物可能具有的用法进行利用的意思。如没有利用意思，可能成立故意毁坏财物罪。【注意】不要求遵从财物的通常用途进行利用。例如，盗窃女性内衣用于观赏，也具有利用意思

主观题小案例

【案例 1】大憨的宝马 X5 因涉嫌运输毒品被公安机关扣押，但是该车已经抵押给银行，银行知道此事以后催大憨还款，大憨便想让二憨帮忙取回被扣押的车辆。二憨夜里与大憨一起到公安局后院，未办理任何手续用备用钥匙将车开走。

问题：如果认为财产犯罪保护的对象是财产占有权，大憨、二憨的行为如何定性？

答案参考：大憨、二憨成立盗窃罪的共同犯罪。

如果认为财产犯罪的保护对象是财产占有权，则涉案的宝马 X5 虽然是大憨所有，但是现在由公安机关依法占有；大憨、二憨打破这种占有关系，私自将汽车开走，依法成立盗窃罪的共同犯罪。

【提示】考试中如果出现了观点展示类的题目，即“如果……”“假如……”句式，不用引用法条，因为命题假设就不是法条规定的内容。按照“如果”“假设”后面的内容进行分析即可。

【案例2】大憨使用暴力将路人甲打成重伤，甲立马掏出手机准备打110，大憨一把夺过手机(价值1万元)扔进下水道。

问题：试分析大憨的行为。

答案参考：大憨的行为成立故意伤害罪、故意毁坏财物罪，应数罪并罚。

大憨使用暴力将路人甲打成重伤，符合刑法关于故意伤害罪的构成要件；夺走路人甲的手机，因为没有非法占有的目的，即只有排除占有意思而无利用意思，成立故意毁坏财物罪，应数罪并罚。

二、抢劫罪(☆☆☆☆)

(一)行为模型

强制手段→压制对方反抗→对方因无法反抗放弃财物→行为人取得财物。

(二)普通抢劫罪构成要件

1. 行为对象。暴力或者暴力胁迫的对象有两个：一是财物的占有人，二是财物本身。如果只对财物实施暴力，未对人实施暴力或者使用暴力胁迫，构成抢夺罪。

2. 行为方式：

(1)暴力手段——对被害人实施有形力，使其不能反抗。例如，先捆起来再抢劫。

(2)胁迫手段——对被害人实施精神强制，使其不敢反抗。

①方式：只包括暴力胁迫，不包括非暴力胁迫。例如，甲以公布裸照相威胁，向乙索要5万元，这属于非暴力胁迫，构成敲诈勒索罪。

②效果：足以压制被害人反抗。例如，甲持刀劫持乙，以杀害相威胁，要乙交出钱包，乙被迫照办。甲虽然未使用暴力，但这种威胁也足以压制乙的反抗，甲构成抢劫罪。

③目的：劫取财物。如果没有劫取财物的目的，就不是抢劫行为。例如，甲抢劫乙后，乙逃跑。为防止乙报警，甲追上乙后将其杀害。甲的杀人行为不再是为了劫取财物，对甲应以抢劫罪和故意杀人罪并罚。

(3)其他手段——暴力、胁迫以外压制被害人反抗的手段。

例1：(昏醉抢劫)甲看中乙的手机，先欺骗乙喝醉酒，再将其手机取走。甲的行为足以压制乙的反抗，构成抢劫罪；如果不是甲的原因致乙醉酒，甲只是单纯利用乙的醉酒状态取走其手机，构成盗窃罪。

例2：(拘禁抢劫)甲入户盗窃，发现主人乙在家。甲从外面反锁卧室的门，大摇大摆地在客厅偷东西。乙发现后无法开门出去制止，甲的行为足以压制乙的反抗，构成抢劫罪。

3. 主观要件：故意，并且具有非法占有目的。在聚众“打砸抢”过程中，毁坏公私财物的，即使没有非法占有目的，对首要分子也要定抢劫罪。

(三)准抢劫——法律拟制

《刑法》第267条第2款：携带凶器抢夺的，依照《刑法》第263条(抢劫罪)的规定定罪处罚。

这是指携带枪支、爆炸物、管制刀具等国家禁止个人携带的器械进行抢夺，或者为了抢夺而携带其他器械。

1. 如果没有上述法条的规定,携带凶器抢夺的,只能定抢夺罪。

2. 主观上有随时使用的意思 + 客观上有随时使用的可能性 + 没有对被害人显示凶器。

3. 携带——一种现实上的支配,行为人随时可以使用自己所携带的物品。

(1)携带的方式:既可以由本人携带,也可以让第三人携带。例如,甲抢夺丙的提包,让乙携带匕首在旁边观看。甲属于携带凶器抢夺,构成抢劫罪。

(2)携带的目的:有随时使用凶器的意思和可能性。

(3)携带的要求:不能明示或暗示使用凶器。如果对被害人明示或者暗示使用凶器,则属于以暴力相威胁,构成抢劫罪。

4. 凶器。

刑法中的凶器有两种:性质上的凶器和用法上的凶器。

(1)性质上的凶器:指枪支、爆炸物、管制刀具等国家禁止个人携带的器械。携带此类凶器抢夺的,原则上构成抢劫罪。例如,甲携带弹簧刀抢夺乙的财物,由于弹簧刀是管制刀具,法律禁止个人携带,故甲属于携带凶器抢夺,构成抢劫罪。

(2)用法上的凶器:这是指为了抢夺财物而携带其他具有杀伤性的器械。例如,携带砖头、菜刀、铁棒等。根据司法解释,行为人随身携带国家禁止个人携带的器械以外的其他器械抢夺,但有证据证明该器械确实不是为了实施犯罪准备的,不构成抢劫罪。例如,甲在购买菜刀回家的途中,抢夺乙的提包。甲没有使用菜刀的意图,不构成抢劫罪。

(四)事后转化型抢劫——法律拟制

《刑法》第 269 条:犯盗窃、诈骗、抢夺罪,为窝藏赃物、抗拒抓捕或者毁灭罪证而当场使用暴力或者以暴力相威胁的,依照《刑法》第 263 条的规定定罪处罚。

原本应以盗窃罪(诈骗罪、抢夺罪)与故意伤害罪并罚,但法条将其拟制为抢劫罪(2021 年考查)。

1. 构成要件:

(1)三个轻罪:盗窃罪、诈骗罪、抢夺罪。

①行为具有财产犯罪的属性,符合三个罪的构成要件,比如盗伐林木罪、信用卡诈骗罪。但盗窃尸体罪、招摇撞骗罪、抢夺国有档案罪等,不具有保护财产法益的性质,不具有财产犯罪的属性,不能转化。

②要求已经着手实行,但是不要求既遂,预备阶段不能转化,在未遂时或所取财物数额不大时也可以转化。

(2)三大目的:窝藏赃物、抗拒抓捕或者毁灭罪证。

①窝藏赃物。要求已经取得赃物,且窝藏的赃物与先前取得的赃物具有同一性。例如,甲先盗窃乙的手机,3 日后又诈骗丙的电脑。如果甲在诈骗丙的时候为窝藏之前盗窃的手机而当场使用暴力,就不能转化为抢劫罪。因为赃物不具有同一性,但是如果是为了窝藏电脑就转化为抢劫罪。

②抗拒抓捕。这是指拒绝司法人员的拘留、逮捕和一般公民的扭送,要求被害人或者其他人至少要有抓捕的外观。例如,甲在排队等公交车时,扒窃乙的手机被发现。乙对甲破口大骂,甲为报复扇乙两耳光。甲盗窃行为已经着手,但使用暴力不是出于“三大目的”,不构成转化型抢劫罪。

③毁灭罪证。这是指毁坏、消灭其盗窃、诈骗、抢夺罪的证据。行为人实施抢劫后,为灭口而

故意杀人的,以抢劫罪和故意杀人罪定罪,实行数罪并罚。但是,针对《刑法》第263条的普通抢劫,如果行为人犯盗窃(诈骗、抢夺)罪后为灭口而故意杀人的,如何处理?

观点一:按照盗窃(诈骗、抢夺)罪与故意杀人罪数罪并罚,因为故意杀人属于盗窃(诈骗、抢夺)罪后新的行为。【注意】这是主流观点。

观点二:因为杀害证人属于毁灭罪证的行为,虽然同时触犯了故意杀人罪,但抢劫致人死亡的法定刑(可以没收财产)重于故意杀人罪,故应认定为事后转化型抢劫。

(3)客观条件:当场使用暴力或者以暴力相威胁。

①当场。当场主要是指时间条件和空间条件。"当场性"要求暴力、胁迫与之前的盗窃等行为在时间与空间上具有紧密性。

②使用暴力或者以暴力相威胁。

第一,对象。暴力或者暴力威胁的对象没有限定,只要求是特定的自然人,包括被害人和其他可能妨碍的人,但不包括动物。

第二,程度。暴力或者以暴力相威胁必须达到足以压制他人反抗的程度,应与普通抢劫罪中的暴力和以暴力相威胁作相同解释。

第三,结果。暴力致对方重伤或死亡,转化成抢劫后,还要承担抢劫罪的加重责任(抢劫致人重伤、死亡)。

2. 罪数问题。

(1)普通抢劫与事后抢劫。

两者区分的标准:使用暴力的目的不同。如果为了继续取得财物,构成普通抢劫罪;如果为了"三大目的",构成转化型抢劫罪。【注意】如果前三罪已经既遂,属于事后转化型抢劫。

例1:甲抢夺乙的手机时,乙紧握手机不放手。甲掏出匕首威胁乙松开,乙被迫照办,甲携带手机逃离。甲使用暴力的目的是继续取得手机,构成普通的抢劫罪,从抢夺罪直接升级为抢劫罪。

例2:甲夺走乙的手机,乙拉住甲的衣服,不让甲逃跑。甲掏出匕首威胁乙松开,乙被迫照办,甲携带手机逃离。由于甲已经取得手机,使用暴力的目的是抗拒抓捕,故构成转化型抢劫罪,从抢夺罪转化为抢劫罪。

(2)准抢劫与事后抢劫。

例如,甲携带匕首抢夺乙的手机,为抗拒抓捕当场将乙捅成重伤,对甲有两种处理方案:①携带凶器抢夺定抢劫罪,再与故意伤害罪致人重伤并罚;②将携带凶器抢夺评价为抢夺罪,构成事后转化型抢劫,属于抢劫致人重伤。两个处理方案,想象竞合,从一重罪处罚。

(五)法定刑升格条件

1. 入户抢劫:为实施抢劫而进入他人生活的、与外界相对隔离的住所。

(1)强调"入"的非法性,合法入户,临时起意抢劫的,不属于入户抢劫。

(2)暴力、胁迫等行为必须发生在户内,在户外将主人打晕进而入户抢劫的,不属于入户抢劫。

(3)"户"是指家庭住所(与外界隔绝,供家庭生活),集体宿舍、旅店宾馆、临时搭建的工棚等都不算"户"。商店也不算"户",但对于不分时间从事经营、不分时间用于生活起居的场所,行为人在非营业时间强行进入或者以购买东西骗开房门入内抢劫的,应当认定为入户抢劫。

(4)主观要件:要求认识到自己进入了他人的"户"。例如,进入室外庭院后才发现是"户",不属于入户抢劫,如果又侵入室内抢劫的,属于入户抢劫。

(5)共同犯罪:在户外为入户抢劫的人望风,属于入户抢劫的帮助犯。

2. 在公共交通工具上抢劫:在从事旅客运输的各种公共汽车、大中型出租车、火车、船只、飞机等正在运营中的机动公共交通工具上对旅客、乘务人员实施抢劫。

(1)公共交通工具公共性和运营性的特征。接送职工的单位班车、接送师生的校车等大、中型交通工具,被视为公共交通工具。【注意】不包括小型出租车。

(2)运营途中的机动公共交通工具。对公共交通工具上的人员实施抢劫,属于在公共交通工具上抢劫。在未运营的公共交通工具上抢劫乘务人员,不属于在公共交通工具上抢劫。

(3)暴力、胁迫等行为必须发生在公共交通工具之内。

3. 抢劫银行或者其他金融机构:抢劫银行或者其他金融机构的经营资金、有价证券和客户资金。抢劫正在使用中的银行或者其他金融机构的运钞车的,视为抢劫银行或者其他金融机构。

(1)抢劫对象必须是经营资金。抢劫银行的办公用品,不属于抢劫银行,抢劫大厅储户身上的钱也不属于"抢劫银行"。

(2)抢劫正在使用中的运钞车的,属于"抢劫银行"。

4. 多次抢劫或者抢劫数额巨大。

(1)多次抢劫:3 次以上抢劫,以每一次抢劫都构成犯罪为前提。

(2)抢劫数额巨大:数额在 3 万元以上的,属于抢劫数额巨大。

5. 抢劫致人重伤、死亡:抢劫罪的结果加重犯。

(1)结果加重犯,必须是抢劫行为本身导致重伤或死亡。如果是为了逃跑将阻挡的人打伤,或者是逃跑过程中将路人踩死,不属于抢劫致人重伤、死亡,而是抢劫罪 + 故意伤害或过失致人死亡罪。

(2)抢劫致人重伤、死亡中的"人"不限于被抢劫的人,也包括前来阻挡的第三人和同伙。

(3)抢劫以后为了灭口而杀人的,数罪并罚。为了取财而杀人,属于抢劫致人死亡与故意杀人罪的想象竞合,择一重罪(抢劫致死有并处罚金或没收财产,比故意杀人罪更重)处罚。

6. 冒充军警人员抢劫:假冒军人或警察抢劫,既包括军人冒充警察抢劫,也包括警察冒充军人抢劫。但不包括真正的军人或者警察抢劫。

(1)无身份冒充有身份。例如,普通公民甲在抢劫乙时,身着警装,出示警官证,声称自己是警察,要抢劫。甲构成抢劫罪,属于冒充军警人员抢劫。

(2)此身份冒充彼身份。例如,警察甲在抢劫乙时,身着军装,出示军官证,声称自己是军人,要抢劫。甲构成抢劫罪,属于冒充军警人员抢劫。

(3)军警人员利用自身的真实身份实施抢劫的,不属于冒充军警人员抢劫。

7. 持枪抢劫:指使用枪支或者向被害人显示枪支进行抢劫的行为。

(1)这里的"枪"要求是真枪,不要求实弹。

(2)枪支必须向被害人显示。

(3)携带枪支抢夺,定抢劫罪,但不是持枪抢劫。例如,甲携带枪支抢夺乙的钱包,没有向乙显示枪支,这属于携带凶器抢夺,定抢劫罪。枪支属于这里的凶器,已经得到了评价,不能再将枪支认定为持枪抢劫中的枪支,否则就是重复评价。

8. 抢劫军用物资或者抢险、救灾、救济物资。

(1)主观认识:明知抢劫的是军用物资或者抢险、救灾、救济物资。

(2)认识错误:①误把普通财物当作特殊物资,或者误把特殊物资当作普通财物的,属于抽象的事实认识错误,定普通抢劫罪。②误把 A 种特殊物资当作 B 种特殊物资的,是具体的事实认识错误,没有影响。例如,甲想抢劫军用物资,抢到手后发现是救灾物资,对甲要适用升格的法定刑。

【提示】根据司法解释,抢劫罪的八种法定刑升格条件中,除"抢劫致人重伤、死亡"外,其余七种存在既遂、未遂形态。

三、抢夺罪

(一)行为模型

对物有暴力→对人有危险。

1. 对物有暴力。

如果对人与对物都没有暴力,属于平和手段转移财物占有,构成盗窃罪;如果对人直接实施暴力,构成抢劫罪。对物的暴力有两种方式:

第一,乘人不备。例如,甲躲在偏僻角落,等乙走过来时,甲突然冲过去将乙的包夺走。

第二,乘人有备。例如,甲发觉乙想抢自己的手包,便紧紧握住。乙冲上去还是将包夺走,虽然甲有所防备,乙依然构成抢夺罪。

2. 对人有危险。

对物有暴力时,对人有无危险应根据主人对财物的占有状态来判断。一般地,只有抢夺他人紧密占有的财物,才可能对人有危险。

例 1:甲的手机从公交车上落下,在公交车发动前,乙捡走手机逃离。甲对手机没有紧密占有,乙的行为对甲没有人身危险性,属于平和手段,甲构成盗窃罪。

例 2:甲用绳子套住乙的自行车后轮,趁乙下车查看时,抢走车筐中的提包。提包是乙紧密占有的财物,甲的行为对乙有人身危险性,构成抢夺罪。

例 3:甲看中乙戴的耳环,一把将耳环夺走,致乙鲜血直流。耳环是乙紧密占有的财物,甲的行为对乙有人身危险性,构成抢夺罪。

3. 多次抢夺。这是指 2 年以内有 3 次以上的抢夺行为,不要求每次抢夺行为都既遂。

(二)特殊情况

1. 加重情节

(1)抢夺行为过失致人重伤——其他严重情节,定抢夺罪。

(2)抢夺行为过失致人死亡——其他特别严重情节,定抢夺罪。

2. 飞车抢夺定抢劫

(1)夺取他人财物时因被害人不放手而强行夺取的;

(2)驾驶车辆逼挤、撞击或者强行逼倒他人夺取财物的;

(3)明知会致人伤亡仍然强行夺取,并放任造成财物持有人轻伤以上后果的行为。

四、盗窃罪(☆☆☆)

(一)行为模型

将他人占有的财物→以平和手段→转移为自己或第三人占有。

(二)构成要件

行为方式:以非法占有为目的(不成文的构成要件要素),盗窃公私财物、数额较大的,或者多次盗窃、入户盗窃、携带凶器盗窃、扒窃。(2021 年延考卷进行考查)

(1)平和手段:这是指转移财物占有的手段必须是平和的,对人的身体没有危险,也就是说,对人身或者财物无暴力。

(2)盗窃公私财物,数额较大——财物价值在 1000 元以上,3000 元以下。有下列情形之一,数额较大的标准为 500 元以上,1500 元以下。

①曾因盗窃受过刑事处罚的;

②1 年内曾因盗窃受过行政处罚的;

③组织、控制未成年人盗窃的;

④自然灾害、事故灾害、社会安全事件等突发事件期间,在事件发生地盗窃的;

⑤盗窃残疾人、孤寡老人、丧失劳动能力人的财物的;

⑥在医院盗窃病人或者其亲友财物的;

⑦盗窃救灾、抢险、防汛、优抚、扶贫、移民、救济款物的;

⑧因盗窃造成严重后果的。

【提示】这是盗窃罪的一般情形,其余四种特殊盗窃都不要求数额较大。

(3)多次盗窃——2 年以内有 3 次以上的盗窃行为。

①每次行为都能评价为盗窃行为,但不要求每一次盗窃行为都既遂。

②已经受到刑罚处罚的盗窃不能计算在内。例如,甲因盗窃罪被判处 6 个月有期徒刑,释放后又两次盗窃他人财物(均在 2 年内)。由于甲的第一次盗窃行为已被处理,不能计算在“多次盗窃”的次数中,否则属于重复评价,甲后两次盗窃不属于多次盗窃。

③犯罪形态:开始盗窃是着手;取得财物是既遂,不要求数额较大。例如,甲 2 年内先后 3 次盗窃他人信用卡,虽然信用卡客观价值低廉,但主观价值值得保护,甲构成盗窃罪既遂。

(4)入户盗窃——非法进入供他人生活、与外界相对隔离的住所盗窃。这里的“户”与入户抢劫中的“户”含义相同。强调“入”的非法性,即入户目的具有非法性,但不限于盗窃目的。如果是合法入户,在户内临时起意盗窃的,不属于入户盗窃。

(5)携带凶器盗窃——携带枪支、爆炸物、管制刀具等国家禁止个人携带的器械进行盗窃,或者为了实施犯罪而携带其他足以危害人身安全的器械进行盗窃。

①可以由本人携带,也可以让第三人携带。

②不能明示或暗示使用凶器。如果对被害人明示或者暗示使用凶器,则属于以暴力相威胁,构成抢劫罪。

(6)扒窃——在公共场所或者公共交通工具上,盗窃他人随身携带的财物。扒窃的财物不限于体积较小的财物,也不要求技术性。

（三）盗窃罪的犯罪形态

1. 普通盗窃罪的犯罪形态。

（1）入罪标准：行为人具有盗窃数额较大财物的目的，并着手实行盗窃行为，如果有取得数额较大财物的可能性，就构成盗窃罪。例如，甲进入酒店房间盗窃乙的手机，经鉴定手机价值约为 800 元。甲主观上有盗窃数额较大财物的目的，客观上有取得数额较大财物的可能性，盗窃行为已经着手，故甲构成盗窃罪，属于犯罪未遂。【注意】对普通类型的盗窃罪，实务中一般不追究未遂犯的刑事责任，只给予治安处罚。

（2）既遂标准：取得数额较大的财物，构成盗窃罪既遂。例如，在上例中，如果手机价值为 3000 元，甲构成盗窃罪既遂。

2. 特殊盗窃罪的犯罪形态。

大件扔出墙外，小件握在手中。

（四）盗窃罪的罪数问题

1. 盗窃罪的特殊对象。

（1）盗窃信用卡并使用的，构成盗窃罪（《刑法》第 196 条第 3 款）。

（2）盗窃增值税专用发票或者可以用于骗取出口退税、抵扣税款的其他发票的，定盗窃罪（《刑法》第 210 条第 1 款）。

（3）以牟利为目的，盗接他人通信线路、复制他人电信号码或者明知是盗接、复制的电信设备、设施而使用的，定盗窃罪（《刑法》第 265 条）。

（4）将电信卡非法充值后使用，造成电信资费损失数额较大的，定盗窃罪。

（5）盗用他人的上网账号、密码上网，造成他人电信资费损失数额较大的，定盗窃罪。

2. 盗窃罪的特殊法条。

（1）盗窃枪支、弹药、爆炸物、危险物质罪（《刑法》第 127 条）。

（2）盗窃商业秘密的，定侵犯商业秘密罪（《刑法》第 219 条）。

（3）盗窃国家机关公文、证件、印章罪（《刑法》第 280 条第 1 款）。

（4）盗窃尸体、尸骨、骨灰罪（《刑法》第 302 条）。

（5）盗掘古文化遗址、古墓葬罪，盗掘古人类化石、古脊椎动物化石罪（《刑法》第 328 条）。

（6）盗伐林木罪（《刑法》第 345 条）。

3. 盗窃后续行为的认定。

（1）盗窃财物后，又销售的，没有期待可能性，不再定掩饰、隐瞒犯罪所得罪。但又通过销售行为诈骗他人财物的，以诈骗罪与盗窃罪并罚。

（2）盗窃财物后，又故意毁坏所盗财物的，没有侵犯新法益，不再定故意毁坏财物罪。

（3）故意盗窃违禁品，偷到手后又非法持有的，仅定盗窃罪；又利用违禁品实施其他犯罪的，侵犯了新法益，应数罪并罚。例如，盗窃假币后又使用假币，数罪并罚。

（4）主观上是盗窃普通财物的故意，偷到手后发现是假币、毒品等违禁品，又实施非法持有、出售、贩卖等行为，应数罪并罚。例如，偷到手后才发现是假币，又持有假币的，应以盗窃罪与持有假币罪并罚。

（5）盗窃国家禁止经营的文物后，又出售的，盗窃行为侵犯了他人的财产所有权，销售行为侵犯了文物保护法益，应以盗窃罪与倒卖文物罪并罚；盗窃文物后，为毁灭罪证而毁坏文物的，侵犯了新法益,以盗窃罪与故意毁坏文物罪并罚。

五、侵占罪

(一)行为模型

先占有他人财物→变自己占有为自己所有。

(二)构成要件

1. 行为对象:他人有所有权但无现实占有的财物,包括委托保管物、遗忘物和埋藏物。

(1)委托保管物——基于委托代为保管而形成的所有权与占有权的分离。包括:借用、担保、租赁等。

(2)遗忘物——主人非自愿丧失占有的财物。例如,邮局误投的邮件,楼下飘落的衣物,河流中的漂流物,死者身上的财物等,只要他人没有放弃所有权,均属于遗忘物。

【提示】主人控制范围内的财物,即使短暂离开或暂时遗忘,依然属于主人占有。

(3)埋藏物——主人有意将财物藏于他物之中,但对财物没有现实占有。例如,藏在墙缝中、沉在水下的财物,属于埋藏物。

①埋藏物有明确的所有权人。如果是无主物,可按照先占先得取得物权,不构成侵占罪。【注意】这里的所有权人包括他人、单位、国家。例如,甲从祖辈得知自己房屋的墙缝中藏有金条,但不知道具体的位置与数量。甲将房子卖给乙并约定:如果乙拆建房屋时发现金条,金条归甲所有。但乙发现金条后却据为己有,由于金条有明确的所有权人,乙构成侵占罪。

②有意埋藏于地下且他人具有占有意思的财物,属于他人占有的财物,而非埋藏物。例如,甲见乙将古董埋藏于地下,悄悄将古董挖出。由于古董属于他人占有的财物,甲构成盗窃罪。

2. 行为方式:将占有的他人财物变为自己所有。

将占有的他人财物变为已有有两种方式:一是拒不退还或者拒不交出。二是以所有权人自居,非法处分占有的财物;主要是行使处分权,比如变卖、消费、抵押、赠与等(作为)。

(三)罪数问题

1. 侵占罪与盗窃罪。

两罪区分的关键是:财物由谁占有?如果由被害人占有,定盗窃罪;如果由行为人占有或者无人占有,定侵占罪。

例1:甲购买乙的茅台酒,当面交易时甲以辨别真伪为由,以两瓶假茅台酒调包,谎称乙的茅台酒有问题而离开。虽然乙将茅台酒交给甲辨别,但茅台酒仍然属于乙在占有,甲构成盗窃罪。

例2:甲委托乙鉴定钻石,乙鉴定时发现钻石价值连城,便连夜制作了一个仿制品。第二天乙将仿制品交给甲,并谎称钻石是真的。乙受委托鉴定钻石,先占有后变为所有,构成侵占罪。

2. 侵占罪与诈骗罪。

例如,甲要出国,将祖传花瓶交乙保管,乙欲占为已有,谎称花瓶被盗,让甲免除其返还义务。如果甲真的免除了乙的返还义务,那么乙只构成侵占罪一罪,不构成诈骗罪。因为乙已经侵害了甲的同一财产,事后的欺骗行为属于为了保障将花瓶变占有为所有的行为,不是单独实施诈骗,可以理解为不可罚的事后行为。所以只认定为侵占罪一罪。

六、诈骗罪(☆☆☆)

【提示】本罪在主观题中容易与信用卡诈骗罪、帮助信息、网络犯罪活动罪关联考查。

(一)行为模型

实施欺骗行为→对方产生或者维持认识错误→对方基于认识错误处分财物→行为人取得财物→被害人遭受损失。

1. 欺骗行为——虚构事实、隐瞒真相,使对方陷入处分财产的认识错误的行为。

(1)使对方从无到有产生认识错误。

(2)维持利用对方已有的认识错误,即有告知义务,不告知或者强化对方的认识错误。

(3)欺骗行为要达到足以使对方产生认识错误的程度,不要求足以使一般人陷入认识错误。

例如,甲冒充秦始皇骗取乙巨额财物,虽然一般人不会相信,但只要足以使乙产生认识错误,甲也能构成诈骗罪。

【提示】对商品进行的一般性夸张宣传,不是欺骗行为。例如,化妆品代言人声称使用其化妆品可以使肌肤粉嫩、青春永驻,这不是欺骗行为。

2. 认识错误——欺骗行为使对方产生或者维持处分财物的认识错误。

(1)受骗者必须是具有财产处分权的人,也就是说,有一定的行为能力。

第一,幼儿与精神病患者没有处分权。骗取幼儿或者精神病患者的财物,构成盗窃罪。

第二,原则上机器不能被骗。例如,向自动售货机中投入铁片冒充硬币以取得商品,构成盗窃罪。

(2)必须是处分财物的认识错误,而不是其他认识错误。例如,甲事先买来镀金项链,假装在商店购买金项链。店员将金项链交给甲试戴时,甲将金项链藏在身上并将镀金项链退还给店员。店员对甲是否购买项链有认识错误,但没有处分项链的认识错误。也就是说,店员客观上无处分项链的行为,主观上无处分项链的意识,故甲构成盗窃罪。

(3)受骗者对行为人欺骗的事项有所怀疑,行为人维持或者强化其认识错误,构成诈骗罪。例如,甲看上一个标价很高的仿制品,以为是唐代文物,但又心存怀疑。乙遂拿出虚假的鉴定意见,证明确属唐代文物。甲信以为真,以高价买走,乙构成诈骗罪。

3. 处分财物——既包括处分财物的所有权,也包括处分财物的占有权(单纯骗色不构成诈骗罪)。

例1:(处分占有权)甲谎称有急事,借乙的手机用两天。乙将手机借给甲,甲将乙手机卖给他人。乙客观上有处分手机占有权的行为,主观上有处分手机占有权的意思,甲构成诈骗罪。

例2:(处分所有权)甲冒充高校老师,让学生乙将学费汇到指定账户,乙信以为真而照办。乙客观上有处分财物的行为,主观上有处分财物的意识,甲构成诈骗罪。

4. 取得财物——既可以是本人取得,也可以是第三人取得。例如,甲欺骗乙,让乙将钱交给丙,乙照办,甲构成诈骗罪。【注意】这里的财物包括财产性利益。例如,使用假军牌骗免过路费,是对财产性利益的诈骗。

5. 遭受损失——成立诈骗罪要求被害人有遭受财产损失的危险,成立诈骗罪既遂要求行为人取得财物、被害人遭受实际损失。

第一,欺骗他人免除非法债务,不构成诈骗罪。例如,甲原本打算支付嫖资,交易后又通过欺骗手段使卖淫女乙免收嫖资。乙免除的是非法债务,没有损失,甲不构成诈骗罪。

第二,被害人没有遭受财产损失的危险,行为人不构成诈骗罪。

(二)特殊类型的诈骗

1. 三角诈骗。

财产处分人与受害人不是同一人,但被骗人与财产处分人必须是同一人,这被称为三角诈骗。最典型的就是甲找法院"告"乙还钱。

甲是行为人,法院是被骗人和财产处分人,乙是受害人,即只要是三角诈骗,一定有"甲""法院""被害人"三个模块,没有的话就不属于三角诈骗。

2. 二重买卖。

例1:甲先将房子卖给乙,尚未办理产权登记。因房价大涨,甲又把房子卖给丙,并办理了产权登记。甲与丙交易时,对房子有所有权,甲对乙不构成诈骗罪,属于民事违约。

例2:甲将房子卖给乙并办理了产权登记,甲又冒充主人将房子卖给丙,甲对房子已无处分权,对丙构成诈骗罪。

3. 无钱食宿。

例如,甲原本没有支付餐费的意思,伪装成具有支付餐费的意思,欺骗店员提供酒水饮食。无论甲是明目张胆拒不付款,还是乘机溜走,都构成诈骗罪。这是因为,甲有非法占有目的,属于诈骗酒店的财物。

4. 赌博诈骗。

行为人伪装,诱使对方参加赌博,从而不法取得对方财物的行为即为赌博诈骗。参赌者识破骗局要求退还所输钱财,设赌者又使用暴力或者以暴力相威胁,拒绝退还的,应以赌博罪从重处罚。致参赌者伤害或者死亡的,应以赌博罪和故意伤害罪或故意杀人罪,依法实行数罪并罚。

(三)犯罪形态

1. 着手标准:开始实施诈骗行为是诈骗罪的着手,为了诈骗而伪造有关证件的属于诈骗罪的预备行为。

2. 既遂标准:完整符合诈骗罪的逻辑结构,也就是说,行为人基于对方的认识错误取得财物。

例如,甲诈骗乙,被乙识破骗局。但乙觉得甲穷困潦倒,实在可怜,就给其5000元,甲得款后离开。甲的欺骗行为并未使对方陷入认识错误,乙也不是基于被骗而处分财物,甲仅构成诈骗罪的未遂。

(四)罪数问题

盗窃罪与诈骗罪区分。

诈骗罪是将财物的所有权或者占有权处分给对方,处分行为是导致被害人财产损失的直接原因。如果受骗人没有处分行为,行为人构成盗窃罪。"形似骗实为偷"的情形有:

(1)调虎离山。

例1:甲谎称要购买5箱矿泉水,让小卖部的老板乙去仓库取货。乙请甲代为看店,甲趁机拿走店内的现金。甲有欺骗行为,但乙没有处分财物,甲构成盗窃罪。

例2:(2016年真题)乙女在路上被铁丝绊倒,受伤不能动,手中钱包(内有现金5000元)摔出七八米外。路过的甲捡起钱包时,乙大喊"我的钱包不要拿",甲说"你不要喊,我拿给你",乙信以为真没有再喊,甲迅速逃离。甲有欺骗行为,但乙没有处分财物,甲构成盗窃罪。

(2)暗中调包。

例1:甲见乙的项链与自己的一样,谎称对比两条项链,乙同意。甲将自己镀金的项链给乙,将乙的真金项链留下。甲有欺骗行为,乙没有处分财物,甲构成盗窃罪。

例2:甲对乙谎称可以将10元的纸币变为100元,乙给甲100张10元的纸币,让甲当场变。甲在"变"的过程中,将纸币装入包内,将一包点钞币交给乙。让乙记住咒语,回家再打开。乙将真币交给甲时,真币依然由乙占有,甲有欺骗行为,乙没有处分财物,甲构成盗窃罪。

(3)鼓捣机器。

例如,机器不会成为被骗者,所以使用游戏币在售货机上"购买"商品的行为不构成诈骗罪,只能成立盗窃罪。

【总结】以上三种类型的盗窃,受骗人没有基于认识错误处分财物,也就是说,没有自愿将占有权处分给行为人。

七、敲诈勒索罪(☆☆)

(一)行为模型

实施恐吓行为→使对方产生恐惧心理→对方基于恐惧心理处分财物→行为人取得财物→被害人遭受损失。

1. 恐吓行为——使用暴力、胁迫等方法,以恶害相通告,使对方产生恐惧心理。

(1)不需要足以压制被害人的反抗,只要足以使被害人产生恐惧心理即可。

(2)本人或者第三人实施,但由第三人实施时,行为人必须让对方意识到自己能影响第三人。

(3)既可以通过合法途径也可以通过不法途径实现恶害的内容。

2. 恐惧心理——要求恶害的内容能使对方产生恐惧心理。单纯使人产生困惑的行为,不会使对方产生恐惧心理。

例1:甲捡到乙的手机及身份证等财物后,给乙打电话,索要1万元,并称若不付钱就不还手机及身份证等物。这不会使乙产生恐惧心理,甲不构成敲诈勒索罪。

例2:甲捡到乙的手机及身份证等财物后,给乙打电话,索要1万元,并称若不付钱就公开其手机中的艳照。这会使乙产生恐惧心理,甲构成敲诈勒索罪。

3. 处分财物——必须是基于恐惧心理进而处分财物,如果是基于同情、欣赏等原因给予财物,行为人成立敲诈勒索罪(未遂)。

4. 遭受损失——这里的"损失"是合法财产的损失,不包括非法债权的丧失。例如,甲欠乙5万元赌债,以揭发隐私相威胁,要求乙免除。乙没有合法财产损失,甲不构成敲诈勒索罪。

(二)罪数问题

1. 敲诈勒索与正当维权。

(1)有权利的恐吓,不构成敲诈勒索罪。

(2)没有权利,通过恐吓来索取财物,构成敲诈勒索罪。

(3)有争议的权利的恐吓,满足以下两个条件的不成立敲诈勒索罪:权利具有可诉性、手段具有正当性。

例如,甲从生日蛋糕中吃出苍蝇,以向法院起诉相要挟,要求生产商赔偿100万元。因为甲的权利具有可诉性,手段具有正当性,因此,不成立敲诈勒索罪。

2. 敲诈勒索罪与绑架罪。

(1)区分标准:有无实际控制人质。

(2)客观上没有绑架他人,但谎称绑架他人进而勒索财产的,仅成立敲诈勒索罪。

(3)实施绑架行为,向被绑架人的近亲属等勒索财物的,仅成立绑架罪,不再定敲诈勒索罪。

3. 敲诈勒索罪与抢劫罪。

(1)区分标准:被害人有无意志(选择)自由。如果有,成立敲诈勒索罪;如果没有,成立抢劫罪。

(2)交付财物的时间、地点是不是当场,不是两罪区分的标准。

例如,甲拿着乙儿子的照片找到乙说:现在就给我100万元,否则下周之内就在放学路上绑架你的儿子。乙知道甲是有名的黑社会大哥,能干出这件事情,便给了钱。虽然乙当场交付财物,但甲不构成抢劫罪,而是构成敲诈勒索罪,因为甲给乙设定了条件,给予乙一定的选择自由,乙权衡后,基于恐惧心理给钱。如果没得选择只能给钱,就是抢劫罪。

两罪区分的关键:被害人有无选择的余地。如果有,定敲诈勒索罪;如果无,定抢劫罪。这是因为,抢劫罪的被害人是基于无法反抗放弃财物,敲诈勒索罪的被害人是基于恐惧心理处分财物。前者无意志自由,后者有相对的意志自由。

主观题小案例

【案例1】甲入户盗窃,乙为其望风。甲为抗拒抓捕将主人丙打伤,乙对此不知情。乙虽然对甲的抢劫起到了作用,属于客观阶层的共犯,但乙没有抢劫的故意。对甲定事后抢劫,对乙定盗窃罪,乙应对甲抢劫财物的数额承担盗窃罪的责任。【正确】

【注意】如果乙知情还继续望风,这表明主观上有帮助甲抢劫的故意,二人构成事后抢劫的共犯。

【案例2】甲入户盗窃,乙为其望风。二人离开现场时被主人丙发现,乙为抗拒抓捕将丙打伤,甲对此不知情。虽然乙是帮助犯,依然属于"犯盗窃罪",可以转化为抢劫罪。对甲定盗窃罪,对乙定事后抢劫。【正确】

【案例3】甲单独盗窃,携带赃物逃离。甲为抗拒抓捕对主人丙使用暴力,知道真相的乙为了帮助甲也殴打丙。乙虽然没有犯盗窃罪,但参与甲事后抢劫的行为,构成事后抢劫的共犯。【正确】

【案例4】甲单独盗窃,携带赃物逃离。知道真相的乙为了帮助甲逃避主人丙的抓捕,殴打丙致其重伤,对此甲不知情。首先,甲不构成事后抢劫;其次,乙没有犯盗窃罪,也不可能单独构成事后抢劫;最后,乙帮助甲逃跑构成窝藏罪,同时构成故意伤害罪致人重伤,属于想象竞合犯,应从一重罪处罚。【正确】

【注意】甲的盗窃行为已经既遂,乙不构成盗窃罪的片面帮助犯。

【案例5】甲与乙入户盗窃。乙在里屋,甲在外屋。主人丙回家后首先发现甲,甲为抗拒抓捕对丙使用暴力。乙知情但没有参与,也未表示反对。由于乙对甲的抢劫转化,既无物理上的因果性,也无心理上的因果性,故甲构成事后转化型抢劫,乙构成盗窃罪。【正确】

【案例6】甲单独盗窃,携带赃物逃离。知道真相的乙教唆甲对追捕者丙使用暴力,甲照办。乙的教唆行为与甲的转化型抢劫有心理上的因果性,二人构成事后转化型抢劫的共犯。【正确】

【案例7】甲(17周岁)入户盗窃,乙(13周岁)为其望风。甲、乙为抗拒抓捕共同对主人丙使用暴力,乙的行为致丙重伤。在客观阶层,二人构成事后转化型抢劫的共犯,乙构成故意伤害罪致人重伤,对甲仅定抢劫罪致人重伤。【正确】

【案例8】甲单独盗窃,携带赃物逃离,为抗拒抓捕对主人丙的腹部猛踢一脚。知道真相的乙接受甲的帮助请求也向丙的腹部猛踢一脚。丙因脾脏破裂流血过多而死亡,但不能查明是谁的行为导致的。第一,如果是甲的行为导致死亡,甲对死亡结果负责,乙无需负责,因为乙不需要对自己参与前的甲的行为及结果负责。第二,如果是乙的行为导致死亡,乙对结果负责,甲也要对结果负责。因为乙踢丙时,甲、乙已经构成共犯,部分实行全部责任。综上,无论如何,甲都要对结果负责,乙不一定对结果负责,根据存疑有利于被告人的精神,甲构成抢劫罪(致人死亡),乙构成普通抢劫罪。【正确】

【案例9】大憨、二憨两兄弟(以下简称憨憨兄弟)做生产眼罩的生意,在某眼罩加工厂加工一批眼罩,加工费为每件10元,憨憨兄弟应付给加工厂加工费5万余元。双方由于质量问题发生纠纷,憨憨兄弟拒绝支付该款项,眼罩加工厂于是扣押500个眼罩不予发货。憨憨兄弟于次日凌晨雇佣一辆面包车将扣押的眼罩拉走。憨憨兄弟构成何罪?

答案参考:憨憨兄弟构成盗窃罪。所有权不能对抗合法占有,憨憨兄弟的行为侵犯了眼罩加工厂对扣押眼罩的合法占有,成立盗窃罪。

【案例10】张三因欠李四钱,将其高档汽车质押给李四,约定了归还时间,并约定了如果汽车被盗李四应如何赔偿等问题。张三在没有归还欠款的时候把车偷开回去,李四发现后又将汽车偷开回来。李四是否构成盗窃罪?

答案参考:李四不构成盗窃罪。所有权不能对抗合法占有,李四对汽车的占有是合法的,张三在归还欠款前不能开回汽车。故,李四不构成盗窃罪。

【案例11】李四骑着价值1万元的摩托车去超市买菜,下车后忘记锁车。张三发现该车未锁,心生一计,对路过的大强说:"我要换个小汽车,摩托车4000元卖给你,要不要?"大强觉得很便宜就当场转账买走了。张三的行为构成什么罪?

答案参考:张三的行为构成盗窃罪与诈骗罪的想象竞合,择一重罪论处。本案中,虽然张三没有接触过摩托车,也没有直接转移摩托车的存放地点,但仍构成盗窃罪(间接正犯),同时,张三对大强构成诈骗罪,形成盗窃罪与诈骗罪的想象竞合。

【案例12】大憨、二憨盗窃了李四的小汽车,正要开车离开时被李四发现,李四立即乘坐出租车进行追赶。大憨、二憨快被追上时,前面遇到了集市,大憨、二憨加大油门冲过去,将集市中的两人当场撞死,然后趁机逃走。大憨、二憨构成什么罪?

答案参考:大憨、二憨构成抢劫罪(致人死亡)与故意杀人罪的想象竞合犯。集市上的人客观上妨碍了大憨、二憨实现其窝藏赃物等目的,大憨、二憨通过暴力行为实现了其目的,因此,大憨、二憨的行为成立事后抢劫(致死)罪,与故意杀人罪构成想象竞合犯。

【案例13】张三诈骗李四,得手后,担心司法机关发现自己与李四的通话记录,于是将李四价值6000元的手机取走损坏,并藏在家里,准备伺机丢掉。案发时,手机仍然在张三家里。张三对手机该当何罪?

答案参考:张三构成故意毁坏财物罪。张三通过对手机施加有形力,使财物丧失了使用价值,属于毁坏财物,而张三并没有利用的意思,不能认定其具有非法占有目的,不能构成盗窃罪。

第十六讲　侵犯人身罪

一、侵犯生命、健康的犯罪

(一)故意杀人罪(☆☆☆)

《刑法》第232条:故意杀人罪,是指故意非法剥夺他人生命的行为。本罪侵犯的法益是他人的生命权。

1. 行为模型:逼迫你、欺骗你(间接正犯),亲手杀了你。

2. 构成要件:

(1)主体:已满12周岁的自然人。

(2)行为对象:他人。不包括尸体、胎儿。

3. 法律拟制的故意杀人罪。

(1)《刑法》第238条:非法拘禁使用暴力致人死亡的。

(2)《刑法》第247条:刑讯逼供或暴力取证致人死亡的。

(3)《刑法》第248条:虐待被监管人致人死亡的。

(4)《刑法》第289条:聚众"打砸抢"致人死亡的。

(5)《刑法》第292条:聚众斗殴致人死亡的。

4. 安乐死问题。

(1)积极的安乐死,是指对身患绝症、痛苦难耐的病人,采取的加速其死亡的行为,成立故意杀人罪。

(2)消极的安乐死,是指对身患绝症、痛苦难耐的病人,中止维持其生命的医疗措施,不积极救助,也不加速被害人死亡,不成立犯罪。

5. 自杀问题。

(1)自杀是指自愿地结束自己的生命,在因果关系中,自杀是个异常的介入因素,中断了前行为和结果的因果关系,比如甲将妇女抢劫,妇女觉得没面子自杀了,此时甲对死亡结果不负责。但是,暴力干涉婚姻自由罪和虐待罪,这两个罪中的被害人自杀身亡的,两罪行为人需要对死亡结果承担责任。

(2)教唆自杀,是指故意采用引诱、怂恿等方式,使他人产生自杀意图并进而实行自杀的行为。一般认为,教唆自杀原则上不构成犯罪。

(3)帮助自杀,是指在他人已经有自杀意图的情况下,实施了帮助行为(非实行行为),不成立故意杀人罪。比如,乙想要自杀,甲为其提供毒药、麻绳、刀具等自杀的工具帮助乙自杀的,不成立故意杀人罪,因为是否自杀由乙自己决定。但是,如果甲亲自帮忙实施具体的行为就构成故意杀人罪。

6. 故意杀人罪与遗弃罪。

区分标准:要看致人死亡是否存在紧迫性,通常以被害人对行为人的依赖程度来确定。

(1)如果是在很短的时间内,明显具有致人死亡故意的遗弃行为,一般应以故意杀人罪论处,例如,母亲连续3天不给婴儿喂奶,则应当成立故意杀人罪。

(2)如果成年人对于自己年迈的父母不履行赡养义务,经过一段时间造成被遗弃人死亡的,应以遗弃罪论处。

7. 罪数问题。

(1)结合犯:犯绑架罪,杀害被绑架人的,只定绑架罪。

(2)结果加重犯:①劫持航空器致人死亡,定劫持航空器罪;②抢劫致人死亡,定抢劫罪。

(3)想象竞合犯:以放火、爆炸等方法杀人的,构成放火罪与故意杀人罪的想象竞合犯。

(二)故意伤害罪

《刑法》第234条:故意伤害罪,是指故意非法伤害他人身体的行为。本罪侵犯的法益是他人的身体健康权。

1. 行为模型:暴力伤害。

2. 构成要件:

(1)主体:致人轻伤的主体是已满16周岁的自然人,致人重伤或者死亡的主体是已满12周岁的自然人。

(2)行为对象:他人的身体。

第一,自伤行为不构成本罪,但军人在作战时伤害自己身体的,可构成战时自伤罪。

第二,故意毁坏假肢、假发与假牙,不构成故意伤害罪,可能构成故意毁坏财物罪。

第三,装神弄鬼吓唬人,造成被害人精神失常的行为也成立故意伤害罪。

(3)行为:伤害行为既可以是作为,也可以是不作为。

【提示】故意使他人感染艾滋病毒的,构成故意伤害罪。例如,甲嫖娼时,故意将艾滋病毒传染给乙,甲构成传播性病罪与故意伤害罪的想象竞合犯,从一重罪处罚,定故意伤害罪。

(4)危害结果:伤害行为造成轻伤以上结果。如果仅造成轻微伤,不构成故意伤害罪,可予以治安处罚。

(5)主观要件:第一,对轻伤结果是故意,过失致人轻伤的,不构成犯罪;第二,对重伤结果既可以是故意,也可以是过失;第三,对死亡结果是过失,故意致人死亡的,构成故意杀人罪。

3. 故意伤害罪的间接正犯。原理同故意杀人罪的间接正犯。例如,欺骗、教唆幼儿、精神病患者自伤,或者强迫他人自伤的,均属于故意伤害罪的间接正犯。

4. 法律拟制的故意伤害罪。

(1)《刑法》第238条:非法拘禁使用暴力致人伤残的。

(2)《刑法》第247条:刑讯逼供或暴力取证致人伤残的。

(3)《刑法》第248条:虐待被监管人致人伤残的。

(4)《刑法》第289条:聚众"打砸抢"致人伤残的。

(5)《刑法》第292条:聚众斗殴致人重伤的。

(6)《刑法》第333条:非法组织或强迫他人出卖血液,对他人造成伤害(要求重伤以上结果)的。

5. 处罚。

(1)故意伤害罪的基本犯:伤害行为造成轻伤结果。【注意】伤害结果有四类:轻微伤、轻伤、重伤、死亡。轻伤的标准是指造成肢体或者容貌损害,或者其他器官部分功能障碍;重伤的标准是造成肢体残疾或者丧失器官机能(如听觉、视觉)。

(2)故意伤害罪的加重犯:伤害行为造成重伤或者死亡结果,其中故意伤害致人死亡是重点。结构:伤害行为+死亡结果=故意伤害罪+加重处罚。具体请参见第五讲“结果”中的“结果加重犯”。

(3)以特别残忍手段致人重伤造成严重残疾。这既有情节加重,又有结果加重的成分,要求有三:一是手段特别残忍,二是致人重伤,三是造成严重残疾。

6. 罪数问题。

(1)想象竞合犯。

第一,其他犯罪中的“暴力”原则上可以包含轻伤结果。例如,强奸罪,强制猥亵、侮辱罪,暴力干涉婚姻自由罪,妨害公务罪,抗税罪,强迫卖血罪,强迫卖淫罪等。

第二,实施其他犯罪,又同时故意致人重伤的,构成想象竞合,从一重罪处罚,一般定故意伤害罪致人重伤。例如,甲为抗拒执法,使用暴力将警察打成重伤。甲的行为同时触犯袭警罪和故意伤害罪,从一重罪处罚,定故意伤害罪致人重伤。

【总结】能够包含故意伤害罪重伤结果的罪名。

①抢劫致人重伤的,只定抢劫罪。

②故意伤害被绑架人致人重伤、死亡的,只定绑架罪。

③强奸致人重伤的,只定强奸罪。

④拐卖妇女、儿童致人重伤的,只定拐卖妇女、儿童罪。

(2)法条竞合犯。

故意杀人与故意伤害是性质相同、程度不同的两种行为,二者不是A与-A的对立关系,而是A与A+B的包容关系。这里的B,是指故意致人死亡的内容。因此,故意杀人罪可以被包容评价为故意伤害罪。例如,甲先以伤害故意砍乙2刀,后又以杀人故意砍乙2刀,致乙死亡,但无法查明哪一刀致乙死亡。如果认为杀人与伤害是对立关系,由于无法查明,死亡结果就不能归属于杀人行为或者伤害行为。由于杀人行为可以被包容评价为伤害行为,可以将前后4刀都视为伤害行为,故甲构成故意伤害罪(致人死亡)。

(3)故意伤害罪致人死亡与过失致人死亡罪。

两罪对死亡结果都是过失,应从客观行为性质进行分析。区分标准:致人死亡的行为的性质。如果因伤害行为过失致人死亡,构成故意伤害罪(致人死亡);如果因轻微的暴力行为过失致人死亡,构成过失致人死亡罪。

例1:杨春驾驶轻型货车为吴雪琴的杂货店送桶装水,杨春将水卸在吴雪琴店门口,吴要求杨将桶装水搬入店内,遭杨拒绝。杨春驾驶车辆欲离开,吴雪琴遂用右手抓住汽车的车门,阻止杨离开。杨春仍驾车向前低速行驶数米并右转弯,致吴跌地后遭汽车后轮碾压致死。客观上,杨春的低速驾驶行为不具有明显的加害性,通常不会致人轻伤;主观上,杨春没有故意伤害吴雪琴的意图,故杨春构成过失致人死亡罪,而非故意伤害罪(致人死亡)。

例2:程刚、陈玲是夫妻。在教3岁的儿子程泉识字过程中,因程泉屡次犯错,二人在30小时内，持拖鞋、鞋刷连续多次击打程泉的臀部、后背及下肢，又扇其耳光，致程泉皮下淤血。次日凌晨，程泉呼吸急促、双眼瞪视，经抢救无效死亡。经鉴定，程泉系被他人用钝性物体多次击打，致身体多部位广泛性皮下出血致创伤性休克而死。客观上，两人的行为超出了正常教育、惩戒子女的限度，具有致幼儿轻伤以上的相当可能；主观上，两人明知幼儿的抗击打能力低，且对殴打行为造成的体表伤害有认识，对伤害行为有故意，对死亡结果是过失，故二人构成故意伤害罪（致人死亡）。

【总结】故意伤害行为＋过失致死结果＝故意伤害罪（致人死亡），轻微的暴力行为＋死亡（重伤）结果＝过失致人死亡（重伤）罪。

主观题小案例

【案例1】菜花希望胎儿出生后死亡，于是通过技术手段向胎儿投放药物。在药物的作用下，胎儿出生后不久死亡。菜花是否构成故意杀人罪？

答案参考：菜花的行为构成故意杀人罪。虽然行为人实施杀人行为时，胎儿还未出生，但杀人行为发挥作用时，胎儿已出生，可认定为人，菜花的行为属于非法剥夺他人生命的行为。其主观上具有杀人的故意，故构成故意杀人罪。

【案例2】成年人张三与成年人李四，因口角相互斗殴，致李四轻伤。张三是否构成故意伤害罪？

答案参考：张三不构成故意伤害罪。两人互相斗殴，双方都具有攻击对方的意图，但既然与对方斗殴，就意味着双方都承诺了轻伤害的结果。对基于被害人承诺造成轻伤的，不成立故意伤害罪。

【案例3】大强在家对菜花使用严重暴力，菜花万分紧张逃到阳台大声呼救，然而不幸踩空从阳台跌下身亡。大强的行为构成什么罪？

答案参考：大强的行为构成故意伤害罪（致人死亡）。大强对菜花施暴后，菜花逃到阳台大声呼救，属于正常的介入因素，系大强的行为致人死亡的直接现实化为死亡结果，故认定为故意伤害致死。

【案例4】宋老三因为对女儿大莲的恋爱对象刘哥哥不满意，阻止两人正常交往，大莲对此十分不满，于是偷偷和刘哥哥登记结婚。宋老三知道后对大莲用皮鞭子蘸凉水一通打，逼迫大莲离婚。

1. 二人不从，于是相约自杀。但是大莲不敢下手，刘哥哥用刀先杀死了大莲然后自杀，但刘哥哥被救活了，刘哥哥构成故意杀人罪。【正确】相约自杀，自己结束自己的生命，双方均无罪；一方自杀身亡，另一方被救活，活着的一方也无罪；一方不敢下手，另一方亲手杀死对方再自杀，后来自己活下来了，活下来的成立故意杀人罪。

2. 二人不从，于是相约自杀而亡。婚姻自由既包括结婚的自由，也包括离婚的自由。所以宋老三的行为成立暴力干涉婚姻自由罪。【正确】刑法规定犯暴力干涉婚姻自由罪，致使被害人死亡的，承担法定加重刑，不再另定其他罪名。

3. 二人已经生米煮成熟饭，宋老三没有办法，只能放弃。但后来大莲发现刘哥哥有一个私生子，大莲不满，采取冻饿等方式对私生子进行虐待，后来又趁刘哥哥不在家的时候进行打骂，导致孩子伤口腐烂，最后身亡。大莲成立过失致人死亡罪。【错误】大莲依法构成虐待罪，承担虐待致人死亡的刑事责任。

4. 二人不从,但是二人没有收入来源,于是二人共谋绑架了刘哥哥班主的小儿子。刘哥哥去取赎金的时候,大莲把人质打成轻伤。对于大莲把人质打成轻伤的行为不予评价,只定绑架罪一罪。【错误】刑法规定故意伤害被绑架人致其重伤、死亡的,只定绑架罪一罪,属于结合犯,承担法定加重刑。但是不包括轻伤,所以,轻伤应该数罪并罚。

【案例5】吴某以伤害的故意,捅了杜某一刀。由于杜某一直辱骂吴某,随即吴某起了杀心,又以杀人的故意捅了杜某一刀并致杜某死亡。事后无法查明死亡结果是第一刀还是第二刀导致的。

问题:试分析吴某的行为。

答案参考:吴某构成故意伤害罪(致人死亡)。根据存疑有利于被告人的原则,虽可分别认定为故意伤害罪未遂与故意杀人罪未遂,但杀人行为和故意伤害行为不是对立关系,而是包容评价关系,可以把故意杀人的行为评价为故意伤害的行为,所以不论前后哪一行为导致,都可以评价为故意伤害致人死亡。

【案例6】张三反复用手枪击打李四头部以泄愤,其间因枪支走火致李四当场死亡。张三是否构成故意伤害罪(致人死亡)?

答案参考:张三构成故意伤害罪(致人死亡)。张三在用手枪击打李四头部的过程中,介入了自身并不异常的过失致人死亡行为的,依然成立故意伤害致人死亡。

二、侵犯性自主权的犯罪

(一)强奸罪(☆☆☆☆☆)

《刑法》第236条:强奸罪,是指违背妇女意志,使用暴力、胁迫或者其他手段,强行与妇女性交的行为。本罪法益:妇女的性自主权。性自主权有两项内容:一是性交的决定权,二是性交时具体条件的决定权。例如,性交的对象、时间、地点、方式等。

1. 行为模型:使用强制手段→使妇女明显难以反抗→奸淫妇女。

2. 构成要件:

(1)主体:男性和女性都可构成强奸罪的正犯,但单独直接正犯只能是男性。女性可构成强奸罪的教唆犯、帮助犯、间接正犯和共同正犯。

(2)行为对象:妇女,妇女的社会地位、思想品德、生活作风、结婚与否等均不影响本罪的成立。

(3)行为方式:以暴力、胁迫(暴力胁迫和精神胁迫)或者其他手段强行与妇女性交,使用使妇女"不能反抗、不敢反抗、不知反抗"的一切手段。

(4)主观要件:主观有强奸的故意。奸淫幼女时,要明知对方是或可能是幼女。

①奸淫不满12周岁的幼女,推定行为人"明知"对方是幼女;

②奸淫已满12周岁不满14周岁的幼女,应从其身体发育状况、言谈举止等方面判断行为人是否明知对方是幼女。

3. 法定刑升格条件。

(1)在公共场所当众强奸妇女、奸淫幼女的。

公共场所为可能有不特定人进出的场所。例如,公园、广场、火车车厢、儿童游乐场等。该行为有被不特定或者是多数人知悉的可能性,不要求被现实听到或者看到。

【注意】当众不包括共犯人,不要求必须是3人或3人以上。例如,乙、丙、丁在宾馆房间帮助甲强奸青莲,甲不是当众强奸妇女。

(2)2人以上轮奸。只要客观上有2个以上的人共同实施的强奸就是轮奸,至于行为人是否达到刑事责任年龄,在所不问。

(3)奸淫不满10周岁的幼女或者造成幼女伤害的。

(4)强奸致人重伤、死亡。

这是强奸罪的结果加重犯。结构:强奸行为+重伤、死亡结果=强奸罪+加重处罚。

①强奸行为本身(为了强奸实施的暴力、奸淫行为)导致重伤或死亡结果,否则不成立结果加重犯。例如,甲强奸妇女后,为了灭口杀死妇女,定强奸罪和故意杀人罪,实行数罪并罚。

②强奸行为与加重结果之间应有直接因果关系。例如,妇女被强奸后羞愤自杀,不属于强奸致人死亡。

③强奸致人重伤包括强奸行为故意或者过失导致。

④强奸致人死亡只包括过失导致;故意杀害被害妇女的,可能成立强奸罪与故意杀人罪的想象竞合犯或者数罪并罚。

4. 罪数问题。

(1)结合犯:根据《刑法》第240条的规定,拐卖妇女,又奸淫被拐卖妇女的,只定拐卖妇女罪。结构:拐卖罪+强奸罪=拐卖罪。

【提示】拐卖罪是唯一能结合强奸罪的犯罪,犯其他罪,又强奸妇女的,数罪并罚。例如,先强奸又强迫卖淫,或者先强迫卖淫又强奸的,数罪并罚。

(2)想象竞合犯。

例如,甲强奸青莲,为防止青莲反抗,想先将其打成重伤,但失手致青莲死亡。第一,就基本犯,甲构成强奸罪未遂。第二,就加重犯,甲构成强奸致人死亡。第三,就竞合犯,甲的强奸行为同时触犯故意伤害罪(致人死亡),故对甲应以强奸致人死亡与故意伤害致人死亡,从一重罪处罚。

(二)负有照护职责人员性侵罪

《刑法》第236条之一:对已满14周岁不满16周岁的未成年女性负有监护、收养、看护、教育、医疗等特殊职责的人员,与该未成年女性发生性关系的,处3年以下有期徒刑;情节恶劣的,处3年以上10年以下有期徒刑。有前款行为,同时又构成本法第236条规定之罪的,依照处罚较重的规定定罪处罚。

1. 对象是14~16周岁的被监护者。主体是负有照护职责的人员。

2. 行为方式主要是利用优势地位,使对方"自愿"与其发生性关系。不需要采取暴力、胁迫手段,而是利用优势地位。

(三)强制猥亵、侮辱罪

《刑法》第237条:以暴力、胁迫或者其他方法强制猥亵他人或者侮辱妇女的,处5年以下有期徒刑或者拘役。聚众或者在公共场所当众犯前款罪的,或者有其他恶劣情节的,处5年以上有期徒刑。

本罪法益:他人的性自主权,主要表现为性羞耻心。

1. 行为模型：使用强制手段→他人明显难以反抗→猥亵、侮辱他人。

2. 构成要件：

(1)主体：已满16周岁的人，包括男性和女性。

(2)行为对象：已满14周岁的人，包括男性和女性。

①猥亵不满14周岁的人，构成猥亵儿童罪。

②猥亵妇女，不能发生性交，否则以强奸罪论处；猥亵男子，可以任何方式进行，包括性交。例如，青莲强行与甲男性交，由于强奸罪的对象不包括男性，只能以强制猥亵罪论处。

③自我猥亵不构成犯罪。例如，在公共场合裸露下体，我国未规定公然猥亵罪。

④丈夫猥亵妻子，如果不具有公然性，一般无罪；如果丈夫公然猥亵妻子，构成本罪。

(3)行为方式：以强制手段猥亵、侮辱他人。

①强制手段：暴力、胁迫或者其他手段。

【提示】本罪与强奸罪的暴力、胁迫或其他手段可以作相同解释。

②他人明显难以反抗。

强制手段，在本质上明显违反他人意志，在程度上足以压制他人反抗，也即使他人不能反抗、不敢反抗、不知反抗。

③猥亵，是指侵犯他人性羞耻心的行为。主要有四种情况：一是直接对他人猥亵，二是强迫他人对行为人或第三人猥亵，三是强迫他人自行猥亵，四是强迫他人观看猥亵动作。例如，彪哥强迫桂花观看两条狗交配，这有可能侵犯其性羞耻心，构成本罪。男子与女子性羞耻心的程度不同，要根据社会的一般观念来判断。

(4)主观要件：主观上具有故意，但不要求具有满足性刺激的目的。

例1：甲为报复青莲，扒光青莲的衣服，唆使自家的狼狗趴在青莲身上，甲构成本罪。

例2：甲发现妻子无生育能力，便将未婚的青莲骗入房间，脱掉其内裤。甲用注射器将自己的精液注入青莲的体内，希望青莲能为自己生育子女。如果构成本罪要求具有满足性刺激的目的，则甲不构成任何犯罪，这难以被人接受。

3. 法定刑升格条件：聚众或者在公共场所当众犯强制猥亵、侮辱罪。

(1)聚众，这是指由首要分子纠集多人实施猥亵、侮辱行为，不要求参加者都亲自实施。

(2)“在公共场所当众”，其含义与强奸罪的规定完全相同。

【提示】聚众类犯罪都要求行为人纠集多人，也即有组织他人的行为。例如，聚众扰乱交通秩序罪、聚众冲击国家机关罪、聚众斗殴罪等。

4. 强制猥亵、侮辱罪与强奸罪。

两罪不是A与-A的对立关系，而是A与A+B的包容关系。强奸未遂时，可能也会伴随强制猥亵、侮辱等内容，强奸罪是特殊法条，应当优先适用，故应定强奸罪未遂。

主观题小案例

【案例1】恋爱关系存续期间，甲男以女友裸照相威胁，与女友发生性关系。这种情况属于违背妇女意志的胁迫行为。但是如果甲男对女友说，“如果你不和我发生性关系，我就自杀”，则不属于强奸罪中的胁迫。【正确】

【案例2】甲女(15周岁)倾慕自己的老师乙，某日，乙来甲家家访，恰好甲父母不在，甲自愿和乙发生性关系,因为甲是自愿的,所以乙不构成犯罪。【错误】乙和甲之间有特殊职责关系,且乙明知甲是14~16周岁的少女,因此成立负有照护职责人员性侵罪。

【案例3】甲和乙共谋要强奸班花,通过石头剪刀布确定甲先来,乙后来。甲强行发生关系后,乙还没来得及发生关系就被警察抓了。

问题:试分析甲、乙的行为。

答案参考:甲、乙是强奸罪的共犯,同时适用轮奸的法定刑(未遂)。

刑法规定,违背妇女意志强行发生性关系的,成立强奸罪,两人以上轮奸的,承担加重法定刑。本案中甲、乙共谋实施强奸,由于意志以外的原因乙未得逞,根据共犯理论,甲、乙成立强奸罪,属于轮奸未遂。

【案例4】甲和乙女说,只要发生关系,就送她一个香奈儿的包包,乙女欣然与之发生关系,事后甲送了一个高仿版。

问题:甲的行为是否成立强奸罪,为什么?

答案参考:不成立。强奸罪的前提是违背妇女意志,本案属于钱色交易,妇女自愿发生关系,甲不成立强奸罪,动机错误(被骗)不影响自愿的认定。

【案例5】大强想与菜花发生关系,菜花坚持要用甲品牌的避孕套,大强只准备了乙品牌的避孕套,最后,大强以暴力、胁迫等手段强行用乙品牌的避孕套与菜花发生了关系。大强的行为是否构成强奸罪?

答案参考:大强的行为构成强奸罪。强奸罪保护的法益是性行为自己决定权。不管妇女以何种原因拒绝性交,男方采取暴力、胁迫或者其他手段与之性交的,均构成强奸罪。

【案例6】大憨以暴力方式强奸了妇女甲,离开现场后,二憨恰巧经过,心生恶念,立即强行奸淫该妇女。二憨的行为是否属于轮奸?

答案参考:二憨的行为不属于轮奸。二憨没有和大憨通谋,对大憨的强奸行为不具有物理或心理上的原因力,对大憨的强奸结果也没有贡献,因此,二憨只用对自己的强奸行为承担责任。

【案例7】大强在公共女厕所内强奸妇女,女厕所外有很多人可能听到或者感觉到厕所内有人正在强奸妇女。大强的行为是否属于"在公共场所当众强奸妇女"?

答案参考:大强的行为属于"在公共场所当众强奸妇女"。大强在公共女厕所强奸妇女时,公共女厕所属于可能使不特定或者众人看到、感觉到的公共场所,因此,大强的行为应当认定为在公共场所"当众"强奸妇女。

【案例8】李四要出差几天,因不放心家里15岁女儿独自在家,于是请成年同事张三有空时去家里照看一下女儿。其间,张三与李四女儿自愿发生了性关系。张三是否构成负有照顾职责人员性侵罪?

答案参考:张三不构成负有照顾职责人员性侵罪。张三并不对李四女儿的身心健康成长负有实质性的管护、指导等职责,与李四女儿也未形成一种依赖关系,故张三不构成负有照顾职责人员性侵罪。

【案例9】大强和菜花结婚后,发现菜花无法生育,于是某日将邻居单身女性甲骗入房内,要求甲为其生育子女,并承诺给相应回报。遭甲拒绝,大强便强行脱掉甲内裤,用注射器将自己的精液注入甲阴道。大强该当何罪?

答案参考:大强构成强制猥亵罪。强制猥亵罪是故意犯,但不是所谓的目的犯、倾向犯。虽然大强不是出于刺激或者满足性欲的原因，但是其行为使被害人性羞耻心遭到了极大伤害，应当认定为强制猥亵罪。

三、侵犯人身自由犯罪

（一）非法拘禁罪（☆☆☆☆）

《刑法》第238条：非法拘禁罪，是指非法剥夺他人人身自由的行为。本罪法益：人的身体活动的自由，而且是现实的身体活动自由，不包括可能的身体活动自由。

1. 行为模型：画地为牢。

2. 构成要件：

（1）主体：已满16周岁的自然人。国家机关工作人员是本罪的量刑身份，利用职权犯本罪的，从重处罚。

（2）行为对象：有身体活动自由的自然人。熟睡者、严重醉酒者、植物人、瘫痪卧床的病人、婴儿等由于没有现实的活动自由，不是非法拘禁罪的犯罪对象。

（3）行为方式：非法拘禁他人，剥夺其人身自由。

拘禁的手段主要有两种：一是直接拘束他人的身体，二是间接拘束他人的身体。拘禁的手段既可以是有形的，也可以是无形的，可以不作为的方式实施。

（4）主观要件：主观上有拘禁他人的故意，过失拘禁不构成本罪。例如：甲因粗心将乙锁在房间内，不构成本罪；如果发现后不开门，是不作为的非法拘禁。

3. 非法拘禁罪的处罚。

（1）具有殴打、侮辱情节的，从重处罚。

这是法定的从重处罚情节，对《刑法》第238条第1～4款全部适用。例如，甲非法拘禁乙，致其重伤，又公然用言语侮辱乙，对甲应以非法拘禁致人重伤从重处罚。

（2）结果加重犯。

这是指《刑法》第238条第2款第1句：犯前款罪，致人重伤的，处3年以上10年以下有期徒刑；致人死亡的，处10年以上有期徒刑。结构：拘禁行为＋重伤、死亡结果＝非法拘禁罪＋加重处罚。成立条件为：

①拘禁行为导致重伤、死亡结果。

这要求拘禁行为与重伤、死亡结果有因果关系。【注意】运用介入因素理论判断因果关系。

例1：甲将乙拘禁在房间，乙跳楼自杀死亡。由于自杀是异常的介入因素，且独立导致死亡结果，拘禁行为与死亡结果无因果关系，故甲仅构成非法拘禁罪，不构成非法拘禁致人死亡。

例2：甲欲拘禁乙，用绳子将乙捆住，乙因血液流通不畅死亡。拘禁行为与死亡结果有因果关系，甲构成非法拘禁致人死亡。

②对重伤、死亡结果只能是过失。

根据《刑法》第238条第2款的规定，非法拘禁致人死亡的，处10年以上有期徒刑。如果非法拘禁故意致人死亡，应构成故意杀人罪。因此，对重伤、死亡结果只能是过失。

例1：甲欲拘禁乙，用绳子将其捆住，乙因呼吸不畅死亡。客观上，拘禁行为与死亡结果有因果关系；主观上，甲对死亡结果有过失，故甲构成非法拘禁致人死亡。

例2:甲欲拘禁乙,用绳子将其捆住。甲明知捆绑过紧可能致乙死亡,仍然放任,致乙窒息死亡。由于甲对乙的死亡是故意,因此不是非法拘禁致人死亡。甲为了拘禁而捆绑乙,客观上只实施了一个行为,同时触犯非法拘禁罪和故意杀人罪,想象竞合,从一重罪处罚,定故意杀人罪。

③拘禁以外的第二个行为导致重伤、死亡结果的,应数罪并罚。

例1:甲拘禁乙3天,乙辱骂甲,甲将乙捅死。这属于另起犯意,对甲应以非法拘禁罪和故意杀人罪并罚。

例2:甲拘禁乙3天,甲随手丢烟头引发火灾,致乙被烧死。对甲应以非法拘禁罪和过失致人死亡罪并罚。

【总结】非法拘禁罪的结果加重犯只能实施一个行为——拘禁行为。

第一,因拘禁行为过失致人重伤、死亡的,构成结果加重犯。

第二,因拘禁行为故意致人重伤、死亡的,构成想象竞合犯。

第三,因拘禁之外的第二个行为致人重伤、死亡的,数罪并罚。

【提示】警方在解救被拘禁人的时候,因正常行为导致被害人重伤、死亡的,该结果归于行为人,成立结果加重犯。警方失误导致被害人重伤、死亡的,行为人不成立结果加重犯。

(3)法律拟制。

这是指《刑法》第238条第2款:使用(拘禁需要的暴力范围之外更高的)暴力(过失)致人伤残、死亡的,依照本法第234条(故意伤害罪)、第232条(故意杀人罪)的规定定罪处罚。适用条件为:

①因拘禁范围外的暴力过失致人伤残、死亡的,才属于法律拟制。如果故意致人伤残、死亡的,原本就应定故意杀人罪或故意伤害罪,这不是法律拟制。

②法律后果:拟制后以故意杀人罪、故意伤害罪一罪处罚,不再与非法拘禁罪并罚。

(4)索债型非法拘禁。

为索取债务非法扣押、拘禁他人的,构成本罪。

①债务的范围:既包括合法债务,也包括非法债务,但不包括单方面主张的债务。例如,甲谎称乙欠债不还将乙拘禁,向其家属要钱,这是单方面主张的债务,甲主观上有勒索财物的目的,构成绑架罪。

②他人的范围:既包括债务人本人,也包括与债务人有共同财产关系、抚养关系的亲属,但不包括其他人。

(5)量刑身份。

国家机关工作人员利用职权犯非法拘禁罪的,从重处罚。"利用职权"是指以行使职权的外观非法拘禁他人。例如,以拘留、逮捕、调查、审查为名非法拘禁他人。

4. 罪数问题。

(1)吸收犯:在绑架、抢劫、拐卖等犯罪中,非法拘禁他人的,拘禁行为被吸收,不再定非法拘禁罪。

(2)结合犯:在组织他人偷越国(边)境罪中,剥夺或者限制被组织人人身自由的,定组织他人偷越国(边)境罪,适用更重的法定刑。结构:组织罪+拘禁罪=组织罪+加重处罚。

(二)绑架罪(☆☆☆)

《刑法》第239条:绑架罪,是指以向第三人提出不法要求为目的,非法控制人质的行为。本罪法益:人质的人身安全和自由。

1. 行为模型:绑架罪=非法拘禁甲+敲诈勒索甲父。

2. 构成要件:

(1)主体:已满16周岁的自然人。已满14周岁不满16周岁的人杀害、强奸人质的,构成故意杀人罪、强奸罪。

(2)行为对象:任何人。熟睡者、严重醉酒者、植物人、瘫痪卧床的病人、婴儿等虽无人身自由,但有人身安全法益。例如,挟持瘫痪患者,向其家属勒索赎金。

(3)行为方式:以实力控制人质。

①以提出不法要求为目的。

第一,不法要求有:索要财物或者其他非法目的。

第二,如果提出合法要求,不构成绑架罪。例如,A绑架B,要求其家人偿还债务。由于甲没有勒索财物的目的,故应构成非法拘禁罪。

②实力控制人质:非法拘禁甲。

实力控制人质是指非法剥夺人质的身体自由,但必须具有强制性,也即以暴力、胁迫或者麻醉方法控制他人。

③向第三人提出不法要求:敲诈勒索甲父。

不要求甲和甲父是亲属或者朋友关系,只要甲父有担忧甲人身安全的可能性就可以。

(4)主观要件:具有绑架的故意,并且以向第三人勒索财物或提出其他不法要求为目的。

3. 犯罪形态。

(1)着手:开始对人质实施控制行为是绑架罪的着手。

(2)既遂:原则上,实力控制了(适格)的人质是绑架罪的既遂;例外是勒索到赎金成立本罪既遂。例如,捡拾婴儿后产生勒索赎金的意思,开始提出勒索要求时是着手,拿到赎金时为既遂。

4. 绑架罪的处罚。

犯绑架罪,杀害被绑架人的,或者故意伤害被绑架人,致人重伤、死亡的,处无期徒刑或者死刑,并处没收财产。

结合犯:(1)绑架罪+故意杀人罪=绑架罪。

(2)绑架罪+故意伤害罪(重伤、死亡)=绑架罪。

【提示1】绑架罪+故意伤害罪(轻伤)=绑架罪与故意伤害罪数罪并罚。

【提示2】杀害的对象是被绑架人,如果是前来阻止的第三人,则以绑架罪与故意杀人罪数罪并罚。【注意】如果释放人质后,又杀死人质的,数罪并罚。

【提示3】绑架既遂后,第三人中途加入杀害或者伤害被绑架人的,第三人不属于结合犯。例如,甲绑架丙后,未勒索到赎金,于是请乙帮助自己撕票的,甲属于杀害被绑架人,乙属于单纯的故意杀人,不适用绑架罪结合犯的规定。

(三)拐卖妇女、儿童罪

《刑法》第240条:拐卖妇女、儿童是指以出卖为目的,拐骗、绑架、收买、贩卖、接送或中转妇女、儿童的行为。本罪是选择性罪名,可分解为拐卖妇女罪与拐卖儿童罪,既拐卖妇女又拐卖儿童的,定拐卖妇女、儿童罪,不并罚。本罪法益:妇女、儿童的人身自由与安全。

1. 行为模型:以出卖为目的+控制被害人。

2. 构成要件:

(1)主体:已满16周岁的自然人。已满14周岁不满16周岁的人拐卖妇女、儿童的,不构成犯罪,如果奸淫被拐卖妇女的,定强奸罪。丈夫出卖妻子、父母出卖子女均可构成本罪。

(2)行为对象:妇女和儿童。拐卖已满 14 周岁男子,限制其人身自由的,定非法拘禁罪、强迫劳动罪等。

(3)行为方式:拐骗、绑架、收买、贩卖、接送、中转。

①这里的"拐骗"与拐骗儿童罪中的"拐骗"不同。前者以出卖为目的,后者以自己抚养或奴役为目的。

②这里的"绑架"与绑架罪中的"绑架"不同。前者以出卖为目的,后者以勒索财物为目的。

③这里的"接送""中转"是实行行为,不是帮助行为。

上述行为的本质是将妇女、儿童置于自己或者第三人的非法支配下。

(4)主观要件:故意,并以出卖为目的。出卖≠营利,出于报复低价卖也构成本罪。

3. 犯罪形态。

(1)着手:开始实施拐卖行为是本罪的着手。

(2)既遂:实力控制了被害人是本罪的既遂。

【提示】丈夫出卖妻子,父母出卖子女,出卖捡拾的儿童,收买妇女、儿童后又产生出卖的目的,以上四种情形不需要先控制被害人然后再卖出。因此,这四种情形着手的标准为:与买家商讨价格。既遂的标准为:实际将妇女、儿童卖出。

4. 法定刑升格条件。

(1)【结合犯】拐卖罪 + 强奸罪 = 拐卖罪。例如,甲拐卖青莲,又奸淫青莲,因青莲反抗而未果。甲属于奸淫被拐卖的妇女,适用结合犯的法定刑和总则未遂的规定(结合犯未遂)。

(2)【结合犯】拐卖罪 + 引诱罪、强迫罪 = 拐卖罪。

(3)【结果加重犯】拐卖行为 + 重伤、死亡结果 = 拐卖罪 + 加重处罚。

(4)将妇女、儿童卖往境外的。"境外"包括我国港、澳、台地区。既包括将境内的妇女、儿童卖往境外,也包括将境外的妇女、儿童卖往境内。

5. 罪数问题。

(1)被害人承诺:甲征得青莲同意,将其卖与富贵人家为妻,甲从中获得辛苦费。由于青莲有权承诺自己的人身自由和安全,甲不构成犯罪。

(2)拐卖儿童罪与遗弃罪。两罪不是 A 与 - A 的对立关系,而是 A 与 B 的中立关系,一个行为可以同时触犯两罪,构成想象竞合,从一重罪处罚。例如,甲为筹集赌资,出卖 1 岁的女儿。甲的行为首先触犯拐卖儿童罪,出卖女儿的行为又属于拒绝抚养女儿,情节恶劣,还触犯遗弃罪。甲的行为同时触犯拐卖儿童罪与遗弃罪,构成想象竞合,从一重罪处罚,定拐卖儿童罪。

(3)拐卖妇女罪与诈骗罪。例如,甲与青莲通谋,将青莲以 2 万元"卖给"丙为妻。拿到钱后,甲与青莲按事前约定逃离。甲与青莲构成诈骗罪的共犯,甲不构成拐卖妇女罪。问题是,丙是否构成收买被拐卖妇女罪的未遂?由于丙是诈骗罪的受害人,客观上根本不存在被拐卖的妇女,故丙构成不能犯,无罪。

6. 收买被拐卖妇女、儿童罪后的罪数。

(1)原则:收买罪 + 其他罪 = 数罪并罚。

(2)例外:收买罪 + 拐卖罪 = 拐卖罪。(《刑法》第 241 条第 5 款)这有两种情形:

第一,收买前就有出卖目的:以出卖为目的→收买→卖出。根据《刑法》第 240 条的规定,这原本就构成拐卖妇女、儿童罪,属注意规定。

第二,收买前没有出卖目的:没有出卖目的→收买→卖出。收买行为构成收买罪,卖出行为构成拐卖罪,原应数罪并罚,但根据法条规定,定拐卖妇女、儿童罪,属法律拟制。

(3)从宽处罚:对被买儿童没有虐待行为,不阻碍对其进行解救的,可以从轻处罚;按照被买妇女的意愿,不阻碍其返回原居住地的,可以从轻或者减轻处罚。

(4)先收买,又妨害公务的,数罪并罚。

(5)先收买,又聚众阻碍解救被收买的妇女、儿童的,数罪并罚。聚众阻碍解救处于被拐卖状态的妇女、儿童的,不构成聚众罪,可构成拐卖罪的共犯。

主观题小案例

【案例1】张三调查了李四的经济实力,并且找到了李四的联系方式,想要偷盗李四家的婴儿向李四索要财物,但是偷到婴儿后婴儿一直冲着张三微笑,张三无儿无女,当下决定自己抚养婴儿,没有向李四勒索财物。

问题:张三的行为成立绑架罪还是拐骗儿童罪?如果张三想偷回来自己养,之后才产生了向其父母勒索财物的想法然后实行,结论会有变化吗?

答案参考:

1. 张三的行为成立绑架罪,属于既遂形态。刑法规定,绑架罪是指以向第三人提出不法要求为目的,非法控制人质的行为。拐骗与绑架属于同一行为,属于法条竞合关系,绑架罪是特殊法条。

2. 如果是先拐骗后产生了向婴儿父母勒索财物的想法并实行的,属于两个行为,前行为是拐骗行为,后行为是绑架行为。张三如果不向婴儿父母勒索财物,是不成立绑架罪的。此处又考查了"着手"的认定,提出勒索为着手,拿到钱财定既遂。

【案例2】张三把李四拘禁起来,李四为了逃脱,选择了具有高度危险的逃脱方式——沿着下水管道逃出房间,由于楼层较高,不幸坠楼身亡。张三的行为能否认定为非法拘禁罪的结果加重犯?

答案参考:张三不构成非法拘禁罪的结果加重犯。非法拘禁致人重伤、死亡,是指非法拘禁本身造成被害人重伤、死亡(结果加重犯),二者具有直接的因果关系。李四的死亡原因是自陷风险,与张三的拘禁不具有直接因果关系,故张三不构成非法拘禁罪的结果加重犯。

【案例3】张三偶遇一名逃脱的死刑犯乙,顺手将其绑架,并以此威胁乙的亲属"如不交巨额赎金,就将乙交给司法机关"。张三的行为成立什么罪?

答案参考:张三成立绑架罪。绑架罪对绑架人的危险不限于非法行为造成的危险,也包括利用合法行为对绑架人造成的"危险"。张三扣押乙后,利用其被执行死刑的"危险",向利害关系人勒索赎金,应当认定为绑架罪。

【案例4】16岁的甲绑架乙后,使用暴力致其意外死亡,甲无杀人故意,也无伤害故意。甲的行为构成什么罪?

答案参考:甲构成故意杀人罪。在非法拘禁过程中,使用暴力致人伤残、死亡的,依照故意伤害罪、故意杀人罪定罪处罚,故甲构成故意杀人罪。

【案例5】菜花带着幼儿在路上行走,张三突然抱起幼儿,持刀抵住幼儿脖子,威胁菜花交出财物,否则杀害幼儿。张三的行为构成什么罪?

答案参考:张三的行为同时触犯绑架罪和抢劫罪。但由于只有一个行为,故应认定为想象竞合,择一重罪处罚。

【案例6】张三征得菜花的同意,将菜花介绍给某地的大强,大强与菜花一见倾心,成为夫妻,张三从大强处得到了巨额报酬。张三是否构成拐卖妇女罪?

答案参考:张三不构成拐卖妇女罪。拐卖妇女罪是侵犯妇女人身自由和身体安全的犯罪,张三征得了菜花的同意,取得了有效的被害人承诺,可以阻却行为的违法性,故不应以犯罪论处。即使张三从大强那里得到了巨额报酬,也不应认定为拐卖妇女罪。

【案例7】大憨明知张三拐卖妇女,但想到自己的弟弟二憨至今没有媳妇,于是联系张三,称"下次弄到人后联系我,我给你联系买家"。后张三把拐骗的妇女菜花带到大憨家,大憨和二憨将菜花买下,给二憨做了妻子。大憨构成什么罪?

答案参考:大憨构成收买被拐卖的妇女罪。帮助收买被拐卖妇女儿童的,成立收买被拐卖妇女、儿童罪的共犯。大憨的行为并没有超出收买的范畴,本质上还是帮助买方来收买,故不应认定为拐卖妇女罪的共犯,仅成立收买被拐卖的妇女罪。

第十七讲 危害公共安全罪

一、以危险方法危害公共安全罪

以危险方法危害公共安全罪,是指使用与放火、决水、爆炸、投放危险物质等危险性相当的其他危险方法,危害公共安全的行为。

1. 认定。

只有以放火、决水、爆炸、投放危险物质以外的危险方法(与放火、决水、爆炸等相当的行为)危害公共安全才构成本罪,如果符合其他犯罪的犯罪构成,以其他犯罪论处符合罪刑相适应原则的,尽量认定为其他犯罪。

(1)在公共场所故意驾车撞人、开枪射击或者乱刺他人的,宜定故意杀人罪、故意伤害罪,不宜定本罪。

(2)对劫持火车、电车的行为,宜认定为破坏交通工具罪,而不宜认定为本罪。

(3)对盗窃公路井盖的行为,即使危害公共安全,也宜认定为破坏交通设施罪。

(4)对于盗窃消防设备的行为,应认定为盗窃罪。

2. 根据司法解释和权威判例,以下情形构成本罪。

(1)破坏矿井通风设备,危害公共安全。

(2)私拉电网,危害公共安全。

(3)在火灾现场破坏消防设施或者器材,危害公共安全。

(4)故意传播突发性传染病病原体,危害公共安全。

(5)邪教组织人员以自焚、自爆或者其他危险方法危害公共安全。

(6)在具有瓦斯爆炸高度危险的情况下令多人下井采矿。

(7)驾驶机动车放任危害结果出现,造成重大伤亡事故。

(8)在发生交通事故后驾驶机动车横冲直撞,造成重大伤亡。

(9)在高速公路上高速逆向行驶的。

(10)盗窃、破坏人员密集往来的非机动车道、人行道以及车站、码头、公园、广场、学校、商业中心、厂区、社区、院落等生产生活、人员聚集场所的窨井盖，足以危害公共安全，尚未造成严重后果的，依照《刑法》第 114 条的规定，按以危险方法危害公共安全罪定罪处罚；致人重伤、死亡或者使公私财产遭受重大损失的，依照《刑法》第 115 条第 1 款的规定处罚。

二、妨害安全驾驶罪

《刑法》第 133 条之二：对行驶中的公共交通工具的驾驶人员使用暴力或者抢控驾驶操纵装置，干扰公共交通工具正常行驶，危及公共安全的，处 1 年以下有期徒刑、拘役或者管制，并处或者单处罚金。

前款规定的驾驶人员在行驶的公共交通工具上擅离职守，与他人互殴或者殴打他人，危及公共安全的，依照前款的规定处罚。

有前两款行为，同时构成其他犯罪的，依照处罚较重的规定定罪处罚。

三、危险驾驶罪

1. 空间条件：发生在道路上。这里的道路，适用道路交通安全法有关“道路”的规定。具体指公路、城市道路，以及虽在单位管辖范围，但允许社会机动车通行的地方，包括广场、公共停车场等不特定或者多数人通行的场所。例如，机关、企事业单位、厂矿、校园、居民小区等，但只允许内部机动车、特定来访机动车通行、不具有“公共性”可不认定为“道路”。

2. 行为方式：

(1)追逐竞驶，情节恶劣。

第一，速度要求：高速或者超速驾驶。缓慢驾驶，不构成本罪。

第二，人数要求：可以是二人以上，也可由单个人实施。

例 1：甲为了炫耀车技，在道路上曲折穿行、快速追赶、强行变道，并以救护车、消防车为对象进行追逐，甲构成危险驾驶罪。

例 2：甲、乙相约飙车，相互追逐，构成危险驾驶罪的共犯。

第三，程度要求：要求情节恶劣。不要求行为人以赌博竞技或者追求刺激为目的。

(2)醉酒驾驶。

第一，入罪标准：血液中酒精含量达到 80mg/100mL 以上，属于醉酒驾驶机动车。但达到 80mg/100mL—不满 150mg/100mL，对情节显著轻微、危害不大，不认为是犯罪的，不予立案。

第二，犯罪性质：本罪属于抽象的危险犯，不需要判断具体危险。

【注意】如果没有抽象危险，不构成本罪。例如，甲在没有车辆与行人的荒野道路上醉酒驾驶机动车，对于公共安全没有抽象的危险，不构成危险驾驶罪。

第三，教唆犯罪：教唆他人醉酒驾驶的，构成本罪的教唆犯。例如，甲明知乙醉酒，还唆使乙驾车送自己，乙构成危险驾驶罪的正犯，甲构成危险驾驶罪的教唆犯。

第四，间接正犯：支配危险驾驶行为。例如，甲明知乙即将开车，暗中在其饮料中掺入酒精。

甲是间接正犯,乙在客观阶层是实行犯。乙不知情,最终无罪。

(3)超员、超速行驶。

这是指从事校车业务或者旅客运输的机动车,严重超过额定乘员载客,或者严重超过规定时速行驶。

【注意】如果机动车所有人、管理人对严重超员、超速负有直接责任,构成本罪的共犯。例如,甲是城乡客车的所有人,乙是司机。甲指使乙严重超载行驶,甲、乙构成本罪的共犯。

(4)违规运输危险化学品。

第一,犯罪性质:本罪是故意犯罪,属于具体的危险犯,要求危及公共安全。

第二,主观认识:必须认识到自己运输的是危险化学品。

第三,机动车所有人、管理人对违规运输危险化学品负有直接责任的,构成本罪的共犯。

四、交通肇事罪

1. 交通肇事罪有三层核心考点:

(1)基本犯:处3年以下有期徒刑或拘役;

(2)交通肇事后逃逸:处3年以上7年以下有期徒刑;

(3)逃逸致死:处7年以上有期徒刑。

2. 基本犯构成要件:

(1)行为主体:已满16周岁的自然人,不限于驾驶交通工具的人。本罪不是身份犯,只要是公共交通的参与者就可以成为本罪的主体。包括司机、路人等。

例1:青莲闯红灯时低头看手机,甲骑摩托车正常行驶。青莲见摩托车驶来,试图加速躲过,致人车相撞。摩托车被弹出,甲当场身亡,青莲安然无恙。青莲构成交通肇事罪。

例2:何某饮酒后睡了2小时,醒来后想出去看看,便骑自行车出门。因未仔细观察,发现黄某时已来不及刹车,自行车撞倒黄某致其颅脑损伤死亡。何某构成交通肇事罪。

(2)行为方式:违反交通运输管理法规,因而发生重大事故,致人重伤、死亡或者使公私财产遭受重大损失。

(3)主观要件:过失,包括疏忽大意的过失与过于自信的过失。违章的故意不能认定为犯罪故意。

3. 交通运输肇事后逃逸。

(1)行为人认识到交通肇事,且法定刑升格需要逃逸之前的行为已经成立交通肇事罪。

(2)判断标准:逃逸是为了避免法律追究而逃跑的行为。

例如,甲闯红灯,不慎将乙撞成轻伤,甲为逃避法律追究而逃逸。第一,前行为(肇事行为)是一般违章,不构成交通肇事罪,故甲不构成交通运输肇事后逃逸;第二,逃离事故现场是严重违章,成立犯罪要求致1人以上重伤,而乙仅是轻伤,故甲不构成犯罪,可对其予以治安处罚。

4. 逃逸致人死亡。

根据司法解释,因逃逸致人死亡,是指行为人在交通肇事后为逃避法律追究而逃跑,致使被害人因得不到救助而死亡的情形。

(1)前提条件:已经构成交通肇事罪,并且被害人没有死亡。

(2)主观条件:为了逃避法律追究。

(3)因果关系:被害人因行为人逃逸,得不到及时救助而死亡。

5. 认识错误。

当场未死
- 误以为死亡
  - ①逃跑致使被害人死亡:逃逸致人死亡
  - ②处理尸体致使被害人死亡:过失致人死亡罪
- 明知未死亡
  - ①逃跑致使被害人死亡:逃逸致人死亡
  - ②故意致人死亡:故意杀人罪

6. 共犯问题。

(1)事前瞎指挥:单位主管人员、机动车辆所有人或者承包人指使、强令他人违章驾驶,造成重大交通事故的,不定共犯,以交通肇事罪定罪处罚。

(2)事后让逃逸:司机交通肇事后,机动车辆所有人、承包人等指使行为人逃逸,致使被害人因得不到及时救助而死亡的,以交通肇事罪共犯论处。

【注意】区分交通事故、醉酒驾车、无证驾驶与交通肇事。

主观题小案例

【案例1】李四驾驶了一辆没有年检的无故障车,行驶期间,由于张三横穿高速公路造成了交通事故,张三当场身亡。李四是否构成交通肇事罪?

答案参考:李四的行为不构成交通肇事罪。禁止驾驶没有经过年检的车辆的目的是防止车辆出现故障导致交通事故。本案是由于乙横穿高速公路造成的,该交通事故责任不能归属于甲。

【案例2】张三酒后驾驶,出现交通事故,致一人重伤。事后,停留在原地,但未对伤者实施救助。张三的行为能否认定为"交通运输肇事后逃逸"?

答案参考:观点1:不能。根据司法解释,"交通肇事后逃逸"是指行为人在发生了构成交通肇事罪的交通事故后,为逃避法律追究而逃跑的行为。

观点2:可以。犯罪后为逃避法律追究而逃跑,是不具有期待可能性的行为,逃逸是指逃避救助被害人的义务。

第十八讲　侵犯社会法益犯罪

一、妨害司法罪

不论是刑事案件、民事案件还是行政案件,司法机关都要努力弄清案件事实。妨害司法类犯罪主要的结构如下:

第一步:弄清案情	第二步:抓嫌疑人	第三步:追赃	第四步:坐牢
1. 伪证罪 2. 妨害作证罪,帮助毁灭、伪造证据罪 3. 辩护人、诉讼代理人毁灭证据、伪造证据、妨害作证罪 4. 虚假诉讼罪	窝藏、包庇罪	掩饰、隐瞒犯罪所得、犯罪所得收益罪	脱逃罪

（一）伪证罪——自己说假话

《刑法》第305条：在刑事诉讼中，证人、鉴定人、记录人、翻译人对与案件有重要关系的情节，故意作虚假证明、鉴定、记录、翻译，意图陷害他人或者隐匿罪证的，处3年以下有期徒刑或者拘役；情节严重的，处3年以上7年以下有期徒刑。

1. 构成要件：

(1)行为主体：特殊主体，即证人、鉴定人、记录人、翻译人。【注意】这里的"证人"包括被害人，因为被害人陈述也是证据。但不包括犯罪嫌疑人，因为不能期待嫌疑人如实供述。

(2)行为方式：作虚假证明、鉴定、记录、翻译。

①内容：与案件有重要关系的情节，既包括定罪情节，也包括量刑情节。例如，证人甲就嫌疑人的自首或立功情节作虚假证明。

②形式：既可以是作为，也可以是不作为。例如，在作证时，证人对自己记忆中的事项，部分保持沉默，使整体上的陈述成为虚假陈述，证人构成不作为的伪证罪。【注意】拒绝出庭或保持沉默不构成本罪。

③场合：在刑事诉讼中，也即立案侦查后、审判终结前。【注意】公安机关在决定是否立案时，委托鉴定人作伤情鉴定，如果鉴定人作虚假鉴定，也构成本罪。行为人在立案前虚假告发，意图使他人受刑事追究的，构成诬告陷害罪。

(3)主观要件：故意，有陷害他人（加重）或者隐匿罪证（减轻）的目的。但该目的的实现与否不影响本罪的成立。

2. 罪数问题。

(1)犯罪嫌疑人、被告人教唆他人为自己作伪证的，因缺乏期待可能性，不构成本罪。但是，被教唆者有期待可能性的，构成本罪。

(2)证人按照司法工作人员的要求作伪证的，不构成本罪；司法工作人员构成本罪的教唆犯与徇私枉法罪的正犯，构成想象竞合，应从一重罪处罚。

(3)先诬告陷害他人，又在刑事诉讼中作伪证的，两个行为侵犯两种法益，应数罪并罚。

（二）妨害作证罪，帮助毁灭、伪造证据罪

1. 妨害作证罪的本质是不让"证人"说真话，使用暴力、威胁、贿买等方法阻止"证人"作证，或者指使他人作伪证。该行为主要针对言词证据，存在于刑事、民事、行政诉讼阶段。

2. 帮助毁灭、伪造证据针对的是实物证据，这里的"毁灭"是指使犯罪证据不被司法机关发现的一切行为，与故意毁坏财物罪中的"毁坏"不同。

（三）窝藏、包庇罪

《刑法》第310条：窝藏，是帮助犯罪人逃匿；包庇，是为犯罪人作假证明。二者的共同点：都想使犯罪人逃脱处罚。本罪法益：刑事侦查、审判、执行的正常活动。

1. 构成要件：

(1)行为对象：涉嫌犯罪的人。只要求涉嫌犯罪，不要求最终有罪。例如，乙（13岁）强奸同班的铁锤，班主任甲将乙藏于乡下老宅。虽然乙最终不构成犯罪，但乙是强奸罪的嫌疑人，甲的行为会妨害司法机关的正常活动，构成窝藏罪。

(2)行为方式：窝藏、包庇行为。

窝藏的本质：使犯罪人难以被发现，直接使犯罪人的逃离更容易。常见的有：

①提供隐藏处所、财物。

②向犯罪人通报侦查或追捕动静。

③向犯罪人提供化妆的用具。

④向犯罪人提供虚假的身份证件。

⑤在犯罪人昏迷后将其送往外地。

⑥劝诱、迫使犯罪人逃匿。

【提示】以下情形不是窝藏行为。

①犯罪人想自首而行为人劝诱其不自首。

②受逃匿的犯罪人委托,向犯罪人妻子提供财物。

③配偶前往犯罪人的逃匿地,陪同其共同生活。

包庇行为,是指向公安司法机关提供虚假证明,掩护犯罪人的行为。例如,甲为了让乙逃避处罚,自己冒充作案人向公安机关投案,这也是作假证明,构成本罪。

①包庇行为只能以作为方式实施,单纯的知情不举不构成本罪。

②窝藏、包庇罪是抽象危险犯。即使公安司法机关知道犯罪人被行为人藏于何处,或者明知行为人提供虚假证明,也不妨碍窝藏、包庇罪的成立。

2. 特殊形式的包庇罪。

《刑法》第 362 条:旅馆业、饮食服务业、文化娱乐业、出租汽车业等单位的人员,在公安机关查处卖淫、嫖娼活动时,为违法犯罪分子通风报信,情节严重的,依照本法第 310 条的规定定罪处罚。

根据最高人民法院、最高人民检察院《关于办理组织、强迫、引诱、容留、介绍卖淫刑事案件适用法律若干问题的解释》,《刑法》第 362 条的罪名为包庇罪而非窝藏、包庇罪。该条有双重属性:

(1)注意规定:如果为强迫卖淫、组织卖淫的犯罪分子通风报信,理应构成包庇罪。

(2)法律拟制:如果为卖淫、嫖娼等违法分子通风报信,由于包庇罪的包庇对象是犯罪分子,这时定包庇罪就是法律拟制。

【提示 1】只有在公安机关查处卖淫、嫖娼活动时,为相关人员通风报信的,才定包庇罪。例如,甲在酒店吸毒,公安机关查处时,酒店老板乙为甲通风报信,甲将毒品放入马桶冲走,逃脱了处罚。此时不能适用上述规定,乙不构成包庇罪,可能构成容留他人吸毒罪。

【提示 2】窝藏罪与承继的共犯的区分:窝藏罪发生在被窝藏者犯罪既遂之后,如果在甲犯罪过程中,乙为其提供帮助的,成立承继的共犯。

3. 罪数问题。

(1)期待可能性问题。

①犯罪后自己窝藏、包庇自己,没有期待可能性,无罪;教唆他人窝藏、包庇自己,没有期待可能性,无罪。但被教唆者有期待可能性,构成本罪。

②共犯人相互窝藏、包庇的,没有期待可能性,无罪。但是,窝藏、包庇共犯人其他犯罪事实的,构成本罪。例如,甲、乙盗窃后,一起藏于甲乡下的老宅,甲不构成窝藏罪。如果甲又为乙独立实施的抢劫罪作假证明,这有期待可能性,构成包庇罪。

(2)本罪与伪证罪。

①主体不同:窝藏、包庇罪是一般主体,伪证罪是特殊主体。

②场合不同:窝藏、包庇罪可以发生在刑事诉讼之中或者刑事诉讼以外。伪证罪只能发生在刑事诉讼过程中。一般而言,立案之前定包庇罪,立案之后定伪证罪。

③两者关系:两罪不是A与-A的对立关系,而是A与B的中立关系,一个行为可以同时触犯两罪,构成想象竞合,应从一重罪处罚。例如,目击证人甲在侦查阶段向警察作假证明,帮助乙逃避处罚。在刑事诉讼过程中,甲的行为同时触犯伪证罪和包庇罪,从一重罪处罚。

(3)本罪与帮助毁灭、伪造证据罪。

帮助毁灭、伪造证据罪本身不是作虚假证明,只有伪造证据后向司法机关出示,才是作假证明包庇。因此,以帮助犯罪人逃避处罚为目的,先伪造证据又向司法机关出示的,先后触犯帮助伪造证据罪与包庇罪,根据吸收犯原理,从一重罪处罚。这是因为前后罪侵犯相同的法益,后行为是前行为的当然结果。

(4)法条竞合犯:包庇黑社会性质组织罪、包庇毒品犯罪分子罪是包庇罪的特殊法条,应优先适用。

(四)掩饰、隐瞒犯罪所得、犯罪所得收益罪(☆☆☆)

《刑法》第312条:明知是犯罪所得及其产生的收益而予以窝藏、转移、收购、代为销售或者以其他方法掩饰、隐瞒的,处3年以下有期徒刑、拘役或者管制,并处或者单处罚金;情节严重的,处3年以上7年以下有期徒刑,并处罚金。

单位犯前款罪的,对单位判处罚金,并对其直接负责的主管人员和其他直接责任人员,依照前款的规定处罚。

本罪的构成要件:

1. 行为主体:一般主体,本犯以外的自然人和单位。这里的"本犯"包括正犯、实行犯和教唆犯。【注意】司法工作人员不是量刑身份。

例1:甲将盗窃的手机藏于家中,甲构成盗窃罪,不再定本罪。

例2:甲教唆乙盗窃,乙偷了一台电脑,甲又代乙销售电脑,甲是盗窃罪的教唆犯,对销售行为不再定本罪,因为后行为没有期待可能性。

2. 行为方式。

(1)窝藏,是指隐藏、保管的行为,以使司法机关难以发现赃物。

(2)转移,是指改变赃物的存放地点,转移行为要足以妨害司法机关追缴赃物。例如,在同一房屋内转移赃物,不足以妨害追缴赃物,不构成本罪。

(3)收购,是指收买不特定的赃物或者购买大量赃物的行为。对于购买特定少量赃物自用的,不构成本罪。但购买他人机动车等重大赃物的,构成本罪。

(4)代为销售,是指替本犯有偿转让赃物的行为。在本犯与购买人之间进行斡旋的(如提供中介服务),也属于代为销售。例如,甲将盗窃的电脑交给乙销售,乙在电脑中找到被害人丙的联系方式,声称可以将电脑优先卖给丙。丙以5000元将电脑买回,乙属于代为销售赃物,构成本罪。

【提示】窝藏、转移赃物必须基于本犯的意思。明知是赃物而窃取、骗取的,构成盗窃罪、诈骗罪,不构成本罪。例如,甲将乙诈骗的手机偷走,甲转移手机占有的行为不是基于乙的意思,甲构成盗窃罪,不构成本罪。

3. 行为对象:犯罪所得及其产生的收益。

(1)限于财物和财产性利益。

例1:甲窃取公民个人信息,乙为甲保管,公民个人信息不是财物,乙不构成本罪。

例2:甲收买被拐卖的妇女,乙负责看管。被拐卖的妇女不是财物,乙构成收买被拐卖妇女罪的共犯,不构成本罪。

例3:甲以诈骗所得投资股票,获利巨大,乙为甲保管股票的利润。利润属于犯罪所得的收益,乙构成本罪。

(2)只要求是"客观阶层"的犯罪所得。

例1:甲(15周岁)偷了一辆摩托车,乙明知而购买。摩托车在客观阶层属于盗窃所得,乙构成本罪。

例2:甲想将赃物运往外地,便向知情的乙借车,乙同意。甲客观上有掩饰赃物的行为,主观上有掩饰赃物的故意,只不过没有期待可能性,最终不构成本罪。乙在客观阶层有掩饰赃物的行为,而且有期待可能性,故乙构成本罪。

(3)不要求赃物保持同一性。

例1:甲用盗窃的5辆自行车改装成1辆自行车,知情的乙买走自行车,构成本罪。

例2:甲用盗窃的人民币兑换成美元,乙明知而为甲保管美元,构成本罪。

(4)要求是已经终结的犯罪行为的所得。

例1:甲抢劫丙,还未取得财物。知道真相的乙加入进来,与甲共同取得丙的财物。甲、乙构成抢劫罪的共犯,乙不构成本罪。

例2:甲将珠宝交给乙保管,乙与丙共谋将珠宝卖给丁。在保管期间珠宝不是赃物,故乙、丙构成侵占罪的共犯,不构成本罪。二人将珠宝非法处分给丁,当丁接手珠宝后,珠宝就是侵占罪的犯罪所得。如果丁知情而购买,构成本罪,不再定侵占罪的共犯。

4. 主观要件:故意,即明知是赃物。明知包括"明确知道"和"应当知道"两种情形。

5. 罪数问题。

(1)本罪与洗钱罪,窝藏、转移、隐瞒毒品、毒赃罪。

①洗钱罪的上游犯罪只有7种(贪金走破黑毒恐),本罪的行为对象包括所有的犯罪所得及其收益。触犯洗钱罪必然会触犯本罪,洗钱罪是本罪的特殊法条;同理,窝藏、转移、隐瞒毒品、毒赃罪也是本罪的特殊法条。根据法条竞合的处理原则,洗钱罪与窝藏、转移、隐瞒毒品、毒赃罪应优先适用。

②根据最高人民法院《关于审理洗钱等刑事案件具体应用法律若干问题的解释》第7条,明知是犯罪所得及其产生的收益而予以掩饰、隐瞒的,构成掩饰、隐瞒犯罪所得、犯罪所得收益罪,同时又构成洗钱罪或者窝藏、转移、隐瞒毒品、毒赃罪的,依照处罚较重的规定定罪处罚。

结论:本罪与洗钱罪虽构成法条竞合,但应从一重罪处罚;本罪与窝藏、转移、隐瞒毒品、毒赃罪虽构成法条竞合,但应从一重罪处罚。

(2)本罪与侵占罪。

①侵占基于不法原因委托保管的财物。例如,甲将盗窃的手机交给知情的乙代为销售,乙将销售的赃款据为己有。乙构成掩饰、隐瞒犯罪所得罪,是否还构成侵占罪理论上有争议,多数观

点认为,不再定侵占罪。

②侵占基于生活原因委托保管的财物。例如,甲将盗窃的手机借给知情的乙使用,乙将手机据为己有,构成侵占罪。这是因为,甲对赃物的占有事实值得刑法保护,明知是赃物而盗窃、诈骗、抢夺、侵占、故意毁坏的,构成相应的财产犯罪。

(3)本罪与诈骗罪。

①告知真相的销赃行为。例如,甲将盗窃的手机卖给知情的乙,乙构成本罪。甲没有欺骗行为,不构成诈骗罪。

②隐瞒真相的销赃行为。例如,甲代乙销售盗窃的手机,谎称是自己的手机卖给丙。甲构成本罪,是否还构成诈骗罪理论上有争议,多数观点认为,丙以正常的价格购买了有瑕疵的手机,甲对丙构成诈骗罪。因此,甲的行为同时触犯本罪与诈骗罪,构成想象竞合,应从一重罪处罚。

二、非法吸收公众存款罪

《刑法》第176条:非法吸收公众存款罪,是指非法吸收公众存款或者变相吸收公众存款,扰乱金融秩序的行为。

1. 构成要件:

(1)行为主体:不具有吸收存款资格的自然人和单位、具有吸收存款资格的金融机构,违反规定,通过擅自提高利率等方法吸收存款。

(2)行为方式:满足以下5项条件的,属于非法吸收公众存款。

①非法性:未经有关部门依法许可或者借用合法经营的形式吸收资金。

②公开性:通过网络、媒体、推介会、传单、手机信息等途径向社会公开宣传。

③利诱性:承诺在一定期限内以货币、实物、股权等方式还本付息或者给付回报。

④公众性:向社会公众即社会不特定对象吸收资金。

⑤存款性:行为人吸收存款是用于放贷等金融活动,如果是用于正当的生产经营,则仅属于吸收资金,不属于吸收存款。

(3)行为对象:公众存款,这是指吸收多数人或者不特定人(包括单位)存款。

①"公众":

第一,在向亲友或者单位内部人员吸收资金的过程中,明知亲友或者单位内部人员向不特定对象吸收资金而予以放任的。

第二,以吸收资金为目的,将社会人员吸收为单位内部人员,并向其吸收资金的。【注意】单纯向亲友或者单位内部人员吸收资金,不构成本罪。

②"存款":

第一,存款的特征是还本付息。因此要求行为人作出承诺,且只要求承诺具有回报的可能性。

第二,数额计算。以吸收的资金全额计算。案发前后已归还的数额,可以作为量刑情节酌情考虑。例如,甲在5月吸收50万元,6月吸收100万元,并以此偿还5月借款。非法吸收公众存款的数额为150万元,而不是50万元。

(4)危害结果:本罪是实害犯,要求扰乱金融秩序。构成本罪,还要求行为人从事金融业务。

因为只有将吸收的存款用于货币、资本的经营时(如发放贷款),才能扰乱金融秩序。

(5)主观要件:故意,不能具有非法占有目的,否则成立集资诈骗罪。

2. 罪数。

行为人擅自设立金融机构后,又非法吸收公众存款,或者非法吸收公众存款后,又擅自设立金融机构的,应以擅自设立金融机构罪(《刑法》第174条)和本罪并罚。

【提示1】本罪的成立条件:未经批准、公开宣传、面向公众、还本付息。

【提示2】单位实施非法集资犯罪活动,全部或者大部分违法所得归单位所有的,应当认定为单位犯罪。

三、信用卡诈骗罪(☆☆☆)

《刑法》第196条:信用卡诈骗罪,是指以非法占有为目的,利用信用卡进行诈骗的活动。

1.【扩大解释】信用卡的含义。

信用卡,是指由商业银行发行的具有消费支付、信用贷款、转账结算、存取现金等全部功能或者部分功能的电子支付卡。因此,普通的借记卡、储蓄卡也是信用卡。

【注意】支付宝、微信钱包、蚂蚁花呗、蚂蚁借呗、度小满账户均不属于银行卡账户,更不能解释为信用卡。

(1)信用卡的价值。信用卡本身价值低廉,因此诈骗、抢夺、侵占、敲诈信用卡不构成犯罪,但是抢劫信用卡或者入户盗窃信用卡构成犯罪。

(2)使用信用卡。非法获取他人信用卡后,又使用该信用卡的,构成犯罪。

2. 行为方式(使用虚假骗领卡,恶意作废冒用他)。

(1)使用伪造的信用卡,或者使用以虚假的身份证明骗领的信用卡。例如,刷卡消费或者透支等。如果利用伪造的信用卡私下质押担保骗取他人财物的,不属于信用卡的通常使用方法,不构成信用卡诈骗罪,应定(合同)诈骗罪。

(2)使用作废的信用卡的,行为主体既可以是持卡人,也可以是其他人。例如,甲是信用卡持卡人,对信用卡办理了挂失手续。在银行止付前,甲以非法占有为目的使用该卡,构成信用卡诈骗罪。

(3)冒用他人信用卡的,只要未经持卡人同意,擅自使用他人名义下的信用卡,就属于冒用他人信用卡。例如,甲诈骗乙的信用卡,不构成诈骗罪。甲又持卡消费,属于冒用他人信用卡,构成信用卡诈骗罪。【注意】使用自己名义下的信用卡,不构成本罪。例如,甲将工资存入乙的卡内,请乙代为保管。乙擅自取出存款,拒不退还。乙没有冒用他人信用卡,不构成本罪,而应定侵占罪。

(4)恶意透支的,即持卡人以非法占有为目的,超过规定限额或者规定期限透支,经发卡银行两次有效催收后超过3个月仍不归还的。

3. 使用盗窃来的信用卡定盗窃罪,使用抢劫来的信用卡定抢劫罪。不区分对人还是对机器使用,利用除这两种情况以外的其他方式(抢夺、侵占、诈骗、敲诈勒索、先占等)获取的他人信用卡再使用的,都定信用卡诈骗罪。

4. 典型真题。

(1)被告人江某与被害人郑某是同一家电脑公司的工作人员,2人同住一间集体宿舍。某日,郑某将自己的信用卡交给江某保管,3天之后索回。1周后,郑某发现自己的信用卡丢失,到银行挂失时,得知卡上1.5万元已被人取走。郑某报案后,司法机关找到了江某。江某承认是其所为,但对作案事实前后供述不一。第一次供述称,在郑某将信用卡交其保管时,其利用以前与郑某一起取款时偷记下的郑某信用卡上的密码,私下在取款机上取款;第二次供述称,其是仿制了一张信用卡后,用所获取的郑某信用卡上的有关信息取款;第三次供述却称,其是在拾得郑某的信用卡后,用该卡取款。但被害人郑某怀疑是江某盗窃其信用卡后取走卡上所存的钱款。请回答以下4题。

①如果郑某将信用卡交江某保管时,江某私下用来取走了现金,下列说法正确的是:①

A. 江某构成侵占罪　　B. 江某构成信用卡诈骗罪

C. 江某构成盗窃罪　　D. 江某不构成犯罪

②如果江某用自己仿制的信用卡在自动取款机上提取了现金,下列说法正确的是:②

A. 江某构成伪造金融票证罪　　B. 江某构成伪造信用卡罪

C. 江某构成信用卡诈骗罪　　D. 应该实行数罪并罚

③如果江某拾得信用卡后,用该信用卡在自动取款机上提取了现金,下列说法错误的是:③

A. 江某构成侵占罪　　B. 江某构成信用卡诈骗罪

C. 江某构成侵占遗失物罪　　D. 江某不构成犯罪,其行为属不当得利

④如果江某盗窃信用卡后,用该信用卡在自动取款机上提取了现金,下列说法正确的是:④

A. 江某构成盗窃信用卡罪

B. 江某构成信用卡诈骗罪

C. 江某既构成盗窃罪又构成信用卡诈骗罪,应实行数罪并罚

D. 江某构成盗窃罪

(2)关于信用卡诈骗罪,下列哪些选项是错误的?⑤

A. 以非法占有目的,用虚假身份证明骗领信用卡后又使用该卡的,应以妨害信用卡管理罪与信用卡诈骗罪并罚

B. 根据司法解释,在自动柜员机(ATM)上擅自使用他人信用卡的,属于冒用他人信用卡的行为,构成信用卡诈骗罪

C. 透支时具有归还意思,透支后经发卡银行两次催收,超过3个月仍不归还的,属于恶意透支,成立信用卡诈骗罪

D.《刑法》规定,盗窃信用卡并使用的,以盗窃罪论处。与此相应,拾得信用卡并使用的,就应以侵占罪论处

【经典考题】张某窃得同事一张银行借记卡及身份证,向丈夫何某谎称路上所拾。张某与何某根据身份证号码试出了借记卡密码,持卡消费5000元。关于本案,下列哪一说法是正确的?⑥

---

① B
② C
③ ACD
④ D
⑤ ACD
⑥ C

A. 张某与何某均构成盗窃罪

B. 张某与何某均构成信用卡诈骗罪

C. 张某构成盗窃罪，何某构成信用卡诈骗罪

D. 张某构成信用卡诈骗罪，何某不构成犯罪

主观题小案例

【案例】张三去医院看病，故意将李四的社保卡作为自己的社保卡交付给收费员。张三构成何罪？

答案参考：观点1：可以成立信用卡诈骗罪。因为现在的社保卡加载了存储、取款、转账等功能，可以作为具有借记功能的银行卡使用，属于立法解释中的信用卡，故盗刷社保卡的行为，应认定为信用卡诈骗罪。

观点2：（命题人观点）可以成立诈骗罪。因为社保卡的发放主体不是金融机构，卡内的社保款项只用于定点医院、药店等，以POS机刷卡使用，不能提取现金。因此，行为人使用社保卡对自然人使用，构成诈骗罪。

第十九讲　贪污贿赂罪

一、贪污罪（☆）

（一）行为模型

贪污罪＝国家工作人员＋利用职务便利＋取得型财产犯罪＋公共财物。四个方面缺一不可，否则构成普通的财产犯罪。

（二）构成要件

贪污罪的本质：监守自盗。

1. 行为主体：国家工作人员。应以是否从事公务为标准来判断行为人是否为国家工作人员，还应注意以下三点：

（1）受委托人员被拟制为国家工作人员，可以成为本罪的主体。

（2）通过伪造国家机关公文、证件，担任了国家工作人员的，可以成为本罪的主体。

（3）一般公民伙同国家工作人员贪污的，以贪污罪的共犯论处。

2. 行为方式：利用职务便利＋取得型财产犯罪。

（1）利用职务便利。

贪污罪的本质是监守自盗，这里的“监”就是职务便利，是指利用职务上主管、管理、经营、经手公共财物的权力。有两种情形：

①利用本人主管、管理公共财物的职务便利。例如，国有企业的出纳甲，利用保管公款的便利，将公款非法占为己有，构成贪污罪。

②利用职务上有隶属关系的其他国家工作人员的职务便利。例如，（最高人民法院指导案例11号：杨某虎等贪污案）杨某虎曾任义乌市人大常委会副主任、义乌市商贸城建设领导小组副组

长兼指挥部总指挥,主持指挥部全面工作。杨某虎得知共和村被列入拆迁范围后,决定在该村购买旧房,以骗取非法利益。杨某虎利用职务便利,要求分管土地确权工作的下属吴某对拆迁安置、土地确权予以关照,致使其无产权证的旧房通过确权审核。杨某虎利用职务上有隶属关系的其他国家工作人员的职务便利,非法占有公共财物,构成贪污罪。

【提示】职务便利不等于职业便利。职务便利是对公共财物的管理便利,职业便利的范围大于职务便利,还包括熟悉作案环境、易于接近作案目标等便利条件,利用这些便利条件非法占有公共财物的,不构成贪污罪。

(2)取得型财产犯罪:侵吞、窃取、骗取或者其他手段。

①侵吞。这里的侵吞与侵占罪中的"侵占"含义相同,是指将自己占有的公共财物变成自己所有。自己占有的财物只能是侵占的对象,不可能是盗窃的对象。【注意】当行为人占有公共财物时,就表明有职务便利,不要求再额外地利用职务便利。

例1:国家工作人员在国内公务活动或者对外交往中接受礼物,依照国家规定应当交公而不交公,数额较大的,构成贪污罪。

例2:国有收费站负责人将营业款据为己有,构成贪污罪。

例3:财政局局长将办公室的电脑据为己有,构成贪污罪。

例4:国有单位出纳收款不入账,构成贪污罪。

例5:海关执法人员将罚没款据为己有,构成贪污罪。

②窃取。这里的窃取与盗窃罪中的"盗窃"含义相同,是指将他人占有的公共财物转移给自己占有。贪污罪的行为人对公共财物有主管、管理、经营、经手的便利,行为人一般直接占有公共财物,构成侵吞型贪污罪。因此,这里的"窃取公共财物"只有两种:一是属于自己主管、管理、经营、经手的但又没有直接占有的财物,二是与他人共同占有的财物。

例1:甲、乙是财政局的出纳,甲掌管保险柜的钥匙,乙掌管保险柜的密码,只有同时使用钥匙和密码才能打开保险柜。甲利用钥匙和猜中的密码,打开保险柜取走现金。由于现金由甲、乙共同占有,甲利用职务便利,破坏了乙对公共财物的占有关系,故甲构成贪污罪,属于窃取型贪污。【正确】

例2:村委会主任甲协助政府从事抗灾工作时,偷走国家拨给本村的救灾物资。甲构成贪污罪,但不属于窃取型贪污。因为甲对救灾物资直接占有,应属于侵吞型贪污。【正确】

③骗取。这里的骗取与诈骗罪中的"骗取"含义相同,是指欺骗具有处分权的人,使其陷入认识错误,并基于认识错误处分公共财物。【注意】实施欺骗行为时必须利用了职务便利。

例1:甲是国有保险公司的理赔员,利用职务上的便利,编造未曾发生的保险事故进行虚假理赔,分管领导乙因受骗而作出理赔决定。甲构成贪污罪,属于骗取型贪污。【正确】

例2:甲是国有公司的总经理,利用职务便利虚构单位员工数量,欺骗财务主管乙签发工资审核表。甲将多余的工资据为己有,构成贪污罪,属于骗取型贪污。【正确】

例3:甲是国有公司的出纳,以做假账的方式骗取公共财物,甲构成贪污罪,但不属于骗取型贪污。因为甲直接占有公共财物,应属于侵吞型贪污。【正确】

【提示】贪污罪中的利用职务便利,是对公共财物主管、管理、经营、经手的便利,而不是指一切职务便利。换言之,利用与公共财物无关的其他职务便利,不构成本罪。

例1:危房改造办主任甲与村民乙勾结,由乙填写虚假材料,甲负责审批。甲对公共财物有

主管、管理、经营、经手的便利,构成贪污罪,乙构成贪污罪的共犯。【正确】

例2:镇长甲虚报支出,以镇政府的名义骗取县政府的财政经费,并据为己有。甲对县政府的财政经费没有主管、管理、经营、经手的便利,应构成诈骗罪;如果甲虚报支出,骗取镇政府的财政经费,则构成贪污罪。这是因为,甲对镇政府的财政经费有主管的职务便利。【正确】

例3:县长甲指使镇长乙挪出镇政府的财政经费,为自己装修房子。甲对镇政府的财政经费有主管和监督的便利,甲利用具有隶属关系的下级国家工作人员的职务便利,非法占有公共财物,构成贪污罪。【正确】

④其他手段。这是指侵吞、窃取、骗取以外的利用职务便利的行为。其特点是将公共财物转移给行为人或者第三人占有,常见的情形有两种:一是在法律或事实上非法占有公共财物。例如,将公车登记为自己所有、将公款存入自己名下、将公物作为私有财物予以支配。二是在法律和事实上处分了公共财物。例如,将公款赠与他人、将公物变卖等。

3. 行为对象:公共财物,包括财产性利益。根据《刑法》第91条,公共财产的范围包括:

(1)国有财产。

(2)劳动群众集体所有的财产。

(3)用于扶贫和其他公益事业的社会捐助或者专项基金的财产。

(4)在国家机关、国有公司、企业、集体企业和人民团体管理、使用或者运输中的私人财产,以公共财产论。

例1:国家机关非法征收的款物、国有企业收受的回扣等财物虽然来源不合法,但仍属于公共财物,属于贪污罪的对象。【正确】

例2:国有公司出纳甲,利用职务便利将账做平,免除乙对公司的债务。甲构成贪污罪,对象是财产性利益。这也说明,贪污罪中的非法占有目的,既可以为自己非法占有,也可以为第三人非法占有。【正确】

(三)处罚

1. 犯罪数额。

(1)贪污数额在3万元以上不满20万元的,属于数额较大。

(2)贪污数额在20万元以上不满300万元的,属于数额巨大。

(3)贪污数额在300万元以上的,属于数额特别巨大。

2. 特别从宽。

贪污数额较大或者有其他较重情节,行为人在提起公诉前如实供述自己罪行、真诚悔罪、积极退赃,避免、减少损害结果的发生,对其可以从轻、减轻或者免除处罚。【注意】对于贪污数额巨大或者特别巨大的行为人,对其只可以从轻处罚。

3. 终身监禁。

贪污数额特别巨大或者有其他特别严重情节被判处死刑缓期执行的,人民法院根据犯罪情节等情况可以同时决定在其死刑缓期执行2年期满依法减为无期徒刑后,终身监禁,不得减刑、假释。

(1)前提:贪污数额特别巨大或者有其他特别严重情节。

(2)程序:被判处死刑缓期执行,2年期满后依法减为无期徒刑。【注意】如果在考验期内有重大立功,2年期满后减为25年有期徒刑的,不能适用终身监禁。

(3)结果：终身监禁，即不得减刑、假释。【注意】符合条件的可以申请保外就医。

（四）认定问题

1.犯罪形态。

(1)既遂：行为人实际控制公共财物。贪污既遂后又将财物捐赠给公益事业的，不影响既遂的成立。例如，国企出纳甲以非法占有为目的，将单位公款转到自己的账户。无论是否取出现金，甲对公款已经实际控制，构成贪污罪既遂。

(2)未遂：已经着手实施贪污，因意志以外的原因未实际控制公共财物。例如，国企出纳甲以非法占有为目的，虚假平账，还未将公款转出就案发，甲构成贪污罪未遂。

2.罪数问题。

(1)贪污罪与职务侵占罪。

贪污罪的主体是国家工作人员，职务侵占罪的主体是非国家工作人员；贪污罪的对象是公共财物，职务侵占罪的对象是公司、企业或者其他单位的财物。

(2)贪污罪与盗窃罪、诈骗罪、侵占罪。

贪污罪与侵占罪、盗窃罪、诈骗罪是法条竞合关系。贪污罪对行为主体、行为方式、行为对象等方面有特殊要求，故贪污罪属于特别法条，应优先适用。

(3)贪污罪与私分国有资产罪。

《刑法》第396条第1款：国家机关、国有公司、企业、事业单位、人民团体，违反国家规定，以单位名义将国有资产集体私分给个人，数额较大的，对其直接负责的主管人员和其他直接责任人员，处3年以下有期徒刑或者拘役，并处或者单处罚金；数额巨大的，处3年以上7年以下有期徒刑，并处罚金。

贪污罪与私分国有资产罪的区别：

①性质不同：私分国有资产罪是单位犯罪，贪污罪是自然人犯罪。

②目的不同：私分国有资产罪是以单位名义谋取非法利益，贪污罪是为特定人谋取非法利益。

二、挪用公款罪（☆）

1.行为主体：国家工作人员。

受委托人员没有被拟制为国家工作人员的，不是本罪的主体。也就是说，受国家机关、国有公司、企业、事业单位、人民团体委托管理、经营国有财产的人员，挪用公款归个人使用的，以挪用资金罪论处。

2.行为对象：公款（包括国有国库券、失业保险基金、下岗职工基本生活保障资金）。

3.行为方式：

(1)挪用公款归个人使用，进行非法活动。

①不论挪用时间长短，立法未规定挪用数额，司法解释要求3万元以上。

②如果非法活动构成其他犯罪，应数罪并罚。

③明知使用人用于非法活动而挪用的，属于挪用公款进行非法活动。

(2)数额较大，进行营利活动。

①不论挪用时间长短，立法要求数额较大，司法解释要求5万元以上。

②明知使用人用于营利活动而挪用的,属于挪用公款进行营利活动。

(3)数额较大,超过3个月未还。

①非法活动、营利活动以外的一般活动,在时间上要求超过3个月未还。

②立法要求数额较大,司法解释要求5万元以上。

③不知使用人进行非法活动或者营利活动而挪用,数额较大,超过3个月未归还的,构成挪用公款罪。

4. 主观要件:故意,没有非法占有公共财物的目的。如果有非法占有公共财物的目的,以贪污罪论处。

5. 本罪与贪污罪。

挪用公款罪与贪污罪不是A与-A的对立关系,而是A与A+B的包容关系。这里的B,是指非法占有公共财物的目的。因此,贪污罪可以包容评价为挪用公款罪。两罪区分的关键:有无非法占有目的。根据司法解释,下列情形可以认定为具有非法占有目的:

(1)携带挪用的公款潜逃的,对其携带挪用的公款部分,以贪污罪定罪处罚。

【注意】只对携带走的公款定贪污罪,如果还有未携带走的部分,则构成挪用公款罪,以贪污罪与挪用公款罪并罚。

(2)行为人挪用公款后采取利用虚假发票平账、销毁有关账目等手段,使所挪用的公款已难以在单位财务账目上反映出来,且没有归还行为的,应当以贪污罪定罪处罚。

【注意】行为人具有归还公款的意思,只是为了应付上级的突击检查而暂时平账,因为主观上没有非法占有目的,所以构成挪用公款罪。

(3)行为人截取单位收入不入账,非法占有,使所占有的公款难以在单位财务账目上反映出来,且没有归还行为的,应当以贪污罪定罪处罚。

(4)有证据证明行为人有能力归还所挪用的公款而拒不归还,并隐瞒挪用的公款去向的,应当以贪污罪定罪处罚。

6. 罪数问题。

(1)因挪用公款索取、收受贿赂的,以本罪与受贿罪并罚。

(2)挪用公款进行其他犯罪的,数罪并罚。

例1:甲为了帮助乙贩卖毒品,挪出50万元公款,将现金交给乙,对甲应以挪用公款罪与贩卖毒品罪的帮助犯并罚。【正确】

例2:甲为了帮助乙贩卖毒品,利用单位账户直接将50万元公款转给乙。甲的行为同时成立挪用公款罪与贩卖毒品罪的帮助犯,构成想象竞合,应从一重罪处罚。【正确】

(3)挪出公款后,无法证明行为人主观上具有非法占有目的,根据存疑有利于被告人的精神,应以挪用公款罪论处。

7. 共同犯罪。

根据司法解释,挪用公款给他人使用,使用人与挪用人共谋,指使或者参与策划取得挪用款的,以挪用公款罪的共犯定罪处罚。

(1)单纯使用他人挪用的公款不构成犯罪。例如,甲挪出公款用于经营酒庄,知情的乙与甲一起使用公款,由于使用行为不是挪用公款罪的构成要件,而且挪用公款罪不属于继续犯,故乙不构成犯罪。

(2)单纯提出借用公款的,不构成犯罪。例如,甲向国有公司出纳乙询问能否借用公款,乙明知甲用于贩毒,仍然借给其50万元,甲不构成挪用公款罪的教唆犯。

(3)教唆他人挪用公款的,构成本罪。例如,甲教唆乙挪出公款购买外汇,赚取利率差。这是典型的教唆行为,甲、乙构成本罪的共犯。

(4)普通人欺骗他人挪用公款的,构成教唆犯。例如,甲谎称购买婚房,唆使国有公司出纳乙借给自己公款,并承诺在1周内归还。乙信以为真,将公款挪给甲。实际上,甲将公款用于贩毒,并在1周内将公款还给乙。乙客观上挪用公款进行了非法活动,甲以欺骗手段支配了乙的行为,原应构成本罪的间接正犯,但甲没有国家工作人员身份,故甲构成本罪的教唆犯。

三、贿赂犯罪

(一)受贿罪(☆)

《刑法》第385条:受贿罪,是指国家工作人员利用职务上的便利,索取他人财物,或者非法收受他人财物为他人谋利益的行为。

1. 行为模型:利用职务便利→将职务行为与财物进行交换→侵犯职务行为的不可收买性。

2. 构成要件:

(1)行为主体:真正的身份犯,即国家工作人员。

①通过伪造国家机关公文、证件担任了国家工作人员的,可成为本罪的主体。

②一般公民伙同国家工作人员受贿的,以受贿罪的共犯论处。

(2)利用职务便利。

受贿罪的本质是权钱交易,这里的"权"就是职务便利,是指利用本人职务上主管、负责、承办某项公共事务的职权。有两种情形:

①利用本人的职务便利。例如,公安局局长收受他人财物,违规为其办理取保候审。

②利用职务上有隶属关系的其他国家工作人员的职务便利。例如,工商局局长甲收受乙10万元,通过辖区内的工商所所长丙,为乙谋取利益。甲、丙在职务上有隶属关系,甲构成本罪。

(3)将职务行为与财物进行交换。交换的方式有两种:

①索贿:索取他人财物。

②收受贿赂:非法收受他人财物,为他人谋取利益。

(4)主观要件:故意,明知自己的行为会侵犯职务行为的不可收买性,仍然希望或放任结果发生。

3. 司法解释规定的变相受贿。

(1)交易型受贿。例如,官员甲将价值50万元的房屋以200万元出售给商人乙,名为交易,实为行贿、受贿。甲构成受贿罪,乙构成行贿罪,数额均为150万元。

(2)干股型受贿。例如,甲经营的酒楼生意火爆,因有求于官员乙,将酒楼的3成股份赠送给乙。甲构成行贿罪,乙构成受贿罪。

①办理股权转让登记的,或者相关证据证明股份发生了实际转让的,受贿数额按转让行为时股份价值计算,所分红利按受贿孳息处理。

②股份未实际转让,以股份分红名义获取利益的,实际获利数额应当认定为受贿数额。

(3)合作投资型受贿。由请托人出资，"合作"开办公司或者进行其他"合作"投资的，以受贿论处。受贿数额为请托人给国家工作人员的出资额。

(4)委托理财型受贿。未实际出资而获取"收益"，或者虽然实际出资，但获取"收益"明显高于出资应得收益的，以受贿论处。

(5)赌博型受贿。赌博时故意输给官员，官员以此收受请托人财物的，构成受贿罪。

(6)挂名领薪型受贿。官员的特定关系人不实际工作却获取所谓薪酬的，以受贿论处。

(7)特定关系人型受贿。官员授意请托人将有关财物给予特定关系人的，以受贿论处。特定关系人知情的，构成受贿罪的共犯。

(8)借用型受贿。收受请托人房屋、汽车等物品，未变更权属登记或者借用他人名义办理权属变更登记的，构成受贿罪。

(9)关于收受财物后退还或者上交问题。

①国家工作人员收受请托人财物后及时退还或者上交的，不是受贿。"及时退还或上交"，表明国家工作人员没有受贿罪的故意，原本就不构成受贿罪。因此，这属于注意规定，关键是及时。

例 1：甲得知官员乙生病住院，趁乙行动不便，将钱放在床边。乙出院后将钱退还或上交，表明乙没有受贿罪的故意，不构成受贿罪。

例 2：甲将 10 万元的购物卡放在官员乙的沙发垫下，乙对此不知情。两个月后，乙在清理沙发时发现购物卡，并立即退还或上交，乙没有受贿罪的故意，不构成受贿罪。

②国家工作人员受贿后，因自身或者与其受贿有关联的人、事被查处，为掩饰犯罪而退还或者上交的，不影响受贿罪认定。

(10)国家工作人员利用职务上的便利为请托人谋取利益之前或者之后，约定在其离职后收受请托人财物，并在离职后收受的，以受贿论处。【注意】离职前有约定，离职后再收钱，构成受贿罪；离职前无约定，离职后再收钱，不构成犯罪。

4. 犯罪形态。

根据司法解释，受贿罪数额较大、巨大、特别巨大的标准为：3 万元、20 万元、300 万元，与贪污罪完全相同。

(1)入罪标准：主观上有受贿的故意，客观上有受贿罪的实行行为。至于收受的财物是否价值 3 万元以上，只影响受贿罪的形态，不影响受贿罪的成立。

(2)既遂标准：主观上有受贿的故意，客观上收受了数额较大的财物。

5. 共同犯罪。

(1)一般公民教唆或者帮助国家工作人员受贿的，构成受贿罪的共犯，但不可能构成间接正犯或共同正犯。

(2)特定关系人收受请托人财物，国家工作人员知道后未退还或上交的，二人构成受贿罪的共犯；国家工作人员要求特定关系人及时退还或者上交，特定关系人隐瞒真相没有退还或者上交的，国家工作人员不构成受贿罪，特定关系人也不构成受贿罪的共犯。

(3)国家工作人员要求请托人将财物交付给第三人，如果第三人知情，二人构成受贿罪的共犯；如果第三人不知情，国家工作人员构成受贿罪，第三人无罪。

(4)国家工作人员索取、收受储蓄卡、购物卡、现金支票后，由于受贿罪已经既遂，第三人不构成受贿罪共犯。如果第三人知情并帮助国家工作人员掩饰、隐瞒的,构成洗钱罪或者掩饰、隐瞒犯罪所得罪。

(二)事后受贿与约定受贿

事后受贿,是指国家工作人员事先通过职务行为为他人谋取利益时,没有受贿的故意,事后(在职时)明知他人交付的财物是对自己职务行为的回报而收受。事后受贿有两种:

1. 事后索贿。

这是指国家工作人员实施了职务行为,为他人谋取利益后,索取他人财物。只要国家工作人员索取的财物与其职务行为有关,就意味着对方必须为国家工作人员的职务行为付出财产上的代价,国家工作人员侵犯了职务行为的不可收买性,构成本罪。例如,官员甲为乙办理特种行业许可证提供了方便,事后向乙索要10万元,乙思量后给甲送了钱。甲向乙索要财物的原因无非是通过职务行为为乙谋取了利益,乙也明知10万元财物是甲职务行为的报酬。无论是乙还是一般人,都会认为甲的职务行为可以被收买,故甲构成本罪,属于索贿。

2. 事后收受贿赂。

这是指国家工作人员实施了职务行为,为他人谋取利益后,明知他人交付的财物是对自己职务行为的回报而收受。事后收受贿赂,也构成受贿罪。例如,官员甲为乙办理税收优惠时没有收受他人财物的意思,乙事后为表达感谢,送给甲10万元。甲明知该财物是乙对自己职务行为的感谢,仍然收受。这同样属于职务行为与财物的交换,无论是乙还是一般人,都会认为甲的职务行为可以被收买,故甲构成本罪。

(1)从财物性质看,事后收受的财物是国家工作人员先前职务行为的报酬,财物与职务行为同样存在交换关系。这侵犯了职务行为的不可收买性。

(2)从法益侵害看,事前收受财物时,只要求国家工作人员许诺为他人谋取利益;事后收受财物时,国家工作人员客观上已经利用职务为他人谋取了利益,权钱交易的性质更明显。

(3)从司法实践看,如果事后收受财物不构成本罪,将为权钱交易开辟一条宽阔的绿色大道,受贿罪的条文将形同虚设。

履职时未被请托,但事后基于该履职事由收受他人财物的,属于“为他人谋取利益”。当然,如果事后提供财物因为时间长、数量小等原因不能或者难以认定与国家工作人员的先前职务行为存在交易关系的,不构成受贿罪。

【总结】先收钱后办事,或者先办事后收钱,都构成受贿罪。

3. 约定受贿。

根据最高人民法院《关于国家工作人员利用职务上的便利为他人谋取利益离退休后收受财物行为如何处理问题的批复》,国家工作人员利用职务上的便利为请托人谋取利益,并与请托人事先约定在其离退休后收受请托人财物,构成犯罪的,以受贿论处。国家工作人员利用职务上的便利为请托人谋取利益,离职前后连续收受请托人财物的,离职前后收受部分应计入受贿数额。

(1)离职前有约定,离职后再收钱,构成受贿罪。

国家工作人员在职期间,为他人谋取利益,并约定在离职后收受财物。这一约定本身就侵犯了职务行为的不可收买性,应构成本罪。约定的方式有两种:一是国家工作人员主动提出约定,属于索贿;二是行贿人主动提出约定,属于非法收受财物。例如,官员甲在离职前突击提拔下属乙,为规避审计风险,二人约定在甲离职后,乙送给甲5万元。甲离职后,明知财物是对自己职务行为的回报而仍然收受。由于行贿、受贿的约定发生在甲在职时期,已经侵犯了职务行为的不可收买性,故甲构成受贿罪。

(2)离职前无约定,离职后再收钱,不构成犯罪。

国家工作人员在职期间,为他人谋取利益,并未约定在其离职后收受财物的,即使其离职后收受财物,也不构成犯罪。例如,官员甲在离职前为乙承揽市政工程提供方便,甲没有收受财物的意思,双方也没有任何约定。甲离职后,乙为了表示感谢送给甲5万元,甲不构成犯罪。这是因为,甲在离职前没有出卖职务行为,在离职后虽然明知财物是乙对自己之前职务行为的回报,但甲已经丧失了国家工作人员身份。因此,甲不构成犯罪。然而,当乙有求于甲的职务行为时,没有行贿的故意;谋取到利益后,甲已经离职,乙有多大可能再向甲赠送财物?司法实践中,一般不会发生。当然,如果乙想利用甲离职后的影响力,而给予甲财物的,甲构成利用影响力受贿罪。

(三)斡旋受贿(☆2023年进行考查)

《刑法》第388条:国家工作人员利用本人职权或者地位形成的便利条件,通过其他国家工作人员职务上的行为,为请托人谋取不正当利益,索取请托人财物或者收受请托人财物的,以受贿论处。

1. 行为模型:斡旋人利用职权的便利条件→通过其他国家工作人员(被斡旋人)的职务行为→为请托人谋取不正当利益→索取或者收受请托人财物。

2. 构成要件:

(1)行为主体:斡旋人,即国家工作人员,不包括单位。如果是非国家工作人员,可能构成利用影响力受贿罪。

(2)行为方式:实施斡旋行为。

例1:彪哥为了将桂花的孩子送到教育局工作,送给辽北某县财政局局长一笔钱,让其办妥此事。财政局局长答应,向教育局局长游说,教育局局长同意。财政局局长属于斡旋受贿,成立受贿罪。

例2:彪哥为了将桂花的孩子送到教育局工作,送给辽北某县财政局局长一笔钱,让其办妥此事。财政局局长假意答应,但收完钱后,根本没有去找教育局局长,财政局局长成立诈骗罪。

例3:彪哥为了将桂花的孩子送到教育局工作,送给辽北某县财政局局长一笔钱,让其办妥此事。财政局局长答应,并向教育局局长说起此事,教育局局长没有做任何表示。由于财政局局长已经实施了斡旋行为,教育局局长是否答应,不影响斡旋受贿的成立,故财政局局长成立受贿罪。

(四)利用影响力受贿罪

与斡旋型受贿不同,本罪的主体是非国家工作人员。既然没有国家工作人员身份,本罪的法益就不是国家工作人员职务行为的不可收买性,也不是国家工作人员的近亲属或者与其关系密切的人的职务行为的不可收买性,因为这类人根本没有职务。

无论哪一种利用影响力受贿罪,行为人最终都要通过国家工作人员为请托人谋取不正当利益,行为人本人无法独立完成。由于行为主体与国家工作人员有特殊的关系,因此本罪保护的法益是国家工作人员职务行为的公正性,以及国民对国家工作人员职务行为不可收买性的信赖。利用影响力受贿罪可以分为两类:一是利用在职时的影响力,二是利用离职后的影响力。

1. 利用在职时的影响力。

(1)行为模型:与国家工作人员关系密切的人(司机、保姆、情人)→通过国家工作人员→为请托人谋取不正当利益。

(2)行为主体:国家工作人员的近亲属或者与其关系密切的人。实际上近亲属也是关系密切的人,可以将本类主体归纳为与国家工作人员关系密切的人。

(3)通过国家工作人员职务上的行为→为请托人谋取不正当利益。

2. 利用离职后的影响力。

(1)行为模型:利用离职的国家工作人员原职权或者地位形成的便利条件→为请托人谋取不正当利益。

(2)行为主体:离职的国家工作人员及其近亲属、与其关系密切的人。实际上近亲属也是关系密切的人,可以将本类主体归纳为离职的国家工作人员及与其关系密切的人。

例如,甲原是教育局局长,乙送给甲10万元,请甲向现任教育局局长丙打招呼,为其销售校服提供方便。甲向丙提出请求后,丙感念甲的提携之恩,同意了甲的请求。甲构成利用影响力受贿罪。如果丙不许诺,甲不构成本罪;如果甲也不退钱,多数观点认为其也不构成侵占罪。

【注意1】利用影响力受贿罪中"关系密切的人",是指与国家工作人员或离职的国家工作人员具有利益关系或利害关系的人。其中的利益关系不限于物质利益,还可以包括其他利益,例如,情人关系、前妻关系、秘书、司机等。除此之外,还包括制约关系,这与斡旋受贿不同。

【注意2】区分利用影响力受贿罪与诈骗罪、敲诈勒索罪。与国家工作人员关系密切的人、离职的国家工作人员及与其关系密切的人,以非法占有为目的,以通过国家工作人员为他人谋取利益为名,诈骗或者敲诈他人财物的,以诈骗罪或者敲诈勒索罪论处。例如,甲父是市长,甲得知乙想参与市政工程,谎称可以通过其父为乙提供方便。乙送给甲10万元,甲收钱后据为己有,根本没有为乙谋利,甲构成诈骗罪。

【注意3】区分利用影响力受贿罪与斡旋型受贿罪。两罪区分的关键在于主体和利用的影响力不同。前罪的主体是非国家工作人员,后罪的主体是国家工作人员。前罪利用的是与国家工作人员的密切关系或者原职权、地位形成的便利条件,后罪利用的是国家工作人员职权或者地位形成的便利条件。例如,甲是公安局局长,乙是监察委副主任,二人是情人关系。丙想为其子办理取保候审,送给乙10万元,请其向甲打招呼。乙成立利用影响力受贿罪和斡旋型受贿罪,构成想象竞合,应从一重罪处罚。

四、行贿罪

《刑法》第389条:为谋取不正当利益,给予国家工作人员以财物的,是行贿罪。

在经济往来中,违反国家规定,给予国家工作人员以财物,数额较大的,或者违反国家规定,给予国家工作人员以各种名义的回扣、手续费的,以行贿论处。

因被勒索给予国家工作人员以财物,没有获得不正当利益的,不是行贿。

《刑法》第390条:对犯行贿罪的,处5年以下有期徒刑或者拘役,并处罚金;因行贿谋取不正当利益,情节严重的,或者使国家利益遭受重大损失的,处5年以上10年以下有期徒刑,并处罚金;情节特别严重的,或者使国家利益遭受特别重大损失的,处10年以上有期徒刑或者无期徒刑,并处罚金或者没收财产。

行贿人在被追诉前主动交代行贿行为的,可以从轻或者减轻处罚。其中,犯罪较轻的,对侦破重大案件起关键作用的,或者有重大立功表现的,可以减轻或者免除处罚。

(一)构成要件

1. 行为主体:自然人。单位行贿的,构成单位行贿罪。

2. 行为方式:

(1)为了利用国家工作人员的职务行为,主动给予国家工作人员财物。

(2)有求于国家工作人员时,由于国家工作人员的索取而给予国家工作人员财物。

(3)在国家工作人员利用职务上的便利为自己谋取利益时或之后,给予国家工作人员以财物,作为职务行为的报酬。

3. 主观要件:故意,具有谋取不正当利益的目的。

(1)不正当利益:一切违反公平正义原则的利益,都属于不正当利益。例如,甲、乙作为组织考查的对象,均有同等的机会被提拔。甲送给组织部部长丙10万元,甲胜出、乙败选。甲构成行贿罪、丙构成受贿罪。

(2)是否实际谋取了不正当利益,或者行贿时是否具有事后索回财物的意思,均不影响行贿罪的成立。

(二)认定问题

1. 犯罪形态。

(1)行贿时被当场拒绝的,构成行贿罪未遂。

(2)国家工作人员客观上接收(占有)财物。

例1:甲将购物卡放在果篮中,送给不知情的官员乙,即使乙事后及时上交或退还,甲也构成行贿罪既遂。

例2:甲为了能在公务员面试中获得照顾,偷偷将3万元放在面试官乙的茶几上,乙对此不知情。保姆以为乙知道此事,替乙将现金收下。甲构成行贿罪既遂,乙不构成受贿罪。

2. 处罚。

为谋取不正当利益,向国家工作人员行贿,数额在3万元以上的,以行贿罪追究刑事责任。

(1)不构成行贿罪。

①数额不足3万元。3万元是行贿罪的追诉起点。如果数额不足3万元,不构成行贿罪。例如,甲购买价值1万元的名画仿制品送给官员乙,乙误以为是价值20万元的真迹而收受。甲不构成行贿罪,乙构成受贿罪未遂。

②消极的构成要件要素。《刑法》第389条第3款:因被勒索给予国家工作人员以财物,没有获得不正当利益的,不是行贿。该规定适用条件有二:一是因被勒索给予国家工作人员以财物,二是没有获得不正当利益。二者应同时具备,缺一不可。

(2)从宽处罚。《刑法》第390条第2款:行贿人在被追诉前主动交代行贿行为的,可以从轻或者减轻处罚。其中,犯罪较轻的,对侦破重大案件起关键作用的,或者有重大立功表现的,可以减轻或者免除处罚。【注意】符合自首条件时,不再适用总则自首的规定,本规定为特殊自首。

3. 行贿罪与受贿罪。

行贿罪与受贿罪属于对向犯。一般情况下,双方同时成立犯罪。在特殊情况下只有一方成立犯罪。具体情形有：

(1)因被勒索给予财物,没有获得不正当利益的,不是行贿;但国家工作人员属于索取贿赂,构成受贿罪。

(2)为了谋取正当利益而给予国家工作人员财物,不是行贿;但国家工作人员属于收受贿赂,构成受贿罪。

(3)为了谋取不正当利益而给予国家工作人员财物,构成行贿罪;但国家工作人员没有接受贿赂的故意,立即将财物上交或退回的,不构成受贿罪。

主观题小案例

【案例1】李某在拆迁征地的过程中,利用其村委会主任协助乡政府从事宅基地确认等工作的职务之便,为其子李大某、李小某违规出具宅基地确认单,骗取拆迁腾退补偿款250万元。李某的行为构成什么罪？

答案参考:李某的行为构成诈骗罪。李某为李大某、李小某违规出具宅基地确认单的行为,虽然利用了其村主任的职务之便,但该行为对获得拆迁补偿不起决定性作用,该确认单尚需乡政府把关,李某不具有拆迁补偿款的审核批准权利或决定权力。因此,李某的行为属于骗取拆迁补偿款,应当认定为诈骗罪,而非贪污罪。

【案例2】张三将数额巨大的财物伪装成价值微薄的小礼品送给国家工作人员李四,李四以为是小额礼品便收下了。李四打开发现该礼品并非小礼,因数额巨大而退还给张三。李四的行为构成何罪？

答案参考:李四构成帮助毁灭证据罪。李四无受贿的故意,不构成受贿罪。但是该礼品,从刑事诉讼法的角度而言,却是行贿罪重要且关键的证据。李四在收受了张三为谋取不当利益给予的财物后,将该财物退还给行贿人,成立帮助毁灭证据罪。

【案例3】张三提出给国家工作人员李四120万元,李四让张三保管该款项,张三将该款项存入了自己名下的银行卡中。李四是否构成受贿罪既遂？

答案参考:李四构成受贿罪既遂。李四同意接收行贿人张三给予的金钱,并要求其保管,行贿人按可以识别的方式管理的,行贿、受贿行为即已完成,故李四应当认定为受贿罪既遂。

第二十讲 渎职罪

一、滥用职权罪

滥用职权罪,是指国家机关工作人员滥用职权,致使公共财产、国家和人民利益遭受重大损失的行为。

(一)构成要件

1. 行为方式:实施滥用职权的行为。具体包括:

(1)越权:擅自决定没有具体决定权限的事项。

(2)擅权:随心所欲地对事项作出决定或者处理。

(3)弃权:故意不履行应当履行的职责。【注意】这是不作为的方式。

(4)弄权:以权谋私、假公济私,不正确地履行职责。

2. 实害结果:致使公共财产、国家和人民利益遭受重大损失。

3. 主观要件:故意(包括直接故意与间接故意),不要求行为人认识到"致使公共财产、国家和人民利益遭受重大损失"的结果(客观超过要素)。【注意】徇私舞弊是本罪的加重处罚情节。

(二)罪数问题

滥用职权犯罪与其他犯罪可能形成想象竞合关系。

例1:警察甲逮捕正在哺乳期的乙,明知乙的婴儿无人抚养而不救助,致使婴儿被饿死。甲构成滥用职权罪与不作为故意杀人罪的想象竞合,从一重罪论处,定故意杀人罪。【正确】

例2:甲负责拆迁安置工作,违规为乙办理产权登记,致使乙领取200万元国家补偿款。甲构成滥用职权罪与贪污罪的想象竞合,从一重罪论处,定贪污罪。[①]【正确】

二、徇私枉法罪

(一)构成要件

1. 行为主体:司法工作人员。这里是指有侦查、检察、审判、监管职责的工作人员。

2. 行为方式:徇私枉法、徇情枉法。

(1)使明知是无罪的人受追诉。只要进入追诉阶段即可,即对无罪的人实行立案、侦查、起诉、审判之一的,即为"追诉"。【注意】明知他人无罪,而将其作为"逃犯"在网上通缉的,构成本罪。

(2)明知是有罪的人而故意包庇使他不受追诉。【注意】对于明知是有罪的人,故意不收集有罪证据,致使有罪证据消失,导致其因"证据不足"不能定罪的,构成本罪。

(3)在刑事审判活动中故意违背事实和法律,作出枉法判决、裁定。

【提示】这里的"刑事审判活动"包括刑事附带民事诉讼中的民事部分。

例1:法官甲为报复被告人乙,故意在刑事附带民事判决中加重乙的赔偿责任,致使乙多赔付10万元,甲构成徇私枉法罪。【正确】

例2:法官乙徇情枉法,对无罪的丙宣告有罪,但免予刑事处罚的,构成徇私枉法罪。【正确】

3. 主观要件:故意,要求有徇私、徇情动机。本罪是故意犯罪,对于失职导致无罪的人受追诉或者有罪的人未被追诉的,构成玩忽职守罪。

(二)罪数问题

1. 本罪与帮助毁灭、伪造证据罪。

(1)本罪的主体是具体承办案件的司法工作人员。未具体承办案件的司法工作人员帮助当事人毁灭、伪造证据的,构成帮助毁灭、伪造证据罪。

(2)具体承办案件的司法工作人员通过毁灭、伪造证据的方法实施枉法行为的,同时触犯了徇私枉法罪与帮助毁灭、伪造证据罪。但由于只有一个行为,应从一重罪(徇私枉法罪)论处。

2. 本罪与受贿罪。司法工作人员先收受贿赂,又徇私枉法等的,从一重罪论处。

---

① 甲、乙共同将国家的200万元用甲的身份以便利条件贪污。

三、徇私舞弊不移交刑事案件罪

（一）构成要件

1. 行为主体：行政执法人员，即依法具有行政执法权的行政机关工作人员。

2. 行为方式：行政执法人员在查处违法案件的过程中，发现行为构成犯罪应当进行刑事追诉，但不将案件移交司法机关处理。至于其将该行为当作一般违法行为作治安处理，还是不作任何处理，一般不影响本罪的成立。

3. 主观要件：故意，必须是明知案件应当移交司法机关追究刑事责任而故意不移交。

【注意】如果是法律水平不高、事实掌握不全而过失不移交的，不构成本罪。

（二）罪数问题

1. 本罪与徇私枉法罪。

（1）本罪主体是行政执法人员，而徇私枉法罪的主体是司法工作人员。

【注意】关于公安机关工作人员的性质，如果是对犯罪分子负有侦查职责的人员，则是司法工作人员；如果是负责行政法实施的人员，则是行政执法人员。

比如：公安机关工作人员侦查故意杀人罪时就属于司法工作人员，但是在“扫黄赌”活动中就属于行政执法人员。

（2）公安人员在查赌的过程中，明知他人的赌博行为已经构成犯罪，应当移交公安机关的侦查部门进行侦查，但徇私舞弊不移交，仅给予治安处罚的，成立本罪。刑事犯罪的侦查人员发现犯罪嫌疑人是自己的亲友，故意包庇使其不受追诉，擅自将该案不作为刑事案件处理的，成立徇私枉法罪。

2. 本罪与受贿罪。

行政执法人员索取、收受贿赂，不移交刑事案件，分别构成受贿罪与本罪的，应当实行数罪并罚。

第三编

刑事诉讼法

第一讲 刑事诉讼法概述

一、刑事诉讼法框架体系图

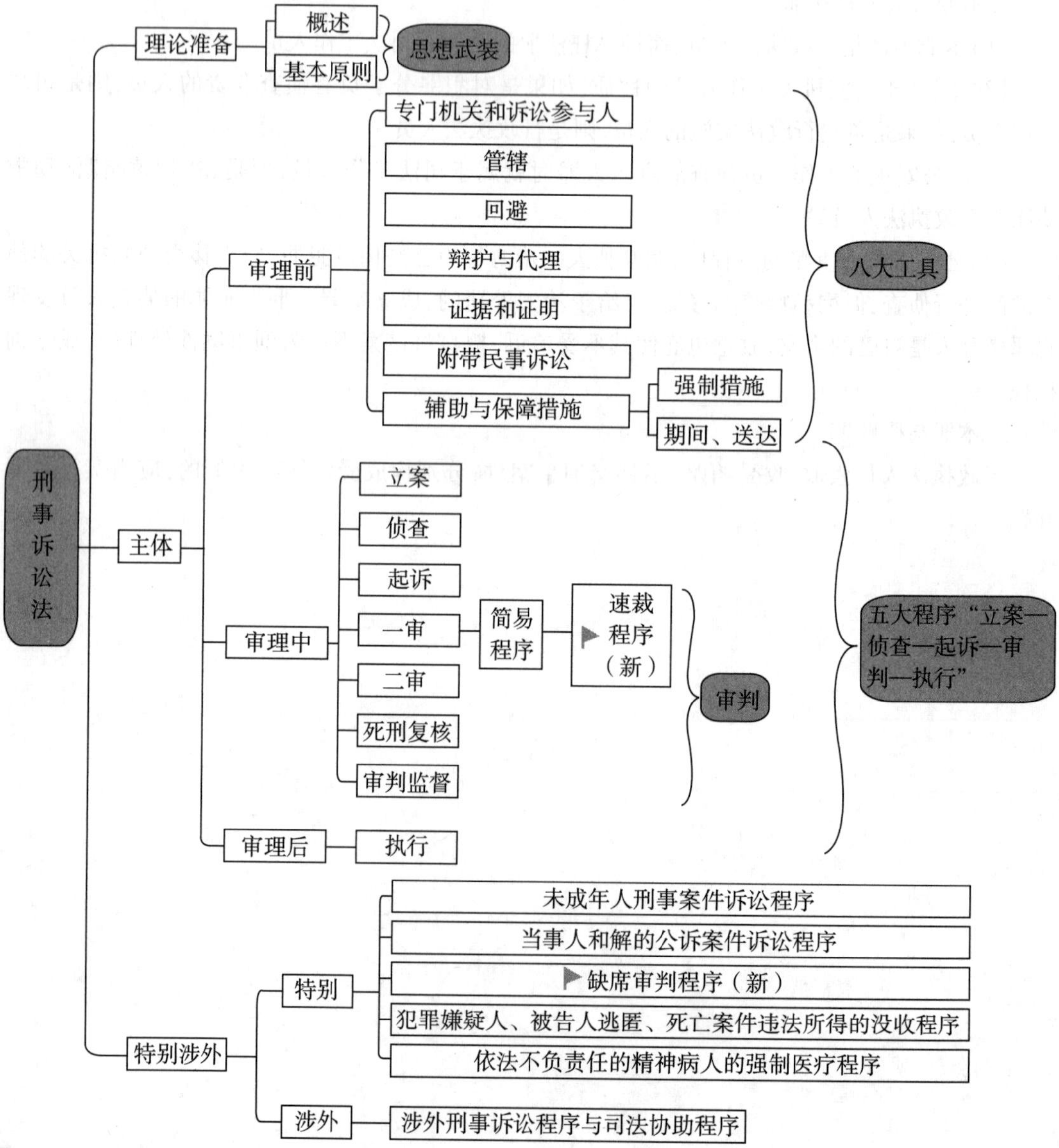

关于刑事诉讼法考查的题目,历来被考生认为是最难的。原因有二:

一是学习刑事诉讼法的时候按照掌握客观题的顺序进行学习,脱离了实务。实务当中处理刑事案件绝对不能是从基本原则开始,遇到刑事案件第一反应是先报警,找警察。在主观题学习当中应该了解专门机关都是负责哪些工作的,有哪些诉讼参与人。

二是觉得刑事诉讼法法条多,考试过程需要检索查阅大量法条,实际上有些考点重者恒重,不需要检索法条也能拿到80%以上的分数。本书按照主观题考试规律编写本部分讲义,重点在于实用,帮助考生掌握刑事诉讼法,得高分甚至满分。

二、刑事诉讼法核心考点分布

刑事诉讼法在主观题考试中难度更大,细节已经不再是考查重点,重点在于解决实务问题,比如上诉不加刑、死刑复核、非法证据排除规则、管辖等。通过分析近10年考点分布,可以对复习起到指引作用。

核心考点	命题方向	考查次数
值班律师制度	《法律援助值班律师工作办法》第2条、第6条	1
认罪认罚	认罪认罚重大立功的认定、侦查机关因重大立功撤销案件的程序、2023年对认罪认罚的适用进行的重点命题	10
合议庭	合议庭组成及职权	1
诉讼代表人	单位犯罪诉讼代表人的确定顺序	5
回避	职务违法和职务犯罪行为的立案管辖和审判回避	1
管辖法院	级别管辖、地域管辖	4
侦查	技术侦查适用条件	4
强制措施	指定居所监视居住、逮捕	5
审查起诉	人民检察院提起诉讼的程序	1
证据	证据种类及适用规则、法院审查证据、非法证据排除	10
审判回避	回避条件、回避程序	5
期间	一审裁判的生效时间为经过上诉、抗诉期间,二审裁判宣告后即发生法律效力	2
刑事附带民事诉讼	适用条件、刑事附带民事诉讼赔偿范围	2
简易程序	适用条件	1
一审	审判公开、庭前会议、旁听、一审判决、诉讼代表人	5
二审	对事实不清的处理、上诉不加刑、审查原则、二审判决	10
再审	启动、处理结果	3
强制医疗	适用条件、救济权、审理程序、附带民事诉讼	6
特殊程序	未成年程序适用、犯罪记录封存	1

第二讲　诉讼参与人

诉讼参与人，是指在刑事诉讼过程中享有一定诉讼权利、承担一定诉讼义务的，除了国家专门机关工作人员以外的人。诉讼参与人包括：公诉案件中的犯罪嫌疑人、被告人、被害人；自诉案件中的自诉人、被告人；附带民事诉讼中的原告人和被告人；还有辅助诉讼活动进行的其他诉讼参与人，包括法定代理人、辩护人、诉讼代理人、证人、鉴定人、翻译人员。该内容主观题可考性较低，但考生一定要重点了解和掌握被害人的诉讼权利。

项目	内容
报案、控告权	被害人对侵犯其人身、财产权利的犯罪事实或者犯罪嫌疑人，有权向公安机关、人民检察院或者人民法院报案或者控告
作为控告人身份的被害人对公安机关不立案决定的申请复议、复核权	1. 如果被害人向公安机关控告而公安机关不予立案，对不予立案不服的，控告人身份的被害人可以在收到不予立案通知书后 7 日以内向原决定机关申请复议。 2. 控告人对不予立案的复议决定不服的，可以在收到复议决定书后 7 日以内向上一级公安机关申请复核
一般申诉权	《刑事诉讼法》第 113 条规定，人民检察院认为公安机关对应当立案侦查的案件而不立案侦查的，或者被害人认为公安机关对应当立案侦查的案件而不立案侦查，向人民检察院提出的，人民检察院应当要求公安机关说明不立案的理由。人民检察院认为公安机关不立案理由不能成立的，应当通知公安机关立案，公安机关接到通知后应当立案
	《人民检察院刑事诉讼规则》第 381 条第 1 款规定，被害人不服不起诉决定，在收到不起诉决定书后 7 日以内提出申诉的，由作出不起诉决定的人民检察院的上一级人民检察院负责捕诉的部门进行复查
再审申诉权	《刑事诉讼法》第 252 条规定，当事人及其法定代理人、近亲属，对已经发生法律效力的判决、裁定，可以向人民法院或者人民检察院提出申诉，但是不能停止判决、裁定的执行
委托诉讼代理人的权利	《刑事诉讼法》第 46 条第 1 款第 1 句规定，公诉案件的被害人及其法定代理人或者近亲属，附带民事诉讼的当事人及其法定代理人，自案件移送审查起诉之日起，有权委托诉讼代理人
针对公诉案件的自诉权	最高人民法院《关于适用〈中华人民共和国刑事诉讼法〉的解释》（以下简称《刑诉解释》）第 1 条第 3 项规定，人民法院直接受理的自诉案件包括：被害人有证据证明对被告人侵犯自己人身、财产权利的行为应当依法追究刑事责任，且有证据证明曾经提出控告，而公安机关或者人民检察院不予追究被告人刑事责任的案件
申请抗诉权	不服地方各级人民法院的第一审未生效的判决的，有权请求人民检察院抗诉
针对强制医疗决定的复议权	《刑事诉讼法》第 305 条第 2 款规定，被决定强制医疗的人、被害人及其法定代理人、近亲属对强制医疗决定不服的，可以向上一级人民法院申请复议
人身保护权	被害人因在诉讼中作证，人身安全面临危险的，有权要求公、检、法提供人身保护措施

主观题小案例

【案例1】甲女在京州市宽城区被乙男强奸,宽城区公安局决定不予立案,甲女应该如何获得救济?

答案参考:甲女可以向宽城区公安局申请复议,对复议决定不服的,可以在收到复议决定后7日内向京州市公安局申请复核。

【案例2】环卫工人马某在垃圾桶内发现一名刚出生的婴儿后向公安机关报案,公安机关紧急将婴儿送往医院成功抢救后未予立案,了解婴儿被谁遗弃的知情人可向检察院控告。

答案参考:错误。了解婴儿被谁遗弃的知情人属于第三人,不是被害人,只有被害人才可以进行控告。

【案例3】甲公司以虚构工程及伪造文件的方式,骗取乙工程保证金400余万元。公安机关接到乙控告后,以尚无明确证据证明甲涉嫌犯罪为由不予立案。乙应先申请公安机关复议,只有不服复议决定的才能请求检察院立案监督。

答案参考:错误。被害人及其法定代理人、近亲属或者行政执法机关,认为公安机关对其控告或者移送的案件应当立案侦查而不立案侦查,或者当事人认为公安机关不应当立案而立案,向人民检察院提出的,人民检察院应当受理并进行审查。

【案例4】被告人张三涉嫌故意伤害小芳,被告人张二因涉嫌包庇张三,均被北京市公安局东城分局拘留。本案由北京市公安局东城分局侦查终结后移送东城区人民检察院审查起诉,后东城区人民检察院将案件移送至北京市人民检察院第二分院进行审查起诉并提起公诉,本案最后由北京市第二中级人民法院依法进行审理。

问题:本案中可能涉及哪些专门机关,可能处理本案的机关及主体需分别列明。

答案参考:

1. 本案的侦查机关是北京市公安局东城分局,侦查终结移送审查起诉的机关为北京市东城区人民检察院。

2. 北京市东城区人民检察院移送北京市人民检察院第二分院审查起诉,由北京市第二中级人民法院审判管辖。

3. 被告人是张三和张二。

4. 被害人是小芳,小芳的近亲属是附带民事诉讼的原告人。

5. 如被告人张三被判处死刑缓期2年执行,北京市高级人民法院为死刑核准法院,如果被告人张三被判处死刑立即执行,最终由最高人民法院核准死刑,在最高人民法院死刑复核期间,最高人民检察院可以对死刑复核提出意见。

第三讲 管 辖

一、监察机关管辖的刑事案件

监察机关的立案调查本身不属于刑事诉讼程序的一部分，但是根据《监察法》第 15 条，涉及下列公职人员和有关人员的案件由监察机关进行监察：

1. 中国共产党机关、人民代表大会及其常务委员会机关、人民政府、监察委员会、人民法院、人民检察院、中国人民政治协商会议各级委员会机关、民主党派机关和工商业联合会机关的公务员，以及参照《公务员法》管理的人员；

2. 法律、法规授权或者受国家机关依法委托管理公共事务的组织中从事公务的人员；

3. 国有企业管理人员；

4. 公办的教育、科研、文化、医疗卫生、体育等单位中从事管理的人员；

5. 基层群众性自治组织中从事管理的人员；

6. 其他依法履行公职的人员。

二、检察院管辖的刑事案件（☆☆☆）

项目	内容
司法工作人员利用职权实施的侵犯公民权利、损害司法公正的犯罪	《刑事诉讼法》第 19 条第 2 款第 1 句规定，人民检察院在对诉讼活动实行法律监督中发现的司法工作人员利用职权实施的非法拘禁、刑讯逼供、非法搜查等侵犯公民权利、损害司法公正的犯罪，可以由人民检察院立案侦查
经省级以上人民检察院决定由人民检察院直接受理的公安机关管辖的国家机关工作人员利用职权实施的重大犯罪案件	对于公安机关管辖的国家机关工作人员利用职权实施的重大犯罪案件，需要由人民检察院直接受理的时候，经省级以上人民检察院决定，可以由人民检察院立案侦查。对此类案件，人民检察院需要直接立案侦查的，应当层报省级人民检察院决定。省级人民检察院可以决定由设区的市级人民检察院立案侦查，也可以自行立案侦查。比如，某司法局局长张三利用职权强奸女下属小芳，小芳因被强奸精神受到刺激后自杀身亡，这类案件本来应该由公安机关管辖，但经省级以上人民检察院决定，可以由人民检察院立案侦查

【提示 1】检察院现在只负责两类案件，原则上由设区的市级检察院立案侦查，但也可由基层检察院、省级检察院、最高人民检察院进行立案侦查。

【提示 2】主体是司法工作人员，非法拘禁、非法搜查属于刑法上的不真正身份犯，主体身份属于是量刑身份。主体为一般身份的时候，由公安机关立案侦查；主体为司法工作人员的时候由检察院立案管辖，并且判决的时候要从重。

三、人民法院直接受理的刑事案件

项目	内容
告诉才处理	告诉才处理的案件是指只有经被害人及其法定代理人提出控告和起诉，人民法院才可受理的案件。也就是说公安机关、人民检察院不可以主动插手这一类的案件。对于告诉才处理的案件，原则上是由被害人自己告诉，其他人不得代为告诉。特殊情形：被害人不能、不敢的由他人告诉。常考的有：1. 侮辱、诽谤案（《刑法》第 246 条，但严重危害社会秩序和国家利益的除外）；2. 暴力干涉婚姻自由案（《刑法》第 257 条第 1 款）；3. 虐待案（《刑法》第 260 条第 1 款）；4. 侵占案（《刑法》第 270 条）
轻微刑事案件	1. 故意伤害案；2. 非法侵入住宅案；3. 侵犯通信自由案；4. 重婚案；5. 遗弃案；6. 生产、销售伪劣商品案（但严重危害社会秩序和国家利益的除外）；7. 侵犯知识产权案（但严重危害社会秩序和国家利益除外）；8. 刑法分则第四章、第五章规定的，对被告人可能判处 3 年有期徒刑以下刑罚的案件
公诉转自诉	被害人有证据证明对被告人侵犯自己人身、财产权利的行为应当依法追究刑事责任，且有证据证明曾经提出控告，而公安机关或者人民检察院不予追究被告人刑事责任的案件。1. 公安机关不追究刑事责任主要表现为不立案及撤销案件；检察院主要表现为不起诉，但注意附条件不起诉时不可公转自。2. 这类案件不可以反诉，不可以调解

四、级别管辖

项目	内容
最高人民法院	管辖全国性的重大刑事案件
高级人民法院	全省（自治区、直辖市）性的重大刑事案件
中级人民法院	1. 危害国家安全、恐怖活动案件。 2. 可能判处无期徒刑、死刑的案件。 3. 犯罪嫌疑人、被告人逃匿、死亡案件违法所得的没收程序。 4. 第一类的缺席审判案件（对境外的被告人缺席审判案件）
基层人民法院	除上级人民法院管辖的以外的案件，外国人犯罪的案件不再由中级人民法院管辖，而由基层人民法院管辖

★级别管辖应当遵循的原则：上可以审下，下不可以审上，就高不就低。

项目	内容
上可以审下	1. 所谓级别管辖，是指各级人民法院之间在审判第一审刑事案件上的权限划分，解决的是上下级人民法院之间的权限分工问题。 2. "就高不就低"——《刑诉解释》第15条规定，一人犯数罪、共同犯罪或者其他需要并案审理的案件，其中一人或者一罪属于上级人民法院管辖的，全案由上级人民法院管辖。 3.《刑诉解释》第14条规定，人民检察院认为可能判处无期徒刑、死刑，向中级人民法院提起公诉的案件，中级人民法院受理后，认为不需要判处无期徒刑、死刑的，应当依法审判，不再交基层人民法院审判。 4.《刑诉解释》第17条第2款、第3款规定，基层人民法院对下列第一审刑事案件，可以请求移送中级人民法院审判： (1)重大、复杂案件。 (2)新类型的疑难案件。 (3)在法律适用上具有普遍指导意义的案件。 需要将案件移送中级人民法院审判的，应当在报请院长决定后，至迟于案件审理期限届满15日以前书面请求移送。中级人民法院应当在接到申请后10日以内作出决定。不同意移送的，应当下达不同意移送决定书，由请求移送的人民法院依法审判；同意移送的，应当下达同意移送决定书，并书面通知同级人民检察院
下不可以审上	《刑诉解释》第17条第1款规定，基层人民法院对可能判处无期徒刑、死刑的第一审刑事案件，应当移送中级人民法院审判。 具体程序：报请院长决定，至迟于案件审理期限届满15日前书面请求移送，同意移送的，应当下达同意移送决定书，并书面通知同级人民检察院。不同意移送的，应当下达不同意移送决定书，由请求移送的人民法院依法审判
指定管辖	有管辖权的人民法院因案件涉及本院院长需要回避或者其他原因，不宜行使管辖权的，可以请求移送上一级人民法院管辖。上一级人民法院可以管辖，也可以指定与提出请求的人民法院同级的其他人民法院管辖

五、地域管辖

原则	以犯罪地为主，被告人居住地为辅
犯罪地	1. 犯罪地包括犯罪行为发生地(预备地、实施地)和犯罪结果发生地。 2. "沾边就管"——针对或者利用计算机网络实施的犯罪，犯罪地包括犯罪行为发生地的网站服务器所在地，网络接入地，网站建立者、管理者所在地，被侵害的计算机信息系统及其管理者所在地，被告人、被害人使用的计算机信息系统所在地，以及被害人财产遭受损失地
被告人居住地	居住地是指被告人的户籍地。经常居住地与户籍地不一致的，以经常居住地为其居住地。被告为单位的，由登记住所地，主要营业地、主要办事机构所在地管辖

六、管辖权竞合

检察院与监察委发生竞合：被调查人既涉嫌严重职务违法或者职务犯罪，又涉嫌其他违法犯罪的，一般应当由监察机关为主调查，其他机关予以协助。

【注意】《人民检察院刑事诉讼规则》第17条：人民检察院办理直接受理侦查的案件，发现犯罪嫌疑人同时涉嫌监察机关管辖的职务犯罪线索的，应当及时与同级监察机关沟通。

1. 经沟通，认为全案由监察机关管辖更为适宜的，人民检察院应当将案件和相应职务犯罪线索一并移送监察机关。

2. 认为由监察机关和人民检察院分别管辖更为适宜的，人民检察院应当将监察机关管辖的相应职务犯罪线索移送监察机关，对依法由人民检察院管辖的犯罪案件继续侦查。

3. 人民检察院应当及时将沟通情况报告上一级人民检察院。在沟通期间，人民检察院不得停止对案件的侦查。

公诉案件与法院自诉案件的竞合：经过审查，对告诉才处理的案件，公安机关应当告知当事人向人民法院起诉。对被害人有证据证明的轻微刑事案件，公安机关应当告知被害人可以向人民法院起诉；被害人要求公安机关处理的，公安机关应当依法受理。不可以合并第一类自诉案件，因为第一类只有被害人一方才能向法院告诉；但是第二类轻微的刑事案件可以公诉，因为轻微的刑事案件本来就可以选择公诉。

七、并案管辖

并案管辖是指发生法律规定的事由，人民法院、人民检察院、公安机关可以在其职权范围内并案处理：

1. 一人犯数罪的；
2. 共同犯罪的；
3. 共同犯罪的犯罪嫌疑人、被告人还实施其他犯罪的；
4. 多个犯罪嫌疑人、被告人实施的犯罪存在关联，并案处理有利于查明案件事实的。

【提示】并案的前提是案件一定要在其职责范围之内，即公、检、法本来对案件就有管辖权，否则不仅不能并案还必须移送；例如检察院在立案侦查徇私舞弊案时发现犯罪嫌疑人还涉嫌贪污犯罪，不仅不能并案并且需要将案件移送监察委。

八、特殊情况的管辖

项目	内容
军事法院管辖的案件	一般而言，军人和非军人共同犯罪的，分别由军事法院和地方人民法院或者其他专门法院管辖。但涉及国家军事秘密的，全案由军事法院管辖(《刑诉解释》第 26 条)
铁路法院管辖的案件	铁路运输法院管辖的案件是铁路公安机关、铁路检察院负责侦破的刑事案件。火车上发生的刑事案件根据不同情况具体管辖如下： 1. 在运行途中被抓获： 在列车上的犯罪，被告人在列车运行途中被抓获的，由前方停靠站所在地负责审判铁路运输刑事案件的人民法院管辖。必要时，也可以由始发站或者终点站所在地负责审判铁路运输刑事案件的人民法院管辖。 【注意】前方停靠站不一定指的是首次停靠的地方，基于不同的地方管辖能力考量，修改时只规定前方停靠，实践中需要灵活把控。 2. 在非运行途中抓获： 被告人不是在列车运行途中被抓获的，由负责该列车乘务的铁路公安机关对应的审判铁路运输刑事案件的人民法院管辖。 3. 在车站被抓获： 被告人在列车运行途经车站被抓获的，也可以由该车站所在地负责审判铁路运输刑事案件的人民法院管辖

续表

项目	内容
海上发生刑事案件	1. 在内水、领海发生的刑事案件，由犯罪地或者被告人登陆地的法院管，如果由被告人居住地的法院审判更为适宜的，可以由被告人居住地的法院管辖。 2. 在我国领域外发生的刑事案件，看是否在中国船舶内，在悬挂国旗、国徽的船舶上刑事犯罪的，由船舶最初停泊的中国口岸所在地或者被告人登陆地、入境地的法院管辖。 3. 在我国领域外发生的刑事案件，对中国或者公民犯罪的，由该外国人登陆地、入境地、入境后居住地的人民法院管辖，也可以由被害人离境前居住地或者现居住地的人民法院管辖
涉外案件管辖	1. 在我国领域外之航空器内(《刑诉解释》第 8 条) 在中华人民共和国领域外的中国航空器内的犯罪，由该航空器在中国最初降落地的人民法院管辖。 2. 国际列车之管辖(《刑诉解释》第 6 条) 在国际列车上的犯罪，根据我国与相关国家签订的协定确定管辖；没有协定的，由该列车始发或者前方停靠的中国车站所在地负责审判铁路运输刑事案件的人民法院管辖。 【注意】有协定按协定，无协定的由始发的中国车站或前方停靠的车站所在地的人民法院管辖，一定注意不是首次停靠的中国车站，因为首次停靠的车站所在地法院不一定有管辖的能力。 3. 在驻外使领馆内(《刑诉解释》第 9 条) 中国公民在中国驻外使(领)馆内的犯罪，由该公民主管单位所在地或者他的原户籍地的人民法院管辖。 4. 中国人在领域外的犯罪(《刑诉解释》第 10 条) 中国公民在中华人民共和国领域外的犯罪，由其登陆地、入境地、离境前居住地或者现居住地的人民法院管辖；被害人是中国公民的，也可以由被害人离境前居住地或者现居住地的人民法院管辖

主观题小案例

【案例 1】某海关缉私站站长小强，在侦办一起刑事案件过程中，询问证人小花，小花拒不配合，小强对小花进行殴打致其重伤。

问题：本案由哪一部门进行立案侦查？

答案参考：本案由检察院立案侦查。本案中小强涉嫌刑讯逼供，构成《刑事诉讼法》第 19 条第 2 款规定的人民检察院在对诉讼活动实行法律监督中发现的司法工作人员利用职权实施的非法拘禁、刑讯逼供、非法搜查等侵犯公民权利、损害司法公正的犯罪。

【案例 2】被告人张某因涉嫌故意杀害徐某，被告人菲菲因涉嫌包庇张某，二人均被北京市海淀区公安分局拘留。本案由海淀区公安分局侦查终结后移送海淀区人民检察院审查起诉，后海淀区人民检察院移送至北京市人民检察院第一分院审查起诉和提起公诉。本案由北京市第一中级人民法院依法作出判决。问题：本案如何移送审查起诉？如何确定审判管辖？

答案参考：本案侦查终结，侦查机关应移送同级人民检察院审查起诉，即移送海淀区人民检察院审查起诉。海淀区人民检察院经审查认为不属于自己管辖的案件，应移送北京市人民检察院第一分院审查起诉。本案的第一审法院为北京市第一中级人民法院，因为被告人张某可能被判处无期徒刑以上刑罚。

【案例 3】国安局干警小王利用职务的便利为境外窃取、刺探国家秘密被发现。

问题：本案应该由哪个部门进行立案侦查？

答案参考：本案由国家安全机关立案侦查。本案属于涉及国家秘密情报类犯罪，统一由国家安全机关进行立案侦查。

【案例4】京州京西区公安局局长张某伙同初中同学李四贩卖淫秽物品，该案应当由哪一部门进行立案侦查？

答案参考：本案应由公安机关立案侦查。虽然张某属于公职人员，但是贩卖淫秽物品牟利罪并非职务犯罪，因此应当由公安机关立案侦查。

【案例5】李美丽向公安机关控告自己的丈夫张三有重婚行为，并且提供了与张三有特殊关系的妇女的信息。公安机关以重婚罪属于人民法院直接受理的自诉案件为由不予受理，并告知李美丽向人民法院提起自诉。

问题：公安机关的做法是否正确？

答案参考：不正确。重婚罪属于自诉案件的第二类，即被害人有证据证明的轻微刑事案件。该类案件属于公诉和自诉交叉的案件。被害人直接向人民法院起诉的，人民法院应当受理。被害人向公安机关控告的，公安机关也应当立案侦查。

【提示】如果公安机关已经立案侦查，李美丽又去法院进行自诉，法院应当说服自诉人撤回起诉，李美丽不撤回起诉的，裁定不予受理。

第四讲 立 案

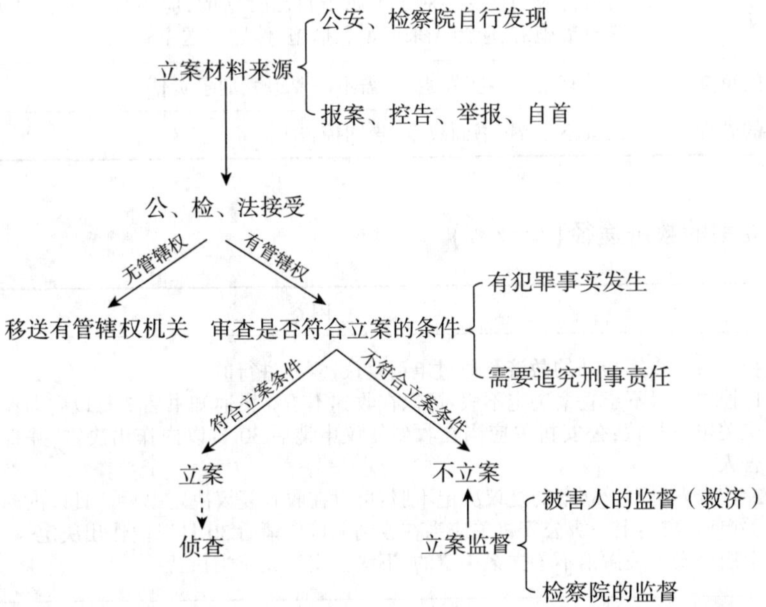

一、立案材料的来源

1. 公安机关、检察院自行发现的犯罪事实或者获得的犯罪线索。

2. 单位和个人的报案或举报。

3. 被害人的报案或者刑事控告。

4. 自首。

报案	举报	刑事控告
所有人	被害人以外的人	被害人
不知道犯罪嫌疑人 但有犯罪事实发生	有犯罪事实并知道犯罪嫌疑人	有犯罪事实并知道犯罪嫌疑人

二、立案的条件

1. 有犯罪事实。

犯罪事实已经发生，必须有一定的证据予以证明，而不能是道听途说、捕风捉影。

2. 需要追究刑事责任。

虽然有犯罪事实发生，但是已经过了追诉时效的，经过特赦令免除处罚的，依法属于告诉才处理但没有告诉或撤回告诉的，或者犯罪嫌疑人、被告人死亡等情况，也不立案。

三、立案程序

项目	内容
材料接受	对材料都应当接受。对于不属于自己管辖的，应当移送主管机关处理，必须采取紧急措施的，应当先采取紧急措施，然后移送主管机关
对立案材料的审查	1. 有没有犯罪事实发生；2. 需不需要追究刑事责任
对立案材料的处理	立案或不立案（书面决定，告知控告人）

四、对不立案的救济途径（☆☆☆）

项目	内容
控告人的救济	控告人对立案活动的救济是通过申请复议、复核进行的。 1. 控告人对不予立案决定不服：可以在收到不予立案通知书后 7 日以内向作出决定的公安机关申请复议；公安机关应当在收到复议申请后 30 日以内作出决定，并将决定书送达控告人。 2. 控告人对不予立案的复议决定不服：可以在收到复议决定书后 7 日以内向上一级公安机关申请复核；上一级公安机关应当在收到复核申请后 30 日以内作出决定。 上级公安机关撤销不予立案决定的，下级公安机关应当执行
移送案件的行政执法机关的救济	1. 移送案件的行政执法机关对不予立案决定不服的，可以在收到不予立案通知书后 3 日以内向作出决定的公安机关申请复议。 2. 公安机关应当在收到行政执法机关的复议申请后 3 日以内作出决定，并书面通知移送案件的行政执法机关

五、立案监督(☆☆☆)

项目	内容
检察院对公安机关的立案监督	1.《刑事诉讼法》第113条规定,人民检察院认为公安机关对应当立案侦查的案件而不立案侦查的,或者被害人认为公安机关对应当立案侦查的案件而不立案侦查,向人民检察院提出的,人民检察院应当要求公安机关说明不立案的理由。人民检察院认为公安机关不立案理由不能成立的,应当通知公安机关立案,公安机关接到通知后应当立案。 2. 公安机关收到通知立案书或者撤销案件书后超过15日不立案或者既不提出复议、复核,也不撤销案件的,检察院应当发出纠正违法通知书予以纠正。公安机关仍不纠正的,报上一级检察院协商同级公安机关处理
检察院对自侦案件的立案监督	检察院负责捕诉的部门发现本院负责侦查的部门应立案不立案或者不该立案进行立案的,建议负责侦查的部门立案侦查或者撤销案件,建议不被采纳的,应当报请检察长决定
不立案控告人的救济权	1. 同级复议、上级复核——对公安机关的不立案决定为同级复议(7日)、上级复核(7日)对上级公安机关撤销不予立案决定的,下级公安机关应当执行(《公安机关办理刑事案件程序规定》第179条)。 2. 向检察院申诉。 3. 自诉

六、撤销案件

项目	内容
撤销的法定情形	1. 法定撤销两种情况:《刑事诉讼法》第16条规定的情形及没有犯罪事实和抓错人了,应当对有关犯罪嫌疑人终止侦查,并对该案件继续侦查,找出真正犯罪嫌疑人。 2. 酌定撤销的情况:犯罪嫌疑人自愿如实供述涉嫌犯罪的事实,有重大立功或者案件涉及国家重大利益的,经最高人民检察院核准,公安机关可以撤销案件
撤销案件的程序	1. 侦查机关在侦查过程中,发现不应对犯罪嫌疑人追究刑事责任的,应当撤销案件;犯罪嫌疑人已被逮捕的,应当立即释放,发给释放证明,并且通知原批准检察院。 2. 监察机关经过调查,对没有证据证明被调查人存在违法犯罪行为的,应当撤销案件,并通知被调查人所在单位。 3. 检察院在侦查或者侦查终结后,发现有撤销案件的法定情形的,负责侦查的部门应当制作拟撤销案件意见书,报请检察长决定

主观题小案例

【案例1】甲向北京市海淀区公安局报警,说乙将丙灌醉并趁机将丙强奸了,该行为属于报案、举报,还是刑事控告?

答案参考:举报。

【案例2】甲向北京市东城区公安局报警,说自己昨晚喝醉睡在了公园长椅上,早上起来发现自己衣衫不整,内裤也不见了,但是不知道是谁实施的该行为。该行为属于报案、举报,还是刑事控告?

答案参考:报案。

【案例3】小强系景泰小学的体育老师，某日小强发现1年级9班的班主任张某与学生爸爸小博攀谈，小强暗恋张某许久，故用手机将这一片段录制下来发到了某音平台，并评论"老师与学生家长有不正当男女关系"。该视频被无聊的群体快速转发扩散，夜里就上了热搜头条。

问题1：张某不堪受辱，于是向北京市公安局东城分局报案，公安机关以小强涉嫌诽谤罪进行了刑事立案，公安机关的做法是否正确，为什么？

答案参考：不正确。

理由：根据《刑法》第246条及《公安机关办理刑事案件程序规定》第176条的规定，除严重危害社会秩序和国家利益外，诽谤罪属于告诉才处理的案件类型，对告诉才处理的案件，公安机关应当告知当事人向人民法院起诉，不能直接进行刑事立案。

问题2：张某不堪受辱，于是向北京市公安局东城分局报案，公安机关对小强以诽谤罪进行了立案。案件移送审查起诉后，检察机关以小强犯罪情节显著轻微、危害不大为由，作出了不起诉处理，张某对决定不服，应该如何救济？

答案参考：

1. 张某在收到不起诉决定书后7日以内提出申诉的，应当由作出不起诉决定的人民检察院的上一级人民检察院负责捕诉的部门进行复查，如果张某向作出不起诉决定的人民检察院提出申诉的，作出决定的人民检察院将申诉材料连同案卷一并报送上一级人民检察院；上级人民检察院经复查作出起诉决定的，应当撤销下级人民检察院的不起诉决定，交由下级人民检察院提起公诉，并将复查决定抄送移送起诉的监察机关或者公安机关。

2. 张某在收到不起诉决定书7日以后提出申诉的，由作出不起诉决定的人民检察院负责控告申诉检察的部门进行审查。经审查：认为不起诉决定正确的，出具审查结论直接答复申诉人，并做好释法说理工作；认为不起诉决定可能存在错误的，移送负责捕诉的部门进行复查。

问题3：张某向公安机关报案，公安机关没有受理，于是张某直接到东城区法院提起自诉。案件审理期间，小强认罪认罚并且积极主动地删除视频并发视频澄清此事，对于自诉程序无法提供相关视频的，法院应该如何处理？

答案参考：法院可以要求公安机关协助提供相关视频及截图资料。本案是通过信息网络实施的侮辱、诽谤行为，被害人张某提供证据确有困难时，人民法院可以要求公安机关提供协助。《刑法》第246条规定通过信息网络实施第1款规定的行为，被害人向人民法院告诉，但提供证据确有困难的，人民法院可以要求公安机关提供协助。

第五讲　证　　据

本部分内容历来是考试命题重点，比如"非法证据排除规则"在历年考查过8次之多，对于主观题考试而言，建议考生先把本部分讲义内容看懂再通过小案例来巩固达到熟练运用，最后利用真题进行练习将琐碎的考点各个击破，取得高分。

刑事诉讼法中的证据必须具备客观性、关联性、合法性三个基本属性。其中客观性要求证据必须是客观存在的事实，不以人的主观意志为转移，任何主观想象、猜测、假设等都不能成为刑事诉讼中的证据。关联性是指证据与案件事实有客观的联系，能够对证明刑事案件事实具有某种实际意义，比如品格证据、前科、类似行为不能作为定罪证据使用，特定的诉讼行为（如曾经认罪后又撤回，不能作为不利于被告人的证据采纳）、特定的事实行为（如事件发生后积极救助不等于其实施了加害行为）和被害人的过去行为（如强奸案件中被害人曾经的性经历）等都不具有关联性。最后的合法性也是常考的点，证据必须是依法加以固定收集的，并且要经过法定程序出示和查证，未经法庭查证属实的材料，均不得作为定案依据，非法定程序取得的证据要依法进行排除。

一、刑事诉讼法证据种类（☆☆）

证据法定种类	具体内容
物证、书证	1. 物证：以物质属性、外部特征或痕迹等来证明案件真实情况。 2. 书证：以文字、符号、图画等形式所表达的思想内容来证明案件真实情况。 【考点】物证与书证的区分：书证是以其记载的内容和反映的思想起证明作用的，而物证则是以其外部特征、存在场所和物质属性起证明作用的。当物证和书证同体的时候，关键看以何种方式证明待证的案件事实： 1. 如果是以其物理属性，如外部特征、颜色、大小、气味来证明待证的案件事实，则其属于物证。 2. 如果以记载的内容、思想证明待证的案件事实，则其属于书证。例子：一本书可以是物证，也可以是书证。书证一般应当出现在案发前中后，而非诉讼过程中
证人证言	证人证言指证人就其所感知的案件情况向司法机关所作的陈述。 1. 单位不能作证人，因为证人需要以自己的感官感知案情并以此为前提来作陈述，单位不能成为这样的主体。 2. 证人具有优先性，在案件中证人的身份一旦确定以后，就不能在诉讼中担任侦查、检察、审判等角色，因为证人具有不可替代性。 3. 只要能正确表达、能够辨认是非，对案件知情或者亲身经历的人就可以作为证人，不看是否年幼、是否醉酒、是否有生理与精神上的缺陷
被害人陈述	刑事被害人就其受害情况和其他与案件有关的情况向司法机关所作的陈述
犯罪嫌疑人、被告人供述和辩解	1. 口供包括供述与辩解。 2. 口供证明力：重证据，重调查研究，不轻信口供；只有口供，没有其他证据的，不能认定被告人有罪和处以刑罚。 3. 没有被告人供述，其他证据确定、充分的，可以认定被告人有罪和判处刑罚。 4. 被告人的口供，在庭前与庭审中不一致的，哪一个阶段有其他证据印证的，采信哪一个阶段的口供。 5. 犯罪嫌疑人、被告人供述不产生于案发过程中，只产生于诉讼过程中。也就是说，供述必须要有可供述的对象，可供述的对象是公安或者是司法机关，言外之意，未进入到诉讼过程中，此时犯罪该主体即使详尽描述了案发的过程也不叫作供述
鉴定意见	1. 鉴定人一定是司法机关指派或者聘请的，被司法机关所垄断。除此之外的主体所作的都不是鉴定意见。 2. 特殊的鉴定意见：精神病鉴定（不记入办案期限）。 3. 鉴定意见应当告知犯罪嫌疑人和被害人。 4. 医院的诊断书，应该以书证或者证人证言的方式出示，而非鉴定意见。 【注意】有专门知识的人无鉴定资质，肯定不是鉴定人，所出具的报告或者意见肯定不是鉴定意见。 1. 诉讼参与人委托的具有专门知识的人： （1）就鉴定意见发表的意见，不是证据仅供参考。 （2）在案发前中后，就专门事实出具的意见，是书证。 2. 司法机关指派或者聘请的具有专门知识的人： （1）协助勘察所得的笔录——笔录证据。 （2）就专门事实出具的报告，不是证据但可以作证据使用，套用鉴定意见程序（例如：火灾事故认定书）

续表

证据法定种类	具体内容
勘验、检查、辨认、侦查实验等笔录	1. 勘验对象：现场、物品、尸体。 2. 检查对象：人身（活体）。 3. 侦查实验：模拟当时的情况，看类似的情形能否重复发生。 勘验、检查、辨认、侦查实验等笔录的制作主体必须是办案人员
视听资料、电子数据	1. 视听资料：以录音、录像所储存的信息来证明案件情况的材料。 2. 电子数据：以电子形式存在的、用作证明案件情况的一切材料及其派生物。 【注意】电子数据包括但不限于下列信息、电子文件： （1）网页、博客、微博客、朋友圈、贴吧、网盘等网络平台发布的信息。 （2）手机短信、电子邮件、即时通信、通讯群组等网络应用服务的通信信息。 （3）用户注册信息、身份认证信息、电子交易记录、通信记录、登录日志等信息。 （4）文档、图片、音视频、数字证书、计算机程序等电子文件。 以数字化形式记载的证人证言、被害人陈述，以及犯罪嫌疑人、被告人供述和辩解等证据，不属于电子数据。 3. 视听资料、电子数据形成于案发前、案发过程中、案发后，并且与案件事实相关

【注意】这是刑事诉讼法规定的证据种类，对于2020年主观题全国卷刑事诉讼法题中第三问“物价部门出具的价格认定书，属于何种证据种类？”只要是不属于上述8种，就可以回答不属于刑事诉讼法规定的证据种类。《刑诉解释》第100条规定，因无鉴定机构，或根据法律、司法解释的规定，指派、聘请有专门知识的人就案件的专门性问题出具的报告，可以作为证据使用。但价格认定书不是鉴定意见，可参照鉴定意见的审查程序。

主观题小案例

【案例1】某国有银行涉嫌违法发放贷款造成重大损失，该行行长因系直接负责的主管人员也被追究刑事责任，信贷科科长齐某因较为熟悉银行贷款业务被确定为单位的诉讼代表人。齐某没有最后陈述的权利。

答案参考：错误。被告人享有最后陈述的权利，故齐某同样享有最后陈述的权利。

【案例2】甲、乙二人系药材公司仓库保管员，涉嫌5次共同盗窃其保管的名贵药材，涉案金额为40余万元。一审开庭审理时，药材公司法定代表人丙参加庭审。经审理，法院认定其中4起盗窃事实，另一起因证据不足未予认定，甲和乙以职务侵占罪分别被判处有期徒刑3年和1年。侦查机关制作的失窃药材清单是书证。

答案参考：错误。书证是指以记载的内容和反映的思想来证明案件真实情况的书面材料或其他物质材料。侦查机关制作的失窃药材清单属于勘验、检查、辨认、侦查实验等笔录，不是书证。

【案例3】甲女与乙男在某社交软件互加好友，在使用手机网络聊天过程中，甲女多次向乙男发送暧昧言语和色情图片，表示可以提供有偿性服务。二人于酒店内见面后因价钱谈不拢而争吵，乙男强行将甲女留在房间内，并采用胁迫手段与其发生性关系。后甲女向公安机关报案，乙男则辩称双方系自愿发生性关系。乙男提供了二人之前的网络聊天记录。关于这一网络聊天记录，属电子数据的一种。

答案参考：正确。我国《刑事诉讼法》第50条第2款规定：“证据包括：（一）物证；（二）书证；

（三）证人证言；（四）被害人陈述；（五）犯罪嫌疑人、被告人供述和辩解；（六）鉴定意见；（七）勘验、检查、辨认、侦查实验等笔录；（八）视听资料、电子数据。”其中，电子数据是指以电子形式存在的、用作证据使用的一切材料及其派生物。具体来说，在当今社会经常使用的电子邮件、电子数据交换、网上聊天记录、网络博客、手机短信、电子签名、域名、电子公告牌记录、电子资金划拨记录、网页等均属于电子数据。

二、证据的收集

主体	收集方式
公检法机关	公检法有权向有关单位和个人收集、调取证据，只要程序合法，有关单位和个人应当如实提供证据
辩护律师	1. 辩护律师经证人或者其他有关单位和个人同意，可以向他们收集与本案有关的材料，也可以申请人民检察院、人民法院收集、调取证据，或者申请人民法院通知证人出庭作证。 2. 辩护律师经人民检察院或者人民法院许可，并且经过被害人或者其近亲属、被害人提供的证人同意，可以向他们收集与本案有关的材料
行政机关	行政机关在查办案件或者在行政执法过程中搜集的物证、书证、视听资料、电子数据等证据材料，经过法庭调查属实，且收集程序符合法律规定的，可以作为定案根据
监察机关	监察机关依照本法规定收集的物证、书证、证人证言、被调查人供述和辩解、视听资料、电子数据等证据材料，在刑事诉讼中可以作为证据使用。 监察机关在搜集、固定、审查、运用证据时，应当与刑事审判关于证据的要求和标准相一致

三、证明责任（☆☆）

项目	内容
证明责任	是指人民检察院或者某些当事人应当收集或提供证据证明应予认定的案件事实或有利于自己的主张的责任，否则，将承担主张不能成立的危险
证明责任承担主体	控诉机关和负有证明责任的当事人，即公诉案件中的公诉人和自诉案件中的自诉人。法院不承担证明责任，但是可以调查核实证据中的疑问
公诉案件中控诉机关证明责任	证明犯罪嫌疑人、被告人有罪的责任由检察院承担
自诉案件中自诉人证明责任	自诉人应对其控诉承担证明责任
在少数持有型的特定案件中，被告人也负有提出证据的责任	被告人一般不承担证明责任，既不证明自己有罪，也不证明自己无罪。【例外情形】巨额财产来源不明案件，非法持有国家绝密、机密文件、资料、物品案件等持有型犯罪

四、证明标准(☆☆)

<table>
<tr><th>诉讼阶段</th><th>证明标准</th></tr>
<tr><td>立案</td><td>《刑事诉讼法》第 112 条规定,有犯罪事实需要追究刑事责任时,应当立案</td></tr>
<tr><td>逮捕</td><td>《刑事诉讼法》第 81 条规定,对有证据证明有犯罪事实可能判处徒刑以上刑罚的犯罪嫌疑人、被告人,采取取保候审尚不足以防止发生社会危险性的,应当予以逮捕。
《人民检察院刑事诉讼规则》第 128 条第 2 款、第 3 款规定,有证据证明有犯罪事实是指同时具备下列情形:
1. 有证据证明发生了犯罪事实;
2. 有证据证明该犯罪事实是犯罪嫌疑人实施的;
3. 证明犯罪嫌疑人实施犯罪行为的证据已经查证属实。
犯罪事实既可以是单一犯罪行为的事实,也可以是数个犯罪行为中任何一个犯罪行为的事实</td></tr>
<tr><td>侦查终结</td><td rowspan="3">1.《刑事诉讼法》第 162 条第 1 款规定:公安机关侦查终结的案件,应当做到犯罪事实清楚,证据确实、充分,并且写出起诉意见书,连同案卷材料、证据一并移送同级人民检察院审查决定;同时将案件移送情况告知犯罪嫌疑人及其辩护律师。
2.《刑事诉讼法》第 176 条第 1 款规定:人民检察院认为犯罪嫌疑人的犯罪事实已经查清,证据确实、充分,依法应当追究刑事责任的,应当作出起诉决定,按照审判管辖的规定,向人民法院提起公诉,并将案卷材料、证据移送人民法院。
3.《刑事诉讼法》第 55 条规定:对一切案件的判处都要重证据,重调查研究,不轻信口供。只有被告人供述,没有其他证据的,不能认定被告人有罪和处以刑罚;没有被告人供述,证据确实、充分的,可以认定被告人有罪和处以刑罚。
证据确实、充分,应当符合以下条件:
(1)定罪量刑的事实都有证据证明;
(2)据以定案的证据均经法定程序查证属实;
(3)综合全案证据,对所认定事实已排除合理怀疑</td></tr>
<tr><td>审查起诉</td></tr>
<tr><td>有罪判决</td></tr>
</table>

五、非法证据排除规则(☆☆☆☆☆)

本部分内容要想熟练掌握,必须要分成三个部分学习,首先,要知道排除的范围有哪些。其次,确定排除范围后,要知道哪些可以补正,哪些可以直接排除。最后,掌握不同阶段的排除方式。

(一)排除的范围

在学习排除范围前,先简单说一下证据的分类,根据证据材料来源不同,证据可以分为原始证据(直接来源于案件事实)与传来证据(间接来源,非第一手证据),言词证据(证人证言、被害人陈述、犯罪嫌疑人、被告人供述和辩解、鉴定意见)与实物证据(物证、书证、勘验、检查笔录),直接证据(单独、直接证明案件主要事实)与间接证据(不能单独直接证明,需要与其他证据结合才能证明案件主要事实的证据)。

<table>
<tr><th>种类</th><th>处理</th><th>内容</th></tr>
<tr><td rowspan="3">言词证据</td><td>供述</td><td>1. 采用刑讯逼供等非法方法收集的犯罪嫌疑人、被告人供述，应当予以排除。（《刑事诉讼法》第 56 条第 1 款）
2. 采用刑讯逼供或者冻、饿、晒、烤、疲劳审讯等非法方法收集的被告人供述，应当排除。（《关于建立健全防范刑事冤假错案工作机制的意见》第 8 条第 1 款）
3. 除情况紧急必须现场讯问以外，在规定的办案场所外讯问取得的供述，应当排除。（《关于建立健全防范刑事冤假错案工作机制的意见》第 8 条第 2 款）
4. 未依法对讯问进行全程录音录像取得的供述，以及不能排除以非法方法取得的供述，应当排除。（《关于建立健全防范刑事冤假错案工作机制的意见》第 8 条第 2 款）
【总结】以下案件应当全程录音录像：
可能判处无期徒刑、死刑的案件或者其他重大犯罪案件。
5. 采用以暴力或者严重损害本人及其近亲属合法权益等进行威胁的方法，使犯罪嫌疑人、被告人遭受难以忍受的痛苦而违背意愿作出的供述，应当予以排除。（《关于办理刑事案件严格排除非法证据若干问题的规定》第 3 条）
6. 采用非法拘禁等非法限制人身自由的方法收集的犯罪嫌疑人、被告人供述，应当予以排除。（《关于办理刑事案件严格排除非法证据若干问题的规定》第 4 条）
7.【重复性供述的排除】采用刑讯逼供方法使犯罪嫌疑人、被告人作出供述，之后犯罪嫌疑人、被告人受该刑讯逼供行为影响而作出的与该供述相同的重复性供述，应当一并排除，但下列情形除外：
（1）侦查期间，根据控告、举报或者自己发现等，侦查机关确认或者不能排除以非法方法收集证据而更换侦查人员，其他侦查人员再次讯问时告知诉讼权利和认罪的法律后果，犯罪嫌疑人自愿供述的。
（2）审查逮捕、审查起诉和审判期间，检察人员、审判人员讯问时告知诉讼权利和认罪的法律后果，犯罪嫌疑人、被告人自愿供述的（《关于办理刑事案件严格排除非法证据若干问题的规定》第 5 条）</td></tr>
<tr><td>证人证言、被害人陈述</td><td>1. 采用暴力、威胁以及非法限制人身自由等非法方法收集的证人证言、被害人陈述，应当予以排除。
2. 采用非法限制人身自由等非法方法收集的证人证言、被害人陈述，应当予以排除</td></tr>
<tr><td colspan="2">【注意】以引诱方法取得的犯罪嫌疑人、被告人供述和证人证言以及被害人陈述并不排除</td></tr>
<tr><td>实物证据</td><td colspan="2">收集物证、书证不符合法定程序，可能严重影响司法公正的，应当予以补正或者作出合理解释；不能补正或者作出合理解释的，对有关证据应当予以排除。
对公安机关的补正或者解释，人民检察院应当予以审查。经补正或者作出合理解释的，可以作为批准或者决定逮捕、提起公诉的依据</td></tr>
</table>

(二)证据审查判断(直接排除与可补正)

种类	处理	内容
物证、书证	直接排除	《关于办理死刑案件审查判断证据若干问题的规定》第8条:据以定案的物证应当是原物。只有在原物不便搬运、不易保存或者依法应当由有关部门保管、处理或者依法应当返还时,才可以拍摄或者制作足以反映原物外形或者内容的照片、录像或者复制品。物证的照片、录像或者复制品,经与原物核实无误或者经鉴定证明为真实的,或者以其他方式确能证明其真实的,可以作为定案的根据。原物的照片、录像或者复制品,不能反映原物的外形和特征的,不能作为定案的根据。 据以定案的书证应当是原件。只有在取得原件确有困难时,才可以使用副本或者复制件。书证的副本、复制件,经与原件核实无误或者经鉴定证明为真实的,或者以其他方式确能证明其真实的,可以作为定案的根据。书证有更改或者更改迹象不能作出合理解释的,书证的副本、复制件不能反映书证原件及其内容的,不能作为定案的根据。 《关于办理死刑案件审查判断证据若干问题的规定》第9条第1款规定,经勘验、检查、搜查提取、扣押的物证、书证,未附有勘验、检查笔录,搜查笔录,提取笔录,扣押清单,不能证明物证、书证来源的,不能作为定案的根据
	可补正	无须掌握
证人证言	直接排除	《关于办理死刑案件审查判断证据若干问题的规定》第12条规定,以暴力、威胁等非法手段取得的证人证言,不能作为定案的根据。 处于明显醉酒、麻醉品中毒或者精神药物麻醉状态,以致不能正确表达的证人所提供的证言,不能作为定案的根据。 证人的猜测性、评论性、推断性的证言,不能作为证据使用,但根据一般生活经验判断符合事实的除外。 《关于办理死刑案件审查判断证据若干问题的规定》第13条规定,具有下列情形之一的证人证言,不能作为定案的根据: 1. 询问证人没有个别进行而取得的证言; 2. 没有经证人核对确认并签名(盖章)、捺指印的书面证言; 3. 询问聋哑人或者不通晓当地通用语言、文字的少数民族人员、外国人,应当提供翻译而未提供的
	可补正	无须掌握
供述	直接排除	《关于办理死刑案件审查判断证据若干问题的规定》第20条规定,具有下列情形之一的被告人供述,不能作为定案的根据: 1. 讯问笔录没有经被告人核对确认并签名(盖章)、捺指印的; 2. 讯问聋哑人、不通晓当地通用语言、文字的人员时,应当提供通晓聋、哑手势的人员或者翻译人员而未提供的
	可补正	无须掌握
鉴定意见	直接排除	1. 鉴定机构不具备法定资质,或者鉴定事项超出该鉴定机构业务范围、技术条件的; 2. 鉴定人不具备法定资质,不具有相关专业技术或者职称,或者违反回避规定的; 3. 送检材料、样本来源不明,或者因污染不具备鉴定条件的; 4. 鉴定对象与送检材料、样本不一致的; 5. 鉴定程序违反规定的; 6. 鉴定过程和方法不符合相关专业的规范要求的; 7. 鉴定文书缺少签名、盖章的; 8. 鉴定意见与案件待证事实没有关联的; 9. 违反有关规定的其他情形。 【注意】经法院通知,鉴定人拒不出庭作证的,其鉴定意见不得作为定案根据

续表

种类	处理	内容
辨认笔录	直接排除	侦查机关组织的辨认,存在下列情形之一的,应当严格审查,不能确定其真实性的,辨认结果不能作为定案的根据: 1. 辨认不是在侦查人员主持下进行的。 2. 辨认前使辨认人见到辨认对象的。 3. 辨认人的辨认活动没有个别进行的。 4. 辨认对象没有混杂在具有类似特征的其他对象中,或者供辨认的对象数量不符合规定的;尸体、场所等特定辨认对象除外。 5. 辨认中给辨认人明显暗示或者明显有指认嫌疑的
	可补正	无须掌握
侦查实验笔录	直接排除	侦查实验的条件与事件发生时的条件有明显差异,或者存在影响实验结论科学性的其他情形的
视听资料、电子数据	直接排除	1. 电子数据系篡改、伪造或者无法确定真伪的。 2. 电子数据有增加、删除、修改等情形,影响电子数据真实性的。 3. 其他无法保证电子数据真实性的情形

主观题小案例

【案例】公安机关发现一具被焚烧过的尸体,因地处偏僻且天气恶劣,无法找到见证人,于是对勘验过程进行了全程录像,并在笔录中注明原因。在法庭审理时,辩护人以勘验时没有见证人在场为由,申请排除勘验现场收集的物证。本案证据因违反取证程序的一般规定,应当予以排除。

答案参考:错误。根据《刑事诉讼法》第 56 条第 1 款的规定,物证、书证应当予以排除必须同时符合三个条件:一是收集物证、书证不符合法定程序;二是可能严重影响司法公正;三是不能补正或者作出合理解释。本案证据只符合其中一个条件,故不能予以排除。

(三)排除的阶段(《关于办理刑事案件严格排除非法证据若干问题的规定》)

阶段	处理
侦查阶段	1. 犯罪嫌疑人及其辩护人在侦查期间可以向人民检察院申请排除非法证据。对犯罪嫌疑人及其辩护人提供相关线索或者材料的,人民检察院应当调查核实。调查结论应当书面告知犯罪嫌疑人及其辩护人。对确有以非法方法收集证据情形的,人民检察院应当向侦查机关提出纠正意见。 2. 侦查机关对审查认定的非法证据,应当予以排除,不得作为提请批准逮捕、移送审查起诉的根据。 3. 对重大案件,人民检察院驻看守所检察人员应当在侦查终结前询问犯罪嫌疑人,核查是否存在刑讯逼供、非法取证情形,并同步录音录像。经核查,确有刑讯逼供、非法取证情形的,侦查机关应当及时排除非法证据,不得作为提请批准逮捕、移送审查起诉的根据
审查起诉阶段	1. 审查逮捕、审查起诉期间,犯罪嫌疑人及其辩护人申请排除非法证据,并提供相关线索或者材料的,人民检察院应当调查核实。调查结论应当书面告知犯罪嫌疑人及其辩护人。 2. 人民检察院在审查起诉期间发现侦查人员以刑讯逼供等非法方法收集证据的,应当依法排除相关证据并提出纠正意见,必要时人民检察院可以自行调查取证。 3. 人民检察院对审查认定的非法证据,应当予以排除,不得作为批准或者决定逮捕、提起公诉的根据。被排除的非法证据应当随案移送,并写明为依法排除的非法证据

续表

阶段	处理
审判阶段	1. 人民法院向被告人及其辩护人送达起诉书副本时,应当告知其有权申请排除非法证据。 2. 被告人及其辩护人申请排除非法证据,应当在开庭审理前提出,但在庭审期间发现相关线索或者材料等情形除外。人民法院应当在开庭审理前将申请书和相关线索或者材料的复制件送交人民检察院。 3. 当事人及其辩护人、诉讼代理人申请人民法院排除以非法方法收集的证据的,应当提供涉嫌非法取证的人员、时间、地点、方式、内容等相关线索或者材料。 4. 被告人及其辩护人在开庭审理前申请排除非法证据,未提供相关线索或者材料,不符合法律规定的申请条件的,人民法院对申请不予受理。 5. 在庭前申请的程序: (1)在开庭审理前,人民法院可以召开庭前会议,就非法证据排除等问题了解情况,听取意见。 (2)证明程序:在庭前会议中,人民检察院可以通过出示有关证据材料等方式,对证据收集的合法性加以说明。必要时,可以通知调查人员、侦查人员或者其他人员参加庭前会议,说明情况。 (3)证据的撤回:在庭前会议中,人民检察院可以撤回有关证据。撤回的证据,没有新的理由,不得在庭审中出示。(《刑诉解释》第131条) (4)申请之撤回:当事人及其辩护人、诉讼代理人可以撤回排除非法证据的申请。撤回申请后,没有新的线索或者材料,不得再次对有关证据提出排除申请。 (5)调查结果:控辩双方在庭前会议中对证据收集是否合法未达成一致意见,人民法院对证据收集的合法性有疑问的,应当在庭审中进行调查;对证据收集的合法性没有疑问,且无新的线索或者材料表明可能存在非法取证的,可以决定不再进行调查并说明理由。(《刑诉解释》第133条) 6. 在庭审中提出申请的程序: (1)被告人及其辩护人在开庭审理前未申请排除非法证据,在法庭审理过程中提出申请的,应当说明理由。 (2)对前述情形,法庭经审查,对证据收集的合法性有疑问的,应当进行调查;没有疑问的,应当驳回申请。 (3)法庭驳回排除非法证据申请后,被告人及其辩护人没有新的线索或者材料,以相同理由再次提出申请的,法庭不再审查。 (4)庭审期间,法庭决定对证据收集的合法性进行调查的,应当先行当庭调查。但为防止庭审过分迟延,也可以在法庭调查结束前进行调查

六、疑罪的处理

阶段	处理
审查起诉	作出不起诉决定(《刑事诉讼法》第175条)
一审程序	作出证据不足、指控的犯罪不能成立的无罪判决(《刑事诉讼法》第200条)
二审程序	如果发现原判决事实不清或者证据不足的,可以查清事实后改判;也可以裁定撤销原判,发回原审人民法院重新审判(《刑事诉讼法》第236条)
再审程序	或按照一审或按照二审再审(《刑诉解释》第472条)
死缓复核程序	如果认为原判事实不清、证据不足的,可以裁定不予核准,并撤销原判,发回重新审判,或者依法改判(《刑诉解释》第428条)
死刑立即执行复核程序	如果认为原判事实不清、证据不足的,应当裁定不予核准,并撤销原判,发回重审(《刑诉解释》第429条)

【总结】结合刑法“对事实存疑”部分进行掌握：

1. 定罪证据不足的案件，应当坚持疑罪从无原则，依法宣告被告人无罪，不得降格作出“留有余地”的判决。

2. 定罪证据确实、充分，但影响量刑的证据存疑的，应当在量刑时作出有利于被告人的处理。

3. 死刑案件，认定对被告人适用死刑的事实证据不足的，不得判处死刑。

主观题小案例

【案例】小刚约于2018年9月15日晚至9月16日凌晨被杀死，9月16日上午当地公安机关对现场进行了勘查，现场勘查时发现并提取了物证（但是并未附有笔录）。

公安机关经过排查，初步认为小强有重大嫌疑，随即对小强采取了强制措施，并在没有搜查证的情形下对小强的住所进行搜查，在其家里搜到球鞋和匕首。

之后，侦查人员对小强进行了讯问，小强对抢劫杀害小刚的事实作了有罪供述。

在庭审过程中，小强推翻了其在侦查阶段所作的有罪供述，并称之所以作出有罪供述，是因为在讯问的过程中，侦查人员将其捆绑在椅子上，身体活动受限，也不准许其吃饭，对其进行长时间讯问，最终实在忍受不住，才被迫作出了有罪供述。

此外，公诉机关也提交了侦查人员关于自己在讯问过程中没有刑讯逼供的情况说明，但情况说明上只有侦查人员的签名，而没有公安机关的印章。

问题：本案中哪些属于非法证据？对于非法证据应该如何处理？

答案参考：

1. 犯罪嫌疑人、被告人小强的有罪供述属于非法言词证据，应该予以排除。在讯问的过程中，侦查人员将小强捆绑在椅子上，身体活动受限，也不准许其吃饭，对其进行长时间讯问，属于“变相肉刑”，通过上述手段获得的证据应该被认定为非法证据，并予以排除。

综上，小强的有罪供述属于非法证据，应该被排除。（法条依据为《刑事诉讼法》第56条第1款）

2. 侦查人员在勘验现场提取物证时，并未附有笔录，如果不能证明物证、书证来源，在现场提取的物证应当予以排除，不得作为定案的根据。（法条依据为《刑诉解释》第86条第1款）

3. 侦查人员在未出示搜查证的情况下，在犯罪嫌疑人，被告人小强家里搜到的球鞋和匕首，属于违反法定程序搜集的非法实物证据。根据《关于办理刑事案件严格排除非法证据若干问题的规定》，应当首先由侦查人员补正或者作出合理解释，即首先由侦查人员解释搜查时所处的紧急情况、取证的必要性与紧迫性，并及时补办搜查证，以消除、淡化或者弥补非法取证行为给司法公正造成的不良影响。

第六讲 强制措施

强制措施是指公、检、法为了保证刑事诉讼的顺利进行，依法对刑事案件的犯罪嫌疑人、被告人的人身自由进行限制或者剥夺的各种强制性方法。主体只能是公、检、法，针对的对象也只能是犯罪嫌疑人、被告人。强制措施和强制性措施区分如下：

强制性措施是指带有强制性质的措施，其包含5种强制措施。除强制措施外，强制性措施还包括查封、扣押、冻结等。

强制措施只包括拘传、取保候审、监视居住、拘留、逮捕这5种。除此之外带有强制性的措施属于强制性措施,而不属于强制措施。

2022年法考主观题考到了理论内容“请结合本案中公安机关对传唤与拘传的适用,阐述两种措施的区别”,故我们在学习适用的程序外还要掌握相关的理论知识。

一、拘传

项目	内容
决定机关与执行机关	公安机关、检察院、法院
拘传的适用规定	1. 拘传、传唤的持续的时间不得超过12小时;案情特别重大、复杂,需要采取拘留、逮捕措施的,拘传的时间不得超过24小时(传唤同样适用)。 2. 不得以连续拘传、传唤的形式变相拘禁犯罪嫌疑人。拘传犯罪嫌疑人,两次拘传的时间间隔一般不得少于12小时,应当保障犯罪嫌疑人的饮食和必要的休息时间(传唤同样适用)。 【注意】拘传、传唤的时间最长可以达到24小时,但是不可以在这24小时内连续审讯。严禁疲劳审讯,否则属于变相的刑讯逼供
拘传与传唤的区别	1. 拘传具有强制力,传唤类似于通知不具有强制力; 2. 拘传属于强制措施,传唤不属于强制措施; 3. 拘传必须持拘传票才能行使拘传,传唤原则上需要传唤通知书,但对现场发现的犯罪嫌疑人可以经出示工作证件,口头进行传唤; 4. 拘传只能针对犯罪嫌疑人和被告人,传唤针对当事人

二、拘留(☆☆)

拘留涉及主体	检察院和公安机关决定,由公安机关执行
适用对象	现行犯或者重大嫌疑分子。 《刑事诉讼法》第82条规定,公安机关对于现行犯或者重大嫌疑分子,如果有下列情形之一的,可以先行拘留: 1. 正在预备犯罪、实行犯罪或者在犯罪后即时被发觉的; 2. 被害人或者在场亲眼看见的人指认他犯罪的; 3. 在身边或者住处发现有犯罪证据的; 4. 犯罪后企图自杀、逃跑或者在逃的; 5. 有毁灭、伪造证据或者串供可能的; 6. 不讲真实姓名、住址,身份不明的; 7. 有流窜作案、多次作案、结伙作案重大嫌疑的; 《人民检察院刑事诉讼规则》第121条规定,人民检察院对于具有下列情形之一的犯罪嫌疑人,可以决定拘留: 1. 犯罪后企图自杀、逃跑或者在逃的; 2. 有毁灭、伪造证据或者串供可能的; 《刑事诉讼法》第170条第2款规定,对于监察机关移送起诉的已经采取留置措施的案件,检察院应当对嫌疑人先行拘留

续表

拘留程序	决定权	公安机关、检察院。【注意】法院没有刑事拘留的决定权，只有司法拘留权
	执行权	执行机关：公安机关。刑事拘留一律由公安机关执行
	24 小时以内送看守所羁押	公安机关拘留人的时候，必须出示拘留证。 拘留后，应当立即将被拘留人送看守所羁押，至迟不得超过 24 小时。除无法通知或者涉嫌危害国家安全犯罪、恐怖活动犯罪通知可能有碍侦查的情形以外，应当在拘留后 24 小时以内，通知被拘留人的家属。有碍侦查的情形消失以后，应当立即通知被拘留人的家属
	24 小时内讯问	《刑事诉讼法》第 86 条规定，公安机关对被拘留的人，应当在拘留后的 24 小时以内进行讯问。在发现不应当拘留的时候，必须立即释放，发给释放证明。 【注意】遵循"谁决定，谁通知；谁决定，谁讯问"原则
拘留期限	公安机关	1. 一般：3 + 7 = 10 日 2. 特殊：3 + 4 + 7 = 14 日 3. 流、多、结：30 + 7 = 37 日 注意 1：一般案件，应当在拘留后的 3 日以内提请人民检察院审查批捕。在特殊情况下，可以延长 1 ~ 4 日。人民检察院应当自接到公安机关提请批准逮捕书后的 7 日以内，作出批准逮捕或者不批准逮捕的决定。在这种情况下，拘留后的最长羁押期限是 14 日。 注意 2：对于流窜作案、多次作案、结伙作案的重大嫌疑分子，提请审查批捕的时间可以延长至 30 日。人民检察院应当自接到公安机关提请批准逮捕书后的 7 日以内，作出批准逮捕或者不批准逮捕的决定。在这种情况下，拘留后的最长羁押期限是 37 日
	检察机关	1. 直接受理的案件：14 日或者 17 日。（《刑事诉讼法》第 167 条） 2. 对监察机关移送的案件：10 日或者 14 日（《刑事诉讼法》第 170 条）

三、逮捕（☆☆☆）

逮捕主体	法院	决定逮捕权	
	检察院	批准逮捕权	对于公安机关移送要求审查批准逮捕的案件，人民检察院有批准权
		决定逮捕权	1. 人民检察院直接受理的刑事案件（自侦案件），认为对犯罪嫌疑人需要逮捕的，人民检察院有权决定逮捕。 【注意】由本院负责侦查的部门移送本院负责捕诉的部门审查，负责捕诉的部门报请检察长决定是否逮捕。 2. 人民检察院在审查起诉中，认为犯罪嫌疑人符合法律规定的逮捕条件，应予逮捕的，依法有权自行决定逮捕
	公安机关	具有执行逮捕权，执行逮捕时，必须出示逮捕证	

续表

<table>
<tr><td rowspan="4">适用条件</td><td>一般逮捕</td><td>1. 有证据证明有犯罪事实。
2. 有可能判处徒刑以上刑罚。
3. 具有社会危害性。
【注意】三个条件同时具备,应当予以逮捕</td></tr>
<tr><td>径行逮捕</td><td>1. 对有证据证明有犯罪事实,可能判处 10 年有期徒刑以上刑罚的。
2. 有证据证明有犯罪事实,可能判处徒刑以上刑罚,曾经故意犯罪或者身份不明的。
【注意】符合任一条件,应当予以逮捕</td></tr>
<tr><td>转化逮捕
(可以逮捕)</td><td>1. 被取保候审、监视居住的犯罪嫌疑人、被告人违反取保候审、监视居住规定,情节严重的,可以予以逮捕。
2. 对于被取保候审、监视居住的可能判处徒刑以下刑罚的犯罪嫌疑人、被告人,违反取保候审、监视居住规定,严重影响诉讼活动正常进行的,可以予以逮捕</td></tr>
<tr><td>可以不捕</td><td>犯罪嫌疑人认罪认罚的,若涉嫌的罪行较轻,且没有其他重大犯罪嫌疑,可以作出不批准逮捕或者不予逮捕的决定</td></tr>
<tr><td>公安机关提请批捕的审查程序</td><td colspan="2">公安机关提请批准逮捕——→检察院审查
审查方法:查阅公安机关移送的案卷材料;(兼听则明)讯问嫌疑人、听取辩护律师意见等
审查结果:批准逮捕——→公安机关执行逮捕;不批准逮捕——→公安机关救济</td></tr>
<tr><td>讯问、通知</td><td colspan="2">1. 逮捕后应当立即将被逮捕人送往看守所羁押。除无法通知以外,应当在逮捕后 24 小时以内,通知被逮捕人的家属。
2. 对于被逮捕人,应当在逮捕后 24 小时以内进行讯问</td></tr>
<tr><td>异地逮捕</td><td colspan="2">应当通知被逮捕人所在地的公安机关,被逮捕人所在地的公安机关应当予以配合</td></tr>
<tr><td>批捕期限</td><td colspan="2">1. 已经拘留的:7 日。
2. 没有被拘留的:15 日,重大、复杂案件,最长不得超过 20 日</td></tr>
<tr><td>审查批捕程序</td><td>讯问犯罪嫌疑人</td><td>《人民检察院刑事诉讼规则》第 280 条规定:人民检察院办理审查逮捕案件,可以讯问犯罪嫌疑人。具有下列情形之一的,应当讯问犯罪嫌疑人:
1. 对是否符合逮捕条件有疑问的。
2. 犯罪嫌疑人要求向检察人员当面陈述的。
3. 侦查活动可能有重大违法行为的。
4. 案情重大、疑难、复杂的。
5. 犯罪嫌疑人认罪认罚的。
6. 犯罪嫌疑人系未成年人的。
7. 犯罪嫌疑人是盲、聋、哑人或者是尚未完全丧失辨认或者控制自己行为能力的精神病人的。
讯问未被拘留的犯罪嫌疑人,讯问前应当听取公安机关的意见。
办理审查逮捕案件,对被拘留的犯罪嫌疑人不予讯问的,应当送达听取犯罪嫌疑人意见书,由犯罪嫌疑人填写后及时收回审查并附卷。经审查认为应当讯问犯罪嫌疑人的,应当及时讯问</td></tr>
</table>

续表

审查批捕程序	听取诉讼参与人的意见	人民检察院审查批准逮捕,可以询问证人等诉讼参与人,听取辩护律师的意见;辩护律师提出要求的,应当听取辩护律师的意见。 【注意1】对有重大影响的案件,可以采取当面听取侦查人员、犯罪嫌疑人及其辩护人等意见的方式进行公开审查。 【注意2】犯罪嫌疑人自愿认罪认罚、没有辩护人的,在审查逮捕阶段,人民检察院应当要求公安机关通知值班律师为其提供法律帮助
公安机关的救济	1. 检察院审查批捕案件,不批准逮捕的,可以要求公安机关补充侦查,但检察院不对案件另行侦查。 2. 检察院不批准逮捕的,公安机关可以复议、复核,但应当先将犯罪嫌疑人立即释放	
执行逮捕	1. 接到人民检察院批准逮捕决定书后,应当由县级以上公安机关负责人签发逮捕证,立即执行,并将执行回执送达作出批准逮捕决定的检察院。公安机关逮捕人的时候,必须出示逮捕证。 2. 逮捕后的24小时以内要送看守所,并进行讯问,通知家属(除无法通知除外)在发现不应当逮捕的时候,必须立即释放,发给释放证明	

四、羁押必要性审查(☆☆)

审查对象	犯罪嫌疑人、被告人被逮捕后,人民检察院仍应当对羁押的必要性进行审查(《人民检察院刑事诉讼规则》第573条)	
审查主体	负责捕诉的部门依法对侦查和审判阶段的羁押必要性进行审查。经审查认为不需要继续羁押的,应当建议公安机关或者人民法院释放犯罪嫌疑人、被告人或者变更强制措施。 审查起诉阶段,负责捕诉的部门经审查认为不需要继续羁押的,应当直接释放犯罪嫌疑人或者变更强制措施。 负责刑事执行检察的部门收到有关材料或者发现不需要继续羁押的,应当及时将有关材料和意见移送负责捕诉的部门(《人民检察院刑事诉讼规则》第575条)	
启动方式	依职权	1. 人民检察院在办案过程中可以依职权主动进行羁押必要性审查(《人民检察院刑事诉讼规则》第574条第1款)。 2. 已经逮捕的犯罪嫌疑人认罪认罚的,检察院应当及时对羁押必要性进行审查
	依申请	犯罪嫌疑人、被告人及其法定代理人、近亲属或者辩护人可以申请人民检察院进行羁押必要性审查。申请时应当说明不需要继续羁押的理由,有相关证据或者其他材料的应当提供
	依建议	看守所根据在押人员身体状况,可以建议人民检察院进行羁押必要性审查
审查程序	人民检察院应当根据犯罪嫌疑人、被告人涉嫌的犯罪事实、主观恶性、悔罪表现、身体状况、案件进展情况、可能判处的刑罚和有无再危害社会的危险等因素,综合评估有无必要继续羁押犯罪嫌疑人、被告人(《人民检察院刑事诉讼规则》第578条)	

续表

审查结果	人民检察院发现犯罪嫌疑人、被告人具有下列情形之一的,应当向办案机关提出释放或者变更强制措施的建议(《人民检察院刑事诉讼规则》第 579 条): 1. 案件证据发生重大变化,没有证据证明有犯罪事实或者犯罪行为系犯罪嫌疑人、被告人所为的。 2. 案件事实或者情节发生变化,犯罪嫌疑人、被告人可能被判处拘役、管制、独立适用附加刑、免予刑事处罚或者判决无罪的。 3. 继续羁押犯罪嫌疑人、被告人,羁押期限将超过依法可能判处的刑期的。 4. 案件事实基本查清,证据已经收集固定,符合取保候审或者监视居住条件的
结案	1. 有继续羁押的必要:继续羁押由检察官决定。 2. 无继续羁押的必要:检察官应当报经检察长或者分管副检察长批准。 以本院的名义向办案机关发出释放或者变更强制措施建议书,并要求办案机关在 10 日内回复处理情况。办案机关未在 10 日以内回复处理情况的,可以报经检察长或者分管副检察长批准,以本院名义发出纠正违法通知书

五、取保候审(☆☆☆)

<table>
<tr><th>项目</th><th colspan="2">内容</th></tr>
<tr><td>申请主体</td><td colspan="2">犯罪嫌疑人、被告人;法定代理人;近亲属;辩护人</td></tr>
<tr><td>决定机关</td><td colspan="2">公检法均可决定(且可以决定保证方式、保证金数额等)</td></tr>
<tr><td>执行机关</td><td colspan="2">公安机关和国家安全机关执行</td></tr>
<tr><td>适用条件</td><td colspan="2">1. 可能判处管制、拘役或者独立适用附加刑的。
2. 可能判处有期徒刑以上刑罚,采取取保候审不致发生社会危险性的。
3. 患有严重疾病、生活不能自理,怀孕或者正在哺乳自己婴儿的妇女,采取取保候审不致发生社会危险性的。
4. 羁押期限届满,案件尚未办结,需要继续侦查</td></tr>
<tr><td>禁止取保情形</td><td colspan="2">对累犯、犯罪集团的主犯,以自伤、自残办法逃避侦查的犯罪嫌疑人,严重暴力犯罪以及其他严重犯罪的犯罪嫌疑人不得取保候审,但犯罪嫌疑人具有上述第 3 点、第 4 点规定情形的除外(《公安机关办理刑事案件程序规定》第 82 条)</td></tr>
<tr><td rowspan="2">取保候审的方式</td><td>保证人</td><td>1. 无力交纳保证金的人、未成年人或者已满 75 周岁的人可以适用保证人。
2. 保证人数量:1 ~ 2 人。
3. 保证人条件:(1)与本案无牵连;(2)有能力履行保证义务;(3)享有政治权利,人身自由未受到限制;(4)有固定的住处和收入。
4. 保证人的义务:监督和报告。
5. 保证人责任:被保证人违反应当遵守的规定,保证人未履行保证义务的,对保证人处以 1000 元以上 2 万元以下罚款;构成犯罪的,依法追究刑事责任</td></tr>
<tr><td>保证金</td><td>1. 保证金为 1000 元以上人民币的,对未成年犯罪嫌疑人可以责令交纳 500 元以上保证金。具体数额应当综合考虑保证诉讼活动正常进行的需要,犯罪嫌疑人的社会危险性,案件的性质、情节,可能判处刑罚的轻重,以及犯罪嫌疑人的经济状况等情况确定。
2. 保证金应当存入执行机关指定银行的专门账户。
3. 取保候审结束后,凭解除取保候审的通知或者有关法律文书到银行领取退还的保证金</td></tr>
</table>

续表

项目	内容	
被取保候审人的义务	法定义务	被取保候审的犯罪嫌疑人、被告人应当遵守以下规定： 1. 未经执行机关批准不得离开所居住的市、县； 2. 住址、工作单位和联系方式发生变动的，在24小时以内向执行机关报告； 3. 在传讯的时候及时到案； 4. 不得以任何形式干扰证人作证； 5. 不得毁灭、伪造证据或者串供
	酌定义务	人民法院、人民检察院和公安机关可以根据案件情况，责令被取保候审的犯罪嫌疑人、被告人遵守以下一项或者多项规定： 1. 不得进入特定的场所； 2. 不得与特定的人员会见或者通信； 3. 不得从事特定的活动； 4. 将护照等出入境证件、驾驶证件交执行机关保存
	违法规定的后果	1. 被取保候审的犯罪嫌疑人、被告人违反前两款规定，已交纳保证金的，没收部分或者全部保证金，并且区别情形，责令犯罪嫌疑人、被告人具结悔过，重新交纳保证金、提出保证人，或者监视居住、予以逮捕。对违反取保候审规定，需要予以逮捕的，可以对犯罪嫌疑人、被告人先行拘留。 2. 保证期间重新犯罪的：(1)暂扣保证金。(2)故意犯罪的，没收保证金；过失重新犯罪或者不构成犯罪的，退还保证金。 3. 对没收保证金不服的，可以先申请复议；复议不服的，可以申请复核
期限	人民法院、人民检察院和公安机关对犯罪嫌疑人、被告人取保候审最长不得超过12个月(同一阶段、连续计算；不同阶段重新计算)	

六、监视居住(☆☆☆)

项目	内容
决定机关	公检法均可决定
执行机关	公安机关和国家安全机关执行
适用条件	《刑事诉讼法》第74条规定，人民法院、人民检察院和公安机关对符合逮捕条件，有下列情形之一的犯罪嫌疑人、被告人，可以监视居住： 1. 患有严重疾病、生活不能自理的； 2. 怀孕或者正在哺乳自己婴儿的妇女； 3. 系生活不能自理的人的唯一扶养人； 4. 因为案件的特殊情况或者办理案件的需要，采取监视居住措施更为适宜的； 5. 羁押期限届满，案件尚未办结，需要采取监视居住措施的。 对符合取保候审条件，但犯罪嫌疑人、被告人不能提出保证人，也不交纳保证金的，可以监视居住。 监视居住由公安机关执行

续表

项目	内容
执行处所	《刑事诉讼法》第 75 条规定，监视居住应当在犯罪嫌疑人、被告人的住处执行；无固定住处的，可以在指定的居所执行。对于涉嫌危害国家安全犯罪、恐怖活动犯罪，在住处执行可能有碍侦查的，经上一级公安机关批准，也可以在指定的居所执行。但是，不得在羁押场所、专门的办案场所执行。 指定居所监视居住的，除无法通知的以外，应当在执行监视居住后 24 小时以内，通知被监视居住人的家属。 被监视居住的犯罪嫌疑人、被告人委托辩护人，适用本法第 34 条的规定。 人民检察院对指定居所监视居住的决定和执行是否合法实行监督
被监视居住人的义务	《刑事诉讼法》第 77 条第 1 款规定，被监视居住的犯罪嫌疑人、被告人应当遵守以下规定： 1. 未经执行机关批准不得离开执行监视居住的处所； 2. 未经执行机关批准不得会见他人或者通信； 3. 在传讯的时候及时到案； 4. 不得以任何形式干扰证人作证； 5. 不得毁灭、伪造证据或者串供； 6. 将护照等出入境证件、身份证件、驾驶证件交执行机关保存
违反规定的后果	《刑事诉讼法》第 77 条第 2 款规定：被监视居住的犯罪嫌疑人、被告人违反前款规定，情节严重的，可以予以逮捕；需要予以逮捕的，可以对犯罪嫌疑人、被告人先行拘留
执行方式	1. 执行机关对被监视居住的人可以采取电子监控、不定期检查等方式进行监督； 2. 在侦查期间，可以对被监视居住的人进行通信监控
期限	6 个月（同一阶段，连续计算；不同阶段，重新计算）

七、留置措施（☆☆☆）

项目	内容
适用条件	被调查人涉嫌严重职务违法或者职务犯罪，监察机关已经掌握其部分违法犯罪事实及证据，仍有重要问题需要进一步调查，并有下列情形之一的，经监察机关依法审批，可以将其留置在特定场所： 1. 涉及案情重大、复杂的； 2. 可能逃跑、自杀的； 3. 可能串供或者伪造、隐匿、毁灭证据的； 4. 可能有其他妨碍调查行为的
留置对象	1. 职务犯罪及违法的被调查人； 2. 对涉嫌行贿犯罪或者共同职务犯罪的涉案人员
批准机关	1. 设区的市级以下监察机关采取留置措施，应当报上一级监察机关批准。 2. 省级监察机关采取留置措施，应当报国家监察委员会备案
期限	1. 留置时间不得超过 3 个月。在特殊情况下，可以延长一次，延长时间不得超过 3 个月。 2. 省级以下监察机关采取留置措施的，延长留置时间应当报上一级监察机关批准。监察机关采取留置措施的，可以根据工作需要提请公安机关配合。公安机关应当依法予以协助

续表

项目	内容
通知义务	对被调查人采取留置措施后，应当在24小时以内，通知被留置人员所在单位和家属，但有可能毁灭、伪造证据，干扰证人作证或者串供等有碍调查情形的除外。 【注意】应当保障被留置人员的饮食、休息和安全，提供医疗服务。讯问被留置人员应当合理安排讯问时间和时长，讯问笔录由被讯问人阅看后签名
刑期折抵	被留置人员涉嫌犯罪移送司法机关后，被依法判处管制、拘役和有期徒刑的，留置1日折抵管制2日，折抵拘役、有期徒刑1日

主观题小案例

【案例1】甲与邻居乙发生冲突致乙轻伤，甲被刑事拘留期间，甲的父亲代为与乙达成和解，公安机关决定对甲取保候审。甲在取保候审期间应将驾驶证件交执行机关保存。

答案参考：错误。根据《刑事诉讼法》第71条第1款、第2款的规定，被取保候审的犯罪嫌疑人、被告人应当遵守的法定义务包括：(1)未经执行机关批准不得离开所居住的市、县；(2)住址、工作单位和联系方式发生变动的，在24小时以内向执行机关报告；(3)在传讯的时候及时到案；(4)不得以任何形式干扰证人作证；(5)不得毁灭、伪造证据或者串供。人民法院、人民检察院和公安机关可以根据案件情况，责令被取保候审的犯罪嫌疑人、被告人遵守的酌定义务包括以下一项或者多项：(1)不得进入特定的场所；(2)不得与特定的人员会见或者通信；(3)不得从事特定的活动；(4)将护照等出入境证件、驾驶证件交执行机关保存。由上述规定可知，将驾驶证件交执行机关保存属于被取保候审人应当遵守的酌定义务。

【案例2】章某涉嫌故意伤害致人死亡，因犯罪后企图逃跑被公安机关先行拘留。拘留章某时，必须出示拘留证。

答案参考：错误。《公安机关办理刑事案件程序规定》第125条第2款规定，紧急情况下，对于符合本规定第124条所列情形之一的，经出示人民警察证，可以将犯罪嫌疑人口头传唤至公安机关后立即审查，办理法律手续。据此可知，先行拘留的，可以补办手续。

【案例3】甲、乙涉嫌非法拘禁罪被取保候审。本案提起公诉后，法院认为对甲可继续适用取保候审，乙因有伪造证据的行为而应予逮捕，对甲可变更为保证人保证。

答案参考：正确。《刑事诉讼法》第68条规定，人民法院、人民检察院和公安机关决定对犯罪嫌疑人、被告人取保候审，应当责令犯罪嫌疑人、被告人提出保证人或者交纳保证金。而且，公安司法机关可以根据案情对取保候审的保证方式进行变更。

第七讲　辩护与代理

一、值班律师法律帮助(☆☆☆)

项目	内容
法律规定	《刑事诉讼法》第36条规定,法律援助机构可以在人民法院、看守所等场所派驻值班律师。犯罪嫌疑人、被告人没有委托辩护人,法律援助机构没有指派律师为其提供辩护的,由值班律师为犯罪嫌疑人、被告人提供法律咨询、程序选择建议、申请变更强制措施、对案件处理提出意见等法律帮助。 人民法院、人民检察院、看守所应当告知犯罪嫌疑人、被告人有权约见值班律师,并为犯罪嫌疑人、被告人约见值班律师提供便利
基本内涵	1. 值班律师制度是我国辩护制度的重要补充; 2. 值班律师制度是我国法律援助制度的重要组成部分,值班律师的派驻由法律援助机构负责,并由法律援助机构确定人选、进行指导和管理; 3. 值班律师在具体案件中的身份不是辩护人,不提供出庭辩护的服务,但需要以其专业的法律知识为犯罪嫌疑人、被告人提供法律咨询、程序选择建议、申请变更强制措施、对案件处理提出意见等一系列法律帮助; 4. 值班律师制度的适用范围不限于认罪认罚从宽制度,而应该覆盖所有案件的所有诉讼阶段中犯罪嫌疑人、被告人没有辩护人的情形; 5. 法院、检察院、看守所等办案机关需要为值班律师制度的设立和运转承担相应的责任,具体包括应当告知犯罪嫌疑人、被告人有权约见值班律师,并为其约见值班律师提供便利
值班律师的职责	值班律师应当维护犯罪嫌疑人、被告人的合法权益,确保犯罪嫌疑人、被告人在充分了解认罪认罚性质和法律后果的情况下,自愿认罪认罚。值班律师应当为认罪认罚的犯罪嫌疑人、被告人提供下列法律帮助: 1. 提供法律咨询,包括告知涉嫌或指控的罪名、相关法律规定,认罪认罚的性质和法律后果等; 2. 提出程序适用的建议; 3. 帮助申请变更强制措施; 4. 对人民检察院认定罪名、量刑建议提出意见; 5. 就案件处理,向人民法院、人民检察院、公安机关提出意见; 6. 引导、帮助犯罪嫌疑人、被告人及其近亲属申请法律援助; 7. 法律法规规定的其他事项。 值班律师可以会见犯罪嫌疑人、被告人,看守所应当为值班律师会见提供便利。危害国家安全犯罪、恐怖活动犯罪案件,侦查期间值班律师会见在押犯罪嫌疑人的,应当经侦查机关许可。自人民检察院对案件审查起诉之日起,值班律师可以查阅案卷材料、了解案情。人民法院、人民检察院应当为值班律师查阅案卷材料提供便利。 【注意】值班律师提供法律咨询、查阅案卷材料、会见犯罪嫌疑人或者被告人、提出书面意见等法律帮助活动的相关情况应当记录在案,并随案移送
法律帮助的衔接	对于被羁押的犯罪嫌疑人、被告人,在不同诉讼阶段,可以由派驻看守所的同一值班律师提供法律帮助。对于未被羁押的犯罪嫌疑人、被告人,前一诉讼阶段的值班律师可以在后续诉讼阶段继续为犯罪嫌疑人、被告人提供法律帮助

二、辩护种类

<table>
<tr><th>项目</th><th colspan="3">内容</th></tr>
<tr><td>自行辩护</td><td colspan="3">贯穿诉讼全过程,任何诉讼阶段、任何案件都可以</td></tr>
<tr><td>委托辩护</td><td colspan="3">1. 公诉案件:自被侦查机关第一次讯问或者采取强制措施之日起。
【注意】(1)侦查阶段只能委托律师担任辩护人。(2)嫌疑人、被告人本人可委托;如其在押,也可以由其近亲属、监护人代为委托。
2. 自诉案件:随时</td></tr>
<tr><td rowspan="5">法律援助辩护</td><td rowspan="3">特点</td><td>适用前提</td><td>以没有辩护人为前提</td></tr>
<tr><td>适用阶段</td><td>适用于侦查、审查起诉、审判阶段</td></tr>
<tr><td>适用程序</td><td>只能由法律援助律师担任;公检法机关通知法律援助机构指派律师,法律援助机构收到通知后3日以内应当指派律师,并将律师的姓名、单位、联系方式书面通知公检法机关</td></tr>
<tr><td rowspan="2">种类</td><td>申请法律援助辩护</td><td>因经济困难或者其他原因没有委托辩护人的,本人及其近亲属可以向法律援助机构提出申请。对符合法律援助条件的,法律援助机构应当指派律师为其提供辩护</td></tr>
<tr><td>强制法律援助辩护</td><td>1. 盲、聋、哑人;
2. 尚未完全丧失辨认或者控制自己行为能力的精神病人;
3. 可能被判处无期徒刑、死刑的;
4. 审判的时候未满18周岁的未成年人;
5. 缺席审判程序</td></tr>
</table>

三、法官、检察官作辩护人的限制

项目	内容
离任后2年	法官、检察官从法院、检察院离任后2年内,不得以律师身份担任诉讼代理人或者辩护人
离任或开除后终身限制	1. 法官、检察官离任后,不得担任原任职法院、检察院办理案件的诉讼代理人或者辩护人,但作为当事人的监护人或近亲属代理或辩护的除外; 2. 法官、检察官被开除后,不得担任诉讼代理人或辩护人,但作为当事人的监护人或近亲属代理或辩护除外
任职回避的限制	法官、检察官的配偶、父母、子女有下列情形之一的,法官、检察官实行任职回避: 1. 担任该法官、检察官所任职机关辖区内律师事务所的合伙人或者设立人的; 2. 在该法官、检察官所任职机关辖区内以律师身份担任诉讼代理人、辩护人,或为诉讼案件当事人提供其他有偿法律服务的

四、辩护人的诉讼权利

诉讼权利	辩护人类型	
	辩护律师	非律师辩护人
阅卷权	1. 自人民检察院对案件审查起诉之日起,可以查阅、摘抄、复制本案的案卷材料。案卷材料包括案件的诉讼文书和证据材料。 2. 合议庭、审委会的讨论记录以及其他依法不公开的材料不得查阅、摘抄、复制。 3. 辩护人复制案卷材料可以采取复印、拍照、扫描、刻录等方式,人民检察院不得收取费用	需经许可
会见、通信权 ★★★★★	1. 辩护律师凭"三证"即可要求会见:律师执业证书、律师事务所证明和委托书或者法律援助公函。 2. 看守所应当在48 小时内安排会见。 3. 以下两类案件,在侦查阶段会见在押或被监视居住的嫌疑人,仍须经侦查机关的许可:危害国家安全犯罪、恐怖活动犯罪案件。公安机关办理危害国家安全犯罪案件、恐怖活动犯罪案件,除有碍侦查或者可能泄露国家秘密的情形外,应当作出许可的决定。 4. 自案件移送审查起诉之日起,可以向犯罪嫌疑人、被告人核实有关证据。 5. 辩护律师会见犯罪嫌疑人、被告人时不被监听	需经许可
调查取证权	1. 向证人、有关单位取证,须经证人和单位同意。 2. 向被害人、被害人近亲属及其提供的证人取证,须经检察院或法院许可,并且经被害人或者其近亲属、被害人提供的证人同意。(《刑事诉讼法》第 43 条) 3. 申请检察院、法院调取证据材料。法院认为确有收集、调取必要,且不宜或者不能由辩护律师收集、调取的,应当同意。法院收集、调取证据材料时,辩护律师可以在场(不得向律师签发准许调查决定书,应当自己取证)。 4. 在侦查、审查起诉期间公安机关、检察院收集的证明犯罪嫌疑人、被告人无罪或者罪轻的证据材料未提交的,申请检察院、法院调取有关证据	没有此权利
提出意见权	1. 在案件侦查终结前,辩护律师提出要求的,侦查机关应当听取辩护律师的意见,并记录在案。(《刑事诉讼法》第 161 条) 2. 检察院审查批准逮捕,可以听取辩护律师的意见;辩护律师提出要求的,应当听取辩护律师的意见。(《刑事诉讼法》第 88 条) 3. 对未成年人审查批捕、审查起诉,应当听取辩护律师的意见。(《刑事诉讼法》第 280 条) 4. 审查起诉阶段,检察院应当听取辩护人的意见。(《刑事诉讼法》第 173 条) 5. 第二审案件依法不开庭审理的,应当讯问被告人,听取其他当事人、辩护人、诉讼代理人的意见。合议庭全体成员应当阅卷,必要时应当提交书面阅卷意见。(《刑诉解释》第 400 条) 6. 最高人民法院复核死刑案件,辩护律师提出要求的,应当听取辩护律师的意见。(《刑事诉讼法》第 251 条) 【提示】适用速裁程序审理案件,在判决宣告前应当听取辩护人的意见	

续表

诉讼权利	辩护人类型	
	辩护律师	非律师辩护人
申请取保候审	被羁押的犯罪嫌疑人、被告人及其法定代理人、近亲属、辩护人(包括律师和非律师)有权申请变更强制措施,公检法机关收到申请后,应当3日以内作出决定。辩护律师的申请符合法律规定的,办案机关应当及时变更或者解除强制措施;经审查认为不应当变更或者解除强制措施的,应当告知辩护律师,并书面说明理由	
非独立的上诉权	经被告人同意,可以提出上诉	
解除超期羁押	被羁押的犯罪嫌疑人、被告人及其法定代理人、近亲属或者辩护人	
提出申诉、控告	辩护人、诉讼代理人认为公检法机关及其工作人员阻碍其依法行使诉讼权利的,有权向同级或者上一级检察院申诉或者控告。人民检察院对申诉或者控告应当及时进行审查,情况属实的,通知有关机关予以纠正	

五、辩护人的诉讼义务

项目	内容
特定证据开示义务	辩护人收集的有关犯罪嫌疑人不在犯罪现场、未达到刑事责任年龄、属于依法不负刑事责任的精神病人的证据,应当及时告知公安机关、人民检察院
保密义务	辩护律师对在执业活动中知悉的委托人的有关情况和信息,有权予以保密。但是,辩护律师在执业活动中知悉委托人或者其他人,准备或者正在实施危害国家安全、公共安全以及严重危害他人人身安全的犯罪的,应当及时告知司法机关
不得毁灭证据、伪造证据、妨碍作证	辩护人或者其他任何人,不得帮助犯罪嫌疑人、被告人隐匿、毁灭、伪造证据或者串供,不得威胁、引诱证人作伪证以及进行其他干扰司法机关诉讼活动的行为
	辩护人违反上述规定,涉嫌犯罪的:(1)应当由办理辩护人所承办案件的侦查机关以外的侦查机关办理。(2)辩护人是律师的,应当及时通知其所在的律师事务所或者所属的律师协会

六、辩护的内容及分类

项目	内容
辩护的内容	1. 指控的犯罪事实是否成立; 2. 被追诉人是否已经达到刑事责任年龄,有无不负刑事责任等其他不应当追究其刑事责任的情形; 3. 被追诉人有无法律规定的从轻、减轻或免除处罚的情节,有无酌情考虑的从轻或减轻处罚的情节; 4. 对案件定性和认定罪名是否准确,适用法律条文是否恰当; 5. 被追诉人主观上是故意还是过失,是否属于意外事件,是否属于正当防卫或紧急避险; 6. 共同犯罪案件中,对主犯、从犯、胁从犯的划分是否清楚; 7. 程序是否合法; 8. 证据之间是否有矛盾

续表

项目	内容	
分类	无罪辩护	是辩护人针对有关犯罪嫌疑人、被告人构成犯罪、应受刑事处罚的指控,依据事实和法律进行反驳和辩解,说明其不构成犯罪的一种辩护。比如事实上无罪,犯罪行为未发生,犯罪并非被追诉人所为,事实不清、证据不足等
	罪名辩护	指辩护人辩称检察院指控的罪名不合适,被告人只成立一个轻罪,控方指控的是重罪,这种辩护也被称为轻罪辩护。比如检察院指控罪名为职务侵占罪,而辩护人认为被告人只成立侵占罪,并没有利用职务的便利
	量刑辩护	指犯罪嫌疑人、被告人确实实施了控方指控的罪名,并且证据确实充分,辩护人最大限度降低其最终可能被判处的刑罚。比如被告人认罪认罚,自首、立功、坦白等情节是否被考虑,被害人及家属是否进行谅解等
	程序辩护	是辩护人发现公检法办案过程中违法了法律规定的诉讼程序,进而开展的一种辩护方案。比如通过排除非法程序获得的不利于犯罪嫌疑人、被告人的证据

【提示】此处容易出文书题,给一段案情,然后问如果你是本案被告人聘请的辩护律师,请简述你的辩护意见。这部分可以参见本书第八编文书题相应部分。

七、拒绝辩护

被告人拒绝辩护	第一次拒绝	被告人当庭拒绝辩护人辩护,要求另行委托辩护人或者指派律师的,合议庭应当准许
	多名被告人的处理	有多名被告人的案件,部分被告人拒绝辩护人辩护后,没有辩护人的,根据案件情况,可以对该部分被告人另案处理,对其他被告人的庭审继续进行
	第二次拒绝	1. 非应当法律援助: 重新开庭后,被告人再次当庭拒绝辩护人辩护的,可以准许,但被告人不得再次另行委托辩护人或者要求另行指派律师,由其自行辩护。 2. 应当法律援助: 被告人属于应当提供法律援助的情形,重新开庭后再次当庭拒绝辩护,不予准许
	未成年人案件	【注意】《刑诉解释》第 572 条规定,未成年被告人或者其法定代理人当庭拒绝辩护人辩护的,适用该解释第 311 条第 2 款、第 3 款的规定。 重新开庭后,未成年被告人或者其法定代理人再次当庭拒绝辩护人辩护的,不予准许。重新开庭时被告人已满 18 周岁的,可以准许,但不得再另行委托辩护人或者要求另行指派律师,由其自行辩护
辩护人拒绝辩护	《刑诉解释》第 312 条规定:法庭审理过程中,辩护人拒绝为被告人辩护,有正当理由的,应当准许;是否继续庭审,参照适用前条规定	
准备辩护的时间	《刑诉解释》第 313 条规定:依照前两条规定另行委托辩护人或者指派律师的,自案件宣布休庭之日起至第 15 日止,由辩护人准备辩护,但被告人及其辩护人自愿缩短时间的除外。庭审结束后、判决宣告前另行委托辩护人的,可以不重新开庭;辩护人提交书面辩护意见的,应当接受	

主观题小案例

【案例1】有效辩护是一项主要适用于审判阶段的原则，但侦查、审查起诉阶段对辩护人权利的保障是审判阶段实现有效辩护的前提。

答案参考：错误。有效辩护原则的内容之一是允许犯罪嫌疑人、被告人聘请合格的能够有效履行辩护职责的辩护人为其辩护，这种辩护同样应当覆盖从侦查到审判甚至执行阶段的整个刑事诉讼过程。据此可知，有效辩护原则适用于刑事诉讼的整个诉讼过程，并不是主要适用于审判阶段。

【案例2】法官齐某从A县法院辞职后，在其妻洪某开办的律师事务所从业。齐某不得担任A县法院审理案件的辩护人。

答案参考：错误。根据《刑诉解释》第41条第2款的规定，审判人员和人民法院其他工作人员从人民法院离任后，不得担任原任职法院所审理案件的辩护人，但系被告人的监护人、近亲属的除外。据此，作为被告人的监护人、近亲属进行辩护时，齐某可以担任A县法院审理案件的辩护人。

【案例3】鲁某与洪某共同犯罪，洪某在逃。沈律师为鲁某担任辩护人。案件判决生效3年后，洪某被抓获并被起诉。沈律师不得担任洪某辩护人。

答案参考：正确。《刑诉解释》第43条第2款规定：一名辩护人不得为两名以上的同案被告人，或者未同案处理但犯罪事实存在关联的被告人辩护。

【案例4】在侦查阶段，辩护律师可以向犯罪嫌疑人核实证据。

答案参考：错误。《刑事诉讼法》第39条第4款规定：辩护律师会见在押的犯罪嫌疑人、被告人，可以了解案件有关情况，提供法律咨询等；自案件移送审查起诉之日起，可以向犯罪嫌疑人、被告人核实有关证据。辩护律师会见犯罪嫌疑人、被告人时不被监听。可见，辩护律师自移送审查起诉之日起才能向犯罪嫌疑人核实证据。

第八讲　附带民事诉讼

刑事附带民事诉讼是指在刑事诉讼过程中，人民法院在解决被告人刑事责任的同时，附带解决由被害人及其他权利人、检察机关提起的，要求被告人或者其他负有民事赔偿义务的人对其犯罪行为所造成的物质损害进行赔偿而进行的诉讼活动。主观题能够考查的点就是成立条件及诉讼程序。

一、刑事附带民事诉讼成立条件（☆☆）

项目	内容
前提	1. 以刑事诉讼成立为前提，案件进入立案、侦查、起诉、审判程序中； 2. 人民法院准许人民检察院撤回起诉的公诉案件，对已经提起的附带民事诉讼，可以进行调解； 3. 不宜调解或者经调解不能达成协议的，应当裁定驳回起诉，并告知附带民事诉讼原告人可以另行提起民事诉讼

续表

项目	内容	
原告人条件	1. 被害人本人； 2. 被害人死亡或者丧失行为能力的，其法定代理人、近亲属有权提起刑事附带民事诉讼； 3. 检察院：国家财产、集体财产遭受损失的情况	
有明确的被告人	1. 刑事被告人以及未被追究刑事责任的其他共同侵害人； 2. 刑事被告人的监护人； 3. 死刑罪犯的遗产继承人； 4. 共同犯罪案件中，案件审结前死亡的被告人的遗产继承人； 5. 对被害人的物质损失依法应当承担赔偿责任的其他单位和个人； 【注意】被告人亲友自愿代为赔偿的，可以准许(《刑诉解释》第180条)	
管辖	审理刑事案件的有管辖权的法院，且属于法院受理附带民事诉讼的范围	
物质损失由被告人的犯罪行为造成	赔偿范围	1. 因人身权利受到犯罪侵害而遭受物质损失； 2. 因财务被犯罪分子破坏而遭受物质损失； 【注意】物质损失＝实际损失＋必然损失(比如因为伤病减少的劳动收入，今后继续医疗的费用，被毁坏的丰收在望的庄稼等)。如果当事人就民事赔偿问题达成调解、和解协议的，赔偿范围不受此限制
	不赔范围	1. 精神损失不赔(实务当中对性侵未成年人犯罪的，被害人主张精神损害赔偿一般是可以得到支持的)； 2. 引发犯罪行为的民事纠纷； 3. 被告人非法占有、处置被害人的财产，依法应直接予以追缴或者责令退赔； 4. 今后可能得到的或者通过努力才能得到的物质利益(比如超产奖、发明奖、加班费等)； 5. 国家机关工作人员行使职权造成的损失，直接申请国家赔偿
常考的赔偿案例	1. 犯罪行为造成被害人人身损害的，应赔偿医疗费、护理费、交通费等为治疗和康复支付的合理费用，以及因误工减少的收入； 2. 造成被害人残疾的，还应当赔偿残疾生活辅助器具等费用； 3. 造成被害人死亡的，还应当赔偿丧葬费； 4. 机动车致人伤残或造成公私财产重大损失，构成犯罪的，依照《道路交通安全法》第76条的规定确定赔偿责任	

二、刑事附带民事诉讼程序(☆☆☆)

项目	内容
提起方式	1. 公民可口头、可书面； 2. 检察院或单位必须书面
提起的期间	刑事案件立案后及时提起，二审可增加诉讼请求(第一审期间未提起附带民事诉讼，在第二审期间提起的，第二审人民法院可以依法进行调解；调解不成的，告知当事人可以在刑事判决、裁定生效后另行提起民事诉讼)
受理	1. 法院应当在7日以内决定是否受理，符合条件的受理，不符合条件的裁定不予受理； 2. 法院受理刑事附带民事诉讼后，应当在5日以内将附带民事诉讼起诉状副本送达附带民事诉讼被告人及其法定代理人，或者将口头起诉的内容及时通知附带民事诉讼被告人及其法定代理人，并制作笔录

续表

项目	内容
审理原则及组织	《刑诉解释》第196条规定:附带民事诉讼应当同刑事案件一并审判,只有为了防止刑事案件审判的过分迟延,才可以在刑事案件审判后,由同一审判组织继续审理附带民事诉讼;同一审判组织的成员确实不能继续参与审判的,可以更换
证明责任	1.在基本事实调查上,民事诉讼依靠并直接利用刑事部分调查确认的事实与证据。 2.附带民事诉讼当事人对自己提出的主张,有责任提供证据
调解	《刑诉解释》第190条规定:人民法院审理附带民事诉讼案件,可以根据自愿、合法的原则进行调解。经调解达成协议的,应当制作调解书。调解书经双方当事人签收后即具有法律效力。 调解达成协议并即时履行完毕的,可以不制作调解书,但应当制作笔录,经双方当事人、审判人员、书记员签名后即发生法律效力。 【注意】调解未达成协议或者调解书签收前当事人反悔的,附带民事诉讼应当同刑事诉讼一并判决
财产保全	1.启动方式:依申请+依职权。 2.保全方式:查封、扣押、冻结。 3.诉前财产保全和诉中财产保全: (1)《刑诉解释》第189条规定:人民法院对可能因被告人的行为或者其他原因,使附带民事判决难以执行的案件,根据附带民事诉讼原告人的申请,可以裁定采取保全措施,查封、扣押或者冻结被告人的财产;附带民事诉讼原告人未提出申请的,必要时,人民法院也可以采取保全措施。 (2)有权提起附带民事诉讼的人因情况紧急,不立即申请保全将会使其合法权益受到难以弥补的损害的,可以在提起附带民事诉讼前,向被保全财产所在地、被申请人居住地或者对案件有管辖权的人民法院申请采取保全措施。申请人在人民法院受理刑事案件后15日内未提起附带民事诉讼的,人民法院应当解除保全措施。 (3)人民法院采取保全措施,适用《民事诉讼法》第100条至第105条的有关规定,但《民事诉讼法》第101条第3款的规定除外
缺席的后果	《刑诉解释》第195条第1款、第2款规定:附带民事诉讼原告人经传唤,无正当理由拒不到庭,或者未经法庭许可中途退庭的,应当按撤诉处理。刑事被告人以外的附带民事诉讼被告人经传唤,无正当理由拒不到庭,或者未经法庭许可中途退庭的,附带民事部分可以缺席判决
处理结果	1.《刑诉解释》第194条规定,审理刑事附带民事诉讼案件,人民法院应当结合被告人赔偿被害人物质损失的情况认定其悔罪表现,并在量刑时予以考虑。 2.《刑诉解释》第197条第1款规定,人民法院认定公诉案件被告人的行为不构成犯罪,对已经提起的附带民事诉讼,经调解不能达成协议的,应当一并作出刑事附带民事判决

第九讲 侦 查

一、侦查机关权力分工

侦查机关	权限分工
公安	对普通刑事案件行使侦查权
检察院	1. 司法工作人员利用职权实施的非法拘禁、刑讯逼供、非法搜查等。 2. 属于公安机关管辖的国家机关工作人员利用职权实施的犯罪,并经省级以上检察院决定
国家安全机关	对危害国家安全的刑事案件行使侦查权
军队保卫部门	对军队内部发生的刑事案件行使侦查权
监狱	对罪犯在监狱内犯罪的案件行使侦查权
走私犯罪侦查部门	对走私犯罪案件行使侦查权
海警局	对海上发生的刑事案件行使侦查权

二、侦查行为

(一)讯问犯罪嫌疑人

项目	内容
讯问人员	1. 讯问犯罪嫌疑人必须由人民检察院或者公安机关的侦查人员负责进行。讯问的时候,侦查人员不得少于2人。 2. 讯问同案犯,应当分别进行
讯问地点	1. 犯罪嫌疑人被送交看守所羁押:侦查人员对其进行讯问,应当在看守所内进行。 2. 对于不需要拘留、逮捕的犯罪嫌疑人:经办案部门负责人批准,可以传唤到犯罪嫌疑人所在市、县公安机关执法办案场所或者到其住处进行讯问
讯问内容	1. 讯问犯罪嫌疑人是否有犯罪行为,让他陈述有罪的情节或者无罪的辩解,然后向他提出问题。 2. 犯罪嫌疑人对侦查人员的提问,应当如实回答。但是对与本案无关的问题,有拒绝回答的权利。 3. 侦查人员在讯问犯罪嫌疑人的时候,应当告知犯罪嫌疑人享有的诉讼权利,如实供述自己罪行可以从宽处理和认罪认罚的法律规定
讯问笔录	1. 讯问笔录应当交犯罪嫌疑人核对或者向他宣读。如果记录有漏或者差错,应当允许犯罪嫌疑人补充或者更正,并捺指印。笔录经犯罪嫌疑人核对无误后,应当由其在笔录上逐页签名、捺指印。 2. 拒绝签名、捺指印的,侦查人员应当在笔录上注明。 3. 讯问聋、哑的犯罪嫌疑人,应当有通晓聋、哑手势的人参加,并且将这种情况记明笔录

续表

项目	内容
讯问录音录像	1. 公安机关侦查案件:公安机关侦查人员在讯问犯罪嫌疑人的时候,可以对讯问过程进行录音录像;对于可能判处无期徒刑、死刑的案件或者其他重大犯罪案件,应当对讯问过程进行录音录像。 2. 检察院自侦案件:人民检察院办理直接受理侦查的案件,应当在每次讯问犯罪嫌疑人时,对讯问过程实行全程录音、录像,并在讯问笔录中注明

(二)询问证人、被害人

项目	内容
询问地点	现场、证人所在单位、住处、证人提出的地点、公安机关、检察机关。 【注意】对证人不可以拘传或者传唤
通知方式	书面、电话或者当场通知
讯问告知	1. 询问前,应当了解证人、被害人的身份,证人、被害人、犯罪嫌疑人之间的关系。 2. 询问时,应当告知证人、被害人必须如实提供证据、证言和有意作伪证或者隐匿罪证应负的法律责任。 3. 侦查人员不得向证人、被害人泄露案情或者表示对案件的看法
个别询问	询问证人应当个别进行,询问被害人适用询问证人的规定

(三)勘验、检查

项目	内容
对象	1. 为了确定被害人、犯罪嫌疑人的某些特征、伤害情况或者生理状态,可以对人身进行检查,可以提取指纹信息,采集血液、尿液等生物样本。 2. 犯罪嫌疑人如果拒绝检查,侦查人员认为必要的时候,可以强制检查。 3. 检查妇女的身体,应当由女工作人员或者医师进行
必须持证	勘验、检查需要勘查证
见证人	公安机关对案件现场进行勘查不得少于 2 人。勘查现场时,应当请与案件无关的公民作为见证人
客观记录	勘查现场,应当拍摄现场照片、绘制现场图,制作笔录,由参加勘查的人和见证人签名。对重大案件的现场勘查,应当录音录像
专家辅助人	在必要的时候,可以指派或者聘请具有专门知识的人,在侦查人员的主持下进行勘验、检查
强制检查	1. 犯罪嫌疑人如果拒绝检查,侦查人员认为必要的时候,可以强制检查。 2. 对犯罪嫌疑人,可以强制检查。对证人和被害人不可以强制检查
侦查实验	1. 为了查明案情,在必要的时候,经县级以上公安机关负责人批准,可以进行侦查实验。 2. 进行侦查实验,应当全程录音录像,并制作侦查实验笔录,由参加实验的人签名。 3. 进行侦查实验,禁止一切足以造成危险、侮辱人格或者有伤风化的行为

(四)搜查

项目	内容
是否持证	1. 进行搜查,必须向被搜查人出示搜查证。 2. 在执行逮捕、拘留的时候,遇有紧急情况,不另用搜查证也可以进行搜查
搜查对象	1. 对犯罪嫌疑人以及可能隐藏罪犯或者犯罪证据的人的身体、物品、住处和其他有关的地方进行搜查。 2. 搜查妇女的身体,应当由女工作人员进行
在场人员	在搜查的时候,应当有被搜查人或者他的家属,邻居或者其他见证人在场
搜查笔录	搜查的情况应当写成笔录,由侦查人员和被搜查人或者他的家属,邻居或者其他见证人签名或者盖章。如果被搜查人或者他的家属在逃或者拒绝签名、盖章,应当在笔录上注明

(五)查封、扣押、查询、冻结

项目	内容
对象	1. 在侦查活动中发现的可用以证明犯罪嫌疑人有罪或者无罪的各种财物、文件,应当查封、扣押;与案件无关的财物、文件,不得查封、扣押。 2. 对查封、扣押的财物、文件,要妥善保管或者封存,不得使用、调换或者损毁
在场人员	对查封、扣押的财物、文件,应当会同在场见证人和被查封、扣押财物、文件持有人查点清楚,当场开列清单一式 2 份,由侦查人员、见证人和持有人签名或者盖章,一份交给持有人,另一份附卷备查
不得重复冻结	人民检察院、公安机关根据侦查犯罪的需要,可以依照规定查询、冻结犯罪嫌疑人的存款、汇款、债券、股票、基金份额等财产。有关单位和个人应当配合。犯罪嫌疑人的存款、汇款、债券、股票、基金份额等财产已被冻结的,不得重复冻结
返还无关财物	对查封、扣押的财物、文件、邮件、电报或者冻结的存款、汇款、债券、股票、基金份额等财产,经查明确实与案件无关的,应当在 3 日以内解除查封、扣押、冻结,予以退还

三、侦查终结

移送起诉	认为犯罪嫌疑人有罪,符合犯罪事实清楚,证据确实、充分的条件
撤销案件	发现犯罪嫌疑人无罪或符合《刑事诉讼法》第 16 条的规定
辩护意见	在案件侦查终结前,辩护律师提出要求的,侦查机关应当听取辩护律师的意见,并记录在案。辩护律师提出书面意见的,应当附卷

四、补充侦查(☆☆☆)

<table>
<tr><td>审查批捕阶段</td><td colspan="3">人民检察院对于公安机关提请批准逮捕的案件进行审查后,应当根据情况分别作出批准逮捕或者不批准逮捕的决定。对于批准逮捕的决定,公安机关应当立即执行,并且将执行情况及时通知人民检察院。对于不批准逮捕的,人民检察院应当说明理由,需要补充侦查的,应当同时通知公安机关。(《刑事诉讼法》第 90 条)
【注意】对于批准逮捕后要求公安机关继续侦查、不批准逮捕后要求公安机关补充侦查或者审查起诉阶段退回公安机关补充侦查的案件,人民检察院应当分别制作继续侦查提纲或者补充侦查提纲,写明需要继续侦查或者补充侦查的事项、理由、侦查方向、需补充收集的证据及其证明作用等,送交公安机关(《人民检察院刑事诉讼规则》第 257 条)</td></tr>
<tr><td rowspan="8">审查起诉阶段</td><td rowspan="5">退回补充侦查(补充调查)</td><td>补充侦查主体</td><td>公安机关、监察机关(【注意】监察机关用的词为“补充调查”)、检察院负责侦查的部门。
【注意】对需要补充侦查的,检察院负责捕诉的部门应当制作补充侦查提纲,连同案卷材料一并退回公安机关补充侦查、退回监察机关补充调查、退回检察院负责侦查的部门补充侦查</td></tr>
<tr><td>适用情形</td><td>认为犯罪事实不清、证据不足或者存在遗漏罪行、遗漏同案犯罪嫌疑人等情形需要补充侦查的</td></tr>
<tr><td>期限次数</td><td>每次 1 个月,以 2 次为限。【注意】即使改变了管辖前后总共也不能超过 2 次</td></tr>
<tr><td>补充侦查后果</td><td>1. 经过 1 次补充侦查、补充调查后移送起诉,仍然事实不清、证据不足的,可以不起诉,也可以继续补充侦查。
2. 经过第 2 次补充侦查、补充调查后移送起诉,仍然证据不足的,经检察长批准,应当不起诉</td></tr>
<tr><td>期限计算</td><td>补充侦查完毕,审查起诉的期限需要重新计算</td></tr>
<tr><td rowspan="3">自行侦查</td><td>主体</td><td>检察院(负责捕诉的部门)</td></tr>
<tr><td>期限</td><td>应当在审查起诉期限内补充侦查完毕</td></tr>
<tr><td colspan="2">【注意】对于监察机关移送起诉的案件,具有下列情形之一的,人民检察院可以自行补充侦查:(1)证人证言、犯罪嫌疑人供述和辩解、被害人陈述的内容主要情节一致,个别情节不一致的;(2)物证、书证等证据材料需要补充鉴定的;(3)其他由人民检察院查证更为便利、更有效率、更有利于查清案件事实的情形。自行补充侦查完毕后,应当将相关证据材料入卷,同时抄送监察机关。人民检察院自行补充侦查的,可以商请监察机关提供协助(《人民检察院刑事诉讼规则》第 344 条)</td></tr>
<tr><td rowspan="5">审判阶段</td><td>补充侦查主体</td><td colspan="2">只能由检察院补充侦查,不能退回公安机关补充侦查,必要时可以由公安机关协助</td></tr>
<tr><td>期限次数</td><td colspan="2">每次 1 个月,以 2 次为限</td></tr>
<tr><td>补侦后果</td><td colspan="2">在因补充侦查而延期审理后,检察机关不申请恢复庭审的,法院决定按撤诉处理</td></tr>
<tr><td>期限计算</td><td colspan="2">补充侦查完毕,审理期限应当重新计算</td></tr>
<tr><td colspan="3">【注意】审判阶段的补充侦查,可以由检察院申请;审判期间,被告人提出新的立功线索的,人民法院可以建议人民检察院补充侦查。审判期间,合议庭发现被告人可能有自首、坦白、立功等法定量刑情节,而人民检察院移送的案卷中没有相关证据材料的,应当通知人民检察院在指定时间内移送(《刑诉解释》第 277 条)</td></tr>
</table>

主观题小案例

【案例】公安机关在侦办一起聚众斗殴案件时，因为甲目击了全过程，拟对甲进行现场询问，甲提出能否到自己租的房子里询问，侦查人员不同意，甲又表示也可以到自己工作单位附近的一家咖啡厅询问，侦查人员也不同意。甲开始不耐烦，言语中冲撞侦查人员，侦查人员决定传唤甲到公安局询问。(事实一)

张三和李四抢劫杀害丙，被路过的甲、乙看见并报案。张三和李四被抓获后，2名侦查人员负责组织辨认。在对张三进行辨认时，9名被辨认人员中的4名民警因紧急任务离开，在2名侦查人员的主持下，将张三混在5名人员中，由甲和乙共同进行辨认。(事实二)

甲有一女，年仅8岁。某日女儿受伤，甲将女儿送往医院，医生在检查女童时发现她身上有多处伤痕，怀疑是被虐待所致，甲辩解称是女儿不小心摔伤的，医生报警。侦查人员赶到时，将甲和女儿分离开，单独询问了小姑娘，然后口头传唤甲到派出所接受调查。(事实三)

问题：

1. 根据事实一，关于询问甲的证言的方式，哪些正确哪些错误？

2. 根据事实二，关于辨认有哪些不合法之处？

3. 根据事实三，侦查人员有哪些合法与不合法之处？

答案参考：

1. 现场询问、到甲出租屋询问、到甲工作单位附近咖啡厅询问这三种方式均正确。传唤甲到公安局询问错误。

根据《刑事诉讼法》第124条第1款规定，侦查人员询问证人，可以在现场进行，也可以到证人所在单位、住处或者证人提出的地点进行，在必要的时候，可以通知证人到人民检察院或者公安机关提供证言。在现场询问证人，应当出示工作证件，到证人所在单位、住处或者证人提出的地点询问证人，应当出示人民检察院或者公安机关的证明文件。

本题中，采用现场询问、到甲出租屋询问、到甲工作单位附近咖啡厅询问皆合法。但应是“通知”甲到公安机关并非“传唤”，所以，传唤甲到公安机关接受询问是错误的。

2. 将犯罪嫌疑人混杂在5人之内不合法，甲和乙共同辨认不合法。根据《公安机关办理刑事案件程序规定》第259条第2款规定，几名辨认人对同一辨认对象进行辨认时，应当由辨认人个别进行。本题中，让甲和乙共同辨认是不合法的。

根据《公安机关办理刑事案件程序规定》第260条第2款规定，辨认犯罪嫌疑人时，被辨认的人数不得少于7人。本题中，将张三混杂在5名人员中，不符合混杂人数要求。

3. 将甲口头传唤到派出所调查是合法的，单独询问女童是不合法的。根据《刑事诉讼法》第119条，对在现场发现的犯罪嫌疑人，经出示工作证件，可以口头传唤，但应当在讯问笔录中注明。所以，口头传唤甲到派出所接受调查是合法的。

根据《刑事诉讼法》第281条第1款规定，在讯问和审判未成年人刑事案件时，应当通知未成年犯罪嫌疑人、被告人的法定代理人到场。无法通知、法定代理人不能到场或者法定代理人是共犯的，也可以通知未成年犯罪嫌疑人、被告人的其他成年亲属，所在学校、单位、居住地基层组织或者未成年人保护组织的代表到场，并将有关情况记录在案。同时，《刑事诉讼法》第281条第5款规定，讯问未成年被害人、证人，适用第1款规定。所以，本题中，侦查人员在现场询问女童时，不能仅有女童在场。

第十讲 审查起诉

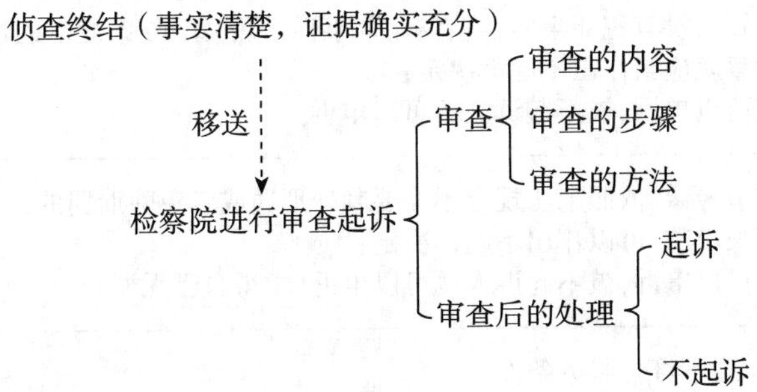

审查起诉流程图

一、审查

审查主体	人民检察院负责捕诉的部门负责审查
审查期限	《刑事诉讼法》第172条规定,人民检察院对于监察机关、公安机关移送起诉的案件,应当在1个月以内作出决定,重大、复杂的案件,可以延长15日;犯罪嫌疑人认罪认罚,符合速裁程序适用条件的,应当在10日以内作出决定,对可能判处的有期徒刑超过1年的,可以延长至15日。 人民检察院审查起诉的案件,改变管辖的,从改变后的人民检察院收到案件之日起计算审查起诉期限
审查内容	《刑事诉讼法》第173条第1款规定,人民检察院审查案件,应当讯问犯罪嫌疑人,听取辩护人或者值班律师、被害人及其诉讼代理人的意见,并记录在案。辩护人或者值班律师、被害人及其诉讼代理人提出书面意见的,应当附卷
无管辖权	连同案卷材料移送有管辖权的检察院,同时通知公安机关
发现新罪	二次退回补充侦查或者二次退回补充调查的案件,在审查起诉中又发现新的犯罪事实的,应当移送公安机关或者监察机关立案侦查;对已经查清的犯罪事实,应当依法提起公诉
无犯罪事实	法定不起诉

二、起诉(☆)

项目	内容
提起公诉的条件	1. 犯罪事实已经查清,证据确实、充分; 2. 依法应当追究刑事责任
案件的移送	向法院移送全部证据和案件材料(包括普通程序或简易程序)

三、不起诉(☆☆☆)

项目	内容
法定不起诉	1. 犯罪嫌疑人没有犯罪事实,或者有《刑事诉讼法》第 16 条规定的情形; 2. 人民检察院应当作出不起诉决定; 3. 被害人可以申诉,被不起诉人不可以申诉
酌定不起诉	1. 犯罪情节轻微,依照刑法规定不需要判处刑罚或者免除刑罚的; 2. 经检察长批准,可以作出不起诉决定; 3. 被害人可以申诉,被不起诉人也可以申诉(觉得自己无罪)
证据不足不起诉、存疑不起诉	1. 证据不足,不符合起诉条件; 2. 人民检察院对于二次退回补充调查或者补充侦查的案件,仍然认为证据不足,不符合起诉条件的,经检察长批准,依法作出不起诉决定
附条件不起诉	对于未成年人涉嫌《刑法》分则第四章、第五章、第六章规定的犯罪,可能判处 1 年有期徒刑以下刑罚,符合起诉条件,但有悔罪表现的,人民检察院可以作出附条件不起诉的决定。人民检察院在作出附条件不起诉的决定以前,应当听取公安机关、被害人的意见
认罪认罚不起诉	《刑事诉讼法》第 182 条规定,犯罪嫌疑人自愿如实供述涉嫌犯罪的事实,有重大立功或者案件涉及国家重大利益的,经最高人民检察院核准,公安机关可以撤销案件,人民检察院可以作出不起诉决定,也可以对涉嫌数罪中的一项或者多项不起诉。 根据前款规定不起诉或者撤销案件的,人民检察院、公安机关应当及时对查封、扣押、冻结的财物及其孳息作出处理
宣布与生效	书面文件,公开宣布,立即生效
特殊案件不起诉的批准程序	《人民检察院刑事诉讼规则》第 371 条规定,人民检察院直接受理侦查的案件,以及监察机关移送起诉的案件,拟作不起诉决定的,应当报请上一级人民检察院批准
救济程序	1. 酌定不起诉的被不起诉人可以向原决定的检察院申诉; 2. 被害人:向上一级检察院申诉,然后向法院起诉,或者直接起诉; 3. 公安机关:向原决定机关复议,向上一级复核; 4. 监察机关:向上一级检察院提请复议
对被不起诉人和涉案财物的处理	1. 对人:被不起诉人在押的,应当立即释放;被采取强制措施的,应当通知执行机关解除。 2. 对物:对于扣押、冻结的财物解除查封、扣押、冻结

四、检察院撤回、追加、补充、变更起诉(☆☆)

项目	内容
撤回起诉	1. 不存在犯罪事实的; 2. 犯罪事实并非被告人所为的; 3. 情节显著轻微、危害不大,不认为是犯罪的; 4. 证据不足或者证据发生变化,不符合起诉条件的; 5. 被告人因未达到刑事责任年龄,不负刑事责任的; 6. 法律、司法解释发生变化导致不应当追究被告人刑事责任的
追加、补充起诉	1. 法院宣告判决前,检察院发现遗漏同案犯或者罪刑的,应当要求公安机关补充移送起诉或者补充侦查; 2. 对于犯罪事实清楚,证据确实、充分的,可以直接追加、补充起诉
变更起诉	检察院发现被告人的真实身份或者犯罪事实与起诉书中叙述的身份或者指控犯罪事实不符的,或者事实、证据没有变化,但罪名、适用法律与起诉书不一致的
程序要求	1. 对于撤回起诉的案件,检察院应当在撤回起诉后30日以内作出不起诉决定; 2. 需要重新调查或者侦查的,应当在作出不起诉决定后将案卷材料退回监察机关或者公安机关,建议监察机关或者公安机关重新调查或者侦查,并书面说明理由; 3. 对于撤回起诉的案件,没有新的事实或者新的证据,检察院不得再行起诉; 4. 变更、追加、补充或者撤回起诉应当以书面方式在审判宣告前向法院提出

主观题小案例

【案例1】壮壮酒后提着一把砍刀就去了小强家,小强刚好在家休息。壮壮和小强二人当即发生了争吵。壮壮拿着刀就向小强的头部砍去,幸好只划伤了小强右脸(轻微伤)。壮壮是高二学生,未满18周岁,并且在讯问的时候称自己没有杀人故意,是因为喝酒失控了才做了错事,主动承担责任,对自己的行为非常后悔。检察院审查认为,壮壮没有故意杀人的主观心态,其犯罪行为没有造成严重后果,情节显著轻微,又考虑到其未成年,于是作出了附条件不起诉的决定。

问题:检察院对壮壮作出的附条件不起诉的决定是否正确,为什么?

答案参考:不正确。

理由:1. 附条件不起诉的适用以案件构成犯罪、符合起诉条件为前提。从案件材料来看,检察机关认为壮壮没有故意杀人的主观心态,缺乏构成故意杀人罪主观方面的要件。同时,犯罪行为没有造成严重后果,被害人只受了轻微伤,也没有达到故意伤害罪的追诉标准。因此本案中检察机关作出附条件不起诉的决定没有法律依据。

2. 人民检察院在作出附条件不起诉的决定以前,应当听取公安机关、被害人的意见。本案中检察机关在作出附条件不起诉决定之前,没有听取公安机关的意见,在程序上也是错误的。

【案例2】张三盗窃京南便利店茅台酒后,谎称是员工内部福利,每天限购2瓶,担保酒的质量,以3000元一瓶的价格向他人销售。

问题:本案中,公安机关以张三涉嫌盗窃罪为由移送审查起诉,如果检察院经过审查认为,犯罪嫌疑人还涉嫌诈骗罪,应该如何处理?

答案参考：人民检察院在办理公安机关移送起诉的案件中，发现遗漏罪行的，应当要求公安机关补充侦查或者补充移送起诉。要求公安机关补充侦查的，人民检察院应当制作补充侦查提纲，连同案卷材料一并退回公安机关补充侦查；人民检察院也可以自行侦查，必要时可以要求公安机关协助。

第十一讲 审 判

一、刑事审判概述

（一）审判原则（☆☆）

项目	内容
审判公开原则	1. 应当不公开审理的情形：涉及国家秘密、涉及个人隐私；审判时候被告人不满 18 周岁。 2. 可以不公开审理的情形：当事人提出的确属涉及商业秘密的案件。 3. 不公开审理的要求： （1）不公开审理的案件，任何人不得旁听，但具有《刑事诉讼法》第 285 条规定情形的除外。 （2）审判的时候被告人不满 18 周岁的案件，不公开审理。 （3）宣判必须公开，但评议一律秘密进行。 （4）对依法公开审理，但可能需要封存犯罪记录的案件，不得组织人员旁听；有旁听人员的，应当告知其不得传播案件信息。 （5）对未成年人刑事案件，宣告判决应当公开进行
直接言词原则	1. 直接原则，包括直接审理原则和直接采纳原则。 2. 言词原则，法庭审理须以口头陈述的方式进行
集中审理原则	1. 一个案件组成一个审判庭进行审判，而且在案件审理已经开始尚未结束以前不允许法庭再审理任何其他案件。 2. 法庭成员不可更换。想要更换，应重新审判，但更换为候补法官和审判员的除外。 3. 集中证据调查与法庭辩论。 4. 庭审不中断并迅速作出裁判

（二）审判组织之合议庭（☆☆☆）

项目	内容
合议庭人数及组成	1. 基层、中级法院一审：审判员 3 人或者审判员与陪审员共 3 人或者 7 人。 2. 高级法院一审：审判员 3 人、5 人、7 人或者陪审员与审判员共 3 人或者 7 人。 3. 最高院一审：审判员 3 人、5 人、7 人。 4. 二审（中级、高级、最高）：审判员 3 人或者 5 人。 5. 死刑复核（高级、最高）：审判员 3 人
人民陪审员参加合议庭的形式和职权（2021 年全国卷考查）	1. 三人合议庭：人民陪审员与法官同权，人民陪审员对事实认定、法律适用，独立发表意见，行使表决权。人民陪审员在参加审判活动时，除法律另有规定外，与审判员有同等的权利义务。（《民事诉讼法》第 40 条） 2. 七人合议庭（法官 3 人 + 陪审员 4 人）：人民陪审员全程参加评议，对事实认定，独立发表意见，与法官共同表决；对法律适用，可以发表意见，但不参加表决；事实认定问题和法律适用问题难以区分的，视为事实认定问题

续表

项目	内容
法官对陪审员的指引	1. 审判长应当履行与案件审判相关的指引、提示义务，但不得妨碍人民陪审员对案件的独立判断。 2. 合议庭评议案件，审判长应当对本案中涉及的事实认定、证据规则、法律规定等事项及应当注意的问题，向人民陪审员进行必要的解释和说明
合议庭评议规则	1. 秘密评议，合议庭成员平等、独立表达意见并说明理由。 2. 少数服从多数原则，同一合议庭原则。 3. 合议庭全体成员均应参加评议，合议庭成员、法官助理和书记员全部在评议笔录上签名

二、简易程序与速裁程序

(一)简易程序

条件	前提条件	1. 案件事实清楚、证据充分。 2. 被告人认罪，对指控的犯罪事实没有异议。 3. 被告人同意
	禁止条件 (有下列情形之一，就不适用)	1. 被告人是盲、聋、哑人。 2. 被告人是限制精神病人。 3. 有重大社会影响的。 4. 共犯中部分被告人不认罪或对适用简易程序有异议的。 5. 辩护人作无罪辩护的。 6. 被告人认罪但经审查认为可能不构成犯罪的。 7. 其他情形。 【注意】对未成年人刑事案件，未成年被告人及其法定代理人、辩护人提出异议的，不适用简易程序
审判组织	3 年以下可以独任可以合议庭；超过 3 年应当合议庭	
审限	3 年以下 20 日；超过 3 年可至一个半月	
宣判	一般当庭	

(二)速裁程序

条件	前提条件	1. 案件事实清楚，证据确实、充分的； 2. 可能判处 3 年有期徒刑以下刑罚的案件； 3. 被告人认事实、认罪名、同意量刑建议——认罪认罚； 4. 被告人同意
	禁止条件	1. 被告人是盲、聋、哑人，或者是尚未完全丧失辨认或者控制自己行为能力的精神病人的； 2. 被告人是未成年人的； 3. 案件有重大社会影响的； 4. 共同犯罪案件中部分被告人对指控的犯罪事实、罪名、量刑建议或者适用速裁程序有异议的； 5. 被告人与被害人或者其法定代理人没有就附带民事诉讼赔偿等事项达成调解或者和解协议的； 6. 其他不宜适用速裁程序审理的

续表

审判组织	独任
审限	1 年以下 10 日；超过 1 年则 15 日
宣判	当庭

三、一审公诉流程

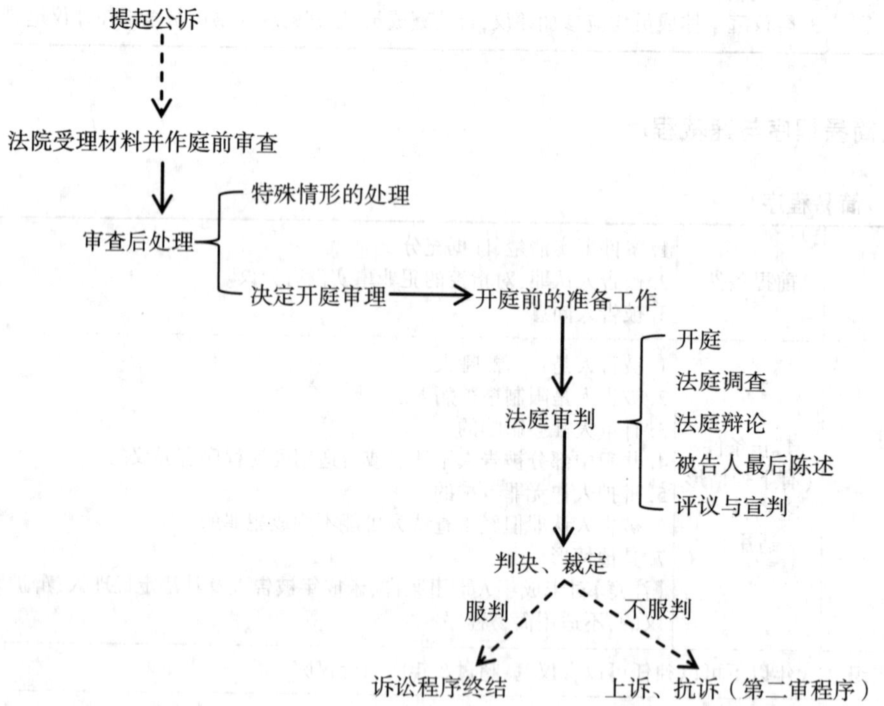

四、一审程序（☆☆☆☆☆）

（一）公诉案件庭前审查

内容	案卷材料和全部证据
决定开庭审理	起诉书中有明确的指控犯罪事实并且附有证据的，应当决定开庭审判。 【注意】法院对提起公诉的案件进行审查的期限计入审理期限
处理方式	1. 对于不属于本院管辖或者被告人不在案的，应当决定退回人民检察院。 2. 对于证据不足宣告无罪，检察院依据新的事实、证据材料重新起诉的，人民法院应当依法受理（限证据不足的情形，经法庭审理，在依法作出判决时，对前案作出的判决，不予撤销）。 3. 对于需要补送材料的，应当通知人民检察院在 3 日内补送。 4. 检察院撤诉案件，没新的事实、证据，检察院重新起诉的，应当退回人民检察院。 5.《刑事诉讼法》第 16 条第 2～6 项规定的、属于告诉才处理的案件，应当退回人民检察院，并告知被害人有权提起自诉，裁定终止审理或者退回人民检察院。 6. 对于被告人真实身份不明，但符合起诉条件的，人民法院应当依法受理

(二)开庭前的准备

开庭10日前		将起诉书副本送达被告人和辩护人
开庭3日前		1. 将开庭的时间、地点在开庭3日以前通知人民检察院(必须派员出庭)。 2. 至迟在开庭3日以前将传票和通知书送达传唤当事人和其他诉讼参与人。 3. 公开审判的案件,先期公布案由、被告人姓名、开庭时间和地点
庭前会议	参加主体	在开庭以前,审判人员可以召集公诉人、当事人和辩护人、诉讼代理人,了解情况,听取意见。 【注意】召开庭前会议,根据案件情况,可以通知被告人参加
	可以召开的情形	在开庭以前,审判人员可以召集公诉人、当事人和辩护人、诉讼代理人,对回避、出庭证人名单、非法证据排除等与审判相关的问题,了解情况,听取意见。(《刑事诉讼法》第187条第2款) 案件具有下列情形之一的,人民法院可以决定召开庭前会议: 1. 证据材料较多、案情重大复杂的。 2. 控辩双方对事实、证据存在较大争议的。 3. 社会影响重大的。 4. 需要召开庭前会议的其他情形。(《刑诉解释》第226条) 【注意】庭前会议针对的是程序问题
	效力	1. 审判人员可以询问控辩双方对证据材料有无异议,对有异议的证据,应当在庭审时重点调查;无异议的,庭审时举证、质证可以简化。 2. 被害人或者其法定代理人、近亲属提起附带民事诉讼的,可以调解
	笔录	庭前会议情况应当制作笔录

(三)法庭审判

宣布开庭	1. 由审判长查明公诉人、当事人和其他诉讼参与人是否到庭。 2. 审判长应当告知当事人、法定代理人依法享有的诉讼权利(回避、辩护、代理、最后陈述等)
法庭调查	1. 公诉人宣读起诉书(有附带民事诉讼的,由附带民事诉讼的原告人或者其诉讼代理人宣读附带民事诉状)。 2. 被告人、被害人分别陈述。 3. 讯问被告人,向被告人、被害人或附带民事诉讼原告人、被告人发问。 【注意】讯问同案审理的被告人,应当分别进行。必要时,可以传唤同案被告人等到庭对质。 4. 询问证人、鉴定人:谁提请通知的,谁先问;发问完毕后,经审判长准许,对方也可发问。 证人应当出庭的条件:控辩双方对证人证言有异议,且该证人证言对案件定罪量刑有重大影响,人民法院认为证人有必要出庭作证的。 鉴定人应当出庭的条件:控辩双方对鉴定意见有异议,人民法院认为鉴定人有必要出庭的。 证人拒不出庭的后果:经人民法院通知,证人没有正当理由不出庭作证的,人民法院可以强制其到庭,但是被告人的配偶、父母、子女除外。证人没有正当理由拒绝出庭或者出庭后拒绝作证的,予以训诫,情节严重的,经院长批准,处以10日以下的拘留。被处罚人对拘留决定不服的,可以向上一级人民法院申请复议。复议期间不停止执行。(《刑事诉讼法》第193条) 鉴定人拒不出庭的后果:经人民法院通知,鉴定人拒不出庭作证的,鉴定意见不得作为定案的根据。 5. 出示物证、宣读鉴定意见和有关笔录。 6. 调取新证据(法院延期审理): 法庭审理过程中,当事人和辩护人、诉讼代理人有权申请通知新的证人到庭,调取新的物证,申请重新鉴定或者勘验。提出申请后,法庭认为有必要的,应当同意,并宣布延期审理;不同意的,应当说明理由并继续审理。 7. 补充侦查。(法院延期审理)

续表

法庭调查	8. 法庭调查核实证据： (1)法庭对证据有疑问的，可以告知公诉人、当事人及其法定代理人、辩护人、诉讼代理人补充证据或者作出说明；必要时，可以宣布休庭，对证据进行调查核实。 (2)人民法院调查核实证据，可以进行勘验、检查、查封、扣押、鉴定和查询、冻结
法庭辩论	1. 先控方后辩方。 2. 发现与定罪、量刑有关的新事实的处理：必要时，可以宣布恢复法庭调查。 3. 公诉人当庭发表与起诉书不同意见，属于变更、追加、补充或者撤回起诉的，法院应当要求检察院在指定时间内以书面方式提出；必要时，可以宣布休庭
被告人最后陈述	1. 被告人最后陈述权是不可剥夺的权利，不可由他人代替行使。 2. 未成年被告人最后陈述后，其法定代理人可以进行补充陈述。 3. 被告人多次重复自己意见的，法庭可以制止；陈述内容蔑视法庭、公诉人，损害他人及社会公共利益，或者与本案无关的，以及在公开审理的案件中，被告人最后陈述的内容涉及国家秘密、个人隐私或者商业秘密的应当制止。 4. 被告人提出新的辩解理由，合议庭认为可能影响正确裁判的，应当恢复法庭辩论
评议与宣判	1. 评议一律不公开，宣判一律公开，分当庭宣判和定期宣判。 2. 判决种类：有罪判决、无罪判决、被告人不负刑事责任的判决
一审审限【2+1+3+X】	1. 应当在受理后2个月以内宣判，至迟不得超过3个月。 2. 对于可能判处死刑的案件或者附带民事诉讼的案件，以及有《刑事诉讼法》第158条规定情形之一的案件，经上一级人民法院批准，可以延长3个月。 3. 因特殊情况还需要延长的，报请最高人民法院批准

回答也有一定的技巧，关于该题，可以参考本书第八编第三讲。现整理总结如下：

1. 法院应当组成合议庭开庭公开审理此案。开庭时，查明当事人等到庭情况，并进行权利告知。

2. 开庭后，法院应当进行法庭调查，对案件的事实、证据进行调查。如果当事人申请调取新证据，法庭认为必要的，应当统一同意，并宣布延期审理。如果被告人提出新的立功线索，法院可以建议检察院补充侦查。(此处两个“如何”视题目题干问法而定)

3. 法庭调查后，法院应当就案件的法律适用问题进行法庭辩论。

4. 在被告人作最后陈述后，对案件进行评议。

5. 根据案件情况作出相应处理(结合案情对证据进行认定，非法的排除，合法的认定，按照格式进行确定)：如果事实清楚，证据确实、充分，作出有罪判决。如果事实不清，证据不足，作出证据不足的无罪判决。

6. 法院应当在受理后2个月以内宣判。

五、二审公诉流程

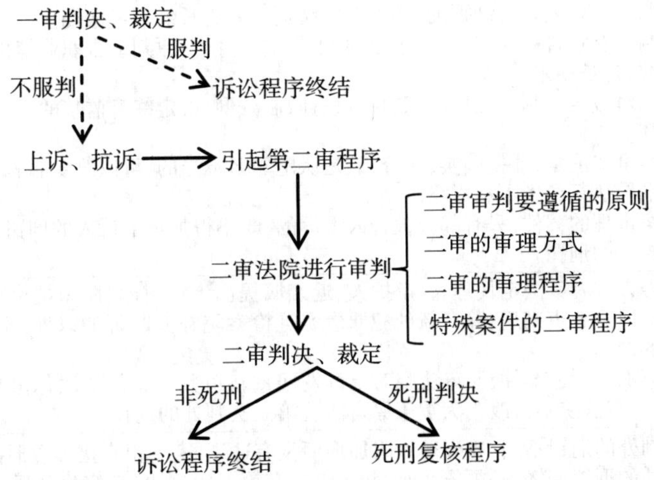

六、二审程序(☆☆☆☆☆)

(一)二审程序的提起主体

上诉的主体	独立上诉主体	1. 被告人、自诉人及其法定代理人。 2. 附带民事诉讼的当事人及其法定代理人对一审法院的判决、裁定中的附带民事诉讼部分享有独立上诉权
	非独立上诉主体	被告人的辩护人和近亲属,经被告人同意方可上诉
抗诉的主体	一审法院的同级人民检察院	

(二)二审程序提起的形式与途径

项目	内容
上诉的形式	书面或者口头
上诉的途径	上诉状既可以提交原级法院,也可以提交上级法院
抗诉的形式	必须以书面形式抗诉
抗诉的途径	抗诉书只能提交原审法院
二审抗诉图	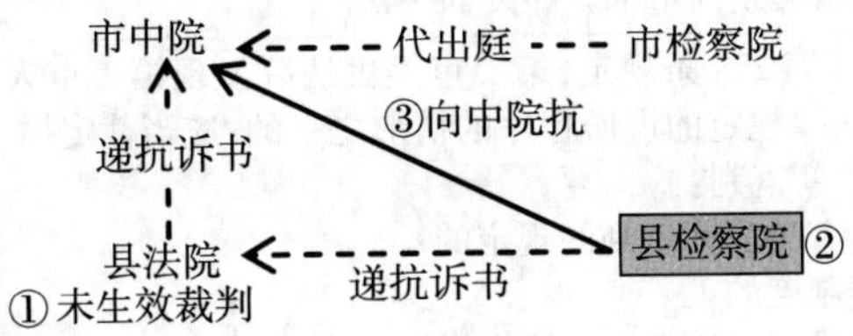

（三）上诉不加刑原则

项目	内容
适用情形	1. 原判认定的罪数不当的，可以改变罪数，并调整刑罚，但不得加重决定执行的刑罚或者对刑罚执行产生不利影响。 2. 原判对被告人宣告缓刑的，不得撤销缓刑或者延长缓刑考验期。 3. 原判没有宣告职业禁止、禁止令的，不得增加宣告；原判宣告职业禁止、禁止令的，不得增加内容、延长期限。 4. 原判对被告人判处死刑缓期执行没有限制减刑、决定终身监禁的，不得限制减刑、决定终身监禁。 5. 原判事实清楚，证据确实、充分，只是认定罪名不当的，可以改变罪名，但不得加重刑罚或者对刑罚执行产生不利影响。 6. 同案审理的案件，只有部分被告人上诉的，既不得加重上诉人的刑罚，也不得加重其他同案被告人的刑罚
发回重审中的不加刑	1. 被告人或者其法定代理人、辩护人、近亲属提出上诉，检察院未提出抗诉的案件，第二审法院发回重新审判后，除有新的犯罪事实且检察院补充起诉的以外，原审法院不得加重被告人的刑罚。 2. 对第 1 点所述案件，原审法院对上诉发回重新审判的案件依法作出判决后，检察院抗诉的，第二审法院不得改判为重于原审法院第一次判处的刑罚
刑罚不当的处理	原判判处的刑罚不当、应当适用附加刑而没有适用的，不得直接加重刑罚、适用附加刑。原判判处的刑罚畸轻，必须依法改判的，应当在第二审判决、裁定生效后，依照审判监督程序重新审判

（四）二审程序提起的期限与效力

项目	内容
二审的提起期限	1. 判决 10 日，裁定 5 日。 2. 对于附带民事诉讼的上诉、抗诉期限，应当按刑事部分的上诉、抗诉期限确定。附带民事部分另行审判的，上诉期限也应当按《刑事诉讼法》规定的期限确定。 【注意】被害人及其法定代理人不服地方法院一审的判决，自收到判决书后 5 日以内，有权请求人民检察院提出抗诉。人民检察院自收到被害人及其法定代理人的请求后 5 日内，应当作出是否抗诉的决定并且答复请求人
二审提起的效力	1. 上诉、抗诉都引起二审程序。 2. 上诉、抗诉都能使一审裁判不能马上生效

（五）二审的审理结果

项目		内容
维持原判裁定		1. 一审裁判没有任何错误，二审维持原判； 2. 一审量刑过轻，但受上诉不加刑原则的限制，维持原判
直接改判		1. 应当改判：原判决认定事实没有错误，但适用法律有错误，或者量刑不当的，应当改判； 2. 可以改判：原判决事实不清楚或者证据不足的，可以在查清事实后改判
发回重审裁定	可以发回	原判决事实不清楚或者证据不足的，可以裁定撤销原判，发回原审人民法院重新审判，此情形发回重审只能发回一次
	应当发回	《刑事诉讼法》第 238 条规定，第二审人民法院发现第一审人民法院的审理有下列违反法律规定的诉讼程序的情形之一的，应当裁定撤销原判，发回原审人民法院重新审判： （1）违反本法有关公开审判的规定的； （2）违反回避制度的； （3）剥夺或者限制了当事人的法定诉讼权利，可能影响公正审判的； （4）审判组织的组成不合法的； （5）其他违反法律规定的诉讼程序，可能影响公正审判的

【总结提示】2018 年曾考查过一审的判决，对于二审的判决还没有考过，考生在复习的过程中也要注意针对二审法院如何处理本案的问法：“二审法院应当如何判决本案？”“二审法院处理本案的程序是什么？”……

回答技巧供大家参考：

1. 二审法院应当由审判员组成合议庭进行审理。

2. (1)二审法院应当开庭审理。本案二审程序是检察院抗诉引起的/针对事实、证据有异议上诉引起的/有死刑立即执行情形(视案情而定)，符合应当开庭审理的情形，故二审法院应当开庭审理。

(2)二审法院可以不开庭审理。根据刑事诉讼法的规定，检察院抗诉引起的/针对事实、证据有异议上诉引起的/有死刑立即执行情形的二审程序应当开庭审理，但本案不属于应当开庭审理的三种情形之一，可以不开庭，但应当讯问被告人，听取其他当事人、辩护人、诉讼代理人的意见。

【注意】究竟答(1)还是(2)还要根据具体的案情而定。

3. 二审法院审理时，应当遵循上诉不加刑原则和全面审查原则进行审理。

4. 二审法院应当在 2 个月内审结。

5. 二审法院应当根据审理的情况作出判决：如果事实清楚、证据确实充分，维持原判。如果事实不清、证据不足，可在查清的基础上改判，也可以撤销原判，发回重审(但如果已经以此理由发回过一次，就不能再以此为理由再发回)。程序错误的，应当发回重审。适用法律错误、量刑错误的，应当改判；但受制于上诉不加刑的原则，只能维持原判。

七、死刑复核程序流程

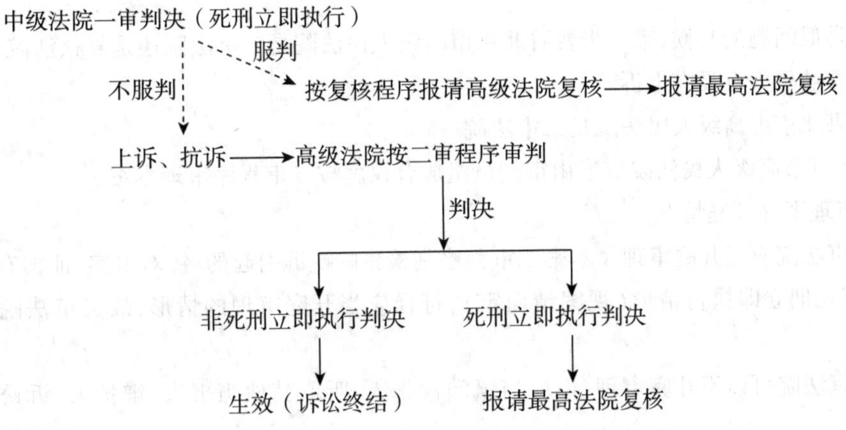

八、死刑复核程序(☆☆☆)

类型	死刑缓期 2 年执行	死刑立即执行
核准法院	高院	最高院

续表

报请程序	中院判处死立执：自动上报，逐级上报，一案一报。 (1)无上诉、抗诉——报请高院复核——高院同意报最高院核准； (2)无上诉、抗诉——报请高院复核——高院不同意——提审或发回重审； (3)无上诉、抗诉——报请高院复核——高院认定事实或引用法律条款有瑕疵但应判决死刑——纠正后核准——报最高院核准； (4)有上诉、抗诉——高院二审——高院同意：维持原判——报最高院核准； (5)有上诉、抗诉——高院二审——高院不同意——改判或发回重审	
复核组成	审判员 3 名	
复核程序	《刑事诉讼法》第 251 条规定：最高人民法院复核死刑案件，应当讯问被告人，辩护律师提出要求的，应当听取辩护律师的意见； 在复核死刑案件过程中，最高人民检察院可以向最高人民法院提出意见。最高人民法院应当将死刑复核结果通报最高人民检察院	
处理结果	1. 裁定核准； 2. 原判认定的某一具体事实或者引用的法律条款等存在瑕疵，但判处被告人死缓并无不当的，可以在纠正后作出核准的判决、裁定； 3. 原判认定事实正确，但适用法律有错误，或者量刑过重的，应当改判； 4. 原判事实不清、证据不足的，可以裁定不予核准，并撤销原判，发回重审或者依法改判； 5. 原审违反法定诉讼程序，可能影响公正审判的，应当裁定不予核准，并撤销原判，发回重审； 6. 高级人民法院复核死缓案件，不得加重被告人刑罚	1. 核准死刑； 2. 应当裁定不予核准，并撤销原判，发回重审； 3. 应当裁定不予核准，并撤销原判，发回重审，必要时也可以改判

【总结提示】死刑复核程序在主观题中命题的方式可能有两种情形：

情形一：北京市第一中级人民法院判处死刑立即执行后，北京市高级人民法院应当如何处理？

在做类似问题的时候，第一步要看北京市高级人民法院是二审法院还是复核法院，判断的依据主要是看被告人有没有上诉。

1. 如果北京市高级人民法院是二审法院

(1)北京市高级人民法院应当由审判员组成合议庭按二审程序审理本案。

(2)审理案件开庭情况：

①二审法院应当开庭审理。本案二审程序是检察院抗诉引起的/针对事实、证据有异议上诉引起的/有死刑立即执行情形（视案情而定），符合应当开庭审理的情形，故二审法院应当开庭审理。

②二审法院可以不开庭审理，但应当讯问被告人，听取其他当事人、辩护人、诉讼代理人的意见。

但是到底按照哪种答案回答，要根据案情具体确定。

(3)二审法院审理时，应当遵循上诉不加刑原则和全面审查原则进行审理。

(4)二审法院应当在 2 个月内审结。

(5)二审法院应当根据审理的情况作出判决：

①如果事实清楚、证据确实充分，维持原判。

②如果事实不清、证据不足,可在查清的基础上改判,也可以撤销原判,发回重审。

③程序错误的,应当发回重审。

④适用法律错误、量刑错误的,应当改判。但受制于上诉不加刑的原则,只能维持原判。

2. 如果北京市高级人民法院是复核法院

北京市高级人民法院应当按复核程序审理本案。如果同意,高级人民法院应当在作出裁定后10日内报请最高人民法院核准。如果不同意,可以发回重审或者按二审程序提审。

情形二:对于死刑立即执行的复核程序,依据报请程序及处理结果进行回答即可得分。比如题目当中告知最高人民法院核准后裁定发回重审,读题确定最高人民法院发回的法院是一审法院还是二审法院,还是没有上诉但是复核过的高级人民法院,根据不同情况对应回答即可。

(1)如果发回的是一审法院(通常是中级人民法院),那就把一审法院如何审判的内容往上套。

(2)如果发回的是二审法院(通常是高级人民法院),那就把二审法院如何审判的内容往上套。

(3)如果发回的是按照复核程序审理过的高级人民法院,即高级人民法院依照复核程序审理后报请最高人民法院核准死刑,最高人民法院裁定不予核准,发回高级人民法院重新审判的,高级人民法院可以依照第二审程序提审或者发回一审法院重新审判。

如果因事实不清发回重审,要看事实不清对定罪量刑的影响程度,如果影响重大的,高级人民法院应当发回一审法院重新审判为宜。

九、审判监督程序(☆☆☆☆☆)

(一)申诉及申诉审查

项目	内容
申诉主体	1. 当事人及其法定代理人、近亲属。 2. 认为已经发生法律效力的判决、裁定侵害其合法权益的案外人。 3. 申诉可以委托律师代为进行
申诉对象	已经发生法律效力的判决、裁定
对申诉的受理	1. 申诉由终审人民法院审查处理。但是,第二审人民法院裁定准许撤回上诉的案件,申诉人对第一审判决提出申诉的,可以由第一审人民法院审查处理。 2. 上一级人民法院对未经终审人民法院审查处理的申诉,可以告知申诉人向终审人民法院提出申诉,或者直接交终审人民法院审查处理,并告知申诉人;案件疑难、复杂、重大的,也可以直接审查处理。 3. 对未经终审人民法院及其上一级人民法院审查处理,直接向上级人民法院申诉的,上级人民法院可以告知申诉人向下级人民法院提出。 4. 对死刑案件的申诉,可以由原核准的人民法院直接审查处理,也可以交由原审人民法院审查。原审人民法院应当写出审查报告,提出处理意见,层报原核准的人民法院审查处理
驳回申诉	1. 申诉人对驳回申诉不服的,可以向上一级人民法院申诉。 2. 上一级人民法院经审查认为申诉不符合《刑事诉讼法》和《刑诉解释》相关规定的,应当说服申诉人撤回申诉。 3. 对仍然坚持申诉的,应当驳回或者通知不予重新审判

【提示】在审判监督程序中,当事人如何申诉也可能会出现在刑诉案例分析题中,问法一般会是"针对此生效判决,当事人如何申诉""此案生效后,当事人申诉的程序要求是什么"等。一定要读懂题,看一下题目有没有说向法院申诉或者是向检察院申诉,如果没有说,那么需要讨论两种情形:

情形一:没有指出向哪个机关申诉的,可以这样回答:

1. 当事人既可以向法院申诉,也可以向检察院申诉。

2. 当事人最晚应当在刑罚执行完毕后2年内提出申诉。

3. 向法院申诉的,应当向终审法院(此处应当根据案情具体化为某某法院)申诉。终审法院应当受理。终审法院驳回申诉的,当事人可以继续向上一级法院申诉。上一级法院应当受理。如果当事人未经终审法院处理而直接向上一级法院申诉,可以告知申诉人向终审法院提出申诉,或者直接交终审法院审查处理,并告知申诉人;案件疑难、复杂、重大的,也可以直接审查处理。

4. 当事人向检察院申诉的,应当向终审法院的同级检察院(此处应当根据案情具体化为某某检察院)提出申诉。该检察院驳回申诉的,可以继续向它的上一级检察院申诉。上一级检察院应当受理。当事人直接向上一级检察院申诉的,上一级检察院可以交由作出生效判决、裁定的法院的同级检察院受理;案情重大、疑难、复杂的,上一级检察院可以直接受理。

情形二:明确指出向哪个机关申诉的,在前一种情形的1、2基础上,在3、4中选一个对应回答即可。

(二)提起审判监督程序的主体(《刑事诉讼法》第254条)

项目	内容
法院	1. 本院院长+审判委员会:各级人民法院院长对本院已经发生法律效力的判决和裁定,如果发现在认定事实上或在适用法律上确有错误,必须提交审判委员会处理。决定由本院来审。 2. 最高人民法院、上级人民法院: (1)最高人民法院对各级人民法院已经发生法律效力的判决和裁定,上级人民法院对下级人民法院已经发生法律效力的判决和裁定,如果发现确有错误,有权提审或者指令下级人民法院再审。 (2)上级人民法院指令下级人民法院再审的,一般应当指令原审人民法院以外的下级人民法院审理;由原审人民法院审理更有利于查明案件事实、纠正裁判错误的,可以指令原审人民法院审理
检察院	最高人民检察院对各级人民法院已经发生法律效力的判决和裁定,上级人民检察院对下级人民法院已经发生法律效力的判决和裁定,如果发现确有错误,有权按照审判监督程序向同级人民法院提起抗诉

【提示】对提起审判监督程序主体进行命题,一般的问法是"生效裁判确有错误如何纠正?""生效裁判确有错误如何处理?"等。一定要读懂题,看题目有没有告诉你纠正的主体或者处理的主体是哪个。如果题目当中没有指明主体,那么法院和检察院都要回答。

情形一:没有指明具体纠正主体的。

1. 法院和检察院有权启动再审程序对该生效裁判予以纠正。

2. 就法院而言,要区分是终审法院还是终审法院的上级法院。如果是终审法院,针对本院的生效裁判,由院长提交审判委员会讨论决定,从而启动再审程序予以纠正。启动后,终审法院只能自己另行组成合议庭进行再审。

情形二:指明主体是法院的。

1. 如果是终审法院的上级法院,则某某法院(写出具体的法院名称)可以直接决定再审。某某法院决定再审的,可以提审也可以指令下级法院再审。

2. 如果提审,某某法院应当按二审程序组成合议庭进行审理,所作裁判即终审裁判,不得上诉、抗诉。如果指令下级法院再审,一般应当指令原审法院(把原审法院指出来)以外的下级法院再审。

3. 如果指令原审法院更有利于查明案件事实真相、纠正错误,也可以指令原审法院再审,但原审法院应当另行组成合议庭。

情形三:指明主体是检察院的。

某某检察院可以提起抗诉的方式启动再审。最高人民检察院对各级人民法院已经发生法律效力的判决和裁定,上级人民检察院对下级法院已经发生法律效力的判决和裁定,如果发现确有错误,有权按照审判监督程序向同级人民法院提起抗诉。

(三)再审的审理程序

项目	内容
审判组织	由原审人民法院审理的,应当另行组成合议庭进行
审判级别	原来是一审,按照一审;原来是二审,按照二审;提审一律按二审
再审决定书	对决定依照审判监督程序重新审判的案件,人民法院应当制作再审决定书(《刑诉解释》第464条)
再审对原裁判执行的影响	再审期间不停止原判决、裁定的执行,但被告人可能经再审改判无罪,或者可能经再审减轻原判刑罚而致刑期届满的,可以决定中止原判决、裁定的执行,必要时,可以对被告人采取取保候审、监视居住措施
应当开庭审理的情形	1. 依照第一审程序审理的; 2. 依照第二审程序需要对事实或者证据进行审理的; 3. 人民检察院按照审判监督程序提出抗诉的; 4. 可能对原审被告人加重刑罚的; 5. 有其他应当开庭审理情形的
再审不加刑	除人民检察院抗诉的以外,再审一般不得加重原审被告人的刑罚。再审决定书或者抗诉书只针对部分原审被告人的,不得加重其他同案原审被告人的刑罚
特殊情形	原审被告人(原审上诉人)收到再审决定书或者抗诉书后下落不明或者收到抗诉书后未到庭的,人民法院应当中止审理;原审被告人(原审上诉人)到案后,恢复审理;超过2年仍查无下落的,应当裁定终止审理
强制措施	人民法院决定再审的案件,需要对被告人采取强制措施的,由人民法院依法决定;人民检察院提出抗诉的再审案件,需要对被告人采取强制措施的,由人民检察院依法决定
再审审限	人民法院按照审判监督程序重新审判的案件,应当在作出提审、再审决定之日起3个月以内审结,需要延长期限的,不得超过6个月
再审中的撤诉	1. 法院审理检察院抗诉的再审案件,检察院在开庭审理前撤回抗诉的,应当裁定准许。 2. 法院审理申诉人申诉的再审案件,申诉人在审理期间撤回申诉的,可以裁定准许;但认为原判决错误的,应当不予准许,继续按照再审案件审理

第十二讲 执行程序

一、执行机关及执行种类

执行机关	执行种类
人民法院	死刑立即执行、罚金、没收财产、无罪、免除刑罚
监狱	死刑缓期 2 年执行、无期徒刑、有期徒刑（剩余刑期超过 3 个月的），由公安机关送交监狱执行
公安机关	有期徒刑（余刑不足 3 个月的，由看守所执行）、拘役、剥夺政治权利、驱逐出境
未成年犯管教所	未成年犯被判处刑罚的
社区矫正机构	管制、宣告缓刑、假释或者暂予监外执行

二、财产型执行（☆☆）

项目	内容
执行主体	1. 一审法院负责裁判执行。被执行的财产在异地的，可以委托财产所在地的同级法院代为执行。 2. 对于没收财产，必要的时候，可以会同公安机关执行
罚金刑	被判处罚金的罪犯，期满不缴纳的，人民法院应当强制缴纳；由于遭遇不能抗拒的灾祸缴纳确实有困难的，经人民法院裁定，可以延期缴纳、酌情减少或者免除罚金
没收财产	判决生效后，法院应当立即执行
执行措施	可先行查封、扣押和冻结（为防止没收财产判决执行前罪犯转移财产）
执行顺序	1. 被判处罚金或者没收财产，同时又承担附带民事诉讼赔偿责任的，应先履行对被害人的民事赔偿责任。 2. 判处财产刑之前被执行人所负正当债务，应当偿还的，经债权人请求，先行予以偿还
执行异议	案外人对被执行财产提出权属异议的，人民法院应当审查并参照民事诉讼法的有关规定处理

三、社区矫正(☆)

项目	内容
执行地的确定	1. 社区矫正决定机关判处管制、宣告缓刑、裁定假释、决定或者批准暂予监外执行时应当确定社区矫正执行地。 2. 社区矫正执行地为社区矫正对象的居住地。社区矫正对象在多个地方居住的,可以确定经常居住地为执行地。 3. 社区矫正对象的居住地、经常居住地无法确定或者不适宜执行社区矫正的,社区矫正决定机关应当根据有利于社区矫正对象接受矫正、更好地融入社会的原则,确定执行地。 4. 社区矫正决定机关,是指依法判处管制、宣告缓刑、裁定假释、决定暂予监外执行的人民法院和依法批准暂予监外执行的监狱管理机关、公安机关
适用对象	对被判处管制、宣告缓刑、假释和暂予监外执行的罪犯,依法实行社区矫正
电子定位	1. 社区矫正对象有下列情形之一的,经县级司法行政部门负责人批准,可以使用电子定位装置,加强监督管理: (1)违反人民法院禁止令的。 (2)无正当理由,未经批准离开所居住的市、县的。 (3)拒不按照规定报告自己的活动情况,被给予警告的。 (4)违反监督管理规定,被给予治安管理处罚的。 (5)拟提请撤销缓刑、假释或者暂予监外执行收监执行的。 2. 前述规定的使用电子定位装置的期限不得超过3个月。对于不需要继续使用的,应当及时解除;对于期限届满后,经评估仍有必要继续使用的,经过批准,期限可以延长,每次不得超过3个月。 3. 社区矫正机构对通过电子定位装置获得的信息应当严格保密,有关信息只能用于社区矫正工作,不得用于其他用途
教育帮扶	1. 社区矫正机构根据需要,对社区矫正对象进行法治、道德等教育,增强其法治观念,提高其道德素质和悔罪意识。 2. 对社区矫正对象的教育应当根据其个体特征、日常表现等实际情况,充分考虑其工作和生活情况,因人施教

四、监外执行(☆☆☆)

项目	内容
适用对象	被判处有期徒刑或者拘役,无期徒刑的罪犯
使用主体	1. 交付执行前:交付执行的法院。 2. 交付执行后:监狱提出意见——省级以上监狱管理机关批准;看守所提出意见——设区的市一级以上公安机关批准
收监情况	1. 收监的法定情形: (1)发现不符合暂予监外执行条件的; (2)严重违反有关暂予监外执行监督管理规定的; (3)暂予监外执行的情形消失后,罪犯刑期未满的。 2. 决定主体:对于法院决定暂予监外执行的罪犯应当予以收监的,由法院作出决定。 3. 收监的程序:法院、公安机关对暂予监外执行的社区矫正对象决定收监执行的,由公安机关立即将社区矫正对象送交监狱或者看守所收监执行

第十三讲 特别程序

一、未成年刑事诉讼程序(☆☆☆)

未成年人刑事案件遵循的原则	教育为主,惩罚为辅	对犯罪的未成年人实行教育、感化、挽救的方针,坚持教育为主、惩罚为辅的原则
	分案处理	对被拘留、逮捕和执行刑罚的未成年人与成年人应当分别关押、分别管理、分别教育
	审理不公开	审判的时候被告人不满18周岁的案件,不公开审理
	社会调查制度	公安机关、人民检察院、人民法院办理未成年人刑事案件,根据情况可以对未成年犯罪嫌疑人、被告人的成长经历、犯罪原因、监护教育等情况进行调查,调查报告可以作为检察院、法院办案和教育的参考
	犯罪记录封存	犯罪的时候不满18周岁,被判处5年有期徒刑以下刑罚的,应当对相关犯罪记录予以封存
程序的特殊规定	法定代理人、其他合适成年人到场	1. 对于未成年人刑事案件,在讯问和审判的时候,应当通知未成年犯罪嫌疑人、被告人的法定代理人到场。无法通知、法定代理人不能到场或者法定代理人是共犯的,也可以通知未成年犯罪嫌疑人、被告人的其他成年亲属,所在学校、单位、居住地基层组织或者未成年人保护组织的代表到场,并将有关情况记录在案。 2. 到场的法定代理人可以代为行使未成年犯罪嫌疑人、被告人的诉讼权利。 3. 到场的法定代理人或者其他人员认为办案人员在讯问、审判中侵犯未成年人合法权益的,可以提出意见。讯问笔录、法庭笔录应当交给到场的法定代理人或者其他人员阅读或者向他宣读。 4. 讯问女性未成年犯罪嫌疑人,应当有女工作人员在场。 5. 审判未成年人刑事案件,未成年被告人最后陈述后,其法定代理人可以进行补充陈述。 6. 询问未成年被害人、证人,适用上述第1、2、3点的规定
	审查起诉	检察院办理未成年人与成年人共同犯罪的案件,一般应当对未成年人与成年人分案办理、分别起诉。不宜分案处理的,应当对未成年人采取隐私保护、快速办理等特殊保护措施
	不公开审理	1. 审判时被告人不满18周岁的案件,不公开审理。 2. 经过未成年被告人及其法定代理人同意,未成年被告人所在学校和未成年人保护组织可以派代表到场。 3. 审理涉及未成年人的刑事案件,不得向外界披露该未成年人的姓名、住所、照片以及可能推断出该未成年人身份的其他资料

续表

程序的特殊规定	审理要求	1. 被告人是未成年人的,不适用速裁程序。 2. 适用简易程序审理的,应当征求未成年被告人及其法定代理人、辩护人的意见。 3. 审理可能判处5年以下有期徒刑或者过失犯罪的未成年刑事案件,可以采取适合未成年特点的方式设置法庭席位
	强制法律援助	未成年犯罪嫌疑人、被告人没有委托辩护人的,人民法院、人民检察院、公安机关应当通知法律援助机构指派律师为其提供辩护
附条件不起诉	适用条件	未成年人涉嫌《刑法》分则第四、五、六章规定的犯罪,可能判1年以下刑罚,符合起诉条件,但有悔罪表现的,检察院可以作出附条件不起诉的决定。 【注意】检察院在作出附条件不起诉的决定以前,应当听取公安机关、被害人的意见,并制作笔录附卷
	对附条件不起诉的救济	1. 对附条件不起诉的决定,公安机关可以提出复议和复核。 2. 被害人对检察院对未成年犯罪嫌疑人作出的附条件不起诉的决定和考验期满的不起诉的决定,可以向上一级检察院申诉,不可以向法院起诉。 3. 未成年犯罪嫌疑人及其法定代理人对检察院决定附条件不起诉有异议的,检察院应当作出起诉的决定
	考验	1. 在附条件不起诉的考验期内,由人民检察院对被附条件不起诉的未成年犯罪嫌疑人进行监督考察。未成年犯罪嫌疑人的监护人,应当对未成年犯罪嫌疑人加强管教,配合人民检察院做好监督考察工作。 2. 附条件不起诉的考验期为6个月以上1年以下,从人民检察院作出附条件不起诉的决定之日起计算。 3. 被附条件不起诉的未成年犯罪嫌疑人,应当遵守下列规定: (1)遵守法律法规,服从监督; (2)按照考察机关的规定报告自己的活动情况; (3)离开所居住的市、县或者迁居,应当报经考察机关批准; (4)按照考察机关的要求接受矫治和教育; 4. 人民检察院可以要求被附条件不起诉的未成年犯罪嫌疑人接受下列矫治和教育: (1)完成戒瘾治疗、心理辅导或者其他适当的处遇措施; (2)向社区或者公益团体提供公益劳动; (3)不得进入特定场所,与特定的人员会见或者通信,从事特定的活动; (4)向被害人赔偿损失、赔礼道歉等; (5)接受相关教育; (6)遵守其他保护被害人安全以及预防再犯的禁止性规定
	起诉	被附条件不起诉的未成年犯罪嫌疑人,在考验期内有下列情形之一的,人民检察院应当撤销附条件不起诉的决定,提起公诉: 1. 实施新的犯罪的; 2. 发现决定附条件不起诉以前还有其他犯罪需要追诉的; 3. 违反治安管理规定,造成严重后果,或者多次违反治安管理规定的; 4. 违反有关附条件不起诉的监督管理规定,造成严重后果,或者多次违反有关附条件不起诉的监督管理规定的
	不起诉	在考验期内没有上述情形,考验期满的,检察院应当作出不起诉的决定

二、当事人和解的公诉案件诉讼程序(☆☆)

适用条件	下列公诉案件,犯罪嫌疑人、被告人真诚悔罪,通过向被害人赔偿损失、赔礼道歉等方式获得被害人谅解,被害人自愿和解的,双方当事人可以和解: 1. 因民间纠纷引起,涉嫌《刑法》分则第四章、第五章规定的犯罪案件,可能判处3年有期徒刑以下刑罚的。 2. 除渎职犯罪以外的可能判处7年有期徒刑以下刑罚的过失犯罪案件。犯罪嫌疑人、被告人在5年以内曾经故意犯罪的,不适用本章规定的程序
和解的对象	双方当事人可以就赔偿损失、赔礼道歉等民事责任事项进行和解,并且可以就被害人及其法定代理人或者近亲属是否要求或者同意公安机关、检察院、法院对犯罪嫌疑人依法从宽处理进行协商,但不得对案件的事实认定、证据采信、法律适用和定罪量刑等依法属于公检法职权范围的事宜进行协商
和解主体	1. 符合《刑事诉讼法》第288条规定的公诉案件,被害人死亡的,其近亲属可以与被告人和解。近亲属有多人的,达成和解协议,应当经处于最先继承顺序的所有近亲属同意。 被害人系无行为能力或者限制行为能力人的,其法定代理人、近亲属可以代为和解。 2. 被告人的近亲属经被告人同意,可以代为和解。 3. 被告人系限制行为能力人的,其法定代理人可以代为和解。 4. 被告人的法定代理人、近亲属依照前述第2、3点所述代为和解的,和解协议约定的赔礼道歉等事项,应当由被告人本人履行
不同阶段达成和解协议的处理	1. 和解适用于侦查、起诉与审判三个阶段。 2. 达成和解协议的案件,公安司法机关的处理方式如下: (1)对于达成和解协议的案件,公安机关可以向人民检察院提出从宽处理的建议。人民检察院可以向人民法院提出从宽处罚的建议;对于犯罪情节轻微,不需要判处刑罚的,可以作出不起诉的决定。人民法院可以依法对被告人从宽处罚。 (2)对达成和解协议的案件,人民法院应当对被告人从轻处罚;符合非监禁刑适用条件的,应当适用非监禁刑;判处法定最低刑仍然过重的,可以减轻处罚;综合全案认为犯罪情节轻微不需要判处刑罚的,可以免予刑事处罚。 3. 共同犯罪案件,部分被告人与被害人达成和解协议的,可以依法对该部分被告人从宽处罚,但应当注意全案的量刑平衡
和解后反悔处理	1. 当事人在不起诉决定作出之前反悔的,可以另行达成和解。不能另行达成和解的,检察院应当依法作出起诉或者不起诉决定。 2. 和解协议已经全部履行,当事人反悔的,法院不予支持,但有证据证明和解违反自愿、合法原则的除外

三、缺席审判程序(☆☆)

适用条件	1. 对于贪污贿赂犯罪案件,以及需要及时进行审判,经最高人民检察院核准的严重危害国家安全犯罪、恐怖活动犯罪案件,犯罪嫌疑人、被告人在境外,监察机关、公安机关移送起诉,人民检察院认为犯罪事实已经查清,证据确实、充分,依法应当追究刑事责任的,可以向人民法院提起公诉。人民法院进行审查后,对于起诉书中有明确的指控犯罪事实,符合缺席审判程序适用条件的,应当决定开庭审判。 2. 因被告人患有严重疾病无法出庭,中止审理超过6个月,被告人仍无法出庭,被告人及其法定代理人、近亲属申请或者同意恢复审理的,人民法院可以在被告人不出庭的情况下缺席审理,依法作出判决

续表

适用条件	3. 被告人死亡的,人民法院应当裁定终止审理,但有证据证明被告人无罪,人民法院经缺席审理确认无罪的,应当依法作出判决。 4. 人民法院按照审判监督程序重新审判的案件,被告人死亡的,人民法院可以缺席审理,依法作出判决
审理组织和管辖法院	对在境外的犯罪嫌疑人、被告人的缺席审判,由犯罪地、被告人离境前居住地或者最高人民法院指定的中级人民法院组成合议庭进行审理
送达	人民法院应当通过有关国际条约规定的或者外交途径提出的司法协助方式,或者被告人所在地法律允许的其他方式,将传票和人民检察院的起诉书副本送达被告人。传票和起诉书副本送达后,被告人未按要求到案的,人民法院应当开庭审理,依法作出判决,并对违法所得及其他涉案财产作出处理
委托或指定辩护	人民法院缺席审判案件,被告人有权委托辩护人,被告人的近亲属可以代为委托辩护人。被告人及其近亲属没有委托辩护人的,人民法院应当通知法律援助机构指派律师为其提供辩护
被告人近亲属救济	1. 人民法院应当将判决书送达被告人及其近亲属、辩护人。被告人或者其近亲属不服判决的,有权向上一级人民法院上诉。辩护人经被告人或者其近亲属同意,可以提出上诉。 2. 人民检察院也有救济权,即人民检察院认为人民法院的判决确有错误的,应当向上一级人民法院提出抗诉
重新审判	1. 审查起诉期间,犯罪嫌疑人自动投案或者被抓获的,人民检察院应当重新审查。 2. 对严重危害国家安全犯罪、恐怖活动犯罪案件报请核准期间,犯罪嫌疑人自动投案或者被抓获的,报请核准的人民检察院应当及时撤回报请,重新审查案件。 3. 在审理过程中,被告人自动投案或者被抓获的,人民法院应当重新审理。 4. 罪犯在判决、裁定发生法律效力后到案的,人民法院应当将罪犯交付执行刑罚。交付执行刑罚前,人民法院应当告知罪犯有权对判决、裁定提出异议。罪犯对判决、裁定提出异议的,人民法院应当重新审理

四、犯罪嫌疑人、被告人逃匿、死亡案件违法所得的没收程序(☆)

适用条件	1. 依照刑法规定应当追缴违法所得及其他涉案财产,且符合下列情形之一的,检察院可以向法院提出没收违法所得的申请: (1)犯罪嫌疑人、被告人实施了贪污贿赂犯罪、恐怖活动犯罪等重大犯罪后逃匿,在通缉1年后不能到案的。 (2)犯罪嫌疑人、被告人死亡。 2. 具有下列情形之一的,应当认定为是"重大犯罪案件": (1)犯罪嫌疑人、被告人可能被判处无期徒刑以上刑罚的。 (2)案件在本省、自治区、直辖市或者全国范围内有较大影响的。 (3)其他重大犯罪案件。 3. 在审理案件过程中,被告人死亡或者脱逃,符合《刑事诉讼法》第298条第1款规定的,人民检察院可以向人民法院提出没收违法所得的申请
申请程序	公安机关认为有前述规定情形的,应当写出没收违法所得意见书,移送人民检察院。人民检察院可以向人民法院提出没收违法所得的申请。 【注意】人民法院在必要的时候,可以查封、扣押、冻结申请没收的财产

第三编 刑事诉讼法

续表

<table>
<tr><td>法院的受理程序</td><td colspan="2">1. 管辖法院：由犯罪地或者犯罪嫌疑人、被告人居住地的中级人民法院组成合议庭审理。
2. 法院的公告：法院应当发出公告。公告期间为6个月。
3. 利害关系人申请参加诉讼：犯罪嫌疑人、被告人的近亲属和其他利害关系人有权申请参加诉讼，也可以委托诉讼代理人参加诉讼。利害关系人申请参加诉讼的，应当在公告期间提出。
【注意】“其他利害关系人”是指对申请没收的财产主张所有权的人</td></tr>
<tr><td>审理方式</td><td colspan="2">1. 开庭审理和不开庭审理。利害关系人参加诉讼的，法院应当开庭审理。没有利害关系人申请参加诉讼的，可以不开庭审理。
2. 利害关系人接到通知后无正当理由拒不到庭，或者未经法庭许可中途退庭的可以转为不开庭审理，但还有其他利害关系人参加的除外</td></tr>
<tr><td>法院的裁定</td><td colspan="2">1. 法院经审理，对经查证属于违法所得及其他涉案财产，除依法返还被害人的以外，应当裁定予以没收。
2. 对不属于应当追缴的财产的，应当裁定驳回申请，解除查封、扣押、冻结措施（《刑事诉讼法》第300条第1款）</td></tr>
<tr><td>审理期限</td><td colspan="2">审理申请没收违法所得案件的期限，参照公诉案件第一审普通程序和第二审程序的审理期限执行</td></tr>
<tr><td>上诉与抗诉</td><td colspan="2">对于法院作出的裁定，犯罪嫌疑人、被告人的近亲属和其他利害关系人或者检察院可以在5日内提出上诉、抗诉</td></tr>
<tr><td rowspan="3">犯罪嫌疑人、被告人到案的处理</td><td>没收违法所得审理过程中到案的</td><td>在审理过程中，在逃的犯罪嫌疑人、被告人自动投案或者被抓获的，人民法院应当终止审理。人民检察院向原受理申请的人民法院提起公诉的，可以由同一审判组织审理</td></tr>
<tr><td>没收违法所得裁定生效到案的</td><td>没收违法所得裁定生效后，犯罪嫌疑人、被告人到案并对没收裁定提出异议，人民检察院向原作出裁定的人民法院提起公诉的，可以由同一审判组织审理。法院经审理，应当按照下列情形分别处理：
1. 原裁定正确的，予以维持，不再对涉案财产作出判决。
2. 原裁定确有错误的，应当撤销原裁定，并在判决中对有关涉案财产一并作出处理</td></tr>
<tr><td colspan="2">【注意】法院生效的没收裁定确有错误的，除前述情形外，应当依照审判监督程序予以纠正。已经没收的财产，应当及时返还；财产已经上缴国库的，由原没收机关从财政机关申请退库，予以返还；原物已经出卖、拍卖的，应当退还价款；造成犯罪嫌疑人、被告人以及利害关系人财产损失的，应当依法赔偿</td></tr>
</table>

五、依法不负刑事责任的精神病人的强制医疗程序（☆☆☆）

适用条件	实施暴力行为，危害公共安全或者严重危害公民人身安全，社会危害性已经达到犯罪程度，但经法定程序鉴定依法不负刑事责任的精神病人，有继续危害社会可能的，可以予以强制医疗
程序的启动方式	1. 公安机关发现精神病人符合强制医疗条件的，应当写出强制医疗意见书，移送人民检察院。 2. 对于公安机关移送的或者在审查起诉过程中发现的精神病人符合强制医疗条件的，人民检察院应当向人民法院提出强制医疗的申请。 3. 人民法院在审理案件过程中发现被告人符合强制医疗条件的，可以作出强制医疗的决定。 【注意】对实施暴力行为的精神病人，在人民法院决定强制医疗前，公安机关可以采取临时的保护性约束措施

续表

审理程序	管辖法院	被申请人实施暴力行为所在地的基层法院；由被申请人居住地的法院审判更为适宜的，可以由被申请人居住地的基层法院管辖
	审判组织	应当组成合议庭审理
	审理方式	开庭审理。但是，被申请人、被告人的法定代理人请求不开庭审理，并经法院审查同意的除外。审理检察院申请强制医疗的案件，应当会见被申请人
	通知法定代理人	人民法院审理强制医疗案件，应当通知被申请人或者被告人的法定代理人到场
	强制法律援助	被申请人或者被告人没有委托诉讼代理人的，法院应当通知法律援助机构指派律师为其提供法律帮助
	审理期限	法院经审理，对于被申请人或者被告人符合强制医疗条件的，应当在1个月以内作出决定
	审理结果（针对检察院申请的情形）	1. 符合强制医疗条件的，应当作出对被申请人强制医疗的决定。 2. 被申请人属于依法不负刑事责任的精神病人，但不符合强制医疗条件的，应当作出驳回强制医疗申请的决定。 3. 被申请人具有完全或者部分刑事责任能力，依法应当追究刑事责任的，应当作出驳回强制医疗申请的决定，并退回人民检察院依法处理
对处理结果不服的复议	被决定强制医疗的人、被害人及其法定代理人、近亲属对强制医疗决定不服的，可以自收到决定书第2日起的5日内向上一级人民法院申请复议。复议期间不停止执行强制医疗的决定	
强制医疗机构的医疗与解除	强制医疗机构应当定期对被强制医疗的人进行诊断评估。对于已不具有人身危险性，不需要继续强制医疗的，应当及时提出解除意见，报决定强制医疗的法院批准。被强制医疗的人及其近亲属有权申请解除强制医疗。 被强制医疗的人及其近亲属申请解除强制医疗的，应当向决定强制医疗的人民法院提出。被强制医疗的人及其近亲属提出的解除强制医疗申请被人民法院驳回，6个月后再次提出申请的，人民法院应当受理（《刑诉解释》第645条）	

主观题小案例

【案例1】被告人阿牛在17周岁的时候犯故意伤害罪，审判的时候已经20周岁。

问题：人民法院能否公开审理本案？

答案参考：能。刑事诉讼法规定被告人审判时已经成年的，应当公开审理。本题阿牛犯罪时17周岁，审判时已经成年，应当公开审理，但本案可能需要进行犯罪记录封存，不得组织人员旁听。

【案例2】未成年人阿毛涉嫌组织同班女同学进行卖淫，阿毛认罪认罚，阿毛的辩护人张博律师对认罪认罚有异议。

问题：对于本案能否适用认罪认罚从宽制度，是否需要签署认罪认罚具结书，能否适用速裁程序？

答案参考：辩护人对认罪认罚有异议，但未成年人本人认罪认罚的，不需要签署认罪认罚具结书。虽然未签署具结书，同样可以对其适用认罪认罚制度从宽处理。未成年人案件不能适用速裁程序。

【案例3】张某因邻里纠纷失手将刘某打死，张某被批准逮捕。

问题：本案能否适用公诉案件和解程序，如果可以，由谁来参加？

答案参考:本案可以适用公诉案件和解程序来处理。因为被害人刘某已经死亡,刘某的近亲属可以与被告人张某和解,张某的近亲属经张某同意,也可以代张某进行和解。

【案例4】若张某因邻里纠纷将刘某打伤,被告人张某和被害人刘某和解。

问题:人民检察院能否因为双方和解而向法院撤回起诉?

答案参考:不能。审判阶段双方和解,法院可以依法对被告人从宽处理。如果在起诉前检察院认为本案犯罪情节轻微,不需要判处刑罚的,可以作出酌定不起诉的决定,但不能作撤诉处理。

【案例5】京州市副市长丁某犯贪污罪,潜逃到新加坡,人民检察院认为犯罪事实已经查清,证据也确实充分,依法应当追究刑事责任,于是向人民法院提起公诉。法院决定缺席审理。经过审理,法院认定丁某构成的并非贪污罪而是合同诈骗罪。

问题:法院应该如何处理?

答案参考:法院应当裁定终止审理。《刑事诉讼法》规定,对于贪污贿赂犯罪案件,以及需要及时进行审判,经最高人民检察院核准的严重危害国家安全犯罪、恐怖活动犯罪案件,犯罪嫌疑人、被告人在境外,监察机关、公安机关移送起诉,人民检察院认为犯罪事实已经查清,证据确实、充分,依法应当追究刑事责任的,可以向人民法院提起公诉。人民法院进行审查后,对于起诉书中有明确的指控犯罪事实,符合缺席审判程序适用条件的,应当决定开庭审判。本案不属于该受案范围。

第十四讲 认罪认罚从宽原则(2023年考查☆☆☆)

概念	认罪认罚从宽原则是在刑事诉讼中,以被追诉人自愿认罪认罚而在实体上和程序上予以从宽处理、处罚的制度。认罪认罚从宽,以自愿认罪、认罚为前提,从宽不仅包括实体上从宽,而且包括在程序上适用较为简化的程序
认罪认罚的把握	1. 主观上: (1)在侦查阶段表现为愿意接受处罚。 (2)在审查起诉阶段表现为接受人民检察院拟作出的起诉或不起诉决定,认可人民检察院的量刑建议,签署认罪认罚具结书。 (3)在审判阶段表现为当庭确认自愿签署具结书,愿意接受刑罚处罚。 2. 客观上【注意】认罚应当结合退赃退赔、赔偿损失、赔礼道歉等因素来考量: (1)犯罪嫌疑人、被告人虽然表示"认罚",却暗中串供,干扰证人作证,毁灭、伪造证据或者隐匿、转移财产,有赔偿能力而不赔偿损失的,则不能适用认罪认罚从宽制度。 (2)犯罪嫌疑人、被告人享有程序选择权,不同意适用速裁程序、简易程序的,不影响"认罚"的认定(《关于适用认罪认罚从宽制度的指导意见》第7条)
从宽	1. 范围:从宽处理包括实体结果的从宽也包括程序上的从宽,例如,可以不予逮捕;轻微刑事案件,人民检察院可以依法作出不起诉决定。 2. 性质:可以从宽不是一律从宽,对犯罪性质和危害后果特别严重、犯罪手段特别残忍、社会影响特别恶劣的犯罪嫌疑人、被告人,认罪认罚不足以从轻处罚的,依法不予从宽处罚。 【注意】从严把握之情形。犯罪嫌疑人虽然认罪认罚,但所犯罪行具有下列情形之一的,提出量刑建议应当从严把握从宽幅度或者依法不予从宽: (1)危害国家安全犯罪、恐怖活动犯罪、黑社会性质组织犯罪的首要分子、主犯。

从宽	(2)犯罪性质和危害后果特别严重、犯罪手段特别残忍、社会影响特别恶劣的。 (3)虽然罪行较轻但具有累犯、惯犯等恶劣情节的。 (4)性侵等严重侵害未成年人的。 (5)其他应当从严把握从宽幅度或者不宜从宽的情形。 3. 与坦白等量刑情节的区分: 对犯罪嫌疑人、被告人具有自首、坦白情节,同时认罪认罚的,应当在法定刑幅度内给予相对更大的从宽幅度。认罪认罚与自首、坦白不作重复评价
侦查阶段	1. 告知犯罪嫌疑人享有的诉讼权利和认罪认罚的法律规定。 2. 把认罪认罚情况记录在案、随案移送
审查起诉阶段	1. 犯罪嫌疑人认罪认罚的,人民检察院应当告知其享有的诉讼权利和认罪认罚的法律规定,保障犯罪嫌疑人的程序选择权。告知应当采取书面形式,必要时应当充分释明。 2. 犯罪嫌疑人自愿认罪,同意量刑建议和程序适用的,应当在辩护人或者值班律师在场的情况下签署认罪认罚具结书。犯罪嫌疑人被羁押的,看守所应当为签署具结书提供场所。具结书应当包括犯罪嫌疑人如实供述罪行,同意量刑建议、程序适用等内容,由犯罪嫌疑人、辩护人或者值班律师签名。 3. 提出量刑建议,并随案移送认罪认罚具结书等材料。 4. 不起诉后返回的处理:犯罪嫌疑人认罪认罚,检察院依法作出酌定不起诉决定后,犯罪嫌疑人返回的,检察院应当进行审查: (1)发现犯罪嫌疑人没有犯罪事实或者符合《刑事诉讼法》第 16 条规定情形之一的,应当撤销原不起诉决定,依法重新作出法定不起诉决定。 (2)犯罪嫌疑人犯罪情节轻微,依照刑法规定不需要判处刑罚或者免除刑罚的,可以维持原不起诉决定。 (3)排除认罪认罚因素后,符合起诉条件的,应当根据案件具体情况撤销原不起诉决定,依法提起公诉
审判阶段	1. 被告人认罪认罚的,审判长应当告知被告人享有的诉讼权利和认罪认罚的法律规定。 2. 审查认罪认罚的自愿性、认罪认罚具结书的真实性、合法性。 3. 对于认罪认罚的案件,法院作出裁判时,一般应当采纳检察院指控罪名和量刑建议。 4. 认罪认罚是使用速裁程序的条件之一
认罪认罚具结书	1. 原则上应当签。 犯罪嫌疑人自愿认罪,同意量刑建议和程序适用的,应当在辩护人或者值班律师在场的情况下签署认罪认罚具结书。 2. 例外可不签。 犯罪嫌疑人认罪认罚,有下列情形之一的,不需要签署认罪认罚具结书: (1)犯罪嫌疑人是盲、聋、哑人,或是尚未完全丧失辨认或控制自己行为能力的精神病人。 (2)未成年犯罪嫌疑人的法定代理人、辩护人对未成年人认罪认罚有异议的。 (3)其他不需要签署认罪认罚具结书的情形。 3. 未成年人案件之特殊规定:(《人民检察院刑事诉讼规则》第 468 条) (1)应当听取辩护人、法定代理人的意见。 (2)签署时须在场,不签也适用认罪认罚从宽。 未成年犯罪嫌疑人认罪认罚的,应当在法定代理人、辩护人在场的情况下签署认罪认罚具结书。法定代理人、辩护人对认罪认罚有异议的,不需要签署具结书。 未成年犯罪嫌疑人的法定代理人、辩护人对认罪认罚有异议而不签署具结书的,不影响从宽处理。 (3)未成年犯罪嫌疑人签署认罪认罚具结书时,其法定代理人应当到场并签字确认。法定代理人无法到场的,合适成年人应当到场签字确认(《关于适用认罪认罚从宽制度的指导意见》第 56 条)

续表

未成年人认罪认罚的特殊规定	1. 未成年犯罪嫌疑人认罪认罚的,检察院应当告知本人及其法定代理人享有的诉讼权利和认罪认罚的法律规定,并依照《刑事诉讼法》第173条的规定,听取、记录未成年犯罪嫌疑人及其法定代理人、辩护人、被害人及其诉讼代理人的意见。 2. 未成年犯罪嫌疑人认罪认罚的,应当在法定代理人、辩护人在场的情况下签署认罪认罚具结书。法定代理人、辩护人对认罪认罚有异议的,不需要签署具结书。 3. 未成年犯罪嫌疑人的法定代理人、辩护人对认罪认罚有异议而不签署具结书的,不影响从宽处理。 4. 法定代理人无法到场的,合适成年人可以代为行使到场权、知情权、异议权等。法定代理人未到场的原因以及听取合适成年人意见等情况应当记录在案

第十五讲　刑事司法协助(☆☆☆)

<table>
<tr><td>受案范围</td><td colspan="2">1. 涉外案件,涉及外国人、无国籍人的案件。
2. 非涉外案件,需要在国外进行的非涉外刑事案件,外国司法机关管辖的,根据国际条约或互惠原则,外国司法机关请求中国司法机关为其提供刑事司法协助的案件</td></tr>
<tr><td>国籍确认</td><td colspan="2">1. 外国人的国籍,根据其入境时持用的有效证件确认,国籍不明的,根据公安机关或者有关国家驻华使领馆出具的证明确认。
2. 国籍无法查明的,以无国籍人对待,在裁判文书中写明"国籍不明"</td></tr>
<tr><td>国民待遇</td><td colspan="2">在刑事诉讼中,外国籍当事人享有我国法律规定的诉讼权利并承担相应义务</td></tr>
<tr><td>辩护代理</td><td colspan="2">外国籍被告人委托律师辩护,或者外国籍附带民事诉讼原告人、自诉人委托律师代理诉讼的,应当委托具有中华人民共和国律师资格并依法取得执业证书的律师</td></tr>
<tr><td>申请旁听</td><td colspan="2">人民法院审理涉外刑事案件,应当公开进行,但依法不应公开审理的除外。公开审理的涉外刑事案件,外国籍当事人国籍国驻华使领馆官员要求旁听的,可以向受理案件的人民法院所在地的高级人民法院提出申请,人民法院应当安排</td></tr>
<tr><td rowspan="2">境外证据</td><td>审查与认定</td><td>1. 公权力机关收集:(审查较为宽松)
有签订的国际条约从国际条约;没有签订的国际条约经人民法院审查,相关证据材料能够证明案件事实且符合《刑事诉讼法》规定的,可以作为证据使用;材料来源不明或者真实性无法确认的,不得作为定案的根据。
2. 当事人提供:(审查非常严格)
有签订的国际条约从国际条约。没有则经历以下流程:第一,该证据材料应当经所在国公证机关证明;第二,经所在国中央外交主管机关或者其授权机关认证;第三,经中华人民共和国驻该国使领馆认证</td></tr>
<tr><td>形式</td><td>控辩双方提供的证据材料涉及外国语言、文字的,应当附中文译本(《刑诉解释》第78条)</td></tr>
<tr><td>域外送达</td><td colspan="2">1. 根据受送达人所在国与中华人民共和国缔结或者共同参加的国际条约规定的方式送达。
2. 通过外交途径送达。
3. 对中国籍当事人,所在国法律允许或者经所在国同意的,可以委托我国驻受送达人所在国的使领馆代为送达。
4. 当事人是自诉案件的自诉人或者附带民事诉讼原告人的,可以向有权代其接受送达的诉讼代理人送达</td></tr>
</table>

续表

域外送达	5. 当事人是外国单位的,可以向其在中华人民共和国领域内设立的代表机构或者有权接受送达的分支机构、业务代办人送达。 6. 受送达人所在国法律允许的,可以邮寄送达;自邮寄之日起满 3 个月,送达回证未退回,但根据各种情况足以认定已经送达的,视为送达。 7. 受送达人所在国法律允许的,可以采取传真、电子邮件等能够确认受送达人收悉的方式送达

主观题小案例

【案例】英国国籍张某芃在中国涉嫌强奸多名妇女,其中还有未成年女孩,现被羁押在北京市某看守所。

问题:在办理该案过程中,是否应当为张某芃提供翻译?如果应当提供翻译而没有提供翻译,所获得的供述能否作为定案依据?

答案参考:办案机关应当为张某芃提供翻译。如果应当提供翻译而没有提供,张某芃的供述不能作为定案依据。

第四编

民　　法

第一讲　民法框架体系

一、民法调整的对象

《民法典》第2条规定："民法调整平等主体的自然人、法人和非法人组织之间的人身关系和财产关系。"故民法的调整对象为平等主体之间的人身关系和财产关系。

（一）平等主体

平等主体，是指民事主体参加民事活动的主体资格平等及在具体的民事法律关系中各方当事人的地位平等。民事主体包括自然人、法人、非法人组织。

实战贴士：

1. 用人单位与其劳动者之间不属于平等关系，其中所涉及的工资等财产关系由劳动法进行调整，不属于我们民法的调整对象。

2. 国家机关一般作为行政主体，参与的一般为行政活动，不受民法调整，但若其参与平等的交易活动中，可成为民事主体。例如，政府部门与商家之间的采购合同就是民事法律关系。

（二）人身关系

民法所调整的人身关系即人格关系与身份关系的合称。

人格关系，是指自然人基于彼此人格或者人格要素而形成的关系。人格要素与自然人人身不可分离、没有直接经济内容，如生命、身体、健康、肖像、名誉、荣誉、隐私等。人格关系不得抛弃和转让，其不仅仅存在于自然人之间，法人、非法人组织享有名称权、名誉权、荣誉权等有限人格权，表明人格权也存在于法人、非法人组织中。

身份关系，是指自然人基于彼此的身份而形成的相互关系，如父母、子女之间的监护关系，兄弟姐妹、祖父母、外祖父母之间的亲属关系。身份关系仅存在于自然人之间，法人、非法人组织之间不具有身份关系。身份关系不得抛弃和转让，但身份关系可以解除。比如，通过离婚解除夫妻关系，通过收养解除生父母子女关系等。

（三）财产关系

财产关系是人们基于财产的支配和交易而形成的社会关系。平等主体之间的财产关系包括支配型财产关系和流转型财产关系。

支配型财产关系表述的是财产归何人所有、归何人利用的状态。支配型财产关系包括两种：

一是对物的支配，民法上称为物权，主要由物权法调整；二是对智力成果的支配，民法上称为知识产权，主要由知识产权法调整。

流转型财产关系表述的是财产在交易中因买卖、租赁、赠与等行为而发生的移转状态，民法上称为债的关系，主要由合同法调整。

二、民法核心考点分布

核心考点	命题方向	考查次数
民事法律行为	可撤销、无效、效力待定	3
撤销权	债权人撤销权、赠与撤销权、债的保全之撤销权	4
代理	表见代理	5
物权变动	动产物权变动、不动产物权变动、标的物风险	8
不当得利	构成要件	1
合同效力	违约责任、预告登记、合同解除	11
善意取得	在无权处分情形下，善意相对人以合理价格购买并完成登记的，即可善意取得不动产所有权	4
买卖不破租赁	次承租人代付租金请求权	2
房屋租赁合同	房屋承租人的优先购买权、买卖不破租赁、转租	3
担保	共同担保、混合担保及清偿顺序	3
抵押	动产抵押、不动产抵押权设立	2
质权	动产质权	2
留置权	债权人留置的动产与债权属于同一法律关系	2
侵权责任	林木致害的过错推定责任、用人单位责任、一般侵权责任、产品责任	4
道路交通事故责任	机动车所有人与使用人不是同一人，发生交通事故的，由机动车使用人承担责任	1

第二讲　民事法律关系与非民事法律关系

一、民事法律关系

民法调整平等主体的自然人、法人和非法人组织之间的人身关系和财产关系		
平等主体	排除行政、经济管理关系	例 1：甲请税务机关退还多缴的个税（×） 例 2：甲因违章经营而被城管没收手推车（×） 例 3：签订阴阳合同而避税 500 万元，税务机关追索欠缴税款（×）
	自然人、法人、非法人	例：民事法律关系的主体即自然人和法人（×）

续表

人身关系	事关伦理	勿将损害人身权产生的损害赔偿关系理解为人身关系 例:被狗咬索赔为人身关系(×)
财产关系	归根结底都是钱的问题	
	法人、非法人组织只发生财产关系,不发生人身关系	

二、非民事法律关系(☆☆)

好意施惠	不产生合同关系,不承担违约责任或缔约过失责任,但背后的侵权行为需要承担侵权责任。 例1:到站提醒失约。 例2:甲对乙说:"如果你考上研究生,我就嫁给你"。 例3:甲对乙说:"我儿子如果考上重点大学,我一定请你喝酒"。 例4:甲应允乙同看演出,但迟到半小时。乙要求甲赔偿损失。 例5:甲对乙承诺,如乙比赛夺冠,乙出国旅游时甲将陪同,后乙果然夺冠,甲失约,乙要求甲承担赔偿责任。 例6:丙对女友书面承诺:"如我在上海找到工作,则陪你去欧洲旅游"。
纯粹经济损失	原则上,受害人不得就纯粹经济损失请求加害人承担侵权责任,但有例外: (1)法律明确规定的情形。 (2)加害人故意给受害人造成纯粹经济损失的。 例:甲听说某公司股票可能大涨,便告诉乙,乙信以为真大量购进,事后该股票大跌,乙要求甲赔偿损失,得不到支持(√)
婚约	不具有法律效力,但以"支付彩礼"为附解除条件的赠与合同,原则上,赠与人不得请求返还已经支付的彩礼。例外: 1. 双方未办理结婚登记手续的; 2. 双方办理结婚登记手续后又离婚,未共同生活的; 3. 婚前给付彩礼,离婚后,给付一方因为给付彩礼而生活困难的
法外空间	日常生活中的许多行为,不属于法律事实 1. 日出、日落、下雨、刮风等自然现象(假设没有出现不可抗力) 2. 散步、读书、学习等不具备法律意义的行为 3. 同学关系、师生关系、同事关系、恋爱关系等 4. 宗教关系(出家的行为不是民事法律事实) 实战贴士:恋爱关系不受民法调整,但是两人结婚以后,感情破裂,双方都有离婚请求权,此时受民法调整

主观题小案例

【案例1】中学生甲(13周岁)每天下午都去篮球场打篮球,顺带买一瓶可乐饮用。乙是拾荒者,以捡垃圾为生,经常在篮球场捡瓶子。一日甲打完篮球后,将装有半瓶可乐的瓶子放在操场上,拿着书包就和同学丙一起离开了球场。乙随后捡走了可乐瓶。

问题:甲的行为是否属于民事法律行为?属于何种民事法律行为?

答案参考:甲的行为属于民事法律行为,属于单方民事法律行为。动产所有权的抛弃系单方民事法律行为。甲虽系限制民事行为能力人(13周岁),但将喝了半瓶的可乐瓶放在操场上离去，以“行为的方式”表明抛弃的意思表示，且该单方民事法律行为合法有效。

【案例2】甲、乙、丙、丁均为资深骑马爱好者，相约去草原骑马。甲提供四匹马，骑行过程中，乙的马被突然出现的野兔惊吓，造成乙受伤。

问题：该责任如何承担？

答案参考：由乙自行承担。根据《民法典》及相关法律规定，自担风险是指受害人自愿参加某种可能发生风险的活动时，除非组织者或其他参加者存在过错，受害人自己承担由此产生的损害后果。本题中，甲、乙、丙、丁四人作为“资深”骑马爱好者，应当预见到骑马属于危险活动，仍“相约”去草原骑马。四人行为属于“自担风险”。乙的马被突然出现的野兔惊吓，属于意外事件，其他三人不存在过错。故甲、丙、丁无须对乙的受伤承担赔偿责任，由乙自行承担。

第三讲　民事法律行为

一、民事行为能力

分类	条件及行为效力
完全民事行为能力人	(1)18周岁以上;(2)16周岁以上的未成年人，以自己劳动收入为主要生活来源的(不包括偶然所得，必须持续收入)，视为完全民事行为能力人
	行为效力：原则上有效 例：16岁便不再上学，以演出收入为主要生活来源，视为完全民事行为能力人√
限制民事行为能力人	8≤X<18;X≥18+不能完全辨认自己行为
	1.独立实施纯获利益的民事法律行为或与其年龄、智力相适应的民事法律行为，有效(纯获利益的行为是指只享受收益，但不承担义务的行为) 例：9岁时受赠1架钢琴，15岁时受赠1把小提琴，均有效√ 2.超出其行为能力的行为若是单方行为，无效；若是双方行为，效力待定，由法定代理人代理或经其法定代理人事前同意、事后追认的，有效 例：小刘9岁时创作小说就对该小说享有著作权，但网络传播权转让合同因其父母明确反对而无效√
无民事行为能力人	不满8周岁的未成年人;8周岁以上完全不能辨认自己行为的成年人
	即使纯获利益的民事法律行为或与其年龄、智力相适应的民事法律行为都必须由其法定代理人代理实施 例：7岁受赠口琴的行为无效，应由其法定代理人代理实施
要点补充	事实行为不启动行为能力制度：无因管理、遗失物拾得、先占、发现埋藏物、发明、创作等均为事实行为，不考虑行为人的意思，依法产生民事法律效果 例：小刘9岁时创作小说就对该小说享有著作权√
	无民事行为能力人、限制民事行为能力人的监护人是其法定代理人
	成年人行为能力不足的认定与恢复决定机关：人民法院

二、民事法律行为成立、有效、生效

<table>
<tr><td>含义</td><td colspan="2">民事主体通过意思表示的方式设立、变更或终止民事法律关系的行为</td></tr>
<tr><td>形式</td><td colspan="2">民事法律行为可以采用书面形式、口头形式或者其他形式;法律、行政法规规定或者当事人约定采用特定形式的,应当采用特定形式</td></tr>
<tr><td>效力形态</td><td colspan="2">主要包括五种:有效、可撤销、效力未定、无效、未生效</td></tr>
<tr><td rowspan="2">成立</td><td>一般成立要件</td><td>当事人、标的、意思表示</td></tr>
<tr><td>特别成立要件</td><td>如实践行为以交付标的物为特别成立要件,包括定金合同、借用合同、自然人民间借贷合同、保管合同、债权到期前的以物抵债合同</td></tr>
<tr><td>有效</td><td colspan="2">1. 行为人具有相应的民事行为能力。
2. 意思表示真实。
3. 不违反法律、行政法规的强制性规定,不违背公序良俗</td></tr>
<tr><td rowspan="2">生效</td><td>实质生效要件</td><td>行为人合格、行为人意思表示真实、行为内容合法</td></tr>
<tr><td>形式要件</td><td>绝大多数情况下,只需要具备实质要件就发生法律效力,但在某些特殊情况下,还需要具备形式要件才能发生效力。如法律、行政法规规定合同办理批准、登记等手续才生效,在一审法庭辩论终结前当事人仍未办理批准手续的,或者仍未办理批准、登记等手续的,人民法院应当认定该合同未生效</td></tr>
<tr><td>成立与生效关系</td><td colspan="2">民事法律行为自成立时生效,但法律另有规定或当事人另有约定除外,包括:
1. 附延缓条件的民事法律行为。
2. 附始期的民事法律行为。
3. 依法需要审批的民事法律行为。
4. 遗嘱行为</td></tr>
<tr><td>有效与生效关系</td><td colspan="2">1. 有效是生效的前提。
2. 有效的民事法律行为,在成立时未必生效</td></tr>
</table>

例1:要约是民事法律行为。【错误。要约是意思表示,但是要约不一定能引发民事法律关系的变动。故要约不是民事法律行为】

例2:建造房屋的行为属于民事法律行为。【错误。建造房屋的行为无须意思表示,属于事实行为】

例3:违约是民事法律行为。【错误。违约行为不需要以意思表示为要素,是事实行为的一种,属于不法行为】

三、无效的民事法律行为(☆☆☆)

特征	1. 国家主动干预,无效的民事法律行为是当然无效、绝对无效的。 2. 不具有可履行性,已经履行的,应当通过返还财产、赔偿损失等方式使当事人的财产恢复到行为成立之前的状态。 3. 自始无效、绝对无效,一旦被确认无效,将产生溯及力

主观题常考无效民事法律行为总结	1. 行为人不具有行为能力的民事法律行为,无民事行为能力人实施的民事法律行为。(包括纯获利益的行为)无效。例:无民事行为能力人独立实施的纯获利益的民事法律行为有效。【错误。无民事行为能力人独立实施的民事法律行为无效,包括纯获利益的民事法律行为】 2. 虚假的民事法律行为,行为人与相对人以虚假的意思表示实施的民事法律行为,由于双方都没有发生该法律效果的真实意思,当然属于无效。例:小强不想露富,于是将自己的一套别墅假托赠与并登记在父亲名下,实际上自己控制着钥匙与房本并一直居住。该赠与行为就属于虚假的民事法律行为,无效。 3. 以合法形式掩盖非法目的,一个行为包括两个意思表示,虚假的意思表示是无效的,隐藏的意思表示如果合法就有效,非法就无效。 4. 恶意串通的民事法律行为,行为人与相对人恶意串通,损害他人合法权益的民事法律行为无效。例:甲对乙享有债权,乙为了躲避债务,将价值 300 万元的房屋以 200 万元的价格卖给知情的第三人丙。乙丙之间合同无效。【注意】恶意串通的主观方面就是为了损害第三方合法权益,若是为了自己得利则不是恶意串通。 【错误。丙在知情的情况下依然购买,其目的在于获得低价购房的好处,而不在于损害甲的利益,所以乙丙之间合同有效,只是甲享有债的保全中的撤销权而已。如果丙并无购买房屋的意愿,而是为了帮助乙逃债,与乙签订虚假的买卖合同,则双方存在恶意串通,乙丙之间合同无效】 5. 内容违法或者违背公序良俗,无效。例:有妇之夫甲委托未婚女乙代孕,约定事成后甲补偿乙 50 万元
无效的后果	1. 未履行的不再履行,已履行的返还(不当得利),不能返还的折价补偿。 2. 无效或撤销后,有过错方向无过错方赔偿,均有过错的,按各自过错承担责任,此处责任的性质为缔约过失责任。 3. 当事人恶意串通,损害国家、集体或第三人利益的,双方当事人已取得和约定取得的财产收归国家所有,或返还给受损的集体、第三人

四、可撤销的民事法律行为(☆☆☆☆☆)

类型	欺诈、胁迫、重大误解、显失公平
特征	1. 意思表示不真实 2. 国家不主动依职权撤销该行为 3. 权利人可以行使撤销权,在撤销之前是有效的 4. 最终效力状态有两种:一种是继续有效且最终有效,另一种是自始无效
欺诈构成要件	1. 具有欺诈的故意 2. 实施了欺诈行为 3. 对方因此陷入或维持错误认识,即欺诈与错误认识之间存在因果关系 4. 对方因错误认识作出不真实的意思表示,即错误认识与作出不真实的意思表示存在因果关系 【提示】只有受欺诈方才有撤销权

续表

胁迫构成要件	1. 一方或第三人(基于胁迫的双重故意)故意预告实施危害,即胁迫可能来自相对人或第三人 2. 受威胁方因此陷入恐惧,即胁迫与恐惧之间存在因果关系 3. 受威胁方因恐惧作出意思表示,即恐惧与意思表示的作出具有因果关系 4. 胁迫具有不正当性,包含四种情形:手段不正当+目的正当;手段正当+目的不正当;手段不正当+目的不正当;手段正当+目的正当,但手段与目的不具有牵连性,两者结合不正当,如"若不把房子租给我,我就举报你犯罪" 例:甲欲与乙签订合同,乙不允,丙持刀相逼于乙,乙无奈遂应允。如果甲对丙的胁迫行为知情,那么乙可以诉请撤销该合同。【正确。第三人实施胁迫行为,使一方在违背真实意思的情况下实施的民事法律行为,受胁迫方有权请求人民法院或者仲裁机构撤销,无论对方是否知道或者应当知道该胁迫行为】 【提示】受胁迫方才有撤销权
重大误解构成要件	1. 基于自己过失的错误认识,即对其所为的民事法律行为的性质、内容和主体等方面有错误认识 2. 基于错误认识而实施了与其真实意思相悖的民事法律行为 3. 因误解所实施的民事法律行为已经或者将要给自己造成重大损失 【提示】双方任何一方均有撤销权
显失公平构成要件	1. 既要求一方利用自己交易经验、经济地位上的优势或对方的不利处境,又要求产生显失公平的不利后果,例如春运期间,把火车站票以坐票的价格出售 2. 权利义务上的不对等须发生在民事法律行为成立时 【提示】受损失方享有撤销权
撤销权除斥期间	1. 自知道或者应当知道撤销事由之日起 1 年或者 90 日(唯有重大误解适用 90 日) 2. 从行为发生之日起 5 年
撤销权的行使方式	向法院、仲裁机构提起诉讼、仲裁,不能私下行使撤销权,因为是否构成欺诈、胁迫、重大误解、显示公平需要由权威中立第三方决断,不能由当事人自行决定

主观题小案例

【案例 1】乙公司以国产牛肉为样品,伪称某国进口牛肉,与甲公司签订了买卖合同,后甲公司得知这一事实。此时恰逢某国流行疯牛病,某国进口牛肉滞销,国产牛肉价格上涨。

问题:乙公司是否有权以欺诈为由主张撤销合同?

答案参考:无权。根据《民法典》第 148 条,一方以欺诈手段,使对方在违背真实意思的情况下实施的民事法律行为,受欺诈方有权请求人民法院或者仲裁机构予以撤销。本案中,乙公司以国产牛肉为样品,伪称某国进口牛肉,构成欺诈,甲公司作为受欺诈方享有撤销权,乙公司作为欺诈方没有撤销权。

【案例 2】甲将其自有房屋卖给乙,双方约定房屋价款为 1000 万元。为了避税,甲、乙双方签订的书面合同载明的价款为 400 万元。

问题:买卖合同效力如何?

答案参考:400 万元的买卖合同无效,价款为 1000 万元的买卖合同有效。根据《民法典》第 146 条,行为人与相对人以虚假的意思表示实施的民事法律行为无效。以虚假的意思表示隐藏的民事法律行为的效力,依照有关法律规定处理。本案中,甲、乙签订的价款为 400 万元的买卖合同系"双方虚假行为",因此无效。但是,价款为 1000 万元的买卖合同系"隐藏行为",该合同无其他效力瑕疵,为有效合同。

【案例3】甲拥有一幅祖传字画，乙意图购买，但屡遭拒绝。甲儿子在丙的公司里工作，丙为了帮助乙买到字画，私自找到甲，以开除其儿子相威胁，要求甲将字画卖给乙。乙对此并不知情。不久，乙再次来找甲购画，甲无奈之下以5万元的价格将字画卖与乙。

问题：甲能否以受到胁迫为由请求撤销合同？

答案参考：能。根据《民法典》第150条，一方或者第三人以胁迫手段，使对方在违背真实意思的情况下实施的民事法律行为，受胁迫方有权请求人民法院或者仲裁机构予以撤销。本案中，丙是第三人，在丙的威胁之下，甲违背自己真实的意愿而与乙签订了买卖合同，属于可撤销的合同。

五、效力待定的民事法律行为（☆☆）

限制民事行为能力人实施的不能独立实施的法律行为	1. 对于限制民事行为能力人实施的与其年龄、智力、健康状况不相适应的行为，法定代理人有追认权。追认权为形成权，可单方决定是追认还是拒绝： （1）追认的意思表示自到达相对人时生效，合同自订立时生效 （2）被代理人已经开始履行合同义务的，视为对合同的追认 2. 相对人的权利有： （1）催告权。无论相对人恶意还是善意，均可催告法定代理人自收到通知之日起1个月内予以追认。法定代理人沉默，视为拒绝追认 （2）撤销权。民事法律行为被追认前，善意相对人可通知撤销
狭义无权代理	无权代理人实施的民事法律行为效力待定。【注意】指的是该合同对被代理人的约束力待定，而非合同本身效力待定。合同在代理人和相对人之间是有效力的，代理人履行不了时，相对人依有效合同追究违约责任
无权处分	1. 当事人一方不得以出卖人在缔约时对标的物无所有权或处分权为由主张合同无效 2. 出卖人因未取得所有权或处分权致使标的物所有权不能转移的，买受人可要求出卖人承担违约责任或要求解除合同并主张损害赔偿 【提示】 1. 结合负担行为、处分行为理解，其中作为负担行为的买卖合同有效，但导致物权变动的处分行为则效力待定 2. 若处分行为被追认，则变成正常买卖，无权处分变成有权处分，买受人取得标的物的权利；若处分行为未被追认，则仍为无权处分，此时如果买受人善意且支付合理对价，在动产交付后，买受人可善意取得标的物的权利

主观题小案例

【案例1】甲委托乙为代理人，为其购买一套公寓，价款应当低于300万元。此后，乙经考查、比较，以甲的名义与丙公司签订400万元的买卖合同。结论：该买卖合同效力待定。

问题：该结论是否正确？

答案参考：正确。代理人没有代理权而实施代理行为的，属于无权代理，代理行为效力待定，经过被代理人追认后才生效。本命题中，甲是被代理人，乙是代理人，乙超越其代理权与丙公司签订400万元的买卖合同，属于无权代理，买卖合同效力待定。

【案例2】甲委托乙代购彩票，明确告知号码，乙擅自变更号码而购买，所购号码中奖。结论：中奖所得应当归甲所有。

问题：该结论是否正确？

答案参考：正确。“乙擅自变更号码而购买”属于越权型无权代理，其所实施的民事法律行为效力待定，经过甲的追认自始有效，法律效果归属于被代理人甲，而非代理人乙。

【案例3】甲、乙签订股权转让合同，约定甲将其对丙公司享有的90%股权转让给乙，乙支付1亿元股权受让款。但是此前甲已将该股权转让给丁。结论：甲、乙间的股权转让合同效力待定。

问题：该结论是否正确？

答案参考：错误。因无权处分订立的买卖合同有效，该规定准用于股权转让合同、互易合同等有偿合同。本命题中，甲将股权转让给丁之后，向乙转让股权，属于无权处分，由此签订的股权转让合同有效。

第四讲　代理、时效、期间

一、代理权滥用与终止

代理权滥用	1. 自己代理，须经被代理人事前同意或者事后追认，才能发生有权代理的效力 2. 双方代理，属于无权代理，须经双方被代理人事前同意或者事后追认，才能发生有权代理的效力 3. 代理人与相对人恶意串通，损害被代理人合法权益的，代理人和相对人应当承担连带责任，代理实施的法律行为无效
代理权终止	1. 法定终止： (1)代理人丧失民事行为能力 (2)被代理人取得或者恢复完全民事行为能力 (3)代理人或者被代理人死亡
	2. 委托终止： (1)代理期间届满或者代理事务完成 (2)被代理人取消委托或者代理人辞去委托 (3)代理人丧失民事行为能力 (4)作为代理人或被代理人的法人、非法人组织终止

主观题小案例

【案例1】甲委托乙购买一套机械设备，但要求以乙的名义签订合同，乙同意，遂与丙签订了设备购买合同。后由于甲的原因，乙不能按时向丙支付设备款。

问题：在乙向丙说明了自己是受甲委托向丙购买机械设备后，丙可以向谁主张支付设备款？

答案参考：丙可以选择要求甲或乙支付设备款。根据《民法典》第926条第2款，受托人因委托人的原因对第三人不履行义务，受托人应当向第三人披露委托人，第三人因此可以选择受托人或者委托人作为相对人主张其权利，但是第三人不得变更选定的相对人。乙的行为属于隐名的间接代理，原则上该买卖合同仅约束乙和丙，但由于甲的原因，乙不能按时向丙支付设备款，乙可以向丙披露被代理人甲，此时丙可以选择向甲或乙请求支付设备款。

【案例2】甲公司业务经理乙长期在丙餐厅签单招待客户，餐费由公司按月结清。后乙因故辞职,月底餐厅前去结账时,甲公司认为,乙当月的几次用餐都是招待私人朋友,因而拒绝支付乙所签单的餐费。

问题:甲公司是否应当付款?

答案参考:应当付款。根据《民法典》第 172 条,行为人没有代理权、超越代理权或者代理权终止后,仍然实施代理行为,相对人有理由相信行为人有代理权的,代理行为有效。乙曾经享有在丙餐厅代理甲公司签单的委托代理权,乙在丙餐厅招待私人朋友并以甲公司名义签单的行为属于无权代理,但由于甲公司并未将乙辞职这一情况及时通知丙餐厅,丙餐厅相信乙仍然享有代理权,系善意且无过失,乙的行为构成表见代理,甲公司应当付款。

【案例 3】甲委托乙订购手机,乙在订购期间身体突发疾病,联系不上甲,为赶上“双十一”优惠,于是委托丙帮忙订购手机,由于乙未交代清楚相关事项,丙不清楚也未再询问,遂以甲的名义向善意的张三购买 1000 部手机,后发现该 1000 部手机型号有误。

问题:请分析其中的法律关系和责任。

答案参考:(1)构成复代理关系,在紧急情况下为了甲的利益,乙有复任权。

(2)丙以甲的名义订立合同,该合同约束的是张三和甲,张三有权要求甲承担合同责任。

(3)甲承担责任后,可以要求委托代理人乙赔偿损失,转委托代理人丙对转委托不明也有过错,丙与乙应承担连带责任。法条依据为《民法典》第 169 条:代理人需要转委托第三人代理的,应当取得被代理人的同意或者追认。转委托代理经被代理人同意或者追认的,被代理人可以就代理事务直接指示转委托的第三人,代理人仅就第三人的选任以及对第三人的指示承担责任。转委托代理未经被代理人同意或者追认的,代理人应当对转委托的第三人的行为承担责任;但是,在紧急情况下代理人为了维护被代理人的利益需要转委托第三人代理的除外。

二、诉讼时效的适用范围

适用范围	适用于请求权,但并非所有都适用,不适用的请求权包括: 1. 请求停止侵害、排除妨碍、消除危险 例:买房后撬锁装修妨碍邻居,排除妨碍不受诉讼时效限制√ 2. 不动产物权和登记的动产物权的权利人请求返还财产不适用,但未登记的动产物权的权利人请求返还财产会受时效限制(登记的动产如汽车、摩托车) 3. 请求支付抚养费、赡养费或者扶养费(因为此种费用带有强烈的道德色彩) 4. 支付存款本金及利息请求权 5. 兑付国债、金融债券以及向不特定对象发行的企业债券本息请求权 6. 基于投资关系产生的缴付出资请求权 7. 业主大会请求业主缴付公共维修基金
期间	1. 普通诉讼时效:(1)3 年(知道或者应当知道权利受到损害以及义务人之日起计算);(2)属于可变期间,可中止、中断(【注意】中止一定发生在诉讼时效最后 6 个月内) 2. 特殊诉讼时效:(1)国际货物买卖合同债权、技术进出口合同债权,4 年;(2)人寿保险的被保险人或受益人向保险人请求支付保险金的诉讼时效为 5 年 3. 权利最长保护期间:(1)20 年(权利受到损害之日起超过 20 年的,不予保护);(2)不变期间,不适用中止、中断
	抵押权行使期间:主债权诉讼时效期间 3 年,抵押权人超越抵押权期间未行使抵押权的,抵押权消灭

续表

诉讼时效期间起算点	分期履行债务	自最后一期履行期限届满之日起计算
	未约定履行期限合同	不能确定履行期限的，从债权人要求债务人履行义务的宽限期届满之日起计算，但债务人明确表示不履行义务的，从债务人明确表示不履行义务之日起计算
	享有撤销权的当事人一方请求撤销合同	1. 享有撤销权的当事人一方请求撤销合同的，应适用 1 年除斥期间的规定 例：当事人请求撤销合同不适用诉讼时效√ 2. 对方当事人对撤销合同请求权提出诉讼时效抗辩的，不予支持，自合同被撤销日起算返还财产、赔偿损失请求权诉讼时效期间
	返还不当得利请求权	一方知道或者应知道不当得利事实及对方当事人之日起计算
	无因管理之债	1. 管理人因无因管理行为产生的给付必要管理费用、赔偿损失请求权的诉讼时效期间，从管理行为结束且管理人知道或者应知道本人之日起计算 2. 本人因不当无因管理行为产生的赔偿损失请求权的诉讼时效期间，从其知道或者应当知道管理人及损害事实之日起计算
	无、限制民事行为能力人对法定代理人请求权	无民事行为能力人或者限制民事行为能力人对其法定代理人的请求权的诉讼时效期间，自该法定代理终止之日起计算
	未成年人遭受性侵害损害赔偿请求权	未成年人遭受性侵害的损害赔偿请求权的诉讼时效期间，自受害人年满 18 周岁之日起计算
	知识产权侵权	超过 3 年，侵权仍在持续并在著作权保护期内的，法院判决停止侵权行为，保护范围从起诉之日起向前推算 3 年
诉讼时效中断	权利人提出要求	1. 直接向对方当事人送交主张权利文书 2. 以发送信件或者数据电文方式主张权利 3. 一方为金融机构，依照法律规定或者当事人约定从对方当事人账户中扣收欠款本息 4. 当事人一方下落不明，对方当事人在国家级或者下落不明的当事人一方住所地的省级有影响的媒体上刊登具有主张权利内容的公告的
	义务人同意履行义务	义务人作出分期履行、部分履行、提供担保、请求延期履行、制定清偿债务计划等承诺或者行为
	权利人提起诉讼或者申请仲裁	申请仲裁、申请支付令、申请破产、申报破产债权、为主张权利而申请宣告义务人失踪或死亡、申请诉前财产保全、申请诉前临时禁令等诉前措施、申请强制执行、申请追加当事人或者被通知参加诉讼、在诉讼中主张抵销、向人民调解委员会或其他调解机构请求调解、向公检法报案或控告等应当认定与提起诉讼具有同等诉讼时效中断的效力
	债权转让与债务承担	1. 债权转让的，应当认定诉讼时效从债权转让通知到达债务人之日起中断 例：债权转让协议生效时中断 × 2. 债务承担情形下，构成原债务人对债务承认的，应当认定诉讼时效从债务承担意思表示到达债权人之日起中断

诉讼时效中断的效力	及于剩余债权	权利人对同一债权中的部分债权主张权利,诉讼时效中断的效力及于剩余债权,但权利人明确表示放弃剩余债权的情形除外 例:乙仅向甲要10万元中的8万元,诉讼时效中断√
	连带主张 连带中断	对连带债权人中的一人诉讼时效中断,对其他连带债权人诉讼时效也中断;对连带债务人中的一人诉讼时效中断,对其他连带债务人诉讼时效也中断 例:甲乙对丙共同侵权,应赔10万元,丙要求甲赔偿8万元,诉讼时效中断√
	代位权诉讼	债权人提起代位权诉讼的,应当认定对债权人的债权和债务人的债权均发生诉讼时效中断的效力 例:乙欠甲8万元,丙欠乙10万元,甲对丙提起代位权诉讼。甲的行为不会导致丙对乙的债务诉讼时效中断×
诉讼时效中止	在诉讼时效期间的最后6个月内,因下列障碍,不能行使请求权的,诉讼时效中止: 1. 不可抗力 2. 无民事行为能力人或者限制民事行为能力人没有法定代理人,或者法定代理人死亡、丧失民事行为能力、丧失代理权 3. 继承开始后未确定继承人或者遗产管理人 4. 权利人被义务人或者其他人控制 5. 其他导致权利人不能行使请求权的障碍 障碍消除后一概补足6个月	
诉讼时效经过的影响	对债权人的影响	1. 权利人丧失胜诉权,并非起诉权。权利人起诉的,法院应受理,在查明后,判决(不是裁定)驳回原告的诉讼请求(不是驳回起诉) 2. 债权人仍享有处分权能,可转让、质押或抛弃该债权 3. 债务人若自愿履行,债权人不构成不当得利
	对债务人的影响	同意履行后不得反悔
	对保证人的影响	1. 主债务诉讼时效期间届满,保证人享有主债务人的诉讼时效抗辩权 2. 诉讼时效届满,主债务人放弃诉讼时效抗辩,保证人仍可援引该抗辩 3. 保证人未主张前述诉讼时效抗辩权,承担保证责任后向主债务人行使追偿权的,人民法院不予支持,但主债务人同意给付的情形除外

三、除斥期间

定义	法律规定或者当事人约定的撤销权、解除权等权利的存续期间,除法律另有规定外,自权利人知道或者应当知道权利产生之日起计算,不适用有关诉讼时效中止、中断和延长的规定。存续期间届满,撤销权、解除权等权利消灭	
诉讼时效与除斥期间的主要区别		
项目	诉讼时效	除斥期间
适用范围	适用于请求权	主要适用于形成权
起算时间	从知道或应知道权利被侵害时	根据法律规定的时间或权利发生的时间
适用条件	届满后,债务人若自愿履行,不能再要求返还	届满后,法院可依职权主动适用有关规定而无须当事人主张
法律后果	届满后被请求人享有抗辩权,不消灭实体权利	届满后该项实体权利消灭
期间可变性	可变期间,可中止、中断、延长	不变期间,不可中止、中断、延长

主观题小案例

【案例】甲的房屋为夫妻共同财产，甲自信妻子李某不会反对其将旧房出卖换大房，事先未将出卖房屋的事情告诉李某。李某知道后表示不同意。但甲还是瞒着李某与乙办理了房屋所有权转移登记。2年后，甲与李某离婚，李某认为当年甲擅自处分夫妻共有房屋造成了自己的损失，要求赔偿。甲抗辩说，赔偿请求权已过诉讼时效。

问题：甲对其妻李某的请求所提出的时效抗辩是否成立？为什么？

答案参考：不成立。根据《民法典》第194条规定，在诉讼时效期间的最后6个月内，因下列障碍，不能行使请求权的，诉讼时效中止：(1)不可抗力；(2)无民事行为能力人或者限制民事行为能力人没有法定代理人，或者法定代理人死亡、丧失民事行为能力、丧失代理权；(3)继承开始后未确定继承人或者遗产管理人；(4)权利人被义务人或者其他人控制；(5)其他导致权利人不能行使请求权的障碍。自中止时效的原因消除之日起满6个月，诉讼时效期间届满。本案中，由于甲与李某双方实行夫妻共同财产制，夫妻关系存续是诉讼时效中止的法定事由，故甲对李某提出的时效抗辩不成立。

第五讲　物权变动

一、基于法律行为的物权变动(☆☆☆☆☆)

(一)基于法律行为的物权变动——不动产

1. 基本原则

不动产物权变动＝有权处分＋法律行为(买卖、抵押等)有效＋办理登记 例：乙若想获得甲房屋的所有权，需进行两步： 第一，甲乙之间签订一房屋买卖合同，此为债权行为； 第二，办理房屋过户登记，进行物权的公示	
基本原则	不动产物权变动，经依法登记，发生效力；未经登记，不发生物权效力
	(1)当事人签订有效合同，若仅"交付房本"，未办理登记的，不发生物权效力 (2)区分原则：当事人签订不动产物权合同，未登记不发生物权效力，但合同效力不受影响 例：甲欲出卖一栋房屋，随即与乙签订合同，约定7日后交付钥匙。次日，甲与丙签订了该房屋的买卖合同，丙当即支付了全部价款，甲将钥匙交付丙。第三日，甲又与丁签订了该房屋的买卖合同，并办理了过户登记。该房屋归谁所有？ 结论：该房屋归丁所有。不动产的所有权要想发生变动，不仅要有买卖合同，还要有物权的公示，即过户登记，未经登记，不能发生物权的变动。虽然乙、丙不能取得房屋所有权，但是甲乙、甲丙之间签订的买卖合同仍然有效。是否公示，只会影响是否产生物权的变动，而不会影响债权的效力。 (3)居住权的设立：合同(或遗嘱)有效＋处分权＋设立登记
房地一体	(1)建筑物转让、互换、出资或者赠与的，占用范围内的建设用地使用权一并处分 (2)建设用地使用权转让、互换、出资或者赠与的，附着的建筑物一并处分

续表

例外	土地承包经营权设立 = 有效法律行为 + 处分权	无须设立登记,仍可对抗第三人
	土地承包经营权互换、转让 = 有效法律行为 + 处分权	未经登记不得对抗善意第三人
	地役权设立 = 有效法律行为 + 处分权 【注意】地役权具有从属性,需役地转让的,地役权随之转让。善意第三人主要指不知情的供役地的受让人	
不动产多重买卖	先登记 > 先交付 > 先付钱 > 合同成立在先	

2. 登记类型

原始登记	使用条件: 不动产所有权、用益物权首次确权登记	法律效力: 未办理的,不得办理其他类型登记
转移登记	使用条件: 不动产权属发生转移的登记	法律效力: 所有权发生转移
更正登记	使用条件: 经权利人、利害关系人申请,对登记名义人书面同意更正或证明登记确有错误的事项予以更正	法律效力: (1)在错误登记之后已经办理了涉及不动产权利处分的登记、预告登记和查封登记的,登记机构不应当予以办理更正登记 (2)更正登记之后以更正登记的内容确定物权的归属和内容
异议登记	使用条件: 登记名义人不同意更正且未办理更正的,将事实上的权利人以及利害关系人对不动产登记簿记载的权利提出的异议记入登记簿	法律效力: (1)利害关系人可申请异议登记,无须现登记人同意 (2)异议登记期间不动产登记簿记载的权利人并未丧失处分权,转让于他人的合同有效,发生物权变动的效力 (3)异议成立时的效力:①如果不动产登记人处分该不动产,性质为无权处分。且因异议人办理了异议登记,可以阻却第三人善意取得。②受让人不能取得经异议登记的不动产上物权时,可追究处分人违约责任 (4)异议不成立时的效力:异议登记不当,造成权利人损害的,权利人可向申请人请求损害赔偿,但不能起诉登记机构请求赔偿 (5)失效:①登记机构予以异议登记,申请人在异议登记之日起15日内不起诉的,异议登记失效;②异议登记失效后不影响真实权利人针对物权归属的起诉权和胜诉权
预告登记	使用条件: 登记名义人不同意更正且未办理更正的,将事实上的权利人以及利害关系人对不动产登记簿记载的权利提出的异议记入登记簿	法律效力: (1)仅适用于买卖房屋或者其他不动产物权 (2)预告登记后,未经预告登记的权利人同意,处分该不动产的,不发生物权效力,但合同债权的效力不因此而受影响 (3)预告登记后,债权消灭或自能进行不动产登记之日起90日内未申请登记的,预告登记失效

主观题小案例

【案例1】甲公司开发了一幢写字楼，于2021年8月8日将其中一层卖给乙公司，约定半年后交房，乙公司于2021年8月9日申请办理了预告登记。2021年9月2日，甲公司因资金周转困难，在乙公司不知情的情况下，以该层楼向银行抵押借款并登记。

问题：现甲公司不能清偿欠款，银行有权要求实现抵押权吗？

答案参考：银行无权要求实现抵押权。根据《民法典》第221条第1款第2句，预告登记后，未经预告登记的权利人同意，处分该不动产的，不发生物权效力。本案中，抵押合同有效，但抵押权没有设立。在乙公司已经办理预告登记的情形下，未经预告登记权利人同意，设定抵押权不发生物权效力，银行无权请求实现抵押权。

【案例2】房地产开发商金地公司以在建房屋为甲设立抵押，并办理了抵押权预告登记。该商品房建好以后，未经甲同意，金地公司又以该房为乙设立抵押权，并办理了抵押登记。后来，甲在约定的时间内办理了抵押登记。

问题：乙就该商品房先于甲受偿吗？

答案参考：乙就该商品房先于甲受偿是错误的。根据《民法典》第221条第1款第2句，预告登记后，未经预告登记的权利人同意，处分该不动产的，不发生物权效力。若办理了预告登记，则未经预告登记权利人的同意，出卖、赠与、抵押该不动产的，不发生物权效力。本案中，没有经过预告登记权利人甲的同意，即使金地公司把房子抵押给乙，乙也无法取得抵押权。

3. 登记对不动产物权变动的意义

登记对抗	(1)动产浮动抵押权，即使登记，也不能对抗在正常经营活动中已支付合理价款并取得抵押财产的买受人 (2)船舶、航空器和机动车 (3)地役权 (4)土地承包经营权互换或转让(限于给本村村民) 农民间转让合同自完成变更登记时起生效 × 转让未经登记不发生效力 ×
登记生效	(1)不动产所有权变动 (2)不动产抵押权、建设用地使用权抵押权变动 (3)无权利凭证的有价证券、基金份额、股权、知识产权出质、应收账款出质

(二)基于法律行为的物权变动——动产

1. 普通动产：交付生效

动产物权变动 = 有权处分 + 法律行为(买卖等)有效 + 完成交付	
含义	动产物权的设立和转让，自交付时发生效力。 判断标准：若案例中涉及名画、图书、瓷器、绿豆、汽车等动产交易的，特别是“一物数卖”情形，需要主动寻找是否“交付”的信息，只有受领交付才能取得所有权。 【注意】 (1)当事人签订了有效的合同，仅是支付价款而未予交付的，不发生物权效力 (2)交付须基于让与人的意思，受让人自行占有不构成交付
	【例外】动产抵押权设立 = 处分权 + 法律行为有效

续表

分类	现实交付		基于卖方意思交付才是交付，否则是偷 例：甲卖画给乙，又卖给丙，乙唆使甲8岁儿子从甲处取画给自己，非现实交付√
	观念交付	简易交付	标的物在订立合同前已为买受人占有，合同生效时间为交付时间。 例：庞某、黄某之间先借用后买卖自行车，简易交付√
		指示交付	存在两个合意，转移标的物所有权或设立质权的合意＋让与返还请求权的合意；转让人与受让人有关转让返还原物请求权的协议生效时间为动产交付时间
		占有改定	(1)先买卖后借用，在占有改定意思表示成立时发生物权变动，非借用完毕才发生物权变动 (2)不能作为设立质权、动产善意取得的交付方式，占有改定的本质是“动权不动物”，没有交付，而质权和动产善意取得需要有交付
	注意		(1)交付的2要素：转移占有＋具有交付的合意→(联想)意思表示2要素：内在发生一定私法效果的意思＋外在明示或默示；占有2要素：空间＋主观 (2)区分是何种交付，关键在于判断交付的合意，现实交付、简易交付均只有一层合意，但指示交付、占有改定都有两层合意，且合意的内容不同 (3)交付转移动产所有权、风险、孳息 例：朱雀公司依约向玄武公司交付小客车，玄武公司取得所有权√ (4)交付地点有约定从约定，无约定： ①需要运输的，货交第一承运人 ②不需要运输的，货交共知地点，无共知地点的，在卖方营业地交货
普通动产多重买卖	先行受领交付>先行支付价款>合同成立在先		

例1：张三将一头耕牛分别卖给了李四、王五、赵六，李四签订合同在先，王五通过受领交付占有了耕牛，赵六已付款，王五对该耕牛享有所有权。【正确】

例2：甲与乙签订玉器买卖合同，约定10日后交货付款；第二天，甲又与丙签订买卖合同，丙当即支付了80%的价款，约定3天后交货；第三天，甲又与丁订立合同，将该玉器卖给丁，并当场交付，但丁仅支付了30%的价款。丙对该玉器享有所有权。【错误。丁已先行受领交付，该动产所有权已交付转移。所以丁取得所有权，丙不能再请求甲交付玉器】

例3：就一普通动产签订数个买卖合同，如果均未交付，那么支付全款的买受人可请求实际履行。【错误。不是支付全款，是先支付价款的买受人可以请求实际履行，这里的“先支付价款”也可以是部分价款】

2. 特殊动产：交付生效＋登记对抗

法条依据	《民法典》第225条规定，船舶、航空器和机动车等的物权的设立、变更、转让和消灭，未经登记，不得对抗善意第三人
三要件	交通工具买卖合同生效，产生债权债务关系(登记不是合同生效要件)
	交付完成，交通工具所有权发生转移，即物权变动(登记不是所有权移转要件)
	交通工具登记，则赋予变动的物权以对抗第三人的效力。 【提示】“善意第三人”仅限于对于该特殊动产享有物权利益的、不知情的第三人

续表

关联:特殊动产的一物多卖	先行受领交付 > 先办理所有权转移登记 > 合同成立在先 【提示】特殊动产没有先支付价款的规则

主观题小案例

【案例 1】张三的一辆轿车分别卖给了李四、王五、赵六,李四签订合同在先,王五占有了该车,赵六已办理过户登记。结论:赵六享有该车的所有权。

问题:该结论是否正确?

答案参考:错误。"一车数卖"系特殊动产多重买卖,交付具有优先于登记的效力,故应支持王五享有所有权。

【案例 2】一车数卖,在数个买卖合同均有效的情况下,其履行顺序为:交付 > 登记 > 支付价款 > 合同成立在先。

问题:该顺序是否正确?

答案参考:错误。履行顺序为:交付 > 登记 > 合同成立在先。特殊动产无支付价款规则。

【案例 3】甲想要转让自己的一辆汽车,3 月 4 日,甲与乙签订合同,乙支付了全部价款,但甲未交付汽车。3 月 8 日,甲与丙签订合同,双方办理了所有权转移登记手续,甲仍未交付汽车。4 月 2 日,甲与丁签订合同,并将汽车交付给丁,但丁一直未支付价款。之后乙、丙、丁因汽车所有权归属发生争议。

问题:法院应判决汽车所有权归谁?

答案参考:丁。根据最高人民法院《关于审理买卖合同纠纷案件适用法律问题的解释》第 7 条,出卖人就同一特殊动产订立多重买卖合同,在买卖合同均有效的情况下,买受人均要求实际履行合同的,顺序如下:(1)先行受领交付的买受人;(2)均未受领交付的,为先行办理所有权转移登记手续的买受人;(3)均未受领交付,也未办理所有权转移登记手续的,为依法成立在先合同的买受人;(4)出卖人将标的物交付给买受人之一,又为其他买受人办理所有权转移登记,已受领交付的买受人请求将标的物所有权登记在自己名下的,法院应予支持。本案中,甲将汽车交付给丁,因此丁取得汽车的所有权,丁有权请求甲办理过户登记。

【案例 4】甲欲出卖自家的房屋,但其房屋现已出租给张某,租赁期还剩余 1 年。甲将此事告知张某,张某明确表示,以目前的房价自己无力购买。

甲的同事乙听说后,提出购买。甲表示愿意但需再考虑细节。乙担心甲将房屋卖与他人,提出草签书面合同,保证甲将房屋卖与自己,甲同意。双方草签了房屋预购合同,后双方签订正式房屋买卖合同。

问题:如甲在预告登记后又与第三人签订房屋买卖合同,该合同是否有效?为什么?

答案参考:合同有效。根据《民法典》第 221 条,当事人签订买卖房屋的协议或者签订其他不动产物权的协议,为保障将来实现物权,按照约定可以向登记机构申请预告登记。预告登记后,未经预告登记的权利人同意,处分该不动产的,不发生物权效力。预告登记后,甲与第三人签订的房屋买卖合同有效,只是不发生物权变动的效力,如果甲不履行,将对第三人承担违约责任。

【案例 5】甲、乙公司于 2010 年 3 月 1 日签订大蒜买卖合同,约定由乙公司代办托运,货交承运人丙公司后即视为完成交付。大蒜总价款为100万元,货交丙公司后甲公司付50万元货款,货到甲公司后再付清余款50万元。2010年4月1日,乙公司按照约定将大蒜交给丙公司,甲公司将50万元大蒜货款汇付给乙公司。按照托运合同,丙公司应在10天内将大蒜运至甲公司。2010年4月5日,甲、丁公司签订以120万元价格转卖大蒜的合同。4月7日因大蒜价格大涨,甲公司又以150万元价格将大蒜卖给戊公司,并指示丙公司将大蒜运交戊公司。4月8日,丙公司运送大蒜过程中,因山洪暴发大蒜全部毁损。戊公司因未收到货物拒不付款,甲公司因未收到戊公司货款拒绝支付乙公司大蒜尾款50万元。

问题:大蒜运至丙公司时,所有权属于谁?为什么?

答案参考:甲公司。根据《民法典》第224条,动产物权的设立和转让,自交付时发生效力,但是法律另有规定的除外。本案中,大蒜为动产,除合同另有约定,以交付作为其所有权转移的标准。甲、乙公司约定,大蒜交给丙公司时视为完成交付,故甲公司是大蒜的所有权人。

二、非基于法律行为的物权变动(☆☆☆)

情形	分析	
法律文书、征收决定	因司法裁判等引起物权变动的,并不属于当事人依法律行为旨在发生物权变动的情形,故不动产无须登记动产无须交付,在相关法律文书发生效力时,即刻引起物权变动的结果	例1:甲乙是夫妻,共有一套房屋,所有权登记在甲名下。2015年2月1日,法院终审判决甲乙离婚,并且判决房屋归乙所有,但并未办理房屋所有权变更登记。该判决为形成判决,不用办理房屋所有权变更登记,乙即享有房屋所有权。 例2:甲乙是夫妻,共有一套房屋,所有权登记在甲名下。2015年2月1日,法院终审判决甲乙离婚,并且判决甲变更不动产登记,但过后甲并未办理。该判决非形成判决,房屋所有权并未发生变动
继承	《民法典》第230条规定,因继承取得物权的,自继承开始时发生效力 【提示】《民法典》删除了"受遗赠"这一情形	
事实行为	《民法典》第231条规定,因合法建造、拆除房屋等事实行为设立或者消灭物权的,自事实行为成就时发生效力	
添附(附合、混合、加工)	1. 归属: (1)有约定,按约定 (2)没有约定或者约定不明的,依照法律规定 (3)法律没有规定的,按照充分发挥物的效用以及保护无过错当事人的原则确定 【提示】归属,《民法典》新增。 2. 救济:因一方当事人的过错或者确定物的归属造成另一方当事人损害的,应当给予赔偿或者补偿(《民法典》新增)	
先占	【构成要件】 1. 先占的客体须为无主动产 2. 先占人须以自主占有的意思占有 3. 先占不得违反法律、法规的禁止性规定	【法律效果】 1. 先占人取得无主动产的所有权 2. 先占属于非基于法律行为的物权变动,属于原始取得 3. 利用或者指示他人先占,先占的无主物归雇主所有,受雇人仅为占有辅助人
特别规定	1. 上述情形发生物权变动,当事人物权受到侵害时,有权行使物权请求权 2. 当事人办理登记之前处分不动产物权的,不发生物权效力	

主观题小案例

【案例】李某继承了父亲的一套房屋，自继承开始时即李某父亲死亡时，物权发生变动，无须办理过户登记，李某即享有该房屋所有权。后李某将该套房屋卖给王某。

问题：请问本案中物权是怎么变动的？

答案参考：根据《民法典》第230条“因继承取得物权的，自继承开始时发生效力”以及《民法典》第209条第1款“不动产物权的设立、变更、转让和消灭，经依法登记，发生效力；未经登记，不发生效力，但是法律另有规定的除外”的规定，李某为该套房屋的所有权人，但进行处分将其卖给第三人时要先把房屋过户到自己名下，此次过户不会发生物权的效力，因为李某在父亲死亡时已经继承该套房屋，取得房屋的所有权。然后再将房屋过户到王某名下，此次过户会发生物权的变动，即王某取得房屋所有权。

三、善意取得

（一）善意取得的构成要件

1. 处分人以自己的名义实施了无权处分。常见的两类：一是未经同意处分他人之物，二是未经同意处分共有之物。值得注意的是，不动产的善意取得通常还需要处分人在无权处分之时具有权利外观。

例1：甲将相机出借给乙使用，乙谎称相机为自己所有，将其转让给不知情的丙。乙构成无权处分。【正确】

例2：甲、乙共同共有一部相机，甲未经乙同意将相机转让给不知情的丙。甲构成无权处分。【正确】

2. 第三人主观上为善意。第三人受让不动产或者动产时，不知转让人无处分权且无重大过失的，应当认定第三人主观上为善意。值得注意的是：第三人受让的方式、动机无关善意的判断。具有下列情形之一的，应当认定不动产受让人知道转让人无处分权：

（1）登记簿上存在有效的异议登记。

（2）预告登记有效期内，未经预告登记的权利人同意。

（3）登记簿上已经记载司法机关或者行政机关依法裁定、决定查封或者以其他形式限制不动产权利的有关事项。

（4）受让人知道登记簿上记载的权利主体错误。

（5）受让人知道他人已经依法享有不动产物权。

真实权利人有证据证明不动产受让人应当知道转让人无处分权的，应当认定受让人具有重大过失。受让人受让动产时，交易的对象、场所或者时机等不符合交易习惯的，应当认定受让人具有重大过失。

3. 第三人以合理价格受让。因此，赠与不能产生善意取得的效果。

例：甲将相机出借给乙使用，乙谎称相机为自己所有，将其赠与不知情的丙。丙不能善意取得相机的所有权。【正确。应当以合理的价格受让】

4. 不动产已经完成登记/动产已经完成交付。在动产交易中，现实交付、简易交付以及指示交付均可产生善意取得的效果,但是占有改定不能产生善意取得的效果。

(二)善意取得的例外情形

1. 占有脱离物不能被善意取得。占有脱离物(盗赃物、遗失物、漂流物、埋藏物、隐藏物等)不能被善意取得。也就是说,如果善意受让人受让之物为占有脱离物,那么即便四个要件均已具备,善意受让人也不能善意取得该物的所有权。因此,行为人无权处分占有脱离物的,权利人有权自知道或者应当知道善意受让人之日起2年内请求返还。如果善意受让人通过拍卖或者从具有经营资质的经营者处购得,那么善意受让人有权请求权利人偿付价款。言外之意乃是如果善意受让人既非通过拍卖亦非从具有经营资质的经营者处购得,那么善意受让人无权请求权利人偿付价款。

2. 基础交易消灭后不能善意取得。具有下列情形之一,善意受让人主张善意取得的,不予支持:

(1)转让合同被认定无效。

(2)转让合同被撤销。

(三)善意取得的法律效果

1. 原所有权消灭,原所有权人不得向新所有权人主张返还原物。

2. 原所有权人可以对无权处分人主张损害赔偿以资救济。

3. 善意取得动产之后,动产之上其他原有权利随之消灭。

主观题小案例

【案例1】甲就其机器设备对乙设定抵押,未办理抵押登记。之后,甲将设备出租给丙使用。丙谎称该物为其所有,以合理价格出卖于主观上为善意的丁,并完成交付。

问题:请问本案中乙的抵押权消灭了吗?

答案参考:本案中乙的抵押权消灭了。《民法典》第311条规定:"无处分权人将不动产或者动产转让给受让人的,所有权人有权追回;除法律另有规定外,符合下列情形的,受让人取得该不动产或者动产的所有权:(一)受让人受让该不动产或者动产时是善意;(二)以合理的价格转让;(三)转让的不动产或者动产依照法律规定应当登记的已经登记,不需要登记的已经交付给受让人。受让人依据前款规定取得不动产或者动产的所有权的,原所有权人有权向无处分权人请求损害赔偿。当事人善意取得其他物权的,参照适用前两款规定。"据此,丙为无权处分,丁依善意取得制度取得设备所有权。丁善意取得后,不知道也不应当知道该机器上存在抵押权,因此,该动产上的原有权利即抵押权归于消灭。

【案例2】甲出国期间将自己的相机放在乙处保管,乙对外声称该相机为自己所有,丙见了想购买,乙拒绝。丙威胁说:"如果不卖,我就将你的裸照公布出去。"乙迫于无奈,将甲的单反以市价卖于丙,并交付(交付时丙不知道该单反为甲所有)。后乙以胁迫为由撤销了与丙的买卖合同。

问题:请问本案中甲可以请求丙返还相机吗?

答案参考:本案中甲可以请求丙返还相机。根据《民法典》第150条:"一方或者第三人以胁迫手段,使对方在违背真实意思的情况下实施的民事法律行为,受胁迫方有权请求人民法院或者仲裁机构予以撤销。"本案中乙可以以胁迫为由撤销与丙的买卖合同,合同被撤销之后可以排除善意取得。所以,本案中甲可以请求丙返还相机。

四、拾得遗失物

<table>
<tr><td rowspan="2">拾得人的义务与权利</td><td>拾得人的义务</td><td>1. 向失主返还原物及其孳息
2. 及时通知失主或者送交公安等有关部门
3. 妥善保管,因为故意或者重大过失导致遗失物毁损、灭失的,拾得人应当承担民事责任</td></tr>
<tr><td>拾得人的权利</td><td>遗失人领取遗失物时应当向拾得人或者有关部门支付保管遗失物的必要费用(不是报酬,而是必要费用)。但是,拾得人侵占遗失物(拒不返还遗失物即为侵占遗失物)的不能请求必要费用。
【提示】如果遗失人发布悬赏广告,拾得人拾得遗失物并且通知失主或者主动送还,那么遗失人应当支付悬赏广告中所承诺的赏金。但是,拾得人仅拾得遗失物,既未通知亦未送还的,遗失人不必支付悬赏广告中所承诺的赏金</td></tr>
<tr><td>遗失物的处理</td><td colspan="2">1. 发布招领公告之日起 1 年内无人认领的,该遗失物归国家所有,国家原始取得所有权,失主的所有权丧失
2. 拾得遗失物法律规则的准用,《民法典》第 319 条规定,拾得漂流物、发现埋藏物、发现隐藏物的,参照适用拾得遗失物的有关规定。法律另有规定的,依照其规定</td></tr>
</table>

主观题小案例

【案例】2010 年 4 月 1 日,乙公司按照约定将绿豆交给丙公司,按照托运合同,丙公司应在 10 天内将绿豆运至甲公司。后绿豆行情暴涨,丙公司以自己名义按 130 万元价格将绿豆转卖给不知情的己公司,并迅即交付,但尚未收取货款。甲公司得知后,拒绝追认丙公司行为,要求己公司返还绿豆。

问题:甲公司是否有权要求己公司返还绿豆?为什么?

答案参考:无权。根据《民法典》第 311 条,无处分权人将不动产或者动产转让给受让人的,所有权人有权追回。除法律另有规定外,符合下列情形的,受让人取得该不动产或者动产的所有权:(1)受让人受让该不动产或者动产时是善意;(2)以合理的价格转让;(3)转让的不动产或者动产依照法律规定应当登记的已经登记,不需要登记的已经交付给受让人。受让人依据前述规定取得不动产或者动产的所有权的,原所有权人有权向无处分权人请求损害赔偿。当事人善意取得其他物权的,参照适用前述规定。本案中,己公司为善意第三人,构成善意取得,甲公司无权要求己公司返还绿豆。

第六讲 所 有 权

一、共有(☆☆)

(一)按份共有

内部关系	对“份额”的认识	1. 按份共有人对共有的不动产或者动产按照其份额享有所有权 2. 按份共有的份额是所有权的份额,而不是共有物的份额 3. 对享有的份额,没有约定或者约定不明确的,按照出资额确定;不能确定出资额的,视为等额享有 4. 共同享有一份所有权,而非几份所有权 5.“份额”是抽象的,基于共有物的整体而享有权利。例如甲乙丙出资比例相同,共同购买三间面积相同的房产,则只有一份所有权,三人对每间房均享有 1/3 的所有权 6. 按份共有人有权自主决定其份额的转让、抵押,无须经其他共有人同意→(区别)共有物的处分
	共有关系不明时对共有关系性质的推定	共有人对共有的不动产或者动产没有约定为按份共有或者共同共有,或者约定不明确的,除共有人具有家庭关系等外,视为按份共有
	共有物管理	共有物管理及费用负担:(1)共有人按照约定管理共有的不动产或者动产;没有约定或者约定不明确的,各共有人都有管理的权利和义务。(2)对共有物的管理费用以及其他负担,有约定的,按照约定;没有约定或者约定不明确的,按份共有人按照其份额负担
	处分或重大修缮	处分共有的不动产或者动产以及对共有的不动产或者动产作重大修缮的,应当经占份额 2/3 以上的按份共有人同意,但共有人之间另有约定的除外 【提示】按份共有是按照份额 2/3 以上,而不是总人数 2/3 以上
	分割	共有人约定不得分割共有的不动产或者动产,以维持共有关系的,应当按照约定,但共有人有重大理由需要分割的,可以请求分割;没有约定或者约定不明确的,按份共有人可以随时请求分割,因分割对其他共有人造成损害的,应当给予赔偿
外部关系	债务承担	因共有的不动产或者动产产生的债权债务: 1. 在对外关系上,共有人享有连带债权、承担连带债务,但法律另有规定或第三人知道共有人不具有连带债权债务关系的除外 2. 除共有人另有约定外,按份共有人按照份额享有债权、承担债务。偿还债务超过自己应当承担份额的按份共有人,有权向其他共有人追偿

(二)共同共有

定义及类型		共同共有人对共有的不动产或者动产共同享有所有权,常见类型:(1)夫妻共同共有;(2)家庭共同共有;(3)合伙财产;(4)遗产分割前,继承人对遗产的共同共有
内部关系	共有物管理	共有物管理及费用负担:(1)共有人按照约定管理共有的不动产或者动产;没有约定或者约定不明确的,各共有人都有管理的权利和义务。(2)对共有物的管理费用以及其他负担,有约定的,按照约定;没有约定或者约定不明确的,共同共有人共同负担
	共有物处分或者重大修缮	处分共有的不动产或者动产以及对共有的不动产或者动产作重大修缮的,应当经全体共同共有人同意,但共有人之间另有约定的除外
	共有财产分割原则	1. 共有人约定不得分割共有的不动产或者动产,以维持共有关系的,应当按照约定,但共有人有重大理由需要分割的,可以请求分割→(联想)形成权 2. 没有约定或者约定不明确的,共同共有人在共有的基础上丧失或者有重大理由需要分割时可以请求分割 3. 因分割对其他共有人造成损害的,应当给予赔偿
外部关系	债务承担	因共有的不动产或者动产产生的债权债务: 1. 在对外关系上,共有人享有连带债权、承担连带债务,但法律另有规定或者第三人知道共有人不具有连带债权债务关系的除外 2. 在共有人内部关系上,除共有人另有约定外,共同共有人共同享有债权、承担债务

主观题小案例

【案例1】对于共有财产,部分共有人主张按份共有,部分共有人主张共同共有,如不能证明财产是按份共有的,应当认定为共同共有。

答案参考:错误。约定不明确的,除共有人具有家庭关系等外,视为按份共有。

【案例2】甲、乙、丙共有一套房屋,其应有部分各为1/3。甲有权独自抵押自己部分的份额,不须经过乙、丙同意。

答案参考:正确。

(三)共有人的优先购买权

按份共有人的优先购买权(共同共有人不存在优先购买权)

适用条件	1. 按份共有人向第三人转让应有份额 【注意】按份共有人转让其享有的共有份额,无须经过其他共有人同意
	2. 须同等条件下,方能主张优先购买

续表

限制	因继承或遗赠导致份额变动,非特别约定,其他共有人不得主张
	共有人之间转让份额,非特别约定,其他共有人不得主张
	依据强制执行程序(拍卖)、破产程序出卖标的物的,其他共有人不得主张
	未在优先购买权行使期间内主张优先购买,或虽主张优先购买,但提出减少转让价款、增加转让人负担等实质性变更要求的,不予支持
	以其优先购买权受到侵害为由,仅请求撤销共有份额转让合同或者认定该合同无效的,不予支持,但可请求损害赔偿
行使期间	有约定时,按照约定行使权利
	无约定时: 1. 转让人向其他按份共有人发出的包含同等条件内容的通知中载明行使期间的,以该期间为准 2. 通知中未载明行使期间,或者载明的期间短于通知送达之日起 15 日的,为 15 日 3. 转让人未通知的,为其他按份共有人知道或者应当知道最终确定的同等条件之日起 15 日 4. 转让人未通知,且无法确定其他按份共有人知道或者应当知道最终确定的同等条件的,为共有份额权属转移之日起 6 个月

主观题小案例

【案例】甲、乙、丙、丁按份共有某商铺,各自份额均为 25%。因经营理念发生分歧,乙将自己的份额转让给戊,未通知甲丙丁。

问题:丙丁可以以优先购买权受到侵害为由,请求认定乙与戊之间的转让合同无效吗?

答案参考:不可以。最高人民法院《关于适用〈中华人民共和国民法典〉物权编的解释(一)》第 12 条规定:"按份共有人向共有人之外的人转让其份额,其他按份共有人根据法律、司法解释规定,请求按照同等条件优先购买该共有份额的,应予支持。其他按份共有人的请求具有下列情形之一的,不予支持:(一)未在本解释第十一条规定的期间内主张优先购买,或者虽主张优先购买,但提出减少转让价款、增加转让人负担等实质性变更要求;(二)以其优先购买权受到侵害为由,仅请求撤销共有份额转让合同或者认定该合同无效。"按份共有人以其优先购买权受到侵害为由,请求撤销共有份额转让合同或者认定该合同无效的,法院不予支持。所以本案中丙丁不可以以优先购买权受到侵害为由,请求认定乙与戊之间的转让合同无效。

二、建筑物区分所有权

主体:业主认定	1. 依法登记取得专有部分所有权的人 2. 通过合法建造、继承、受遗赠或生效文书等取得专有部分所有权的人 3. 基于与建筑单位之间的商品房买卖民事法律行为,已经合法占有该专有部分,但尚未依法办理所有权登记的人

续表

<table>
<tr><td rowspan="17">内容</td><td rowspan="3">专有权</td><td colspan="2">1. 专有权的客体：建筑物内的住宅、经营性用房等专有部分</td></tr>
<tr><td colspan="2">2. 业主行使权利不得危及建筑物的安全，不得损害其他业主的合法权益</td></tr>
<tr><td colspan="2">3. 业主将住宅改变为经营性用房的，应当经有利害关系的业主同意
(1)有利害关系的业主包括：①本栋建筑物内的其他业主；②本栋建筑物之外，能证明其房屋价值、生活质量可能受到不利影响的其他业主
(2)应当经有利害关系业主全体同意，业主不得以多数有利害关系的业主同意来抗辩
(3)业主不得以其改变用途未实际影响其他有利害关系业主而进行抗辩</td></tr>
<tr><td rowspan="4">共有权</td><td rowspan="4">范围</td><td>1. 共有部分包括建筑物专有部分之外的其他部分，如楼梯、电梯、屋顶、地下室等，还包括建筑物的附属建筑物和附属设施，如物业用房、道路、绿地等</td></tr>
<tr><td>2. 小区绿地属于业主共有，但有例外：城镇公共绿地或明示属于个人所有</td></tr>
<tr><td>3. 小区道路属于业主共有，但有例外：城镇公共道路</td></tr>
<tr><td>4. 小区公共场所、公用设施、物业服务用房，属于业主共有，无例外</td></tr>
<tr><td rowspan="10">共同管理权</td><td rowspan="3">小区车库车位的归属与利用</td><td>1. “占用业主共有的道路或者其他场地”用于停放汽车的车位，属于业主共有</td></tr>
<tr><td>2. 规划用于停放汽车的车位、车库的归属，由当事人通过出售、附赠或者出租等方式约定，但应当首先满足业主的需要</td></tr>
<tr><td>3. 小区业主无车位的，开发商不得将车位、车库出租或出卖于业主以外的人</td></tr>
<tr><td rowspan="2">共有部分的义务</td><td>1. 共有部分义务的强制性：不得以放弃权利为由不履行义务</td></tr>
<tr><td>2. 建筑物及其附属设施的费用分摊、收益分配等事项，没有约定的，按照业主专有部分占建筑物总面积的比例确定</td></tr>
<tr><td rowspan="2">附属性</td><td>1. 共有权不得脱离专有部分所有权而独立取得、独立转让、独立抛弃</td></tr>
<tr><td>2. 专有部分所有权转让的，共有权随同转让，其他业主不享有共有人的优先购买权</td></tr>
<tr><td>组织机构</td><td>业主大会与业主委员会</td></tr>
<tr><td>修订提示</td><td>管理机构决定的表决方式：双重多数决(面积 + 人数)
(1)以下事项适用绝对多数决[参与表决专有部分面积 3/4 以上的业主且参与表决人数 3/4 以上的业主同意(大于或等于 3/4)]：
①筹集建筑物及其附属设施的维修资金
②改建、重建建筑物及其附属设施
③改变共有部分的用途或利用共有部分从事经营活动
(2)其他事项均适用相对多数决[两项比例均过半数(大于 1/2)]</td></tr>
<tr><td>决定的法律效力</td><td>对业主的拘束力 + 撤销权
(1)业主大会与业主委员会作出的决定对全体业主有约束力
(2)该决定侵害业主合法权益或者违反法律规定的程序的，受侵害的业主可以在知道或应当知道该决定 1 年内请求人民法院予以撤销</td></tr>
</table>

例 1:王某有一栋两层楼房,在楼顶上设置了一块商业广告牌。后王某将该楼房的第二层出售给张某。张某有权要求拆除广告牌。【错误。王某与张某就这栋两层楼房形成了建筑物区分所有的关系。楼顶属于建筑物区分所有中的共有部分,业主享有共有和共同管理的权利,并有权共享收益。利用共有部分从事经营性活动,应当由参与表决专有部分面积 3/4 以上的业主且参与表决人数 3/4 以上的业主同意。因张某仅占表决比例的 1/2,无权单独决定拆除广告牌】

例 2:甲购买亿科公司开发的某小区房屋一套,双方于 2014 年 4 月 5 日签订合同。亿科公司于 2016 年 4 月 1 日交付房屋,双方于 2017 年 9 月 1 日办理过户登记手续,甲于 2017 年 9 月 1 日取得业主资格。【错误。甲于 2016 年 4 月 1 日已同建设单位签订了购房合同并完成交付,即使尚未登记也可以取得业主资格,但甲于 2017 年 9 月 1 日才取得房屋所有权】

第七讲 用益物权

一、地役权

(一)地役权概述

项目	内容	
定义	1. 地役权人有权按照合同约定,利用他人的不动产,以提高自己的不动产的效益 2. 他人的不动产为供役地,自己的不动产为需役地	
设立	1. 当事人应当采取书面形式订立地役权合同,地役权自地役权合同生效时设立	
	2. 未经登记,不得对抗善意第三人	权利人(地役权人)变动,未登记的地役权不受影响
		义务人(供役地人)变动,未登记的地役权,不得对抗新的受让人,此时地役权仍存在,只是不能向不知情的善意第三人(新的受让人)主张
	3. 地役权的期限由当事人约定,但不得超过土地承包经营权、建设用地使用权等用益物权的剩余期限	
	4. 土地上已设立土地承包经营权、建设用地使用权、宅基地使用权等权利的,未经用益物权人同意,土地所有权人不得设立地役权	
权利	权利流转	地役权不得单独转让。土地承包经营权、建设用地使用权等转让的,地役权一并转让,但合同另有约定的除外
		地役权不得单独抵押。土地承包经营权、建设用地使用权等抵押的,在实现抵押权时,地役权一并转让
		需役地以及需役地上的土地承包经营权、建设用地使用权部分转让时,转让部分涉及地役权的,受让人同时享有地役权(不论是否登记)
		供役地以及供役地上的土地承包经营权、建设用地使用权部分转让时,转让部分涉及地役权的,地役权对受让人具有法律约束力(前提是登记)

续表

项目	内容	
权利	权利取得	土地所有权人享有地役权或者负担地役权的，设立土地承包经营权、宅基地使用权时，该土地承包经营权人、宅基地使用权人继续享有或者负担已设立的地役权，其包括两层含义： 1. 法定取得：土地所有权人享有地役权的，设立土地承包经营权、宅基地使用权时，该土地承包经营权人、宅基地使用权人继续享有已设立的地役权，无论是否登记 2. 法定负担：土地所有权人负担地役权的，设立土地承包经营权、宅基地使用权时，该土地承包经营权人、宅基地使用权人继续负担已设立的地役权，但若未登记，则不能对抗善意受让人 【提示】只规定了土地承包经营权、宅基地使用权须受此限制，建设用地使用权并不包含在内

（二）地役权、相邻关系区别

类别	相邻关系	地役权
属性	不是独立物权	是一种独立的物权
登记	采登记要件主义的，无须登记	必须登记
产生	依法律规定产生	通过当事人缔结合同产生
范围	土地相邻关系、建筑物相邻关系	只限于土地相邻关系
土地位置	主要发生在相互毗邻的土地所有人之间	不以供役地与需役地相邻为必要
权利内容	为相邻不动产所有人、使用人行使对不动产的所有权和使用权提供最低限度的便利利益和容忍义务	当事人自由设定，通常高于相邻关系对土地的利用，但期限不得超过土地承包经营权、建设用地使用权等用益物权的剩余期限
是否有偿	通常是无偿的	一般是有偿的
主要类型	1. 因土地、山岭、森林、草原等自然资源的使用或所有而产生的相邻关系 2. 因宅基地的使用而产生的相邻关系 3. 因用水、排水产生的相邻关系 4. 因修建施工、防险发生的相邻关系 5. 因排污产生的相邻关系 6. 因通风、采光而产生的相邻关系	双方通过约定确定，但有如下限制： 1. 土地上已设立土地承包经营权、建设用地使用权、宅基地使用权等权利的，未经用益物权人同意，土地所有权人不得设立地役权 2. 地役权不得单独转让，地役权不得单独抵押 3. 需役地以及需役地上的土地承包经营权、建设用地使用权部分转让时，转让部分涉及地役权的，受让人同时享有地役权 4. 供役地以及供役地上的土地承包经营权、建设用地使用权部分转让时，转让部分涉及地役权的，地役权对受让人具有法律约束力

主观题小案例

【案例】甲为了能在自己房中欣赏远处风景，便与相邻的乙约定：乙不在自己的土地上建造高层建筑，作为补偿，甲一次性支付给乙4万元。双方未办理地役权的登记。两年后，甲将该房屋转让给丙，同时约定将地役权一并转让给丙；乙将自己的土地使用权转让给不知道土地上有地役权的丁。

问题1:甲、乙之间的约定为有关相邻关系的约定。

答案参考:错误。甲乙双方之间的约定为有偿的地役权约定;相邻关系法定,且为无偿提供。

问题2:丙可禁止丁建高楼,且无须另外对丁进行补偿。

答案参考:错误。供役地本质上是一种"负担",未办理登记,供役地转让的,地役权不得对抗善意第三人,故丁不受地役权约束。

二、土地承包经营权

含义	土地承包经营权,是指土地承包经营权人为从事种植业、畜牧业、林业,对其承包的集体所有或国家所有由农民集体使用的土地所享有的占有、使用和收益的权利 据此可知,土地承包经营权是一种以土地为标的物的用益物权	
权利	设立	1. 土地承包经营权自土地承包经营合同生效时设立 2. 登记机构应当向土地承包经营权人发放土地承包经营权证、林权证等证书,并登记造册,确认土地承包经营权 【注意】 (1)在土地承包经营权"一权二卖"时,因合同生效时即设立土地承包经营权,只要合同没有效力瑕疵,便都取得土地承包经营权,但有登记的土地承包经营权具有优先性 (2)登记机构的登记行为是确权,而非土地承包经营权成立生效要件→未强制登记的价值判断:登记须收费,会抑制农民积极性 (3)未登记,仍可对抗第三人→(联想)基于法律行为的不动产物权变动 (4)即使不发证,也不影响效力
	期间	1. 耕地的承包期:30年→价值判断:春耕秋收,所以时间最短 2. 草地的承包期:30~50年→价值判断:春风吹又生,时间次之 3. 林地的承包期:30~70年
	流转	土地承包经营权人依照法律规定,有权将土地承包经营权互换、转让。未经依法批准,不得将承包地用于非农建设
	继承	土地承包经营权不得继承,但承包收益可以继承。承包收益包括但不限于承包土地上未收割的农作物
		例外:林地承包经营权以及以招标、拍卖、公开协商等方式取得的土地承包经营权可以在承包期内继承→价值判断:若不能继承,将挫伤市场主体积极性
承包方式	家庭承包的承包方是本集体经济组织的农户	
	向集体经济组织以外的主体承包: 1. 仅限于不宜采取家庭承包方式的荒山、荒沟、荒丘、荒滩等农村土地 2. 只能采取招标、拍卖、公开协商等方式承包 3. 应当事先经本集体经济组织成员的村民会议2/3以上成员或2/3以上村民代表的同意,并报乡镇人民政府批准 4. 本集体经济组织成员,在同等条件下行使优先承包权	

续表

调整	承包期内发包人不得调整承包地。例外时调整的条件： 1. 因自然灾害严重毁损承包地 2. 必须经本集体经济组织成员的村民会议2/3以上成员或2/3以上村民代表的同意 3. 报乡镇人民政府和县级人民政府农业农村等行政主管部门批准
例：季大与季小兄弟二人成年后各自立户，季大一直未婚。季大从所在村集体经济组织承包耕地若干。 A. 土地承包经营权自土地承包经营合同生效时设立。【正确】 B. 如季大依法转让其土地承包经营权，则未经变更登记不发生转让的效力。【错误。土地承包经营权的转让采登记对抗制，双方当事人签订的合同生效即可发生转让效力，未经登记，只是不得对抗善意第三人】 C. 如季大死亡，没有其他继承人，则季小可以继承该土地承包经营权。【错误。季大承包的土地为耕地，其死亡后，土地承包经营权消灭，季小不能继承】 D. 如季大死亡，没有其他继承人，则季小可以继承该耕地上未收割的农作物。【正确。承包收益可以作为遗产继承】	

三、建设用地使用权

客体	国有土地
	法定情形下的集体土地，但集体土地仅限于兴办乡镇企业、乡镇村公共设施和公益事业，使用权的取得必须报请有关政府部门批准，且不得转让、出租或抵押
设立	出让：个人和国家签订合同后，办理出让登记，包括招标、拍卖、协议等
	划拨：出于公益目的，申请获批，直接划拨，无偿使用
登记	登记设立：设立建设用地使用权的，应当向登记机构申请建设用地使用权登记。建设用地使用权自登记时设立。登记机构应当向建设用地使用权人发放建设用地使用权证书
	变更登记：建设用地使用权转让、互换、出资或者赠与的，应当向登记机构申请变更登记
	注销登记：建设用地使用权消灭的，出让人应当及时办理注销登记。登记机构应当收回建设用地使用权证书
流转	建设用地使用权人有权将建设用地使用权转让、互换、出资、赠与或者抵押，但法律另有规定的除外
	建设用地使用权转让、互换、出资或者赠与的，附着于该土地上的建筑物、构筑物及其附属设施一并处分
	建筑物、构筑物及其附属设施转让、互换、出资或者赠与的，该建筑物、构筑物及其附属设施占用范围内的建设用地使用权一并处分

四、居住权

含义	权利人按照合同约定，对他人的住宅享有占有、使用的权利，以满足生活居住的需要的用益物权，不同于因租赁、借用或基于亲属关系等形成的居住现象 1. 居住权人为生活居住需要有权对住宅占有、使用 2. 原则上无收益权能，但当事人另有约定或者遗嘱另有特别载明的除外 3. 无转让权能，居住权不能转让、继承

续表

设立	1. 当事人应采用书面形式订立居住权合同	
	2. 居住权无偿设立,但是当事人另有约定的除外	
	3. 应向登记机构申请居住权登记,居住权自登记时设立	
效力	限制	1. 无偿设立,不得转让、继承 2. 设立居住权的住宅不得出租,但当事人另有约定的除外
	消灭	居住权人死亡的,居住权消灭,但当事人另有约定的除外

第八讲 占　有

一、占有的分类

定义	对物在事实上的管领、控制。占有是一种事实,而非权利		
构成要件	空间	有占有的事实,对物产生事实上的支配和控制	
	主观	有占有的主观愿望,但不需要作出占有的意思表示。判断:婴儿佩戴项链,不构成占有;5 岁的小孩对自己捡到的玩具,构成占有	
分类	是否有法律依据	有权占有	有本权的占有,权源包括但不限于: 1. 物权:所有权人、建设用地使用权人、留置权人、质权人的占有→(联想)绝对权 2. 债权:借用人、承租人、保管人、运输人、买受人的占有→(联想)相对权 3. 监护权:替孩子保管财产的父母对财产的占有
		无权占有	欠缺本权的占有,如遗失物拾得人的占有(构成无因管理的除外)、小偷对赃物的占有、无效买卖合同中买受人的占有等
	占有的人数	单独占有	一人对物为占有
		共同占有	数人对同一物为占有
	占有人是否对标的物直接进行事实上的管领	直接占有	直接对物进行事实上的管领和控制,如质权人、承租人、保管人、借用人的占有
		间接占有	虽未直接占有某物,但依据一定的法律关系而对直接占有人享有返还占有请求权,从而间接管领和控制该物。构成要件包括: 1. 具有出租、借用、保管、质押等占有媒介关系 2. 对直接占有人享有返还请求权
		区分价值	1. 关系交付→(联想)交付(种类、限制等)→(联想)登记 2. 物权人行使返还原物请求权的对象包括无权的直接占有人和无权的间接占有人→(联想)无权占有、返还原物请求权

续表

分类	占有人是否以所有的意思进行占有	自主占有	1. 以据为己有的意思而占有 2. 自主占有不以享有所有权为前提→(区别)所有权人的占有 3. 所有人的占有通常为自主占有,小偷的占有、不知买卖合同无效的买受人的占有均为自主占有,但遗失物拾得则要具体区分,侵占遗失物的拾得人的占有就属于自主占有
		他主占有	不具有据为己有的意思而对物进行的占有,为他主占有
	占有人的主观状态	善意占有	占有人不知道也不应当知道缺乏占有的本权而占有,即无权占有人的主观状态为不知情且无怀疑
		恶意占有	占有人明知无占有的权利,或者虽非明知但仍有所怀疑所形成的占有
		区分价值	1. 属于无权占有再分类 2. 关系占有的债权保护 3. 无权占有的善恶之分:注意前后转化
	根据是否基于自我意志而占有	自己占有	占有人自己对物进行管领和控制。辅助占有之外的占有均为自己占有
		辅助占有	1. 基于雇佣、学徒等类似关系,受雇主的“指示”而事实上控制某物。辅助占有不是占有,以雇主(或主人)为占有人 2. 分公司是辅助占有人,但子公司不是→价值判断:分公司不是独立法人,系总公司分支机构
		区分价值	1. 辅助占有人不是占有人,亦不享有占有保护请求权 2. 物权人对辅助占有人不享有返还原物请求权

二、占有的保护

(一)占有推定

占有事实推定	自主占有的推定:占有人不承担证明买卖、租赁等法律行为有效的证明责任,在前述法律行为无效时,也无须承担自己对无效不知情的证明责任
	善意占有的推定:在占有人占有意思内容不明时,推定其以所有的意思为善意的、和平的、公然的占有
	占有人前、后两个时间点对一物为占有时,推定占有人在此时间段内持续占有该物
占有权利推定	在无反证时,法律推定占有人享有其所主张的权利 【注意】基于占有所推定的权利限于“具有占有权能”的权利,排除抵押权,因此占有人不得基于占有而主张自己是抵押权人
	不能基于占有人的占有,推定其随着占有的取得而享有相应债权

(二)占有保护请求权

<table>
<tr><td>定义</td><td>占有的不动产或动产被侵占的,占有人有权请求返还原物,对妨害占有的行为,占有人有权请求排除妨害或消除危险</td></tr>
<tr><td>特征</td><td>1. 不适用诉讼时效→(联想)诉讼时效
2. 不要求加害人有过错
3. 不要求占有人有损失</td></tr>
<tr><td rowspan="5">占有物返还请求权</td><td>占有物被侵占:因他人非法侵占,占有人丧失对该物的管领和控制</td></tr>
<tr><td>请求权人为占有人:包括直接占有人和间接占有人,但不包括辅助占有人</td></tr>
<tr><td>被请求人为物的现实侵占人:如果侵占人已丧失对该物的管领和控制且无法恢复,将出现恢复不能</td></tr>
<tr><td>须在发生侵占之日起 1 年内行使[除斥期间,即使在该除斥期间内没有行使返还原物请求权,占有人仍可依照实体权利(如所有权)提出返还请求]</td></tr>
<tr><td>因侵占或妨害造成损害的,占有人有权请求损害赔偿</td></tr>
<tr><td>排除妨害请求权</td><td rowspan="2">与妨害或者危险的持续状态有关。如果妨害或者危险的持续状态已消失,则不存在提请排除妨害请求权、消除危险请求权的必要;若因侵占或者妨害造成损害,占有人有权请求损害赔偿,而该项损害赔偿请求权应受 3 年普通诉讼时效的限制;如果妨害或者危险持续发生,那么排除妨害请求权、消除危险请求权不受时效限制</td></tr>
<tr><td>消除危险请求权</td></tr>
</table>

对比

项目	返还原物请求权	占有返还请求权
请求权人	须为物权人	须为占有人
构成要件	相对人为无权占有人	占有人的占有被“侵夺”,无“侵夺”则无占有返还请求权
被请求的对象	现时的无权占有人	占有的侵夺人及其继受人,即使对有权占有人亦可行使占有返还请求权
权利行使期限	不适用诉讼时效及除斥期间	适用 1 年的除斥期间,应自侵占发生之日起 1 年内行使

主观题小案例

【案例】2005 年 1 月 1 日,甲与乙口头约定,甲承租乙的一套别墅,租期为 5 年,租金一次付清,交付租金后即可入住。洽谈时,乙告诉甲屋顶有漏水现象。为了尽快与女友丙结婚共同生活,甲对此未置可否,付清租金后与丙入住并办理了结婚登记。2006 年 4 月,甲遇车祸去世,丙回娘家居住。半年后丙返回别墅,发现戊已占用别墅。原来,2004 年 12 月甲曾向戊借款 10 万元,并亲笔写了借条,借条中承诺在不能还款时该别墅由戊使用。在戊向乙出示了甲的亲笔承诺后,乙同意戊使用该别墅,将房屋的备用钥匙交付于戊。

问题:丙应如何向戊主张自己的权利?理由是什么?

答案参考:丙有权请求戊返还原物。根据《民法典》第 462 条第 1 款:占有的不动产或者动产被侵占的，占有人有权请求返还原物；对妨害占有的行为，占有人有权请求排除妨害或者消除危险；因侵占或者妨害造成损害的，占有人有权依法请求损害赔偿。本案中，丙基于合法有效的租赁合同是合法占有人，且丙的占有在先，有权请求后占有人戊返还原物。

第九讲　担保物权

一、对担保物权的认识

概念		债务人不履行到期债务或者发生当事人约定的实现抵押权的情形，抵押权人可以与抵押人协议以抵押财产折价或者以拍卖、变卖该抵押财产所得的价款优先受偿。协议损害其他债权人利益的，其他债权人可以请求人民法院撤销该协议(《民法典》第410条第1款)
特征	从属性	1. 成立上的从属性，主债权不存在，担保物权无从设立 2. 消灭上的从属性，主债权全部消失的，担保物权也因此消失 3. 转移上的从属性，债权转让时，除非让与人和受让人或债权人和担保人另有约定，或法律另有规定，否则担保物权随同债权转让给受让人 4. 效力上的从属性，主合同无效，除非法律有例外规定，担保合同因此无效，抵押权或者质权未设立。担保人无过错的，不承担缔约过失责任；担保人有过错的，承担缔约过失损害赔偿责任
	优先受偿	优先于普通债权
	物上代位性	担保期间，担保财产毁损、灭失或者被征收等，担保物权人可以就获得的保险金、赔偿金或者补偿金等优先受偿。被担保债权的履行期限未届满的，也可以提存该保险金、赔偿金或者补偿金等。(《民法典》第390条)
	不可分性	1. 债权人在全部债权受清偿之前，可对于担保物整体主张权利 2. 担保财产被分割或者部分转让，担保物权人主张就分割或者转让后的担保财产行使担保物权的，人民法院应予支持 3. 主债权被分割或者部分转让，各债权人主张就其享有的债权份额行使担保物权的，人民法院应予支持
分类	根据产生依据不同	1. 意定担保物权：抵押权、质权 2. 法定担保物权：留置权
	根据担保目的不同	1. 本担保：为担保主债权实现而设定的担保 2. 反担保：第三人为债务人向债权人提供担保的，可以要求债务人或债务人以外的其他人提供反担保，即反担保担保的是担保人追偿权的实现
新贷之债的担保责任		1. 原则上，新贷的担保人有权以“所担保的主债权关系，系以偿还旧贷为目的”为由，不再承担保证责任 2. 例外： (1)担保人提供担保时，知道或应知道所担保的主债具有偿还旧贷的用途的，不得再以此为由拒不承担担保责任 (2)当旧贷发生时，该担保人即为其提供担保的，担保人不得以新贷具有偿还旧贷的用途为由，拒不承担保证责任

续表

旧贷之债的担保责任	1. 原则上,新贷的债权人对于旧贷的偿还,并不构成第三人代为履行,因而不适用"代为履行的第三人可以享有债权人的权利"之规则。因此,新贷债权人不得享有旧贷债权人的担保权 2. 旧贷的物上担保人在担保登记尚未注销的情形下,同意继续为新贷提供担保,并办理变更担保登记手续的,新贷债权人可享有该担保物权,且其担保物权登记的时间,溯及担保人为旧贷债权人办理登记的时间

二、抵押权(☆☆☆☆☆)

(一)对抵押权的认识

特征	1. 抵押物可以是动产或不动产 2. 不可抵押的财产:(1)以土地所有权抵押的,抵押合同无效;(2)以宅基地、自留地、自留山等集体所有土地的使用权抵押的,抵押合同无效,但法律规定可以抵押的除外;(3)以违法的建筑物抵押的,抵押合同无效;(4)以所有权、使用权不明或者有争议的财产抵押的,抵押合同的效力不因此受影响;(5)以依法被查封、扣押、监管的财产抵押的,抵押合同的效力不因此受影响	
设立	设立抵押权,当事人应当采取书面形式订立抵押合同→(关系)禁止流押:抵押权人在债务履行期届满前,与抵押人约定债务人不履行到期债务时抵押财产归债权人所有的,只能依法就抵押财产优先受偿→(关系)民事法律行为部分无效,不影响其他部分的效力,其他部分仍然有效	
登记效力	登记生效	1. 建筑物和其他土地附着物 2. 建设用地使用权 3. 以招标、拍卖、公开协商等方式取得的荒地等土地承包经营权 4. 正在建造的建筑物
	登记对抗	1. 生产设备、原材料、半成品、产品 2. 交通运输工具 3. 正在建造的船舶、航空器
抵押权人的主要权利	优先受偿权	1. 为担保债务的履行,债务人或者第三人不转移财产的占有,将该财产抵押给债权人的,债务人不履行到期债务或者发生当事人约定的实现抵押权的情形,抵押权人可以与抵押人协议以抵押财产折价或者以拍卖、变卖该抵押财产所得的价款优先受偿。协议损害其他债权人利益的,其他债权人可以在知道或者应当知道撤销事由之日起一年内请求人民法院撤销该协议。 抵押权人与抵押人未就抵押权实现方式达成协议的,抵押权人可以请求人民法院拍卖、变卖抵押财产 2. 抵押财产折价或者拍卖、变卖后,其价款超过债权数额的部分归抵押人所有,不足部分由债务人清偿 【注意】不足部分由债务人清偿,而并非由债务人与担保人(担保人为第三人的情况下)承担连带责任

续表

抵押权人的主要权利	保全请求权	1. 抵押人的行为足以使抵押财产价值减少的,抵押权人有权请求抵押人停止其行为 2. 抵押财产价值减少的,抵押权人有权请求恢复抵押财产的价值,或者提供与减少的价值相应的担保 3. 抵押人不恢复抵押财产的价值也不提供担保的,抵押权人有权请求债务人提前清偿债务 【提示】抵押权人行使保全请求权的前提是因抵押人的行为,若非因抵押人的行为,则根据担保物权的不可分性,抵押权人不享有保全请求权,只能行使物上代位权
	物上代位权	担保期间,担保财产毁损、灭失或者被征收等,担保物权人可以就获得的保险金、赔偿金或者补偿金等优先受偿。被担保债权的履行期未届满的,也可以提存该保险金、赔偿金或者补偿金等。 【注意】与抵押权人的保全请求权区别,此处往往是因抵押人之外的原因导致。若未提存保险金、赔偿金或者补偿金等,则抵押权人不得主张优先受偿,只能基于抵押合同主张抵押人承担违约责任
	孳息收取权	抵押人收取孳息的时间: 1. 抵押财产被扣押前 2. 扣押期间至变卖前,且抵押权人未通知应当清偿法定孳息的义务人
	受限制的处分权	1. 抵押期间,抵押人可以转让抵押财产。当事人另有约定的,依照其约定。抵押财产转让的,抵押权不受影响 2. 抵押人转让抵押财产的,应当及时通知抵押权人。抵押权人能够证明抵押财产转让可能损害抵押权的,可以请求抵押人将转让所得的价款向抵押权人提前清偿债务或者提存。转让的价款超过债权数额的部分归抵押人所有,不足部分由债务人清偿

主观题小案例

【案例】甲向乙借款,由丙以其自有的房屋提供抵押,抵押合同依法成立,但尚未办理抵押登记,该房屋即因地震毁损灭失。

问题:乙有权请求丙承担责任吗?

答案参考:乙有权请求丙承担责任。《全国法院民商事审判工作会议纪要》第60条规定:"不动产抵押合同依法成立,但未办理抵押登记手续,债权人请求抵押人办理抵押登记手续的,人民法院依法予以支持。因抵押物灭失以及抵押物转让他人等原因不能办理抵押登记,债权人请求抵押人以抵押物的价值为限承担责任的,人民法院依法予以支持,但其范围不得超过抵押权有效设立时抵押人所应当承担的责任。"在本案中甲向乙借款,由丙以其自有的房屋提供抵押,抵押合同依法成立,但尚未办理抵押登记,该房屋即因地震毁损灭失。因抵押物灭失原因不能办理抵押登记,乙请求丙以抵押物的价值为限承担责任的,人民法院依法予以支持,但其范围不得超过抵押权有效设立时抵押人所应当承担的责任。

(二)抵押权与租赁权关系

先租后抵	原租赁关系不受该抵押权的影响,承租人继续承租
先抵后租+抵押未登记	
先抵后租+抵押有登记	破租赁关系: 1. 租赁时,若有书面告知已设立抵押,则承租人自行承担后果 2. 若未书面告知,则抵押人承担

主观题小案例

【案例1】2019年2月1日,王某以一套房屋为张某设定了抵押,办理了抵押登记。同年3月1日,王某将该房屋租给李某1年。同年4月1日,李某得知房屋上设有抵押后,与王某修改租赁合同,把起租日改为2019年1月1日。张某实现抵押权时,要求李某搬离房屋。

问题:李某的租赁权是否可以对抗张某的抵押权?

答案参考:不可以。根据《民法典》及相关司法解释的规定,抵押权设立后出租的,该租赁关系不得对抗已登记的抵押权。本案中,李某的起租日实际为3月1日,其后修改的起租日与实际不符,李某的租赁权不能对抗张某的抵押权。

【案例2】甲公司从某银行贷款1200万元,以自有房产设定抵押,并办理了抵押登记。经书面协议,乙公司以其价值200万元的现有的以及将有的生产设备、原材料、半成品、产品为甲公司的贷款设定抵押,没有办理抵押登记。后甲公司届期无力清偿贷款,某银行欲行使抵押权。法院拟拍卖甲公司的房产。丙公司依法参加竞买,以1000万元竞买成功。

问题:乙公司以其现有的及将有的生产设备等动产为甲公司的贷款设立的抵押是否成立?为什么?

答案参考:成立。根据《民法典》的规定:以动产抵押的,抵押权自抵押合同生效时设立;未经登记,不得对抗善意第三人。本案中,经当事人书面协议,乙公司可以现有的以及将有的生产设备、原材料、半成品、产品设定抵押,无须以登记为设立要件。

【案例3】信用卡在现代社会的运用越来越广泛。假设甲为信用卡的持卡人,乙为发出信用卡的银行,丙为接受银行信用卡消费的百货公司。甲可以凭信用卡到丙处持卡消费,但应于下个月的15日前将其消费的款项支付给乙;丙应当接受甲的持卡消费,并于每月的20日请求乙支付甲消费的款项,丙不得请求甲支付其消费的款项。2012年3月,甲消费了5万元,无力向乙还款。甲与乙达成协议,约定3个月内还款,甲将其1间铺面房抵押给乙,并作了抵押登记。应乙的要求,甲为抵押的铺面房向丁保险公司投了火灾险,并将其对保险公司的保险赔偿请求权转让给了己。2012年4月,甲与张某签订借款意向书,约定甲以铺面房再作抵押向张某借款5万元,用于向乙还款。后因甲未办理抵押登记,张某拒绝提供借款。2012年7月,因甲与邻居戊有矛盾,戊放火烧毁了甲的铺面房。在保险公司理赔期间,己的债权人庚向法院申请冻结了保险赔偿请求权。

问题:甲将保险赔偿请求权转让给己,己的债权人庚向法院申请冻结该保险赔偿请求权,对乙的抵押权有什么影响?为什么?

答案参考:没有影响。根据《民法典》第394条的规定,为担保债务的履行,债务人或者第三人不转移财产的占有，将该财产抵押给债权人的，债务人不履行到期债务或者发生当事人约定的实现抵押权的情形，债权人有权就该财产优先受偿。本案中，在甲的铺面房设定抵押后，甲将保险赔偿请求权转让给己，基于抵押权的物权效力(优先效力)，不影响抵押权的效力。己的债权人庚向法院申请冻结该保险赔偿请求权，基于抵押权的优先性，不影响抵押权的效力。

(三)抵押权顺位变更

项目	内容
抵押权顺位变更	未经其他抵押权人书面同意，不得对其他抵押权人产生不利影响。反之，若经过其他抵押权人的书面同意，就按照变更后的抵押权顺位实现抵押权
做题方法	1. 确定不变更的情况下各债权人可获清偿的数额 2. 变更后，没有同意的债权人所获清偿不能减少(增加可以) 3. 同意的按照变更后处理

主观题小案例

【案例】黄河公司以其房屋作抵押，先后向甲借款100万元，向乙借款300万元，向丙借款500万元，并依次办理了抵押登记。后丙与甲商定交换各自抵押权的顺位，并办理了变更登记，但乙并不知情。因黄河公司无力偿还全部到期债务，甲乙丙拍卖其房屋，仅得价款600万元。

问题：对该价款该如何分配?

答案参考：《民法典》第414条规定，同一财产向两个以上债权人抵押的，拍卖、变卖抵押财产所得的价款依照下列规定清偿：(1)抵押权已经登记的，按照登记的时间先后顺序清偿；(2)抵押权已经登记的先于未登记的受偿；(3)抵押权未登记的，按照债权比例清偿，其他可以登记的担保物权，清偿顺序参照适用前款规定。所以本案中，乙获清偿300万元，丙获清偿300万元，甲不能获得清偿。在不变更的情形下清偿按登记顺序为：甲>乙>丙，则600万元中先还甲100万元，乙300万元，丙只能获得200万元。丙与甲协商交换后，若先还丙500万元，则乙只获清偿100万元。甲丙之间顺位的变更未经乙书面同意并侵害其权利，则乙不应受到不利影响，仍然应该收到自己的300万元还款。甲丙之间则因为交换顺序使丙先于甲分配，丙能分配剩下300万元，甲则得不到清偿。

(四)动产浮动抵押

相关法条	《民法典》第396条规定，企业、个体工商户、农业生产经营者可以将现有的以及将有的生产设备、原材料、半成品、产品抵押，债务人不履行到期债务或者发生当事人约定的实现抵押权的情形，债权人有权就抵押财产确定时的动产优先受偿。 《民法典》第411条规定，依据本法第396条规定设定抵押的，抵押财产自下列情形之一发生时确定： (1)债务履行期限届满，债权未实现 (2)抵押人被宣告破产或者解散 (3)当事人约定的实现抵押权的情形 (4)严重影响债权实现的其他情形

续表

特点	主体	主体限于企业、个体工商户、农业生产经营者
	财产	财产限于现有的以及将有的生产设备、原材料、半成品、产品,除此之外的动产或者不动产均不能设立浮动抵押→包括"将有"的价值判断:生产属于循环过程
	形式	须采用书面形式,但对于协议中的抵押财产范围并不要求详细列明→价值判断:因为浮动,无法列明
	期间	抵押期间,抵押人处分抵押财产无须经过抵押权人同意→价值判断:基于保证正常经营活动的考虑
设立		1. 但抵押权却是自抵押合同生效时设立→价值判断:登记生效将抑制市场活跃度 2. 即使登记,也不得对抗正常经营活动中已支付合理价款并取得抵押财产的买受人
浮动抵押财产确定		1. 债务履行期限届满,债权未实现 2. 抵押人被宣告破产或者解散 3. 当事人约定的实现抵押权的情形 4. 严重影响债权实现的其他情形 【注意】在抵押财产确定之前,抵押人可以在正常经营活动中转让抵押财产,已经转让的抵押财产不再担保债权。但抵押财产一旦确定,抵押人便不可再继续转让抵押财产

(五)最高额抵押权

定义	为担保债务的履行,债务人或者第三人对一定期间内将要连续发生的债权提供担保财产的,债务人不履行到期债务或者发生当事人约定的实现抵押权的情形,抵押权人有权在最高债权额限度内就该担保财产优先受偿。 最高额抵押权设立前已经存在的债权,经当事人同意,可以转入最高额抵押担保的债权范围
基础债权的确立与变更	最高额抵押担保的债权确定前,部分债权转让的,最高额抵押权不得转让,但当事人另有约定的除外→价值判断:最高额抵押权的制度目的是面向未来的,自然不会因为过去已经发生的部分债权的转让而转让
	在抵押权人实现最高额抵押权时,就低不就高: 1. 若实际发生的债权余额 > 最高限额,则以最高限额为限,超过部分不具有优先受偿的效力 2. 若实际发生的债权余额 < 最高限额,则以实际发生的债权余额为限对抵押物优先受偿
	最高额抵押担保的债权确定前,抵押权人与抵押人可通过协议变更债权确定的期间、债权范围以及最高债权额,但变更的内容不得对其他抵押权人产生不利影响
基于基础关系所生个别债权的确定	1. 约定的债权确定期间届满 2. 没有约定债权确定期间或者约定不明确,抵押权人或者抵押人自最高额抵押权设立之日起满2年后请求确定债权 3. 新的债权不可能发生 4. 抵押权人知道或者应当知道抵押财产被查封、扣押 5. 债务人、抵押人被宣告破产或者解散 6. 法律规定债权确定的其他情形

续表

相关法条	《民法典》第420条【最高额抵押的概念】规定,为担保债务的履行,债务人或者第三人对一定期间内将要连续发生的债权提供担保财产的,债务人不履行到期债务或者发生当事人约定的实现抵押权的情形,抵押权人有权在最高债权额限度内就该担保财产优先受偿。 最高额抵押权设立前已经存在的债权,经当事人同意,可以转入最高额抵押担保的债权范围。 《民法典》第421条【从属性例外】规定,最高额抵押担保的债权确定前,部分债权转让的,最高额抵押权不得转让,但是当事人另有约定的除外。 《民法典》第422条【协议变更最高额抵押的有关内容】规定,最高额抵押担保的债权确定前,抵押权人与抵押人可以通过协议变更债权确定的期间、债权范围以及最高债权额。但是,变更的内容不得对其他抵押权人产生不利影响。 《民法典》第423条【债权确定事由】规定,有下列情形之一的,抵押权人的债权确定: (1)约定的债权确定期间届满 (2)没有约定债权确定期间或者约定不明确,抵押权人或者抵押人自最高额抵押权设立之日起满二年后请求确定债权 (3)新的债权不可能发生 (4)抵押权人知道或者应当知道抵押财产被查封、扣押 (5)债务人、抵押人被宣告破产或者解散 (6)法律规定债权确定的其他情形

主观题小案例

【案例】2014年7月1日,甲、乙和张某签订了《个人最高额抵押协议》,张某将其房屋抵押给乙,以担保甲在乙处进货所产生货款,最高债权额为400万元,并办理了最高额抵押登记,债权确定期间为2014年7月2日到2015年7月1日,并将甲在一周前欠乙的300万元货款纳入担保之中。债权确定期间,甲因从乙处分批次进货,又欠乙100万元。甲到期未还款。

问题:请问抵押担保的债权额为100万元吗?

答案参考:抵押担保的债权额为400万元。《民法典》第420条第2款规定:"最高额抵押权设立前已经存在的债权,经当事人同意,可以转入最高额抵押担保的债权范围。"在本案中甲、乙和张某可以确定将甲在债权确定一周前欠乙的300万元货款纳入担保之中,所以抵押担保的债权额为400万元。

三、留置权(☆☆☆)

留置权是唯一的法定担保物权,须关注三种类型。

(一)普通留置权

概念	【留置权的一般规定】规定,债务人不履行到期债务,债权人可以留置已经合法占有的债务人的动产,并有权就该动产优先受偿。 前款规定的债权人为留置权人,占有的动产为留置财产

续表

<table>
<tr><td rowspan="4">构成要件</td><td colspan="2">1. 合法占有债务人动产
【注意】(1)对动产的占有不是因侵权行为而取得;(2)客体以动产为限</td></tr>
<tr><td colspan="2">2. 留置不得与义务相抵触
例:货物未按约定到不得主张留置√</td></tr>
<tr><td colspan="2">3. 债务已届清偿期,紧急留置除外</td></tr>
<tr><td colspan="2">4. 债权人留置的动产,应当与债权属于同一法律关系,但企业之间留置的除外:
(1)同一法律关系主要指同一合同关系,如保管、运输、行纪、承揽等
例:拾得人不得留置拾得物进而主张悬赏广告的债权√
(2)商事留置无须基于同一法律关系,即双方均为企业的情形
【留置财产与债权的关系】规定,债权人留置的动产,应当与债权属于同一法律关系,但是企业之间留置的除外</td></tr>
<tr><td>限制</td><td colspan="2">1. 法律规定或当事人约定不得留置的动产,不得留置
2. 留置财产为可分物的,留置财产的价值应当相当于债务的金额
【可分物作为留置财产的特殊规定】规定,留置财产为可分物的,留置财产的价值应当相当于债务的金额。
3. 债务人对债权人享有抗辩权的,债权人对所占有的债务人的动产不得留置</td></tr>
<tr><td rowspan="3">留置权人的权利义务</td><td>权利</td><td>留置权人有权收取留置财产的孳息,但留置权人对收取的孳息只享有留置权,并不享有所有权。收取的孳息应当首先充抵收取孳息的费用,然后再充抵债务及其利息</td></tr>
<tr><td rowspan="2">义务</td><td>因保管不善致使留置财产毁损、灭失的,应当承担赔偿责任</td></tr>
<tr><td>留置权人擅自使用、处分留置物造成损害的,应当承担无过错责任</td></tr>
<tr><td>实现</td><td colspan="2">先留置并确定履行宽限期,然后再优先受偿。
1. 两次效力:当事人应约定留置财产后的债务履行期限;未约定的,应当给债务人 60 日以上期限;逾期仍未履行的,留置权人可就留置财产优先受偿
2. 鲜活易腐等不易保管的动产,无须设定宽限期,可直接实现留置权
3. 留置权人可自行拍卖、变卖留置财产,而无须申请法院为之</td></tr>
<tr><td>留置权消灭</td><td colspan="2">1. 丧失占有
2. 债务人清偿债务或另行提供担保,债权人接受的
【留置权消灭的原因】规定,留置权人对留置财产丧失占有或者留置权人接受债务人另行提供担保的,留置权消灭</td></tr>
<tr><td>留置权的善意取得</td><td colspan="2">1. 基于同一法律关系,债权人留置债务人合法占有的第三人动产,即使第三人有异议,依然成立留置权。
2. 企业之间非基于同一法律关系,债务人又认为此留置并非商事留置而要求返还留置物的,法院支持债务人。
3. 企业之间非基于同一法律关系,债权人留置债务人占有的第三人财产,第三人要求返还的,法院应予支持</td></tr>
</table>

(二)商事留置权

概念	若债权人与债务人均为商事组织,且债权人在营业活动中占有债务人的动产,即使该动产与被担保的债权不属于同一法律关系,但只要"符合留置权的其他成立要件",债权人亦可行使留置权。这种留置权被称为商事留置权
商事留置权的特殊性	1. 须双方均为商事组织 2. 债权人基于营业关系而占有对方的动产,且该动产归债务人所有 3. 留置的动产与被担保的债权"不必属于"同一法律关系

主观题小案例

【案例】戊在使用汽车过程中因汽车故障而将其送到己公司修理。己公司以戊上次来修另一辆汽车时未付修理费为由扣留该汽车。

问题:己公司是否有权扣留汽车并享有留置权?为什么?

答案参考:无权。根据《民法典》第448条,债权人留置的动产,应当与债权属于同一法律关系,但是企业之间留置的除外。

本案中,戊上次来修另一辆汽车时未付修理费形成的债权与此辆汽车无关。

四、担保物权的顺位

担保物权的顺位	购置款超级优先权	动产抵押担保的主债权是抵押物的价款,标的物交付后10日内办理抵押登记的,该抵押权人优先于抵押物买受人的其他担保物权人受偿,但是留置权人除外
	担保物权顺位总结	留置权 > 购置款超级优先权 > 已经公示的抵押权/质权(内部按照登记/交付的时间先后顺序) > 未公示但生效的担保物权(主要是未登记的动产抵押权)/普通债权(内部顺位相同)

主观题小案例

【案例1】甲公司以一地块的建设用地使用权作抵押向乙银行借款3000万元,办理了抵押登记。其后,甲公司在该地块上开发建设住宅楼,现住宅楼已竣工验收,但甲公司未能按期偿还乙银行借款。

问题:乙银行应如何实现抵押权?

答案参考:乙银行应将建设用地使用权和新增住宅楼一并处分,但仅有权就建设用地使用权所得价款优先受偿。根据《民法典》第417条,建设用地使用权抵押后,该土地上新增的建筑物不属于抵押财产。该建设用地使用权实现抵押权时,应当将该土地上新增的建筑物与建设用地使用权一并处分。但是,新增建筑物所得的价款,抵押权人无权优先受偿。本案中,抵押权人乙银行不能就新增建筑物所得价款优先受偿。

【案例2】甲向乙借款100万元,以其自有房屋提供抵押,并办理了抵押登记;此后,甲又向丙借款100万元,仍以上述房屋设立抵押,并登记。现乙、丙债权均到期,甲无力偿还欠款,乙丙将其房屋拍卖,获得拍卖款150万元。

问题：就该150万元，乙、丙应如何受偿？

答案参考：乙可以就150万元中的100万元优先受偿，丙对剩余的50万元优先受偿。根据《民法典》第414条，同一财产向两个以上债权人抵押的，拍卖、变卖抵押财产所得的价款依照下列规定清偿：(1)抵押权已经登记的，按照登记的时间先后确定清偿顺序；(2)抵押权已经登记的先于未登记的受偿；(3)抵押权未登记的，按照债权比例清偿。其他可以登记的担保物权，清偿顺序参照适用前述规定。本案中，乙、丙均对该房屋拍卖所得价款享有优先受偿权，但乙的抵押权登记在先，故乙优先于丙得到清偿，在乙实现其债权后，丙再就剩余价款行使优先受偿权。

第十讲 保　证

(一)一般保证的概念与特征

<table>
<tr><td>概念</td><td colspan="2">当事人在保证合同中约定，债务人不能履行债务时，由保证人承担保证责任的，为一般保证</td></tr>
<tr><td>特征</td><td colspan="2">1. 一般保证，保证人享有先诉抗辩权，在未达到债务人“不能”履行债务的程度之前，保证人可行使先诉抗辩权，拒绝对债权人承担保证责任
2. 一般保证，保证人行使先诉抗辩权的，保证人仅对债权人承担“补充责任”，仅对债务人不能履行的债务部分，对债权人承担保证责任
3. 所谓“债务人不能履行债务”，指在债务人不履行到期债务时，债权人通过起诉或者申请仲裁对债务人取得执行根据，或者以赋予强制执行效力的公证债权文书为执行根据，就债务人的财产依法强制执行完毕后，债务人仍不能清偿全部或者部分债务</td></tr>
<tr><td>成立情形</td><td colspan="2">1. 明确约定保证方式为一般保证
2. 对保证方式没有约定或者约定不明确</td></tr>
<tr><td rowspan="5">先诉抗辩权</td><td>一般原则</td><td>一般保证的保证人在主合同纠纷未经审判或者仲裁，并就债务人财产依法强制执行仍不能履行债务前，有权拒绝向债权人承担保证责任</td></tr>
<tr><td rowspan="4">例外</td><td>债务人下落不明，且无财产可供执行</td></tr>
<tr><td>人民法院已经受理债务人破产案件</td></tr>
<tr><td>债权人有证据证明债务人的财产不足以履行全部债务或者丧失履行债务能力</td></tr>
<tr><td>保证人书面表示放弃本款规定的权利</td></tr>
</table>

(二)连带保证的概念和特征

<table>
<tr><td>概念</td><td>当事人在保证合同中约定保证人和债务人对债务承担连带责任的，为连带责任保证</td></tr>
<tr><td rowspan="2">特征</td><td>连带责任保证，保证人“不享有”先诉抗辩权。《民法典》第688条第2款规定，连带责任保证的债务人不履行到期债务或者发生当事人约定的情形时，债权人可以请求债务人履行债务，也可以请求保证人在其保证范围内承担保证责任</td></tr>
<tr><td>连带责任保证，债务人与保证人对债权人承担“不真正连带责任”。
1. 在对外关系上，债务人与保证人对债权人的责任与连带责任无区别
2. 在对内关系上，保证人仅对债权人承担中间责任，保证人不承担最终责任，债务人承担全部最终责任，保证人对债权人承担保证责任后，可“全额”向债务人追偿</td></tr>
</table>

第十一讲　债的概述

一、债的移转(☆☆☆☆☆)

(一)债权转让

含义	在债的关系不失其同一性的基础上,债权人通过让与合同将其债权移转给第三人享有的法律现象。其中的债权人称为让与人,第三人称为受让人	
生效要件	债权合法有效	存在合法有效的债权是债权让与的前提
	债权有可让与性	不具有可转让性的情形: 1. 法律规定不能转。如精神损害赔偿请求权 2. 按照当事人约定不能转。当事人约定非金钱债权不得转让的,不得对抗善意第三人。当事人约定金钱债权不得转让的,不得对抗第三人(《民法典》新增) 3. 债权性质不能转:(1)基于人身信赖关系产生的债权(如委托合同、租赁合同、授课合同);(2)专为特定人利益设定的债权(如人身损害赔偿金);(3)不作为债权(如竞业禁止协议);(4)从债权(如保证债权和地役权)
	债权让与合同生效	1. 合同生效时,债权就发生转移。注意时间点:是合同生效时,而不是通知债务人时 2. 原债权人脱离合同关系,受让人成为合同当事人,成为新债权人 3. 从权利转移:(1)从权利(如担保)随之转移,但另有约定的除外。(2)受让人取得从权利不因该从权利未办理转移登记手续或者未转移占有而受到影响 4. 让与人(原债权人)对债权负瑕疵担保责任
效力	通知债务人后	1. 对债务人发生效力,债务人只能向受让人(新债权人)履行,否则是无效的履行 2. 通知方式为不要式(口头、书面均可)。通知到达债务人之日起,诉讼时效中断 3. 债务人的抗辩权依然存在,可以对受让人(新债权人)主张 4. 债务人可以对受让人(新债权人)主张抵销:(1)债务人接到债权转让通知时,债务人对让与人(原债权人)享有债权,并且债务人的债权先于转让的债权到期或同时到期的,可以对受让人(新债权人)主张抵销;(2)债务人的债权与转让的债权是基于同一合同产生
	未通知债务人	1. 债权转让有效(让与合同生效时,债权就发生转移),债权属于受让人(新债权人) 2. 未通知债务人,债权让与对债务人不生效 3. 债务人对让与人(原债权人)的履行是有效的履行,受让人(新债权人)无权要求债务人再履行一遍,只能要求让与人(原债权人)承担不当得利返还责任
费用	因债权转让增加的履行费用,由让与人(原债权人)负担	

主观题小案例

【案例 1】甲教授曾答应为乙校讲课,双方签订授课合同。但因讲课当天临时有急事,便让自己的博士生代为授课,未经过乙校同意。

问题:请问此合同转让合法吗?

答案参考:此合同转让不合法。根据《民法典》第 545 条:"债权人可以将债权的全部或者部分转让给第三人,但是有下列情形之一的除外:(一)根据债权性质不得转让……"本案中,授课合同系基于人身信赖关系产生,依据其性质为不能转让的债权,所以此合同转让不合法。

【案例 2】债权人李某因急需用钱便将债务人杨某欠自己的 20,000 元债权以 15,000 元的价格转让给了柳某。李某通过电话将此事通知了杨某。

问题:请问该债权转让对杨某生效吗?

答案参考:该债权转让对杨某生效。根据《民法典》第 546 条第 1 款:"债权人转让债权,未通知债务人的,该转让对债务人不发生效力。"本案中李某已将债权转让通知债务人杨某,债权转让对杨某生效。

(二)债务承担

生效要件	1. 存在合法有效的债务 2. 被转移的债务具有可转移性 3. 免责的债务承担下:债务经债权人同意才转移;债务人或者第三人可以催告债权人在合理期限内予以同意,债权人沉默的,视为拒绝 4. 第三人与债务人签订债务承担协议
分类	1. 免责的债务承担 2. 并存的债务承担(原债务人与新债务人共同承担责任)
法律效果	1. 免责的债务承担下,第三人成为新债务人。原债务人脱离债的关系,不对受让人履行债务承担担保责任(债务承担会导致诉讼时效中断) 2. 并存的债务承担下,原债务人并不免除债务,第三人加入债的关系,与原债务人一起对债权人承担连带清偿责任 因为并存的债务承担没有风险,所以:(1)原则上不需要经过债权人同意;(2)债权人在合理期限内未明确拒绝的,视为同意 3. 抗辩主体移转(债务受让人可以援用原债务人对债权人的抗辩),但不得主张抵销原债务人对债权人享有的债权
债务承担和担保	免责的债务承担下:第三人提供担保,未经其书面同意,债权人允许债务人转移全部或者部分债务的,担保人在转让范围内免责(区别于债权让与)。 【提示】并存的债务承担因为没有风险,所以担保不受影响,不需要经过担保人同意

主观题小案例

【案例 1】甲对乙享有 10 万元货款债权,乙将债务转让给戊,得到了甲的同意。

问题:乙将债务转让给戊的行为有效吗?

答案参考:乙将债务转让给戊的行为有效。《民法典》第 551 条第 1 款规定:"债务人将债务的全部或者部分转移给第三人的,应当经债权人同意。"所以经债权人同意的,债务承担有效,本案中债权人甲已同意,债务转让有效。

【案例 2】甲经乙公司股东丙介绍购买乙公司矿粉，甲依约预付了 100 万元货款，乙公司仅交付部分矿粉，经结算乙公司欠甲价值 50 万元的矿粉。乙公司与丙商议，由乙公司和丙以欠款人的身份向甲出具欠条。

问题：请问丙在欠条上签名的行为，构成免责的债务承担吗？

答案参考：不构成。《民法典》第 552 条规定："第三人与债务人约定加入债务并通知债权人，或者第三人向债权人表示愿意加入债务，债权人未在合理期限内明确拒绝的，债权人可以请求第三人在其愿意承担的债务范围内和债务人承担连带债务。"本案中，乙公司并未退出债务清偿的法律关系，非免责的债务承担，丙的加入构成并存的债务承担。

（三）约定概括承受

法律效果	1. 一并取得：第三人（承受人）取得让与人所享有的合同权利及承担的合同义务 2. 原关系人：让与人退出合同关系 3. 一并转移：从权利、从义务随同移转，但专属于原债务人自身的除外 4. 例外：在旅游行程开始前的合理期间内，旅游者将其在旅游合同中的权利义务转让给第三人（除合同性质不宜转让或另有约定外），请求确认转让合同效力的，人民法院应予支持（无须旅行社同意）（最高人民法院《关于审理旅游纠纷案件适用法律若干问题的规定》第 11 条第 1 款）	
要件	1. 须有合法有效的双务合同存在 2. 合同当事人一方与第三人达成合同概括承受的协议 3. 经合同对方当事人同意：（1）就债务承担而言，需要经债权人同意；（2）就债权转让而言，需要通知债务人	
债权债务的法定承受		
基于法律的规定，债之关系中的一方当事人的债权、债务由第三人享有、承担		
类型	法人的合并与分立	《公司法》第 174、176 条
	买卖不破租赁	《民法典》第 725 条
	保证人承担保证责任后的追偿权	《民法典》第 700 条
	保险人承担保险责任后的追偿权	《保险法》第 60 条
	第三人代为履行的追偿权	《民法典》第 524 条
	继承人对被继承人生前债权、债务的继承	《民法典》第 1161 条

二、债的保全

（一）债权人代位权

构成要件	1. 债权人对债务人、债务人对相对人的债权都合法、有效、到期	
	2. 债务人对相对人的债权或从权利合法、有效、到期，且不具有专属性	
	3. 债务人怠于行使其到期债权或从权利，并因此影响债权人债权的实现	（1）怠于：债务人未对相对人起诉或申请仲裁 （2）损害：债务人除了对第三人的金钱债权之外，其他财产不足以偿还对债权人的债务 （3）若债务人与相对人合同中有仲裁条款，亦不妨碍债权人以起诉方式行使代位权 （4）代位权只能通过法院来行使，不能通过仲裁等机构来行使，也不能由债权人直接向相对人索要

续表

诉讼	当事人	原告:债权人(以自己的名义行使)
		被告:相对人
		第三人:债务人(原告未列的,法院可以追加为“无独立请求权第三人”)
	管辖	相对人住所地(被告)
效果	实体法上的效果	1. 直接清偿 2. 行使代位权无须经过债务人同意或与债务人协商 3. 代位权诉讼主张的范围:不得超过债务人所负担的债务额、不得超过相对人对债务人所负的债务额,两个债务额就低不就高
	诉讼法上的效果	诉讼费用由败诉的相对人承担,必要费用由债务人承担

主观题小案例

【案例】甲公司对乙公司享有5万元债权,乙公司对丙公司享有10万元债权,甲公司对丙公司提起代位权诉讼。

问题:请问丙公司有权要求法院追加乙公司为共同被告吗?

答案参考:无权。债权人以次债务人为被告向法院提起代位权诉讼,未将债务人列为第三人的,法院可以追加债务人为第三人。

本案中,丙有权请求追加乙公司为第三人,而不是共同被告。

(二)债权人撤销权

构成要件	1. 债权人对债务人的债权合法有效(无须到期) 2. 债务人对债权人负担债务之后,实施的财产行为影响债权人的债权实现 3. 若债务人的行为系有偿行为,需要债务人、受益人或受让人具有恶意 如果债务人的行为系有偿行为,还需要第三个要件,即需要债务人、受益人或受让人具有恶意。所谓的“恶意”,采用“观念主义”而非“意思主义”予以确定,指只要其知道其行为将导致自己的责任财产减少,并有害于一般债权人的债权即可	
行使	期限	债权人自知道或应当知道撤销事由之日起1年内,自债务人的行为发生之日起5年内(受双重除斥期间限制)
	方式:诉讼	1. 原告是债权人,被告是债务人,可追加相对人为“无独立请求权第三人”(是可以,而不是应当,也不是共同被告) 2. 依法撤销的,该行为自始无效,第三人需要返还不当处分财产的,向债务人返还 3. 行使撤销权的必要费用如律师代理费、差旅费等,由债务人负担,受益人、受让人有过错的,应当适当分担
	范围	债权人对债务人的债权数额
法律效果	实体法上的效果	债务人影响债权人的债权实现的行为被撤销的,自始没有法律约束力
		债权人有权请求受益人或受让人向自己返还所受利益,并有义务将所受利益加入债务人的一般财产,作为全体一般债权人的责任财产
	诉讼法上的效果	诉讼费用以及债权人行使债权人撤销权的必要费用,由债务人负担;受益人、受让人有过错的,应当适当分担

主观题小案例

【案例1】乙公司为体现自己落实《民法典》中的营利法人社会责任，承诺每年向“青少年成长基金会”捐款1000万元，并在媒体上宣传。为获取更多融资款，与戊信托商签订协议，由担保人子和抵押人丑（以其价值1500万元的房子抵押，已办理抵押登记）提供担保，但子和丑并不知道对方的存在。楼盘建成之后，乙公司陆续对外销售了大概15%的房屋。（节选自2020年民法综合题）

问题：(1)乙公司的债权人是否有权直接主张撤销乙公司向“青少年成长基金会”的捐款？(2)乙公司是否能够任意撤销对“青少年成长基金会”的捐款？

答案参考：

(1)不能。

根据《民法典》及相关规定，债务人以放弃其债权、放弃债权担保、无偿转让财产等方式无偿处分财产权益，或者恶意延长其到期债权的履行期限，影响债权人的债权实现的，债权人可以请求人民法院撤销债务人的行为。

本案中，虽然乙公司设立基金会捐赠1000万元，但是其房屋才仅仅出售了15%左右，且债权人丁公司与戊公司的债权都有相应的担保，因此乙公司设立基金会捐赠1000万元的行为并不会影响到债权人债权的实现，其债权人无权行使撤销权撤销该捐赠行为。

(2)不能。

根据《民法典》及相关规定，赠与人在赠与财产的权利转移之前可以撤销赠与。经过公证的赠与合同或者依法不得撤销的具有救灾、扶贫、助残等公益、道德义务性质的赠与合同，不适用前述规定。

本案中，乙公司将财产捐赠给基金会属于具有公益性质的赠与合同，此时乙公司不能行使任意撤销权来撤销该赠与合同。

考点：赠与的撤销，债权人撤销权。涉及法条：《民法典》第143、538、658条。

【案例2】问题：债务人有大量财产可以清偿债务是否构成对撤销权行使的障碍？为什么？

答案参考：构成。根据《民法典》第538条【对无偿处分行为的撤销权】，债务人以放弃其债权、放弃债权担保、无偿转让财产等方式无偿处分财产权益，或者恶意延长其到期债权的履行期限，影响债权人的债权实现的，债权人可以请求人民法院撤销债务人的行为。

本案中，债务人还有其他大量财产可偿还债权人的债务，债务人的行为不会对债权人造成损害，因此构成对撤销权行使的障碍。

第十二讲　不当得利之债

构成要件	1. 一方获得利益 2. 他方受有损失 3. 二者之间有因果关系 4. 没有法律根据

续表

情形	典型不当得利情形	无债权而受领、无依据而获得无形利益、无依据而占有现金、因添附而获得他人之物
	不属于不当得利情形	1. 诉讼时效期间届满后,债务人履行,债权人不构成不当得利,无须返还 2. 用拾得或偷盗的金钱偿债,债权人不构成不当得利,无须返还 3. 债务人履行赌博债务,债权人不构成不当得利,无须返还
法律效果	产生新物	1. 新物为孳息(租金、利息等):返还原物 + 孳息 2. 新物为收益(经营所得、投资回报):返还原物,但收益扣除劳务管理费用后,国家予以收缴,不在返还给受损人之列
	原物毁损、灭失	1. 善意不当得利:不负赔偿责任 2. 恶意不当得利:以得利时利益为限,负赔偿责任

主观题小案例

【案例1】甲雇用的装修工人,误把邻居乙的装修材料用于甲的房屋装修。

问题:请问甲构成不当得利吗?

答案参考:甲构成不当得利。根据《民法典》第985条:"得利人没有法律根据取得不当利益的,受损失的人可以请求得利人返还取得的利益,但是有下列情形之一的除外:(一)为履行道德义务进行的给付;(二)债务到期之前的清偿;(三)明知无给付义务而进行的债务清偿。"在本案中甲有得利,乙有损失,得利与损失间存在因果关系,并且甲的得利没有法律上的原因,要件皆已齐备,所以甲构成不当得利。

【案例2】甲前往乙银行取款,由于提款机故障,甲的账户虽然仅有200元,但是甲却取得2000元。

问题:请问上述甲的行为属于不当得利吗?

答案参考:甲构成不当得利。根据《民法典》第985条:"得利人没有法律根据取得不当利益的,受损失的人可以请求得利人返还取得的利益,但是有下列情形之一的除外:(一)为履行道德义务进行的给付;(二)债务到期之前的清偿;(三)明知无给付义务而进行的债务清偿。"所谓不当得利之债,是指基于不当得利行为而发生的债,具体是指受益人应当向受害人返还不当得利。本题中,甲没有正当理由取得财物,并且不属于例外情形,所以构成不当得利。

【案例3】某日深夜,乙擅自将自己的轿车停放在甲的停车位上。甲驾车回来,发现车位被占用,且无法联系乙,附近也没有可用车位,遂致电拖车公司将乙的轿车拖走,并支付拖车费300元。

问题:请问本案中乙构成不当得利吗?

答案参考:乙构成不当得利。根据《民法典》第985条:"得利人没有法律根据取得不当利益的,受损失的人可以请求得利人返还取得的利益,但是有下列情形之一的除外:(一)为履行道德义务进行的给付;(二)债务到期之前的清偿;(三)明知无给付义务而进行的债务清偿。"在本案中,乙从对甲的物权侵害中获得不当停车利益,也没有符合法条规定的除外情形,构成侵害权利型不当得利,所以乙构成不当得利。

【案例4】甲雇人耕田,雇工误耕了乙的数亩良田。

问题:请问乙构成不当得利吗?

答案参考：乙构成不当得利。根据《民法典》第985条："得利人没有法律根据取得不当利益的，受损失的人可以请求得利人返还取得的利益，但是有下列情形之一的除外：(一)为履行道德义务进行的给付；(二)债务到期之前的清偿；(三)明知无给付义务而进行的债务清偿。"在本案中乙有得利，甲有损失，得利与损失间存在因果关系，本案是由于认知错误产生的一方得利一方受损失的结果，且不属于《民法典》第985条规定的除外情形，所以乙构成不当得利。

第十三讲 无因管理之债

<table>
<tr><td rowspan="13">构成要件</td><td rowspan="3">没有法定或约定义务</td><td>因法定或约定义务</td><td>不成立</td></tr>
<tr><td>超出法定或约定义务</td><td>超出部分成立</td></tr>
<tr><td>无法定或约定义务，误信有义务，并管理他人事务</td><td>不成立，但可成立不当得利</td></tr>
<tr><td rowspan="2">对他人事务进行管理</td><td colspan="2">管理：事实行为、法律行为，两者共性：
1. 不要求管理人具有民事行为能力
2. 可以以管理人名义，也可以以被管理人名义</td></tr>
<tr><td colspan="2">事务：财产性事项或非财产性事项，民事法律行为或事实行为，一次性行为或继续性事项，但排除以下事项：
1. 违法事项
2. 不能发生债之关系的纯粹道德、宗教行为或好意施惠行为
3. 依法必须由本人亲自办理的事项
4. 非经本人授权不得办理的事项
5. 单纯的不作为</td></tr>
<tr><td rowspan="6">具有管理的意思</td><td colspan="2">管理行为实际效果对是否构成无因管理没有影响</td></tr>
<tr><td>明知是他人事务而为自己利益管理</td><td rowspan="2">不成立，但可适用不当得利</td></tr>
<tr><td>误信他人事务为自己事务而管理</td></tr>
<tr><td>误信自己事务为他人事务而管理</td><td>不成立</td></tr>
<tr><td>为他人利益+为自己利益</td><td>在他人利益范围内，成立</td></tr>
<tr><td>误信甲的事务为乙的事务而管理</td><td>成立</td></tr>
<tr><td rowspan="2">适法化：管理事务符合受益人的真实意思</td><td colspan="2">管理人为谁的利益，谁就是被管理人</td></tr>
<tr><td colspan="2">若管理行为不符合本人真实意思，因欠缺适法化要件而构成不适法无因管理，但有例外，以下情形仍可构成无因管理：
1. 为被管理人尽公益上的义务
2. 为被管理人履行法定扶养义务
3. 被管理人的意思违反公序良俗或善良风俗</td></tr>
<tr><td rowspan="2">法律后果</td><td colspan="3">管理人的义务：(1)适当管理的义务；(2)通知、报告、计算义务</td></tr>
<tr><td colspan="3">管理人的权利：(1)必要费用偿还请求权；(2)负债清偿请求权；(3)适当补偿请求权
【提示】管理人因管理行为受到损失的，可以请求受益人给予适当补偿</td></tr>
</table>

主观题小案例

【案例1】甲、乙相邻而居，一日，甲房屋失火，乙帮忙灭火，其间，由于火势凶猛，乙的外套(价值400元)被焚毁。

问题：请问上述行为产生无因管理之债吗？

答案参考：上述行为产生无因管理之债。《民法典》第979条第1款规定："管理人没有法定的或者约定的义务，为避免他人利益受损失而管理他人事务的，可以请求受益人偿还因管理事务而支出的必要费用；管理人因管理事务受到损失的，可以请求受益人给予适当补偿。"无因管理之债，是指基于无因管理行为而发生的债，具体是指被管理人应当偿付管理人在管理过程中产生的必要费用。在本案中乙帮甲灭火，由于火势凶猛，乙的外套(价值400元)被焚毁，产生无因管理之债。

【案例2】甲在自家门口扫雪，顺便将邻居乙的小轿车上的积雪清扫干净。

问题：请问该行为会引起无因管理之债吗？

答案参考：该行为不会引起无因管理之债。《民法典》第121条规定："没有法定的或者约定的义务，为避免他人利益受损失而进行管理的人，有权请求受益人偿还由此支出的必要费用。"甲在自家门口扫雪，顺便将邻居乙的小轿车上的积雪清扫干净，是生活中常见的互助行为，并不产生民事法律关系，不构成无因管理。

【案例3】甲拾得乙遗失的牛，寻找失主未果后牵回暂养。因地震致屋塌牛死，甲出卖牛皮、牛肉获价款若干。

问题：请问甲构成无因管理吗？

答案参考：甲构成无因管理。《民法典》第979条第1款规定："管理人没有法定的或者约定的义务，为避免他人利益受损失而管理他人事务的，可以请求受益人偿还因管理事务而支出的必要费用；管理人因管理事务受到损失的，可以请求受益人给予适当补偿。"甲拾得乙遗失的牛，寻找失主表明甲系为乙管理事物，构成无因管理。

第十四讲　合同之债

一、合同概述

(一)合同目的

合同目的	预约	1. 约定将来订立一定本约的契约。例如当事人签订认购书、订购书、预订书、意向书、备忘录等 2. 当事人就订立本约的必备要素已经达成一致，可认定本约成立
	本约	为履行预约而订立的合同
	区分价值	1. 预约合同生效后，当事人应按照约定履行签订本约的义务 【注意】商品房买卖合同的预约合同不以取得预售许可证为生效要件 2. 违反预约而不履行订立本约义务的，当事人有权解除合同，并要求其承担违约责任 3. 当事人不能请求继续履行。预约属于"不适于强制履行"的合同

续表

以物抵债协议	履行期届满后达成的以物抵债协议:抵债物尚未交付,债权人请求交付的,人民法院审查该协议是否存在恶意损害第三人合法权益等情形,不存在以上情况,且无其他无效事由的,人民法院依法予以支持。 履行期届满前达成的以物抵债协议:抵债物尚未交付,债权人请求交付的,此种情况不同于让与担保,人民法院应当向其释明,其应当根据原债权债务关系提起诉讼。经释明后当事人仍拒绝变更诉讼请求的,应当驳回其诉讼请求,但不影响其根据原债权债务关系另行提起诉讼

主观题小案例

【案例1】甲为信用卡的持卡人,乙为发出信用卡的银行,丙为接受银行信用卡消费的百货公司。甲可以凭信用卡到丙处持卡消费,但应于下个月的15日前将其消费的款项支付给乙;丙应当接受甲的持卡消费,并于每月的20日请求乙支付甲消费的款项,丙不得请求甲支付其消费的款项。

2012年3月,甲消费了5万元,无力向乙还款。甲与乙达成协议,约定3个月内还款,甲将其1间铺面房抵押给乙,并作了抵押登记。应乙的要求,甲为抵押的铺面房向丁保险公司投了火灾险,并将其对保险公司的保险赔偿请求权转让给了乙。

问题:2012年3月之前,甲与乙之间存在什么法律关系?乙与丙之间存在什么法律关系?甲与丙之间存在什么法律关系?

答案参考:(1)甲持卡在丙处消费,由乙向丙付款,这是一种无名合同关系,参照委托合同的规定处理。甲应依其消费金额向乙还款,甲乙之间还形成借款合同法律关系(或形成还款关系)。

(2)丙负有接受符合条件的持卡人的消费的义务,即丙受乙的委托向第三人(消费者)为给付,有与第三人订立合同的义务,这是一种类似于委托的关系(或无名合同关系)。在丙完成对第三人的给付之后,丙有要求乙付款的权利。甲与丙之间构成买卖合同关系。

【案例2】甲欲出卖自家的房屋。甲的同事乙听说后,提出购买。甲表示愿意但需再考虑细节。乙担心甲将房屋卖与他人,提出草签书面合同,保证甲将房屋卖与自己,甲同意。甲、乙一起到房屋登记机关验证房屋确实登记在甲的名下,且所有权人一栏中只有甲的名字,双方草签了房屋预购合同。

问题:如甲不履行房屋预购合同,乙能否向法院请求强制履行?

答案参考:不能。根据《民法典》规定,预约合同一方不履行的,对方可请求其承担预约合同的违约责任。本案中,甲、乙签订的是预约合同,若甲不履行房屋预购合同中约定的义务,乙可以请求甲承担预约合同的违约责任。合同的订立须双方真实意思表示一致,故乙不能向法院请求强制履行房屋买卖合同(本约)的内容。法条依据为《民法典》第495条。

(二)格式条款

提供格式条款一方的法定义务	格式条款是当事人为了重复使用而预先拟定,并在订立合同时未与对方协商的条款,提供格式条款的一方,负有两项义务: (1)公平合理确定格式条款内容的义务 (2)异常格式条款提示与说明义务,对于异常格式条款,提供条款的一方未履行提示或者说明义务,致使对方没有注意或者理解与其有重大利害关系的条款的,对方可以主张该异常格式条款不成为合同的内容
格式条款的无效事由	1. 提供格式条款一方"不合理地"免除或者减轻其责任、加重对方责任、限制对方主要权利的 2. 提供格式条款一方排除对方主要权利
格式条款的解释规则	对格式条款的理解发生争议时,依照下列规则顺序确定格式条款的含义: (1)非格式条款优先 (2)对格式条款的理解发生争议的,应当按照通常理解予以解释 (3)依照通常解释该格式条款具有两种以上含义的,应当作出不利于提供格式条款一方的解释

主观题小案例

【案例1】甲、乙于2月5日签订一份合同,约定甲以50万元购买乙收藏的张大千的山水画。之后双方关于履行地发生争议,又无从根据其他方法予以确定。

问题:该履行地应如何确定?

答案参考:乙应在乙所在地交付山水画,甲应在乙所在地付款。根据法律规定,当事人就有关合同内容约定不明确,依照《民法典》第510条的规定仍不能确定时,履行地点不明确,给付货币的,在接受货币一方所在地履行;交付不动产的,在不动产所在地履行;其他标的,在履行义务一方所在地履行。本案中,乙交付山水画应在履行义务一方即乙方所在地履行;甲履行付款义务,应在接受货币一方即乙方所在地。法条依据为《民法典》第511条。

【案例2】刘某提前两周以600元订购了海鸥航空公司全价1000元的六折机票,后因临时改变行程,刘某于航班起飞前一小时前往售票处办理退票手续,海鸥航空公司规定起飞前两小时内退票的按机票价格收取30%手续费。

问题:关于退票手续费的规定是无效格式条款吗?

答案参考:不是,该格式条款有效。根据法律规定,不合理地免除或减轻其责任、加重对方责任、限制或排除对方主要权利的格式条款无效。本案中,"起飞前两小时内退票的按机票价格收取30%手续费"的规定属于合理的免责条款。因飞机起飞前两小时内办理退票手续,很可能导致该机票无法在两小时内售出,造成航空公司损失,收取手续费并未违背公平原则,该规定没有不合理地加重客户责任、限制或排除客户的主要权利,故该格式条款有效。法条依据为《民法典》第497条。

二、合同成立

（一）要约

定义	要约是希望和他人订立合同的意思表示
构成要件	1. 内容具体确定：（1）至少包括合同必备条款；（2）若内容不够具体确定，则可能构成要约邀请→（联想）法定要约邀请的形式：拍卖公告、招标公告、寄送价目表、招股说明书→（联想）商业广告特殊性：商业广告一般是要约邀请，但如果商业广告的内容符合要约构成要件的，视为要约→（联想）商品房广告：若对房屋和相关设施的说明和允诺具体确定，且对合同订立及房屋价格的确定有重大影响的，视为要约 2. 特定的人的意思表示：要约人必须是客观上可确定的人，如此受要约人才能对他进行承诺，但有一种例外是不能从要约中确定要约人真实身份：向自动售货机投币，只须完成投币动作就相当于完成承诺行为，合同成立 3. 向要约人希望与之订立合同的受要约人作出：受要约人可以是特定的某个人，也可以是不特定的社会公众→关系：要约的生效 4. 明确的缔约意图→（区别）好意施惠、戏谑行为
生效	1. 对不特定人的要约，如自动售货机、标价陈列、到站的公交、构成要约的商业广告：一经作出立即生效 2. 对特定人的要约，以到达为标准：（1）至于是否看到不影响效力→价值判断：要约的生效目的是约束要约人，而非受要约人。（2）采用数据电文形式订立合同，收件人指定特定系统接收数据电文的，该数据电文进入该特定系统的时间，视为到达时间；未指定特定系统的，该数据电文进入收件人的任何系统的首次时间，视为到达时间
撤回	1. 可以撤回。撤回要约的通知应在要约到达受要约人之前或与要约同时到达受要约人 2. 例外：拍卖过程中的出价行为属于要约，但不可撤回
撤销	1. 可以撤销。撤销要约的通知应当在受要约人发出承诺通知之前到达受要约人→（区别）要约撤回：撤回发生于生效前，撤销发生于生效后 2. 要约不得撤销的情形：（1）受要约人已经作出承诺；（2）要约人确定了承诺期限；（3）要约人以其他形式明示要约不可撤销；（4）受要约人有理由认为要约是不可撤销的，并已经为履行合同作了合理准备工作
失效	1. 要约被拒绝 2. 要约被依法撤销→（区别）要约撤回不是要约失效的原因→价值判断：失效以生效为前提，撤回发生于生效前 3. 承诺期限届满，受要约人未作出承诺 4. 受要约人对要约的内容作出实质性变更 5. 拍卖中竞买人的应价要约，在有更高应价出现时，自然失效

（二）承诺

定义	承诺是受要约人同意要约的意思表示
构成要件	1. 承诺人是受要约人： （1）若要约人向不特定人发出要约，则任何人均可作出承诺； （2）若要约人向特定人发出要约，则仅有特定人可作出承诺→价值判断：合同相对性→（因果）受要约人以外的第三人知道要约内容并表示同意，不构成承诺

构成要件	2. 承诺的内容应当与要约的内容一致： (1)受要约人对要约的内容作出实质性变更的，为新要约，此时合同不成立。有关合同标的、数量、质量、价款或报酬、履行期限、履行地点和方式、违约责任和解决争议方法等的变更，是对要约内容的实质性变更。 (2)承诺对要约的内容作出非实质性变更的，除要约人及时表示反对或要约表明承诺不得对要约的内容作出任何变更的以外，该承诺有效，合同的内容以承诺的内容为准 3. 向要约人作出承诺的通知 【注意】1. 承诺应当在要约确定的期限内到达要约人；要约没有确定承诺期限的，承诺应当依照下列规定到达： (1)要约以对话方式作出的，应当即时作出承诺，但当事人另有约定的除外 (2)要约以非对话方式作出的，承诺应当在合理期限内到达 2. 期限的起点：要约以信件或电报作出的，承诺期限自信件载明的日期或电报交发之日开始计算。信件未载明日期的，自投寄该信件的邮戳日期开始计算。要约以电话、传真等快速通讯方式作出的，承诺期限自要约到达受要约人时开始计算
方式	承诺应当以通知的方式作出，通知到达要约人时生效，但根据交易习惯或要约表明可以通过行为如沉默或不作为作出承诺的除外
迟到	1. 受要约人超过承诺期限发出承诺，或者在承诺期限内发出承诺，按照通常情形不能及时到达要约人的，为承诺迟到 2. 价值判断：尽量促成交易
撤回	1. 承诺可以撤回，通过撤回阻止承诺发生法律效力 2. 撤回承诺的通知应在承诺通知到达要约人之前或者与承诺通知同时到达要约人

(三)缔约过失责任

定义	在缔结合同的过程中，一方违背诚实信用原则导致对方利益损失，依法应当承担的责任
构成要件	1. 发生于合同尚未成立，或虽已成立，但因不符合法定的有效要件而被确认为无效或被撤销时→(区别)违约责任 2. 一方当事人违反依诚实信用原则所担负的先合同义务：忠实、保密、协助等 3. 另一方的信赖利益因此而遭受损失 4. 造成缔约过失责任的行为不限于故意行为，还包括过失行为
适用范围	假借订立合同，恶意进行磋商
	故意隐瞒与订立合同有关的重要事实或者提供虚假情况
	泄露或不当使用在合同订立过程中知悉的对方商业秘密
	其他在合同订立过程中违反诚信原则的缔约过失行为

三、合同的履行

（一）合同履行的原则

全面履行原则	定义	合同债务人应当依照法律规定和合同约定，全面、适当地履行合同义务。若债务人不履行或不适当履行主给付义务、从给付义务、附随义务，则构成不完全履行，应承担违约责任
	例外	提前履行或部分履行：债权人可以拒绝债务人提前履行债务或部分履行债务，但提前履行、部分履行不损害债权人利益的除外→（联想）借款合同中借款人可要求提前偿还借款： 1. 提前履行或部分履行，若损害债权，须承担违约责任 2. 提前履行或部分履行，未损害债权，却增加了费用，债权人可接受或拒绝，但增加的费用由债务人负担。此时债务人的提前履行行为不构成违约，但债务人部分履行债务的，若其未履行的部分超过债务履行期，则构成违约，债务人须承担双重责任：承担增加的费用 + 对未履行的部分承担违约责任
诚信履行原则	当事人应诚实、守信、善意地履行合同义务，不得滥用权利或规避义务	

（二）履行的主体

履行人	债务人	债务人负有履行债务的义务和权限，可使用履行辅助人履行债务→（联想）履行辅助人：辅助债务人履行债务的人，债务人须对履行辅助人的履行行为承担责任→（联想）债务履行辅助人、免责的债务承担、由第三人履行合同三者区分：债务履行辅助是由债务人基于委托或雇佣关系而为的履行；且履行辅助人是以债务人的名义履行债务，当辅助人不履行或不适当履行债务时，由债务人而不是履行辅助人承担责任。免责的债务承担，由新债务人承担责任，原债务人退出债权债务关系。而由第三人履行合同是在债权人和债务人之间订立协议，当第三人不履行债务时，由债务人承担违约责任
		在给付为法律行为的场合，也可由代理人代理履行义务
		无论是履行辅助人还是代理人，都属于债务人的清偿，非第三人清偿
	第三人	第三人代为清偿
履行受领人	债权人	受领人原则上为债权人，但基于特别事由，债权人的受领权将受限制： 1. 债权人被申请破产：人民法院受理破产申请后，债务人的债务人或财产持有人应当向管理人清偿债务或交付财产。债务人的债务人或财产持有人故意违反规定向债务人清偿债务或交付财产，使债权人受到损失的，不免除其清偿债务或交付财产的义务。 2. 债权被质押：在债权被质押时，债务人自收到质押通知时起，不能再向债权人履行，否则该履行不得对抗质权人，即债权人受领债务人清偿的权限被冻结，债务人对债权人履行债务的，不发生清偿的效果。 3. 债权人代位权
	有权代为受领人：债权人的代理人、债权质权人、破产清算组等	
	表见受领权人	债权让与无效场合债权的事实上受领人、表见继承人、持有他人银行卡且知道密码的人

（三）履行的内容

发生时间	合同义务	违反后果
合同缔结阶段	先合同义务	缔约过失责任

续表

发生时间	合同义务	违反后果
合同履行阶段	主给付义务	基于合同关系所固有、必备的义务，目的在于决定合同性质，一旦违反须承担违约责任。一方不履行，另一方可通过诉讼方式请求对方履行
	从给付义务	1. 主给付义务之外，不具有独立意义、只能辅助主给付义务发挥功能的义务，目的在于更好实现合同目的，一旦违反须承担违约责任。一方不履行，另一方可通过诉讼方式请求对方履行 2. 从给付义务不必然与对方的给付义务处于对等给付地位，能否产生抗辩权需要依照合同的目的是否能够实现而定。如将导致对方订立合同的目的不能实现，则从给付义务与对方的给付义务处于对等给付地位，对方可主张同时履行抗辩权 3. 一方当事人违反从给付义务，只要导致守约方根据合同有权获得的东西完全落空，合同目的无法实现的法律后果，则守约方有权解除合同
合同权利义务终止后	后合同义务	损害赔偿责任
全过程	广义附随义务	非自始确定，基于诚信原则产生。一方不履行，另一方不可通过诉讼方式请求对方履行，仅可请求损害赔偿

（四）合同相对性

合同相对性	向第三人履行	1. 合同当事人不包括第三人→（因果）第三人及其代理人无须在合同上签字盖章，第三人不享有变更、撤销、解除合同的权利 2. 向第三人履行→（因果）合同生效后第三人可接受或拒绝，若接受，则合同当事人不能自行取消该权利；若拒绝，转由合同当事人享有权利，第三人不承担违约责任
	由第三人履行	1. 合同当事人不包括第三人→（因果）第三人及其代理人无须在合同上签字盖章，第三人不享有变更、撤销、解除合同的权利 2. 由第三人履行→（因果）债权人对第三人享有履行请求权→（因果）合同生效后第三人可接受或拒绝，若拒绝，第三人无须向债权人承担违约责任
例外	无权代理未被追认	行为人没有代理权、超越代理权或者代理权终止后，仍然实施代理行为，未经被代理人追认的，对被代理人不发生效力，由行为人承担责任。这一规定表明，未被追认的合同，仍然是有效的合同，只不过仅约束代理人和相对人，也就是说无权代理人成为该合同的当事人，以代替被代理人的当事人地位
	企业的合并分立	企业的合并与分立：当事人订立合同后合并的，由合并后的法人或者其他组织行使合同权利，履行合同义务。当事人订立合同后分立的，除债权人和债务人另有约定的以外，由分立的法人或者其他组织对合同的权利和义务享有连带债权，承担连带债务。合并或分立后的企业虽然不是原债的当事人，但其需要接受原债关系的约束
	债权人的代位权、债权人的撤销权	
	买卖不破租赁	租赁物在承租人按照租赁合同占有期限内发生所有权变动的，不影响租赁合同的效力，新的所有权人应承受原租赁合同
	单式联运合同	两个以上承运人以同一运输方式联运的，与托运人订立合同的承运人应当对全程运输承担责任。损失发生在某一运输区段的，与托运人订立合同的承运人和该区段的承运人承担连带责任→（区别）多式联运合同中，实际承运人与多式联运经营人不承担连带责任，未突破合同相对性

续表

<table>
<tr><td rowspan="2">例外</td><td>融资租赁合同</td><td>融资租赁合同中，出租人、出卖人、承租人可以约定，出卖人不履行买卖合同义务的，由承租人行使索赔的权利。承租人行使索赔权利的，出租人应当协助</td></tr>
<tr><td>旅游合同</td><td>以单位、家庭等集体形式与旅游经营者订立旅游合同，在履行过程中发生纠纷，除集体以合同一方当事人名义起诉外，旅游者个人提起旅游合同纠纷诉讼的，人民法院应予受理</td></tr>
</table>

（五）阻却履行请求的抗辩

<table>
<tr><td colspan="3">履行期限是否届满的抗辩
【提示】合同履行期限不明确的，债务人可以随时履行，债权人也可以随时请求履行，但应当给对方必要的准备时间</td></tr>
<tr><td colspan="3">请求权已经消灭的抗辩</td></tr>
<tr><td colspan="3">诉讼时效的抗辩</td></tr>
<tr><td rowspan="4">双务合同中的履行抗辩权</td><td>同时履行抗辩权</td><td>1. 当事人就同一双务合同互负对待给付义务→（联想）单务双务合同区分价值、单务合同典型
2. 双方互负债务均已届清偿期且双方债务没有先后履行顺序
3. 对方的对待给付是可能履行的
4. 对方未履行债务或履行债务不符合约定（【注意】此处的债务履行，首先应该是主给付义务。一方当事人不履行从给付义务或附随义务，另一方不得行使同时履行抗辩权。仅在从给付义务的履行与合同目的实现具有密切联系时，产生同时履行抗辩权）</td></tr>
<tr><td>先履行抗辩权</td><td>1. 当事人就同一双务合同互负对待给付义务
2. 有先后履行顺序
3. 当事人之间债务均已届清偿期
4. 应先履行的一方未履行债务或履行债务不符合约定，如履行延迟、不完全履行、部分履行等（【注意】此处的债务履行，主要是针对主给付义务。一方当事人不履行从给付义务或附随义务，另一方不得行使先履行抗辩权。仅在从给付义务的履行与合同目的实现具有密切联系时，产生先履行抗辩权）</td></tr>
<tr><td rowspan="2">不安抗辩权</td><td>1. 当事人就同一双务合同互负对待给付义务
2. 有先后履行顺序
3. 主张不安抗辩权的一方应先履行债务且其债务已届清偿期
4. 应当先履行债务的当事人，有确切证据证明对方有下列情形之一的，可以中止履行：(1)经营状况严重恶化；(2)转移财产、抽逃资金，以逃避债务；(3)丧失商业信誉；(4)有丧失或者可能丧失履行债务能力的其他情形</td></tr>
<tr><td>行使及效力
1. 只需要中止履行，无须诉讼→（区别）中止履行不以请求履行为前提，拒绝履行以请求履行为前提
2. 当事人没有确切证据中止履行的，应当承担违约责任
3. 不安抗辩权的附随义务：(1)通知义务，若未通知，则应承担损害赔偿责任；(2)举证义务
4. 中止履行后，对方在合理期限内未恢复履行能力并且未提供适当担保的，中止履行的一方可以解除合同</td></tr>
<tr><td colspan="3">一般保证人的先诉抗辩权</td></tr>
</table>

续表

非金钱债务不适用继续履行的情形	当事人一方不履行非金钱债务或者履行非金钱债务不符合约定的，对方可以要求履行，但有下列情形之一的除外： (1)法律上或者事实上不能履行； (2)债务的标的不适于强制履行或者履行费用过高； (3)债权人在合理期限内未请求履行
债权人履行请求权的竞合	多重买卖
	一房数租

(六)清偿抵充

定义	债务人对债权人负担相同种类的数笔债务，但是债务人的偿付金额无法同时清偿数笔债务，并且不知道该偿付金额是清偿哪笔债务的。此时，用以判断债务人的偿付金额是清偿哪笔债务的规则即为清偿抵充
适用条件	1. 同一债务人对同一债权人负担数笔债务 2. 数笔债务种类相同，如均为交付某品种绿豆、支付账款 3. 债务人提供的履行不足以清偿全部债务
处理规则	有约定的从约定
	无约定时，优先抵充已经到期的债务→数笔债务均已经到期的，优先抵充对债权人缺乏担保或者担保最少的债务→担保数额均相同的，优先抵充债务人负担较重的债务→负担均相同的，按照债务到期的先后顺序抵充→到期时间均相同的，按照比例抵充。在抵充债务前，应当优先依次抵充实现债权的费用、利息

四、合同的解除

<table>
<tr><td>定义</td><td colspan="3">合同成立后，未履行或未完全履行前，经当事人一方或双方的意思表示，或当具备合同解除条件时，消灭合同效力的行为</td></tr>
<tr><td rowspan="3">类型</td><td>协议解除</td><td colspan="2">合同成立后，未履行或未完全履行前，当事人协议解除合同，消灭合同效力</td></tr>
<tr><td rowspan="2">单方解除</td><td>约定解除</td><td>当事人在合同中约定解除权成立的条件，在合同履行完毕之前约定解除权条件成就的，由解除权人通过行使解除权消灭合同效力</td></tr>
<tr><td>法定解除</td><td>合同成立后，未履行或未完全履行前，当事人一方通过行使法定解除权消灭合同效力</td></tr>
<tr><td colspan="2">协议解除和约定解除</td><td colspan="2">协议解除是以协议直接使合同解除，而约定解除是通过约定解除权的行使条件而解除合同</td></tr>
<tr><td colspan="2">附解除条件的合同解除与约定解除</td><td colspan="2">附解除条件的合同，在所附条件成就后，发生合同自然失效的后果；约定解除，即在合同中约定一定的解除条件，解除条件成就后，则解除权发生，但合同并不当然失效</td></tr>
<tr><td colspan="4">1. 合同因违约被解除的，不影响违约责任的承担
2. 合同不成立、无效、被撤销的，无违约责任的问题，属于缔约过失责任、侵权责任、不当得利返还责任</td></tr>
</table>

续表

<table>
<tr><th colspan="4">合同的法定解除权</th></tr>
<tr><th colspan="3">类型</th><th>享有解除权主体</th></tr>
<tr><td rowspan="6">一般情形</td><td colspan="2">1. 不可抗力:因不可抗力致使不能实现合同目的</td><td rowspan="2">双方当事人</td></tr>
<tr><td colspan="2">2. 以持续履行的债务为内容的不定期合同,当事人在合理期限之前通知对方后可以解除,如不定期租赁合同(《民法典》第 563 条)</td></tr>
<tr><td colspan="2">3. 预期违约:履行期限届满之前,当事人一方明确表示或以自己的行为表明不履行主要债务。须满足 3 个条件:(1)债务人有过错;(2)债务人有履行能力;(3)拒绝行为无正当理由</td><td rowspan="3">非违约方</td></tr>
<tr><td colspan="2">4. 迟延履行:当事人迟延履行主要债务,经催告后在合理期限内仍未履行。须满足 3 个条件:(1)迟延履行主要债务、非次要债务;(2)对方须履行催告程序;(3)催告后经合理期限,债务人仍未履行</td></tr>
<tr><td colspan="2">5. 根本违约:当事人迟延履行债务或有其他违约行为致使不能实现合同目的
【注意】(1)即使违反从给付义务,只要导致合同目的无法实现,对方即可解除合同;(2)无须经过催告程序→(区别)迟延履行</td></tr>
<tr><td colspan="2">6. 合同不能履行致使不能实现合同目的,有解除权的当事人不行使解除权,构成滥用权利对对方显失公平的,法院或仲裁可根据对方的请求解除合同,但不影响违约责任的承担</td><td>违约方</td></tr>
<tr><td rowspan="6">特殊情形</td><td colspan="2">1. 不定期租赁合同:双方当事人可以随时解除合同
2. 委托合同:委托人或者受托人可以随时解除委托合同</td><td>双方均享有任意解除权</td></tr>
<tr><td colspan="2">1. 承揽合同:定作人可以随时解除合同,但承揽人不能
2. 保管合同:(1)无论是否约定保管期间,寄存人均享有任意解除权
(2)未约定保管期间,保管人的解除权
3. 货运合同:在货交收货人之前,托运人可要求承运人中止运输、返还货物、变更到达地或将货物交给其他收货人,但应赔偿损失
4. 保险合同投保人</td><td>特定一方享有任意解除权</td></tr>
<tr><td rowspan="4">特殊法定条件的合同解除</td><td>1. 分期付款买卖合同:买受人未支付到期价款的数额达到全部价款的 1/5,经催告后在合理期限内仍未支付到期价款的,出卖人享有法定解除权</td><td>条件成就时出卖人享有</td></tr>
<tr><td>2. 借款合同:借款人未按照约定的借款用途使用借款的,贷款人可以停止发放借款、提前收回借款或者解除合同</td><td>条件成就时贷款人享有</td></tr>
<tr><td>3. 租赁合同:承租人擅自转租的,出租人享有法定解除权。但是出租人知道或者应当知道承租人擅自转租后,在 6 个月内未提出异议的,视为同意转租,出租人的法定解除权消灭</td><td>条件成就时出租人享有</td></tr>
<tr><td>4. 承揽合同:承揽人擅自将承揽的主要工作交由第三人完成的,定作人享有法定解除权</td><td>条件成就时定作人享有</td></tr>
</table>

五、违约责任(☆☆☆☆☆)

(一)基础认识

归责原则	严格责任	当事人一方不履行合同义务或履行合同义务不符合约定的,应当承担继续履行、采取补救措施或者赔偿损失等违约责任
	过错责任	1. 债务人有过错时承担责任:有偿委托、有偿保管等 2. 债务人只对故意或重大过失负责:赠与合同、无偿委托、无偿保管→价值判断:有偿无偿合同的区分价值
构成要件		1. 当事人之间存在有效的合同 2. 客观上存在违约行为,包括实际不履行、预期违约、不适当履行 3. 不存在免责事由
免责事由	不可抗力	1. 因不可抗力不能履行合同的,根据不可抗力的影响,部分或全部免除责任 2. 当事人迟延履行后发生不可抗力的,不能免除责任
	特别规定	【注意】承运人应当对运输过程中旅客的伤亡承担损害赔偿责任,但伤亡是旅客自身健康原因造成的或者承运人证明伤亡是旅客故意、重大过失造成的除外。由此可见,客运合同中,不可抗力不得作为人身伤亡事件的法定免责事由
	约定免责事由	当事人可通过合同约定违约方无须承担违约责任的条件,但该约定不得违反法律、国家政策、社会公共利益,不得违背公序良俗,但有两种情况不得约定: (1)造成一方人身伤亡免责的,无效; (2)约定因一方故意、重大过失造成对方财产损失免责的,无效
具体方式	继续履行	1. 金钱债务、非金钱债务,原则上应当继续履行 2. 非金钱债务不适用继续履行的例外:(1)法律上或者事实上不能履行;(2)标的不适于强制履行或履行费用过高;(3)债权人在合理期限内未请求履行
		继续履行可与违约金、定金、损害赔偿责任并用,但不能与解除合同并用
	补救措施	1. 适用于交付标的物或工作成果质量不符合约定的情形 2. 具体方式包括修理、更换、重作、退货、减少价款或者报酬等 3. 采取补救措施后对方还有其他损失的,违约方还须对损失进行赔偿

续表

具体方式	损害赔偿	补偿性违约损害赔偿	当事人一方不履行合同义务或者履行合同义务不符合约定,造成对方损失的,损失赔偿额应当相当于“因违约所造成的损失”,包括合同履行后“可获得的利益”
具体方式	损害赔偿	惩罚性损害赔偿	定义:在弥补实际损失之外,根据法律规定,当事人另行主张的赔偿责任,包括: (1)《消费者权益保护法》第 55 条第 1 款规定了欺诈经营的惩罚性赔偿。经营者提供商品或者服务有欺诈行为的,应当按照消费者的要求增加赔偿其受到的损失,增加赔偿的金额为消费者购买商品的价款或者接受服务的费用的 3 倍;增加赔偿的金额不足 500 元的,为 500 元。法律另有规定的,依照其规定。 (2)《消费者权益保护法》第 55 条第 2 款规定了缺陷产品的惩罚性赔偿。经营者明知商品或者服务存在缺陷,仍然向消费者提供,造成消费者或者其他受害人死亡或者健康严重损害的,受害人有权要求所受损失 2 倍以下的惩罚性赔偿。 (3)《食品安全法》第 148 条第 2 款规定了违反食品安全标准的惩罚性赔偿。生产不符合食品安全标准的食品或者经营明知是不符合食品安全标准的食品,消费者可以向生产者或者经营者要求支付价款 10 倍或者损失 3 倍的赔偿金;增加赔偿的金额不足 1000 元的,为 1000 元。 (4)《民法典》第 1207 条规定了生产、销售缺陷产品的惩罚性赔偿。明知产品存在缺陷仍然生产销售,或者没有依据规定采取有效补救措施,造成他人死亡或者健康严重损害的,被侵权人有权请求相应的惩罚性赔偿
具体方式	违约金	约定方式	1. 约定支付一定数额的违约金 2. 约定因违约产生的损失赔偿额的计算方法
具体方式	定金	合同当事人为了确保合同的履行,依据法律规定或者当事人双方的约定,由当事人一方在合同订立时或者订立后履行前,按照合同标的额的一定比例(不超过 20%),预先给付对方当事人的金钱或其替代物	
具体方式	定金	1. 要式合同:定金合同必须以书面形式订立 2. 实践合同:实践性主要表现在定金合同从实际交付定金之日起成立,如果约定的数额和实际交付的不一致的,以实际交付为准 3. 限额性:定金数额由当事人自由约定,但上限不得超过主合同标的额的 20%。若超过 20%,则超过的部分无效。此处的无效是指对于超过的部分不认定为具有定金的效力	

(二)继续履行、损害赔偿、违约金、定金法律适用关系

项目	损害赔偿	违约金	定金
继续履行	合同未解除,同时适用	合同未解除,同时适用	合同未解除,同时适用
损害赔偿	—	适用违约金	补充并用
违约金	—	—	择一主张

主观题小案例

【案例 1】A 房地产公司(以下简称 A 公司)与 B 建筑公司(以下简称 B 公司)达成一项协议,由 B 公司为 A 公司承建一栋商品房。合同约定,标的总额 6000 万元,8 个月交工,任何一方违

约,按合同总标的额20%支付违约金。

问题:若B公司延期交付工程半个月,A公司以此提起仲裁,要求支付合同总标的额20%即1200万元违约金,你作为B公司的律师,拟提出何种请求以维护B公司的利益?依据是什么?

答案参考:请求仲裁机构减少违约金。根据《民法典》的规定,约定的违约金过分高于实际损失的,法院或仲裁机构可以根据当事人的请求予以适当减少。故本案中,作为B公司的律师,可以请求仲裁机构予以适当减少。

【案例2】2月5日,甲与乙订立一份房屋买卖合同,乙购买甲的房屋一套(以下简称01号房),价格为80万元。并约定,合同签订后一周内乙先付20万元,交付房屋后付30万元,办理过户登记后再付30万元。2月8日,丙欲购买,甲告知其已与乙签订合同的事实,丙说愿出90万元。于是,甲与丙签订房屋买卖合同,约定合同签订后3日内丙付清全部房款,同时办理过户登记。2月11日,丙付清了全部房款,并办理了过户登记。2月12日,当乙支付第一笔房款时,甲说:房屋已卖掉,但同小区还有一套房屋(以下简称02号房),可作价100万元出卖。乙看后当即表示同意,但提出只能首付20万元,其余80万元向银行申请贷款。甲、乙在原合同文本上将房屋相关信息、价款和付款方式作了修改,其余条款未修改。

乙支付首付20万元后,恰逢国家出台房地产贷款调控政策,乙不再具备贷款资格。故乙表示仍然要买01号房,要求甲按原合同履行。甲表示01号房无法交付,并表示第二份合同已经生效,如乙不履行将要承担违约责任。乙认为甲违约在先。3月中旬,乙诉请法院确认甲丙之间的房屋买卖合同无效,甲应履行2月5日双方签订的合同,交付01号房,并承担迟延交付的违约责任。

问题:乙的诉讼请求是否能够得到支持?为什么?

答案参考:不能。乙与甲通过协商变更了合同,且甲、丙之间的合同有效并已办理了物权变动的手续,故乙关于确认甲、丙之间合同无效、由甲交付01号房的请求不能得到支持。但是,乙可以请求甲承担违约责任,乙同意变更合同不等于放弃追索甲在01号房屋买卖合同项下的违约责任。

六、买卖合同(☆☆☆☆☆)

(一)买卖中的无权处分

定义	出卖人在没有标的物所有权、履行时也未获得标的物所有权的情况下,将标的物出卖给买受人的行为
效力	买卖合同一经成立,即产生债权效力→价值判断:处分行为、负担行为(债权的效力是确定有效的)
	交付、登记行为效力待定(物权的变动效力待定) 1. 若所有权人追认,交付、登记有效,买受人继受取得所有权(不论其是否对价有偿、善意恶意) 2. 若所有权人拒绝追认,则交付、登记行为自始无效,买受人不得继受取得所有权→关联善意取得制度:(1)若买受人符合善意取得条件,可取得所有权,此时若标的物质量不符合约定,因买卖有效,买受人可请求出卖人承担瑕疵担保的违约责任;(2)若买受人不符合善意取得条件,不能取得所有权,但因买卖合同有效,买受人可请求出卖人承担违约责任
	在无权处分时,买卖合同的债权效力不受影响

（二）买受人的义务

及时检验通知义务	效力	在买卖合同中，若买受人未在约定或法定的异议期内，向出卖人提出标的物瑕疵的异议，则视为出卖人交付的标的物不存在瑕疵，就标的物在交付时就已存在的瑕疵，买受人无权请求出卖人承担违约责任
	性质	不真正义务，违反该项义务，不发生违约责任的承担，但买受人须承担由此造成的损失
	例外	出卖人知道或应当知道提供的标的物不符合约定的，买受人不受检验通知时间的限制。但买受人请求出卖人承担违约责任的债权仍受诉讼时效期间的限制
	约定检验通知期间	1. 约定的检验期间过短，依照标的物的性质和交易习惯，买受人在检验期间内难以完成全面检验的，人民法院应当认定该期间为买受人对外观瑕疵提出异议的期间，对隐蔽瑕疵不能适用该期间 2. 约定的检验期间或者质量保证期短于法律、行政法规规定的检验期间或者质量保证期的，人民法院应当以法律、行政法规规定的检验期间或者质量保证期为准
	法定检验通知期间	1. 对于数量瑕疵和外观瑕疵，买受人应当在收货时检验并通知 2. 对于隐蔽瑕疵，买受人的检验通知义务受到双重除斥期间限制：(1)买受人应当在发现或应当发现瑕疵之日起的合理期间通知，“合理期间”由法院根据具体情况合理确定；(2)买受人还应当自标的物收到之日起2年内通知出卖人，但对标的物有质量保证期的，适用质量保证期，不适用该2年的规定
支付价款的义务		支付数额、时间、地点：有约定从约定；未约定或约定不明时，协议补充；不能达成补充协议的，按照合同有关条款或交易习惯确定。仍不能确定时： (1)数额：按照订立合同时履行地的市价履行，依法应当执行政府定价或政府指导价的，按照规定履行。执行政府定价或者政府指导价的，在合同约定的交付期限内政府价格调整时，按照交付时的价格计价。逾期交付标的物的，遇价格上涨时，按照原价格执行；价格下降时，按照新价格执行。逾期提取标的物或者逾期付款的，遇价格上涨时，按照新价格执行；价格下降时，按照原价格执行 (2)时间：按照同时履行的原则，买受人在收到标的物或提取标的物单证的同时支付 (3)地点：买受人应当在出卖人的营业地支付，但约定支付价款以交付标的物或交付提取标的物的单证为条件的，在交付标的物或提取标的物单证的所在地支付

（三）出卖人的义务

物的瑕疵担保义务	出卖人就其所交付的标的物具备约定品质或法定品质，不存在物的表面瑕疵或隐蔽瑕疵所负的义务
权利瑕疵担保	1. 出卖人就交付的标的物，负有保证第三人对该标的物不享有任何权利的义务，但法律另有规定的除外 2. 买受人订立合同时知道或者应当知道第三人对买卖的标的物享有权利的，出卖人不承担标的物权利瑕疵担保的义务
交付标的物不合约定时的处理规则	1. 因标的物的主物不符合约定而解除合同的，解除合同的效力及于从物。因标的物的从物不符合约定被解除的，解除的效力不及于主物 2. 标的物为数物，其中一物不符合约定的，买受人可就该物解除，但该物与他物分离使标的物价值明显受损害的，买受人可以就数物解除合同 3. 出卖人分批交付标的物的，出卖人对其中一批标的物不交付或交付不符合约定，致使该批标的物不能实现合同目的的，买受人可以就该批标的物解除。出卖人不交付其中一批标的物或交付不符合约定，致使今后其他各批标的物的交付不能实现合同目的的，买受人可以就该批以及今后其他各批标的物解除。买受人如果就其中一批标的物解除，该批标的物与其他各批标的物相互依存的，可以就已经交付和未交付的各批标的物解除

（四）标的物风险负担

<table>
<tr><td>含义</td><td colspan="2">标的物因不可归责于双方当事人的事由导致毁损灭失，损失由哪方承担</td></tr>
<tr><td>一般规则</td><td colspan="2">1. 标的物毁损灭失的风险，自交付时由买受人承担
【注意】交付指标的物交付。出卖人从给付义务未履行的，不影响风险负担的转移
2. 标的物交付是风险转移的依据，与所有权是否变动无关
3. 有约定交付地点，依约定地点交付，风险自在约定地点完成交付时转移。无约定交付地点，依运输方式推定：
(1)如果买受人上门取货，则在出卖人提供货物的地点转移
(2)如果出卖人送货上门，则买受人指定的收货地点为风险转移的地点
(3)如果约定由出卖人代办托运，则自货交第一承运人时风险转移</td></tr>
<tr><td rowspan="8">特殊情形</td><td>在途标的物买卖</td><td>风险自合同成立时起由买受人承担</td></tr>
<tr><td>无法确定交付地点且需要运输</td><td>标的物交付给第一承运人后，视为完成交付</td></tr>
<tr><td>买受人违约未受领交付</td><td>风险自买受人违反约定时起转移</td></tr>
<tr><td rowspan="2">出卖人交付标的物不合格</td><td>买受人有权拒绝接收，风险不转移</td></tr>
<tr><td>买受人解除合同后，风险由出卖人承担</td></tr>
<tr><td>试用买卖</td><td>所有权主义</td></tr>
<tr><td>不动产</td><td>交付主义，在不动产所在地完成交付，风险在不动产所在地自交付时转移</td></tr>
<tr><td>所有权保留</td><td>交付主义，自交付给买受人时风险转移</td></tr>
<tr><td colspan="3">【注意】标的物毁损、灭失的风险由买受人承担的，不影响因出卖人履行义务不符合约定，买受人主张违约责任的权利</td></tr>
</table>

主观题小案例

【案例】2016年1月10日，甲与乙订立借款合同，约定甲向乙借款100万元，借款期限为1年。2016年1月12日，双方就甲自有的M商品房又订立了一份商品房买卖合同，其中约定：如甲按期偿还对乙的100万元借款，则本合同不履行；如甲到期未能偿还对乙的借款，则该借款变成购房款，甲应向乙转移该房屋所有权；合同订立后，该房屋仍由甲占有使用。2016年2月10日，甲因资金需求，瞒着乙将M房屋出卖给了庚，并告知庚其已与乙订立房屋买卖合同一事。2016年3月10日，庚支付了全部房款并办理完变更登记，但因庚自3月12日出国访学，为期4个月，双方约定庚回国后交付房屋。2016年3月15日，甲未经庚同意将M房屋出租给知悉其卖房给庚一事的辛，租期2个月，月租金5000元。2016年5月16日，甲从辛处收回房屋的当日，因雷电引发火灾，房屋严重毁损。根据甲卖房前与某保险公司订立的保险合同（甲为被保险人），某保险公司应支付房屋火灾保险金5万元。2016年7月13日，庚回国，甲将房屋交付给了庚。

问题：谁应承担M房屋火灾损失？为什么？

答案参考：应由甲承担。根据《民法典》第604条，标的物毁损、灭失的风险，在标的物交付之前由出卖人承担，交付之后由买受人承担，但是法律另有规定或者当事人另有约定的除外。本案中，应当由甲承担。

(五)多重买卖(☆☆)

<table>
<tr><td colspan="4">一物数卖</td></tr>
<tr><td>项目</td><td>普通动产</td><td>特殊动产</td><td>不动产</td></tr>
<tr><td>典型事例</td><td>机器设备、手表、自行车</td><td>机动车、船舶、航空器</td><td>房屋、土地</td></tr>
<tr><td>合同效力</td><td>均有效(有权处分)</td><td>均有效(有权处分)</td><td>均有效(有权处分)</td></tr>
<tr><td rowspan="2">排序结果</td><td rowspan="2">交付最优先>都未交付的,先付款优先>都未交付也都未付款时,合同成立在先的优先</td><td rowspan="2">交付最优先>先行办理所有权转移登记手续>合同成立在先</td><td>先行办理过户登记手续的最优先</td></tr>
<tr><td>例外:(1)若买受人办理了预告登记,则该买受人应获得履行;(2)出卖人与买受人订立商品房买卖合同后,又与知情的第三人通谋损害买受人利益而订立商品房买卖合同的,出卖人与该第三人所订立的合同构成恶意串通,该合同无效</td></tr>
</table>

(六)所有权保留与分期付款买卖

<table>
<tr><td rowspan="6">所有权保留</td><td>适用范围</td><td colspan="3">仅适用于动产。当事人约定不动产保留所有权的,该约定无效</td></tr>
<tr><td rowspan="5">效力</td><td colspan="3">动产虽已交付,但所有权仍属于出卖人,即所有权不因交付而转移</td></tr>
<tr><td colspan="3">标的物毁损灭失的风险、孳息由买受人承担</td></tr>
<tr><td rowspan="2">出卖人取回权</td><td>行使情形</td><td>1. 未按约定支付价款,经催告后在合理期限内仍未支付或未按约定完成特定条件的
2. 将标的物出卖、出质或者作出其他不当处分的</td></tr>
<tr><td>排除情形</td><td>1. 买受人已经支付标的物总价款的75%以上
【注意】此时在所有权保留期间,若出卖人再处分标的物的,仍是有权处分,第三人并非善意取得。但因此造成第一个买受人损失的,应承担违约责任
2. 第三人已善意取得所有权或其他物权</td></tr>
<tr><td>买受人回赎权</td><td colspan="2">1. 买受人已经改正错误,可请求回赎
2. 买受人在回赎期(双方约定或出卖人指定)内没回赎,卖方可另行出卖标的物,再卖所得价款扣除再卖费用及所欠价金,多退少补</td></tr>
<tr><td rowspan="3">分期付款买卖</td><td>含义</td><td colspan="3">买受人将应付的总价款在一定期间内至少分3次向出卖人支付的买卖
【注意】(1)若未约定保留所有权,则所有权于动产交付时转移
(2)适用于动产买卖和不动产买卖</td></tr>
<tr><td>法定解除权</td><td colspan="3">分期付款的买受人未支付到期价款数额达到全部价款的1/5,经催告后在合理期限内仍未支付到期价款的,出卖人可以请求买受人支付全部价款或者解除合同(行使法定解除权),并要求买受人支付该标的物的使用费</td></tr>
<tr><td>解除后果</td><td colspan="3">出卖人解除合同的,可以向买受人要求:
(1)收回标的物;
(2)买受人支付标的物使用费和违约赔偿,当事人对使用费没有约定的,可以参照当地同类标的物的租金标准确定;
(3)卖方向买方退还已经收的钱,约定可不退的,该约定无效</td></tr>
</table>

主观题小案例

【案例】曾某购买某汽车销售公司的轿车一辆，总价款20万元，约定分10次付清，每次2万元，每月的第一天支付。曾某按期支付6次共计12万元后，因该款汽车大幅降价，曾某遂停止付款。汽车销售公司对曾某催款并给予其3个月的付款期限。3个月后，曾某仍未支付价款，汽车销售公司有权要求曾某一次性付清余下的8万元价款或通知曾某解除合同，收回汽车，并且向曾某收取汽车使用费。

问题：题中汽车销售公司有权要求曾某付清价款、解除合同、收回汽车并收取汽车使用费吗？

答案参考：有权。根据《民法典》第634条："分期付款的买受人未支付到期价款的数额达到全部价款的五分之一，经催告后在合理期限内仍未支付到期价款的，出卖人可以请求买受人支付全部价款或者解除合同。出卖人解除合同的，可以向买受人请求支付该标的物的使用费。"所以3个月后，曾某仍未支付价款，汽车销售公司有权要求曾某一次性付清余下的8万元价款或通知曾某解除合同，收回汽车，并且向曾某收取汽车使用费。

（七）试用买卖和样品买卖

试用买卖	定义	约定买受人先行试用标的物，然后在一定期间内再决定是否购买的买卖合同
	性质	属于附生效条件的买卖合同，买卖合同虽已成立，但尚未生效，在买受人认可时生效
	买受人的认可权	1.明示方式，例如，发邮件、电话告知等 2.推定方式，例如，买受人在试用期间将标的物转卖于第三人或者出租于第三人，此时即可推定买受人愿意购买标的物 3.单纯默示，试用期间届满，买受人没有作出任何表示，既不认可，也不拒绝，此时视为认可，买卖合同生效
	认可权的效力	1.买受人表示认可的，买卖合同自认可时生效 2.买受人拒绝认可的，买卖合同确定不会生效，此时，买受人不必支付标的物的使用费
	排除	1.约定买受人在一定期限内可以调换标的物→价值判断：意味着当事人约定了买方享有合同变更权或解除权，但变更或解除权的前提是合同已生效，这与试用买卖合同的性质相悖→（联想）民事法律行为成立与生效的关系 2.约定买受人在一定期限内可以退还标的物→价值判断：同上 3.约定第三人经试验对标的物认可时，买受人应当购买标的物→价值判断：给买受人的"购买自由"施加限制 4.约定标的物经过试用或者检验符合一定要求时，买受人应当购买标的物
	其他	1.未约定使用费，则免费 2.未约定试用期间，则由卖方来定
样品买卖	样品说明	1.买受人不知道样品存在隐蔽瑕疵的，即便出卖人交付的标的物与出卖人提供的样品相同，仍属于违约行为。此时，出卖人须交付符合同种物通常质量标准的标的物，才不属于违约。 2.样品与样品的文字说明不一致，样品封存后发生变化的，以文字说明为准；样品封存后没有发生变化的，以样品为准

七、赠与合同(☆☆☆)

(一)基础认识

定义	赠与人将自己的财产无偿给予受赠人,受赠人表示接受赠与的合同
特征	无偿合同。 【注意】在附负担的赠与中,受赠人的给付与赠与人的给付无对价关系,因此仍为无偿合同
	双方法律行为,以赠与人、受赠人双方合意为成立条件。若仅有赠与人的赠与意思表示,而无受赠人的接受意思表示,赠与合同不成立
	单务合同。 【注意】附义务的赠与也属于单务合同→价值判断:所谓义务没有对应赠与人合同权利的实现,只是为了实现合同目的而加了义务,若受赠人不履行合同约定义务,是赠与人行使法定撤销权,而不是受赠人承担违约责任
	诺成合同:意思表示一致,合同成立,赠与财产的交付不是合同成立要件

(二)类型辨析

项目	附义务赠与合同	附条件赠与合同
概念	赠与人在赠与时使受赠人负担一定义务的赠与	当事人对赠与行为设定一定的条件,把条件的成就与否作为赠与行为的效力发生或消灭的前提
主要特征及区别	1. 赠与人先完成赠与,受赠人后履行义务 2. 附义务赠与中所附的义务与赠与合同的法律效力无关,不能因附义务而延缓或解除赠与的效力。若受赠人不履行合同约定的义务,则赠与人可行使法定撤销权	条件先成就,赠与人后履行赠与义务,即条件的成就与否关系到赠与合同的效力,当条件尚未成就时,赠与合同的权利义务虽已确定,但效力却处于待定状态

赠与合同	双方行为	生前行为	无偿行为	非要式行为
遗赠扶养协议		生前行为兼具死因行为	有偿行为	
遗赠	单方行为	死因行为	无偿行为	要式行为

违约责任	赠与合同的违约责任包括两种情形:赠与财产存在瑕疵与赠与人损坏赠与财产。 1. 赠与财产存在瑕疵。赠与财产存在瑕疵,赠与人不承担损害赔偿责任。赠与人故意不告知瑕疵或者保证没有瑕疵,造成受赠人损失的,应当承担赔偿责任 2. 赠与人损坏赠与财产。在具有救灾、扶贫、助残等公益、道德义务性质的赠与合同或者经过公证的赠与合同中,赠与人的故意或者重大过失导致赠与财产损坏的,赠与人应当承担赔偿责任

(三)赠与合同中的撤销权

<table>
<tr><th colspan="4">任意撤销权与法定撤销权</th></tr>
<tr><td>项目</td><td>任意撤销权</td><td colspan="2">法定撤销权</td></tr>
<tr><td>性质</td><td>形成权,通知到达受赠人时
发生撤销效力</td><td colspan="2">形成权,通知到达受赠人时
发生撤销效力</td></tr>
<tr><td>主体</td><td>赠与人</td><td colspan="2">第一顺序:赠与人本人
第二顺序:赠与人的继承人或法定代理人</td></tr>
<tr><td>方式</td><td>单方通知,无须诉讼、仲裁</td><td colspan="2">单方通知,无须诉讼、仲裁</td></tr>
<tr><td>条件</td><td>无须法定事由,具有任意性</td><td>赠与人撤销,必须具备法定事由,包括:(1)严重侵害赠与人或者赠与人近亲属的合法权益;(2)对赠与人有扶养义务而不履行;(3)不履行赠与合同约定的义务</td><td>继承人、法定代理人撤销:受赠人违法行为致使赠与人死亡或丧失民事行为能力</td></tr>
<tr><td>时间</td><td>赠与财产的权利转移之前,
即动产交付、不动产过户登记前</td><td>赠与人撤销:赠与财产的权利转移之后+知道或应当知道撤销事由1年内行使</td><td>继承人、法定代理人撤销:知道或应当知道撤销事由6个月内行使</td></tr>
<tr><td rowspan="2">法律后果</td><td>1. 赠与合同解除,并非赠与合同未成立生效
2. 赠与人不再承担赠与义务,任意撤销之前已部分交付的财产,无权请求返还→(区别)赠与人的法定撤销权</td><td colspan="2" rowspan="2">赠与合同自始无效,赠与人可要求受赠人返还赠与财产</td></tr>
<tr><td>《民法典》第658条【赠与人任意撤销权及其限制】 赠与人在赠与财产的权利转移之前可以撤销赠与。
经过公证的赠与合同或者依法不得撤销的具有救灾、扶贫、助残等公益、道德义务性质的赠与合同,不适用前款规定</td></tr>
<tr><td>赠与人的穷困抗辩权</td><td colspan="3">赠与人的经济状况显著恶化,继续履行赠与合同严重影响其生产经营或者家庭生活的,可以不再履行</td></tr>
</table>

例1:甲公司与某希望小学乙签订赠与合同,决定捐赠给该小学价值2万元的钢琴两台,后甲公司的法定代表人更换,不愿履行赠与合同。乙小学无权要求甲交付钢琴。【错误。依法不得撤销的具有扶贫的公益性质的赠与合同,赠与人不享有任意撤销权,赠与人不交付赠与财产的,受赠人可以请求交付。故乙小学有权请求甲交付钢琴】

例2:甲曾表示将赠与乙5000元,且已实际交付乙2000元。后乙在与甲之子丙的一次纠纷中，将丙殴打成重伤。丙有权撤销其父对乙的赠与。【错误。只有在赠与人因受赠人的违法行为死亡或者丧失民事行为能力的情形下，赠与人的继承人或者法定代理人才可以撤销赠与。故丙无权撤销。但赠与人甲有权行使撤销权，因受赠人严重侵害赠与人近亲属的合法权益，甲可请求乙返还2000元】

例3：甲将300册藏书送给希望小学乙，并约定乙不得转让给第三人，否则甲有权收回藏书。其后甲向乙交付了300册藏书。后乙将该藏书赠给为希望小学捐款的两位捐款人。赠与人甲不享有赠与合同的撤销权。【错误。受赠人不履行赠与合同约定的义务的，赠与人享有法定撤销权。甲虽然不享有任意撤销权，但基于乙违反赠与合同的约定而享有法定撤销权】

八、借款合同（☆☆☆）

<table>
<tr><td colspan="3">自然人之间的借贷</td></tr>
<tr><td>性质</td><td colspan="2">自然人之间的借款合同属于实践合同，自贷款人提供借款时成立</td></tr>
<tr><td rowspan="3">一般规则</td><td>还款期限</td><td>有约定，按约定。没有约定或者约定不明确，依据《民法典》第510条的规定仍不能确定的，借款人可以随时返还；贷款人可以催告借款人在合理期限内返还</td></tr>
<tr><td>利息支付期限</td><td>有约定从约定。没有约定或者约定不明确，依据《民法典》第510条的规定仍不能确定，借款期间不满1年的，应当在返还借款时一并支付；借款期间1年以上的，应当在每届满1年时支付，剩余期间不满1年的，应当在返还借款时一并支付</td></tr>
<tr><td>法定解除权</td><td>借款人未按照约定的借款用途使用借款的，借款人可以提前收回借款或者解除合同</td></tr>
<tr><td rowspan="3">民间借贷合同效力</td><td>无效情形</td><td>有下列情形之一的，民间借贷合同无效：
（1）套取金融机构贷款转贷的；
（2）以向其他营利法人借贷、向本单位职工集资，或者以向公众非法吸收存款等方式取得的资金转贷的；
（3）未依法取得放贷资格的出借人，以营利为目的向社会不特定对象提供借款的；
（4）出借人事先知道或者应当知道借款人借款用于违法犯罪活动仍然提供借款的。
【注意】“转贷”，不同于一般的借款行为，是一种“金融业务”</td></tr>
<tr><td>利息</td><td>1. 利息支付规则：
（1）没有约定利息的，视为没有利息
（2）利息约定不明确：当事人不能达成补充协议的，按照当地或者当事人的交易方式、交易习惯、市场利率等因素确定利息；自然人之间借款的，视为没有利息（《民法典》第680条）
【注意】借款的利息不得预先在本金中扣除。利息预先在本金中扣除的，应当按照实际借款数额返还借款并计算利息。
2. 借款人提前返还借款的，除当事人另有约定外，应当按照实际借款的期间计算利息</td></tr>
<tr><td>利率</td><td>1. 不超过一年期贷款市场报价利率的4倍
2. “利滚利”最后总额也不得超过一年期贷款市场报价利率4倍</td></tr>
</table>

续表

民间借贷合同效力	逾期利息的利率	1. 约定不得超过一年期贷款市场报价利率的 4 倍 2. 没有约定:参照当时一年期贷款市场报价利率标准计算利息 3. 约定了借款期利率,没有约定逾期利率:按照借款期内约定的利率主张责任 4. 既约定了逾期利率,又约定了违约金或者其他费用,出借人可以选择主张逾期利息、违约金或者其他费用,也可以一并主张,但总计不能超过合同成立时一年期贷款市场报价利率 4 倍

例 1:甲公司为生产需要与乙公司于 2016 年 3 月 1 日签订合同约定,乙当日借给甲 500 万元,借期至 2017 年 3 月 1 日(未约定利息)。则乙无权请求甲支付合同期限内的借款利息。【正确。借款合同对支付利息没有约定的,视为没有利息。因此,乙无权请求甲支付合同期限内的借款利息】

例 2:借款合同对支付利息没有约定或者约定不明确的,视为不支付利息。【错误。借款合同对支付利息没有约定的,视为没有利息;但约定不明的,非自然人之间的借款合同,需要计算利息】

九、租赁合同

租赁期限	最长期限	租赁合同的期限最长不得超过 20 年,超过 20 年的部分无效。 【注意】(1)不是合同全部无效 (2)租赁期间届满,当事人可以续订租赁合同,但约定的租赁期限自续订之日起不得超过 20 年(从续订之日起不得超过 20 年,不是前租赁期间加续订期间不得超过 20 年)
	不定期租赁	1. 当事人未约定租赁期限,依据合同解释仍不能确定的 2. 租赁期限 6 个月以上,未采用书面形式,无法确定租赁期限的(【注意】租赁期限 6 个月以下的,不一定采用书面形式,且不能因为没有采用书面形式就认定为不定期租赁;口头订立的租赁合同中即使约定有租赁期限,其实质仍为不定期租赁合同) 3. 租赁期限届满,承租人继续使用租赁物,出租人未提出异议的,原租赁合同继续有效,但租赁期限为不定期 4. 经批准的临时建筑租赁合同,约定租期超过批准的使用期限的部分,为不定期租赁合同,但在一审法庭辩论终结前,经批准延长使用期限的,延长使用期限内的租赁期间有效
		法律效果:不定期租赁当事人可随时解除合同,但应在合理期限之前通知双方
出租人的主要权利义务	交付	出租人应当按照约定将租赁物交付承租人,并在租赁期间保持租赁物符合约定的用途
	维修	有约定从约定,没有约定时,由出租人承担租赁物的维修义务
	担保无权利瑕疵、质量瑕疵	出租人应保证租赁物无权利瑕疵,即不因第三人对租赁物主张权利而使承租人对租赁物的使用收益受到损害。若因第三人主张权利,致使承租人不能对租赁物使用收益,承租人可请求出租人减少租金或不支付租金

续表

承租人的主要权利义务	获得租赁物收益	在租赁期间因占有、使用租赁物获得的收益,归承租人所有,但当事人另有约定的除外
	支付租金	1. 承租人应按照约定的期限支付租金。对支付期限无约定或约定不明,经协商仍不能确定,租赁期间不满 1 年的,应在租赁期间届满时支付;租赁期间 1 年以上的,应在每届满 1 年时支付,剩余期间不满 1 年的,应在租赁期间届满时支付 2. 承租人无正当理由未支付或迟延支付租金的,出租人可请求承租人在合理期限内支付。承租人逾期不支付的,出租人可以解除合同 3. 因第三人主张权利,致使承租人不能对租赁物使用、收益的,承租人可以请求减少租金或者不支付租金
法定解除权	出租人	承租人未按约定的方法或者租赁物的性质使用租赁物,致使租赁物受到损失的
		承租人无正当理由未支付或迟延支付租金,经出租人要求支付后仍逾期不支付
		承租人未经出租人同意转租的
		房屋租赁合同中,承租人擅自变动房屋建筑主体和承重结构或扩建,在出租人要求的合理期限内仍不予恢复原状
	承租人	因不可归责于承租人的事由,致使租赁物部分或全部毁损、灭失,不能实现合同目的的
		租赁物危及承租人的安全或者健康的,即使承租人订立合同时明知该租赁物质量不合格,承租人仍然可以随时解除合同(仅限于物的瑕疵,且须达到危及承租人安全或健康的程度)
		出租人就同一房屋订立数份有效的租赁合同,未能取得租赁房屋的承租人可解除合同
		房屋租赁合同中,因被依法查封,租赁房屋权属有争议,租赁房屋具有违反法律、行政法规关于房屋使用条件强制性规定情形,导致租赁房屋无法使用的
	双方当事人	1. 租赁房屋被查封 2. 租赁房屋权属有争议 3. 租赁房屋具有违反房屋使用条件强制性规定情况
转租	合法转租(经同意)	1. 两个租赁合同原则上均有效 2. 承租人即使与第三人约定了高于出租人与承租人之间租金的租金,亦不构成不当得利 3. 出租人不能直接向次承租人主张支付租金或违约责任→价值判断:合同相对性 4. 第三人对租赁物造成损失的,承租人应当向出租人赔偿损失
	非法转租(未同意)	1. 承租人非法转租的,出租人可以解除合同 2. 出租人知道或应当知道承租人转租,但在 6 个月内未提出异议的,视为同意转租 3. 一旦解除,出租人可基于所有权从第三人处取回租赁物,若承租人收取的租金高于其向出租人支付的租金,多出的部分认定构成不当得利

续表

买卖不破租赁	定义	租赁物在承租人按照租赁合同占有期限内发生所有权变动的,不影响租赁合同的效力,原租赁合同直接约束新所有权人→(因果)第三人取代出租人,成为承租人的新出租人
	适用范围	1. 不以房屋租赁为限→(区别)房屋承租人的优先购买权 2. 租赁物所有权发生变动情形,包括买卖、赠与、继承、投资、抵押权实现、遗赠、企业合并或互易等原因,租赁物的所有权发生变动 3. 不破转租赁
	例外	1. 在出租前已设立抵押权,且抵押权已登记 2. 房屋在出租前已被人民法院依法查封的 3. 租赁物因被没收、征收发生所有权变动
一房数租	已经合法占有租赁房屋的 > 已经办理登记备案手续的 > 合同成立在先的	

主观题小案例

【案例1】自然人甲与乙订立借款合同,其中约定甲将自己的一辆汽车作为担保物让与乙。借款合同订立后,甲向乙交付了汽车并办理了车辆的登记过户手续。乙向甲提供了约定的50万元借款。

一个月后,乙与丙公司签订买卖合同,将该汽车卖给对前述事实不知情的丙公司并实际交付给了丙公司,但未办理登记过户手续,丙公司仅支付了一半购车款。某天,丙公司将该汽车停放在停车场时,该车被丁盗走。丁很快就将汽车出租给不知该车来历的自然人戊。

问题:丁与戊的租赁合同是否有效?为什么?丁获得的租金属于什么性质?

答案参考:(1)有效。根据《民法典》第215条,当事人之间订立有关设立、变更、转让和消灭不动产物权的合同,除法律另有规定或者当事人另有约定外,自合同成立时生效;未办理物权登记的,不影响合同效力。本案中,租赁行为系负担行为,尽管丁不享有所有权或处分权,但是并不影响租赁合同效力,汽车租赁合同合法有效。

(2)租金的性质属于不当得利。根据《民法典》第122条,因他人没有法律根据,取得不当利益,受损失的人有权请求其返还不当利益。本案中丁所获得的租金没有法律上的原因,而丙公司因此受到损害,丁出租汽车获得利益与丙公司受损之间具有因果关系。因此,属于不当得利。

【案例2】大学生李某要去A市某会计师事务所实习。此前,李某通过某租房网站租房,明确租房位置和有淋浴热水器两个条件。张某承租了王某一套二居室,租赁合同中有允许张某转租的条款。张某与李某联系,说明该房屋的位置及房屋里配有高端热水器。李某同意承租张某的房屋,并通过网上银行预付了租金。李某入住后发现,房屋的位置不错,卫生间也较大,但热水器老旧不堪,不能正常使用,屋内也没有空调。另外,李某了解到张某已拖欠王某1个月的租金,王某已表示,依租赁合同的约定要解除与张某的租赁合同。

问题:由于张某拖欠租金,王某要解除与张某的租赁合同,李某想继续租用该房屋,可以采取什么措施以抗辩王某的合同解除权?

答案参考:李某(次承租人)可以请求代张某(承租人)支付其欠付王某(出租人)的租金和违

约金,以抗辩王某的合同解除权。

【案例3】2005年1月1日,甲与乙口头约定,甲承租乙的一套别墅,租期为5年,租金一次付清,交付租金后即可入住。洽谈时,乙告诉甲屋顶有漏水现象。为了尽快与女友丙结婚共同生活,甲对此未置可否,付清租金后与丙入住并办理了结婚登记。

入住后不久别墅屋顶果然漏水,甲要求乙进行维修,乙认为在订立合同时已对漏水问题提前作了告知,甲当时并无异议,仍同意承租,故现在乙不应承担维修义务。于是,甲自购了一批瓦片,找到朋友开的丁装修公司免费维修。丁公司派工人更换了漏水的旧瓦片,同时按照甲的意思对别墅进行了较大范围装修。更换瓦片大约花了10天时间,装修则用了一个月,乙不知情。更换瓦片时,一名工人不慎摔伤,花去医药费数千元。

2005年6月,由于新换瓦片质量问题,别墅屋顶出现大面积漏水,造成甲一万余元财产损失。

问题1:甲乙之间租赁合同的期限如何确定?理由是什么?如乙欲解除与甲的租赁合同,应如何行使权利?

答案参考:为不定期租赁。根据《民法典》规定,租赁期限6个月以上,当事人未采取书面形式,无法确定租赁期限的,视为不定期租赁。本案中,乙可以随时解除合同,但应当在合理期限前通知承租人。

问题2:别墅维修及费用负担问题应如何处理?理由是什么?

答案参考:(1)甲有权要求乙在合理期限内维修。乙未履行维修义务,甲可以自行维修,维修费用由乙负担。

(2)甲的维修属于无因管理人的行为,由乙承担其支出的必要费用。瓦片质量问题不影响乙对该项义务的承担。

(3)因维修影响了甲的使用,应当相应减少租金或延长租期。但装修期间不在延长租期的范围内。

【案例4】甲将房屋出租给乙,未经甲同意,乙擅自将房屋出租给丙。对此,甲已经知晓近8个月,但一直没有作出任何表示。

问题:该转租合同是否有效?

答案参考:有效。根据《民法典》第718条,出租人知道或者应当知道承租人转租,但是在6个月内未提出异议的,视为出租人同意转租。本案中,甲已知情近8个月,却未提出异议,视为同意转租,该转租合同有效。

【案例5】甲与乙订立房屋租赁合同,约定租期5年。半年后,甲将该房屋出售给丙,但未通知乙。不久,乙以其房屋优先购买权受侵害为由,请求法院判决甲、丙之间的房屋买卖合同无效。

问题:乙的主张能否得到法院的支持?

答案参考:不能。根据《民法典》第728条:出租人未通知承租人或者有其他妨害承租人行使优先购买权情形的,承租人可以请求出租人承担赔偿责任;但是,出租人与第三人订立的房屋买卖合同的效力不受影响。本案中,甲侵害了乙的优先购买权,乙可以请求甲赔偿,但不能主张该合同无效。

十、建设工程合同(☆☆)

(一)建设工程合同的无效

无效的法定事由	1. 发包合同无效的情形 所谓发包合同,是指发包人与承包人订立的建设工程合同。有下列情形之一的,发包合同无效: (1)欠缺资质,承包人没有相应资质,但是承包人在建设工程竣工之前取得相应资质的除外; (2)借名承包,名义承包人具有相应资质,但是实际承包人没有相应资质。此时,如果将来建设工程存在瑕疵,发包人有权向名义承包人与实际承包人主张连带责任; (3)程序瑕疵,应当招标没有招标或者中标无效; (4)手续不全,发包人没有取得建设工程规划许可证等规划审批手续,但是发包人在起诉之前取得建设工程规划许可证等规划审批手续的除外
	2. 非法转包合同无效 所谓转包,是指承包人将其承包的全部工程交由第三人完成。转包合同一律无效
	3. 违法分包合同无效 所谓分包,是指承包人将其承包的工程进行拆分交由第三人完成。有下列情形之一的,分包合同无效: (1)全部分包,承包人将其承包的全部工程分为不同部分全部交由第三人完成; (2)主体分包,承包人将其承包的主体工程交由第三人完成; (3)二次分包,承包人将其承包的部分工程交由第三人完成,第三人又将该部分工程交由其他人完成,其中第三人又交由其他人完成属于二次分包; (4)欠缺资质,承包人将其承包的部分工程交由第三人完成,但是第三人没有相应资质
无效的法律效果	1. 建设工程合同无效,工程价款是否应当支付? (1)应当支付工程价款的情形: ①建设工程经竣工验收合格 ②建设工程初始并不合格,在修复之后经竣工验收合格。此后,发包人可以请求承包人承担修复费用 发包人对因建设工程不合格造成的损失有过错的,应当承担相应的责任。 【注意】如果实际施工人没有拿到工程价款,其可以以非法转包人或者违法分包人为被告提起诉讼,同样可以以发包人为被告提起诉讼,此时法院应当追加非法转包人与违法分包人为第三人。但是,发包人仅在其欠付工程价款的范围内承担责任。 (2)不必支付工程价款的情形:建设工程初始并不合格,在修复之后经竣工验收仍不合格
	2. 建设工程合同无效,非法所得如何处理? 法院可以收缴基于非法转包、违法分包以及借名承包所取得的非法所得

(二)建设工程合同的履行

建设工程的质量	承包人应当确保建设工程的质量。因为建设工程的质量发生纠纷的,发包人得以承包人、分包人以及实际施工人为共同被告提起诉讼

续表

建设工程价款优先受偿权	1. 概念	工程价款请求权具有优先效力，就拍卖、变卖建设工程所得价款，工程价款请求权人优先于抵押权人等受偿。但是，不得优先于已经支付大部分价款的业主
	2. 优先期间	工程价款请求权作为债权，受到诉讼时效的限制。但是，工程价款请求权的优先期间仅有 18 个月，自发包人应当支付工程价款之日起算
	3. 优先范围	对于逾期支付建设工程价款的利息、违约金、损害赔偿金等，不得主张优先受偿
	4. 优先限制	发包人与承包人约定承包人不得就建设工程折价或者拍卖价款优先受偿的，如果损害建筑工人的利益，约定无效

（三）建设工程合同的解除

发包人的解除权	承包人有下列情形之一的，发包人可以请求解除建设工程合同： 1. 明确表示或者以行为表明不履行主要义务； 2. 约定期限没有完工，在催告后的合理期限内仍然没有完工； 3. 已经完成的建设工程质量不合格，拒绝修复； 4. 非法转包、违法分包
承包人的解除权	发包人有下列情形之一，在催告后的合理期限内仍然没有改善的，承包人可以请求解除建设工程合同： 1. 没有按照约定支付工程价款； 2. 提供的主要建筑材料、建筑构配件以及设备不符合强制性标准； 3. 拒不履行协助义务
	例：承包人违法分包的，发包人有权解除合同。【正确。承包人将建设工程转包、违法分包的，发包人可以解除合同】

主观题小案例

【案例 1】甲公司中标了某地块的开发权，与乙公司签订合同，由乙公司负责建筑施工，但甲公司未支付工程款项。于是甲公司和乙公司协商又重新达成协议，将甲公司之前的欠款本金 8500 万元作为对乙公司的借款，乙公司同意以未完成的工程作抵押向银行贷款 2 亿元，甲公司偿还借款 5000 万元后剩余的 1.5 亿元作为资本继续开发。但甲公司的公章要交由乙公司保管，甲公司对外签订合同要经过乙公司同意。甲乙两公司约定若发生争议，由 a 省 b 市仲裁委管辖。甲公司没钱给乙公司支付工程款，乙公司遂罢工，导致甲公司想建成房屋出售后营利的计划无法实现，遂提出解除合同。

问题：乙公司对甲公司的工程房屋是否有优先权？为什么？优先权的范围是什么？

答案参考：(1) 有优先权。

根据《民法典》第 807 条，发包人未按照约定支付价款的，承包人可以催告发包人在合理期限内支付价款。发包人逾期不支付的，也可以请求人民法院将该工程依法拍卖。建设工程的价款就该工程折价或者拍卖的价款优先受偿。

(2) 优先权的范围仅限于建筑工程款，包括承包人为建设工程应当支付的工作人员报酬、材料款等实际支出的费用，不包括发包人违约所造成的损失。

【案例2】A公司与B公司达成一项协议，由B公司为A公司承建一栋商品房。合同约定，标的总额6000万元，8个月交工，任何一方违约，按合同总标的额20%支付违约金。合同签订后，为筹集工程建设资金，A公司用其建设用地使用权作抵押向甲银行贷款3000万元，乙公司为此笔贷款承担保证责任，但对保证方式未作约定。

B公司未经A公司同意，将部分施工任务交给丙建筑公司施工，该公司由张、李、王三人合伙出资组成。施工中，工人刘某不慎掉落手中的砖头，将路过工地的行人陈某砸成重伤，花去医药费5000元。

问题：如果A公司不能向B公司支付工程款，B公司可对A公司提出什么请求？

答案参考：B公司可向A公司主张违约责任或者对建设工程主张优先权。

【案例3】2000年2月，甲公司与乙公司签订施工合同，约定由乙公司为甲公司建房一栋。乙与丙签订内部承包协议，约定由丙承包建设该楼房并承担全部经济和法律责任，乙公司收取丙支付的工程价款总额5%的管理费。丙实际施工至主体封顶。

问题：该协议是否有效？为什么？

答案参考：该协议实际上为转包合同，无效。最高人民法院《关于审理建设工程施工合同纠纷案件适用法律问题的解释(一)》第1条第2款规定："承包人因转包、违法分包建设工程与他人签订的建设工程施工合同，应当依据民法典第一百五十三条第一款及第七百九十一条第二款、第三款的规定，认定无效。"承包人不得将其承包的全部建设工程转包给第三人，且转包合同一律无效。因此乙公司与丙签订的内部承包协议实为转包合同，合同无效。

第十五讲　侵权之债

一、侵权概述

(一)侵权责任

过错责任	1. 行为人因过错侵害他人民事权益造成损害的，应当承担侵权责任 2. 构成要件：(1)加害人实施了违法加害行为 (2)受害人遭受了可救济的损害 (3)加害行为与损害间有因果关系 (4)加害人对损害的发生具有过错(故意或者过失)
过错推定责任	1. 依照法律规定推定行为人有过错，其不能证明自己没有过错，应当承担侵权责任 2. 九种过错推定责任：(1)无民事行为能力人在教育机构学习生活期间遭受人身损害；(2)医疗机构违反诊疗规范、拒绝提供或遗失、伪造、篡改、违法销毁病历材料；(3)动物园饲养的动物致人损害；(4)建筑物及其搁置物、悬挂物脱落、坠落致人损害；(5)堆放的物品倒塌、滚落或者滑落致人损害；(6)在公共道路上堆放、倾倒、遗撒妨碍通行物致人损害；(7)林木折断、倾倒或者果实坠落致人损害；(8)地面施工或窨井等地下设施致人损害；(9)非法占有人占有的高度危险物致人损害，所有人、管理人(不能证明对防止非法占有尽到高度注意时)的连带责任

续表

无过错侵权责任	1. 行为人造成他人民事权益损害,不论行为人有无过错,法律规定应当承担侵权责任 2. 构成要件:(1)属于法律明文规定承担无过错责任的特定情形;(2)加害人实施了违法加害行为;(3)受害人遭受了可救济的损害;(4)加害行为与损害结果之间具有因果关系 3. 法律规定的无过错责任:(1)无、限制民事行为能力人致人损害,监护人承担无过错替代责任;(2)用人者责任(劳务派遣单位的过错责任、接受个人劳务一方对提供个人劳务一方遭受损害的过错责任或公平责任属于例外);(3)产品责任;(4)机动车与行人、非机动车间发生道路交通事故;(5)医疗产品责任;(6)环境污染与生态破坏责任;(7)高度危险责任;(8)饲养的动物致人损害;(9)建筑物倒塌致人损害;(10)遭受工伤但不属于《工伤保险条例》调整的情形;(11)因帮工致人损害
公平责任	1. 加害人与受害人均无过错的情形下,双方分担损害行为所造成的损失,并非归责原则 2. 构成要件 (1)当事人对损害的发生均无过错(不构成过错侵权) (2)不属于法律明文规定的无过错侵权 (3)加害行为与损害之间具有因果关系 (4)不适用公平责任明显违反公平原则 3. 类型 (1)见义勇为 (2)无意识状态或失去控制致人损害 (3)紧急避险 (4)高空抛物致害无法确定具体侵权人 (5)因第三人的行为造成提供个人劳务一方损害的,接受劳务一方的公平责任 (6)无偿提供劳务的帮工人因帮工遭受人身损害,被帮工人明确拒绝帮工的,被帮工人的公平责任 (7)无偿提供劳务的帮工人因第三人的行为遭受人身损害的,被帮工人的公平责任

(二)构成要件

加害人实施了违法加害行为	1. 既可以是作为,也可以是不作为 2. 不作为侵权义务来源:(1)合同约定的义务;(2)当事人之间的特殊身份与关系;(3)行为人的先前行为
受害人遭受了可救济的损害	侵害权利仅限于侵害物权、人身权、知识产权等绝对权
加害行为与损害间具有因果关系	加害行为与损害结果之间具有引起和被引起的关系,无因果关系则不成立侵权责任
加害人对损害的发生具有过错(故意或者过失)	1. 行为人预见到自己的行为必然或者可能产生损害后果,仍然希望其发生或者放任其发生的主观心理状态 2. 加害人应当预见,因疏忽大意没有预见,或者已经预见,但轻信可以避免损害的发生

二、归责原则

法律明文规定的特定情形			
类型	责任人	免责、减责事由	
		事由	后果
民用核设施致害	经营者	战争、武装冲突、暴乱、受害人故意	免责
民用航空器致害	经营者	受害人故意	免责
高度危险物致害	占有人、使用人	受害人故意、不可抗力	免责
		受害人重大过失	减责
高度危险活动致害	经营者	受害人故意、不可抗力	免责
		受害人重大过失	减责
擅自进入致损	管理人	采取足够安全措施、尽到充分警示义务	免责或减责
环境污染致害	污染者	不具有因果关系	免责
饲养动物致人损害	饲养人、管理人	一般情况下,受害人故意	免责
		一般情况下,受害人重大过失	减责
		动物园尽到管理职责	免责

例1:在无过错责任中,不考虑双方当事人的过错。【错误。无过错责任不考虑加害人的过错,但是要考虑受害人的过错,这关系到加害人责任承担的程度】

例2:甲醉酒驾驶汽车与对向超速行驶货车的乙相撞,适用无过错责任原则。【错误。机动车之间发生交通事故适用过错责任原则】

例3:过错推定责任下,加害人证明第三人具有过错,可以免责。【错误。在过错推定责任下,加害人需要证明自己没有过错,才能免责】

三、担责方式

财产损害赔偿	是指通过支付一定数额的金钱救济受害人财产损失的救济措施。 侵害他人财产的,财产损失按照损失发生时的市场价格或者其他合理方式计算。 侵害他人人身权益造成财产损失的,按照受害人因此受到的损失或者侵权人因此获得的利益赔偿;上述金额难以确定,并且受害人与侵权人就赔偿数额协商不一致,向法院提起诉讼的,由法院根据实际情况确定赔偿数额
人身损害赔偿	是指通过支付一定数额的金钱救济受害人生命、身体或者健康损害的救济措施。侵害他人造成人身损害的,应当赔偿医疗费、护理费、交通费、营养费、住院伙食补助费等为治疗与康复支出的合理费用,以及因误工减少的收入。造成残疾的,还应当赔偿辅助器具费与残疾赔偿金;造成死亡的,还应当赔偿丧葬费与死亡赔偿金

续表

精神损害赔偿	是指通过支付一定数额的金钱救济受害人精神损害的救济措施。 1. 下列情形可以主张精神损害赔偿: (1)侵害自然人人身权益造成严重精神损害的,受害人有权请求精神损害赔偿; (2)因故意或者重大过失侵害自然人具有人身意义的特定物造成严重精神损害的,受害人有权请求精神损害赔偿; (3)违约行为损害对方人格权并且造成严重精神损害,受害人请求其承担违约责任的,不影响受害人请求精神损害赔偿。 2. 下列情形不能主张精神损害赔偿: (1)法人、非法人组织的人格权益遭受侵犯不得主张精神损害赔偿请求权; (2)虽然存在精神损害,但是没有造成严重后果,不得主张精神损害赔偿请求权。 【注意】精神损害的赔偿数额根据以下因素确定: (1)侵权人的过错程度,但是法律另有规定的除外; (2)侵权行为的目的、方式、场合等具体情节; (3)侵权行为所造成的后果; (4)侵权人的获利情况; (5)侵权人承担责任的经济能力; (6)受理诉讼法院所在地的平均生活水平
惩罚性赔偿	是指法律规定某些情形下在补偿受害人的实际损失之外,再额外给予受害人一笔金钱的救济措施。该种救济措施的目的主要是惩罚侵权人。具有下列情形之一的,可以主张惩罚性赔偿: (1)故意侵害他人知识产权,情节严重的,受害人有权请求相应的惩罚性赔偿; (2)明知产品存在缺陷仍然生产、销售,或者没有依据有关规定采取有效补救措施,造成他人死亡或者健康严重损害的,受害人有权请求相应的惩罚性赔偿; (3)违反法律规定故意污染环境、破坏生态造成严重后果的,受害人有权请求相应的惩罚性赔偿
法定分担损失	是指受害人与行为人对损害的发生都没有过错时,依照法律规定由双方分担损失。适用法定分担损失规则应当注意当事人双方对损害的发生均无过错并且不属于适用无过错责任原则的情形。例如:完全民事行为能力人对自己的行为暂时没有意识或者失去控制造成他人损害,有过错的,应当承担侵权责任;没有过错的,根据行为人的经济状况对受害人适当补偿
责任竞合的处理	民事主体因同一行为应当承担民事责任、行政责任和刑事责任: (1)承担行政、刑事责任的,不影响民事责任的承担; (2)财产不足以支付的,优先承担民事责任

四、侵权责任的减责、免责事由(☆☆)

过错相抵	定义	被侵权人对损害的发生也有过错的,可以减轻侵权人的责任
	适用	在过错侵权中,当侵权人具有故意或重大过失,而受害人仅有一般过失时,不适用过失相抵
		在无过错侵权中,仅在受害人具有重大过失时,才可以减轻赔偿义务人的责任 例外:因从事高空、高压、地下挖掘活动或使用高速轨道运输工具造成他人损害的,受害人仅具有一般过失,即可减轻加害人的责任

续表

受害人故意	定义	损害是因受害人故意造成的,行为人不承担责任
	适用	1. 仅在受害人故意的行为是损害发生的唯一原因时,才适用 2. 若同时有证据证明行为人对损害的发生也有故意或重大过失,则适用过失相抵,而非免除加害人责任
第三人的原因	定义	损害是因第三人造成的,第三人应当承担侵权责任
	类型	第三人过错是造成损害赔偿的唯一原因,则第三人单独承担责任
		第三人过错是造成损害赔偿的部分原因,应进一步细分: (1)第三人过错与受害人过错共同致损,适用过失相抵。 (2)第三人过错与加害人共同致损,应再次细分:①若构成共同侵权、共同危险或无意思联络的数人直接结合而侵权的,则第三人与加害人向受害人承担连带责任;②若构成无意思联络的数人间接结合而侵权,则第三人与加害人向受害人承担按份责任
正当防卫	构成要件	1. 必须是针对实际存在、正在进行的不法侵害,排除尚未发生及已停止的不法侵害 2. 必须是针对实施不法侵害的本人实施 3. 目的是保护合法权益 4. 不得超过必要限度
	责任承担	因正当防卫造成损害的,不承担责任。正当防卫超过必要的限度,造成不应有的损害的,正当防卫人应当承担适当的责任
紧急避险	构成要件	1. 存在对避险人自身或他人的合法权益、公共利益的急迫危险 2. 采取紧急避险措施是不得已而为之 3. 避险行为不能措施不当或超过必要限度
	排除适用	1. 若险情是人为原因引起的,由引起险情的人承担责任 2. 险情是自然原因引起,行为人采取的措施又无不当,原则上行为人不承担民事责任,但若受害人要求补偿,则可责令受益人、避险人适当补偿
不可抗力	定义	不能预见、不能避免且不能克服的客观情况,如地震、台风、洪水、游行、罢工等。因不可抗力造成他人损害的,不承担责任。法律另有规定的,依照其规定
	排除适用	1. 因不可抗力的自然灾害造成他人损害的,不能免除民用核设施经营人的责任 2. 因不可抗力的自然灾害造成他人损害的,不能免除民用航空器经营人的责任
意外事件	定义	非因当事人的故意或过失而偶然发生的事故。仅适用于过错侵权,不适用于无过错侵权。例如,特异体质接种疫苗发生的过敏反应
	特征	1. 行为人的行为客观上造成损害结果 2. 行为人主观上没有故意或过失 3. 损害结果是因不可预见的原因所引起的
受害人同意	定义	受害人事先声明自愿承担某种损害结果。该声明不得违反法律和社会公共利益,否则,即使受害人同意,行为人仍须承担责任
	排除适用	受害人仅意识到危险的存在,但不希望自己受损,不能认定为受害人同意
	类型	1. 免责条款,但不得违反免责条款无效的情形 2. 受害人单方允诺,但须符合以下条件:(1)受害人有同意的能力;(2)受害人明确作出意思表示,不能采用默示方式;(3)不得违反法律规定、公序良俗

五、数人侵权行为

<table>
<tr><td>共同侵权行为</td><td colspan="4">二人以上基于共同故意或共同过失致人损害。依法应承担连带责任的侵权形态,包括三种类型:共同加害行为、教唆帮助行为、共同危险行为</td></tr>
<tr><td>共同加害行为</td><td colspan="4">包括两种类型:二人以上共同故意或共同过失致人损害</td></tr>
<tr><td>共同故意侵权</td><td colspan="4">数个加害人基于共同故意实施侵权行为,即加害人主观故意+加害人之间具有意思联络</td></tr>
<tr><td>共同过失侵权</td><td colspan="4">数个加害人主观上均为过失+加害人之间具有意思联络</td></tr>
<tr><td rowspan="4">教唆帮助行为</td><td>构成要件</td><td colspan="3">1. 教唆、帮助者实施了教唆、帮助行为
2. 教唆、帮助者具有教唆、帮助的故意
3. 被教唆人、被帮助人实施了相应的侵权行为</td></tr>
<tr><td rowspan="3">责任承担</td><td>教唆、帮助完全民事行为能力人实施侵权行为</td><td colspan="2">教唆、帮助者与行为人承担连带责任</td></tr>
<tr><td rowspan="2">教唆、帮助限制民事行为能力人、无民事行为能力人实施侵权行为,构成共同侵权</td><td>监护人尽到监护责任</td><td>教唆、帮助者单独承担责任</td></tr>
<tr><td>监护人未尽到监护责任</td><td>教唆、帮助者与监护人承担按份责任,即监护人承担与其过错相适应的责任,教唆、帮助者承担剩余部分的责任</td></tr>
<tr><td rowspan="3">共同危险行为</td><td>定义</td><td colspan="3">共同危险行为又称准共同侵权行为,是指两个或两个以上的民事主体均实施了足以侵害他人权利的危险行为,并造成实际损害,但不能判明损害是由何人造成的侵权行为(因果关系无法查明)</td></tr>
<tr><td>构成要件</td><td colspan="3">1. 两个以上的人均实施了足以造成他人人身、财产损害的行为
2. 其中一个行为或者部分行为造成了损害后果
3. 不能确定是谁的行为实际造成了损害后果的发生</td></tr>
<tr><td>责任承担</td><td colspan="3">1. 数个加害人之间承担连带责任
2. 若能确定实际加害人,则不再属于共同危险行为,由实际加害人单独承担责任
3. 若无法确定实际加害人,即使行为人能证明自己的行为与损害结果无因果关系,也不能免除连带责任,即免责事由只有一个:确定具体的侵权行为人</td></tr>
<tr><td rowspan="2">无意思联络的数人侵权</td><td>定义</td><td colspan="3">数人没有进行意思联络,客观上分别实施侵权行为造成同一损害后果的行为</td></tr>
<tr><td>构成要件</td><td colspan="3">1. 数人无共同故意或共同过失而分别实施加害行为
2. 加害行为结合后造成同一损害结果
3. 在因果关系上,单个行为人的行为都不足以造成损害,仅结合在一起时才能共同造成损害结果</td></tr>
</table>

续表

无意思联络的数人侵权	类型	直接结合	定义:二人以上分别实施侵权行为造成同一损害,每个人的侵权行为都足以造成全部损害的,行为人承担连带责任
			构成要件: 1. 数个侵权行为人之间没有主观上的意思联络 2. 造成同一损害结果 3. 并非每个人的侵权行为都已实际造成全部损害,而是每个单独的侵权行为能够造成全部损害即可
		间接结合	定义:二人以上分别实施侵权行为造成同一损害,而且任何一个人的行为都不足以造成全部损害时,能够确定责任大小的,各自承担相应的责任;难以确定责任大小的,平均承担赔偿责任

例1:二人以上分别实施侵权行为造成同一损害,无论能否确定责任大小,均对外承担连带责任。【错误。二人以上分别实施侵权行为造成同一损害,每个人的侵权行为都不足以造成全部损害的,能够确定责任大小的,各自承担相应的责任;难以确定责任大小的,平均承担赔偿责任】

例2:二人以上分别实施侵权行为造成同一损害,每个人的行为单独不足以造成损害,难以确定责任大小的,承担连带责任。【错误。二人以上分别实施侵权行为造成同一损害,难以确认责任大小的,平均承担责任】

六、具体侵权行为(☆☆☆☆☆)

(一)帮工侵权责任

帮工致人损害的责任承担	1. 帮工人致人损害的,被帮工人应当承担赔偿责任 2. 帮工人存在故意或重大过失,被帮工人承担赔偿责任后向有故意或者重大过失的帮工人追偿 3. 被帮工人明确拒绝帮工的,不承担赔偿责任
因帮工遭受损害的责任承担	1. 帮工人因第三人侵权遭受人身损害的,提供劳务一方有权请求第三人承担侵权责任,也有权请求接受劳务一方给予补偿 2. 接受劳务一方补偿后,可以向第三人追偿

(二)用工单位责任

单位用工	主体	责任主体	用人单位包括固定单位和临时单位(广义),包括:国家机关,企业法人、事业单位法人、社会团体法人,合伙企业和个体经济组织等
		行为主体	工作人员,包括正式员工和临时员工
	职务侵权	职务行为	1. 用人单位的工作人员因执行工作任务造成他人损害的,由用人单位承担侵权责任(无过错责任) 2. 用人单位承担侵权责任后,可以向有故意或者重大过失的工作人员追偿
		职务行为的判断标准	1. 客观上采取外观说,只需要行为外观和职务行为客观上有联系即属于职务行为 2. 主观上为了执行职务的相关行为也是职务行为 3. 两个标准满足任何一个即可
		非职务行为	由雇员自己承担责任

续表

个人用工	责任主体	接受劳务一方
	性质	劳务关系(个人之间提供劳务,包括保姆、小时工等家庭用工)
	因劳务自己受损	1. 提供劳务一方因劳务而自己受到损害的:根据双方过错承担责任(过错责任) 2. 因第三人的行为造成提供劳务一方损害的: (1)提供劳务一方有权请求第三人承担侵权责任,也有权请求接受劳务一方给予补偿(公平责任) (2)接受劳务一方补偿后,可以向第三人追偿
	劳务侵权	1. 提供劳务一方因劳务造成他人损害的,由接受劳务一方承担无过错责任 2. 接受劳务一方承担侵权责任后,可以向有故意或者重大过失提供劳务的一方追偿
劳务派遣	责任主体	接受劳务派遣单位(用工单位)、劳务派遣单位(用人单位)
	职务侵权	劳务派遣期间,被派遣的工作人员因执行工作任务造成他人损害的,按照下列规则承担责任: (1)由接受劳务派遣的用工单位承担无过错责任; (2)劳务派遣单位有过错的,承担与其过错相应的责任,劳务派遣单位过错表现为:没有培训、选任、不及时更换等

主观题小案例

【案例】5月20日,丙花3000元从商场购买B公司生产的热水器,B公司派员工李某上门安装。5月30日,李某从B公司离职,但经常到B公司派驻丙所住小区的维修处门前承揽维修业务。7月24日,丙因热水器故障到该维修处要求B公司维修,碰到李某。丙对李某说:"热水器是你装的,出了问题你得去修。"维修处负责人因人手不够,便对李某说:"那你就去帮忙修一下吧。"李某便随丙去维修。李某维修过程中操作失误致热水器毁损。

问题:丙热水器的毁损,应由谁承担赔偿责任?为什么?

答案参考:B公司承担。

根据《民法典》的规定,用人单位的工作人员因执行工作任务造成他人损害的,由用人单位承担侵权责任。李某虽然离职,但经维修处负责人指派,仍为执行工作任务,应由B公司承担侵权责任。

(三)监护人责任

定义	监护人对被监护人因侵权行为造成他人损害的后果承担侵权责任
构成要件	1. 无民事行为能力人、限制民事行为能力人 2. 造成监护人和被监护人以外的第三人损害 3. 加害行为与损害结果具有因果关系

续表

责任承担	自行承担	有财产的无民事行为能力人、限制民事行为能力人造成他人损害的，从本人财产中支付赔偿费用。不足部分，由监护人赔偿	
	监护人承担责任	承担责任的情形	1. 未成年人的父母离异的，同被监护人共同生活的一方承担民事责任；确有困难的，另一方父或母应承担无过错的补充责任
			2. 委托监护中，监护人应当承担侵权责任；受托人有过错的，承担相应责任（受托人无过错，不承担责任，有过错承担相应的责任）
			3. 指定监护中，擅自变更监护人的，由原被指定的监护人与变更后的监护人共同承担无过错的替代责任，依照多数观点承担连带责任
		责任的减轻	1. 监护人尽到监护责任，可以减轻责任，而非免除责任
			2. 被侵权人有过错→价值判断：过错相抵

（四）教育机构侵权责任

定义	教育机构未尽教育、管理职责对无民事行为能力人、限制民事行为能力人在教育机构学习、生活期间遭受人身损害而承担的责任
构成要件	1. 行为人实施侵权行为，包括教育机构直接侵权或第三人侵权 2. 受害人仅限无民事行为能力人、限制民事行为能力人 3. 时间条件：仅限于在教育机构学习、生活期间，一般不包括上学前及放学后 4. 教育机构未尽到教育、管理职责 5. 遭受的损害类型仅限人身损害

类型	行为人	过错表现形式	归责原则
教育机构直接侵权	教育机构工作人员＋在教育机构学习、生活的无民事行为能力人、限制民事行为能力人	未尽到教育、管理责任	受害人为无民事行为能力人时，采用过错推定原则，教育机构只有证明自己尽到职责才能免责
			受害人为限制民事行为能力人时，采用过错责任原则，受害人必须证明教育机构未尽到职责，应当承担侵权责任
第三人侵权	教育机构以外的第三人	未尽到管理责任	侵权人承担侵权责任；教育机构未尽到管理职责的，承担相应的补充责任，幼儿园、学校或者其他教育机构承担补充责任后，可以向侵权人追偿

（五）违反安全保障义务的责任

责任主体	宾馆、商场、银行、车站、机场、体育场馆、娱乐场所等经营场所、公共场所的经营者、管理者或者群众性活动的组织者 1. 安保主体对该场所具有事实上的控制力，且不以有交易关系为必要，在商店闲逛也可以被侵权，安保义务针对的主体是该场所范围内的所有人 2. 安全保障义务不只是提示，还要求有实际措施
过错责任	未尽到安全保障义务，造成他人损害的，应当承担侵权责任

续表

第三人侵权	1. 第三人承担赔偿责任 2. 安保义务人有过错的，在过错范围内承担相应的补充赔偿责任；承担责任后可向第三人追偿。如果安保义务人无过错的，不承担责任

（六）产品责任

定义	因产品缺陷造成他人人身、财产损害而产生的侵权责任： 1. 产品是指经过加工、制作、用于销售的产品，不包括不动产、人体器官、建设工程等 2. 缺陷是指产品不符合保障人体健康和人身、财产安全的国家标准、行业标准，或产品存在危及人身、财产安全的不合理危险
一般产品侵权责任构成要件	1. 产品有缺陷 2. 他人人身、财产遭受损害 3. 产品缺陷与他人损害之间存在因果关系 【注意】不要求生产者、销售者主观上具有过错
外部侵权责任	1. 因产品存在缺陷造成损害的，被侵权人可以向产品的生产者请求赔偿，也可以向产品的销售者请求赔偿： (1)生产者、销售者承担侵权责任，两者均不得以无过错进行抗辩 (2)不要求被侵权人与之具有合同关系，即"被侵权人"包括直接购买并使用缺陷产品的人，也包括非直接购买使用缺陷产品但受到缺陷产品损害的其他人 2. 惩罚性赔偿应同时满足 2 个条件： (1)生产者、销售者明知产品存在缺陷仍然生产、销售，即要求生产者、销售者具有主观过错 (2)造成他人死亡或健康严重损害的
内部追偿责任	1. 产品缺陷由生产者造成的，销售者赔偿后，有权向生产者追偿；但销售者不能指明缺陷产品生产者也不能指明缺陷产品供货者的，销售者应当承担侵权责任 2. 因销售者的过错使产品存在缺陷的，生产者赔偿后，有权向销售者追偿 3. 因运输者、仓储者等第三人的过错使产品存在缺陷，造成他人损害的，产品的生产者、销售者赔偿后，有权向第三人追偿 【注意】因运输者、仓储者、设计者等第三人的过错使产品存在缺陷，被侵权人只能向生产者或者销售者请求赔偿，而不能直接向运输者、仓储者等第三人请求赔偿
产品责任承担方式	1. 排除妨碍、消除危险等 2. 产品投入流通后的警示、召回等补救措施：因未及时采取补救措施或补救措施不力造成损害的，应当承担侵权责任 3. 损害赔偿 4. 惩罚性赔偿
生产者的免责事由	生产者对免责事由承担举证责任： 1. 未将产品投入流通的 2. 产品投入流通时，引起损害的缺陷尚不存在的 3. 将产品投入流通时的科学技术水平尚不能发现缺陷的存在 4. 为了符合关于产品的强制性法规所制造的产品具有缺陷的
诉讼结构	1. 侵权之诉：原告是受害人，被告是生产者、销售者或生产者 + 销售者 2. 违约之诉：原告是作为合同当事人的受害人，被告是作为合同当事人的销售者。因违约损害人格权，并造成严重精神损害的，可以主张精神损害赔偿

主观题小案例

【案例1】乙公司和丙公司签订了融资租赁合同，丙公司出资购买了价值1700万元的设备两台；乙公司擅自将设备出卖给了自然人F，后设备出现了质量问题，F向乙公司主张责任。

问题：自然人F能够向谁主张什么责任？

答案参考：(1)乙公司。

依据《民法典》及相关规定，无权处分不会影响买卖合同的效力。

本案中，乙公司没有所有权将设备出卖属于无权处分，但是无权处分并不影响买卖合同的效力。所以自然人F能向乙公司主张权利。

(2)违约责任。

依据《民法典》及相关规定，当事人一方履行合同义务不符合约定的，应当承担赔偿损失等违约责任。

本案中，乙公司交付的设备存在严重的违约行为，依据合同的相对性，自然人F可以向乙公司主张违约责任。

考点：无权处分。违约责任。涉及法条：《民法典》第577条。

【案例2】李某承租张某的房子，房子热水器老旧不堪，不能正常使用，屋内也没有空调。李某要求张某修理热水器，修了几次都无法使用。再找张某，张某避而不见。无奈之下，李某去B公司购买了全新电热水器，B公司派其员工郝某去安装。安装后郝某因有急事未按要求试用便离开，走前向李某保证该热水器可以正常使用。当晚，同学黄某来A市探访李某。黄某去卫生间洗澡，按新装的热水器上的提示刚打开热水器，该热水器的接口处迸裂，热水喷溅不止，黄某受到惊吓，摔倒在地受伤，经鉴定为一级伤残。另外，木箱内装的贵重衣物，也被热水器喷出的水流浸泡毁损。

问题：对于黄某的损失，郝某、B公司是否应当承担赔偿责任？为什么？

答案参考：郝某不应当承担赔偿责任。B公司应当承担赔偿责任。因为郝某是B公司的工作人员，执行B公司的工作任务，故不承担侵权责任。因热水器是缺陷产品，缺陷产品造成损害，被侵权人(黄某)既可向产品的生产者请求赔偿，也可向产品的销售者请求赔偿。故B公司需要承担侵权责任。

(七)机动车交通事故责任

构成要件	1. 事故因机动车造成，排除挖掘机 2. “在道路上”发生的交通事故，包括广场、公共停车场等用于公众通行的场所 3. 造成他人损害，“他人”采广义解释，包括本机动车上的人员 4. 机动车事故与损害之间存在因果关系
归责原则	1. 机动车之间发生交通事故责任，适用过错责任原则，即无过错方无须承担责任 2. 机动车与非机动车驾驶人、行人之间发生的交通事故责任，适用无过错责任原则，即不考虑机动车一方有无过错，即使行人有过错，也应在交强险赔偿范围内赔偿不超过10%的责任，例外：受害人故意如碰瓷，则无过错的机动车一方可免责

续表

机动车实际控制人责任制度	
机动车租赁、借用	因租赁、借用等情形机动车所有人与使用人不是同一人时,发生交通事故后属于该机动车一方责任的: 1. 由保险公司在机动车强制保险责任限额范围内予以赔偿,即保险公司支付交强险保险金的义务不因车辆所有人、使用人分离而受影响 2. 交强险商业险不足弥补的部分,由机动车使用人承担赔偿责任 3. 机动车所有人对损害的发生有过错的,承担相应的赔偿责任 机动车所有人对损害的发生有过错的认定应满足以下条件:(1)知道或应当知道机动车存在缺陷,且该缺陷是交通事故发生原因之一的;(2)知道或应当知道驾驶人无驾驶资格或未取得相应驾驶资格的;(3)知道或应当知道驾驶人因饮酒、服用国家管制的精神药品或麻醉药品,或患有妨碍安全驾驶机动车的疾病等依法不能驾驶机动车的 未经允许驾驶他人机动车发生交通事故造成损害: (1)可按机动车租赁、借用由机动车驾驶人承担赔偿责任; (2)机动车所有人或者管理人有过错的,承担相应的赔偿责任; (3)机动车所有人或者管理人的免责事由:盗窃、抢劫或者抢夺的机动车发生交通事故造成损害,机动车所有人或者管理人不承担责任
机动车转让	当事人之间已经转让并交付机动车,但未办理所有权转移登记,发生交通事故后属于该机动车一方责任的,由保险公司在机动车强制保险责任限额范围内予以赔偿。不足部分,由受让人承担赔偿责任 【注意】转让包括买卖(含所有权保留、分期付款买卖)、赠与等 被多次转让但未办理转移登记的机动车发生交通事故造成损害,属于该机动车一方责任,由最后一次转让并交付的受让人承担赔偿责任 分期付款买卖机动车的情形下,若机动车已实际交付购买人,虽然出卖人仍保留机动车所有权,但在发生道路交通事故后,应当由购买人承担赔偿责任,保留机动车所有权的出卖人并不承担赔偿责任 转让拼装或已达到报废标准的机动车,发生交通事故造成损害的,由转让人和受让人承担连带责任;若多次转让并发生交通事故造成损害,当事人请求由所有的转让人和受让人承担连带责任的,人民法院应予支持
机动车缺陷	机动车存在产品缺陷导致交通事故造成损害,生产者或销售者依照产品责任的规定承担赔偿责任
盗窃、抢劫或抢夺机动车	1. 盗窃、抢劫或者抢夺的机动车发生交通事故造成损害的,由盗窃人、抢劫人或者抢夺人承担赔偿责任 2. 保险公司在机动车强制保险责任限额范围内垫付抢救费用的,有权向交通事故责任人追偿 3. 并不免除保险公司支付交强险保险金的义务
肇事者逃逸	1. 机动车驾驶人发生交通事故后逃逸,该机动车参加强制保险的,由保险公司在机动车强制保险责任限额范围内予以赔偿 2. 机动车不明或该机动车未参加强制保险,需要支付被侵权人人身伤亡的抢救、丧葬等费用的,由道路交通事故社会救助基金垫付 3. 道路交通事故社会救助基金垫付后,其管理机构有权向交通事故责任人追偿
挂靠经营机动车	以挂靠形式从事道路运输经营活动的机动车发生交通事故造成损害,属于该机动车一方责任,由挂靠人和被挂靠人承担连带责任

续表

套牌机动车	1. 套牌机动车发生交通事故造成损害,属于该机动车一方责任,由套牌机动车的所有人或管理人承担赔偿责任 2. 被套牌机动车所有人或管理人同意套牌的,应当与套牌机动车的所有人或管理人承担连带责任
驾驶培训活动	接受机动车驾驶培训的人员,在培训活动中驾驶机动车发生交通事故造成损害,属于该机动车一方责任,驾驶培训单位承担赔偿责任
试乘服务	1. 机动车试乘过程中发生交通事故造成试乘人损害,提供试乘服务者承担赔偿责任 2. 试乘人有过错的,应当减轻提供试乘服务者的赔偿责任

例 1:某日甲向朋友乙借轿车开车赴宴,乙明知道甲好酒贪杯,驾驶技术不过关,但碍于情面借车给甲,甲果然喝多,在行驶过程中与驾车的丁相撞,发生交通事故。乙无须承担责任。【错误。借用导致车辆使用人与所有人不一致,发生交通事故的,由机动车使用人承担赔偿责任,机动车所有人对损害发生有过错的,承担相应的赔偿责任。乙明知道甲好酒贪杯,驾驶技术不过关,还将车借给甲,对损害的发生存在过错,乙应承担与过错相应的责任】

例 2:乙骑摩托车回村途中被货车撞成重伤,公安部门认定货车司机丙承担全部责任。经查,丁为货车车主,该货车一年前被丙所盗,未买任何保险。丁要承担责任。【错误。盗窃的机动车发生交通事故造成损害的,由盗窃人承担赔偿责任。丁虽为货车的所有权人,但其车被盗,不应承担责任。丙盗窃货车并发生交通事故致乙重伤,应由丙承担所有责任】

(八)医疗损害责任

定义	因医疗机构,医疗产品的生产者、销售者或血液提供者的过错,致使患者在诊疗活动中受到人身或财产损害,应承担的赔偿责任 【注意】 1. 包括医疗美容损害责任承担,但不包括生活美容类损害责任承担 2. 存在违约责任、侵权责任竞合,当事人有选择的权利	
构成要件	1. 存在医疗侵权行为:医务人员是行为主体,医疗机构是责任主体 2. 患者遭受非正常的损害,包括:(1)人身损害;(2)名誉权、隐私权受损;(3)财产损害;(4)精神损害 3. 医疗违法行为与患者遭受的非正常损害具有因果关系 4. 医疗机构、医务人员有过错	
责任主体	1. 医疗机构 2. 缺陷医疗产品的生产者、销售者或血液提供者	
过错责任原则	一般过错	通常情形下适用
	过错推定	1. 违反法律、行政法规、规章以及其他有关诊疗规范的规定 2. 隐匿或拒绝提供与纠纷有关的病历资料 3. 伪造、篡改或销毁病历资料

续表

医疗机构、医务人员权利、义务	告知义务	1. 一般告知:医务人员在诊疗活动中应当向患者说明病情和医疗措施 2. 特殊告知:需要实施手术、特殊检查(肠镜、穿刺等)、特殊治疗(放疗、化疗、输血等)的,医务人员应及时向患者说明医疗风险、替代医疗方案等情况,并取得其书面同意;不宜向患者说明的,应当向患者的近亲属说明,并取得其书面同意 3. 一般告知+特殊告知,均由医疗机构承担替代责任 4. 医疗机构或医务人员违反告知义务但未给患者造成人身损害的,医疗机构没有赔偿义务,即侵权损害赔偿以有损害为前提,无损害无赔偿
	填写、妥善保管、提供病历资料	1. 医疗机构及其医务人员应当按照规定填写并妥善保管住院志、医嘱单、检验报告、手术及麻醉记录、病理资料、护理记录、医疗费用等病历资料 2. 患者要求查阅、复制上述规定的病历资料的,医疗机构应当提供
	保护患者隐私权	1. 医疗机构及其医务人员应当对患者的隐私保密 2. 泄露患者隐私或未经患者同意公开其病历资料,造成患者损害的,应当承担侵权责任
	禁止不必要检查	医疗机构及其医务人员不得违反诊疗规范实施不必要的检查
	尽到与当时医疗水平相应的诊疗义务	医务人员在诊疗活动中未尽到与当时的医疗水平相应的诊疗义务,造成患者损害的,医疗机构应当承担赔偿责任
	紧急处置权	1. 因抢救生命垂危的患者等紧急情况,不能取得患者或其近亲属意见的,经医疗机构负责人或者授权的负责人批准,可以立即实施相应的医疗措施,只要医务人员不存在技术上的差错,不成立违反特殊告知义务的医疗侵权 2. 不能取得患者或其近亲属意见的认定:(1)近亲属不明;(2)不能及时联系到近亲属;(3)近亲属拒绝发表意见;(4)近亲属不能达成一致意见
责任承担	免责事由	1. 患者或其近亲属不配合医疗机构进行符合诊疗规范的诊疗,但若医疗机构、医务人员也有过错,应承担相应的赔偿责任 2. 医务人员在抢救生命垂危的患者等紧急情况下已经尽到合理诊疗义务 3. 限于当时的医疗水平难以诊疗
	连带责任	医疗产品缺陷与医疗机构的过错诊疗行为共同造成同一损害,医疗机构与医疗产品的生产者或销售者、血液提供者应承担连带责任。一方承担责任后,内部按照原因力大小来追偿
	不真正连带责任	1. 产品缺陷造成患者损害的,患者可向生产者、销售者或血液提供者请求赔偿,也可向医疗机构请求赔偿 2. 患者向医疗机构请求赔偿的,医疗机构赔偿后,有权向负有责任的生产者、销售者或血液提供者追偿 3. 因医疗机构的过错使医疗产品存在缺陷或血液不合格,医疗产品的生产者、销售者或血液提供者承担赔偿责任后,可向医疗机构追偿

例:甲因受伤大出血,在医院输血过程中,因血浆含有病毒,导致甲感染传染病。甲只能找血浆提供商主张赔偿。【错误。因输入不合格的血液造成患者损害的,医疗机构与血液提供者承担不真正连带责任,患者可以向血液提供者请求赔偿,也可以请求医院赔偿。若甲向医疗机构请求赔偿,医疗机构赔偿后,可以向血液提供者追偿】

（九）环境污染责任

<table>
<tr><td>性质</td><td colspan="3">无过错责任原则</td></tr>
<tr><td rowspan="5">构成要件</td><td>环境污染行为</td><td colspan="2">行为人不得以排污符合国家规定的标准或行为不具有违法性主张免责</td></tr>
<tr><td>受害人遭受损害</td><td colspan="2">1. 提起环境损害赔偿诉讼的时效期间为 3 年，从当事人知道或应知道其受到损害时起计算；
2. 被侵权人提起诉讼，请求污染者停止侵害、排除妨碍、消除危险的，不受时效期间限制</td></tr>
<tr><td rowspan="2">环境污染行为与损害之间的因果关系</td><td>存在因果关系</td><td>1. 受害人无须证明行为结果间存在因果关系，但并不意味着受害人无任何举证责任；
2. 污染者就行为结果间不存在因果关系承担举证责任</td></tr>
<tr><td>因果关系否定</td><td>污染者举证证明下列情形之一的，法院应当认定其污染行为与损害之间不存在因果关系：
（1）排放的污染物、破坏生态的行为没有造成该损害可能的；
（2）排放的可造成该损害的污染物未到达该损害发生地的；
（3）该损害于排放污染物、破坏生态的行为之前已发生的</td></tr>
<tr><td colspan="3">【注意】构成要件不包括行为人主观过错→价值判断：无过错责任原则</td></tr>
<tr><td rowspan="4">责任承担</td><td>不真正连带责任</td><td colspan="2">因第三人的过错污染环境造成损害的：
（1）被侵权人可以向污染者请求赔偿，也可以向第三人请求赔偿；
（2）污染者赔偿后，有权向第三人追偿；
（3）受害人请求第三人承担赔偿责任的，法院应根据第三人过错程度确定其相应赔偿责任</td></tr>
<tr><td>举证责任</td><td colspan="2">因果关系倒置，由排污者就其行为与损害之间不存在因果关系承担举证责任</td></tr>
<tr><td>数个污染者的责任承担</td><td colspan="2">1. 因果关系的证明责任在排污者
2. 无意思联络且每个污染者的排污行为都不足以造成全部损害的，承担按份责任
3. 无意思联络，但每个污染者的排污行为都足以造成全部损害的，承担连带责任</td></tr>
<tr><td>免责事由</td><td colspan="2">1. 受害人故意
2. 不可抗力→（联想）不可抗力的排除适用
3. 证明排污与损害间无因果关系
4. 污染者不能以因第三人的过错污染环境造成损害为由主张不承担责任或减轻责任</td></tr>
<tr><td>惩罚性赔偿</td><td colspan="3">侵权人故意 + 造成严重后果，被侵权人有权请求相应的惩罚性赔偿</td></tr>
</table>

（十）高度危险责任

定义	因从事高度危险作业或持有高度危险物品致人损害而应承担的侵权责任
归责原则	1. 以无过错责任为原则，与加害人的过错无关，与法定的减责、免责事由有关 2. 两种例外适用过错责任原则：(1)所有人将高度危险物交由他人管理的，管理人遗失、抛弃高度危险物致人损害的，由管理人承担无过错责任；所有人有过错的，与管理人承担连带责任。(2)非法占有高度危险物造成他人损害的，由非法占有人承担无过错责任。所有人、管理人不能证明对防止他人非法占有尽到高度注意义务的(具有过错)，与非法占有人承担连带责任
民用核设施	民用核设施发生核事故造成他人损害的： (1)民用核设施的经营者应当承担侵权责任； (2)免责事由：战争、受害人故意
民用航空器	民用航空器造成他人损害的： (1)民用航空器的经营者应当承担侵权责任； (2)免责事由：受害人故意
易燃、易爆、剧毒、放射性等高度危险物	占有或者使用易燃、易爆、剧毒、放射性等高度危险物造成他人损害的： (1)占有人或者使用人应当承担侵权责任； (2)免责事由：受害人故意或不可抗力； (3)减责事由：受害人对损害的发生有重大过失
高空、高压、地下挖掘活动或使用高速轨道运输工具	从事高空、高压、地下挖掘活动或使用高速轨道运输工具造成他人损害： (1)经营者应当承担侵权责任； (2)免责事由：受害人故意、不可抗力； (3)减责事由：被侵权人对损害的发生有过失的，可以减轻经营者的责任→不要求重大过失的价值判断：此类危险活动，正常人仅须稍加注意就可避免
未经许可进入高度危险活动区域或高度危险物存放区域	未经许可进入高度危险活动区域或者高度危险物存放区域受到损害： (1)责任人为高度危险区域的管理人； (2)免责、减责事由：管理人已采取安全措施并尽到警示义务

（十一）饲养动物损害责任

定义	动物的饲养人或管理人应对饲养的动物造成他人损害承担侵权责任： (1)饲养人、管理人：应具有稳定性，排除临时借用动物的人； (2)须为饲养的动物，排除野生动物； (3)“造成他人损害”：饲养的动物因自身固有的危险性而造成的损害，排除动物处于他人支配控制之下而成为人的加害工具的情形，此时视为人的加害行为
归责原则	1. 原则上适用无过错原则，与加害人的过错无关，与法定的减责、免责事由有关 2. 例外适用过错推定：动物园的动物致人损害
免责事由	受害人故意或重大过失，但适用严格的无过错责任原则的两种情形除外

类型	归责原则	责任主体
未对动物采取安全措施	严格的无过错责任(无免责事由)	动物饲养人或管理人
禁止饲养的烈性犬等危险动物		

续表

类型	归责原则	责任主体
动物园的动物	过错推定：动物园能证明尽到管理职责的，不承担责任	动物园（动物饲养人或管理人）
遗弃、逃逸的动物在遗弃、逃逸期间	无过错责任	原动物饲养人或管理人
因第三人的过错致使动物造成他人损害		被侵权人可以向动物饲养人或者管理人请求赔偿，也可以向第三人请求赔偿。动物饲养人或管理人赔偿后，有权向第三人追偿

（十二）物件损害责任

（一般过错原则）以行为人存在过错为必要	
在公共场所或道路上挖掘、修缮安装地下设施等造成他人损害，施工人不能证明已经设置明显标志和采取安全措施的，应当承担侵权责任 1. 责任主体：施工单位，不包括建设单位、发包单位 2. 过错推定责任，施工单位能够证明自己已经设置明显标志和采取安全措施的，施工单位无过错，不承担责任	
建筑物、构筑物或其他设施及其搁置物、悬挂物发生脱落、坠落	1. 责任主体：所有人、管理人或使用人 2. 所有人、管理人或使用人以外的“第三人”对损害的发生具有过错的，所有人、管理人或者使用人赔偿后，有权向有过错的第三人追偿
堆放物倒塌	1. 责任主体：所有人或管理人 2. 所有人与堆放人不一致时，由堆放人承担
林木折断	责任主体：所有人或管理人
公共道路上堆放、倾倒、遗撒妨碍通行	责任主体：行为人与公共道路管理人承担按份责任
窨井等地下设施	责任主体：（地下设施的）管理人
无过错责任	
建筑物、构筑物或者其他设施倒塌	1. 建筑物、构筑物或其他设施倒塌造成他人损害的，由建设单位与施工单位承担连带责任 2. 建设单位、施工单位赔偿后，有其他责任人的，有权向其他责任人追偿，其他责任人包括勘察、设计、监理单位等 3. 因其他责任人的原因，建筑物、构筑物或者其他设施倒塌造成他人损害的，由其他责任人承担侵权责任
公平分担损失	
从建筑物中抛掷物品或从建筑物上坠落物品	责任主体：侵权人无法确定时，由可能加害的建筑物使用人给予补偿： （1）承担的是补偿责任，而非赔偿责任；是按份责任，而非连带责任； （2）不是共同侵权行为、共同危险行为； （3）免责事由：能证明自己不是加害人

例1：甲购得某花园小区A栋第三层房屋后，将承重墙拆除，导致该栋房屋全部倒塌。房屋倒塌造成的损失应由建设单位和施工单位承担。【错误。因所有人、管理人、使用人或者第三人的原因，建筑物倒塌造成他人损害的，由所有人、管理人、使用人或者第三人承担侵权责任。本题中，损害是由甲直接造成，与建设单位和施工单位无关，应由甲承担责任】

例2：4名行人正常经过北方牧场时跌入粪坑，1人获救3人死亡。据查，当地牧民为养草放牧，储存牛羊粪便用于施肥，一家牧场往往挖有三四个粪坑，深者达三四米，之前也发生过同类事故。关于牧场的责任，应适用无过错责任原则。【错误。因地下设施致人损害，管理人不能证明尽到管理职责的，应当承担侵权责任，故对牧场管理人应适用过错推定责任】

第五编

民事诉讼法和仲裁制度

本部分内容根据2023年9月1日修正的《民事诉讼法》修订，新修正的《民事诉讼法》将于2024年1月1日起施行，会纳入2024年法考大纲，请考生务必按照新的内容学习。

第一讲　诉

一、诉的要素

<table>
<tr><td rowspan="4">诉的要素</td><td>诉的主体：当事人</td></tr>
<tr><td>诉讼标的：又称诉的客体，是法院裁判的对象，指当事人发生争议并请求法院作出裁判的民事实体法律关系</td></tr>
<tr><td>诉的理由：当事人所依据的事实与法律</td></tr>
<tr><td>【提示】
诉讼标的：当事人发生争议，并请求法院作出裁判的民事实体法律关系。
诉讼请求：原告基于该诉讼标的（实体法律关系）请求法院作出特定裁判</td></tr>
</table>

二、诉的分类

<table>
<tr><td rowspan="8">诉的分类</td><td colspan="3">诉的分类的唯一依据是原告的诉讼请求（【注意】与被告的答辩意见无关）</td></tr>
<tr><td rowspan="2">确认之诉：原告请求法院确认与被告间是否存在某种民事法律关系</td><td colspan="2">积极确认之诉：请求法院确认法律关系存在或有效</td></tr>
<tr><td colspan="2">消极确认之诉：请求法院确认法律关系不存在或无效</td></tr>
<tr><td rowspan="3">给付之诉：原告请求法院判令被告履行一定的义务</td><td colspan="2">财物的给付</td></tr>
<tr><td rowspan="2">行为的给付</td><td>积极的作为，如赔礼道歉</td></tr>
<tr><td>消极的不作为，如停止侵权</td></tr>
<tr><td colspan="3">形成之诉（变更之诉）：原告请求法院改变或者消灭某种既存的民事法律关系，主要针对主体、内容、客体。如解除合同、离婚等</td></tr>
<tr><td colspan="3">【考点提示】
1. 诉的分类，必须以“诉”为前提
2. 给付之诉和形成之诉往往包含确认的内容，但若原告提出了给付、变更的请求，则一定为给付之诉或者形成之诉，不再是确认之诉
3. 一个既存的法律关系包括主体、客体、内容3个方面，原告的诉讼请求是要求将一个既存的法律关系的主体、客体、内容三者之一进行变更的即为形成之诉（变更之诉）
【归纳总结】
诉讼标的、诉讼请求、诉的分类三者的关系：
诉讼标的是基础，基于同一诉讼标的，原告可以提出若干个不同的诉讼请求，诉讼请求不同可能导致诉的性质不同</td></tr>
</table>

主观题小案例

【案例1】甲教育培训公司(以下简称甲公司)的招生部负责人张三、教学部经理李四、办公室主任王五从甲公司离职后成立了乙公司,利用各自掌握的公司核心资源等与甲公司进行竞争,甲公司起诉乙公司不正当竞争,诉讼请求如下:(1)停止侵权行为;(2)赔偿损失500万元;(3)公开赔礼道歉、消除影响。

问题:本案是什么诉?

答案参考:给付之诉。第一项请求给付的对象为行为(消极的不作为);第二项请求给付的对象为财物;第三项请求给付的对象为行为(积极的作为)。

【案例2】张三将房屋租赁给李四,李四拒不支付租金,张三起诉李四要求支付房屋租金8000元。诉讼中,张三主张不要租金了,而是要求解除该租赁合同。

问题:本案诉讼请求是否发生变化?诉讼标的是否发生变化?诉的性质是否发生变化?

答案参考:本案中,张三提出的"支付租金8000元"与"要求解除该租赁合同"均为原告的诉讼请求,因此,诉讼请求发生了变化。无论是要求支付租金还是要求解除合同都是基于租赁合同关系,所以诉讼标的没有发生变化。要求支付租金是给付的请求,为给付之诉;要求解除合同是变更的请求,为形成之诉(变更之诉),所以诉的性质也发生了变化。

总结:同样基于租赁合同关系,原告可以选择提出若干个不同的诉讼请求,如请求确认合同有效或者无效,为确认之诉;如请求支付租金,为给付之诉;如请求解除合同,为形成之诉。

三、反诉

<table>
<tr><td rowspan="7">反诉</td><td>概念:在诉讼程序进行中,本诉被告针对本诉原告向法院提出的独立的诉</td></tr>
<tr><td>主体:本、反诉主体具有同一性,即反诉由本诉的被告向本诉的原告提出</td></tr>
<tr><td>时间:一审法庭辩论终结前</td></tr>
<tr><td>牵连关系:本、反诉之间应当具有牵连关系(包括:基于同一事实;基于同一法律关系;诉讼请求之间具有因果关系)</td></tr>
<tr><td>管辖:向受理本诉的法院提出,且受诉法院有管辖权(牵连管辖)</td></tr>
<tr><td>程序:与本诉适用同一程序</td></tr>
<tr><td>【考点提示】
1. 在二审中提出反诉的——调解,调解不成,告知另行起诉,但当事人同意由二审法院一并审理的除外
2. 区分反诉与反驳的本质:反诉具有独立性,即反诉是独立的反请求,不能仅看法律效果
3. 反诉与本诉相互独立;本诉撤诉,反诉不受影响、继续进行</td></tr>
</table>

主观题小案例

【案例1】问题:被告提出反诉后,原告申请撤诉,法院应当如何处理?

答案参考:本、反诉相互独立,原告申请撤诉,撤回的是本诉,本诉撤回之后,反诉继续进行。

【案例2】问题:被告提起反诉后,原告经传唤拒不到庭或者中途退庭如何处理?

答案参考：被告提起反诉后，在案件中存在两个独立的诉，即原告起诉被告，为本诉；被告起诉原告，为反诉。两个诉相互独立。原告拒不到庭，在本诉中，其是原告，原告拒不到庭，按撤诉处理；而在反诉中，其是被告，被告拒不到庭，可以缺席判决。

【案例3】甲公司起诉乙公司违约，乙公司反诉甲公司要求解除合同。诉讼中甲公司撤回起诉，法院裁定准许甲公司撤回起诉后驳回了乙公司的反诉。乙公司对驳回反诉的裁定不服，提起上诉。

问题：二审法院应当如何处理？

答案参考：根据反诉的独立性，本诉撤诉后反诉应当继续进行，故一审法院对反诉应当继续审理，而不能驳回起诉。对于驳回起诉的裁定，乙公司可以上诉。二审法院认为裁定错误的，应当裁定撤销原裁定，指令一审法院审理。

【案例4】张三和李四签订房屋买卖合同，约定李四将一套住房以500万元价格出售给张三，后由于房价上涨，李四反悔拒不交付房屋，张三起诉李四要求交付房屋并且赔偿迟延履行违约金5万元。一审法院判决李四交付房屋，但未支持张三关于违约金的请求，张三不服一审判决，提起上诉。在二审中，李四变更诉讼请求，要求解除合同。

问题：二审中李四能否变更诉讼请求？为什么？

答案参考：李四不能变更诉讼请求。李四提出独立的诉讼请求构成反诉，反诉应当在一审法庭辩论终结前提出。在二审中提出反诉的，二审法院可以调解，调解不成告知当事人另行起诉。当事人同意二审法院一并审理的，二审法院可以一并审理。

四、重复起诉（☆☆☆☆☆）

1. 构成要件：

（1）后诉与前诉当事人相同；

（2）后诉与前诉的诉讼标的相同；

（3）后诉与前诉的诉讼请求相同或者后诉的诉讼请求在实质上否定前诉裁判结果。

2. 目的：防止出现相同或相冲突的判决。

主观题小案例

【案例1】甲乙两公司签订了设备买卖合同，因设备质量问题，甲公司起诉乙公司要求更换并支付违约金10万元。法院经审理判决乙公司败诉，乙公司未上诉。之后，乙公司向法院起诉，要求确认该买卖合同无效。

问题：法院应当如何处理？并说明理由。

答案参考：乙公司的行为构成重复起诉，法院应当裁定不予受理。

根据司法解释的规定，重复起诉应当同时满足"（一）后诉与前诉的当事人相同；（二）后诉与前诉的诉讼标的相同；（三）后诉与前诉的诉讼请求相同，或者后诉的诉讼请求实质上否定前诉裁判结果"三个条件。乙公司起诉甲公司确认合同无效的诉讼请求与前诉主体相同，诉讼标的相同。前诉法院判决支持甲公司诉讼请求即应包含确认合同有效，而乙公司起诉要求确认合同无效则在实质上否定前诉裁判结果，构成重复起诉，法院不应受理。

【案例2】张三起诉李四要求归还借款本金10万元,法院判决支持张三的全部诉讼请求,判决生效后,张三起诉李四要求支付该笔借款的利息5000元。

问题:是否构成重复起诉?为什么?

答案参考:不构成重复起诉。

重复起诉要求同时满足"(一)后诉与前诉的当事人相同;(二)后诉与前诉的诉讼标的相同;(三)后诉与前诉的诉讼请求相同,或者后诉的诉讼请求实质上否定前诉裁判结果"三个条件。虽然本案后诉与前诉当事人相同,诉讼标的相同,但后诉与前诉的诉讼请求不同,也未在实质上否定前诉裁判结果,故不构成重复起诉。

【案例3】甲公司和乙公司签订买卖合同,约定履行期限届至,乙公司未按照合同约定交付货物,甲公司起诉乙公司要求履行合同。法院经审理查明,由于突发新冠疫情,乙公司的供货商丙公司已经停工,法院判决驳回甲公司诉讼请求。3个月后,甲公司发现丙公司已经全面复工,而乙公司仍未履行合同。

问题:甲公司可以何种方式维护权利?

答案参考:甲公司可以再次起诉乙公司。

根据司法解释,判决生效后,发生新的事实,当事人再次起诉的,法院应当依法受理。本案不属于重复起诉。

第二讲 当事人

一、当事人适格

(一)诉讼权利能力和诉讼行为能力

<table>
<tr><td rowspan="5">诉讼权利能力</td><td colspan="2">具有成为民事诉讼当事人,享有诉讼权利、承担诉讼义务的资格</td></tr>
<tr><td>自然人</td><td>始于出生,终于死亡</td></tr>
<tr><td>法人</td><td>始于成立,终于终止(注销)</td></tr>
<tr><td>其他组织</td><td>符合条件的其他组织,具有诉讼权利能力,始于成立,终于终止:
(1)依法登记并领取营业执照的个人独资企业、合伙企业、中外合作经营企业、外资企业、乡镇企业、街道企业;
(2)依法设立并领取营业执照的法人的分支机构;依法成立的社会团体的分支机构、代表机构;
(3)依法设立并领取营业执照的商业银行、政策性银行和非银行金融机构的分支机构</td></tr>
<tr><td colspan="2"></td></tr>
<tr><td rowspan="3">诉讼行为能力</td><td colspan="2">具有通过亲自实施诉讼行为,行使诉讼权利和承担诉讼义务的资格</td></tr>
<tr><td colspan="2">自然人:
有诉讼行为能力——完全民事行为能力人;
无诉讼行为能力——无民事行为能力人、限制民事行为能力人</td></tr>
<tr><td colspan="2">法人和其他组织:
诉讼行为能力与诉讼权利能力同时产生、同时消灭</td></tr>
</table>

(二)当事人适格

概念	对于具体的诉讼,有作为本案当事人起诉或者应诉的资格
原则	本案所争议的民事法律关系(本案诉讼标的)的主体即为本案适格当事人
例外	1. 失踪人的财产代管人、遗产管理人和遗嘱执行人、股东代表诉讼中的股东、经作者授权的著作权集体管理组织、为保护死者名誉而起诉的死者近亲属 2. 确认之诉中,对诉讼标的有确认利益的人或组织 3. 依法有权提起公益诉讼的机关、组织

(三)常考适格当事人

个人合伙	未依法登记领取营业执照的个人合伙的全体合伙人为共同诉讼人。个人合伙有依法核准登记的字号的,应在法律文书中注明登记的字号 【对比记忆】依法登记并领取营业执照的合伙企业具有诉讼权利能力,以自己的名义起诉、应诉 【注意】区分个人合伙与合伙企业的关键是:有没有依法登记并领取营业执照
个体工商户	1. 以营业执照上登记的经营者为当事人 2. 有字号的,以登记的字号为当事人,但应同时注明经营者的基本信息 3. 营业执照上登记的经营者与实际经营者不一致的,以登记的经营者和实际经营者为共同诉讼人
无、限制民事行为能力人侵权	无、限制民事行为能力人和其监护人为共同被告
村(居)委会、村民小组	村(居)委员会或者村民小组与他人发生民事纠纷的,村(居)委员会或者有独立财产的村民小组为当事人
挂靠关系	根据原告的主张确定当事人 原告只主张挂靠方或者只主张被挂靠方承担责任的,法院应当只列一方为被告;原告主张挂靠方与被挂靠方共同承担责任的,将二者列为共同被告
职务行为	法人或者其他组织的工作人员的职务行为以法人或者其他组织为当事人
以行为人为当事人	1. 法人或其他组织应登记而未登记,即以法人或其他组织名义进行民事活动的 2. 行为人没有代理权、超越代理权或代理权终止后以被代理人名义进行民事活动的,但相对人有理由相信行为人有代理权的除外 3. 法人或其他组织依法终止后,仍以其名义进行民事活动的
企业法人解散	1. 依法清算并注销前,以该企业法人为当事人 2. 未依法清算即被注销的,以该企业法人的股东、发起人或者出资人为当事人
提供劳务致人损害	提供劳务一方因劳务造成他人损害,受害人提起诉讼的,以接受劳务一方为被告
劳务派遣	1. 被派遣的工作人员因执行工作任务造成他人损害的,以接受劳务派遣的用工单位为当事人 2. 当事人主张劳务派遣单位承担责任的,该劳务派遣单位为共同被告

续表

保证合同中的当事人	1. 一般保证: (1)债权人仅起诉债务人(被保证人),以债务人为被告; (2)债权人仅起诉保证人,法院应当将债务人列为共同被告; (3)债权人起诉债务人和保证人,债务人和保证人为共同被告,但法院在判决书中应当明确对债务人的财产依法强制执行后仍不能履行义务的,由保证人承担保证责任 2. 连带保证: (1)债权人起诉债务人,以债务人为被告; (2)债权人起诉保证人,以保证人为被告; (3)债权人起诉债务人和保证人,将债务人和保证人列为共同被告
死者近亲属的当事人地位	对侵害死者遗体、遗骨以及姓名、肖像、名誉、荣誉、隐私等行为提起诉讼的,死者的近亲属为当事人

(四)当事人变更

自然人死亡	自然人当事人死亡,其民事权利义务发生继承,由其继承人继承诉讼权利义务进行诉讼。但该民事权利义务具有人身专属性的除外
法人或其他组织合并、分立	法人或其他组织合并、分立,由合并或者分立后的法人或者其他组织承担诉讼权利、义务,进行诉讼
民事实体权利义务关系转移	1. 当事人恒定原则:诉讼中,争议的民事权利义务关系转移的,不影响当事人的诉讼主体资格和诉讼地位。法院作出的发生法律效力的判决、裁定对受让人具有拘束力 2. 诉讼承继原则:受让人申请以无独立请求权第三人的身份参加诉讼的,法院可予准许。受让人申请替代当事人承担诉讼的,法院可以根据案件审理情况决定是否准许;不予准许的,可以追加其为无独立请求权第三人

主观题小案例

【案例1】张三工商登记注册了个体餐馆,起名为“老张家饭馆”,与李四协议由李四实际经营餐馆。李四在经营过程中与王五发生争执,拟提起诉讼。

问题:本案的适格原告应当为哪个(些)?

答案参考:个体工商户有字号的,直接以字号为当事人,不用考虑经营者的问题。本案应当以“老张家饭馆”为原告。题目给出的登记经营者张三与实际经营者李四不一致的信息是干扰信息。

【案例2】徐某开设打印设计中心并以自己的名义登记领取了个体工商户营业执照,该中心未起字号。不久,徐某应征入伍,将该中心转让给同学李某经营,未办理工商变更登记。后该中心承接广告公司业务,款项已收却未能按期交货,遭广告公司起诉。

问题:广告公司应当以谁(们)为被告起诉?

答案参考:首先看字号,本案个体工商户未起字号,所以应当以经营者为当事人,登记经营者为徐某,实际经营者为李某,登记经营者与实际经营者不一致,应当列为共同被告,故本案应当以李某和徐某为共同被告。

【案例3】张三的儿子张小三(15岁)将甲公司董事长李四的办公室砸毁,造成甲公司经济损失1万元,甲公司拟通过诉讼方式请求赔偿。

问题:请分析张三、张小三、李四是否是本案的当事人?其诉讼地位是什么?为什么?

答案参考:本案中,张三、张小三是本案的当事人,其诉讼地位是共同被告;李四不是本案当事人,其是原告甲公司的董事长,其可以作为甲公司法定代表人参加诉讼。根据司法解释,无、限制民事行为能力人致人损害,无、限制民事行为能力人和其监护人为共同被告。

【案例4】张三购买一辆中巴车挂靠在红星汽运公司名下从事运输服务,红星汽运公司依约为该车辆在腾达保险公司购买了交强险。某日,张三聘请的司机王某驾驶该车辆时将行人李某撞伤。李某将张三和相关利害关系人列为被告提起诉讼。

问题:请分析本案的被告,并说明理由。

答案参考:本案中,应当以张三和腾达保险公司为被告,如果李某主张红星汽运公司承担责任,红星汽运公司为共同被告。

根据司法解释的规定,以挂靠形式从事民事活动,当事人请求由挂靠人和被挂靠人依法承担民事责任的,该挂靠人和被挂靠人为共同诉讼人(【注意】必须答出"李某主张红星汽运公司承担责任"这一前提)。司机王某属于提供劳务致人损害,根据司法解释规定,应当由接受劳务一方作为被告,故王某不能作为被告。腾达保险公司承保交强险,对受害人李某有赔偿义务,应为适格被告。

【案例5】张三是由甲公司派遣到乙公司的工作人员,在一次完成乙公司分配的工作任务时,失误造成路人李四受伤,因赔偿问题李四起诉至法院。

问题:可以以谁为被告?为什么?

答案参考:本案应当以乙公司为被告,如果李四主张甲公司承担责任,则以甲公司和乙公司作为共同被告(【注意】必须答出"如果李四主张甲公司承担责任",如果仅答出以甲公司和乙公司为共同被告不给分)。根据司法解释的规定,劳务派遣期间,被派遣的工作人员因执行工作任务致人损害的,以接受劳务派遣的用工单位为被告;当事人主张劳务派遣单位承担责任的,该劳务派遣单位为共同被告。

【案例6】张三在丽都酒楼吃饭时,邻桌顾客李四端着一碗热汤经过,不慎将热汤洒在张三身上,张三欲起诉要求赔偿。

问题:请分析本案当事人。

答案参考:本案应当以李四为被告,如果张三主张丽都酒楼承担责任,则将丽都酒楼作为共同被告。

《民法典》第1198条规定:"宾馆、商场、银行、车站、机场、体育场馆、娱乐场所等经营场所、公共场所的经营者、管理者或者群众性活动的组织者,未尽到安全保障义务,造成他人损害的,应当承担侵权责任。因第三人的行为造成他人损害的,由第三人承担侵权责任;经营者、管理者或者组织者未尽到安全保障义务的,承担相应的补充责任。经营者、管理者或者组织者承担补充责任后,可以向第三人追偿。"所以,本案应当以侵权人李四为被告,如果张三主张丽都酒楼承担责任的,丽都酒楼为共同被告。

【案例7】张三在丽都酒楼吃饭,邻桌顾客李四的儿子李小四(8岁)端着一碗热汤经过,不慎将热汤洒在张三身上,张三欲起诉要求赔偿。

问题:请分析本案当事人。

答案参考:本案应当以李四和李小四为共同被告,如果张三主张丽都酒楼承担责任,则将丽都酒楼作为共同被告。

根据《民法典》第1198条,在酒楼、饭店等受到第三人侵权的,由侵权人承担赔偿责任;酒楼、饭店没有尽到安全保障义务的,承担补充责任。同时,根据司法解释,无、限制民事行为能力人致人损害的,本人和监护人李四作为共同被告。所以,本案应当以侵权人李小四和监护人李四为共同被告,如果张三主张丽都酒楼承担责任的,则丽都酒楼为共同被告。

【案例8】张三的儿子张小三在向阳幼儿园上学。一日,精神病人姜某冲入幼儿园将张小三打伤,张三就本案的赔偿问题与姜某的监护人朱某以及向阳幼儿园就赔偿事宜协商未果,拟提起诉讼。

问题:请分析本案张三、张小三、向阳幼儿园、姜某、朱某可以何种诉讼地位参加诉讼,并说明理由。

答案参考:本案应当以张小三为原告,张三为法定代理人;以姜某、朱某为共同被告。如果原告主张向阳幼儿园承担责任的,应当将向阳幼儿园列为共同被告。

张小三作为侵权法律关系的受害人,是适格原告;同时,因张小三没有诉讼行为能力,所以应当由其监护人张三作为法定代理人。根据《民法典》相关规定,无、限制民事行为能力人在幼儿园受到幼儿园之外的第三人侵权的,应当由该侵权人承担侵权责任,幼儿园没有尽到管理义务的应当承担补充责任。故本案应当以姜某为被告,权利人主张向阳幼儿园承担责任的,将向阳幼儿园列为共同被告。根据司法解释的规定,无、限制民事行为能力人致人损害的,无、限制民事行为能力人和其监护人为共同被告,故本案应当以姜某和朱某为共同被告。

二、普通共同诉讼

普通共同诉讼	概念:当事人一方或者双方为两人以上,诉讼标的同种类,法院认为可以合并审理,当事人也同意合并审理
	特征: (1)两个以上同种类标的,本质上是数个可分之诉; (2)由同一法院管辖并适用同一程序; (3)为了实现诉讼经济而合并审理; (4)法院认为可以合并审理,当事人也同意
	普通共同诉讼人内部关系: 各共同诉讼人之间行为独立,对其他共同诉讼人没有效力

主观题小案例

【案例1】腾达化工厂排污,导致河流污染,河流沿岸养殖户张三、李四、王五遭受损失,于是起诉腾达化工厂。

问题:请用共同诉讼的知识点对本案进行分析。

答案参考:本案中,本来是三个独立的侵权法律关系,是三个独立的侵权之诉,但是由于该三个独立的侵权法律关系(诉讼标的)种类相同,所以为了实现诉讼经济,法院认为可以合并审理,并征得张三、李四、王五同意后,可以合并审理。当然,本案也可以作为三个独立的诉讼分别进行,而合并审理后,就成了共同诉讼,即普通的共同诉讼,但是张三、李四、王五各自行为独立,对其他人没有法律效力。

【案例2】某小区8名业主认为物业公司提供的物业服务未达相应标准,拖欠2年物业费一直未缴纳,物业公司起诉该8名业主要求缴纳物业管理费及相应滞纳金。

问题:请用共同诉讼的知识点对本案进行分析。

答案参考:本案中,本来存在8个独立的物业合同关系,是8个独立的违约之诉,物业公司可以分别起诉8名业主,但由于该8个独立的法律关系(物业合同关系)种类相同,为了实现诉讼经济,并征得当事人同意后,可以合并审理。当然,本案也可以作为8个独立的诉讼分别进行。所以,本案为普通共同诉讼,8名业主各自行为独立,对其他人没有法律效力。

三、必要共同诉讼(☆☆☆)

概念	当事人一方或者双方为两人以上,诉讼标的同一,法院必须合并审理并且在裁判中对诉讼标的合一确定
特征	1. 一方或者双方为两人以上 2. 诉讼标的同一(仅有一个诉讼标的,本质上是一个诉) 3. 法院必须合并审理,合一判决
常考必要共同诉讼的类型	1. 挂靠关系,权利人主张挂靠方和被挂靠方承担连带责任的 2. 个体工商户营业执照上登记的业主与实际经营人不一致的 3. 个人合伙的全体合伙人 4. 企业法人分立,因分立前行为发生的纠纷,分立后的企业为共同诉讼人 5. 企业法人未依法清算即被注销的,以该企业法人的股东、发起人或者出资人为当事人 6. 借用业务介绍信、合同专用章、盖章的空白合同或者银行账户的,出借单位和借用单位为共同诉讼人 7. 在追索赡养费案件中,应当将所有赡养义务人作为共同被告 8. 遗产继承诉讼中,部分继承人起诉的,人民法院应当通知其他继承人作为共同原告参加诉讼;被通知的继承人不愿意参加诉讼,又不明确表示放弃实体权利的,人民法院仍应将其列为共同原告 9. 无民事行为能力人、限制民事行为能力人造成他人损害的,无民事行为能力人、限制民事行为能力人和其监护人为共同被告 10. 在劳务派遣期间,被派遣的工作人员因执行工作任务造成他人损害的,以接受劳务派遣的用工单位为当事人。当事人主张劳务派遣单位承担责任的,该劳务派遣单位为共同被告 11. 原告起诉被代理人和代理人,要求承担连带责任的,被代理人和代理人为共同被告 12. 共有财产权受到他人侵害,部分共有权人起诉的,其他共有权人为共同诉讼人 13. 连带保证合同 14. 共同侵权、共同危险等需要承担连带责任的
必要共同诉讼人内部关系	一人的诉讼行为经其他共同诉讼人承认,对其他共同诉讼人生效

主观题小案例

【案例1】甲向大恒银行借款100万元，乙承担连带保证责任，甲到期未能归还借款，大恒银行向法院起诉甲乙二人，要求其履行债务。

问题：请分析本案是必要共同诉讼还是普通共同诉讼。

答案参考：甲乙二人承担连带责任，银行起诉甲乙二人，基于一个借款法律关系，诉讼标的同一，应当属于必要共同诉讼。

【注意】甲和大恒银行之间的债权债务关系，乙和大恒银行之间的担保法律关系，分别为主债权债务关系和担保法律关系，并不是两个独立的法律关系。换句话说，本案需要甲和乙分别向大恒银行偿还100万元吗？显然不是，只要甲和乙共同向大恒银行偿还100万元即可，故本案只有一个法律关系，所以为必要共同诉讼。

【案例2】北京市海淀区的张老头有4个儿子，老大张甲在本地工作，负责照顾张老头生活起居，老二张乙在北京市顺义区工作，每月给赡养费1500元，老三张丙在天津市滨海新区开企业，老四张丁在深圳市福田区上大学，张丙、张丁均未支付赡养费。现由于物价上涨，张老头要求张丙每月支付1500元赡养费，张丙以因受疫情影响，企业发展困难为由拒绝，张老头遂将张丙诉至法院，要求张丙每月支付赡养费1500元。

问题：(1)本案应当由哪个(些)法院管辖？请说明理由。

(2)本案的当事人应当如何确定？请说明理由。

答案参考：(1)本案北京市海淀区、北京市顺义区、天津市滨海新区、深圳市福田区四地法院均有管辖权。根据司法解释，追索赡养费、扶养费、抚养费案件，几个被告不在同一辖区的，可以由原告住所地法院管辖，故本案原告、被告住所地法院均有管辖权。

(2)本案张老头是原告，张甲、张乙、张丙、张丁为共同被告。根据司法解释规定，追索赡养费案件中，应当将所有赡养义务人列为共同被告。

【案例3】居住在广州市白云区的张老头在深圳市南山区有房屋一套。张老头有4个儿子，张甲住在某市甲区，张乙住在某市乙区，张丙住在某市丙区，张丁住在某市丁区。张老头去世后，该套房屋由张乙代为保管，张甲起诉张乙要求将该房屋变卖后进行分割。法院依法通知张丙、张丁参加诉讼，张丙、张丁均表示不愿意参加诉讼，同时，张丁表示放弃继承权。

问题：(1)本案应当由哪个(些)法院管辖？请说明理由。

(2)本案的当事人应当如何确定？请说明理由。

答案参考：(1)本案应当由广州市白云区法院和深圳市南山区法院专属管辖。根据民事诉讼法，遗产继承纠纷由被继承人死亡时住所地和主要遗产所在地法院专属管辖。

(2)本案张甲、张丙是原告，张乙为被告。根据司法解释规定，遗产继承诉讼中，部分继承人起诉的，人民法院应当通知其他继承人作为共同原告参加诉讼；被通知的继承人不愿意参加诉讼，又不明确表示放弃实体权利的，人民法院仍应将其列为共同原告。

四、代表人诉讼

<table>
<tr><td>概念</td><td colspan="2">当事人一方或者双方人数众多(10 人以上)的情况下,由人数众多一方或者双方推举出代表(2—5 人),代表本方当事人进行诉讼活动</td></tr>
<tr><td>权限</td><td colspan="2">1. 代表人的诉讼行为对其所代表的当事人发生法律效力
2. 代表人放弃、变更、承认诉讼请求,进行和解必须经被代表的(全体)当事人同意</td></tr>
<tr><td rowspan="3">分类</td><td>人数确定的代表人诉讼</td><td>1. 起诉时人数确定
2. 可以是必要共同诉讼,也可以是普通共同诉讼
3. 代表人确定方式:(1)全体推选共同代表人或部分当事人推选自己的代表人;(2)选不出代表人的,必要共同诉讼当事人自己参加诉讼,普通共同诉讼当事人自己另行起诉</td></tr>
<tr><td rowspan="2">人数不确定的代表人诉讼</td><td>1. 起诉时人数不确定
2. 只能是普通共同诉讼
3. 代表人确定方式:(1)参加登记的权利人推选代表人;(2)法院提出人选与当事人协商;(3)法院在起诉的当事人中指定;(4)选不出代表人的,另行起诉</td></tr>
<tr><td>裁判的效力:生效裁判对参加登记的全体权利人有约束力;对未参加登记而另行起诉的权利人有预决效力</td></tr>
</table>

主观题小案例

【案例】腾达公司销售礼品券,由于兑换的实物与承诺不符,包括甲乙丙在内的100名消费者起诉腾达公司,该100名消费者共同推选出张三、李四、王五为代表人参加诉讼。现在张三、李四、王五拟委托律师陈某、郑某担任代理人,其他当事人均同意,但甲不同意。在诉讼中,张三、李四、王五拟与腾达公司达成调解协议,其他当事人均同意,但丙不同意调解。

问题:(1)请分析张三、李四、王五是否有权委托陈某、郑某担任代理人?

(2)本案调解协议是否生效?

答案参考:(1)张三、李四、王五可以代为委托陈某、郑某担任代理人。因为代表人的诉讼行为对其所代表的当事人发生法律效力,张三、李四、王五可以代表当事人委托代理人。

(2)本案调解协议不生效。因为代表人代为承认、放弃、变更诉讼请求,和解,调解等涉及当事人实体权利的行为必须经过所代表的当事人(全体)同意,丙不同意调解,所以张三、李四、王五不能代为调解。

五、第三人

<table>
<tr><td rowspan="6">有独立
请求权
第三人
（以下简称
有独三）</td><td>概念</td><td>对本诉当事人争议的诉讼标的有独立的请求权而参加诉讼的人</td></tr>
<tr><td>参诉理由</td><td>认为原告、被告的权利主张侵犯了自己的权利，因此，将其一并作为被告，提起独立的诉讼请求</td></tr>
<tr><td>诉讼地位</td><td>相当于原告（不能提管辖权异议）</td></tr>
<tr><td>参诉方式</td><td>提起诉讼（法院不得主动追加）</td></tr>
<tr><td>参诉时间</td><td>案件受理后，一审法庭辩论终结前
一审中未参加诉讼的第三人，申请参加二审程序的，法院可以准许；二审法院可以予以调解；调解不成的，撤销原判，发回重审</td></tr>
<tr><td colspan="2">【提示】有独三与共同原告
第一步：找出案件的原告、被告，再找出原、被告之间的法律关系（本案的诉讼标的）。
第二步：待判断的主体与被告之间是否存在与本案诉讼标的相同或者相类似的法律关系：（1）该主体与被告之间存在与本案诉讼标的相同的法律关系——必要共同诉讼的共同原告；（2）该主体与被告之间存在与本案诉讼标的虽不同，但类似的法律关系——普通共同诉讼共同原告；（3）该人与被告之间不存在与本案诉讼标的相同或相类似的法律关系——有独三</td></tr>
<tr><td rowspan="6">无独立
请求权
第三人
（以下简称
无独三）</td><td>概念</td><td>对原告、被告争议的诉讼标的没有独立请求权，但与案件处理结果有法律上的利害关系而参加诉讼的人</td></tr>
<tr><td>参诉理由</td><td>与案件处理结果有法律上的利害关系</td></tr>
<tr><td>参诉方式</td><td>申请参加或者由法院依职权追加</td></tr>
<tr><td rowspan="2">诉讼权利</td><td>无权享有的权利：管辖权异议，放弃、变更诉讼请求或者撤诉（【注意】其可以承认诉讼请求）</td></tr>
<tr><td>附条件享有的权利：
（1）判决其承担民事责任的无独三有权提起上诉；
（2）调解需要确定无独三承担义务的，需要经过无独三同意，调解书应当送达无独三，无独三签收前反悔的，调解书不生效，法院应当及时判决</td></tr>
<tr><td colspan="2">【提示】无独三与共同被告
第一步：确定案件的原告、被告，以及原告、被告之间的法律关系（诉讼标的）。
第二步：待判断的主体与原告之间是否存在与本案诉讼标的相同或者相类似的法律关系：（1）该主体与原告之间存在与本案诉讼标的相同的法律关系——必要共同诉讼的共同被告；（2）该主体与原告之间不存在与本案诉讼标的相同或相类似的法律关系——无独三</td></tr>
<tr><td rowspan="5">撤销之诉
第三人</td><td>起诉条件</td><td>上述第三人（有独三、无独三）因不能归责于本人的事由未参加诉讼，但有证据证明发生法律效力的判决、裁定、调解书的部分或者全部内容错误，损害其民事权益的</td></tr>
<tr><td>起诉时间</td><td>自知道或者应当知道其民事权益受到损害之日起6个月内</td></tr>
<tr><td>管辖法院</td><td>作出该生效判决、裁定、调解书的法院</td></tr>
<tr><td>审理结果</td><td>1. 诉讼请求成立的，应当改变或者撤销原判决、裁定、调解书
2. 诉讼请求不成立的，驳回诉讼请求</td></tr>
<tr><td colspan="2">【提示】
1. 第三人撤销之诉是以第三人为原告，原审原告、原审被告为被告提起的一个新的诉讼，故法院适用一审普通程序审理，所作判决为一审判决，当事人不服的，可以上诉
2. 第三人撤销之诉是形成之诉（变更之诉）</td></tr>
</table>

主观题小案例

【案例1】张三与李四因为房屋所有权发生争议，张三起诉李四，在诉讼过程中，王五向法院提起诉讼，主张对该房屋的所有权。

问题：(1)当事人的诉讼地位？

(2)诉讼中，原告、被告达成和解协议撤诉，本案应当如何处理？

(3)诉讼中，王五撤回起诉，本案应当如何处理？

(4)开庭时，张三经传票传唤拒不出庭，本案应当如何处理？

答案参考：(1)本案中，王五对于张三、李四所争议的标的物提出独立的请求权，属于有独三。所以在本案中，张三是原告，李四是被告，王五是有独三。

(2)王五提起有独三之诉后，本案中存在两个独立的诉，即本诉和有独三之诉。本诉中张三为原告，李四为被告；有独三之诉中，王五为原告，张三、李四为被告。诉讼中，原告、被告达成和解协议撤回起诉即撤回本诉，有独三之诉不受影响，即以王五为原告，张三、李四为被告，诉讼继续进行。

(3)本案中，王五撤回起诉，即撤回有独三之诉，本诉不受影响继续进行。

(4)本案中，张三拒不出庭，本诉中，张三是原告，原告拒不出庭，本诉按撤诉处理；在有独三之诉中张三是被告，被告不出庭，缺席判决。故法院对本诉按撤诉处理，在有独三之诉中对张三缺席判决。

【案例2】张三有两个儿子张甲和张乙，张三死亡后留有房产一间。张甲趁张乙长期外出之机，将该房屋卖给李四，后因支付房款发生纠纷，张甲将李四诉至法院。在诉讼过程中，张乙知道了这一情况，要求参加诉讼。

问题：张乙应当以何种身份参加诉讼？

答案参考：张乙应当以有独三身份参加诉讼。

本案中，原告为张甲，被告为李四，原告、被告之间的法律关系为房屋买卖合同关系，张乙并非该房屋买卖合同关系的一方当事人，所以张乙不是共同原告。张乙是基于继承法律关系主张自己独立的权利，其权利主张既不同于原告，也不同于被告，所以为有独三。

【案例3】张三与李四将共有商铺出租给王五后，李四瞒着张三，与王五签订房屋买卖合同，将该商铺出卖给王五，现李四因该买卖合同履行发生纠纷，将王五诉至法院。张三得知后，坚决不同意李四将商铺出卖给王五。

问题：张三可以何种身份参加诉讼？

答案参考：张三可以有独三身份参加诉讼。

本案中，原告为李四，被告为王五，原告、被告之间的法律关系为商铺买卖合同关系，张三并非该买卖合同关系的一方当事人，所以张三并非基于商铺买卖合同关系向被告主张权利。张三是以原、被告的主张侵犯了自己的房屋共有权而参与诉讼的，是基于独立的法律关系主张自己独立的权利，所以其应当作为有独三参加诉讼。

【案例4】张三、李四共有一辆汽车，现在王五将该汽车损害，张三起诉王五要求赔偿，诉讼中，李四参加诉讼。

问题：李四的诉讼地位是？

答案参考：李四为必要共同诉讼的原告。

本案中，原告是张三，被告是王五，诉讼标的是侵权法律关系。李四作为汽车所有权人，王五损害该汽车显然侵犯了李四的财产权利，李四作为侵权法律关系的受害人，与王五之间存在侵权法律关系，该法律关系与原告、被告之间的侵权法律关系同一，所以李四为必要共同诉讼的原告。

【案例5】张三有三个儿子张甲、张乙和张丙，张三死亡后留有房屋三间，张甲、张乙因为房屋继承纠纷诉至人民法院。张丙闻讯赶回，要求参加诉讼，继承父亲遗产。

问题：张丙的诉讼地位如何？

答案参考：张丙是共同原告。

本题中，张甲与张乙之间的诉讼标的为继承法律关系，而张丙同样是基于继承法律关系参加诉讼，与原告、被告之间诉讼标的相同，所以是共同原告，而不是有独三。

【案例6】张三有三个儿子张甲、张乙和张丙，张三死亡后留有房屋三间，张甲、张乙因为房屋继承纠纷诉至人民法院。张丙闻讯赶回，提出父亲生前立下了遗嘱，该遗嘱上记载房屋由张丙继承。

问题：张丙的诉讼地位如何？

答案参考：张丙是有独三。

本题中，张甲与张乙之间的诉讼标的为法定继承法律关系，而张丙的主张是基于另一法律关系（遗嘱继承）向原、被告主张自己独立的权利。所以，张丙为有独三，而不是共同原告。

【案例7】张三到红星商场购买一台腾达公司生产的微波炉，现在由于微波炉质量不合格，张三欲起诉。

问题：(1)微波炉爆炸，导致张三受伤，张三提起侵权之诉，向红星商场和腾达公司要求赔偿，请问本案当事人的诉讼地位如何？

(2)张三提起违约之诉，要求红星商场赔偿，红星商场称是由于腾达公司生产的微波炉质量不合格所致，要求由腾达公司承担全部或者部分责任，请问本案当事人诉讼地位如何？

答案参考：(1)张三提起侵权之诉，诉讼标的为侵权法律关系，本案中红星商场和腾达公司均对张三有侵权行为，即红星商场和腾达公司均是该侵权法律关系的侵权方当事人，故其应为共同被告。因此，本案只有一个侵权法律关系，为必要共同诉讼，所以，本案当事人诉讼地位应当为张三为原告，红星商场和腾达公司为必要共同被告。

(2)张三提起违约之诉，诉讼标的为合同法律关系，本案中红星商场与张三存在合同法律关系，故本案应以张三为原告，红星商场为被告，其诉讼标的为合同法律关系，而腾达公司并非该合同法律关系的一方当事人，不能作为共同被告，只是因为其与本案的结果存在法律上的利害关系（该利害关系体现在如果法院认定微波炉质量不合格，红星商场会依据该判决向腾达公司主张赔偿），所以其为无独三。

第三讲　诉讼代理人

一、法定代理人

法定代理人	根据法律规定,代理无诉讼行为能力的当事人进行民事诉讼活动的人	
	诉讼地位	类似于当事人,是一种全权代理(权限源于法律规定,因被代理人无诉讼行为能力,所以无须当事人授权)
	与当事人的区别	1. 诉讼地位不同,诉讼代理人只能以当事人的名义起诉、应诉 2. 裁判针对的是当事人而不是法定代理人 3. 诉讼中发生的事件效果不同。如死亡,法定代理人死亡,另行指定监护人作为法定代理人继续诉讼,当事人死亡则可能导致当事人变更甚至诉讼终结的后果

二、委托代理人

委托代理人	根据当事人、法定代表人或者法定代理人的委托,代为进行诉讼活动的人	
	委托代理人的范围	1. 积极:(1)律师、基层法律服务工作者;(2)当事人近亲属或者工作人员;(3)当事人所在社区、单位以及有关社会团体推荐的人 2. 消极:无、限制民事行为能力人以及其他依法不能作为诉讼代理人的人
	代理权限	1. 一般授权:可以行使程序性诉讼权利;不能代为承认、放弃、变更诉讼请求,进行和解,提起反诉或者上诉 2. 特别授权:可以行使程序性诉讼权利;可以代为承认、放弃、变更诉讼请求,进行和解,提起反诉或者上诉
	特别提示	授权委托书中仅有"全权代理",而无具体授权的,视为一般授权
	法律后果	1. 在法律规定范围内,委托代理人所为的诉讼行为对被代理的当事人发生法律效力 2. 一般而言,有了代理人,本人可以不再出庭;但离婚诉讼中有代理人的,本人除不能正确表达意思外,应当出庭;确有困难无法出庭的,应当向法庭提供书面意见

主观题小案例

【案例】张三委托汪律师代理其与李四的借款合同纠纷,在授权委托书中写明代理权限为"全权代理"。

问题:请分析汪律师可以行使哪些权利?

答案参考:汪律师是一般授权,可以行使除代为承认、放弃、变更诉讼请求,和解,提起上诉、反诉之外的其他程序性权利。根据司法解释,在授权委托书中仅写"全权代理"而无具体授权的,视为一般授权。

第四讲 主管与管辖

一、法定管辖(立法者:级别管辖、地域管辖)

(一)级别管辖

基层法院	原则上第一审民事案件都由基层法院管辖,但法律另有规定的除外
中级法院	1. 重大涉外案件 2. 本辖区有重大影响的案件 3. 最高人民法院确定由中级人民法院管辖的案件,具体如下: (1)海事、海商案件 (2)公益诉讼案件,但法律、司法解释另有规定的除外 (3)专利纠纷案件 (4)仲裁相关:确认仲裁协议效力,涉外仲裁的证据、财产保全,仲裁裁决的执行,撤销、不予执行仲裁裁决等 【提示】 最高人民法院《关于适用〈中华人民共和国民事诉讼法〉的解释》(以下简称《民诉解释》)第2条第1款规定:"专利纠纷案件由知识产权法院、最高人民法院确定的中级人民法院和基层人民法院管辖。"由此得知,并非所有的中院都能审理专利纠纷案件。知识产权法院与中院级别相当。 【总结】 除了国内仲裁的证据、财产保全由基层法院管辖外,遇到仲裁找中院
高级法院	本辖区有重大影响的案件
最高法院	1. 全国有重大影响的案件 2. 认为应当由本院管辖的案件

(二)地域管辖

1. 一般地域管辖:根据法院辖区与当事人所在地之间的隶属关系确定的管辖,包括原告就被告,也包括特殊情形下被告就原告。

原则:原告就被告	《民诉解释》规定3种原告就被告的情形: 1. 双方当事人都被监禁或者被采取强制性教育措施的,由被告原住所地人民法院管辖。被告被监禁或者被采取强制性教育措施1年以上的,由被告被监禁地或者被采取强制性教育措施地人民法院管辖 2. 双方当事人均被注销户籍的,由被告居住地法院管辖 3. 夫妻双方离开住所地超过1年,一方起诉离婚的案件,由被告经常居住地人民法院管辖;没有经常居住地的,由原告起诉时被告居住地人民法院管辖
例外:被告就原告	(1)根据《民事诉讼法》的规定: ①对不在中华人民共和国领域内居住的人提起有关身份关系的诉讼 ②对下落不明或者宣告失踪的人提起有关身份关系的诉讼 ③对被采取强制性教育措施的人提起的诉讼 ④对被监禁的人提起的诉讼 (2)《民诉解释》的规定: ①被告被注销户籍的,由原告所在地法院管辖 ②追索赡养费、扶养费、抚养费的几个被告住所地不在同一辖区的,可以由原告住所地法院管辖(也可以由被告住所地法院管辖) ③夫妻一方离开住所地超过1年,另一方起诉离婚的,可以由原告住所地法院管辖(也可以由被告住所地法院管辖)

【总结】当事人住所地的确定：

第 1 步，确定当事人起诉时住在哪。

第 2 步，当事人是何时居住在此，有无超过 1 年时间：(1)若住满 1 年，则此地为经常居住地；(2)若没有住满 1 年，则该当事人没有经常居住地，那么就去找其户籍所在地。

第 3 步，户籍迁出并且没有落户的，则找其原户籍所在地。

2. 特殊地域管辖：以引起民事法律关系发生、变更、消灭的法律事实所在地与法院辖区之间的关系为标准而确定的管辖。

<table>
<tr><td rowspan="3">合同纠纷</td><td colspan="3">因合同纠纷提起诉讼，由被告住所地或者合同履行地管辖</td></tr>
<tr><td rowspan="2">关于合同履行地的管辖权需要考虑合同是否实际履行</td><td>(1)合同没有实际履行</td><td>①合同没有实际履行，但当事人有一方的住所地在约定的履行地，被告住所地和合同约定履行地均有权管辖
②合同没有实际履行，当事人住所地均不在约定的履行地，约定履行地无管辖权，由被告住所地管辖</td></tr>
<tr><td>(2)合同已实际履行</td><td>①合同约定履行地点的，以约定的履行地点为合同履行地
②没有约定或者约定不明的：
A. 给付货币的，接收货币一方所在地为合同履行地
B. 交付不动产的，不动产所在地为合同履行地
C. 交付其他标的，履行义务一方所在地为合同履行地
D. 财产租赁合同、融资租赁合同以租赁物使用地为合同履行地
E. 以信息网络方式订立的买卖合同，通过信息网络交付标的的，以买受人住所地为合同履行地；通过其他方式交付标的的，收货地为合同履行地</td></tr>
<tr><td rowspan="3">侵权纠纷</td><td colspan="3">由侵权行为地(侵权行为发生地、侵权结果发生地)或者被告住所地法院管辖</td></tr>
<tr><td rowspan="2">特殊规定</td><td>产品、服务侵权</td><td>产品制造地、产品销售地、服务提供地、侵权行为地、被告住所地</td></tr>
<tr><td>信息网络侵权</td><td>信息网络侵权行为实施地包括实施被诉侵权行为的计算机等信息设备所在地，侵权结果发生地包括被侵权人住所地</td></tr>
<tr><td rowspan="8">其他特殊管辖</td><td>公司诉讼</td><td colspan="2">因公司设立、确认股东资格、分配利润、解散等纠纷提起的诉讼，由公司住所地法院管辖</td></tr>
<tr><td rowspan="2">保险合同纠纷</td><td>一般规定</td><td>被告住所地、保险标的所在地</td></tr>
<tr><td>特殊规定</td><td>(1)如果保险标的物为运输工具或运输中的货物，可以由运输工具登记注册地、运输目的地、保险事故发生地法院管辖
(2)因人身保险合同纠纷提起的诉讼，可以由被保险人住所地人民法院管辖</td></tr>
<tr><td>票据纠纷</td><td colspan="2">被告住所地、票据支付地</td></tr>
<tr><td>运输合同纠纷</td><td colspan="2">被告住所地、运输始发地和目的地</td></tr>
<tr><td>运输侵权纠纷</td><td colspan="2">被告住所地、事故发生地、车辆船舶最先到达地、航空器最先降落地</td></tr>
<tr><td>海难救助</td><td colspan="2">救助地、被救助船舶最先到达地(无被告住所地)</td></tr>
<tr><td>共同海损</td><td colspan="2">船舶最先到达地、共同海损理算地、航程终止地(无被告住所地)</td></tr>
</table>

主观题小案例

【案例 1】北京市海淀区的张三，自 2015 年至今一直居住在北京市东城区，其间于 2019 年 8 月将户口迁出，尚未落户，2020 年 12 月因为某纠纷涉诉，原告欲起诉张三。

问题：如果以被告所在地确定管辖法院，应当向哪个法院起诉？

答案参考：张三于 2015 年至 2020 年 12 月涉诉时一直居住在北京市东城区，已经住满一年，所以东城区为其经常居住地，本案应由东城区法院管辖。

【案例 2】北京市海淀区的张三，自 2017 年 8 月至 2020 年 8 月一直居住在北京市东城区，2020 年 9 月因为工作调动，在北京市西城区居住，2020 年 12 月因某案涉诉。

问题：原告欲起诉张三，如果以被告所在地确定管辖法院，应当向哪个法院起诉？

答案参考：起诉时张三住西城区，自 2020 年 9 月至 12 月未满 1 年，所以张三没有经常居住地，其户籍所在地是海淀区，故本案应由海淀区法院管辖。

【案例 3】北京市海淀区的张三，自 2017 年 8 月至 2020 年 8 月一直居住在北京市东城区，2020 年 9 月因工作调动，在北京市西城区居住，在 2020 年 1 月将户籍从海淀区迁出，尚未落户，12 月因为某案涉诉，原告欲起诉张三。

问题：如果以被告所在地确定管辖法院，原告应当向哪个法院起诉？

答案参考：起诉时张三住西城区，自 2020 年 9 月至 12 月未住满 1 年，所以张三没有经常居住地。同时，其户籍迁出没有落户，只能由其原户籍所在地海淀区法院管辖，故本案应由海淀区法院管辖。

【案例 4】甲县的电热毯厂生产了一批电热毯，与乙县的昌盛贸易公司在丙县签订了一份买卖该批电热毯的合同。丁县居民张三在出差到乙县时从昌盛贸易公司购买了一条该批次的电热毯，后在使用过程中电热毯由于质量问题引起火灾，烧毁了张三的房屋。张三欲以侵权损害为由诉请赔偿。

问题：张三可向哪个(些)法院起诉？

答案参考：张三可以向甲、乙、丁三县法院提起诉讼。

根据司法解释相关规定，因产品、服务质量不合格造成他人财产、人身损害提起的诉讼，产品制造地、产品销售地、服务提供地、侵权行为地和被告住所地人民法院均有管辖权。本案中，甲县、乙县为被告住所地，乙县为侵权产品销售地，丁县为侵权结果发生地，故原告张三可以选择向甲、乙、丁三县法院提起诉讼。

【案例 5】北京市海淀区的张三，与深圳市福田区的李四，在北京市东城区签订一份合同，约定张三将一批珍贵字画在北京市西城区卖(交付)给李四，后张三将字画卖给了出价更高的王五。李四欲起诉追究张三的违约责任。

问题：哪个(些)法院有管辖权？

答案参考：海淀区法院有管辖权。

合同纠纷由被告住所地或合同履行地法院管辖。本案中，约定的履行地是北京市西城区，但是该合同实际上并未实际履行，张三、李四的住所地也都不在西城区，所以约定的履行地西城区法院没有管辖权，只能由被告住所地海淀区法院管辖。故本案应当由海淀区法院管辖。

【案例6】北京市东城区的张三和北京市西城区的李四，签订一份买卖合同，约定由李四在北京市海淀区为张三加工一批家具。后来由于生产条件的限制，李四在北京市丰台区完成了家具加工，后因家具质量问题，张三起诉李四。

问题：哪个(些)法院有管辖权？

答案参考：海淀区法院和西城区法院有管辖权。

合同纠纷应当由被告住所地或合同履行地法院管辖。本案中，存在约定履行地，约定履行地与实际履行地不一致的，以约定履行地为准。所以被告住所地西城区法院、约定履行地海淀区法院有管辖权。

【案例7】北京市东城区的张三和北京市西城区的李四签订借款合同，张三出借10万元给李四，李四于1年后归还本金10万元，利息1万元。还款期限届满，李四拒不归还，张三欲起诉李四。

问题：本案哪个(些)法院有管辖权？

答案参考：东城区法院和西城区法院有管辖权。

合同纠纷由被告住所地或合同履行地法院管辖，同时，本案争议标的为给付货币，所以应当以接收货币方所在地为合同履行地，故本案中被告住所地西城区法院、合同履行地东城区法院有管辖权。

【案例8】北京市东城区的张三和北京市西城区的李四签订房屋买卖合同，约定李四将位于北京市海淀区的房屋卖给张三，张三支付房款800万元。

问题：

(1)张三支付房款后，李四拒不交付房屋，张三起诉李四，应由哪个(些)法院管辖？

(2)李四交付房屋后，张三尚欠尾款100万元拒不支付，李四起诉张三，应由哪个(些)法院管辖？

答案参考：

(1)本案应当由西城区或者海淀区法院管辖。

合同纠纷由被告住所地或合同履行地法院管辖。本案原告的诉讼请求是交付房屋，根据司法解释规定，交付不动产的，由不动产所在地为合同履行地，即海淀区为合同履行地。所以，本案应当由被告住所地西城区法院、合同履行地海淀区法院管辖。

(2)本案应当由东城区或者西城区法院管辖。

合同纠纷由被告住所地或合同履行地法院管辖。本案原告诉讼请求为支付房款，根据司法解释的规定，争议标的为给付货币的，以接收货币方所在地为合同履行地，即李四住所地西城区为合同履行地。所以，本案应当由被告住所地东城区法院或者合同履行地西城区法院管辖。

【案例9】北京市东城区的甲公司与北京市西城区的乙公司签订钢材买卖合同，约定乙公司向甲公司交付一批钢材，甲公司支付货款20万元。

问题：

(1)乙公司向甲公司交付钢材后，甲公司拒不支付货款，乙公司起诉甲公司，本案哪个(些)法院有管辖权？

(2)乙公司向甲公司交付钢材后，甲公司认为乙公司交付的钢材质量不合格，甲公司起诉乙公司，本案哪个(些)法院有管辖权？

答案参考：

(1)东城区法院和西城区法院有管辖权。

合同纠纷由被告住所地或合同履行地法院管辖。本案原告的诉讼请求是支付货款，即争议标的为给付货币，根据司法解释的规定，争议标的为给付货币的，以接收货币方所在地为合同履行地，那么本案乙公司所在地西城区则为合同履行地。所以，本案应当由被告住所地东城区法院或合同履行地西城区法院管辖。

(2)西城区法院有管辖权。

合同纠纷由被告住所地或合同履行地法院管辖。本案因钢材交付发生纠纷，属于交付其他标的，根据司法解释的规定，争议标的为交付其他标的的，履行义务一方所在地为合同履行地，那么本案乙公司所在地西城区为合同履行地。本案中，被告住所地与合同履行地均为西城区，所以，应当由西城区法院管辖。

二、裁定管辖(法院：移送管辖、应诉管辖、指定管辖、管辖权转移)(☆☆☆☆☆)

<table>
<tr><td rowspan="3">移送管辖</td><td colspan="2">法院受理案件后，当事人在答辩期间届满后未应诉答辩，人民法院在一审开庭前，发现案件不属于本院管辖的，应当裁定移送有管辖权的人民法院</td></tr>
<tr><td>要件</td><td>1. 已经受理案件
2. 受理案件的法院发现自己无管辖权
3. 受移送的法院对案件有管辖权
4. 被告在答辩期间届满后未应诉答辩(受诉法院尚未取得应诉管辖权)</td></tr>
<tr><td colspan="2">【提示】
1. 实质：错误立案的纠错程序，包括地域管辖错误和级别管辖错误
2. 移送管辖只能移送一次：受移送法院认为自己也无管辖权，不得再行移送，只能报请(自己的)上级法院指定管辖
3. 两个以上法院均有管辖权的，先立案法院不得将案件移送其他有管辖权的法院</td></tr>
<tr><td>应诉管辖</td><td colspan="2">当事人未提出管辖异议，并应诉答辩或者提出反诉的，视为受诉人民法院有管辖权，但违反级别管辖和专属管辖规定的除外(《民事诉讼法》第130条)</td></tr>
<tr><td rowspan="2">指定管辖</td><td colspan="2">上级法院以裁定方式指定下级法院对案件行使管辖权</td></tr>
<tr><td>情形</td><td>1. 受移送法院认为自己对移送来的案件无管辖权，报上级法院指定管辖
2. 有管辖权法院由于特殊原因不能行使管辖权，由上级法院指定管辖
3. 通过协商不能解决管辖权争议，报共同的上级法院指定管辖</td></tr>
</table>

续表

管辖权转移	根据上级法院的决定或者同意，案件在上下级法院之间转移 实质：对级别管辖的变通和个别调整	
	向上转移	上级法院有权管辖下级法院管辖的第一审民事案件 1. 上级法院认为下级法院管辖的案件应由自己管辖，下达裁定将管辖权转移 2. 下级法院认为自己管辖的案件需要由上级法院管辖，经上级法院同意后转移
	向下转移	1. 上级法院“确有必要”将本院管辖的第一审案件交下级法院审理的，应当报请自己的上级法院批准，具体有以下情形：(1)破产程序中有关债务人的诉讼案件；(2)当事人人数众多且不方便诉讼的案件；(3)最高人民法院确定的其他类型案件 2. 应当由上级法院管辖的第一审民事案件，下级法院不得报请上级法院交其审理

【提示】
1. 互联网法院的集中管辖：
根据最高人民法院《关于互联网法院审理案件若干问题的规定》，我国在北京、杭州、广州设立互联网法院，级别相当于当地的基层法院。集中管辖所在市的辖区内应当由基层法院管辖发生在互联网上、通过电子商务平台签订或者履行网络购物合同而产生的等 11 项纠纷
判断思路如下：
第一步：按照正常的合同纠纷、侵权纠纷等确定管辖法院
第二步：如果属于发生在互联网上的纠纷，按照第一步确定的某一基层法院所在地设有互联网法院，则将该基层法院替换为该市的互联网法院即可
2. 破产法院集中管辖：
(1)集中管辖：法人进入破产程序后，所有与该法人有关的民事诉讼均由受理破产申请的法院集中管辖；
《企业破产法》第 21 条规定：法院受理破产申请后，有关债务人的民事诉讼，只能向受理破产申请的法院提起(根据《企业破产法》第 3 条规定，破产案件由债务人住所地人民法院管辖)
(2)进入破产程序前已经受理案件的法院，无须移送管辖：
《企业破产法》第 20 条规定：法院受理破产申请后，已经开始而尚未终结的有关债务人的民事诉讼或者仲裁应当中止；在管理人接管债务人的财产后，该诉讼或者仲裁继续进行。
(3)集中管辖的规定不能对抗仲裁协议：
最高人民法院关于适用《〈中华人民共和国企业破产法〉若干问题的规定(三)》第 8 条规定，当事人之间在破产申请受理前订立有仲裁条款或者仲裁协议的，应当向选定的仲裁机构申请确认债权债务关系。

主观题小案例

【案例 1】甲区法院受理了合同纠纷后，认为本案依法应当由中院管辖，故将案件交给市中级人民法院。

问题：此为移送管辖还是管辖权转移？是否需要经过中级人民法院同意？

答案参考：依据“本案依法应当由中院管辖”可以得知，本案应当由中级人民法院管辖，甲区法院无管辖权，所以甲区法院应当将案件移送给中院以纠正其错误立案，此属于移送管辖，不需要中级人民法院同意。

【案例 2】甲区法院受理了合同纠纷后，认为本案需要由中院审理，故将案件交给中级人民法院。

问题:此为移送管辖还是管辖权转移?是否需要中级人民法院同意?

答案参考:甲区法院认为本案“需要由中院审理”,显然本案依法应当由甲区法院管辖,但甲区法院认为中级人民法院审理更合适,将案件交给中级人民法院是对级别管辖的变通和调整,属于管辖权转移,需要经中级人民法院同意。

【案例3】中级人民法院受理了合同纠纷后,认为本案依法应当由甲区法院管辖,故将案件交给甲区法院。

问题:此为移送管辖还是管辖权转移?是否需要报请高级人民法院批准?

答案参考:依据“依法应当由甲区法院管辖”可知本案应由甲区法院管辖,中级人民法院没有管辖权,故中级人民法院将案件交给甲区法院是纠正错误的立案,此为移送管辖,无须报请高级人民法院批准。

【案例4】中级人民法院受理案件后认为案件确有必要由基层法院审理。

问题:中级人民法院将案件交基层法院审理属于移送管辖还是管辖权转移?是否需要高级人民法院批准?

答案参考:案件依法应当由中级人民法院管辖,但中级人民法院认为确有必要由基层法院审理,将案件交基层法院属于对级别管辖的变通和调整,属于管辖权转移,需要报高级人民法院批准。

【案例5】中级人民法院立案后认为案件依法应当由基层法院管辖。

问题:此时中级人民法院依法可以作出哪些处理?

答案参考:首先,案件依法应当由基层法院管辖,故中级人民法院可以将案件移送基层法院,以纠正级别管辖的错误;其次,案件依法应当由基层法院管辖,作为其上级法院的中级人民法院可以审理本该由下级法院管辖的案件,这属于管辖权转移。故中级人民法院可以作出两种处理:一是将案件移送基层法院管辖,此为移送管辖;二是裁定案件由本院审理,此为管辖权转移。

【案例6】广州市越秀区的张三在深圳市南山区出差过程中,将李四打伤。李四于12月1日向南山区人民法院起诉,12月3日向越秀区人民法院起诉。南山区人民法院于12月5日立案,越秀区法院于12月4日立案。越秀区法院认为本案应当由南山区法院管辖,遂裁定将案件移送南山区法院;南山区法院认为越秀区法院移送错误,遂将案件退回越秀区法院。

问题:(1)本案应该由哪个(些)法院管辖?

(2)本案中越秀区法院移送管辖的做法是否正确?

(3)本案南山区法院的做法是否正确?如果正确,请说明理由;如果不正确,请予以纠正。

答案参考:(1)本案属于共同管辖,原告向两个有管辖权的法院起诉,应当由先立案的法院管辖。越秀区法院先于南山区法院立案,本案应由越秀区法院管辖。

(2)本案中越秀区法院是在先立案的法院,不得将案件移送给后立案的法院,所以越秀区法院移送管辖错误。

(3)移送管辖仅能移送一次,受移送的南山区法院就算认为自己没有管辖权也不得再行移送或者将案件退回移送法院,故南山区法院将案件退回越秀区法院的做法错误。正确的做法应当是将案件报上级法院指定管辖。

三、专属管辖

<table>
<tr><td colspan="3">专属管辖:法律对某些特殊案件,强制性规定只能由特定的人民法院管辖</td></tr>
<tr><td rowspan="4">一般专属管辖</td><td>不动产纠纷</td><td>不动产所在地法院</td></tr>
<tr><td>港口作业</td><td>港口所在地法院</td></tr>
<tr><td>遗产纠纷</td><td>被继承人死亡时住所地、主要遗产所在地法院</td></tr>
<tr><td colspan="2">【提示】
1. 不动产纠纷是指因不动产的权利确认、分割、相邻关系等引起的物权纠纷
2. 农村土地承包经营合同纠纷、房屋租赁合同纠纷、建设工程施工合同纠纷、政策性房屋买卖合同纠纷,按照不动产纠纷确定管辖
3. 普通的商品房买卖合同纠纷不再适用专属管辖的规定</td></tr>
<tr><td>涉外专属管辖</td><td colspan="2">1. 因在中华人民共和国领域内设立的法人或者其他组织的设立、解散、清算,以及该法人或者其他组织作出的决议的效力等纠纷提起的诉讼;
2. 因与在中华人民共和国领域内审查授予的知识产权的有效性有关的纠纷提起的诉讼;
3. 因在中华人民共和国领域内履行中外合资经营企业合同、中外合作经营企业合同、中外合作勘探开发自然资源合同发生纠纷提起的诉讼(《民事诉讼法》第 279 条)</td></tr>
<tr><td>注意</td><td colspan="2">1. 当事人之间的同一纠纷,一方当事人向外国法院起诉,另一方当事人向人民法院起诉,或者一方当事人既向外国法院起诉,又向人民法院起诉,人民法院依照本法有管辖权的,可以受理。当事人订立排他性管辖协议选择外国法院管辖且不违反本法对专属管辖的规定,不涉及中华人民共和国主权、安全或者社会公共利益的,人民法院可以裁定不予受理;已经受理的,裁定驳回起诉
2. 人民法院依据前条规定受理案件后,当事人以外国法院已经先于人民法院受理为由,书面申请人民法院中止诉讼的,人民法院可以裁定中止诉讼,但是存在下列情形之一的除外:
(1) 当事人协议选择人民法院管辖,或者纠纷属于人民法院专属管辖;
(2) 由人民法院审理明显更为方便
外国法院未采取必要措施审理案件,或者未在合理期限内审结的,依当事人的书面申请,人民法院应当恢复诉讼
外国法院作出的发生法律效力的判决、裁定,已经被人民法院全部或者部分承认,当事人对已经获得承认的部分又向人民法院起诉的,裁定不予受理;已经受理的,裁定驳回起诉</td></tr>
</table>

四、协议管辖(当事人:有条件)(☆☆☆☆☆)

<table>
<tr><td>概念</td><td>合同或者其他财产权益纠纷当事人可以书面协议选择被告住所地、合同履行地、合同签订地、原告住所地、标的物所在地等与争议有实际联系的地点的人民法院管辖,但不得违背《民事诉讼法》对级别管辖和专属管辖的规定</td></tr>
<tr><td>适用对象</td><td>合同或者其他财产权益纠纷的一审地域管辖</td></tr>
<tr><td>形式</td><td>书面协议,口头的管辖协议无效</td></tr>
<tr><td>选择范围</td><td>被告住所地、合同履行地、合同签订地、原告住所地、标的物所在地等与争议有实际联系的地点的人民法院</td></tr>
<tr><td colspan="2">【提示】
1. 管辖协议约定两个以上与争议有实际联系的地点的人民法院管辖,原告可以向其中一个人民法院起诉
2. 管辖协议不得违背级别管辖和专属管辖的规定
3. 合同转让的,合同的管辖协议对合同受让人有效,但转让时受让人不知道有管辖协议,或者转让协议另有约定且原合同相对人同意的除外</td></tr>
</table>

主观题小案例

【案例 1】A 区甲公司与 B 区乙公司签订合同，约定乙公司将其位于 C 区的一处厂房出租给甲公司，双方书面协议，由于履行合同产生的纠纷，由 D 区人民法院管辖（D 区为合同签订地）。后乙公司拒不履行合同，甲公司起诉乙公司。

问题：可以向哪个（些）法院起诉？为什么？

答案参考：甲公司应当向 C 区法院起诉。

本案为不动产租赁合同纠纷，由不动产所在地法院专属管辖。虽然本案当事人协议由 D 区法院管辖，但该协议违背了专属管辖的规定，所以协议管辖无效。

【案例 2】A 区的甲公司与 B 区的乙公司签订木材买卖合同，约定在 C 区由乙公司交付甲公司一批木材。后甲乙公司书面达成补充协议："因为合同的履行发生争议由合同实际履行地法院管辖。"后乙公司在 D 区完成了木材交付，因为木材质量问题，甲公司起诉乙公司。

问题：本案应当向哪个（些）法院起诉？为什么？

答案参考：原告应当向 D 区法院起诉。

根据《民事诉讼法》相关规定，财产纠纷当事人可以协议选择与争议有实际联系的地点的法院管辖，但前提是不得违背级别管辖和专属管辖的规定。本案中，当事人协议纠纷由合同实际履行地 D 区法院管辖，该管辖协议有效，故原告应当向 D 区法院起诉。

【案例 3】A 区的甲公司与 B 区的乙公司签订木材买卖合同，约定在 C 区由乙公司交付甲公司一批木材。后乙公司拒不履行合同，甲公司起诉乙公司。

问题：本案甲公司可以向哪个（些）法院起诉？为什么？

答案参考：本案甲公司可以向 B 区法院起诉。

根据《民事诉讼法》相关规定，合同纠纷由被告住所地或者合同履行地法院管辖。根据司法解释的相关规定，合同没有实际履行的，并且合同双方当事人住所地均不在合同的约定履行地的，由被告住所地法院管辖。本案中约定履行地 C 区法院无管辖权。所以本案应当由被告住所地 B 区法院管辖。

【案例 4】A 区的甲公司与 B 区的乙公司签订家具加工合同，约定在 C 区由乙公司为甲公司加工这批家具。由于生产条件限制，乙公司在 D 区完成了该批家具的加工，后因家具质量问题，甲公司欲起诉乙公司。

问题：甲公司可以向哪个（些）法院起诉？为什么？

答案参考：本案甲公司可以选择向 B 区法院或者 C 区法院起诉。

根据《民事诉讼法》相关规定，合同纠纷由被告住所地或合同履行地法院管辖。根据司法解释的规定，合同约定履行地的，以约定履行地为合同履行地。故本案应当由被告住所地 B 区法院或合同约定履行地 C 区法院管辖。

第五讲　证据与证明

一、证据的法定种类

种类	内容
物证	以物品的物理属性(如颜色、大小、损害状态、存在状态等)来证明案件事实
书证	以所记载的内容或表达的思想证明案件事实
	关于书证的几个重要证据规则: 1.公文书证规则:国家机关或者其他依法具有社会管理职能的组织,在其职权范围内制作的文书所记载的事项推定为真实,但有相反证据足以推翻的除外 2.最佳证据规则:书证应当提交原件。提交原件有困难的,可以提交复制品、副本、节录本。法院应当结合证据和案件具体情况,审查判断书证复制品能否作为认定案件事实的依据 3.书证在对方当事人控制之下的,承担举证证明责任的当事人可以在举证期限届满前书面申请人民法院责令对方当事人提交 申请理由成立的,人民法院应当责令对方当事人提交,如果该书证内容涉及国家秘密、商业秘密、当事人或第三人隐私,或者存在法律规定应当保密的情形的,提交后不得公开质证: (1)控制书证的当事人无正当理由拒不提交的,法院可以认定申请人所主张的书证内容为真实; (2)持有书证的当事人以妨碍对方当事人使用为目的,毁灭有关书证或者实施其他致使书证不能使用行为的,法院可以认定申请人主张以该书证证明的事实为真实,同时,可以追究其妨碍诉讼的责任 【注意】关于书证的规则,适用于视听资料和电子数据
视听资料	以录音、录像等技术手段反映的声音、图像证明案件事实的材料,包括录音资料和影像资料(如照片、录像带、录音带等)
电子数据	通过电子邮件、电子数据交换、网上聊天记录、博客、微博客、手机短信、电子签名、域名等形成或者存储在电子介质中的信息
	【提示】 1.存储在电子介质中的录音资料和影像资料,适用电子数据的规定 2.电子数据的制作者制作的与原件一致的副本,或者直接源于电子数据的打印件或其他可以显示、识别的输出介质,视为电子数据的原件 3.电子数据相较于视听资料的明显区别有三:(1)可以实现精确复制;(2)可以在虚拟空间内快速传播;(3)极易实现剪辑、修改
证人证言	知晓案件事实且能够正确表达(与案件有利害关系) 【提示】 1.证人资格:待证事实与其年龄、智力状况或者精神健康状况相适应的无、限制民事行为能力人可以作为证人 2.证明力:不能单独作为认定案件事实的根据 3.证人不适用回避制度;与一方当事人或者其代理人有利害关系的证人陈述的证言不能单独作为认定案件事实的根据

续表

种类	内容	
证人证言	证人出庭	1. 出庭程序:(1)由当事人在举证期限届满前申请或者该证言属于法院依职权调查收集的证据(涉及国家、社会、第三人利益,身份关系,程序性事实)的也可以由法院依职权通知;(2)未经法院通知,证人不得出庭作证,但双方当事人同意并经法院准许的除外 2. 证人应当出庭的规定:(1)法院应当要求证人出庭作证,接受审判人员和当事人询问;(2)证人在审理案件前的准备阶段或者法院调查、询问等双方当事人在场时陈述证言的,视为出庭作证;(3)双方当事人同意证人以其他方式作证,并经法院准许的,证人可以不出庭作证;(4)无正当理由未出庭作证的证人以书面形式提供的证言,不得作为定案根据 3. 可以不出庭的情形:(1)健康原因;(2)路途遥远,交通不便;(3)自然灾害等不可抗力影响;(4)其他正当理由。证人经准许以书面方式作证的,应当签署保证书;以视听传输技术或者视听资料方式作证的,应当签署并宣读保证书 4. 出庭费用补助:(1)因出庭作证而支出的交通、住宿、就餐等必要费用以及误工损失(【提示】在刑诉中没有误工损失的补助)。(2)证人出庭所支出的以上费用由败诉方当事人承担,如果是当事人申请该证人出庭的,由申请人先行垫付;当事人没有申请,法院通知证人出庭的,由法院先行垫付
	证人作证	1. 保证书的签署与宣读: 法院应当要求证人签署保证书,并当庭宣读保证书内容,但无、限制民事行为能力人除外。证人确有正当理由不能宣读保证书的,由书记员代为宣读。证人拒绝签署保证书的,不得作证,并自行承担相关费用 2. 证人陈述证言:(1)证人应当客观陈述其亲身感受的事实,作证时不得使用猜测、推断或者评论性语言。(2)证人作证前不得旁听庭审,作证时不得以宣读事先准备的书面材料的方式陈述证言。(3)证人应当就其作证的事项进行连续陈述;审判人员可以对证人进行询问,当事人及代理人经审判人员许可后可以询问证人;询问证人时其他证人不得在场,法院认为有必要时,可以要求证人之间对质
鉴定意见	鉴定的启动	当事人在举证期限内申请,或者如果符合法院依职权调查收集证据条件的,可以由法院依职权决定
	鉴定的前序准备	1. 签署承诺书:鉴定开始之前,法院应当要求鉴定人签署承诺书。鉴定人故意作虚假鉴定的,人民法院应当责令其退还鉴定费用,并根据情节,依法追究妨碍诉讼的责任 2. 对鉴定材料的质证:法院应当组织当事人对鉴定材料进行质证。未经质证的材料,不得作为鉴定的根据
	鉴定意见	1. 按时完成鉴定:鉴定人应当在法院确定的期限内完成鉴定,并提交鉴定书。鉴定人无正当理由未按期提交鉴定书的,当事人可以申请法院另行委托鉴定人鉴定,法院准许的,原鉴定人应当退还已收取的鉴定费用 2. 鉴定意见书由鉴定人签名、盖章,并附鉴定人的相应资格证明;委托机构进行鉴定的,鉴定书应当由鉴定机构盖章,并由从事鉴定的人员签名 3. 多名鉴定人对同一问题进行鉴定,出现不同意见的,应当如实注明
		【提示】 1. 鉴定中出现不同意见要分别注明,不能实行少数服从多数 2. 鉴定人需要秉持中立、客观的态度,且具有可替代性(与证人相区别),故适用回避制度

续表

种类	内容	
鉴定意见	鉴定人出庭	1. 情形:当事人对鉴定意见有异议或者法院认为鉴定人应当出庭的 2. 程序:法院收到鉴定书后,应当及时将副本送交当事人。(1)当事人对鉴定书的内容有异议的,应当在法院指定期间内以书面方式提出。对于当事人的异议,法院应当要求鉴定人作出解释、说明或者补充。法院认为有必要的,可以要求鉴定人对当事人未提出异议的内容进行解释、说明或者补充。(2)当事人在收到鉴定人的书面答复后仍有异议的,法院应当通知有异议的当事人预交鉴定人出庭费用,并通知鉴定人出庭。有异议的当事人拒绝预交鉴定人出庭费用的,视为放弃异议 【总结】 鉴定人出庭程序:鉴定意见送交当事人→当事人提出书面异议→鉴定人解释、说明、补充→当事人仍有异议→通知当事人交钱,通知鉴定人出庭 3. 费用承担:鉴定人出庭费用由败诉的当事人负担。因鉴定意见不明确或者有瑕疵需要鉴定人出庭的,出庭费用由其自行负担 4. 经法院通知,鉴定人拒不出庭的,将产生如下后果:(1)鉴定意见不得作为认定案件事实的依据;(2)支付鉴定费用的当事人要求退还鉴定费用的,法院应当责令其退还;(3)建议有关主管部门或者组织对拒不出庭作证的鉴定人进行处罚
	鉴定人撤销鉴定意见	1. 鉴定意见被采信后,鉴定人无正当理由撤销鉴定意见的,人民法院应当责令其退还鉴定费用,并可以根据情节对鉴定人处以罚款、拘留等。当事人主张鉴定人负担由此增加的合理费用的,法院应予支持。 2. 法院采信鉴定意见后准许鉴定人撤销的,应当责令其退还鉴定费用
	有专门知识的人出庭	1. 程序:当事人在举证期限内申请,由法院通知 1~2 名有专门知识的人出庭 2. 作用: (1)对鉴定意见提出意见:视为质证意见 (2)对专业问题提出意见:视为当事人陈述 有专门知识的人不得参与对鉴定意见质证或者就专门问题发表意见之外的法庭审理活动
		【提示】 1. 有专门知识的人出庭只能依申请通知,不能依职权 2. 不适用回避制度 3. 出庭费用由申请方负担

主观题小案例

【案例 1】问题:分情况说明,车祸现场的一块手表属于证据法定分类的哪一类?

答案参考:如果用该手表的损坏程度来证明损害状况,则该手表是物证;如果手表被撞坏停止走动了,用其显示的时间来证明案件发生的时间,则该手表是用其记载的内容来证明案件事实,是书证。

【案例 2】李四出版一本书,张三认为该书侵犯了自己的名誉权,于是起诉李四,在法庭上张三提交了这本书。

问题:这本书属于何种证据?

答案参考:这本书是用其记载的内容来证明案件事实,是书证。

【案例3】张三跟书店老板发生争执,一怒之下砸了书店,书店老板李四起诉张三,向法庭提交损毁的图书以证明损失。

问题:请问这本毁损图书属于何种证据?

答案参考:该图书是用其存在形态证明案件事实,是物证。

【案例4】张三用一本图书的棱角处砸向李四,导致李四受伤,李四起诉张三要求赔偿,提供这本图书作为证据。

问题:请问这本图书属于何种证据?

答案参考:该图书是用其外在形态证明案件事实,是物证。

【案例5】张三跟音像店老板发生争议,于是砸了音像店,老板起诉张三,向法庭提交两份证据,一是店内监控录像的录像带,以证明案发情景;二是被损害录音带、录像带,以证明损失。

问题:请分析本案的证据种类。

答案参考:其中,店内监控录像的录像带是用录像带记录的声音、图像证明案件事实,是视听资料;而被损坏的录音带、录像带则是用其损坏状态证明案件事实,是物证。

【案例6】张某驾车与李某发生碰撞,交警赶到现场后用数码相机拍摄了碰撞情况,后李某提起诉讼,要求张某赔偿损失,并向法院提交了一个U盘,内附交警拍摄的照片。

问题:该照片属于何种证据?

答案参考:用数码相机拍摄的照片,属于电子数据。

【案例7】哥哥王文诉弟弟王武遗产继承一案,王文向法院提交了一份其父生前关于遗产分配方案的遗嘱复印件,遗嘱中有“本遗嘱的原件由王武负责保管”字样,并有王武的签名。王文在举证责任期间书面申请法院责令王武提交遗嘱原件,法院通知王武提交,但王武无正当理由拒绝提交。

问题:王武的行为将产生何种法律效果?

答案参考:本案中,遗嘱复印件上有“本遗嘱的原件由王武负责保管”的字样,并有王武签名,该证据可以证明王武持有遗嘱原件,王文在举证期限届满前申请法院责令王武提交,王武无正当理由拒不提交,法院可以直接认定申请人所主张的书证内容为真实,即认定遗嘱内容为真实。

【案例8】叶某诉汪某借款纠纷案,叶某向法院提交了一份内容为汪某向叶某借款3万元并收到该3万元的借条复印件,上有“本借条原件由汪某保管,借条复印件与借条原件具有同等效力”字样,并有汪某的署名。法院据此要求汪某提供借条原件,汪某以证明责任在原告为由拒不提供,后又称找不到借条原件。证人刘某作证称,汪某告诉刘某,他在叶某起诉之后把借条原件烧毁,汪某在法院质证中也予以承认。

问题:汪某的行为将产生何种法律效果?

答案参考:本案有证据证明汪某持有借条原件,叶某申请法院责令汪某提供借条原件,汪某不仅不提交,还实施了烧毁借条这一毁灭书证的行为,据此,法院可以直接认定申请人叶某主张以该借条证明的借款事实为真实。同时,可以追究其妨碍诉讼的责任,予以罚款、拘留,构成犯罪的追究其刑事责任。

【案例9】张三起诉李四归还借款10万元,法庭上,张三提供借条原件,法庭将该借条原件交给李四质证时,李四将借条塞进嘴里吃了。

问题:李四的行为将产生何种法律效果?

答案参考:本案李四故意损毁书证,据此可以推定申请人主张以该书证(借条)能够证明的案件事实为真实,即推定张三主张的借款事实为真实,同时,可以追究李四妨碍诉讼的责任,即对李四进行罚款、拘留,构成犯罪的追究其刑事责任。

【案例10】甲工厂排污污染河流,导致河流沿岸养殖户张某养殖的鱼虾死亡,张某起诉甲工厂赔偿损失12万元。甲工厂对张某主张的损失不予认可,同时主张自己的排污行为与张某的鱼虾死亡之间不存在因果关系。本案关于死亡鱼虾的价值和排污行为与损害之间是否存在因果关系存在争议,需要鉴定。

问题:应当由谁提出鉴定申请?

答案参考:首先,环境污染案件中因果关系倒置,即应当由原告对侵权事实和损害后果承担证明责任,由被告对免责事由和无因果关系承担证明责任。

其次,关于死亡鱼虾的价值属于损害后果,需要由原告张某承担证明责任,即应当由原告张某申请对鱼虾死亡的价值进行鉴定,否则由张某承担举证不能的法律后果。

最后,关于排污行为与损害结果之间的因果关系,需要由被告甲工厂承担证明责任,即应当由被告甲工厂申请对排污行为与损害结果之间不存在因果关系进行鉴定,否则由甲工厂承担举证不能的法律后果,即推定存在因果关系。

【案例11】在合同纠纷中,原告主张合同成立、生效,向法院提交合同原件;被告主张合同为伪造,关于合同的真实性需要鉴定。

问题:应当由谁提出鉴定申请?

答案参考:首先,私文书证的真实性,应当由主张以该合同证明案件事实的当事人对其承担证明责任。本案中是原告主张以该合同证明合同成立、生效这一案件事实,所以应当由原告对合同的真实性承担证明责任。

其次,既然本案应当由原告对合同的真实性承担证明责任,故应当由原告对合同的真实性提出鉴定申请,否则当合同的真实性无法查清时,原告应当承担举证不能的后果,即推定合同为虚假。

【案例12】借款纠纷中,被告主张借款已经归还,并提供一张收条,原告主张收条为伪造。

问题:关于收条的真实性需要由谁申请鉴定?

答案参考:首先,私文书证的真实性,应当由主张以该收条证明案件事实的当事人对其承担证明责任。本案是被告主张以该收条证明还款事实,所以应当由被告对收条的真实性承担证明责任。

其次,既然本案应当由被告对收条的真实性承担证明责任,则应当由被告对收条的真实性提出鉴定申请,否则当收条的真实性无法查清时,应当由被告承担举证不能的后果,即推定收条为虚假。

【案例13】杨青(15岁)与何翔(14岁)两人经常嬉戏打闹,一次,杨青失手将何翔推倒,致何翔成了植物人。当时在场的还有何翔的弟弟何军(11岁)。法院审理时,何军以证人身份出庭,向法庭陈述了其所见案件事实。

问题:请分析其证言的证明力问题。

答案参考:何军的证言具有证明力,但证明力较小,不能单独作为定案根据。

理由:(1)何军虽然是未成年人,但待证事实与其年龄、智力、精神状况相符,所以可以作为证人;(2)何军与当事人何翔有利害关系,其证言证明力小,不能单独作为定案根据。

二、证据的分类

理论分类	能否单独、直接证明待证事实(看内容的完整性)	直接证据	能够单独、直接证明待证事实的证据
		间接证据	不能直接或单独证明待证事实,需要与其他证据相结合
	是否直接来源于案件事实	原始证据	直接源于案件事实的证据
		传来证据	又称为派生证据,指不直接源于案件事实,而是通过传抄、转述、复制后所获得的证据
	与证明责任承担的关系	本证	提交该证据的当事人对该待证事实承担举证责任
		反证	提交该证据的当事人对该待证事实不承担举证责任

主观题小案例

【案例1】张三起诉李四归还借款5万元,为证明借款事实的存在,张三提交了李四亲笔签名的借条的复印件一张。

问题:该证据在理论上如何分类?

答案参考:从来源上看,该证据经过了复印,是传来证据而不是原始证据;从与待证事实的关系来看,该证据能单独直接证明借款这一待证事实,属于直接证据;从与证明责任的关系来看,借条的待证事实是借款事实是否存在,而对于该事实,应当由主张借款关系存在的张三证明,现在该证据是张三提出,所以该借条为本证。

【案例2】接上题,在诉讼中,李四主张该借款已经归还,提交张三亲笔签名的收据一张。

问题:该收据是本证还是反证?

答案参考:对于是否已经还款应当由承担还款义务的李四证明,而该收据正是李四提交的,是承担举证责任的人提交的证据,是本证。

【案例3】张三起诉李四于2017年1月10日在广州市白云区开车撞伤自己,要求李四赔偿医疗费等费用。李四辩称当时自己在北京某考试培训班参加学习,张三主张的事实不属实,向法庭提供当日在该考试培训班的考勤签到表。

问题:该签到表是本证还是反证?

答案参考:李四提出的签到表是希望证明自己当日在北京,而没有在广州开车撞倒张三,所以该签到表的待证事实是不存在侵权行为,是否存在侵权行为应当由主张侵权事实成立的原告张三承担证明责任,而该证据则是由不承担证明责任的李四提供的,所以为反证。

【案例4】张三开车行驶途中,突遇李四横穿马路,紧急刹车后,发现李四倒在车前。后李四起诉张三,主张是张三撞倒自己,要求张三赔偿。张三否认该事实,向法庭提交车载行车记录仪所记录的影像资料作为证据,该影像资料显示,李四倒地的地方与张三的车相距一米以上。

问题:张三提供的影像资料是本证还是反证?

答案参考:该影像资料的待证事实是张三是否撞倒李四,对于该事实,应当由主张侵权事实存在的李四承担证明责任，现该证据由不承担证明责任的张三提供，不承担证明责任的一方提供的证据为反证。

三、自认

自认	概念	在诉讼过程中（包括证据交换、询问、调查过程中，或者在起诉状、答辩状、代理词等书面材料中），一方当事人陈述的于己不利的事实，或者对于己不利的事实明确表示承认的，另一方当事人无须举证证明，法庭应当直接将其作为认定案件事实的依据
	对象	对于应当由法院依职权调查的事实（涉及国家、社会、第三人利益，身份关系，程序性事实），不适用自认制度 自认的事实与查明的事实不符的，法院不予确认
	效果	对于自认事实，免去对方当事人举证责任，法庭直接作为裁判依据
	方式	明示：当事人明确表示承认
		默示：对一方当事人陈述的事实，另一方当事人既未表示承认也未否认，经审判人员充分说明并询问后，其仍不明确表示肯定或者否定，视为对该事实承认
		当事人委托诉讼代理人参加诉讼的，除授权委托书明确排除的事项外，诉讼代理人的自认视为当事人的自认。当事人在场对诉讼代理人的自认明确否认的，不视为自认
	共同诉讼中的自认	普通共同诉讼中：一人或者数人作出的自认，对作出自认的当事人发生效力（对其他当事人不发生效力）
		必要共同诉讼中：一人或者数人作出自认而其他共同诉讼人予以否认的，不发生自认的效力。其他共同诉讼人既不承认也不否认，经审判人员说明并询问后仍然不明确表示意见的，视为全体共同诉讼人的自认（其他共同诉讼人有一票否决权）
	自认的撤销	有下列情形之一，当事人在法庭辩论终结前撤销自认的，法院应当准许： (1)经对方当事人同意的； (2)自认是在受胁迫或者重大误解情况下作出的 人民法院准许当事人撤销自认的，应当作出口头或者书面裁定
	注意	在诉讼中，当事人为达成调解协议或者和解目的所作出的妥协所涉及的对案件事实的认可，不得在其后的诉讼中作为对其不利的证据，但法律另有规定或者当事人均认可的除外

【总结】自认与认诺

项目	自认	认诺
对象	对方主张的事实	对方的诉讼请求
效果	导致对方主张事实成立	导致对方诉讼请求成立，即认诺人败诉
理论基础	针对事实，体现（约束性）辩论原则	针对诉讼请求，体现处分原则

主观题小案例

【案例1】张三起诉李四要求李四归还借款,主张自己分两次向李四提供借款10万元,李四没有归还。李四承认仅向张三借款一次共6万元且未归还。

问题:本案中谁来承担举证责任?

答案参考:李四承认向张三借款6万元未归还的事实,由于没有附加任何条件,构成自认,张三无须对这6万元借款事实承担证明责任,法院可以直接认定该6万元借款事实。对于张三主张的李四还欠其4万元的事实,仍由张三承担证明责任。

【案例2】张三起诉李四要求归还借款10万元,现金支付,没有借款凭证。据此分析:情形一,李四承认借款事实,但是主张借款已经归还;情形二,李四承认借款事实,但主张张三尚欠其货款10万元。

问题:关于举证责任应当如何分配?

答案参考:情形一中,李四承认的借款事实与所附借款已经归还这一条件属于同一借款关系,不可分割,故法院应当对该借款事实与还款事实一并考虑,不能机械地截取李四认可借款的事实作为李四的自认,而将还款事实的证明责任分配给李四。

情形二中,李四承认的借款事实与所附的张三尚欠其10万元货款这一条件不属于同一法律关系(前者为借款法律关系,后者为货物买卖合同关系),属于可以分割的事项,所以法院可以分别予以认定。李四承认借款事实,构成自认,免去张三对借款事实的证明责任。李四主张张三欠自己10万元货款事实,系李四主张的独立的事实,应当由李四对此承担证明责任。

【案例3】张三、李四分别向甲小额贷款公司贷款10万元,逾期未归还,甲公司起诉张三、李四要求归还贷款。诉讼中张三、李四主张时效抗辩,甲公司主张在时效期间向张三和李四催讨过贷款,对此,张三予以承认。

问题:张三的承认是否构成自认?

答案参考:张三和李四分别向甲公司贷款10万元,这是两个独立的借款关系,为普通共同诉讼。普通共同诉讼中张三对甲公司催讨贷款的事实予以承认,该承认对张三而言构成自认,对李四而言不构成自认。故甲公司无须对向张三催讨贷款的事实承担证明责任,但仍需要对向李四催讨贷款的事实承担证明责任。

【案例4】张三、李四合伙做生意,因为资金困难向甲小额贷款公司贷款10万元,逾期未归还,甲公司起诉张三、李四要求归还贷款。诉讼中,张三、李四主张时效抗辩,甲公司主张在时效期间向张三、李四催讨过贷款,对此,张三予以承认。

问题:张三的承认是否构成自认?

答案参考:张三和李四共同向甲公司贷款10万元,只有一个借款关系,为必要共同诉讼。必要共同诉讼中张三对甲公司催讨贷款的事实予以承认,该承认并不当然构成自认,关键要看李四的态度。如果李四不明确表示反对,则对张三、李四均构成自认,甲公司无须对催讨贷款的事实承担证明责任;如果李四反对,则对张三、李四均不构成自认,甲公司仍然需要对催讨贷款的事实承担证明责任。

【案例5】王某以妻子马某与案外人宋某存在不正当婚外情关系为由起诉妻子马某离婚,诉讼中,马某作出如下陈述:(1)自己与王某之间确实存在婚姻关系;(2)同意离婚;(3)自己确实与宋某存在婚外情关系;(4)儿子王小某是自己与前男友张某所生。法院依法组织调解,在调解中,王某承认自己有转移财产的行为,但因为财产分割和子女抚养问题没能达成调解协议。

问题:请分析以上事实是否构成自认?为什么?

答案参考:马某承认自己与王某之间存在婚姻关系以及王小某是自己与张某所生的事实不构成自认,因为这是涉及身份关系的事实,不能适用自认制度。

马某同意离婚不构成自认,因为自认是指对对方主张的事实予以承认,这是对对方诉讼请求的承认,不构成自认,应当是认诺。

马某承认与宋某有婚外情关系的事实构成自认。虽然本案是与身份有关的案件,但该事实属于与身份无关的事实,可以自认。

王某承认转移财产的行为不构成自认。这是调解中为了达成调解协议所做的妥协,所涉及的对案件事实的认可,不得在其后的诉讼中作为对其不利的证据。

四、证明责任

<table>
<tr><td>概念</td><td colspan="2">证明责任是一种不利的风险负担。
在作出判决前,当事人未能提供证据或者证据不足以证明其事实主张的,由负有举证证明责任的当事人承担不利后果</td></tr>
<tr><td>理解</td><td colspan="2">1. 真伪不明是证明责任发生的前提
2. 当事人是证明责任的主体,法院不承担证明责任
3. 针对单一诉讼请求所涉及的事实,证明责任只能由一方当事人承担
4. 证明责任的负担是由法律和司法解释预先确定的,在诉讼中不存在证明责任转移问题
5. 不承担证明责任的一方当事人也可以积极行使举证权利
6. 证明责任是一种拟制或假定,可能与客观事实不符</td></tr>
<tr><td rowspan="2">证明责任分配</td><td>原则</td><td>“谁主张,谁举证”:
1. 主张法律关系存在的当事人,应当对产生该法律关系的基本事实承担举证证明责任
2. 主张法律关系变更、消灭或者权利受到妨害的当事人,应当对该法律关系变更、消灭或者权利受到妨害的基本事实承担举证证明责任</td></tr>
<tr><td>体现</td><td>合同纠纷:
1. 主张合同成立并生效的一方当事人对合同成立并生效的事实承担证明责任
2. 主张合同关系变更、解除、终止、撤销的一方当事人对合同关系变更、解除、终止、撤销的事实承担证明责任
3. 对合同是否履行发生争议,由主张合同已经履行的一方当事人承担证明责任
4. 对是否存在代理权发生争议,由主张代理权存在的一方当事人承担证明责任
侵权纠纷:
1. 由受害方对侵权责任的构成要件(一般为侵权行为、因果关系、损害后果、加害人过错四要件;如果是无过错责任原则则为行为、结果、因果关系三要件)承担证明责任
2. 由加害方对具有法定的免责事由承担证明责任</td></tr>
</table>

证明责任分配	倒置规定	因果关系倒置：因污染环境、破坏生态发生纠纷，行为人应当就其行为与损害之间不存在因果关系承担举证责任（无过错责任原则）
		过错倒置——民法中的所有“过错推定”即为过错倒置 1. 无民事行为能力人在幼儿园、学校或者其他教育机构学习、生活期间受到人身伤害，幼儿园、学校或者其他教育机构应当承担侵权责任；但能够证明尽到教育、管理职责的，不承担责任 2. 医疗纠纷中，患者在诊疗活动中受到损害，有下列情形之一的，推定医疗机构有过错：（1）违反法律、行政法规、规章以及其他有关诊疗规范的规定；（2）隐匿或者拒绝提供与纠纷有关的病历资料；（3）遗失、伪造、篡改或者违法销毁病历资料 3. 动物园的动物造成他人损害的，动物园应当承担侵权责任；但是能够证明尽到管理职责的，不承担侵权责任（无过错，无倒置规定） 4. 建筑物、构筑物或者其他设施及其搁置物、悬挂物发生脱落、坠落造成他人损害，所有人、管理人或者使用人不能证明自己没有过错的，应当承担侵权责任 5. 堆放物倒塌、滚落或者滑落造成他人损害，堆放人不能证明自己没有过错的，应当承担侵权责任
	【总结】“一个原则，两类倒置” 一个原则——谁主张积极事实，谁承担证明责任（合同纠纷、侵权纠纷等均如此，侵权纠纷中，原告证明侵权法律构成要件，被告证明免责事由） 两类倒置——存在倒置的两类规定（环境污染的因果关系倒置；过错推定的过错倒置） 做题三步走： 第一步：一个原则 “谁主张，谁举证”：（1）原告证明侵权构成要件；（2）被告证明免责事由 第二步：根据《民法典》的规定判断归责原则（是否无过错责任原则）：（1）如果是无过错责任原则，侵权构成要件包含行为、结果、因果关系三要件；（2）如果不是无过错责任原则，侵权构成要件包含行为、结果、因果关系、过错四要件 第三步：根据《民法典》的规定判断是否存在“两类倒置”：（1）环境污染案件因果关系倒置；（2）过错推定案件过错倒置	

主观题小案例

【案例 1】

（1）甲电网公司的员工张某在从事高空作业过程中不慎将作业工具落下，致行人李某受伤，李某起诉甲电网公司要求赔偿。

（2）甲工厂排污致使河流污染，河流沿岸养殖户张某养殖的鱼虾死亡，张某起诉甲工厂要求赔偿。

（3）张某家饲养的宠物狗将李某咬伤，李某起诉张某要求赔偿，张某主张李某被咬伤是因为李某故意逗狗所致。

（4）张某购买甲公司生产的微波炉，在使用过程中微波炉发生故障，致使张某受到伤害，张某起诉甲公司要求赔偿。

（5）李某从张某家楼下经过，张某家阳台上的花盆落下将李某砸伤，李某起诉张某要求赔偿。

问题:请分析上述案件的责任分配。

答案参考:

(1)高危作业属于无过错责任原则,原则上应当由原告证明侵权责任构成要件,即行为、结果、因果关系;被告证明免责事由,即受害人有故意。同时,不存在倒置的规定。所以,应当由原告李某证明行为、结果、因果关系,被告甲电网公司证明免责事由。本案为无过错责任原则,过错不是侵权构成要件,不是本案证明对象,不需要证据证明。

(2)环境污染属于无过错责任原则,原则上应当由原告证明侵权责任构成要件,即行为、结果、因果关系;被告证明免责事由。同时,环境污染的因果关系应当倒置给被告证明。所以,应当由原告张某证明行为、结果,被告甲工厂证明免责事由、无因果关系。同时,无过错责任原则中过错不是证明对象,不需要证据证明。

(3)动物致人损害属于无过错责任原则,原则上应当由原告证明侵权责任构成要件,即行为、结果、因果关系;被告证明免责事由,即受害人有故意或者重大过失。另外不存在举证责任倒置的规定。所以,应当由原告李某证明行为、结果、因果关系,被告张某证明免责事由,即证明李某存在故意逗狗的行为。同时,无过错责任原则中过错不是证明对象,不需要证据证明。

(4)产品侵权损害属于无过错责任原则,原则上应当由原告证明侵权责任构成要件,即行为、结果、因果关系;被告证明免责事由,即受害人有故意或者重大过失。不存在举证责任倒置的规定。所以,应当由原告张某证明行为、结果、因果关系,被告甲公司证明免责事由。同时,无过错责任原则中过错不是证明对象,不需要证据证明。

(5)搁置物致人损害不属于无过错责任原则,原则上应当由原告证明侵权责任构成要件,即行为、结果、因果关系、过错;被告证明免责事由。搁置物致人损害的过错应当倒置给被告证明。所以,应当由原告李某证明行为、结果、因果关系,被告张某证明免责事由以及无过错。

【案例2】薛某雇杨某料理家务。一天,杨某乘电梯去楼下扔掉厨房垃圾时,袋中的碎玻璃严重划伤电梯中的邻居乔某。乔某将相关责任人诉至法院,要求赔偿医疗费3万元。被告主张自己无过错,且乔某明知杨某的垃圾袋中有玻璃碎片故意与杨某打闹,应当减轻或者免除被告的赔偿责任。

问题:

(1)请分析本案当事人,并说明理由。

(2)请分析本案证明责任的分配。

答案参考:

(1)本案乔某做原告,薛某为被告。根据司法解释的规定,提供劳务致人损害的,以接受劳务方为被告。本案中,应当以薛某为被告,杨某不能作为本案当事人。

(2)本案应当由原告乔某对行为、结果、因果关系承担证明责任;被告薛某对乔某故意和杨某打闹的事实(免责事由)承担证明责任。薛某是否有过错与本案无关,不是本案证明对象。

【案例3】甲公司起诉乙公司要求支付货款,乙公司主张货款已经交给甲公司的业务员张某,甲公司称张某确实是本公司员工,但其无权代为收取货款,且未将该货款交回甲公司。

问题:请分析本案当事人和证明责任问题,并说明理由。

答案参考:(1)本案甲公司是原告,乙公司是被告,张某不是本案当事人。根据司法解释的规定,工作人员在执行工作任务时致人损害的,以法人或其他组织为当事人,工作人员不能作为当事人。所以张某作为甲公司的业务员,不能以当事人身份参加诉讼。

(2)关于证明责任,乙公司应当对其已经将货款交给张某的事实承担证明责任。因为合同纠纷中对合同是否履行产生争议的,应当由主张已经履行的一方承担证明责任。乙公司应当对张某有代理权的事实承担证明责任。因为合同纠纷中对于代理权产生争议的,应当由主张有代理权的一方当事人承担证明责任。张某是甲公司的员工属于自认的事实,不是本案证明对象;张某是否将货款交回甲公司与本案无关,不是本案证明对象。

五、证明标准

程序性事实	较大可能性:与诉讼保全、回避等程序性事项有关的事实,法院结合当事人的说明及相关证据,认为有关事实存在的可能性较大的,可以认定该事实存在
实体性事实	一般标准:高度可能性——一般的事实
	特殊标准:排除合理怀疑——欺诈、胁迫、恶意串通,以及对口头遗嘱或者赠与事实
【注意】证明标准一定要以证明责任为前提	

主观题小案例

【案例】原告、被告因为合同纠纷诉至法院,关于合同的效力等问题发生争议:

(1)原告主张合同关系成立并生效,应当将合同关系成立并生效的事实证明到高度可能性的标准,否则将承担证明责任的不利后果。

(2)被告主张合同关系不存在,应当将合同关系不存在的事实证明到高度可能性的标准,否则将承担证明责任的不利后果。

(3)被告主张合同存在欺诈而要求撤销合同,应当将存在欺诈的事实证明到高度可能性标准,否则将承担证明责任的不利后果。

(4)原告主张合同不存在欺诈,应当将不存在欺诈的事实证明到排除合理怀疑的标准,否则将承担证明责任的不利后果。

问题:请判断(1)~(4)是否正确。

答案参考:

(1)正确。对于合同是否成立并生效的事实应当由主张合同关系成立并生效的原告承担证明责任,此是一般标准,即高度可能性。

(2)错误。对于合同是否成立,应当由主张成立的一方当事人承担证明责任。被告主张合同关系不成立,无须对该事实承担证明责任,无须达到相应证明标准。只要合同是否成立这一事实处于事实不清、真伪不明状态,法院即应认定合同不成立。

(3)错误。对于合同是否存在欺诈事实,应当由主张存在欺诈的被告承担证明责任,但该事实应当适用特殊标准,即排除合理怀疑,而不是高度可能性标准。

(4)错误。对于合同是否存在欺诈,应当由主张存在欺诈的被告承担证明责任,原告主张不存在欺诈事实,不承担证明责任,无须达到该证明标准,表述错误。

第六讲 简易程序

一、传统简易程序

(一)简易程序的适用

适用前提	基层法院及其派出法庭审理的第一审民事案件
消极条件	以下案件不能适用简易程序: 1. 起诉时被告下落不明; 2. 当事人一方人数众多; 3. 发回重审或者适用审判监督程序再审; 4. 涉及国家利益、社会公共利益的; 5. 第三人撤销之诉; 6. 其他。 【注意】公益诉讼案件不能适用简易程序审理,因其原则上为中院审理且涉及公共利益
程序启动	职权适用:基层法院及其派出法庭审理的事实清楚、权利义务关系明确、争议不大的简单民事案件,适用简易程序
	协议适用: 1. 基层法院及其派出法庭审理的上述规定以外的民事案件,当事人双方可以约定适用简易程序; 2. 当事人约定适用简易程序审理的,应当在开庭前提出,且不得违反关于适用简易程序的禁止性规定

(二)简易程序的特点

程序简化	1. 可以适用简便方式送达文书:可以适用简便方式送达开庭通知,但必须确保当事人收悉,否则不允许缺席判决;不允许适用简易方式送达裁判文书。 【注意】庭审笔录应当如实记录庭审过程,不存在简化问题。 2. 庭审方式灵活: (1)适用简易程序审理案件,可以简便方式进行审理前的准备; (2)当事人双方可就开庭方式向人民法院提出申请,由人民法院决定是否准许。经当事人双方同意,可以采用视听传输技术等方式开庭。 3. 举证期限和答辩期间灵活: 适用简易程序案件的举证期限由人民法院确定,也可以由当事人协商一致并经人民法院准许,但不得超过15日。被告要求书面答辩的,人民法院可在征得其同意的基础上,合理确定答辩期间。当事人双方均表示不需要举证期限、答辩期间的,人民法院可以立即开庭审理或者确定开庭日期
独任制	由审判员一人独任审理
审限	应当在立案之日起3个月内审结。有特殊情况需要延长的,经本院院长批准,可以延长1个月
注重调解	以下适用简易程序审理的六类案件应当先行调解:(1)婚姻家庭和继承纠纷;(2)劳务合同纠纷;(3)交通事故和工伤事故引起的权利义务关系较为明确的损害赔偿纠纷;(4)宅基地和相邻关系纠纷;(5)合伙合同纠纷;(6)诉讼标的额较小的纠纷

续表

程序的转化	普转简：已经按照普通程序审理的案件，在开庭后不得转为简易程序审理
	简转普： 1. 下列情形，法院应当裁定转为普通程序：(1)法院认为案情复杂，需要转为普通程序审理的；(2)当事人就案件适用简易程序提出异议，人民法院经审查，异议成立的。 2. 转为普通程序前，双方当事人已确认的事实，可以不再进行举证、质证。 3. 简易程序转为普通程序的，普通程序的审限自立案之日起计算。 【注意】文书：裁定书；审限自立案之日起计算

主观题小案例

【案例1】夏某因借款纠纷起诉陈某，法院决定适用简易程序审理。法院依夏某提供的被告地址送达时，发现有误，经多方了解和查证也无法确定准确地址。

问题：法院应当如何处理？

答案参考：法院"经多方了解和查证也无法确定准确地址"，说明本案属于原告不能提供被告准确送达地址的情况，法院查证后也无法确定被告送达地址，即本案被告不明确，不符合起诉条件，法院应当裁定驳回起诉。

【案例2】夏某因借款纠纷起诉陈某，法院决定适用简易程序审理。法院多次依夏某提供的被告地址送达时，被告家中无人，当地居委会表示陈某确实居住于此，但最近半年一直未见陈某踪迹。

问题：法院应当如何处理？

答案参考：原告提供了被告的准确住址，但是由于被告陈某未见踪迹，属于被告下落不明，应当公告送达，而简易程序不能公告送达，法院应当裁定转为普通程序，公告送达文书。

总结：法院在适用简易程序审理案件中无法通过原告提供的被告地址送达文书或者通知被告应诉时，应当分情形处理：如果原告提供了被告准确的送达地址，但无法向被告直接送达或者留置送达应诉通知书的，应当将案件转为普通程序审理(此时原告提供了被告准确地址，说明被告明确，法院应当受理，只是因为无法直接或者留置送达文书，故需要公告送达，而简易程序不适用公告送达)；如果原告不能提供被告准确的送达地址，人民法院经查证后仍不能确定被告送达地址的，可以被告不明确为由裁定驳回原告起诉。

【案例3】甲县法院受理了张三起诉李四合同纠纷一案，当事人约定本案适用普通程序审理，但甲县法院认为本案案情简单，于是适用简易程序进行审理。法院用电子邮件方式向张三、李四送达了开庭通知，张三对该邮件予以了回复，李四未回复。开庭时，张三到庭，李四未到庭，法院缺席判决。后法院同样用电子邮件方式向张三送达了判决书，但李四下落不明，法院以公告方式向李四送达了判决书。

问题：请评价本案法院的做法，并说明理由。

答案参考：

(1)法院适用简易程序的做法正确。根据《民事诉讼法》的规定，适用普通程序审理的案件当事人可以约定适用简易程序，但是适用简易程序审理的案件当事人不得约定适用普通程序，所以本案中当事人关于适用普通程序的约定无效，法院可以依职权适用简易程序审理。

(2)法院用电子邮件方式送达开庭通知的做法正确。根据司法解释的规定，适用简易程序审理的案件法院可以用简便方式传唤当事人、通知证人、送达文书等，所以法院可以用电子邮件方式送达开庭通知。

(3)法院缺席判决的做法错误。根据司法解释的规定,用简便方式送达开庭通知,未经当事人确认或者没有其他证据证明当事人收悉的,不得缺席判决。本案中法院以电子邮件方式向李四送达了开庭通知,但未经李四确认收悉,法院不得缺席判决。

(4)法院用电子邮件方式送达判决书的做法错误。根据司法解释的规定,法院可以用简便方式送达裁判文书以外的诉讼文书,法院不得使用简便方式送达判决书。

(5)法院公告送达的做法错误。根据司法解释的规定,简易程序不能公告送达。

二、小额诉讼程序(☆☆)

小额诉讼程序	适用情形: 1. 法定适用:基层人民法院和它派出的法庭审理事实清楚、权利义务关系明确、争议不大的简单金钱给付民事案件,标的额为各省、自治区、直辖市上年度就业人员年平均工资 50% 以下的,适用小额诉讼的程序审理,实行一审终审。 2. 约定适用:基层人民法院和它派出的法庭审理上述规定的民事案件,标的额超过各省、自治区、直辖市上年度就业人员年平均工资 50% 但在 2 倍以下的,当事人双方也可以约定适用小额诉讼的程序
	下列案件不得适用小额诉讼程序审理: 1. 人身关系、财产确权案件; 2. 涉外案件; 3. 需要评估、鉴定或者对诉前评估、鉴定结果有异议的案件; 4. 一方当事人下落不明的案件; 5. 当事人提出反诉的案件; 6. 其他不宜适用小额诉讼的程序审理的案件
程序的特殊性	1. 举证期限:小额诉讼案件的举证期限由人民法院确定,也可以由当事人协商一致并经人民法院准许,但一般不超过 7 日;当事人到庭后表示不需要举证期限和答辩期间的,人民法院可立即开庭审理。 2. 适用小额诉讼程序审理的案件,可以一次开庭审结并且当庭宣判(包括实体判决、管辖权异议和驳回起诉裁定)。 3. 审限:应当在立案之日起 2 个月内审结。有特殊情况需要延长的,经本院院长批准,可以延长 1 个月
程序的转化	1. 因当事人申请增加或者变更诉讼请求、提出反诉、追加当事人等,致使案件不符合小额诉讼案件条件的,应当适用简易程序的其他规定审理。前述规定案件,应当适用普通程序审理的,裁定转为普通程序。 2. 人民法院在审理过程中,发现案件不宜适用小额诉讼的程序的,应当适用简易程序的其他规定审理或者裁定转为普通程序。 3. 当事人认为案件适用小额诉讼的程序审理违反法律规定的,可以向人民法院提出异议。人民法院对当事人提出的异议应当审查,异议成立的,应当适用简易程序的其他规定审理或者裁定转为普通程序;异议不成立的,裁定驳回
关于小额诉讼程序的再审问题	1. 管辖:向原审法院申请,法院认为理由成立的,裁定再审。 2. 审理程序:组成合议庭(不得适用独任制),所作判决为一审判决。 3. 再审判决能否上诉: 情形一:当事人对法院适用小额诉讼程序审理无异议,但以其判决存在法定情形为由申请再审的,再审所作判决仍然适用一审终审的规定。 情形二:当事人以案件不应适用小额诉讼程序为由申请再审的,再审所作判决不再适用一审终审规定,可以上诉

续表

【总结】 1. 各程序的举证期限: (1)普通程序:当事人约定或者法院指定,法院指定的举证期限不得少于15日; (2)简易程序:当事人约定或者法院指定,不得超过15日; (3)小额诉讼程序:当事人约定或者法院指定,一般不得超过7日。 2. 裁判文书内容的简化问题: (1)普通程序的裁判文书认定事实和裁判理由部分不能简化、省略; (2)简易程序的裁判文书在符合法定情形下可以对认定事实和裁判理由部分予以适当简化; (3)小额诉讼程序的裁判文书可以对认定事实和裁判理由部分予以省略。 3. 一审必须开庭;二审原则上要开庭,但可以不开庭(进行的是书面审理)

第七讲 一审程序

一、法院受理案件

起诉与受理	
起诉条件	1. 原告是与本案有直接利害关系的公民、法人和其他组织(诉讼权利能力+适格)。 2. 有明确的被告。 (1)被告不适格——依法受理,判决驳回诉讼请求; (2)公司注销、自然人死亡——裁定不予受理; (3)被告于原告起诉前死亡——裁定驳回起诉。 3. 有具体的诉讼请求和事实、理由(具体即可,无须正确)。 4. 属于人民法院受理的范围和受诉人民法院管辖(劳动纠纷仲裁前置)
起诉状	形式:书面为原则,但允许口头起诉
	内容:(1)当事人的有关情况;(2)原告的诉讼请求,以及诉讼请求所依据的事实和理由;(3)证据和证据来源,证人的姓名、住所等;(4)受诉法院的名称、起诉的时间、起诉人签名或盖章。 【注意】"案由"不是起诉状的法定内容,实务中有的法院要求写案由
法院的处理	1. 符合起诉条件:7日内立案并通知当事人。 2. 不符合起诉条件:7日内裁定不予受理(该裁定可上诉)。 3. 受理后发现不符合起诉条件:裁定驳回起诉(该裁定可上诉)

续表

一事不再理	原则:同一案件已经由其他有管辖权的法院依法审理,或判决、裁定、调解书已经发生法律效力的案件,当事人重复起诉的,不予受理
	例外:(1)对于裁定不予受理、驳回起诉的案件,原告再次起诉的,如果符合起诉条件,应予受理;原告撤诉或法院按撤诉处理后,原告以同一诉讼请求再次起诉的,法院应予受理。(2)赡养费、扶养费、抚养费案件,裁判生效后,因新情况、新理由,一方当事人再行起诉要求增加或者减少费用的,法院应作为新案件受理。(3)判决不准离婚和调解和好的离婚案件,判决、调解维持收养关系的案件,没有新情况、新理由,原告在6个月内又起诉的,不予受理。(4)原告撤诉或者人民法院按撤诉处理的离婚案件,没有新情况、新理由,原告6个月内又起诉的,不予受理 【提示】 上述例外第(3)、(4)项中,应予受理的情形有以下几种: 1. 原告没有新情况、新理由,6个月后再次起诉,应予受理; 2. 原告在6个月内,有新情况、新理由再次起诉,应予受理; 3. 在6个月内,没有新情况、新理由,被告起诉,应予受理
管辖问题	1. 对不属于本院管辖的案件,告知原告向有管辖权的人民法院起诉;原告坚持起诉的,裁定不予受理。 2. 受理后发现管辖错误的,裁定移送管辖
回避制度	适用于法官助理、书记员、司法技术人员、翻译人员、鉴定人、勘验人(2023年《民事诉讼法》第47条)
仲裁协议	如果有有效的仲裁协议,法院不得受理
超过诉讼时效	当事人超过诉讼时效期间起诉的,法院应予受理,受理后,被告如果主张时效抗辩,并且查明无中止、中断、延长事由的,判决驳回诉讼请求
庭前分流程序	1. 当事人没有争议,符合督促程序规定条件的,可以转入督促程序。 2. 开庭前可以调解的,采取调解方式及时解决纠纷。 3. 根据案件情况,确定适用简易程序或者普通程序。 4. 需要开庭审理的,通过要求当事人交换证据等方式,明确争议焦点。 【注意】质证只能发生在庭审中,开庭前进行的只能是证据交换
庭审程序	1. 宣布开庭(审判长或者独任审判员核对当事人身份,宣布案由,宣布审判人员、法官助理、书记员等的名单,告知申请回避的权利)(《民事诉讼法》第140条)。 2. 法庭调查。 3. 法庭辩论。 4. 庭审笔录(书记员制作,审判人员签名,当事人和其他诉讼参与人签名或者盖章)。 5. 合议庭评议(少数服从多数,不同意见记入笔录;由合议庭成员签名,保密)。 6. 宣判

主观题小案例

【案例1】甲公司拖欠张三工资8000元,张三到甲公司总经理李四办公室打闹,并将办公室的办公设备砸坏,甲公司起诉张三要求赔偿损失5000元,并要求张三向李四赔礼道歉。诉讼中,张三反诉甲公司要求支付工资8000元。

问题:请分析本案法院应当如何处理,并说明理由。

答案参考:甲公司要求张三赔偿损失5000元符合起诉条件,法院应当受理;对于甲公司要求张三向李四赔礼道歉的诉讼请求法院应当不予受理,因为甲公司并非张三与李四纠纷的适格原告,不符合起诉条件;对于张三反诉甲公司支付工资的诉讼请求法院应当不予受理,因为劳动纠纷仲裁前置,未经仲裁直接起诉至法院的,法院不予受理。

【案例2】甲公司的司机李某开车将张某撞伤,张某起诉李某要求赔偿医疗费等共计3万元。

问题:法院应当如何处理?

答案参考:法院应当依法受理,经过实体审理后判决驳回张某的诉讼请求。理由:根据《民法典》的规定,工作人员执行工作任务致人损害的,应当由用人单位作为当事人,所以本案李某不是适格被告;同时根据《民事诉讼法》的规定,起诉条件仅要求被告明确即可,所以本案张某以李某为被告,符合起诉条件,法院应当依法受理;由于李某不是适格被告,不应当承担赔偿责任,所以法院应当判决驳回张某的诉讼请求。

【案例3】张某起诉李某侵权,法院受理案件后,向李某送达起诉状副本时发现李某已于张某起诉前死亡。

问题:法院应当如何处理?

答案参考:法院应当驳回起诉。本案被告李某已于张某起诉前死亡,本案没有明确被告,不符合起诉条件;因法院已经受理案件,所以应当裁定驳回起诉。

【案例4】张三起诉李四要求归还借款20万元,法院受理前发现该笔借款已过诉讼时效。

问题:法院应当如何处理?

答案参考:法院应当依法受理,进行实体审理,被告主张时效抗辩,且查明无中止、中断事由的,判决驳回原告诉讼请求。虽然借款已过诉讼时效,但由于该案件符合起诉条件,所以法院应当依法受理,受理后,被告主张时效抗辩,且查明无中止、中断事由的,原告的诉讼请求在实体上不能得到支持,法院应当判决驳回诉讼请求。

【案例5】甲公司诉乙公司货款纠纷一案,某区法院作出一审判决后发现其依职权适用诉讼时效规则是错误的。

问题:应当如何处理?

答案参考:本案中法院适用诉讼时效规则错误属于适用法律错误,因此只能视上诉期满前当事人是否上诉予以决定,如果上诉期满前当事人上诉,一审法院应将一审判决有错的情形报二审法院,由二审法院通过二审程序予以纠正;如果上诉期满当事人未上诉,则启动审判监督程序予以纠正。

二、调解

原则	自愿、合法	
范围	积极	1. 对于有可能通过调解解决的民事案件,应当调解。 2. 对于离婚案件,应当先行调解。 3. 对于简易程序审理的下列案件应当先行调解:(1)婚姻家庭纠纷和继承纠纷;(2)劳务合同纠纷;(3)交通事故和工伤事故引起的权利义务关系较为明确的损害赔偿纠纷;(4)宅基地和相邻关系纠纷;(5)合伙合同纠纷;(6)诉讼标的额较小的纠纷
	消极	1. 适用特别程序、督促程序、公示催告程序的案件,不适用调解。 2. 婚姻等身份关系确认案件以及其他依案件性质不能调解的民事案件,不适用调解

续表

阶段	一审、二审、再审程序可以调解，执行程序不能调解
调解不公开	1. 人民法院审理民事案件，调解过程不公开，但当事人同意公开的除外。 2. 调解协议内容不公开，但为保护国家利益、社会公共利益、他人合法权益，人民法院认为确有必要公开的除外
调解协议	1. 调解协议内容超出诉讼请求的，人民法院可以准许。 2. 双方可以就不履行调解协议约定民事责任。 3. 调解协议具有下列情形之一的，不予确认：(1)侵害国家利益、社会公共利益；(2)侵害案外人利益；(3)违背当事人真实意思；(4)违反法律、行政法规禁止性规定。 4. 调解协议约定一方不履行协议，另一方可请求法院作出裁判的条款，不予准许
调解书的制作与生效	调解达成协议后，原则上应当制作调解书，经当事人签收后生效，当事人拒不签收调解书的，调解书不生效，法院应当及时判决
	可以不制作调解书的案件有以下几种： 1. 调解和好的离婚案件； 2. 调解维持收养关系的案件； 3. 能够即时履行的案件； 4. 其他不需要制作调解书的案件。 【总结】 一审达成调解协议原则上应当制作调解书，但存在可以不制作调解书的情形；二审、再审中达成调解协议的应当制作调解书
	结案方式： 根据可以不制作调解书的情形，当事人各方同意在调解协议上签名或者盖章后即发生法律效力的，经人民法院审查确认后，应当记入笔录或者将调解协议附卷，并由当事人、审判人员、书记员签名或者盖章后即具有法律效力；当事人请求制作调解书的，人民法院审查确认后可以制作调解书送交当事人。当事人拒收调解书的，不影响调解协议的效力
	需要注意的问题： 1. 当事人达成和解协议或经调解达成调解协议后请求法院据此制作判决书的，不予支持。但如下两种情形例外： (1)无民事行为能力人的离婚案件，法定代理人与对方达成协议要求发给判决书的，可根据协议内容制作判决书； (2)涉外民事诉讼中，经调解双方达成协议，应当制发调解书。当事人要求发给判决书的，可以依协议的内容制作判决书送达当事人。 2. 关于担保：调解协议约定一方提供担保或者案外人愿意提供担保的，应当准许；调解书应当列明担保人，担保人拒不签收调解书不影响调解书生效；担保符合《民法典》规定的条件时生效。 3. 关于无独三： (1)需要确定无独三承担义务的，应当经无独三同意，调解书应送达无独三，其拒不签收调解书的，调解书不生效，法院及时判决； (2)既不享有权利又不承担义务的无独三不签收调解书的不影响调解书生效
和解	诉讼中当事人可以自行达成和解协议，达成和解协议后，可以通过如下方式结案：(1)请求依据和解协议制作调解书——对方当事人不履行，可以强制执行；(2)申请撤诉——撤诉后视为从未起诉，当事人可以再次起诉

主观题小案例

【案例】张三起诉李四侵权，要求李四赔偿医疗费、误工费共计3.2万元，甲区法院受理该案后，组织双方当事人进行调解，达成调解协议。

问题：(1)李四于调解协议生效之日起30日内向张三支付医疗费、误工费和精神抚慰金共计3万元；(2)李四逾期支付上述费用应当按日计算3‰的违约金；(3)一方违反该协议内容，另一方当事人可以向甲区人民法院提起诉讼。请评价本案调解协议的效力，并说明理由。

答案参考：(1)调解协议第1项约定的精神抚慰金有效，根据司法解释的规定，调解协议内容超出原告诉讼请求的，法院可以准许；(2)调解协议第2项约定的违约金有效，根据司法解释的规定，调解协议可以就不履行调解协议约定民事责任；(3)调解协议第3项约定可以向法院提起诉讼的条款无效，根据司法解释的规定，调解协议约定一方不履行协议，另一方有权请求法院作出裁判的条款，人民法院不予准许。

三、撤诉与缺席判决(☆☆)

撤诉与按撤诉处理	主体：原告(注意是“诉”的原告)，包括有独三和反诉原告
	决定权：由法院裁定
	按撤诉处理：拒不到庭、未经许可中途退庭、不预交受理费。 【注意】原告是无民事行为能力人，其法定代理人经传票传唤无正当理由拒不到庭，或者未经许可中途退庭，可以按撤诉处理
	后果： (1)诉讼程序终结； (2)诉讼时效重新开始计算； (3)原告仍可起诉(离婚6个月内的除外)
缺席判决	对象：非必须到庭的被告、无独三、反诉被告、申请撤诉未获批准的原告
	条件：经传票传唤，无正当理由拒不到庭或者未经许可中途退庭。 【注意】 1. 被告是无民事行为能力人，其法定代理人经传票传唤无正当理由拒不到庭，或者未经许可中途退庭，可以缺席判决。 2. 无民事行为能力人的离婚案件中，无论是原告方的法定代理人还是被告方的法定代理人不到庭的，均缺席判决

主观题小案例

【案例1】齐某起诉宋某要求返还借款8万元，法院适用普通程序审理并向双方当事人送达开庭传票，因被告宋某不在家，宋某的妻子代其签收了传票。开庭时，被告宋某未到庭。经查，宋某已离家出走，下落不明。

问题：法院应当如何处理？

答案参考：本案法院应当依法缺席判决。根据《民事诉讼法》，直接送达可以直接将文书交给受送达人签收，也可将文书交给与之同住的成年家属代为签收，因此宋某妻子代为签收传票的行为是有效的;根据《民事诉讼法》的规定,被告经传票传唤没有正当理由拒不到庭的,可以缺席判决。

【案例2】齐某承租了陈某的房屋,张某路过该楼房时被楼上掉下的窗户玻璃砸伤,张某起诉陈某和齐某赔偿,法院受理后,向张某送达了开庭传票,并将陈某的开庭传票一并交给齐某,要求齐某向陈某转交。开庭时,陈某未到庭,齐某陈述在开庭8日前已经将传票交给了陈某,法院遂作出了缺席判决。

问题:请评价法院的做法。

答案参考:法院通过齐某向陈某转交开庭传票这一送达方式错误;法院未通过合法方式向陈某送达开庭传票即对陈某缺席判决的做法是错误的。

四、延期审理、诉讼中止、诉讼终结(☆)

延期审理	文书:决定
	1. 必须到庭的当事人和其他诉讼参与人有正当理由没有到庭的。 2. 当事人临时提出回避申请的。 3. 需要通知新的证人到庭,调取新的证据,重新鉴定、勘验或需要补充调查的。 4. 其他
	【总结】 延期审理的本质:诉讼出现障碍致使庭审无法继续进行,需要推迟开庭或者择日开庭(换个时间再开庭)
诉讼中止	文书:裁定
	1. 一方当事人死亡,需要等待继承人表明是否参加诉讼的。 2. 一方当事人丧失诉讼行为能力,尚未确定法定代理人的。 3. 作为一方当事人的法人或者其他组织终止,尚未确定权利义务承受人的。 4. 一方当事人因不可抗拒的事由,不能参加诉讼的。 5. 本案必须以另一案的审理结果为依据,而另一案尚未审结的。 6. 其他应当中止诉讼的情形
	【总结】 诉讼中止的本质:发生障碍后导致诉讼是否需要继续、谁来继续、如何继续等处于一种不确定的状态,需要等障碍消除后方可确定诉讼是否需要继续、谁来继续、如何继续(诉讼何去何从,法官没办法确定)
诉讼终结	文书:裁定
	1. 原告死亡,没有继承人或者继承人放弃诉讼权利的。 2. 被告死亡,没有遗产也没有义务继承人的。 3. 离婚案件一方当事人死亡的。 4. 追索赡养费、扶养费、抚养费以及解除收养关系案件的一方当事人死亡的
	【总结】 诉讼终结的情形均为一方当事人死亡后要么不需要继承(没有继承人、继承人放弃权利、没有遗产也没有义务继承人),要么无法继承(身份关系)

主观题小案例

【案例1】张某将一条价值10万元的项链寄存在银行保险柜中,后该项链丢失,张某起诉银行,在诉讼过程中,银行的出纳员李某因为盗窃该项链被公安机关刑事拘留,进入刑事诉讼程序,法院裁定诉讼中止。

问题:请分析法院的做法是否正确。

答案参考:法院的做法错误。因为不论是不是李某盗窃了该项链,基于合同的相对性,银行都需要对张某进行赔偿。本案的处理并非以刑事诉讼的结果为依据,因此不能中止诉讼,民事诉讼应当继续进行。

【案例2】张三起诉李四借款合同纠纷,法院受理案件后,李四因为涉嫌盗窃罪被公安机关刑事拘留。

问题:本案借款合同纠纷应当如何处理?

答案参考:继续审理。本案是借款合同纠纷,另一案是李四涉嫌盗窃罪,本民事案件的审理与另一刑事案件的处理结果没有关联关系,所以本案应当继续审理。

【案例3】张三死后,其三个儿子张甲、张乙、张丙因为遗产继承纠纷诉至法院,诉讼过程中,张丙因为涉嫌杀害邻居李四,被公安机关刑事拘留。

问题:该遗产继承纠纷如何处理?

答案参考:诉讼继续进行。因为遗产继承纠纷和张丙杀害邻居李四的刑事诉讼结果无关,不需要中止诉讼。

【案例4】张三死后,其三个儿子张甲、张乙、张丙因为遗产继承纠纷诉至法院,诉讼过程中,张丙因为涉嫌杀害张三,被公安机关刑事拘留。

问题:该遗产继承纠纷如何处理?

答案参考:诉讼中止。因为杀害被继承人是丧失继承权的法定理由,所以遗产继承纠纷的正确处理需要以张丙涉嫌杀害张三的刑事诉讼结果为依据,而该案尚未审结,法院应当裁定诉讼中止。

【案例5】张三起诉妻子李四离婚,一审法院判决解除婚姻关系,张三对其中的财产分割问题不服,提起诉讼,在二审中,张三遇车祸死亡,关于本案。

问题:(1)本案应当如何处理?为什么?(2)李四是否有权参与对张三的遗产分割?为什么?

答案参考:(1)本案应当诉讼终结。根据《民事诉讼法》的规定,离婚诉讼一方当事人死亡的,诉讼终结。(2)李四有权参与对张三的遗产分割。虽然一审判决解除婚姻关系,但由于张三上诉,一审判决尚未生效,婚姻关系尚未解除,此时张三死亡,妻子李四有权参与遗产分割。

第八讲　二审程序

一、上诉(☆☆☆)

上诉的提起	
主体	本案当事人:原告、被告、有独三、判决承担义务的无独三。 【注意】 1. 无独三能否上诉需要考虑是否承担义务,承担义务的无独三有权上诉,不承担义务的无独三无权上诉。 2. 委托代理人需要特别授权才能代为提起上诉
对象	积极:一审判决和三类裁定(不予受理、驳回起诉、管辖权异议)
	【总结】 一审终审的情形: 1. 最高人民法院的一审判决、裁定; 2. 调解书一审终审,不能上诉; 3. 一般的裁定书(除不予受理、驳回起诉、管辖权异议)一审终审,不得上诉; 4. 特别程序、督促程序、公示催告程序一审终审,且不得申请再审; 5. 小额诉讼程序所作的判决、裁定(包括实体判决、驳回起诉和管辖权异议裁定)一审终审
上诉期	1. 上诉状应当通过原审人民法院提出,并按照对方当事人或者代表人的人数提出副本。当事人直接向第二审人民法院上诉的,第二审人民法院应当在5日内将上诉状移交原审人民法院。 2. 原审人民法院收到上诉状,应当在5日内将上诉状副本送达对方当事人,对方当事人在收到之日起15日内提出答辩状。人民法院应当在收到答辩状之日起5日内将副本送达上诉人。对方当事人不提出答辩状的,不影响人民法院审理。 总结:判决15天,裁定10天;自送达之日起计算
形式	书面上诉状,口头上诉无效
二审当事人诉讼地位	1. 原则:谁上诉谁是上诉人;对谁提,谁是被上诉人;都上诉,都是上诉人,没有被上诉人。 2. 必要共同诉讼中上诉人、被上诉人的确定:上诉人的上诉请求是对一审判决中谁的权利义务关系不满就将谁列为被上诉人,上诉请求不涉及的当事人按照原审地位列明

主观题小案例

【案例1】甲、乙、丙三人共同致丁身体损害,丁起诉三人要求赔偿3万元。一审法院经审理判决甲、乙、丙分别赔偿2万元、8000元和2000元,三人承担连带责任。甲认为丙赔偿2000元的数额过低,提起上诉。

问题:本案二审中当事人诉讼地位应当如何确定?

答案参考:甲上诉,甲为上诉人。一审判决是甲、乙、丙分别赔偿丁2万元、8000元、2000元,甲的上诉请求是认为丙的赔偿数额过低,假设二审法院按照甲的上诉请求改判,势必会增加丙的赔偿数额,增加丙的义务,丙会受到损失,所以丙为被上诉人。但是改判后并不会使乙和丁受到损失,所以乙和丁按照原审地位列明,乙为原审被告,丁为原审原告。

【案例2】甲在某报发表文章对乙和丙的名誉进行了毁损。乙和丙以甲及报社共同侵害了他们的名誉权为由提起诉讼,要求甲及报社赔偿精神损失并公开赔礼道歉。一审判决甲向乙和丙赔偿1万元,报社赔偿3万元,并责令甲及报社在该报上书面道歉。报社提起上诉,请求二审法院改判甲和自己各承担2万元,以甲的名义在该报上书面道歉。

问题:本案二审中当事人诉讼地位应当如何确定?

答案参考:报社上诉,报社是上诉人。一审判决是甲向乙、丙赔偿1万元,报社向乙、丙赔偿3万元;甲向乙、丙道歉,报社向乙、丙道歉。报社有两个上诉请求:一是请求改判甲和自己各赔偿2万元,二是请求改判甲向乙、丙道歉。假设第一个上诉请求成立,一审判决中甲要赔偿1万元,二审改判后,甲要赔偿2万元,甲的义务加重,甲会受到损失;而一审中乙、丙共计得到4万元的赔偿,改判后仍然会得到4万元赔偿,因此该上诉请求与乙、丙无关。假设第二个上诉请求成立,甲在一审判决中需要赔礼道歉,二审改判后仍然要赔礼道歉,故该上诉请求与甲无关;在一审判决中乙、丙能得到甲和报社的道歉,二审改判后乙、丙只能得到甲的道歉而不再会得到报社的道歉,所以该上诉请求会使乙、丙受到损失。综上所述,假设报社的两项上诉请求均成立,则相对于一审判决而言,甲、乙、丙均会受到损失,均列为被上诉人。

【案例3】甲对乙享有10万元到期债权,乙无力清偿,且怠于行使对丙的15万元债权,甲遂对丙提起代位权诉讼,法院依法追加乙为第三人。一审判决甲胜诉,丙应向甲给付10万元。乙、丙均提起上诉,乙请求法院判令丙向其支付剩余5万元,丙请求法院判令甲对乙的债权不成立。

问题:本案二审当事人诉讼地位如何确定?

答案参考:本题甲是原告,丙是被告,乙是无独三(法院追加乙参加诉讼,所以乙是无独三,因为有独三只能以起诉的方式参加诉讼,法院不能追加)。一审判决丙向甲支付10万元,无独三乙不承担责任,其没有上诉权,所以乙的上诉无效,乙不能成为上诉人。丙上诉,丙为上诉人。一审判决丙向甲支付10万元,丙的上诉请求是改判甲对乙的债权不成立。假设丙的上诉请求成立,二审法院改判甲对乙的债权不成立,那么相对于一审判决而言,甲的债权就丧失了,甲会受到损失,甲为被上诉人。该改判使得乙的债务消灭,债务消灭对乙是有利的,乙不会受到损失,乙不是被上诉人,按照原审地位列明。综上,本案中丙是上诉人,甲是被上诉人,乙是原审无独三。

二、二审程序

审判组织	由审判员组成合议庭审理(必须合议制,人民陪审员不能参加)
审理范围	1. 第二审人民法院应当围绕当事人的上诉请求进行审理。 2. 当事人没有提出请求的,不予审理(尊重当事人的处分权);但一审判决违反法律禁止性规定,或者损害国家利益、社会公共利益、他人合法权益的,二审法院应当依法改判
审理形式	1. 原则:开庭审理。 2. 例外:经过阅卷、调查和询问当事人,对没有提出新的事实、证据或者理由,合议庭认为不需要开庭的,可以径行判决、裁定

主观题小案例

【案例1】朱某诉力胜公司商品房买卖合同纠纷案,朱某要求判令被告支付违约金5万元,因房屋质量问题,请求被告修缮,费用由被告支付。一审法院判决被告败诉,认可了原告全部诉讼请求。力胜公司不服令其支付5万元违约金的判决,提起上诉。二审法院经过审理认为一审判决力胜公司赔偿违约金认定事实清楚,适用法律正确,但一审法院关于房屋有质量问题的事实认定错误。

问题:本案二审法院应当如何处理?

答案参考:本案二审法院应当判决驳回上诉,维持原判。根据司法解释,二审应当围绕当事人的上诉请求进行审理。当事人没有提出请求的,不予审理,但一审判决违反法律禁止性规定,或者损害国家利益、社会公共利益、他人合法权益的除外。本案二审应当围绕力胜公司关于违约金的上诉请求进行审理,而该上诉请求不能成立;虽然一审判决关于房屋质量问题认定事实错误,但上诉人并未对此提出上诉,同时该内容也并未违反法律禁止性规定,并未损害国家、社会、第三人利益,所以二审法院不予改判。

【案例2】甲公司起诉乙公司要求支付房屋装修款50万元,一审法院判决支持了甲公司的全部诉讼请求。乙公司不服一审判决,提出上诉,在二审中乙公司变更诉讼请求,主张甲公司的房屋装修不符合约定的质量标准,要求甲公司赔偿损失20万元。

问题:二审法院应当如何处理?

答案参考:对于乙公司的请求,二审法院可以组织当事人调解,调解不成告知乙公司另行起诉,但当事人同意由二审法院一并审理的除外。

【案例3】张三和李四合伙开了个火锅店,后来因为经营理念不合产生诸多矛盾,张三唆使赵家兄弟赵甲、赵乙将李四打伤,李四起诉赵甲、赵乙要求赔偿医疗费6万元和误工损失1万元,一审法院判决赵甲、赵乙连带赔偿医疗费6万元。赵甲、赵乙不服一审判决,提起上诉。在二审中赵甲、赵乙承认是受到张三唆使,李四遂要求追加张三参加诉讼,坚持要求赔偿医疗费6万元和误工损失1万元,并要求法院判决退伙析产。

问题:请分析本案二审法院应当如何处理?

答案参考:(1)对于一审遗漏的误工损失这一诉讼请求,二审法院可以调解,调解不成撤销原判,发回重审;(2)对于一审遗漏了共同被告张三,二审法院可以追加张三进行调解,调解不成撤销原判,发回重审;(3)对于二审中李四新增的退伙析产这一诉讼请求,二审法院可以调解,调解不成告知当事人另行起诉,但当事人同意由二审法院一并审理的除外。

【案例4】齐某、张某是夫妻,因感情破裂诉至法院离婚,提出解除婚姻关系、子女抚养、住房分割等诉讼请求。一审判决准予离婚并对子女抚养问题作出判决。齐某不同意离婚,遂提出上诉。二审中,张某增加诉讼请求,要求分割诉讼期间,齐某继承其父的遗产。

问题:请分析本案二审法院应当如何处理?

答案参考:(1)对于遗漏的住房分割这一诉讼请求,二审法院可以调解;调解不成撤销原判,发回重审。(2)对于二审新增的诉讼请求,二审法院可以调解,调解不成,告知当事人另行起诉;当事人同意由二审法院一并审理的,二审法院可以一并裁判。

三、二审的裁判(☆☆)

<table>
<tr><th>项目</th><th>内容</th></tr>
<tr><td rowspan="2">裁判</td><td>1. 原判决、裁定认定事实清楚,适用法律正确——用判决、裁定方式驳回上诉,维持原判决、裁定。
2. 原判决、裁定认定事实或者适用法律错误——用判决、裁定方式改判、撤销、变更。
3. 原判决认定基本事实不清——可以裁定撤销原判,发回重审;也可以查清事实后依法改判。
4. 原判决严重违反法定程序(遗漏当事人或者违法缺席判决等)——撤销原判,发回重审</td></tr>
<tr><td>【注意】
1. 发回重审,原审法院适用一审程序审理,判决为一审判决,当事人可以上诉。
2. 原审法院对发回重审的案件作出判决后,当事人上诉的,二审法院不得再次发回重审。
3. 发回重审的案件应当组成合议庭审理,不得适用独任制</td></tr>
<tr><td rowspan="2">调解</td><td>二审中可以调解,调解达成协议,应当制作调解书,调解书送达后,原判决视为撤销</td></tr>
<tr><td>【提示】二审调解书具有当然视为撤销原判决的效力</td></tr>
<tr><td rowspan="2">撤回起诉</td><td>在第二审程序中,原审原告申请撤回起诉,经其他当事人同意,且不损害国家利益、社会公共利益、他人合法权益的,人民法院可以准许。准许撤诉的,应当一并裁定撤销一审裁判</td></tr>
<tr><td>【提示】原审原告在第二审程序中撤回起诉后重复起诉的,人民法院不予受理</td></tr>
<tr><td>撤回上诉</td><td>1. 二审判决宣告前,当事人可以申请撤回上诉,是否准许由二审法院裁定。
2. 自二审法院作出准许撤回上诉裁定起,一审判决生效</td></tr>
<tr><td colspan="2">【总结】
1. 在一审、二审、再审中均能撤回起诉,但是一审中撤回起诉后案件尚未得到实体处理,可以再次起诉;而二审、再审中撤回起诉后,原告不能再次起诉。
2. 二审中既可以撤回起诉也可以撤回上诉,但是法律效果不同:(1)撤回起诉(撤诉)指的是撤回一审的起诉,是原告处分自己的起诉权,法院裁定准许撤回起诉时应当一并裁定撤销原判,即案件并未经过法院实体处理,但二审撤回起诉后不能再次起诉;(2)撤回上诉则是上诉人将上诉予以撤回,是上诉人处分自己的上诉权,法院裁定准许撤回上诉后,一审判决生效</td></tr>
</table>

<table>
<tr><th>情形</th><th colspan="2">结果</th></tr>
<tr><td>当事人在一审中已提出的诉讼请求,原审人民法院未作审理、判决的</td><td colspan="2">调解不成,发回重审</td></tr>
<tr><td>必须参加诉讼的当事人或者有独三在一审中没有参加诉讼的</td><td colspan="2">调解不成,发回重审</td></tr>
<tr><td>一审判决不准离婚,二审法院认为应当判决离婚的,对财产分割和子女抚养问题</td><td>调解不成,发回重审</td><td rowspan="2">此两种情形中,如果当事人同意由二审法院一并审理,可以由二审法院一并裁判</td></tr>
<tr><td>原审原告新增独立的诉讼请求或者原审被告提出反诉的</td><td>调解不成,告知另诉</td></tr>
</table>

主观题小案例

【案例 1】原告张三起诉被告李四要求赔偿医疗费 3.5 万元，主张李四开车撞倒自己，被告李四否认该事实。双方向法庭出示了相关证据，一审法院认为现有证据不足以认定被告李四撞倒张三，但就算李四并未撞倒张三，由于李四的车车型大，车速快，完全有可能吓倒张三，同时张三横穿马路，对事故也负有一定责任，故判决被告李四对张三的损失承担 60% 的赔偿责任，判决李四赔偿张三医疗费 2.1 万元。张三对该判决不服，提起上诉，二审法院经过审理后，认为根据现有证据足以认定李四撞倒张三，但是一审法院对事故责任的认定符合法律规定，故判决驳回上诉，维持原判决。

问题：请评价本案二审法院的做法。

答案参考：本案二审法院认定的事实与一审法院认定的事实不一致，属于一审判决认定事实错误，二审法院应当依法改判，而不能驳回上诉，维持原判。

【案例 2】张三起诉李四要求解除合同，一审判决解除合同，李四不服，提起上诉。

问题：(1)在二审中，张三是否可以撤回起诉？效果如何？

(2)在二审中，李四是否可以撤回上诉？效果如何？

答案参考：

(1)在二审中，张三可以撤回起诉，法院裁定准许撤回起诉时应当一并裁定撤销原判决。撤回起诉视为未起诉，合同未解除，案件并未得到法院实体处理，当事人之间的纠纷可以通过别的途径解决，如当事人双方协商解决、人民调解、仲裁等，但不得再次起诉。

(2)在二审中，李四可以撤回上诉，法院裁定准许撤回上诉时，一审判决生效。一审判决解除合同，根据生效的一审判决，合同已经解除，案件已经经过生效的一审判决实体解决，所以不能再次起诉。

第九讲 特别程序

特别程序范围	人民法院审理选民资格案件、宣告失踪或者宣告死亡案件、指定遗产管理人案件、认定公民无民事行为能力或者限制民事行为能力案件、认定财产无主案件、确认调解协议案件和实现担保物权案件
特点	1. 审级：一审终审。 2. 审判组织：独任审理。但对于选民资格案件、重大疑难的案件、担保财产标的额超过基层人民法院管辖范围的实现担保物权的案件，由审判员组成合议庭审理。 3. 当事人：除选民资格案件外，其他案件都没有对立的双方当事人，而只有一方当事人；启动程序的当事人，不一定与本案有直接利害关系。 4. 审理期限：应当在立案之日起 30 日内或者公告期满后 30 日内审结（公告期不计入审理期限）。有特殊情况需要延长的，由本院院长批准。但审理选民资格的案件必须在选举日前审结。 5. 管辖：由基层或中级（确认调解协议案件、实现担保物权案件可由中院）人民法院管辖。 6. 文书：确认调解协议和实现担保物权案件用裁定，其他均为判决。 7. 救济：异议，不能上诉和再审。当事人、利害关系人向原审法院提出异议，由原审法院按特别程序的规定，撤销原判决，作出新判决；或就原民事纠纷向法院起诉

续表

选民资格案件	1. 申诉处理前置。 2. 起诉人:在选举日的5日以前起诉,并且对起诉人无限制。 3. 审理中的参与人特殊:起诉人、有关公民以及选举委员会的代表应参加案件的审理。 4. 选举日前由选区所在地基层法院审结
实现担保物权案件	1. 申请人:担保物权人以及其他有权请求实现担保物权的人(抵押人、出质人、财产留置人、财产所有权人、其他有权人)。 2. 管辖法院:担保财产所在地或者担保物权登记地基层人民法院。 特殊情形: (1)实现票据、仓单、提单等有权利凭证的权利质权案件,可以由权利凭证持有人住所地人民法院管辖;无权利凭证的权利质权,由出质登记地人民法院管辖。 (2)实现担保物权案件属于海事法院等专门人民法院管辖的,由专门人民法院管辖。 3. 多个担保同时存在的处理: (1)既有物的担保又有人的担保,当事人对实现担保物权的顺序有约定,实现担保物权的申请违反该约定的,人民法院裁定不予受理(有约定从约定);没有约定或者约定不明的,人民法院应当受理。 (2)同一财产上设立多个担保物权,登记在先的担保物权尚未实现的,不影响后顺位的担保物权人向人民法院申请实现担保物权。 4. 审理组织:由审判员一人独任审查。担保财产标的额超过基层人民法院管辖范围的,应当组成合议庭进行审查。 5. 处理: (1)符合法律规定: ①裁定拍卖、变卖担保财产; ②当事人可以向人民法院申请执行该裁定。 (2)不符合法律规定: ①裁定驳回申请; ②当事人可以向人民法院提起诉讼。 6. 程序错误的救济:提出异议。 (1)对人民法院作出的确认调解协议、准许实现担保物权的裁定,当事人有异议的,应当自收到裁定之日起15日内提出;利害关系人有异议的,自知道或者应当知道其民事权益受到侵害之日起6个月内提出。 (2)异议成立或者部分成立的,作出新的判决、裁定撤销或者改变原判决、裁定;异议不成立的,裁定驳回
指定遗产管理人案件(《民事诉讼法》第194~197条)	1. 对遗产管理人的确定有争议,利害关系人申请指定遗产管理人的,向被继承人死亡时住所地或者主要遗产所在地基层人民法院提出。 申请书应当写明被继承人死亡的时间、申请事由和具体请求,并附有被继承人死亡的相关证据。 2. 人民法院受理申请后,应当审查核实,并按照有利于遗产管理的原则,判决指定遗产管理人。 3. 被指定的遗产管理人死亡、终止、丧失民事行为能力或者存在其他无法继续履行遗产管理职责情形的,人民法院可以根据利害关系人或者本人的申请另行指定遗产管理人。 4. 遗产管理人违反遗产管理职责,严重侵害继承人、受遗赠人或者债权人合法权益的,人民法院可以根据利害关系人的申请,撤销其遗产管理人资格,并依法指定新的遗产管理人

第十讲　审判监督程序

一、适用于再审的文书

再审的对象:已经生效的判决、裁定、调解书	
判决	例外: 1. 特别程序、督促程序、公示催告程序、破产程序不适用再审。 2. 对解除婚姻关系的判决、调解书,不得申请再审。 【注意】当事人就离婚案件中的财产分割问题可以申请再审:(1)如果涉及判决中已经分割的财产,审查符合再审条件的立案再审;(2)如果涉及判决中未作处理的夫妻共同财产,告知当事人另行起诉
	【总结】 1. 对解除婚姻关系的判决、调解书不能申请再审。 2. 对婚姻无效、撤销或者解除婚姻关系的判决、裁定、调解书中涉及身份关系的内容不得提起第三人撤销之诉
裁定	不予受理和驳回起诉的裁定可以再审
调解书	符合法定情形可以再审: 1. 法院启动再审——调解书确有错误。 2. 当事人申请再审——调解书违背自愿或者合法原则。 3. 检察院抗诉或者提出检察建议——调解书损害国家、社会公共利益

二、法院启动再审

法院启动再审	1. 各级法院院长认为本院已生效的判决、裁定和调解书确有错误,需要再审的,应当提交审判委员会讨论决定。 2. 最高人民法院对地方各级法院,上级法院对下级法院已经生效的判决、裁定、调解书认为确有错误的,有权启动再审

三、检察院启动再审(☆☆)

检察院启动再审	方式:抗诉和检察建议
	启动程序: 1. 最高人民检察院对各级法院,上级检察院对下级法院已经生效的判决、裁定,发现有法定情形或者发现调解书损害国家和社会公共利益的,应当提出抗诉。 2. 地方各级检察院发现同级法院生效的判决、裁定,有法定情形之一,或者调解书损害国家和社会公共利益的,可以向同级法院提出检察建议,并报上级检察院备案,或者提请上级检察院向同级法院提出抗诉。 【总结】 上抗下,抗诉书同级提;检察建议同级提,但报上级检备案

续表

检察院 启动再审	法定情形： 1. 有新证据，足以推翻原判决、裁定的。 2. 原判决、裁定认定的基本事实缺乏证据支持的。 3. 原判决、裁定认定事实的主要证据是伪造的。 4. 原判决、裁定认定事实的主要证据未经质证的。 5. 对审理案件需要的主要证据，当事人因客观原因不能自行收集，书面申请人民法院调查收集，人民法院未调查收集的。 6. 原判决、裁定适用法律错误的。 7. 审判组织的组成不合法或者应当回避的审判人员没有回避的。 8. 无诉讼行为能力人未经法定代理人代为诉讼或者应当参加诉讼的当事人，因不能归责于本人或者其诉讼代理人的事由，未参加诉讼的。 9. 违反法律规定，剥夺当事人辩论权利的。 10. 未经传票传唤，缺席判决的。 11. 原判决、裁定遗漏或者超出诉讼请求的。 12. 据以作出原判决、裁定的法律文书被撤销或者变更的。 13. 审判人员审理该案时有贪污受贿，徇私舞弊，枉法裁判行为的。 【注意】管辖错误不再是申请再审的法定理由
	抗诉的法律效果：接受抗诉的法院应当在 30 日内裁定再审，即抗诉必然启动再审

四、当事人申请再审

当事人 申请再审	法定情形： 同检察院抗诉的法定情形或者调解书违背自愿或合法原则的
	申请再审的法定期间： 1. 判决、裁定生效后 6 个月内（不变期间），不适用中止、中断、延长的规定。 2. 起算：原则上从判决、裁定生效之日起算。但有以下情形，从知道或者应当知道之日起算：(1)有新证据，足以推翻原判决、裁定的；(2)原判决、裁定认定事实的主要证据是伪造的；(3)据以作出原判决、裁定的法律文书被撤销或者变更的；(4)审判人员审理该案时有贪污受贿，徇私舞弊，枉法裁判行为的
	申请程序： 1. 原则上可以向上一级法院申请再审； 2. 两种情形（当事人一方人数众多，或双方都是公民的案件）当事人可以向上一级法院申请再审，也可以向原审法院申请再审。 【注意】一方当事人向上一级法院申请再审，另一方当事人向原审法院申请再审，无法协商一致的，由原审法院受理
	有下列情形之一的，当事人向法院申请再审，法院不予受理： 1. 再审申请被驳回后再次提出申请的。 2. 对再审判决、裁定提出申请的。 3. 在人民检察院对当事人的申请作出不予提出再审检察建议或者抗诉决定后又提出申请的
	申请的效力：申请再审不停止原判决、裁定的执行
	再审申请的审查和处理——法院自收到再审申请书之日起 3 个月内审查，有特殊情况的，由院长批准延长。 (1)符合法定情形裁定再审；(2)不符合法定情形裁定驳回申请

续表

<table>
<tr><td rowspan="2">当事人申请检察建议或抗诉</td><td>情形：
1. 法院驳回当事人再审申请的。
2. 法院逾期未对再审申请作出裁定的。
3. 再审判决、裁定有明显错误的</td></tr>
<tr><td>法律效果：
1. 检察院对该申请应当在 3 个月内进行审查，作出提出或者不予提出检察建议或抗诉的决定。
2. 当事人不得再次向检察院申请检察建议或抗诉</td></tr>
<tr><td colspan="2">【总结】
判决生效后，当事人总共有两次机会启动再审——判决生效后先向法院申请再审，对法院的处理不满意再向检察院申请检察建议或者抗诉，检察院的处理为终局处理。
1. 判决生效后，当事人首先应当向法院申请再审（基于断后性的要求，当事人不能直接向检察院申请检察建议或者抗诉）。
2. 当法院驳回再审申请、逾期未对再审申请作出裁定或者法院作出的再审判决、裁定仍然有明显错误的，当事人不得再次向法院申请再审，但可以向检察院申请检察建议或者抗诉。检察院作出不予提出检察建议或者抗诉的决定具有终局性</td></tr>
</table>

主观题小案例

【案例】张三诉李四侵权纠纷一案，广州市白云区人民法院受理后，张三申请法院调查收集一份在医院保管的病历材料，白云区人民法院未予准许，判决驳回了张三的诉讼请求。张三不服该判决，提出上诉，广州市中级人民法院二审驳回上诉维持原判。张三欲申请再审。

问题：

（1）张三可以向哪个（些）法院申请再审？为什么？

（2）张三申请再审的理由是什么？

（3）张三能否向检察院申请检察建议或抗诉？为什么？

答案参考：

（1）张三可以向广东省高级人民法院申请再审，也可以向广州市中级人民法院申请再审。根据《民事诉讼法》的规定，可以向上一级法院申请再审，但一方人数众多或者双方都是公民的案件，当事人可以选择向原审法院申请再审。本案的双方当事人都是公民，可以选择向原审广州市中级人民法院申请再审，也可以选择向上一级广东省高级人民法院申请再审。

（2）张三申请再审的理由为《民事诉讼法》第 211 条规定的"对审理案件需要的主要证据，当事人因客观原因不能自行收集，书面申请人民法院调查收集，人民法院未调查收集的"。

（3）张三不能向检察院申请检察建议或抗诉。根据《民事诉讼法》第 220 条的规定，只有在"（一）人民法院驳回再审申请的；（二）人民法院逾期未对再审申请作出裁定的；（三）再审判决、裁定有明显错误的"这三种情形下当事人才能向检察院申请检察建议或者抗诉。

五、再审的审理程序(☆☆☆☆☆)

法院决定再审的案件	1. 本院启动——本院再审。 2. 上级法院启动,该上级法院提审	
检察院抗诉的案件	1. 由接受抗诉的法院审理。 2. 符合《民事诉讼法》第 211 条第 1 项至第 5 项规定情形之一的(证据问题)可以交下一级法院审理,但是经该下一级法院再审的除外。 【提示】以上五种情形具体为: (1)有新证据,足以推翻原判决、裁定的; (2)原判决、裁定认定的基本事实缺乏证据支持的; (3)原判决、裁定认定事实的主要证据是伪造的; (4)原判决、裁定认定事实的主要证据未经质证的; (5)对审理案件需要的主要证据,当事人因客观原因不能自行收集,书面申请人民法院调查收集,人民法院未调查收集的	
当事人申请再审	1. 因当事人申请而裁定再审的案件由中级以上法院审理,但当事人依法选择向基层法院申请再审的除外。 2. 最高院、高院裁定再审的案件,由本院再审或者交由其他法院再审,也可以交由原审法院再审	
原审法院	向谁申请	重新审理
基层法院	中级法院	该中院(提审)
	*该基层法院	该基层法院
中级法院	高级法院	该高院、该中院(原审法院)或者其他中院
	*该中级法院	该中级法院
高级法院	最高人民法院	最高人民法院、该高院(原审法院)或者其他高院
	*该高院	该高院
【注意】*是指符合法定条件向原审法院申请再审的情形,即当事人一方人数众多或双方都是公民的情形		
中止执行	法院决定再审后,应当裁定中止原判决、裁定、调解书的执行;但是追索赡养费、扶养费、抚养费、抚恤金、医疗费用、劳动报酬等案件,可以不中止执行	
重组合议庭	人民法院审理再审案件,应当另行组成合议庭	
审理程序	1. 原生效裁判是由一审法院作出的,按一审程序审理,所作裁判可以上诉。 2. 原生效裁判是由二审法院作出的,按二审程序审理,所作裁判是生效裁判。 3. 上级法院提审的,按二审程序审理,所作裁判是生效裁判	
再审的范围	1. 审理范围不超过再审申请或者抗诉范围。 2. 当事人超出原审范围增加、变更诉讼请求的,不属于再审范围(再审范围有限原则)。 3. 涉及国家利益、社会公共利益,或者当事人在原审诉讼中已经依法要求增加、变更诉讼请求,原审未予审理,且客观上不能形成其他诉讼的除外	
	【提示】 在再审中不能增加、变更诉讼请求,不能提出反诉。 适用一审程序的再审、适用二审程序的再审以及再审中发回重审的,均属于再审程序,均不能增加、变更诉讼请求,不能提出反诉	

续表

<table>
<tr><td colspan="2">【总结】关于增加、变更诉讼请求的问题(包括反诉):
1. 增加、变更诉讼请求应当在一审法庭辩论终结前,二审中新增、变更诉讼请求,提出反诉的,二审法院可以组织调解、调解不成告知当事人另行起诉,但当事人同意二审法院一并审理,并作出判决的,二审法院可以一并审理,作出判决。
2. 二审发回重审的案件,在重审中可以增加、变更诉讼请求,可以提出反诉,重审本来就是适用一审程序重新审理,故对新增、变更的诉讼请求以及反诉一并审理即可;所以,在原审(包括一审、二审以及发回重审)中可以增加、变更诉讼请求,可以提出反诉。
3. 再审中适用再审范围有限原则,再审中增加、变更的诉讼请求不属于再审范围,再审法院不予审理,符合另行起诉条件的,告知当事人另行起诉</td></tr>
<tr><td>再审的结案</td><td>1. 裁判——按照审判监督程序决定再审或者提审的案件,由再审或者提审的法院在作出的新的判决、裁定中确定是否撤销、改变或者维持原判决、裁定。
(1)维持原判:法院经过重新审理,认为原判决、裁定正确的,应当维持原判。
(2)改判、撤销、变更:法院经过重新审理,认为原判决、裁定认定事实、适用法律错误的,应当依法改判、撤销、变更。
(3)发回重审(仅存在于适用二审程序的再审):①适用二审程序的再审中,如果发现原判认定基本事实不清,一般应当查清事实后改判,但如果原判未对案件基本事实予以审理,可以撤销原判,发回重审;②适用二审程序的再审中,经过审理,认为原一审、二审程序错误,可能影响公正审理的,应当裁定撤销原一审、二审判决,发回一审法院重审;③适用二审程序的再审中,经过审理,认为原一审、二审遗漏当事人的诉讼请求,遗漏必须参加诉讼的当事人的,可以调解,调解不成,撤销原一审、二审判决,发回一审法院重审。
(4)驳回起诉——适用二审程序的再审中,经过审理,认为案件不符合起诉条件或者属于不予受理的情形的,应当裁定撤销原一审、二审判决,驳回起诉。
2. 调解——达成调解协议的,应当制作调解书,调解书送达后,原判决、裁定视为撤销。
3. 撤回起诉——一审原告在再审审理程序中申请撤回起诉,经其他当事人同意,且不损害国家利益、社会公共利益、他人合法权益的,人民法院可以准许。裁定准许撤诉的,应当一并撤销原判决。
【注意】在再审中撤回起诉后重复起诉的,人民法院不予受理。
4. 终结再审程序——在法院审查再审申请期间,或在再审的审理期间,当事人已经达成和解协议,并且已经履行完毕的,法院应当裁定终结审查或者裁定终结再审程序,但当事人在和解协议中声明不放弃申请再审权利的除外</td></tr>
<tr><td colspan="2">【总结】一审、二审、再审的审理方式、调解、撤诉的区别:
1. 审理方式:一审必须开庭审理,二审原则上应当开庭审理,但二审法院经过阅卷、调查和询问当事人,没有新的事实、证据或理由提出,合议庭认为不需要开庭的可以不开庭审理。
2. 调解:一审、二审和再审程序(诉讼程序)都可以调解,但身份关系的确认案件除外,一审达成调解协议原则上应当制作调解书,但可以不制作;二审、再审达成调解协议应当制作调解书,调解书送达后,原判决视为撤销。
3. 撤诉:一审、二审、再审中都可以撤诉,但一审中撤诉后可以再次起诉,二审、再审中撤诉后不得再次起诉。
【提示】图解再审程序:
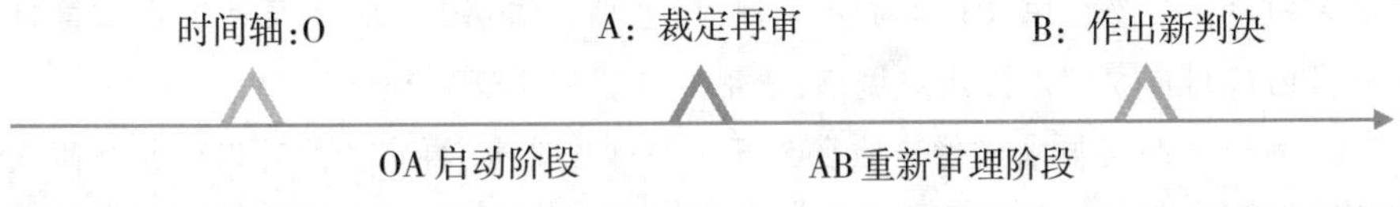

1. 线段 OB 表示整个再审程序,在 A 点法院裁定再审,在 B 点作出新判决。故 OA 段代表再审的启动阶段,AB 段代表再审的重新审理阶段。
2. 法院决定再审时应当裁定中止执行,故应当在 A 点裁定中止执行;法院在作出新判决时确定撤销、改变、维持原判决、裁定,故在 B 点才能撤销原判。
3. 综上,在作出新判决时才可能撤销原判,所以在整个再审阶段,原生效裁判依然有效。
进一步区分,在 OA 再审启动阶段,原生效裁判有效,并且要继续执行(当事人申请再审不停止执行);在 AB 再审重新审理阶段,原生效裁判有效,但应当中止执行(法院决定再审后应当裁定中止执行,三费医劳除外)</td></tr>
</table>

续表

关于小额诉讼的再审问题	当事人认为小额诉讼案件的判决、裁定符合再审情形而向原审法院申请再审的，人民法院应当受理。申请再审事由成立的，应当裁定再审，组成合议庭进行审理，所作出的再审判决、裁定，当事人不得上诉
	当事人以不应按小额诉讼案件审理为由向原审人民法院申请再审的，人民法院应当受理。理由成立的，应当裁定再审，组成合议庭审理，所作出的再审判决、裁定，当事人可以上诉
	【提示】 1. 管辖法院为原审法院。 2. 由于再审不能适用简易程序，故应当组成合议庭审理；由于原来是一审，所以应当适用一审程序重新审理，所作判决为一审判决。 3. 关于所作判决能否上诉的问题，需要分情形处理：(1)当事人对法院适用小额诉讼程序审理无异议，但以其判决存在法定情形为由申请再审的，再审所作判决仍然适用一审终审的规定；(2)当事人以案件不应适用小额诉讼程序为由申请再审的，再审所作判决不再适用一审终审规定，可以上诉

主观题小案例

【案例1】甲公司诉乙公司合同纠纷一案，甲公司要求乙公司支付货款20万元，并赔偿违约金5万元，广州市海珠区人民法院一审判决乙公司支付货款18万元。判决作出后双方当事人均未上诉，判决生效后，乙公司发现新证据，申请再审，在再审中乙公司主张甲公司交付的货物存在质量问题，要求判决驳回甲公司全部诉讼请求，并要求甲公司赔偿损失2万元。

问题：

(1)乙公司应当向哪个(些)法院申请再审？

(2)法院应当适用何种程序对本案进行重新审理？

(3)再审法院对于双方当事人的诉讼请求应当如何处理？

(4)乙公司认为再审判决仍有明显错误，应当如何处理？

答案参考：

(1)乙公司应当向广州中院申请再审。根据《民事诉讼法》的规定，当事人申请再审可以向上一级法院提出，但一方人数众多或者双方都是公民的案件，当事人可以选择向原审法院提出申请。本案不存在一方人数众多或者双方都是公民的情形，所以应当向上一级法院提出申请。

(2)法院应当适用二审程序对案件进行重新审理。根据《民事诉讼法》的规定，因当事人申请而裁定再审的案件应当由中级以上法院审理，但当事人依法选择向基层法院申请再审的除外。所以本案应当由广州市中级人民法院提审，适用二审程序重新审理。

(3)首先，对于甲公司要求赔偿违约金5万元的诉讼请求，再审法院可以组织当事人调解，调解不成的，撤销原判，发回重审。根据司法解释的规定，适用二审程序的再审程序中，发现一审法院遗漏了当事人诉讼请求的，再审法院可以组织当事人调解，调解不成撤销原判，发回重审。其次，对于乙公司要求甲公司赔偿损失的诉讼请求应当不予审理。根据再审范围有限原则，再审以原审范围为限，当事人超出原审范围增加、变更诉讼请求的不属于再审范围。

(4)乙公司可以向检察院申请检察建议或者抗诉。根据《民事诉讼法》的规定，有下列情形之一的，当事人可以向检察院申请检察建议或者抗诉：①法院驳回当事人的再审申请的；②法院逾期未对再审申请作出裁定的;③再审判决有明显错误的。本案中,乙公司认为再审判决有明显错误的,可以向检察院申请检察建议或者抗诉。

【案例2】张三起诉甲公司合同纠纷一案,广州市白云区法院适用小额诉讼程序审理后判决张三败诉。后来张三以本案标的额超过小额诉讼程序适用标准为由向白云区法院申请再审,白云区法院认为理由成立,裁定再审。

问题:试分析白云区法院的做法。

答案参考:张三申请再审的理由是:本案不应当适用小额诉讼程序审理。所以法院裁定再审后应当组成合议庭,适用一审程序审理,所作判决为一审判决。此时不再适用一审终审的规定,所作判决可以上诉。

【案例3】张三起诉甲公司合同纠纷一案,广州市白云区法院适用小额诉讼程序审理后判决张三败诉。后来张三发现新证据足以推翻原判决,向白云区法院申请再审,白云区法院认为理由成立,裁定再审。

问题:试分析白云区法院的做法。

答案参考:张三申请再审的理由是:发现足以推翻原判决的新证据。所以白云区法院裁定再审后应当组成合议庭,适用一审程序审理,所作判决为一审判决。此时依然符合一审终审的条件,所作判决不得上诉。

第十一讲 公益诉讼

起诉主体	法律规定的机关和有关组织。 1. 环保公益诉讼:依法在设区的市级以上人民政府民政部门登记,且专门从事环境保护公益活动连续5年以上且无违法记录的社会组织。 2. 消费公益诉讼:省级以上消费者保护协会
	1. 检察院在履行职责中发现破坏生态环境和资源保护、食品药品安全领域侵害众多消费者合法权益等损害社会公共利益的行为,在没有法律规定的机关和组织或者法律规定的机关和组织不提起诉讼的情况下,可以提起公益诉讼。 2. 法律规定的机关或者组织已经提起公益诉讼的,检察院可以支持起诉。 3. 法院受理公益诉讼案件,不影响同一侵权行为的受害人依法提起诉讼
起诉条件	1. 有明确的被告。 2. 有具体的诉讼请求。 3. 有社会公共利益受到损害的初步证据。 4. 属于人民法院受理民事诉讼的范围和受诉人民法院管辖。 【注意】相较于一般案件:减少了对原告适格的要求,增加了对公共利益受到损害的初步证据的要求
管辖	1. 侵权行为地或被告住所地中级人民法院管辖,但法律、司法解释另有规定的除外。 2. 因污染海洋环境提起的公益诉讼,由污染发生地、损害结果地或者采取预防污染措施地海事法院管辖。 3. 对同一侵权行为分别向两个以上法院提起公益诉讼的,由最先立案的人民法院管辖,必要时由它们的共同上级人民法院指定管辖
告知程序	法院受理公益诉讼案件后,应当在10日内书面告知相关行政主管部门

续表

其他机关、组织参诉	1. 法院受理公益诉讼案件后,其他依法可以提起公益诉讼的机关和组织,可以在开庭前向人民法院申请参加诉讼。法院准许的,列为共同原告。 2. 公益诉讼案件的裁判生效后,其他具有原告资格的机关和有关组织就同一侵权行为再次提起公益诉讼的,人民法院裁定不予受理,但法律、司法解释另有规定的除外
和解、调解	1. 对公益诉讼案件,当事人可以和解,人民法院可以调解。 2. 和解、调解协议应当公告不少于 30 日,公告期满经审查:(1)不违反社会公共利益的,应当出具调解书;(2)违反社会公共利益的,不予出具调解书,依法审理并作出裁判
	【提示】 1.《民诉解释》第 287 条规定环境公益诉讼中当事人达成和解、调解协议后只有一种结案方式,即由法院出具调解书结案,不允许原告撤诉而结案。 2. 公益诉讼中允许原告撤诉,但不允许因为当事人达成和解协议而撤回起诉。因为如果当事人达成和解协议后以撤诉方式结案,一来导致缺乏法院民事调解书的确认,该和解协议又没有强制执行效力,不利于对公共利益的维护;同时会导致原、被告私下交易而牺牲公共利益
不允许提出反诉	公益诉讼案件审理过程中,被告以反诉方式提出诉讼请求的,人民法院不予受理
检察机关提起公益诉讼	起诉条件:没有法律规定的机关和组织,或者法律规定的机关和组织没有提起公益诉讼(补充性)
	诉前公告:检察院拟提起公益诉讼的,应当公告 30 天。公告期满,法律规定的机关和有关组织不提起诉讼的,检察院可以向法院提起诉讼
	上诉和二审:检察院不服人民法院第一审判决、裁定的,可以向上一级法院提起上诉。二审中,由提起公益诉讼的检察院派员出庭,上一级检察院也可以派员参加

主观题小案例

【案例】安州市环保联合会、江北省绿色环境协会诉龙翔化工有限责任公司(以下简称龙翔公司)环境污染案。

诉讼请求:

(1)判令被告立即停止向安西运河违法排放工业废水;

(2)判令被告消除对环境造成的危险;

(3)判令被告赔偿治理安西运河污染的费用共计 1730 万元;

(4)判令被告承担本案诉讼费用。

事实和理由:

原告安州市环保联合会是 2013 年 4 月 10 日经安州市民政局批准设立,接受安州市环保局指导的非营利性社会组织;原告江北省绿色环境协会是 2016 年 9 月 10 日经江北省民政厅批准设立,接受江北省环保厅指导的非营利性社会组织。

被告龙翔公司(注册地为江北省湖州市)是一家以生产化工产品为主要经营范围的化工企业,自 2018 年 3 月以来一直以明显低于市场价格的费用将共计 1.8 万元的工业盐酸委托给没有危险废物处理资质的虎跃公司进行处理,虎跃公司在未经任何处理的情况下在江州市境内直接将这批工业废料偷排至安西运河,导致安西运河安州市流域严重污染。

起诉时间:2021 年 8 月 10 日

答辩请求:请求判令驳回被答辩人全部诉讼请求。

事实和理由：

(1)被答辩人江北省绿色环境协会不具有原告资格。(2)环境污染系虎跃公司违法排放所致，与答辩人无关。答辩人已经委托虎跃公司处理工业废料，与虎跃公司签订的《工业废料处理合同》中明确约定：虎跃公司应当依照国家相关规定和技术标准处理工业废料，否则由虎跃公司承担由此造成的一切法律责任。且虎跃公司因为污染环境罪已经被追究刑事责任。(3)根据环境检测，造成运河污染的主要污染物为工业硫酸，与答辩人所产生的工业盐酸废料无关。

安州市中级人民法院依法组成合议庭公开开庭审理了此案。

问题：

(1)本案安州市环保联合会、江北省绿色环境协会是否具有原告资格？为什么？

(2)本案原告可以向哪些法院起诉？为什么？

(3)本案证明责任如何分配？请说明理由。

(4)在本案审理过程中，安州市安化运河保护协会(2013年经安州市民政局批准设立，接受安州市环保局指导的非营利性组织)希望参加诉讼，可以何种方式参加诉讼？本案裁判生效后，安化运河保护协会另行提起公益诉讼的，法院是否受理？为什么？

(5)本案裁判生效后，运河沿岸的绿野水产养殖公司就其养殖的鱼虾死亡造成的损失起诉龙翔公司，法院应当如何处理？为什么？

(6)在诉讼中，原告与被告达成和解协议，原告向法院申请撤诉，法院应当如何处理？为什么？

答案参考：

(1)安州市环保联合会具有原告主体资格，而江北省绿色环境协会不具有原告主体资格。根据司法解释的规定，环保公益诉讼的起诉主体要求同时满足“依法在设区的市级以上人民政府民政部门登记且专门从事环境保护公益活动连续五年以上且无违法记录”，而本案中，江北省绿色环境协会成立于2016年9月10日，至起诉时(2021年8月10日)未从事环保公益活动连续满5年。

(2)可向江州市、安州市或者湖州市中级人民法院起诉。根据《民诉解释》第283条第1款的规定，公益诉讼由侵权行为地或者被告住所地中级人民法院管辖。本案中，湖州市为被告龙翔公司住所地，江州市为侵权行为地，安州市为侵权结果发生地，所以这三地的中院均有管辖权。

(3)本案应当由原告对侵权行为、损害后果承担证明责任，被告龙翔公司对损害与自己排污无因果关系以及具有法定免责事由承担证明责任。

(4)安化运河保护协会可以在开庭前申请作为共同原告参加诉讼；如果其在裁判生效后另行起诉，法院应不予受理。根据《民诉解释》第285条的规定，人民法院受理公益诉讼案件后，依法可以提起公益诉讼的其他机关、组织可以在开庭前申请作为共同原告参加诉讼。同时《民诉解释》第289条规定，公益诉讼裁判生效后，其他依法具有原告资格的机关、组织就同一侵权行为另行提起公益诉讼的，法院不予受理。

(5)法院应当依法受理。根据《民诉解释》第286条的规定，法院受理公益诉讼案件不影响同一侵权行为的受害人依法提起民事诉讼。

(6)法院不予准许。根据《民诉解释》第287条和最高人民法院《关于审理环境民事公益诉讼案件适用法律若干问题的解释》第25条的规定，环境民事公益诉讼当事人达成调解协议或者自行达成和解协议后，法院应当将协议内容公告，公告期满后，人民法院审查认为调解协议或者和解协议的内容不损害社会公共利益的，应当出具调解书。当事人以达成和解协议为由申请撤诉的，不予准许。

第十二讲　第三人撤销之诉

概念	(有独三、无独三)因不能归责于本人的事由未参加诉讼,但有证据证明发生法律效力的判决、裁定、调解书的部分或者全部内容错误,损害其民事权益的,可以自知道或者应当知道其民事权益受到损害之日起6个月内向作出该生效判决、裁定、调解书的法院起诉,要求撤销、改变原生效判决、裁定、调解书
	受理: 1. 符合起诉条件,收到起诉状之日起30日内立案。 2. 不符合起诉条件,收到起诉状之日起30日内裁定不予受理。 3. 受理后发现不符合起诉条件,裁定驳回起诉。对不予受理和驳回起诉裁定不服的,可以上诉
	对下列情形提起第三人撤销之诉的,人民法院不予受理: 1. 适用特别程序、督促程序、公示催告程序、破产程序等非讼程序处理的案件(有其特殊的救济方法)。 2. 婚姻无效、撤销或者解除婚姻关系等判决、裁定、调解书中涉及身份关系的内容(保护原审当事人的再婚权利)。 3.《民事诉讼法》第57条规定的未参加登记的权利人对代表人诉讼案件的生效裁判(可另行起诉)。 4.《民事诉讼法》第58条规定的损害社会公共利益行为的受害人对公益诉讼案件的生效裁判(可另行起诉)
审理方式	【提示】 1. 开庭审理:第三人撤销之诉,法院应当组成合议庭,适用一审普通程序开庭审理;所作判决为一审判决,当事人不服可以上诉。 2. 第三人撤销之诉是形成之诉(变更之诉),本质是要求法院改变或撤销原生效法律文书确立的权利义务关系。 3. 由作出该生效判决的法院管辖。 4. 第三人撤销之诉不得适用简易程序,不得适用独任制,不得书面审理
	当事人诉讼地位: 1. 该第三人为原告。 2. 原审的原告、被告、有独三和承担责任的无独三是被告。 3. 原审不承担责任的无独三列为第三人
	中止执行: 1. 法院受理第三人撤销之诉案件后,原告提供相应担保,请求中止执行的,人民法院可以准许。 2. 第三人提起撤销之诉后,该第三人以案外人身份向执行法院提出案外人对执行标的的异议,异议成立的,裁定中止执行;异议不成立的,裁定驳回
判决结果	对第三人撤销或者部分撤销发生法律效力的判决、裁定、调解书内容的请求,人民法院经审理,按下列情形分别处理: 1. 请求成立且确认其民事权利的主张全部或部分成立的,改变原判决、裁定、调解书内容的错误部分。 2. 请求成立,但确认其全部或部分民事权利的主张不成立,或者未提出确认其民事权利请求的,撤销原判决、裁定、调解书内容的错误部分。 3. 请求不成立的,驳回诉讼请求。 原判决、裁定、调解书的内容未改变或者未撤销的部分继续有效

救济	第三人撤销之诉适用一审普通程序审理,当事人对其判决可以上诉
与再审的关系	1. 第三人撤销之诉案件审理期间,法院对生效判决、裁定、调解书裁定再审的,受诉法院应当裁定将第三人的诉讼请求并入再审程序(再审优先);但有证据证明原审当事人之间恶意串通损害第三人合法权益的,法院应当先行审理第三人撤销之诉案件,裁定中止再审诉讼。 2. 将第三人诉讼请求并入再审程序审理的,按照下列情形分别处理:(1)按照第一审程序审理的,人民法院应当对第三人的诉讼请求一并审理,所作判决可以上诉;(2)按照第二审程序审理的,人民法院可以调解,调解达不成协议的,撤销原判,发回一审法院重审,重审时应当列明第三人

主观题小案例

【案例1】甲对乙有20万元债权到期,乙对丙有20万元债权。甲对丙提起代位权诉讼,法院依法将乙列为第三人。诉讼中甲、丙达成调解协议,约定丙将一条价值20万元的手表交付给甲,用于清偿该笔债务,法院依法制作调解书送达当事人。丁主张手表是自己的,欲提出第三人撤销之诉。

问题:请分析本案的当事人。

答案参考:本题考查第三人撤销之诉中当事人的诉讼地位问题。在第三人撤销之诉中,以起诉第三人为原告,原审的原告、被告、有独三为被告,原审的无独三分情况讨论,原生效裁判中承担责任的无独三作为被告,原生效裁判中不承担责任的无独三作为第三人。据此分析本案,丁提出第三人撤销之诉,丁为原告。原审中甲是原告,丙是被告,乙是无独三,所以在第三人撤销之诉中应当以原审原告甲和原审被告丙作为被告,而原审无独三乙在第三人撤销之诉中的诉讼地位应当视其在生效裁判文书中是否承担义务而定。原生效调解书约定的内容是“丙将一条价值20万元的手表交付给甲”,在该生效调解书中,无独三乙不承担责任,所以在第三人撤销之诉中乙应当作为第三人,不能作为被告。综上,本案应当以丁为原告,甲、丙为被告,乙为第三人。

【案例2】甲对乙有20万元债权到期,乙对丙有20万元债权。甲对丙提起代位权诉讼,法院依法将乙列为第三人。诉讼中甲、乙达成调解协议,约定乙将一条价值20万元的手表交付给甲,用于清偿该笔债务,法院依法制作调解书送达当事人。丁主张手表是自己的,欲提出第三人撤销之诉。

问题:请分析本案的当事人。

答案参考:本案中丁提起诉讼,丁为第三人撤销之诉的原告;原审的原告甲和被告丙应当作为第三人撤销之诉的被告。原生效调解书的内容是乙将手表交付给甲,显然原审无独三乙在调解书中需要承担责任,所以在第三人撤销之诉中乙应当作为被告。综上,本案应当以丁为原告,甲、乙、丙为被告。

【案例3】张三有三个儿子,张甲、张乙、张丙。张丙常年在外地工作。张三去世后,留下一只古董花瓶,张甲因为该花瓶的继承问题起诉张乙,广州市白云区人民法院受理本案后判决花瓶归张甲所有,张甲向张乙支付10万元。一审判决后,张甲、张乙均未上诉,判决生效。张丙得知此事后,主张自己不知道父亲的死讯以及张甲、张乙的诉讼,认为该判决侵犯自身合法权益。同时张三的朋友李四向法院主张该花瓶为自己所有,只是借给张三鉴赏,自己在一个月前刚知道张三的死讯和张甲、张乙的诉讼。

问题:

(1)张丙应当以何种方式救济自己的权利?

(2)李四应当以何种方式救济自己的权利?

答案参考:

(1)张丙可以向白云区法院或者广州市中级人民法院申请再审。张丙本应作为本案共同原告,根据《民诉解释》第420条第1款的规定,必须共同进行诉讼的当事人因不能归责于本人或者其诉讼代理人的事由没有参加诉讼的,可以自知道或者应当知道之日起6个月内申请再审。

(2)李四可以依法向白云区法院提出第三人撤销之诉。因为李四对张甲、张乙争议的花瓶主张自己独立的权利,应当作为有独三参加诉讼,但其未能参加诉讼,根据《民事诉讼法》第59条的规定,本应作为有独三、无独三的人因不能归责于本人的事由未参加诉讼,但有证据证明生效判决侵犯其合法权益的,可以自知道或者应当知道权利受损之日起6个月内向作出该判决的法院提出第三人撤销之诉。

【案例4】丙公司因法院对甲公司诉乙公司工程施工合同案的一审判决(未提起上诉)损害其合法权益,向A市B县法院提起撤销诉讼。案件审理中,检察院提起抗诉,A市中级法院对该案进行再审。

问题:本案应当如何处理?为什么?

答案参考:本案应当由A市中级人民法院将丙公司的诉讼请求并入再审程序;法院可以组织调解,调解不成撤销原一审判决,发回B县法院重新审理。

首先,根据司法解释的规定,第三人撤销之诉案件审理期间,人民法院对生效判决、裁定、调解书裁定再审的,受理第三人撤销之诉的人民法院应当裁定将第三人的诉讼请求并入再审程序。但有证据证明原审当事人之间恶意串通损害第三人合法权益的,人民法院应当先行审理第三人撤销之诉案件,裁定中止再审诉讼。本案不存在当事人恶意串通,损害第三人合法权益的情形,故应当将第三人的诉讼请求并入再审程序审理。

其次,本案是市检察院向市中级人民法院提出抗诉,应当由接受抗诉的中级人民法院提审,应当适用二审程序审理,根据司法解释,将第三人诉讼请求并入再审程序审理的,如果按照第二审程序审理,人民法院可以调解,调解达不成协议的,应当裁定撤销原判决、裁定、调解书,发回一审法院重审,重审时应当列明第三人。

【案例5】甲公司起诉乙公司合同纠纷一案,广州市白云区人民法院作出一审判决后,双方当事人均未上诉。判决生效后,丙公司认为该判决侵犯自身合法权益,向白云区人民法院提出第三人撤销之诉。在第三人撤销之诉审理过程中,甲公司发现新证据,向广州市中级人民法院申请再审。广州市中级人民法院认为甲公司的再审理由成立,遂裁定再审。

问题:本案应当如何处理?

答案参考:本案应当将丙公司的诉讼请求并入再审程序;组织当事人调解,调解不成的,撤销原判,发回重审。

根据司法解释的规定,第三人撤销之诉案件审理过程中法院裁定再审的,应当将第三人的诉讼请求并入再审程序,但原审当事人恶意串通损害第三人合法权益的,应当先行审理第三人撤销之诉案件,而中止再审程序。本案不存在原审当事人恶意串通损害第三人合法权益的问题,故应当将第三人的诉讼请求并入再审程序。根据《民事诉讼法》的规定,因当事人申请而裁定再审的案件由中级以上法院审理,但当事人依法选择向基层法院申请再审的除外,所以本案应当由中院提审,应当适用二审程序再审。同时根据司法解释的规定,将第三人的诉讼请求并入再审程序审理的,如果适用第一审程序审理,将第三人的诉讼请求并入再审程序一并审理;如果适用第二审程序审理,将第三人的诉讼请求并入再审程序后组织当事人调解,调解不成的,撤销原判发回重审。综上,本案应当将第三人的诉讼请求并入再审程序,组织当事人调解,调解不成的,撤销原判发回重审。

第十三讲　民事执行程序

一、执行管辖

1. 执行根据

(1)法院制作的具有执行内容的生效法律文书,包括民事判决、裁定、调解书与支付令和刑事裁判的财产部分;

(2)其他机关制作的由法院执行的法律文书,包括公证机关依法赋予强制执行效力的债权文书,仲裁机构制作的依法由法院强制执行的仲裁裁决书;

(3)人民法院制作的承认并执行外国法院判决、裁定或者国外仲裁机构裁决的裁定书。

2. 执行管辖法院

(1)一审法院或与一审法院同级的被执行财产所在地法院;

(2)作出裁定、支付令法院或与其同级的被执行财产所在地法院;

(3)其他机关制作的由法院执行的法律文书,包括公证机关依法赋予强制执行效力的债权文书,仲裁机构制作的依法由法院强制执行的仲裁裁决书;

(4)人民法院制作的承认并执行外国法院判决、裁定或者国外仲裁机构裁决的裁定书。

3. 执行管辖异议

法院受理执行申请后,当事人对管辖权有异议的,应当自收到执行通知书之日起10日内提出。法院对当事人提出的异议,应当审查。异议成立的,应当撤销执行案件,并告知当事人向有管辖权的法院申请执行;异议不成立的,裁定驳回;

当事人对裁定不服的,可以向上一级法院申请复议,但审查和复议期间,不停止执行。

二、执行异议

1. 执行行为异议

(1)执行行为异议的提出主体:当事人、利害关系人。

(2)异议理由:认为法院的执行行为违法。

(3)形式和程序:以书面形式向负责执行的法院提出异议。

(4)处理方式:法院应在15日内对异议进行审查。

①异议不成立的,裁定驳回异议;

②异议成立的,裁定撤销相关执行行为;

③异议部分成立的,裁定变更相关执行行为;

④异议成立或者部分成立,但执行行为无撤销、变更内容的,裁定异议成立或者相应部分异

议成立。

(5)救济机制:可自裁定送达之日起10日内向上一级法院申请复议。

(6)执行异议审查和复议期间,均不停止执行。被执行人、利害关系人提供充分、有效的担保请求停止相应处分措施的,法院可以准许;申请执行人提供充分、有效的担保请求继续执行的,应当继续执行。

【提示】法院对执行异议和复议案件实行书面审查。案情复杂、争议较大的,应当进行听证。

2. 执行标的异议

(1)异议主体:只能是案外人。

(2)异议理由:案外人对执行标的主张权利。

(3)异议方式和管辖法院:在执行过程中向执行法院提出书面异议;提出异议时须提供相应的证据。

(4)审查异议:

①法院应自收到书面异议之日起15内进行审查,审查方式为实质审查;

②审查期间可以采取查封、扣押、冻结等保全措施,但是不得处分财产。

(5)审查后的处理(《民诉法解释》第465条):

①案外人对执行标的不享有足以排除强制执行的权益的,裁定驳回其异议;

【提示】驳回案外人执行异议裁定送达案外人之日起15日内,法院不得对执行标的进行处分。

②案外人对执行标的享有足以排除强制执行的权益的,裁定中止执行。

(6)对执行标的异议裁定不服时的救济路径:

①执行标的异议与再审:如果对法院作出的执行标的异议裁定不服,认为原判决、裁定错误的,依照审判监督程序处理;

②执行标的异议与执行异议之诉:如果与原判决、裁定无关,可以自裁定送达之日起15日内提起诉讼——两种执行异议之诉:案外人执行异议之诉与申请执行人执行异议之诉。

三、执行担保

1. 担保的方式(《民诉法解释》第468条):

(1)被执行人自己提供担保:财产保;

(2)第三人为被执行人提供担保:财产保或人保。

【提示】担保人应当具有代为履行或者代为承担赔偿责任的能力。公司为被执行人提供担保的,应提交符合公司法相关规定的公司章程、董事会或股东会、股东大会决议。

2. 执行担保的成立条件。

(1)启动方式:依申请启动,即被执行人或第三人向法院提供担保;

(2)获得申请执行人的同意:出具书面同意意见,或者执行人员记入笔录;

(3)获得人民法院的准许。

3. 执行担保成立的法律后果:暂缓执行。

【提示】法院可以决定暂缓执行的期限,有担保期限的,暂缓执行的期限应与担保期限一致但最长期限不得超过1年。担保期间自暂缓执行期限届满之日起计算,担保书中没有记载担保期间或者记载不明的,担保期间为 1 年。超过担保期间后不再执行担保财产。

4. 救济机制及其法律后果。

(1)暂缓执行期限届满后被执行人仍不履行义务,或者暂缓执行期间担保人有转移、隐藏变卖、毁损担保财产等行为的,法院可以依申请执行人的申请恢复执行,并直接裁定执行担保财产或者保证人的财产,不得将担保人变更、追加为被执行人。

【提示】此时无须另行起诉。

(2)担保人的追偿权:担保人承担担保责任后,提起诉讼向被执行人追偿的,法院应予受理。

四、执行和解

1. 执行和解的性质:当事人处分自己民事权利和诉讼权利的行为。执行程序中允许和解,但是不能调解。

2. 执行和解协议的效力。

(1)执行和解协议不具有强制执行力,其只能由当事人自觉履行,而不能申请法院强制执行。

(2)执行和解协议具有中止执行或终结执行的效力:申请执行人与被执行人达成和解协议后——请求中止执行的,法院可以裁定中止执行;请求撤回执行申请的,法院可以裁定终结执行。

当事人达成执行和解协议并生效后,执行程序中止;当事人按照和解协议的内容履行完毕时,法院按执行结案处理,执行程序即终结。

(3)中断申请执行期间:申请执行期间因达成执行中的和解协议而中断,其期间自和解协议约定履行期限的最后一日起重新计算。

(4)执行和解协议虽然可以终结执行程序,但并不能撤销法院原来已生效的法律文书。

3. 不履行执行和解时的救济机制:可恢复、可起诉。

被执行人一方不履行执行和解协议的,申请执行人可以申请恢复执行原生效法律文书,也可以就履行执行和解协议向执行法院提起诉讼。申请执行人就履行执行和解协议提起诉讼,执行法院受理后,可以裁定终结原生效法律文书的执行。

(1)如果当事人是部分不履行和解协议,在申请恢复执行时,当事人根据和解协议已经履行的部分有效,人民法院不再执行。

(2)执行和解协议履行完毕,申请执行人因被执行人迟延履行、瑕疵履行遭受损害的,可以向执行法院另行提起诉讼。

五、执行总结

(一)诉讼管辖与执行管辖

项目	诉讼管辖	执行管辖
共同管辖与选择管辖	一个案件两个以上法院都有管辖权的,原告(或申请人)可以选择向其中一个法院起诉(或申请执行),原告(或申请人)先后向两个法院起诉(或申请执行)的,由最先立案的法院管辖	

续表

项目	诉讼管辖	执行管辖
后立案的法院如何处理	在诉讼中，后立案的法院应当裁定移送管辖	在执行中，后立案的法院应当裁定撤销案件
提出管辖权异议的时间	提交答辩状期间	收到执行通知书10日内
异议成立后的处理	裁定移送管辖	裁定撤销案件
管辖权异议的救济	上诉	上级复议

（二）民事诉讼法中的救济（上诉与复议）

上诉	不予受理、驳回起诉、管辖权异议	
复议	同级复议	申请回避、申请保全、申请先予执行
	上级复议	罚款、拘留、执行管辖异议、执行行为异议
【注意】可上诉的文书在上诉期间以及上诉后的二审期间不生效，而可复议的文书在复议期间是有效的（复议不停止执行）		

（三）案外人对执行标的的异议

案外人对执行标的的异议	法院裁定中止执行	申请人起诉（许可执行之诉）	案外人为被告 被执行人反对的列为共同被告，被执行人不反对的列为第三人	胜诉	判决准许执行
				败诉	判决不准许执行
	法院裁定驳回异议	案外人起诉（案外人执行异议之诉）	申请人为被告 被执行人反对的列为共同被告，被执行人不反对的列为第三人	胜诉	判决不准许执行
				败诉	判决准许执行

（四）当事人死亡所产生的法律效果

起诉前	被告死亡，则属于“没有明确被告”，不符合起诉条件，法院不予受理或者受理后裁定驳回起诉
诉讼中	1. 一般案件：（1）诉讼中，一方当事人死亡，需要等待继承人表明是否继续诉讼的，应当裁定诉讼中止；（2）诉讼中，一方当事人死亡，没有继承人、继承人放弃权利，没有遗产、没有义务承担人的，应当裁定诉讼终结。 2. 身份关系案件（离婚诉讼，解除收养关系，追索赡养费、扶养费、抚养费案件），一方当事人死亡的，诉讼终结
执行中	1. 一般案件： （1）执行中，一方当事人死亡，需要等待继承人继承权利或者承担义务的，应当执行中止。 （2）执行中，被执行人死亡，以其遗产偿还债务（此时裁定执行中止）。①没有继承人或者继承人放弃继承的，直接执行遗产；②有继承人且继承人表示愿意继承的，变更继承人为被执行人，在遗产范围内执行。 2. 追索赡养费、扶养费、抚养费案件： （1）权利人死亡的，执行终结。 （2）义务人死亡的，同一般案件

主观题小案例

【案例1】某生效判决判定乙公司向甲公司支付30万元货款。甲公司申请执行,在执行中,发现乙公司没有可供执行的财产,但是乙公司对案外人丙公司有30万元债权,甲公司申请法院向丙公司发出履行到期债务的通知。丙公司收到通知后向法院提出异议,称该笔欠款已经归还。同时案外人丁公司向法院主张乙公司已经将该笔债权转让给自己,自己是该笔债权的受让人。

问题:(1)丙公司提出异议会产生何种法律效力?

(2)丁公司可以何种方式救济自己的权利(可对其行为产生的各种法律效果进行假设)?

答案参考:

(1)丙公司提出异议后,法院不能对丙公司强制执行,法院无须对丙公司的异议是否成立进行审查。因为在代位申请执行中,次债务人提出异议的,法院不能对该次债务人强制执行,且无须对该次债务人的异议是否成立进行审查。

(2)丁公司可以向执行法院提出案外人对执行标的的异议,法院审查认为异议成立的裁定中止对该债权的执行,认为异议不成立的裁定驳回。对该裁定不服的,可以通过另行提起执行异议之诉的方式解决:①法院裁定中止执行后,申请人甲公司可以案外人丁公司为被告提起诉讼,被执行人乙公司反对的列为共同被告,不反对的列为第三人;②法院裁定驳回后,案外人丁公司可以申请人甲公司为被告提起诉讼,被执行人乙公司反对的列为共同被告,不反对的列为第三人。

【案例2】被执行人是合伙企业的,不能清偿生效法律文书确定的义务。

问题:(1)权利人申请追加该合伙企业的普通合伙人为被执行人,法院裁定驳回,应当如何救济?

(2)权利人申请追加该合伙企业中未足额出资的有限合伙人为被执行人,法院裁定驳回,应当如何救济?

答案参考:

(1)普通合伙人本应对合伙企业债务承担连带责任,对该裁定不服,向上一级法院申请复议。

(2)有限合伙人仅仅在未足额缴纳出资的情形下,在未足额缴纳的出资范围内承担责任,故此时需要在实体上判断该有限合伙人是否足额出资,应当通过执行异议之诉的方式救济。

【案例3】某个人独资企业不能清偿生效法律文书确定的债务,申请人申请变更、追加其出资人为被执行人,法院裁定准许,该出资人不服。

问题:应当如何救济?

答案参考:个人独资企业的出资人本应对个人独资企业的债务承担连带责任,对该裁定不服的,向上一级法院申请复议。

【案例4】某一人有限责任公司不能清偿生效法律文书确定的债务,该公司股东不能证明公司财产独立于自己的财产,申请人申请变更、追加该股东为被执行人,法院裁定准许,该股东不服。

问题:应当如何救济?

答案参考:一人有限公司的股东只有在不能证明公司财产独立于自己财产的情形下,才对公司债务承担连带责任,如其对法院追加其为被执行人的裁定不服,应当通过执行异议之诉的方式救济,需通过执行异议之诉在实体上判断其是否不能证明公司财产独立于个人财产。

【案例5】有限责任公司合并、分立后,申请人申请法院变更、追加合并、分立后的公司作为被执行人,法院裁定驳回。

问题:申请人如何救济?

答案参考:公司合并、分立的,合并、分立后的公司本应对合并、分立前的债务承担连带责任,故此时申请人应当通过上级复议的方式救济。

【案例6】有限责任公司不能清偿生效法律文书确定的债务,申请人申请变更、追加未足额出资或者抽逃出资的股东为被执行人,法院裁定驳回。

问题:申请人如何救济?

答案参考:有限责任公司不能清偿债务,公司的股东仅仅在未足额出资或者抽逃出资的情形下,才对公司债务在未足额出资范围内承担责任,故申请人对驳回申请裁定不服的,应当通过执行异议之诉救济,通过诉讼程序审理确定是否存在未足额出资、抽逃出资的情形。

【案例7】有限责任公司注销后,申请人以该公司未经清算即注销为由,申请追加该公司的股东等为被执行人,法院裁定驳回。

问题:申请人如何救济?

答案参考:公司注销后,股东原则上对公司债务是不承担责任的,仅仅在公司未经清算即被注销的情形下,股东才承担责任,所以此时应当通过执行异议之诉的方式救济,通过诉讼程序审理该公司是否存在未经清算即被注销的情形。

第十四讲　仲裁协议(☆)

形式	书面形式(仲裁条款、仲裁协议书、其他书面形式)
内容	1. 请求仲裁的意思表示。 2. 仲裁事项:争议事项具有可仲裁性。 3. 选定的仲裁委员会(明确、具体)
仲裁协议的效力	效力体现: 1. 对当事人——纠纷发生后只能向仲裁协议约定的仲裁机构申请仲裁,不能起诉。 2. 对法院——排除法院对案件的司法管辖权。 3. 对仲裁委员会——授予其管辖权并限定其仲裁范围
	【考点提示】 法院的应诉管辖权:当事人达成仲裁协议,一方起诉未声明有仲裁协议,法院受理后,另一方在首次开庭前提交仲裁协议的,应当驳回起诉,但仲裁协议无效的除外;另一方在首次开庭前未对法院受理该案提出异议的,视为放弃仲裁协议,法院应当继续审理
	仲裁条款的独立性:仲裁协议独立于合同的内容而存在,合同的变更、解除、终止或者无效,不影响仲裁协议的效力
	仲裁条款效力的扩张: 1. 当事人订立仲裁协议后合并、分立的,仲裁协议对其权利义务的继受人有效,另有约定的除外。 2. 当事人订立仲裁协议后死亡的,仲裁协议对承继其仲裁事项中的权利义务的继承人有效,另有约定的除外。 3. 债权债务全部或者部分转让的,仲裁协议对受让人有效,但当事人另有约定、在受让债权债务时受让人明确反对或者不知有单独仲裁协议的除外

续表

仲裁协议的效力	1. 效力的确认机关： (1)法院裁定：申请人住所地、被申请人住所地、仲裁协议签订地、仲裁机构所在地中院； (2)仲裁委员会决定。 【注意】法院的确认权优先。 当事人对仲裁协议的效力有异议，一方当事人申请仲裁机构确认仲裁协议的效力，另一方当事人请求法院确认仲裁协议无效，如果仲裁机构先于法院接受申请并已作出决定，法院不予受理；如果仲裁机构接受申请后尚未作出决定，法院应予受理，同时通知仲裁机构中止仲裁。 2. 确认时间：对仲裁协议的效力有异议，应当在仲裁庭首次开庭前提出

主观题小案例

【案例1】A区甲公司和B区乙公司签订买卖合同，约定乙公司在C区向甲公司交付一批货物，同时约定双方当事人因为履行该合同发生纠纷应当由A区仲裁委员会仲裁，后来乙公司在D区完成了货物交付，因为货物质量问题发生纠纷，甲公司欲追究乙公司的违约责任。

问题：应当如何解决，为什么？

答案参考：甲公司可以向B区或者C区法院起诉。理由：首先虽然双方当事人之间有仲裁协议，但仲裁协议约定的A区仲裁委员会不存在，所以该仲裁协议无效，本案应由法院主管。根据《民事诉讼法》的规定，合同纠纷应当由被告住所地或合同履行地法院管辖。同时根据司法解释的规定，合同有约定履行地的，以约定履行地为合同履行地。据此本案应当由被告住所地B区法院或者合同约定履行地C区法院管辖。

【案例2】A区甲公司和B区乙公司签订租赁合同，约定乙公司将位于C区的厂房租赁给甲公司，同时约定双方当事人因为该合同发生纠纷可以向广州仲裁委员会申请仲裁，后双方达成补充协议，约定因为本合同发生纠纷也可以向被告住所地法院起诉。后双方当事人因为履行该合同发生纠纷，甲公司欲追究乙公司的违约责任。

问题：应当如何解决，为什么？

答案参考：甲公司可以向C区法院起诉。理由：首先本案中虽有仲裁协议，但根据仲裁法的规定，仲裁协议约定或裁或审的，该仲裁协议无效，据此本案属于法院主管。其次，本案中虽然约定由被告住所地法院管辖，但该管辖协议违背专属管辖而无效，所以本案应当由不动产所在地C区法院专属管辖。

【案例3】A区甲公司和B区乙公司签订买卖合同，约定乙公司在C区向甲公司交付一批货物，同时约定双方当事人因为履行该合同发生纠纷，应当由广州仲裁委员会仲裁或者由合同实际履行地法院管辖。后来乙公司在D区完成了货物的交付，因为货物质量不合格，甲公司欲追究乙公司的违约责任。

问题：甲公司可以如何解决，为什么？

答案参考：甲公司可以向D区法院起诉。理由：首先本案中虽有仲裁协议，但根据仲裁法的规定，仲裁协议约定或裁或审的，该仲裁协议无效，据此本案属于法院主管。同时双方当事人约定该纠纷由合同实际履行地法院管辖，该管辖协议有效，故应当按照协议约定由合同实际履行地D区法院管辖。

【案例4】甲公司因合同纠纷向A市B区法院起诉，乙公司应诉。经开庭审理，法院判决甲公司胜诉。乙公司不服B区法院的一审判决,以双方签订了仲裁协议为由向A市中级法院提起上诉,要求据此撤销一审判决,驳回甲公司的起诉。

问题:A市中级人民法院应当如何处理?

答案参考:A市中级人民法院应当判决驳回上诉,维持原判。理由:根据《仲裁法》的规定,虽然双方当事人之间有仲裁协议,但一方向法院起诉,另一方没有在首次开庭前提出仲裁协议的,视为放弃仲裁协议,法院应当继续审理,故本案一审法院有权对案件进行审理,并作出判决。乙公司的上诉请求不能成立。

【案例5】A区甲公司和B区乙公司签订买卖合同,合同中约定因为该合同产生的纠纷应当由广州仲裁委员会仲裁。后来该合同违反了法律的强制性规定而无效,甲公司欲追究乙公司的缔约过失责任。

问题:甲公司可以通过何种途径解决?为什么?

答案参考:甲公司应当向广州仲裁委员会申请仲裁。理由:根据《仲裁法》的规定,仲裁协议独立存在,合同的无效不影响仲裁协议的效力,故本案中虽然合同无效,但仲裁协议依然有效,当事人应当根据仲裁协议的约定向广州仲裁委员会申请仲裁。

第六编

商　　法

第一讲　商法概述

一、商法主观题命题趋势及应试技巧

（一）命题趋势

综合2018年至2023年商法主观题来看，今年预计还是6问左右的案例分析题（选做），且内容八成都属于商法基本知识的考查。民综题目里除了一两问涉及商法外，其余都是民法和民诉法的内容。民综题涉及的人物较多，法律关系貌似复杂，但实际难度并不大，除个别问题有学术争议、不同观点或开放式作答外，基本是结合法条对基础知识的考查。2024年的《公司法》新增和修改了228条，实质性修改了112条，新增了“公司登记”和“国家出资公司组织机构的特别规定”两章，删除了“一人有限责任公司的特别规定”。在今年的考试中会有重点命题，本书已经按照最新版《公司法》修订，请同学认真学习。

（二）商法主观题常见的失分情形

1. 对于考点缺乏正确认识，法律定性错误。这种情况会导致考生的答案与正确答案南辕北辙，彻底丢分。

2. 对于考点缺乏深入把握，无法正确表述原因。部分考生知道问题所涉及的考点是什么，能够正确定性，但由于对于该考点缺乏全面深入把握，只知其然而不知其所以然，不能正确回答出“为什么”。

3. 对于考点缺乏全面把握，无法完整表述原因或者是就某个问题的某个方面长篇大论，过于烦琐。

4. 思想以及知识储备过于拘泥，答案仅局限于《公司法》，殊不知民商法本是一体，其基本原则等内容是可以通用的。

（三）应试技巧

1. 准确定位考点。商法案例分析题的特点是考点明确，多为一问一答式的题目，每个问题一般包含一个或两个考点，集中于《公司法》，少量涉及《企业破产法》《民法典》等法律。热门考点包括股东出资、抽逃出资、股权转让、组织机构、担保物权、善意取得等，看到问题后首先要准确定位考点，不要盲目动笔。

2. 精确组织语言。考点定位后，要针对问题组织语言，要做到言简意赅，突出所涉及考点的

关键词,尽量用法条原文或原意表述。这就要求考生要深入理解一些热门的法条,特别是《公司法》及其司法解释,要能熟练表述。

3. 适当结合案例。回答问题时,要注意不能仅仅引用法条、法理,要将法条、法理与案例内容有机地结合起来,不能不引用案例内容,也不能过多地引用案例内容,否则会把真正的采分点淹没,导致不必要的丢分。

4. 使用法言法语。案例的表述一般使用日常语言,但考生在回答问题时切不可使用日常语言或者大白话,要使用法言法语,这也是专业性及法学素养的体现。

对于主观题中的商法,一定要"多思考少背诵",考生对商法题束手无策就是因为平时学习的时候思考得少。所以本书对商法部分的编写是按照主观题考试要求来写作的,首先从商主体着手,让考生知道哪些属于商法中的主体,商主体的权利和义务是什么;其次讲商行为,即具体的商主体经营过程中产生的问题;最后讲商主体灭失,即商主体经营不善时,应该如何消失。这样的例题属于业界首创,重点是培养备战主观题的考生结合案情思考分析做题的能力。

二、商法核心考点分布

核心考点	命题方向	考查次数
股东出资	股东资格、股东的新股优先认购权、股权出质	12
股权转让	名义股东处分其名下股权、一股二卖中善意取得的适用	9
增资、减资	章程的特别约定优先	3
出资瑕疵	出资瑕疵责任承担	3
代持股协议	效力	3
法定代表人	变更、越权担保	2
深石原则	适用	2
追回权	高级管理人员非正常收入的追回	1
股权质押	与民法结合考查	2
司法解散	原被告确定、程序	2
破产	破产债权申报	2
公司清算与注销	适用	1

商事主体

在做商法题目的时候一定要知道哪些主体是民事主体,哪些主体是商事主体,这样对接下来不同主体所做的行为就能精准定性。对于主观题而言,商事主体我们只需要掌握《公司法》中的有限责任公司、股份有限公司,《合伙企业法》中的合伙企业,《个人独资企业法》中的个人独资企业即可,《外商投资法》基本不会考查。

第二讲 公 司

一、公司特征

商事主体是依照法定的条件和程序设立的,以营利为目的的商事组织。常考的商事主体主要是公司,即有限责任公司和股份有限公司两种类型。公司的特征为“三独”:

1. 独立的名义。公司是企业法人,具有权利能力和行为能力,可以自己的名义从事民商事活动,以自己的名义承担相应的责任。

2. 独立的财产。公司有独立的法人财产,享有法人财产权。股东出资后丧失了对财产的所有权,公司取得了财产所有权,股东取得了股权。

3. 独立的责任。公司以其全部财产对外承担责任,股东承担有限责任,即在其出资范围内承担责任,实缴的股东就不再因为公司行为产生的债务承担责任,例外就是公司法人人格否认制度。

二、公司权利能力和行为能力

公司权利能力和行为能力始于营业执照签发日,终于注销登记日,不是清算结束。法考常考的是公司担保。

1. 对外担保:公司向其他企业投资或者为他人提供担保,依照公司章程的规定,由董事会或者股东会、股东大会决议。公司章程对投资或者担保的总额及单项投资或者担保的数额有限额规定的,不得超过规定的限额。

2. 对内担保:公司为公司股东或者实际控制人提供担保的,必须经股东会或者股东大会决议。接受担保的股东或受实际控制人支配的股东,必须回避表决,由出席会议的其他股东表决权过半数通过。

在公司经营中还会对此进行具体讲解,此处仅作了解即可。

三、公司的分类

(一)以公司股东的责任形式为标准分类

以公司股东的责任形式划分,公司可分为无限责任公司(对应普通合伙企业)、两合公司(对应有限合伙企业)、有限责任公司、股份有限公司。

(二)以公司之间的组织关系为标准的分类

以公司之间的组织关系为标准,可以分为总(本)公司和分公司、母公司与子公司。

子公司具有独立法人资格,拥有自己所有的财产,自己的公司名称、公司章程和“三会”,对外独立开展业务和承担责任。但涉及公司利益的重大决策或重大人事安排,仍要由母公司决定。

名称	特征
全资子公司	母公司持股 100%
绝对控股子公司	母公司持股 50% ~100%
相对控股子公司	母公司持股小于 50%,但是表决权足以控制子公司(AB 股架构,同股不同权)

第三讲　有限责任公司

一、有限责任公司的设立(☆☆)

(一)有限责任公司的概念及特征

概念	有限责任公司,是指股东以其认缴的出资额为限对公司承担责任,公司以其全部资产对公司债务承担责任的企业法人
特征	1. 公司资本不分为等额股份; 2. 具有封闭性,即股权转让受到限制,不能在证券市场上自由转让; 3. 具有人资两合性; 4. 重视意思自治,即"章程另有规定的,从其规定"; 5. 设立手续和公司机关简易化

(二)发起人规则

<table>
<tr><td colspan="2">发起人,是指为设立公司而签署公司章程、向公司认购出资或者股份并履行公司设立职责的人,包括有限公司设立时的股东。自然人、法人、非法人组织、国家均可以作为公司的发起人</td></tr>
<tr><td>内部关系</td><td>1. 发起人应当签订发起人协议(发起人协议≠章程);
2. 发起人之间的关系类似于合伙性质</td></tr>
<tr><td rowspan="3">人数与资格</td><td>有限公司:发起人人数为 1 ~50 人。《公司法》第 42 条规定:"有限责任公司由一个以上五十个以下股东出资设立。"此处的 50 人上限也是有限公司股东人数的上限,并且明确了一人有限责任公司的法律地位</td></tr>
<tr><td>股份公司:发起人人数为 2 ~200 人。股东人数可超过 200 人</td></tr>
<tr><td>1. 半数以上的发起人在中国境内有住所(不是国籍);
2. 必须承担公司筹办事务;
3. 必须在公司章程上签章;
4. 必须认购股份</td></tr>
<tr><td>职责</td><td>1. 签订出资协议;
2. 订立公司章程;
3. 确认出资方式,对以实物、知识产权、土地使用权出资的进行协议作价或者委托评估;
4. 办理公司登记手续;
5. 其他</td></tr>
</table>

(三)设立中公司的民事行为

规则 1	有限责任公司设立时的股东为设立公司从事的民事活动,其法律后果由公司承受
规则 2	公司未成立的,其法律后果由公司设立时的股东承受;设立时的股东为二人以上的,享有连带债权,承担连带债务
规则 3	设立时的股东为设立公司以自己的名义从事民事活动产生的民事责任,第三人有权选择请求公司或者公司设立时的股东承担
规则 4	设立时的股东因履行公司设立职责造成他人损害的,公司或者无过错的股东承担赔偿责任后,可以向有过错的股东追偿

主观题小案例

【案例 1】甲、乙、丙、丁拟设立 A 公司,为方便公司设立,发起人协议约定由丙负责租赁公司运营所需仓库。因公司尚未成立,丙为方便签订合同,遂以自己名义与戊签订仓库租赁合同。A 公司成立后,迟迟未付租金。

问题:戊可以向谁主张该租金?

答案参考:戊既可向丙主张该租金,也可向 A 公司主张该租金。

根据《民法典》第 75 条第 2 款的规定,设立人为设立法人以自己的名义从事民事活动产生的民事责任,第三人有权选择请求法人或者设立人承担。

本案中,丙签订租赁合同的原因是"为方便公司设立",是出于设立公司的需要而非为丙个人利益。现 A 公司已经成立,第三人有权选择向丙或者 A 公司主张该租金。

【案例 2】2019 年 4 月,甲有限责任公司与其他 5 家企业共同筹建 A 公司。公司章程规定的 A 公司的注册资本总额为 100 万元。6 月,发起人以"A 公司筹备组"的名义向乙公司订购一批设备,总计 20 万元。双方商定分期付款,最后一期货款于 2020 年 1 月付清。但是由于发起人之间的分歧日渐加大,至 2019 年 11 月,6 家发起人决定放弃筹建 A 公司。

问题:(1)A 公司在筹建期间的法律地位如何?

(2)A 公司筹备组和乙公司订立的合同效力如何?

(3)尚欠乙公司的货款该由谁承担偿还责任,为什么?

答案参考:(1)A 公司在筹建期间类似于发起人之间的合伙。

民事主体分为自然人、法人、非法人组织三类。根据《民法典》第 75 条第 1 款的规定,设立人为设立法人从事的民事活动,其法律后果由法人承受;法人未成立的,其法律后果由设立人承受,设立人为 2 人以上的,享有连带债权,承担连带债务。据此可知,法人未成立时,可归入非法人组织一类。

本案中,A 公司尚在筹建过程中,未领取营业执照,并不是严格意义上的公司,其法律性质不是独立的法人。所以,其法律性质是发起人之间的合伙关系。

(2)合同有效。

根据《民法典》第 75 条的规定,允许法人于设立阶段从事民事活动。

本案中,设立中的 A 公司作为合同主体适格,条款内容未出现合同无效等情形。所以,A 公司筹备组和乙公司签订的合同有效。

(3)应当由发起人承担连带责任。

根据《公司法》第44条第2款的规定,公司未成立的,其法律后果由公司设立时的股东承受;设立时的股东为二人以上的,享有连带债权,承担连带债务。

本案中,A公司设立失败,尚未付清的乙公司货款应当由甲公司等6家发起人承担连带责任。

二、有限责任公司股东出资(☆☆☆☆☆)

(一)出资方式

货币	无金额限制;用违法犯罪所得货币出资的,可以取得股权;无须评估("三无":无金额限制,无来源限制,无须评估)。原则上,全体股东认缴的出资额由股东按照公司章程的规定自公司成立之日起五年内缴足,另有规定的从其规定
实物	1.缴资时应当依法办理财产权的转移手续,要求以实物所有权出资; 2.评估作价,核实财产; 3.出资人无权处分的,受让人可依据善意取得规定取得所有权(善意+合理价格+已登记/交付); 4.交付未过户,该瑕疵可补正。过户未交付,自其实际交付时享有相应股东权利
土地使用权	出让方式取得的国有土地使用权;无权利负担;须评估作价;瑕疵可补正
股权	1.合法性+无瑕疵+手续全+已评估; 2.瑕疵可补正,评估确定的价额显著低于公司章程所定价额的,人民法院应当认定出资人未依法全面履行出资义务
出资禁止	股东不得以劳务、信用、自然人姓名、商誉、特许经营权或者设定担保的财产等作价出资

主观题小案例

【案例1】张三伪造其父遗嘱,将本应由哥哥张二继承的一套房屋过户到自己名下。随后,张三以该房屋出资和李四共同设立A公司。

问题:请评价张三的出资定性。

答案参考:张三的出资定性为无权处分,若A公司符合善意取得条件,则房屋的所有权归A公司。

【案例2】甲、乙、丙、丁计划设立一家从事技术开发的A有限责任公司,按照公司设立协议,甲以其持有的某房地产开发有限公司20%的股权作为其出资。甲以其股权作为出资转让给A有限责任公司时,某房地产公司的另一股东已主张行使优先购买权。

问题:请评价甲的出资。

答案参考:甲没有全面履行出资义务。

股权出资要符合股权转让的条件。根据《公司法》第84条第2款的相关规定,股东向股东以外的人转让股权的,应当将股权转让的数量、价格、支付方式和期限等事项书面通知其他股东,在同等条件下,其他股东有优先购买权。

本案中,某房地产公司的其他股东已经主张行使优先购买权,则甲转让的股权存有瑕疵,所以甲没有全面履行出资义务。

（二）出资违约

对其他发起人的责任	违约责任，依据是发起人协议或者设立协议的约定
对公司的责任	补足＋连带。 1. 原则：连带责任仅限于设立时的股东，不包括公司成立后的新加入股东； 2. 例外：有限公司的股东未履行或者未全面履行出资义务即转让股权，受让人对此知道或者应当知道的，受让人承担连带责任； 3. 受让人承担责任后，可以向该未履行或者未全面履行出资义务的股东追偿
对债权人的责任	未出资本息范围内＋一次责任（以出资额为限，仅限发起人连带）＋补充赔偿责任＋连带责任
公司董事会的责任	1. 有限责任公司成立后，董事会应当对股东的出资情况进行核查，发现股东未按期足额缴纳公司章程规定的出资的，应当由公司向该股东发出书面催缴书，催缴出资。 2. 未及时履行前款规定的义务，给公司造成损失的，负有责任的董事应当承担赔偿责任
股东出资加速到期制度	公司不能清偿到期债务的，公司或者已到期债权的债权人有权要求已认缴出资但未届出资期限的股东提前缴纳出资

主观题小案例

【案例1】某高校A、国有企业B和集体企业C签订合同，决定共同投资设立一家生产性的科技发展有限责任公司。其中，A以高新技术成果出资，作价15万元；B以厂房出资，作价20万元；C以现金17万元出资。后C因资金紧张，截至出资期限届满，只实际出资14万元。

问题：(1)该有限责任公司能否有效成立？

(2)以非货币形式向公司出资，应办理什么手续？

(3)C承诺出资17万元，实际出资14万元，应承担什么责任？

(4)A的出资是否符合法律规定？

答案参考：(1)该公司可以成立。

根据《公司法》第45条的规定，设立有限责任公司，应当由股东共同制定公司章程。

本案中，虽然C有出资违约情形，但公司设立条件仅要求有认缴出资即可，所以本案股东人数符合，有认缴出资且无违法事由，公司成立合法有效。

(2)根据《公司法》第48条第2款和第49条第1款的规定，非货币财产应当评估作价，核实财产，不得高估或者低估作价，并应当依法办理其财产权的转移手续。

(3)C应当向公司足额缴纳出资，并向已按期足额缴纳出资的股东承担违约责任。

根据《公司法》第49条的规定，股东以货币出资的，应当将货币出资足额存入有限责任公司在银行开设的账户。股东未按期足额缴纳出资的，除应当向公司足额缴纳外，还应当对公司造成的损失承担赔偿责任。

本案中，C因资金紧张，截至出资期限届满，实际出资低于认缴出资。所以，C应当向公司补足3万元出资，并应当向其他已按期足额缴纳出资的股东承担违约责任。

(4)A出资符合法律规定。

根据《公司法》第48条第1款的规定,股东可以用能够以货币估价并可以依法转让的非货币财产作价出资。

本案中,A以高新技术成果出资,而技术成果可以用货币估价并可以依法转让。所以A的出资符合法律规定。

【案例2】鸿捷有限公司(以下简称鸿捷公司)成立于2008年3月,公司注册资本为5000万元,股东为甲、乙、丙、丁,持股比例分别为37%、30%、19%、14%。公司在2014年1月8日召开股东大会,讨论如下议案:第一,公司仍增资1000万元;第二,各股东新增出资的缴纳期限为20年。2014年年底,受经济下行形势影响,加之新产品研发失败,鸿捷公司经营陷入困境。至2015年5月,公司已拖欠嵩悠公司设备款债务1000万元,公司账户中的资金已不足以偿付。

问题:就鸿捷公司不能清偿的1000万元设备款债务,嵩悠公司能否向其各个股东主张补充赔偿责任?为什么?

答案参考:不能。

根据公司法原理,注册资本认缴制度下,股东依法享有期限利益。债权人以公司不能清偿到期债务为由,请求未届出资期限的股东在未出资范围内对公司不能清偿的债务承担补充赔偿责任的,人民法院不予支持。

本案中,鸿捷公司在2014年1月8日召开股东会作出了“各股东新增出资的缴纳期限为20年”的有效决议,到2015年5月,公司不足以偿付嵩悠公司设备款1000万元。此时各股东出资期限尚未到期,作为独立法人,在未出现股东滥用股东权的情形时,公司就自身债务应当独立担责,不能盲目适用股东出资加速到期制度。

所以,公司债权人嵩悠公司应当向鸿捷公司主张清偿,不能向各股东主张补充赔偿责任。

【注意】本题为2015年真题,官方答案适用了股东出资加速到期制度。上述答案是依据《九民纪要》的观点给出的解析,建议以此答案为准。

(三)出资不实

<table>
<tr><td colspan="2">出资不实,是指出资的非货币财产的实际价额显著低于公司章程所定价额。
法定评估,客观贬值不担责;评估机构过错责任</td></tr>
<tr><td>对公司的责任</td><td>补足+连带(其他设立时的股东连带)</td></tr>
<tr><td>对债权人的责任</td><td>未出资本息范围内+一次责任+补充赔偿责任+连带责任</td></tr>
</table>

(四)抽逃出资

<table>
<tr><td colspan="2">抽逃出资,是指未经法定程序将出资抽回的行为(我国允许垫付出资)</td></tr>
<tr><td>对其他股东的责任</td><td>无责</td></tr>
<tr><td>对公司的责任</td><td>返还+负有责任的董监高连带</td></tr>
<tr><td>对债权人的责任</td><td>抽逃出资本息范围内+补充责任+连带+一次责任</td></tr>
</table>

续表

关联交易	关联交易损害公司利益,原告公司依据《民法典》第84条、《公司法》第22条的规定请求控股股东、实际控制人、董事、监事、高级管理人员赔偿所造成的损失,被告仅以该交易已经履行了信息披露、经股东会或者股东大会同意等法律、行政法规或者公司章程规定的程序为由抗辩的,人民法院不予支持
	公司没有提起诉讼的,符合《公司法》第189条第1款规定条件的股东,可以依据《公司法》第188条规定向人民法院提起诉讼(股东双重代表诉讼,注意前置程序)
	关联交易合同存在无效、可撤销或者对公司不发生效力的情形,公司没有起诉合同相对方的,符合《公司法》第189条第1款规定条件的股东,可以依据《公司法》第189条第2、3款规定向人民法院提起诉讼(突破合同相对性)
	公司全资子公司的董事、监事、高级管理人员有前条规定情形,或者他人侵犯公司全资子公司合法权益造成损失的,有限责任公司的股东、股份有限公司连续180日以上单独或者合计持有公司1%以上股份的股东,可以依照《公司法》第189条1~3款规定书面请求全资子公司的监事会、董事会向人民法院提起诉讼或者以自己的名义直接向人民法院提起诉

主观题小案例

【案例】张三、李四各出资10万元设立A食品有限公司。张三手头只有3万元的现金,就让朋友王五为其垫付7万元,并许诺一旦公司成立,就从公司中抽回偿还给王五。公司于2019年2月成立。公司成立后第3天,张三以A食品有限公司名义与王五签订一份买卖合同,约定A食品有限公司向王五购买7万元的食材。合同订立后第2天,张三指示公司财务转账付款。现查明,实际上王五从未经营过食材,也未打算履行该合同。

问题:(1)该食材买卖合同效力如何?

(2)王五是否和张三一起向A食品有限公司承担连带责任?

答案参考:(1)食材买卖合同属于恶意串通行为,无效。

根据《民法典》第154条的规定,行为人与相对人恶意串通,损害他人合法权益的民事法律行为无效。

本案中,王五从未经营过食材生意,也未打算履行该合同,该合同系张三和王五串通捏造,且损害了A食品有限公司利益,所以是无效的民事法律行为。

(2)王五无须对A食品有限公司承担连带责任。

根据《公司法》第53条的规定,抽逃出资情形下,负有责任的董事、监事、高级管理人员或者实际控制人对此承担连带责任。但关于第三人代垫资金协助发起人设立公司,并无法律依据要求"代垫人和抽逃出资的股东承担连带责任"。

本案中,王五仅仅是代垫人,并非A食品有限公司的股东、董事、高级管理人员或实际控制人,既然现行法律不禁止代垫出资,则王五无须对A食品有限公司承担连带责任。

（五）增资时的出资瑕疵

公司新增资本时，股东有权优先按照实缴出资比例认缴出资。股东增资瑕疵，是指公司成立后，股东在公司增资时未履行或者未全面履行出资义务	
对公司的责任	补足（董高过错责任）
对债权人的责任	未出资本息范围内＋补充责任（董高过错责任）
【注意】其他股东无须承担连带责任	

（六）对违反出资义务股东的限权

对该股东的限权	1. 依照该股东的实缴出资比例限制其“新剩利”权利，即新股优先认购权、剩余财产分配权、利润分配请求权（仅限制与出资有关的权利）； 2. 有限公司的股东未履行出资义务或者抽逃全部出资，经公司催告缴纳或者返还，其在合理期间内仍未缴纳或者返还出资，公司可以股东会决议解除该股东的股东资格（前置程序：催告）； 3. 股份公司认股人未按期缴纳所认股份的股款的，发起人可以对该股份另行募集。认股人延期缴纳股款给公司造成损失，公司可请求该认股人承担赔偿责任
瑕疵股权的转让	指的是股东未履行或者全面履行出资义务即转让股权，此时对于受让人的新规定： 1. 股东转让已认缴出资但未届出资期限的股权的，由受让人承担缴纳该出资的义务；受让人未按期足额缴纳出资的，转让人对受让人未按期缴纳的出资承担补充责任 2. 未按照公司章程规定的出资日期缴纳出资或者作为出资的非货币财产的实际价额显著低于所认缴的出资额的股东转让股权的，转让人与受让人在出资不足的范围内承担连带责任；受让人不知道且不应当知道存在上述情形的，由转让人承担责任

主观题小案例

【案例】美森公司成立于2009年，主要经营煤炭。股东是大雅公司以及庄某、石某。公司章程规定美森公司的注册资本是1000万元，三个股东的持股比例是5∶3∶2，各股东应当在公司成立时一次性缴清全部出资。大雅公司将之前归其所有的某公司的净资产经会计师事务所评估后作价500万元用于出资，这部分资产实际交付给美森公司使用；庄某和石某以货币出资，公司成立时庄某实际支付了100万元，石某实际支付了50万元。

问题：如何评价大雅公司的出资行为及其法律效果？

答案参考：大雅公司以净资产估价500万元出资并实际交付美森公司使用，该出资合法有效。

根据《公司法》第48条的规定，股东可以用可用货币估价并可依法转让的非货币财产作价出资。

本案中，用于设立美森公司的这些净资产本来归大雅公司，经过会计师事务所的评估作价，现该笔净资产已经实际交付美森公司。所以，应当认为大雅公司履行了出资义务。

三、有限责任公司的股东(☆☆)

(一)股东资格的取得与确认

股东,是指向公司出资、持有公司股份、享有股东权利和承担股东义务的人,可以是自然人、法人、非法人组织、国家;无行为能力的要求	
出资证明书	1. 其性质为证权证书,其与股东资格无必然联系,原因在于出资只是成为股东的方式之一。 2. 记载事项:(1)公司名称;(2)公司成立日期;(3)公司注册资本;(4)股东的姓名或者名称、认缴和实缴的出资额和出资日期;(5)出资证明书的编号和核发日期,出资证明书由法定代表人签名,并由公司盖章
股东名册	1. 股东名册是股东身份或资格的法定证明文件。(证据效力最高) 2. 记载事项:(1)股东的姓名或者名称及住所;(2)股东的出资额;(3)出资证明书编号
证据冲突	公司登记只具有程序意义,未经登记不得否定股东资格。 1. 对公司内部而言,以股东名册为准; 2. 对公司外部而言,以登记为准
诉讼	股东资格诉讼,均以公司为被告。与案件争议股权有利害关系的人作为第三人参加诉讼
最高人民法院裁判要点:股东身份的确认,应根据当事人的出资情况以及股东身份是否以一定的形式为公众所认知等因素进行综合判断	

主观题小案例

【案例1】A公司拟增资扩股,遂与外人丙协商,由丙出资510万元,取得公司30%股权。丙将款项打入了A公司账户,公司会计凭证记载为"实收资本"。公司并未发给丙出资证明书,股东名册也未记载其名字,且公司未变更公司登记中的注册资本和股东事项。之后,丙以A公司董事长的身份出席活动,并多次参加公司股东会,讨论公司经营管理事宜。

问题:丙和A公司形成何种法律关系?

答案参考:丙是A公司股东。

股东身份的确认应根据当事人的出资情况以及股东身份是否以一定的形式为公众所认知等因素进行综合判断。

本案中,丙已经向A公司出资并参加股东会,这些证据都证明丙和公司形成的是股权关系。同时,丙还可以请求A公司履行签发出资证明书、将其名字记载于股东名册并办理股东变更登记的义务。因此,丙是A公司的股东。

【案例2】2012年4月,陈明设立了一家有限责任公司。陈明拟新增资本100万元,并为此分别与张巡、李贝洽谈,该二人均有意愿认缴全部新增资本,加入陈明的公司。陈明遂先后与张巡、李贝二人就投资事项分别签订了书面协议。张巡在签约后第二天,即将款项转入陈明的个人账户,但陈明一直以各种理由拖延办理股东变更登记等手续。2012年11月5日,陈明最终完成公司章程、股东名册以及公司变更登记手续,公司注册资本变更为300万元,陈明任公司董事长,而股东仅为陈明与李贝,张巡的名字则未出现在公司登记的任何文件中。

问题:在法院受理公司破产申请前,张巡是否可向公司以及陈明主张权利?主张何种权利?为什么?

答案参考：张巡不能向公司主张权利，只能向陈明主张违约责任，请求返还所给付的资金以及相应的损害赔偿。

根据《公司法解释（三）》第22条的规定，当事人之间对股权归属发生争议，一方请求人民法院确认其享有股权的，应当证明以下事实之一：(1)已经依法向公司出资或者认缴出资，且不违反法律法规强制性规定；(2)已经受让或者以其他形式继受公司股权，且不违反法律法规强制性规定。据此可知，股东向公司出资是确认其享有股东权的关键前提。

本案中，陈明以自己名义与张巡签订协议，款项也是转入陈明个人账户，则该投资协议仅存在于张巡与陈明个人之间。所以，在张巡与公司之间：第一，张巡并未因此成为公司股东；第二，张巡与公司之间不存在法律关系。因此，张巡不能向公司主张任何权利，只能向陈明主张违约责任，请求陈明返还自己所给付的资金以及相应的损害赔偿。

【案例3】2010年，赵某欲入股美森公司，股东白某、庄某和石某一致表示同意，于是赵某以现金出资50万元，公司出具了收款收据，但未办理股东变更登记。赵某还领取了2010年和2011年的红利共10万元，也参加了公司的股东会。

2012年开始，公司经营逐渐陷入困境。此时，赵某提出美森公司未将其登记为股东，所以自己的50万元当时是借款给美森公司的。

问题：赵某与美森公司是什么法律关系？为什么？

答案参考：赵某是美森公司的股东。

依据《公司法解释（三）》第22、23条的规定，当事人之间对股权归属发生争议，一方请求法院确认其享有股权的，应当证明已经依法向公司出资或者认缴出资，且不违反法律法规强制性规定。公司未依相关规定签发出资证明书、记载于股东名册并办理股东变更登记的，当事人可请求公司履行上述义务。

本案中，虽然赵某没有被登记为股东，但是他在2010年时出于自己的真实意思表示，愿意出资成为股东，其他股东及股东代表均同意，并且赵某也实际交付了50万元出资，参与了分红及公司的经营，这些行为均非债权人可为。所以，赵某是美森公司的股东。

（二）名义股东与实际出资人

概念	1. 名义股东（显名股东），是指登记于股东名册及公司登记机关的登记文件，但事实上并没有向公司出资的人。 2. 形式上：名义股东是公司的股东。 3. 实际出资人（实际股东），是实际出资并实际享有股东权利，但其姓名或者名称并未记载于公司股东名册及公司登记机关的登记文件的人，即公司的真实出资人
内部关系	实际出资人与名义股东：通过代持股协议确定双方权利义务，投资权益归属于实际出资人
外部关系	1. 实际出资人与公司： 经公司其他股东半数以上同意，履行股权转让手续后实际出资人方可显名。 2. 实际出资人与善意第三人： 股权转让合同有效；处分股权行为为有权处分；受让人应满足“善意＋对价＋手续全”的条件；内部赔偿。 3. 名义股东与公司债权人： 名义股东对公司债权人承担补充赔偿责任，可以向实际出资人追偿

主观题小案例

【案例1】在代持股协议中,实际出资人张三承诺一次性出资10万元,李四是名义股东。但到期张三实际仅出资2万元。

问题:当公司不能清偿时,谁承担补充赔偿责任?

答案参考:李四对债权人承担补充赔偿责任。因为债权人向公司股东追偿,而名义股东是李四,张三和李四的内部约定不得对抗债权人。李四在承担补充赔偿责任后,可依照代持股协议向张三追偿。

【案例2】李贝是A公司股东,其虽名为股东但实际上是受刘宝之托代其持股,李贝向公司缴纳的100万元出资实际上来自刘宝。2013年3月,在陈明同意的情况下,李贝将其名下股权转让给善意不知情的潘龙,并在公司登记中办理了相应的股东变更。

问题:李贝能否以自己并非真正股东为由,主张李贝对潘龙的股权转让行为无效?为什么?

答案参考:不能,该股权转让有效。

根据《公司法解释(三)》第25条第1款的规定,名义股东将登记于其名下的股权转让、质押或者以其他方式处分,实际出资人以其对于股权享有实际权利为由,请求认定处分股权行为无效的,人民法院可以参照善意取得的规定处理。

本案中,虽然李贝为名义股东,但其在对公司的关系上为真正的股东,其对股权的处分应为有权处分;股权的受让人潘龙主观上善意并办理了相应的股东变更,登记符合善意取得条件。所以,潘龙合法取得该股权,李贝不得主张该处分行为无效。

(三)冒名股东

冒名股东,指冒用他人名义出资并将该他人作为股东在公司登记机关登记,被冒名人对此不知情。被冒名者无权无责。冒名登记行为人应当承担相应责任。

《公司法解释(三)》第28条　冒用他人名义出资并将该他人作为股东在公司登记机关登记的,冒名登记行为人应当承担相应责任;公司、其他股东或者公司债权人以未履行出资义务为由,请求被冒名登记为股东的承担补足出资责任或者对公司债务不能清偿部分的赔偿责任的,人民法院不予支持

(四)"一股二卖"问题

第一次处分股权行为	有效。若第三人善意取得,则第一次受让股东可得到相应赔偿
第二次处分股权行为	1. 无权处分; 2. 第二次股权转让合同有效; 3. 第三人符合善意取得构成要件即可获得股权; 4. 第三人取得股权后,则第一次受让股东可获得相应赔偿

第四讲 公司治理结构

一、股东(大)会通知、召集程序(☆☆)

分类	有限公司	股份公司
定期会议	时间:章程规定。 召集程序: 1. 董事会召集(董事长主持→副董事长主持→推荐董事主持); 2. 监事会/监事召集 + 主持; 3. 代表1/10以上表决权的股东可以自行召集 + 主持	时间:每年召开一次。 召集程序: 1. 同有限公司; 2. 同有限公司; 3. 监事会不召集和主持的,连续90日以上单独或者合计持有公司10%以上股份的股东可以自行召集 + 主持
临时会议	时间:不定期。 提议召集人: 1. 代表1/10以上表决权的股东; 2. 1/3以上的董事; 3. 监事会或监事可提议召开临时会议。 召集程序:同定期会议	有下列情形之一的,应当在2个月内召开临时股东大会: 1. 董事人数不足《公司法》规定人数或者公司章程所定人数的2/3时; 2. 公司未弥补的亏损达实收股本总额1/3时; 3. 单独或者合计持有公司10%以上股份的股东请求时(提议召集); 4. 董事会认为必要时; 5. 监事会提议召开时
通知程序	1. 不得对通知中未列明的事项作出决议; 2. 于股东会议召开15日前通知全体股东;但是,章程规定或全体股东另有约定的除外; 3. 股东会应当对所议事项的决定作成会议记录,出席会议的股东应当在会议记录上签名	1. 不得对通知中未列明的事项作出决议; 2. 股东大会提前20日通知,临时股东大会提前15日通知; 3. 临时提案:单独或者合计持有3%以上股份的股东,可以在股东大会召开10日前提出临时提案;临时提案的内容应当属于股东大会职权范围,并有明确议题和具体决议事项

二、股东(大)会表决规则

分类	有限公司	股份公司
表决规则	章程优先;资本多数决	严格的资本多数决(一股一权)
重大事项	1. 改章程/增减资/合分散(合并、分立、解散)/变公司形式; 2. 经代表2/3以上表决权的股东通过(全体表决权)	1. 改章程/增减资/合分散(合并、分立、解散)/变公司形式(同有限公司); 2. 经出席会议的股东所持表决权的2/3通过(到会股东)
担保表决	1. 对外担保:按照章程规定,股东(大)会或董事会决议; 2. 对内担保:必须经股东(大)会决议,由出席会议的其他股东所持表决权的过半数通过	
投资	投资决议可由章程规定,由董事会或者股东(大)会决议	

三、董事会

分类	有限公司	股份公司
人数	3 ~ 13 人	5 ~ 19 人
组成	1. 董事的产生由股东会选举和更换； 2. 国有有限公司董事会中应当有职工代表(民主选举产生)； 3. 董事长的产生由章程规定	1. 股东代表出任的董事； 2. 可以有职工代表(民主选举产生)； 3. 董事长由董事会以全体董事的过半数选举产生
任期	章程规定。 1. 期满未改选 + 新董就任前 = 要履职； 2. 期内辞职 + 低于法定人数 + 新董就任前 = 要履职	同有限公司
召集程序和议事规则	1. 董事会会议由董事长召集和主持； 2. 董事会决议的表决，实行一人一票； 3. 出席会议的董事应当在会议记录上签名； 4. 其他董事会的议事方式和表决程序，由公司章程规定(章定)	1. 董事长召集和主持。 2. 代表 1/10 以上表决权的股东、1/3 以上董事或者监事会，可以提议召开董事会临时会议。董事长应当自接到提议后 10 日内，召集和主持董事会会议。 3. 出席会议的董事应当在会议记录上签名。 4. 董事会会议应有过半数的董事出席方可举行。董事会作出决议，必须经全体董事的过半数通过。(法定) 5. 一人一票
无因解除	董事任期届满前被股东会或者股东大会有效决议解除职务，其主张解除不发生法律效力的，人民法院不予支持。(公司与董事是委托关系，适用于委托合同) 董事职务被解除后，因补偿与公司发生纠纷提起诉讼的，人民法院应当依据法律、行政法规、公司章程的规定或者合同的约定，综合考虑解除的原因、剩余任期、董事薪酬等因素，确定是否补偿以及补偿的合理数额	

主观题小案例

【案例 1】A 有限公司注册资本为 5000 万元，股东为张三、李四、王五与赵六，公司不设董事会与监事会，张三担任董事长，赵六担任总经理并兼任监事。

问题：(1) A 有限公司不设董事会与监事会，是否符合法律规定？

(2) A 有限公司的治理结构，存在哪些不规范之处？

答案参考：(1) 符合。因为只有 4 名股东，符合"人数较少"的规定。

(2) 公司无董事会时，张三的职位不应是董事长，而应是执行董事；赵六不得同时担任总经理和监事。

【案例 2】张三为 A 公司执行董事。

问题：在章程无特别规定的情形下，他是否有权决定聘任李四为公司总经理？

答案参考：有权。A公司设执行董事，说明该公司无董事会，执行董事与董事会职权相同，故张三有权决定聘任高级管理人员。

【案例3】王五任甲公司董事长。

问题：在章程无特别规定的情形下，王五是否有权决定聘用赵六为公司总经理？

答案参考：无权。总经理职位属于公司高级管理人员范围，应当由董事会决定聘任，而非董事长个人决定。

四、监事会

分类	国有独资公司	有限公司	股份公司
人数	≥5人	≥3人（或1名至2名监事）	≥3人
组成	1. 国资委委派+职工代表； 2. 监事会主席：国资委从监事会成员中指定	1. 股东代表+职工代表（≥1/3）； 2. 监事会主席：全体监事过半数选举产生	1. 股东代表+职工代表（≥1/3）； 2. 监事会主席：全体监事过半数选举产生
会议召开	每年度至少召开1次会议		每6个月至少召开1次会议
议事方式和表决程序	1. 监事会决议应当经半数以上监事通过； 2. 监事会应当对所议事项的决定作成会议记录，出席会议的监事应当在会议记录上签名； 3. 除《公司法》有规定的外，由公司章程规定		
任期	1. 每届3年，可以连选连任； 2. 监事未及时改选或辞职，导致监事会成员低于法定人数的，在新监事就任前，原监事仍要履行监事职务		
兼任禁止	董事、高级管理人员不得兼任监事		

主观题小案例

【案例】刘昌担任公司董事长，钱顺担任总经理并兼任监事。刘昌与钱顺爆发严重冲突，后发生了钱顺以监事身份来罢免刘昌董事长的情况。

问题：钱顺以监事身份来罢免刘昌董事长职位是否合法？为什么？

答案参考：不合法。

根据《公司法》第78条第2项的规定，监事会、不设监事会的公司的监事行使的职权包括对董事、高级管理人员执行公司职务的行为进行监督，对违反法律、行政法规、公司章程或者股东会决议的董事、高级管理人员提出解任的建议。据此可知，监事对公司董事只有罢免建议权，而无决定权。

本案中，钱顺的身份为公司监事，他无权罢免董事，只有建议权。因此，刘昌的董事长地位不受影响。

五、股东会(董事会)决议的效力

有效决议	决议内容、程序均无瑕疵
无效决议(内容违法)	1. 决议内容违反法律、行政法规; 2. 诉讼中,股东、董事、监事为原告,公司为被告; 3. 决议被确认无效或者撤销的,公司依据该决议与善意相对人形成的民事法律关系不受影响
未成立决议	1. 含义:(1)公司未召开会议的;(2)会议未进行表决的;(3)出席会议的人数或者股东所持表决权不合《公司法》或章程规定的;(4)会议的表决结果未达到《公司法》或章程规定的通过比例的。 2. 诉讼中,股东、董事、监事为原告,公司为被告
可撤销决议(程序违法、违章,内容违章)	1. 含义:(1)作出决议的程序违法;(2)作出决议的程序违反章程;(3)决议的内容违反章程。但会议召集程序或者表决方式仅有轻微瑕疵,且对决议未产生实质影响的,股东不可请求撤销该决议。 2. 诉讼中: (1)原告需要在起诉时具有股东资格。一审法庭辩论终结前,其他有原告资格的人以相同的诉讼请求申请参加诉讼的,可以列为共同原告。 (2)公司为被告。 (3)决议涉及的其他利害关系人,可列为第三人。 3. 股东可以自决议作出之日起60日内,请求法院撤销。法院可以应公司的请求,要求股东提供相应担保

主观题小案例

【案例】甲公司有三位股东A、B、C,三人组成董事会。公司章程规定:董事会享有解聘经理等职权;董事会须由2/3以上的董事出席;董事会决议由占全体股东2/3以上的董事表决通过有效。某日公司召开董事会,三位董事均出席,会议形成了"鉴于总经理B不经董事会同意私自动用公司资金在二级市场炒股,造成巨大损失,现免去其总经理职务,即日生效"的决议。该决议由A、C签名,B未在该决议上签名。经查,B私自炒股事实存在重大偏差。

问题:甲公司董事会免去B总经理职务的决议是否有效?

答案参考:有效。

根据《公司法》第26条的规定,董事会的会议召集程序、表决方式违反法律、行政法规或者公司章程,或者决议内容违反公司章程的,股东可以自决议作出之日起60日内,请求人民法院撤销。

本案中,首先,董事会决议中关于"私自动用公司资金在二级市场炒股,造成巨大损失"的陈述,仅是董事会免去B总经理职务的原因,而决议内容是免去B总经理职务,该内容本身并不违反公司章程,也不违反《公司法》的规定,因此董事会决议免去B总经理职务的原因如果不存在,并不会导致董事会决议的撤销。

其次,本案中,三位董事均出席董事会,且董事会决议由三名股东(兼董事)中的两名表决通过,未违反法律、行政法规或公司章程的规定。

从上述分析可知,该项决议内容合法、程序无明显瑕疵,是有效决议。

第五讲 股权转让

一、有限责任公司股权协议转让(☆☆)

<table>
<tr><td colspan="2">股权对内转让</td><td>自由转,其他股东无优先购买权</td></tr>
<tr><td rowspan="2">股权对外转让(章定优先)</td><td>一般规则</td><td>有限责任公司股东对外转让,其他股东享有优先购买权。取消了其他股东过半数同意的规则</td></tr>
<tr><td>优先购买权的行使规则</td><td>1. 股东向股东以外的人转让股权的,应当将股权转让的数量、价格、支付方式和期限等事项书面通知其他股东,其他股东在同等条件下有优先购买权。
2. 股东自接到书面通知之日起 30 日内未答复的,视为放弃优先购买权。
3. 两个以上股东行使优先购买权的,协商确定各自的购买比例;协商不成的,按照转让时各自的出资比例行使优先购买权。
4. 法院强制执行程序转让股东的股权时,应当通知公司及全体股东,其他股东同等条件下有优先购买权。其他股东自收到人民法院通知之日起满 20 日不行事优先购买权,视为放弃</td></tr>
</table>

主观题小案例

【案例 1】股东张三对外转让股权,外人李四一次付清股款 10 万元,另一股东王五也同意支付股款 10 万元,但要分 10 期付清。

问题:王五是否享有优先购买权?

答案参考:不享有。

根据《公司法》第 71 条第 3 款的规定,股权对外转让时,在同等条件下其他股东可主张优先购买转让股权。此处"同等条件",应当考虑转让股权的数量、价格、支付方式及期限等因素。

本案中,外人李四一次付款的条件比股东王五分期付款更加有利,股东王五不符合"同等条件",所以,王五不享有优先购买权。

【案例 2】A 公司章程规定,若股东死亡,其他股东对该部分股权享有优先购买权。

问题:该约定是否有效?

答案参考:有效。

根据最高人民法院《关于适用〈中华人民共和国公司法〉若干问题的规定(四)》(以下简称《公司法解释(四)》)第 16 条的规定,有限责任公司的自然人股东因继承发生变化时,其他股东是否可主张行使优先购买权,可依据章程规定或者全体股东约定。

所以本案 A 公司章程约定是有效的。

【案例 3】张三是 A 公司的股东,在离婚协议中约定将其所持股权的 50% 补偿给其妻。

问题:其妻能否依据该离婚协议取得张三一半的股权?

答案参考:不一定。

依据《公司法》第 84 条的规定,有限责任公司股东向股东以外的人转让股权的,应当将股权转让的数量、价格、支付方式和期限等事项书面通知其他股东,其他股东在同等条件下有优先购买权。本案中,张三是A公司的股东,但其妻子并非A公司股东,两人基于离婚协议对股权进行了分割,如果公司股东有愿意出同等价款作为补偿给张三的妻子,张三的妻子就不能取得股权。如果其他股东放弃优先购买权,则张三的妻子可以取得股权。

【案例4】2007年2月,甲、乙、丙、丁、戊五人共同出资设立A贸易有限责任公司。公司章程规定:公司注册资本500万元;持股比例各20%;甲、乙各以100万元现金出资,丙以自有房屋出资,丁以专利权出资,戊以设备出资,各折价100万元;甲任董事长兼总经理,负责公司经营管理;公司前5年若有利润,甲得28%,其他四位股东各得18%,从第6年开始平均分配利润。戊不幸于2008年5月地震中遇难,其13岁的儿子幸存下来。

问题:戊13岁的儿子能否继承戊的股东资格而成为A贸易有限责任公司的股东?为什么?

答案参考:戊13岁的儿子可以继承戊的股东资格而成为A贸易有限责任公司的股东。

根据《公司法》第90条的规定,自然人股东死亡后,其合法继承人可以继承股东资格;但是,公司章程另有规定的除外。

本案中,公司章程对继承问题没有规定,则自然人死亡后,其合法继承人可以继承股东资格,并且《公司法》并不要求股东为完全行为能力人,故戊13岁儿子的继承股东资格是合法有效的。

【案例5】泰伯公司股东分别为吴某崎(占股35%)、吴某民(占股60%)、吴某某(占股5%)。2012年2月1日,吴某民向吴某崎发出《股权转让通知书》,载明"本人自愿以15万元价格转让1%股权,30日内书面答复商定转让事宜。逾期将视为同意向他人转让"。吴某崎表示愿意购买但价格太高,于是放弃。同年3月10日,吴某民与吴某磊签订《股权转让协议(一)》,以15万元价格出让了1%的股权并办理了股权变更登记。同年10月29日,吴某民与吴某磊签订《股权转让协议(二)》,以62万元出让给吴某磊59%的股权并办理了股权变更登记(以此测算第二次股权转让价格约为每1%价格1.05万元)。吴某崎以侵犯其股东优先购买权为由提起诉讼,吴某民也表示第一次股权转让价格比第二次要价高,目的是让吴某磊取得股东身份。

问题:吴某崎可以主张何种救济措施?

答案参考:吴某崎可以侵犯其股东优先购买权为由提起诉讼。

《公司法解释(四)》第21条第1、2款规定:"有限责任公司的股东向股东以外的人转让股权,未就其股权转让事项征求其他股东意见,或者以欺诈、恶意串通等手段,损害其他股东优先购买权,其他股东主张按照同等条件购买该转让股权的,人民法院应当予以支持……前款规定的其他股东仅提出确认股权转让合同及股权变动效力等请求,未同时主张按照同等条件购买转让股权的,人民法院不予支持,但其他股东非因自身原因导致无法行使优先购买权,请求损害赔偿的除外。"

本案中,吴某民在7个月左右的时间内以极其悬殊的价格两次转让股权(第一次转让1%的股权价格为15万元,第二次股权转让测算约每1%价格为1.05万元),在公司资产没有发生显著变化的情形下,价格相差达巨大,这是不符合商业实践的。如果单纯从法律规则和技术层面上分析,这两步转让股权的操作并不违反《公司法》第84条的规定,但此操作的确达到了排除现有股东(吴某崎)行使优先购买权的目的,导致《公司法》关于股东优先购买权的立法目的落空。民商事活动应当遵循诚信原则,民事主体依法行使权利,不得恶意规避法律,侵犯第三人利益。

综上所述,吴某崎可以侵犯其股东优先购买权为由提起诉讼。

二、股份公司股权转让

原则	1. 可平价、可溢价,禁折价。 2. 自由转让(证券交易场所)
限制规定	1. 发起人自公司成立之日起 1 年内不得转让;自公司上市交易之日起 1 年内不得转让; 2. 董监高自公司上市交易之日起 1 年内不得转让;离职后半年内不得转让;任职期间每年转让的股份≤其所持有本公司股份总数的 25%
股份公司回购规则	原则:公司不得收购本公司股份。 例外(可回购的情形): 情形 1:减资。(股东大会决议 + 自收购之日起 10 日内注销) 情形 2:与持有本公司股份的其他公司合并。(股东大会决议 +6 个月内转让或注销) 情形 3:将股份用于员工持股计划或者股权激励。[(1)可依照章程规定或股东大会的授权,经 2/3 以上董事出席的董事会会议决议;(2)公司合计持有的本公司股份数不得超过本公司已发行股份总额的 10%;(3)3 年内转让或者注销] 情形 4:股东对公司合并、分立决议持异议。(6 个月内转让或者注销) 情形 5:将股份用于转换上市公司发行的可转换为股票的公司债券。(收购要求和情形 3 相同) 情形 6:上市公司为维护公司价值及股东权益所必需。(收购要求和情形 3 相同) 【特别规定】上市公司收购本公司股份的,应当依照《证券法》的规定履行信息披露义务。上市公司因上述情形 3、情形 5、情形 6 收购本公司股份的,应当通过公开的集中交易方式进行
质权	公司不得接受本公司的股票作为质押权的标的

三、强制执行程序中的股权转让(☆)

股权被强制执行	1. 应当通知公司及全体股东;(法院通知,无须其他股东同意) 2. 其他股东在同等条件下有优先购买权; 3. 其他股东自法院通知之日起满 20 日不行使优先购买权的,视为放弃优先购买权

四、异议股东的股权收购请求权(纵向收购)

异议股东的股权收购请求权	《公司法》第 89 条　有下列情形之一的,对股东会该项决议投反对票的股东可以请求公司按照合理的价格收购其股权: (一)公司连续 5 年不向股东分配利润,而公司该 5 年连续盈利,并且符合本法规定的分配利润条件的; (二)公司合并、分立、转让主要财产的; (三)公司章程规定的营业期限届满或者章程规定的其他解散事由出现,股东会会议通过决议修改章程使公司存续的。 自股东会决议作出之日起 60 日内,股东与公司不能达成股权收购协议的,股东可以自股东会决议作出之日起 90 日内向人民法院提起诉讼公司的控股股东滥用股东权利,严重损害公司或者其他股东利益的,其他股东有权请求公司按照合理的价格收购其股权。公司因本条第 1 款、第 3 款规定的情形收购的本公司股权,应当在 6 个月内依法转让或者注销。

第六讲　股东的权利

一、股东知情权(☆)

分类	内容
有限公司	1. 有权查阅、复制公司章程、股东会会议记录、董事会/监事会会议决议、财务会计报告； 2. 要求查阅公司会计账簿(不能复制)、会计凭证； 3. 股东应提出书面请求,公司可拒绝(股东有不正当目的,如同业竞争+泄密),股东可起诉(知情权之诉,公司为被告)； 4. 股东查阅前款规定的材料,可以委托会计师事务所、律师事务所等中介机构进行； 5. 股东及其委托的会计师事务所、律师事务所等中介机构查阅、复制有关材料,应当遵守有关保护国家秘密、商业秘密、个人隐私、个人信息等法律、行政法规的规定； 6. 股东要求查阅、复制公司全资子公司相关材料的,适用前款的规定
股份公司	1. 股东有权查阅公司章程、股东名册、公司债券存根、股东大会会议记录、董事会/监事会会议决议、财务会计报告(不能查阅会计账簿),对公司的经营提出建议或者质询； 2. 股东依据法律或章程规定起诉请求查阅公司特定文件材料的,法院应当予以受理

主观题小案例

【案例】张三向甲公司邮寄《查阅会计账簿申请函》,申请函记载"为能全面了解贵公司的真实经营状况、财务状况,维护张三作为股东的合法权益,现请求对下列材料进行查阅:2008 年 1 月 1 日~2015 年 12 月 31 日的会计账簿"。

另查明:张三同时是 A 公司与 B 公司的法定代表人。该两家公司的经营范围与甲公司营业执照上所列经营范围具有相同或相似的情况。但这两家公司在 2014 年度、2015 年度、2016 年度中作为计税依据的各项销售额均为零;2016 年度、2017 年度缴纳各项保险金的职工数量为零。

问题:甲公司能否以张三查阅会计账簿有不正当目的并可能损害公司合法利益为由拒绝提供查阅?

答案参考:不能拒绝。

根据《公司法解释(四)》第 8 条第 1 项的规定,股东自营或者为他人经营与公司主营业务有实质性竞争关系业务的,法院应当认定股东在查账时有不正当目的,公司可以以此为由拒绝提供查阅。

本案中,张三提出书面请求并说明了查阅账簿的目的,其行使股东知情权程序正当。同时,张三作为法定代表人的 A 公司与 B 公司未正常营业,二者与甲公司存在同业竞争关系的主张并无事实依据。所以,甲公司拒绝作为股东的张三查阅公司会计账簿的请求没有事实与法律依据。

二、股东利润分配请求权(分红权)

<table>
<tr><td rowspan="3">利润分配请求权</td><td colspan="2">原则:非有盈余不得分配</td></tr>
<tr><td>有限公司</td><td>约定优先,实缴补充(违规分配所得需退还公司)。</td></tr>
<tr><td>股份公司</td><td>约定优先,实持补充(违规分配所得需退还公司)。
股份公司持有的本公司股份不得分配利润</td></tr>
<tr><td>利润分配请求权之诉</td><td colspan="2">1. 公司为被告。
2. 一审法庭辩论终结前,其他股东基于同一分配方案请求分配利润并申请参加诉讼的,应当列为共同原告。
3. 股东提交载明具体分配方案的股东(大)会的有效决议,请求公司分配利润,公司拒绝分配利润且其关于无法执行决议的抗辩理由不成立的,法院应当判决公司按照决议载明的具体分配方案向股东分配利润。
4. 股东未提交载明具体分配方案的股东(大)会决议,请求公司分配利润的,法院应当驳回其诉讼请求。但违反法律规定滥用股东权利导致公司不分配利润,给其他股东造成损失的除外。
5. 最高人民法院《关于适用〈中华人民共和国公司法〉若干问题的规定(五)》(以下简称《公司法解释(五)》)第 4 条:分配利润的股东会或者股东大会决议作出后,公司应当在决议载明的时间内完成利润分配。决议没有载明时间的,以公司章程规定的为准。决议、章程中均未规定时间或者时间超过 1 年的,公司应当自决议作出之日起 1 年内完成利润分配。
决议中载明的利润分配完成时间超过公司章程规定时间的,股东可以依据《民法典》第 85 条、《公司法》第 26 条第 1 款规定请求人民法院撤销决议中关于该时间的规定</td></tr>
</table>

三、股东代表诉讼权(☆☆☆☆)

1. 股东代表诉讼,又称派生诉讼、股东代位诉讼,是指当公司的合法权益受到不法侵害而公司却怠于起诉时,股东以自己的名义起诉,所获赔偿归于公司的一种诉讼制度。

2. 适用情形及救济对象

(1)股东代位诉讼的主要适用情形是董事、监事、高管、控股股东以及其他人非法侵害公司利益。所要救济的是被侵害的公司的权益,而非股东的个人权益。

(2)关联交易:

①关联交易并不被法律所禁止,但正当的关联交易应该符合诚信透明、程序严谨、对价公允等条件。

②实施后的关联交易损害公司利益,行为人需承担赔偿责任:

第一,董事、高管利用关联交易损害公司利益的,公司可请求其赔偿对公司所造成的损失;

第二,公司怠于提起诉讼的,符合法定条件的股东可依法提起代位诉讼;

第三,不能仅仅以程序合规而免责。被告仅以该交易已经履行了信息披露、经股东会或者股东大会同意等法律、行政法规或者公司章程规定的程序为由抗辩的,人民法院不予支持。

③尚未实施的关联交易合同效力:

如果关联交易合同存在无效、可撤销或者对公司不发生效力的情形,公司没有起诉合同相对方的，符合法定条件的股东可依法提起代位诉讼，请求撤销该合同或确认该合同无效。

(3)单纯的董事、高管未尽忠诚、勤勉义务不具备可诉性。

3. 先诉救济

(1)确认公司怠于追究：明确拒绝 + 30 天内不起诉 + 客观情况紧急；

(2)先诉救济程序豁免：如果查明的相关事实表明，根本不存在公司起诉的可能性，比如：董事长、监事会主席都是被告或公司治理结构已经瘫痪等，人民法院不应当以原告未履行前置程序为由驳回起诉。

(3)公司全资子公司的董事、监事、高级管理人员有前条规定情形，或者他人侵犯公司全资子公司合法权益造成损失的，有限责任公司的股东、股份有限公司连续一百八十日以上单独或者合计持有公司百分之一以上股份的股东，可以依照前三款规定书面请求全资子公司的监事会、董事会向人民法院提起诉讼或者以自己的名义直接向人民法院提起诉。

(4)董事、高级管理人员执行职务，给他人造成损害的，公司应当承担赔偿责任；董事、高级管理人员存在故意或者重大过失的，也应当承担赔偿责任。

(5)公司的控股股东、实际控制人指示董事、高级管理人员从事损害公司或者股东利益的行为的，与该董事、高级管理人员承担连带责任。

(6)公司可以在董事任职期间为董事因执行公司职务承担的赔偿责任投保责任保险。

公司为董事投保责任保险或者续保后，董事会应当向股东会报告责任保险的投保金额、承保范围及保险费率等内容。

4. 诉讼

接受请求[公司相应机关(董事会或监事会)接受股东上述书面请求]：公司直接诉讼 董监代表公司，公司自己为原告，侵权人为被告	拒绝请求[公司相应机关(董事会或监事会)拒绝提起诉讼]：股东代表诉讼 该股东为原告，董监高、他人为被告，公司为第三人； 【注意】该股东起诉时具有股东资格即可，胜诉利益归属于公司，败诉费用由股东自己承担

5. 反诉与调解

(1)反诉：

股东提起股东代表诉讼后，被告以原告股东恶意起诉侵犯其合法权益为由提起反诉的，法院应予受理。被告以公司在案涉纠纷中应当承担侵权或者违约等责任为由对公司提出的反诉，因不符合反诉的要件，人民法院应当裁定不予受理；已经受理的，裁定驳回起诉。

(2)调解：

①只有在调解协议经公司股东(大)会、董事会决议通过后，人民法院才能出具调解书予以确认；

②具体决议机关，取决于公司章程的规定。公司章程没有规定的，人民法院应当认定公司股东(大)会为决议机关。

主观题小案例

【案例】甲与乙分别出资 60 万元和 240 万元共同设立 A 有限责任公司，由乙任执行董事并负责公司经营管理，甲任监事。乙同时为其个人投资的 B 有限责任公司的总经理。B 有限责任公司需要租用仓库,乙擅自决定将A有限责任公司的一处房屋以较低价格出租给B有限责任公司。

甲知悉上述情况后,向乙提议召开一次股东会以解决问题,乙以业务太忙为由迟迟未答应开会。

问题:针对乙将A有限责任公司的房屋低价出租给B有限责任公司的行为,甲可以采取什么法律措施?

答案参考:甲可以为公司利益向法院提起股东代表诉讼。

根据《公司法》第187条的规定,公司合法权益受到董事、高级管理人员的损害,而公司又不能自行提起诉讼的情况下,股东可以提起股东代表诉讼以维护公司利益。

本案中,乙作为A有限责任公司的执行董事,擅自将A有限责任公司的房屋低价出租,损害了A有限责任公司的利益。由于这并非股东甲的个人利益受损,所以股东甲为了维护A有限责任公司利益,可以采取的法律措施是提起股东代表诉讼。

四、股东会的召集权、表决权(☆☆)

分类	有限公司	股份公司
临时召集权	代表1/10以上表决权的股东,提议召开临时会议的,应当召开临时会议	单独或者合计持有公司10%以上股份的股东请求时,应当在2个月内召开临时股东大会
自行召集权	董事会不履行召集股东会会议职责的、监事会不召集和主持的,代表1/10以上表决权的股东可以自行召集和主持	董事会不能履行、监事会不召集和主持的:连续90日以上单独或者合计持有公司10%以上股份的股东可以自行召集和主持
表决权	1. 股东会会议由股东按照出资比例行使表决权;但是,公司章程另有规定的除外; 2. 股东会会议作出修改公司章程、增加或者减少注册资本的决议,以及公司合并、分立、解散或者变更公司形式的决议,必须经代表2/3以上表决权的股东通过	1. 股东出席股东大会会议,所持每一股份有一表决权; 2. 股东大会作出修改公司章程、增加或者减少注册资本的决议,以及公司合并、分立、解散或者变更公司形式的决议,必须经出席会议的股东所持表决权的2/3以上通过

第七讲　公司的经营

一、公司债务清偿问题(☆☆)

总分公司	总公司	又称本公司,是指依法设立并管辖公司全部组织的具有企业法人资格的总机构
	分公司	指在业务、资金、人事等方面受到本公司管辖而不具有法人资格的分支机构
		1. 分公司应当向公司登记机关申请登记,领取营业执照,其是独立的诉讼主体。 2. 分公司不具有法人资格,不能独立承担责任,其民事责任由总公司承担;但是分公司有权以自己的名义缔约(总公司授权范围内缔约)和进行诉讼(具有原被告资格等)

续表

母子公司	母公司	指拥有其他公司一定数额的股份或根据协议能够控制、支配其他公司的人事、财务、业务等事项的公司
	子公司	指一定数额的股份被另一公司控制或依照协议被另一公司实际控制、支配的公司。(母公司持有子公司的股权,母公司是子公司的股东)
		子公司具有独立的法人资格,依法独立承担民事责任,系独立的公司
股东的有限责任原则	1. 基于公司是企业法人,有独立的法人财产,所以公司以其全部财产对公司的债务承担责任; 2. 作为公司的出资人,股东除按认缴出资(认购股份)缴足出资款外,对公司的债务不承担清偿责任; 3. 股东承担有限责任的基础为:认缴的出资额或认购的股份数额。(认缴出资≥实缴出资) 4. 强调:有限责任是指股东承担有限责任,而不是公司承担有限责任	

二、法人人格否认制度(☆☆☆☆)

1. 概念:公司法人人格否认制度(刺破公司面纱),是指为阻止公司独立法人人格的滥用和保护公司债权人利益及社会公共利益,就具体法律关系中的特定事实,否认公司与其背后的股东各自独立的人格及股东的有限责任,责令股东对公司的债务直接负责的一种法律措施。

2. 适用情形:

(1)情形:公司股东滥用公司法人独立地位和股东有限责任,逃避债务。

(2)后果:严重损害公司债权人利益,是指公司丧失清偿能力的情形。从现实意义上来讲,法人人格否认制度的适用往往隐含了公司资不抵债的前提。

(3)责任:股东对公司债务承担连带责任。股东利用其控制的两个以上公司实施上述行为,各公司应当对任一公司的债务承担连带责任。

3. 股东滥用权利的常考情形(结合《九民纪要》整理):

(1)人格混同:认定公司人格与股东人格是否存在混同,最根本的判断标准是公司是否具有独立意思和独立财产,最主要的表现是公司的财产与股东的财产是否混同且无法区分。在认定是否构成人格混同时,应当综合考虑以下因素:

①股东无偿使用公司资金或者财产,不作财务记载的;

②股东用公司的资金偿还股东的债务,或者将公司的资金供关联公司无偿使用,不作财务记载的;

③公司账簿与股东账簿不分,致使公司财产与股东财产无法区分的;

④股东自身收益与公司盈利不加区分,致使双方利益不清的;

⑤公司的财产记载于股东名下,由股东占有、使用的。

(2)过配与控制

控制股东对公司过度支配与控制,操纵公司的决策过程,使公司完全丧失独立性,沦为控制股东的工具或躯壳,严重损害公司债权人利益,应当否认公司人格,由滥用控制权的股东对公司债务承担连带责任。

(3)资本显著不足

公司设立后在经营过程中,股东实际投入公司的资本数额与公司经营所隐含的风险相比明显不匹配。股东利用较少资本从事力所不及的经营,表明其没有从事公司经营的诚意,实质是恶意利用公司独立人格和股东有限责任把投资风险转嫁给债权人。

4. 诉讼当事人

(1)先告公司已经胜诉,告股东连带责任:原告是债权人,被告是股东,公司作为第三人。

(2)同时告公司和股东:原告是债权人,被告是公司+股东为共同被告。

(3)直接告股东:原告是债权人,被告是法院应当向债权人释明,告知其追加公司为共同被告。债权人拒绝追加的,裁定驳回起诉。

5. 限制适用规定

公司人格否认制度只是公司独立法人资格的补充,不是一概地否认公司人格的独立性。适用该原则时遵循个案适用的原则,对公司人格在某时某事上否认。

(1)"只抓坏人":只有实施了滥用法人独立地位和股东有限责任行为的股东才对公司债务承担连带清偿责任,而其他股东不应承担此责任。

(2)"对事不对人":公司人格否认不是全面、彻底、永久地否定公司的法人资格而只是在具体案件中依据特定的法律事实、法律关系,突破股东对公司债务不承担责任的般规则,例外地判令其承担连带责任。人民法院在个案中否认公司人格的判决的既判力仅仅约束该诉讼的各方当事人,不当然适用于涉及该公司的其他诉讼,不影响公司独立法人资格的存续。

主观题小案例

【案例1】横向人格混同

川交工贸公司拖欠徐工机械公司货款10,511,710.71元。川交机械公司股东为王某礼、倪某。瑞路公司股东为王某礼、倪某。川交工贸公司股东为张某蓉(占90%股份)、吴某(占10%股份),其中张某蓉系王某礼之妻。在公司人员方面,三个公司经理均为王某礼,财务负责人均为凌某,出纳会计均为卢某,工商手续经办人均为张某;三个公司的管理人员存在交叉任职的情形。在公司业务方面,三个公司在市场监督管理部门登记的经营范围均涉及工程机械且部分重合,三个公司均从事相关业务,且相互之间存在共用统一格式的《销售部业务手册》《二级经销协议》及结算账户的情形;三个公司在对外宣传中区分不明。在公司财务方面,三个公司共用结算账户,凌某、卢某、汤某、过某的银行卡中曾发生高达亿元的往来,资金的来源包括三个公司的款项,对外支付的依据仅为王某礼的签字。

问题:如果发生债务纠纷,债权人应当如何维权?

答案参考:川交工贸公司与川交机械公司、瑞路公司在人员、业务、资产等方面出现混同,可以参照《公司法》第23条第1款的规定,由川交机械公司、瑞路公司对川交工贸公司的债务承担连带清偿责任。

【案例2】纵向人格混同

2010年李某明在甲公司工作期间发生工伤事故,造成右上肢截肢,经法定程序认定为工伤。经仲裁和诉讼程序,法院终审判决甲公司赔偿李某明55万余元,但甲公司无财产可供执行。法院另查明,陈某良、陈某胜是甲公司股东,二人为父子关系。2011 年 4 月,陈某良、陈某胜将甲公司经营地址变更,面积由数千平方米缩减至数十平方米。2011 年 3 月,陈某胜与他人在甲公司原地址成立乙公司,其经营范围与甲公司一致,陈某胜任乙公司法定代表人,并持股 90%。

问题:甲公司欠李某明的债务,陈某良、陈某胜是否承担责任?

答案参考:陈某良、陈某胜的上述行为已经具备滥用法人独立地位和股东有限责任以逃避债务的外观,且陈某良、陈某胜未能证明其行为的合理性,故陈某良、陈某胜应对甲公司欠李某明的 55 万余元债务承担连带责任。

【案例 3】A 公司的两个股东是甲公司和乙公司。甲公司持股 70% 并派员担任董事长,乙公司持股 30%。后甲公司将 A 公司的资产全部用于甲公司的某大型投资项目,待债权人丙公司要求 A 公司偿还货款时,发现 A 公司的资产不足以清偿。

问题:A 公司不能清偿时,谁应对丙公司的债务承担清偿责任?

答案参考:甲公司滥用股东权利,应对丙公司的债务承担连带清偿责任。

根据《公司法》第 23 条第 1 款的规定,公司股东滥用公司法人独立地位和股东有限责任,逃避债务,严重损害公司债权人利益的,应当对公司债务承担连带责任。

本案中,甲公司凭借大股东便利将 A 公司的资产全部挪为己用,滥用股东权利,导致 A 公司的资产不足以清偿债务,损害了债权人丙公司的利益。所以,应当否认 A 公司的法人人格,由甲公司对该笔债务承担连带清偿责任。

【案例 4】2014 年 3 月,A1 装饰公司与甲银行签订了 100 万元的贷款合同。贷款合同逾期后,A1 装饰公司不能清偿。现查明,A1、A2、A3 三公司股权关系交叉,在同一地址办公,联系电话相同,财务管理人员在一段时期内也相同。在经营过程中,A1 装饰公司将上述贷款大量投入 A3 公司的主题公园项目,A1 装饰公司的大量财产转移至 A2 公司名下,三个公司还共同为 A1 装饰公司的贷款还本付息。

问题:A1 装饰公司不能清偿时,甲银行可以向谁主张权利?

答案参考:甲银行可以向 A1 装饰公司主张清偿责任,还可以向 A2 公司、A3 公司主张承担连带责任。

根据《公司法》第 23 条第 1 款的规定,公司股东滥用公司法人独立地位和股东有限责任,逃避债务,严重损害公司债权人利益的,应当对公司债务承担连带责任。

本案中,A1、A2、A3 三公司股权关系交叉,办公地址、联系电话、财务管理人员等均相同,A1 装饰公司的资产还被转移。这些证据说明 A1 装饰公司的股东有滥用公司法人独立地位的情形,符合公司法人人格否认的要件。所以,本案债权人甲银行可以向 A1 装饰公司主张清偿责任,还可以向 A2 公司、A3 公司主张承担连带责任。

三、公司担保问题(☆)

对外担保	公司为外人提供非关联担保: 1. 公司向其他企业投资或者为他人提供担保,按照章程的规定,由董事会或股东会决议。因为担保行为不是法定代表人所能单独决定的事项,必须以公司机关的决议为授权的基础和来源。 2. 公司章程对担保总额及单项担保数额有限额规定的,不得超过规定的限额。 3. 相对人(债权人)要符合善意: (1)指相对人在订立担保合同时不知道且不应当知道法定代表人超越权限,即不知未经股东会或者董事会决议; (2)相对人有证据证明已对公司决议进行合理审查的,人民法院应当认定其构成善意,但是公司有证据证明相对人知道或者应当知道决议系伪造、变造的除外。 4. 公司的分支机构未经公司股东(大)会或者董事会决议,以自己的名义对外提供担保的,公司或者其分支机构不承担担保责任,但是相对人不知道且不应当知道分支机构对外提供担保未经公司决议的除外
对内担保	为公司股东或实际控制人提供关联担保: 1. 公司为本公司股东或实际控制人提供担保的,必须经股东(大)会决议; 2. 该项表决由出席会议的其他股东所持表决权的过半数通过;(防止内部人控制股东会表决) 3. 相对人(债权人)要符合善意: (1)债权人应当证明其在订立合同时对股东(大)会决议进行了审查,决议的表决程序符合规定,即在排除被担保股东表决权的情况下,该项表决由出席会议的其他股东所持表决权的过半数通过,签字人员也符合公司章程的规定; (2)一人有限责任公司为其股东提供担保,公司以违反《公司法》关于公司对外担保决议程序的规定为由主张不承担担保责任的,人民法院不予支持。 公司因承担担保责任导致无法清偿其他债务,提供担保时的股东不能证明公司财产独立于自己的财产,其他债权人请求该股东承担连带责任的,人民法院应予支持
越权担保	越权担保的民事责任(完全按照《民法典》处理): 1. 相对人善意的,担保合同对公司发生效力;公司承担担保责任。 2. 相对人非善意的,担保合同对公司不发生效力;相对人可请求公司承担赔偿责任(或公司依据过错承担赔偿责任)
其他担保责任	根据最高人民法院《关于适用〈中华人民共和国民法典〉有关担保制度的解释》(以下简称《担保制度解释》)第8条第1款的规定,有下列情形之一,公司以其未依照《公司法》关于公司对外担保的规定作出决议为由主张不承担担保责任的,人民法院不予支持(公司要承担担保责任): 1. 金融机构开立保函或者担保公司提供担保; 2. 公司为其全资子公司开展经营活动提供担保; 3. 担保合同系由单独或者共同持有公司2/3以上对担保事项有表决权的股东签字同意
关联扩展	以新贷还旧贷,是指债权人(银行等金融机构)与债务人在旧贷未清偿等情况下,签订新贷款合同,以新贷款偿还全部或部分旧贷款等行为。 主合同当事人协议以新贷偿还旧贷,债权人请求旧贷的担保人承担担保责任的,人民法院不予支持;债权人请求新贷的担保人承担担责任的,按照下列情形处理: (1)新贷与旧贷的担保人相同的,人民法院应予支持; (2)新贷与旧贷的担保人不同,或者旧贷无担保新贷有担保的,人民法院不予支持,但是债权人有证据证明新贷的担保人提供担保时对以新贷偿还旧贷的事实知道或者应当知道的除外。 主合同当事人协议以新贷偿还旧贷,旧贷的物的担保人在登记尚未注销的情形下同意继续为新贷提供担保,在订立新的贷款合同前又以该担保财产为其他债权人设立担保物权,其他债权人主张其担保物权顺位优先于新贷债权人的,人民法院不予支持。

主观题小案例

【案例 1】2007 年 2 月,甲、乙、丙、丁、戊五人共同出资设立 A 有限责任公司。B 公司总经理王五系甲的好友,B 公司向建设银行借款 1000 万元,借期 1 年,王五请求 A 公司提供担保。甲说:"公司章程规定我只有 300 万元的担保决定权,超过了要上报股东会决议才行。"王五说:"你放心,我保证 1 年到期就归还银行,到时候与你公司无关,只是按银行要求做个手续。"甲碍于情面,自己决定以公司名义给 B 公司的贷款银行出具了一份担保函。

问题:A 公司是否有权请求法院确认其向建设银行出具的担保函无效?为什么?

答案参考:本题需要分情况讨论。

《公司法》第 16 条对法定代表人的代表权进行了限制。法定代表人的担保行为必须以公司股东(大)会、董事会等公司机关的决议作为授权的基础和来源。法定代表人未经授权擅自为他人提供担保的,构成越权代表,法院应当根据《民法典》关于法定代表人越权代表的规定,区分订立合同时债权人是否善意分别认定合同效力,债权人善意的,合同有效;反之,合同无效。

本案中,由于甲未经股东会决议对外担保 1000 万元,违反了担保的规定,构成越权代表。据此:(1)如果建设银行在订立担保合同时,对董事会决议或者股东会决议进行了形式审查,可认定其构成善意,则甲构成表见代表,A 公司需要承担担保责任。(2)如果建设银行在订立担保合同时,没有审查董事会决议或者股东会决议,则建设银行不是善意相对人,担保合同无效。

【案例 2】中福实业公司的董事会作出为其第一大股东中福集团公司与甲银行的借款提供担保的决议。据此决议,中福实业公司董事长与甲银行签订担保合同,该份担保合同有董事长签名以及中福实业公司公章。

问题:中福实业公司如何担责?

答案参考:中福实业公司依据过错承担清偿责任。

根据《公司法》第 15 条第 2 款的规定,公司为本公司股东提供担保的,应当经股东会决议。本案中,中福实业公司董事会作出的关联担保决议,缺乏合法的授权基础和来源,构成越权代表。债权人甲银行没有尽到合理审查义务,所以该担保合同无效。

另根据《民法典》第 388 条第 2 款的规定,担保合同被确认无效后,债务人、担保人、债权人有过错的,应当根据其过错各自承担相应的民事责任。所以,中福实业公司向债权人承担债务人中福集团不能清偿债务的 1/2 的赔偿责任。

四、股权让与担保(☆☆)

让与担保,是指债务人或者第三人通过将动产、不动产或者股权等财产转让至债权人名下的方式,为主合同项下的债务提供担保	
担保关系的认定	当事人之间通过合同设定的具有担保功能的权利义务关系,不存在《民法典》规定的合同无效情形的,应当认定合同有效
是否可优先受偿	作为担保财产的股权等已经进行变更登记的,可以参照股权质押的相关规定确定当事人间的权利义务关系(享有优先受偿权)

续表

禁止流质条款	在债务人不履行到期债务或者出现约定的事由时,债权人主张享有股权的,人民法院不予支持,但其与债务人事后就股权达成折价或者回购协议的除外。债务人可请求人民法院参照《民事诉讼法》实现担保物权案件的相关规定,拍卖、变卖股权
让与担保: 《担保制度解释》第63条 债权人与担保人订立担保合同,约定以法律、行政法规尚未规定可以担保的财产权利设立担保,当事人主张合同无效的,人民法院不予支持。当事人未在法定的登记机构依法进行登记,主张该担保具有物权效力的,人民法院不予支持	

第八讲 公司合并分立、增资减资

一、公司的合并与分立(☆☆)

分类	内容
共同规定	1. 合并分立需经股东(大)会2/3以上表决权通过; 2. 均编制资产负债表及财产清单,不进行法定清算; 3. 均通知、公告债权人(公司应当自作出合并、分立决议之日起10日内通知债权人,并于30日内在报纸上公告)
合并	1. 合并程序中,债权人自接到通知书之日起30日内,未接到通知书的自公告之日起45日内,可以要求公司清偿债务或者提供相应的担保。但是,分立程序中,债权人无上述权利。 2. 合并各方的债权、债务由合并后存续的公司或者新设的公司承继。 3. 公司与其持股百分之九十以上的公司合并,被合并的公司不需经股东会决议,但应当通知其他股东,其他股东有权请求公司按照合理的价格收购其股权或者股份。 4. 公司合并支付的价款不超过本公司净资产百分之十的,可以不经股东会决议;但是,公司章程另有规定的除外。 5. 公司依照第3条和第4条规定合并不经股东会决议的,应当经董事会决议
分立	1. 债权人无权要求公司清偿债务或者提供相应的担保。 2. 公司分立前的债务由分立后的公司承担连带责任。但是,公司在分立前与债权人就债务清偿达成的书面协议另有约定的除外

二、增资减资(注册资本的变更)(☆☆)

分类	有限公司	股份公司
增资	1. 经代表2/3以上表决权的股东通过; 2. 股东认缴新增资本的出资,依照设立有限责任公司缴纳出资的有关规定执行; 3. 应当自变更决议或者决定作出之日起30日内申请变更登记	1. 经出席会议的股东所持表决权的2/3以上通过; 2. 依照《公司法》设立股份有限公司缴纳股款的有关规定执行; 3. 期限同有限公司

续表

分类	有限公司	股份公司
减资	1. 内部决议,同增资; 2. 公司需要减少注册资本时,必须编制资产负债表及财产清单。公司应当自股东会作出减少注册资本决议之日起 10 日内通知债权人,并于 30 日内在报纸或者国家企业信用信息公示系统上公告。债权人自接到通知书之日起 30 日内,未接到通知书的自公告之日起 45 日内,有权要求公司清偿债务或者提供相应的担保; 3. 公司减少注册资本,应当按照股东出资或者持有股份的比例相应减少出资额或者股份,法律另有规定、有限责任公司全体股东另有约定或者股份有限公司章程另有规定的除外; 4. 违反本法规定减少注册资本的,股东应当退还其收到的资金,减免股东出资的应当恢复原状;给公司造成损失的,股东及负有责任的董事、监事、高级管理人员应当承担赔偿责任	

主观题小案例

【案例】A 公司在 2021 年 5 月 8 日召开股东会,作出公司增资 1000 万元的决议,并于 2021 年 5 月 20 日办理完毕公司注册资本的公司变更登记。

问题:A 公司增加注册资本的程序中,何时产生注册资本增加的法律效力?为什么?

答案参考:2021 年 5 月 20 日产生注册资本增加的法律效力。

只有办理完毕新的注册资本的变更登记后,才能产生新增注册资本的法律效力。公司的注册资本也只有经过工商登记后,才能产生注册资本的法定效力。

第九讲　公司争议解决机制

一、公司解散(☆☆)

1. 一般解散

(1)营业期限届满或章定的其他解散事由出现;

(2)股东会决议解散(2/3 以上表决权通过);

(3)因公司合并、分立而解散(无须清算,可直接注销)。

2. 强制解散

(1)主管机关决定。国有独资公司由国家授权投资机构或者国家授权的部门作出解散的决定,该国有独资公司即应解散。

(2)责令关闭。公司违反法律、行政法规被主管机关依法责令关闭的,应当解散。

(3)被吊销营业执照或者被撤销。

3. 司法解散:当公司经营管理发生严重困难,继续存续会使股东利益受到重大损失,通过其他途径不能解决的,持有公司全部股东表决权 10% 以上的股东可以请求人民法院解散公司。

(1)公司持续 2 年以上无法召开股东会,公司经营管理发生严重困难的。

(2)股东表决时无法达到法定或者公司章程规定的比例,持续 2 年以上不能做出有效的股东会决议,公司经营管理发生严重困难的。

(3)公司董事长期冲突,且无法通过股东会或者股东大会解决,公司经营管理发生严重困难的。

主观题小案例

【案例1】某公司仅有甲和乙两名股东,二人意见存有分歧、互不配合,公司已持续4年未召开股东会,无法形成有效股东会决议。但公司经营良好尚未出现亏损状况。

问题:股东甲提出解散公司的诉讼请求能否得到法院支持?

答案参考:可以得到法院支持。

《公司法》第231条将"公司经营管理发生严重困难"作为股东提起解散公司之诉的条件之一。其重点在于公司管理存有严重内部障碍,无法就公司的经营管理进行决策,应从公司组织机构的运行状态进行综合分析,而不是片面理解为公司资金缺乏、严重亏损等经营性困难。

本案中,公司虽处于盈利状态,但其股东会机制长期失灵,内部管理有严重障碍,已陷入僵局状态,可以认定为公司经营管理发生严重困难。符合《公司法》及相关司法解释规定的其他条件的,法院可以依法判决公司解散。

【案例2】A公司经营中,执行董事乙(持股80%)擅自将A公司货物低价出售给乙设立的B公司。股东甲(持股20%)知悉上述情况后,向乙提议召开股东会以解决问题,乙以业务太忙为由迟迟未答应开会。公司成立3年,一次红利也未分过,目前亏损严重。甲向乙提出解散公司,但乙不同意。甲决定转让股权,退出公司,但一时未找到受让人。

问题:针对乙不同意解散公司和甲决定退出公司又找不到受让人的情况,甲可采取什么法律对策?

答案参考:甲可以请求法院解散公司。

根据《公司法》第231条规定,公司经营管理发生严重困难,继续存续会使股东利益受到重大损失,通过其他途径不能解决的,持有公司10%以上表决权的股东,可以请求人民法院解散公司。

本案中,A公司的困境通过其他途径不能解决,并且甲持有A公司20%的股权,可以请求法院解散公司。

二、股东重大分歧解决机制(☆)

人民法院审理涉及有限责任公司股东重大分歧案件时,应当注重调解。当事人协商一致以下列方式解决分歧,且不违反法律、行政法规的强制性规定的,人民法院应予支持(《公司法解释(五)》第5条):

(一)公司回购部分股东股份;

(二)其他股东受让部分股东股份;

(三)他人受让部分股东股份;

(四)公司减资;

(五)公司分立;

(六)其他能够解决分歧,恢复公司正常经营,避免公司解散的方式。

三、清算(☆☆)

指定清算	有下列情形,利害关系人可以申请法院指定有关人员组成清算组进行清算: 1. 公司解散应当清算,逾期不成立清算组进行清算; 2. 成立清算组后不清算; 3. 公司因依法被吊销营业执照、责令关闭或者被撤销而解散,作出吊销营业执照、责令关闭或者撤销决定的部门或者公司登记机关,可以申请法院指定有关人员组成清算组进行清算
清算组成员	董事作为公司清算义务人,由董事组成,公司章程另有规定或者股东会议决议另选他人的除外
清算组成员义务	1. 清算组成员负有忠实义务和勤勉义务; 2. 清算组成员怠于履行清算职责,给公司造成损失的,应当承担赔偿责任; 3. 因故意或者重大过失给债权人造成损失的,应当承担赔偿责任
诉讼	1. 企业法人解散,依法清算并注销前,以该企业法人为当事人; 2. 未依法清算即被注销,以该企业法人的股东、发起人或者出资人为当事人; 3. 公司成立清算组的,由清算组负责人代表公司参加诉讼; 4. 尚未成立清算组的,由原法定代表人代表公司参加诉讼
禁止行为	1. 在申报债权期间,清算组不得对债权人进行清偿; 2. 清算期间,公司存续但不得开展与清算无关的经营活动; 3. 禁止违反顺序分配:公司财产在未清偿公司债务前,不得分配给股东
清算顺序	清算费用→职工债权→税款→债→股东分配剩余财产
简易注销制度	1. 公司在存续期间未产生债务,或者已清偿全部债务的,经全体股东承诺,可以按照规定通过简易程序注销公司登记; 2. 通过简易程序注销公司登记,应当通过国家企业信用信息公示系统予以公告,公告期限不少于二十日。公告期限届满后,未有异议的,公司可以在二十日内向公司登记机关申请注销公司登记; 3. 公司通过简易程序注销公司登记,股东对第 1 条的内容承诺不实的,应当对注销登记前的债务承担连带责任
强制注销制度	1. 公司被吊销营业执照、责令关闭或者被撤销,满三年未向公司登记机关申请注销公司登记的公司登记机关可以通过国家企业信用信息公示系统予以公告,公告期限不少于六十日。公告期限届满后,未有异议的公司登记机关可以注销公司登记; 2. 依照第 1 条规定注销公司登记的,原公司股东、清算义务人的责任不受影响
清算中的法律责任	1. 未成立清算组:有限公司的股东、股份公司的董事和控股股东未在法定期限内成立清算组开始清算导致公司财产贬值、流失、毁损或者灭失,债权人主张其在造成损失范围内对公司债务承担赔偿责任的,人民法院应依法予以支持; 2. 怠于清算导致财产、文件灭失而无法清算(《公司法解释(三)》第 18 ~ 23 条); 3. 解散后恶意处置公司资产或未经清算骗取注销登记,债权人主张其对公司债务承担相应赔偿责任; 4. 股东需缴足出资,未到期的加速到期

四、公司收益分配顺序(☆)

1.(1)法定顺序:补亏→上税→公积金→分配利润;

(2)补亏时:弥补连续,先亏先补(公司的法定公积金不足以弥补以前年度亏损的,在依照《公司法》第210条第1款的规定提取法定公积金之前,应当先用当年利润弥补亏损)。

2.违反上述分配顺序的,决议无效,利润退还公司。

3.具体分配比例:有约定按约定,无约定按实缴。

五、公积金(☆☆)

法定公积金	1.当年税后利润的10%列入公司法定公积金; 2.法定公积金累计额为公司注册资本的50%以上的,可以不再提取; 3.法定公积金转为资本时,所留存的该项公积金不得少于转增前公司注册资本的25%(对任意公积金的转增数额没有限制)
任意公积金	是否提取任意公积金以及提取比例,均交由公司股东(大)会决议
分配利润	1.公司弥补亏损和提取公积金后所余税后利润,有限责任公司按照股东实缴的出资比例分配利润,全体股东约定不按照出资比例分配利润的除外;股份有限公司按照股东所持有的股份比例分配利润,公司章程另有规定的除外; 2.公司持有的本公司股份不得分配利润; 3.公司违反本法规定向股东分配利润的,股东应当将违反规定分配的利润退还公司;给公司造成损失的,股东及负有责任的董事、监事高级管理人员应当承担赔偿责任
资本公积金	1.发行股份所得的溢价款等; 2.不得用于弥补公司亏损
用途	补亏(资本公积金除外);扩产;增资

第十讲 破 产 法

一、破产法程序性规则(☆)

破产原因	我国《企业破产法》对破产原因的规定,采用双重标准。一是现金流标准,即"不能清偿到期债务";二是资产负债表标准,即"资产不足以清偿全部债务或者明显缺乏清偿能力"。对于债务人是否具备破产原因,应当采用独立判断原则,相关当事人以对债务人的债务负有连带责任的人未丧失清偿能力为由,主张债务人不具备破产原因的,不予支持。需要注意的是,破产原因是法院裁定宣告破产的条件,而不是法院裁定受理或者当事人申请破产的条件。对债权人而言,申请破产的条件只有"不能清偿到期债务"

续表

受理破产申请的法律效果	法院受理破产申请时,破产程序开始。为实现公平偿债的目的,《企业破产法》规定了一系列法律效果,可概括为债权冻结、统一管理和汇集程序。就主观题考试而言,需要注意的是: 1. 利息问题。附利息的债权自破产申请受理时起停止计息。破产申请受理后,债权人将债务人欠缴款项产生的滞纳金,包括债务人未履行生效法律文书应当加倍支付的迟延利息和劳动保险金的滞纳金作为破产债权进行申报的,法院不予确认。 2. 程序问题。(1)有关债务人财产的保全措施应当解除,执行程序应当中止。(2)此前正在进行的有关债务人的民事诉讼或仲裁应当中止;在管理人接管债务人的财产后,该诉讼或仲裁继续进行。上述裁判作出并生效前,债权人可以同时向管理人申报债权,但其作为债权尚未确定的债权人,原则上不得行使表决权,除非法院临时确定其债权额。(3)此后有关债务人的新的民事诉讼(结合《民事诉讼法》考查),只能向受理破产申请的法院提起,排除其他一切诉讼管辖规则(但是此前已经达成的仲裁协议不受影响)。法院受理破产申请后,债权人新提起的要求债务人清偿的民事诉讼,法院不予受理,同时告知债权人应当向管理人申报债权。(4)破产清算和解散清算。债务人同时符合破产清算条件和强制清算条件的,应当及时适用破产清算程序实现对债权人利益的公平保护。债权人对符合破产清算条件的债务人提起公司强制清算申请,经法院释明,债权人仍然坚持申请对债务人强制清算的,人民法院应当裁定不予受理。 3. 待履行合同问题。对于受理之前成立且双方均未履行完毕的合同,管理人有权决定解除或继续履行,并通知对方当事人。管理人决定继续履行合同的,对方当事人应当履行;但是,对方当事人有权要求管理人提供担保,管理人不提供担保的,视为解除合同。管理人自破产申请受理之日起 2 个月内未通知对方当事人,或自收到对方当事人催告之日起 30 日内未答复的,视为解除合同。 4. 此后发生新借款问题,按照“依法决议 + 优先受偿”规则处理。“依法决议”指经债权人会议决议通过,或者第一次债权人会议召开前经人民法院许可。“优先受偿”指参照共益债务清偿。管理人或者自行管理的债务人可以为借款设定抵押担保,抵押物在破产申请受理前已为其他债权人设定抵押的,按照《民法典》第 414 条规定的顺序清偿。 5. 管理人处分债务人的重大财产,应当按照“事先表决 + 事先报告”规则处理。“事先表决”指应当事先制作财产管理或者变价方案并提交债权人会议进行表决,债权人会议表决未通过的,管理人不得处分;“事先报告”指管理人实施处分时应当向债权人委员会报告,没有成立债权人委员会的,管理人应当向法院报告
有保证关系的债权申报	1. 债务人破产。债务人的保证人或其他连带债务人已经代替债务人清偿债务的,以其对债务人的求偿权申报债权。债务人的保证人或者其他连带债务人尚未代替债务人清偿债务的,以其对债务人的将来求偿权申报债权。但是,债权人已经向管理人申报全部债权的除外。 2. 保证人破产。(1)保证人被裁定进入破产程序的,债权人有权申报其对保证人的保证债权。(2)主债务未到期的,保证债权在保证人破产申请受理时视为到期。(3)一般保证的保证人主张行使先诉抗辩权的,人民法院不予支持,但债权人在一般保证人破产程序中的分配额应予提存,待一般保证人应承担的保证责任确定后再按照破产清偿比例予以分配。(4)保证人被确定应当承担保证责任的,保证人的管理人可以就保证人实际承担的清偿额向主债务人或其他债务人行使求偿权。 3. 保证人和债务人均破产。(1)债务人、保证人均被裁定进入破产程序的,债权人有权向债务人、保证人分别申报债权。(2)债权人向债务人、保证人均申报全部债权的,从一方破产程序中获得清偿后,其对另一方的债权额不作调整,但债权人的受偿额不得超出其债权总额。(3)保证人履行保证责任后不再享有求偿权
破产程序的合并	为提高效率,保护债权人利益,可以进行破产程序的合并。 1. 合并重整,包括程序性合并重整和实体性合并重整。对分别进入重整程序的母子公司或者其他关联企业,可以在程序上进行合并审理。在确认关联企业人格高度混同、资产和负债无法区分或区分成本过高以致将严重损害债权人利益,并全面听取各方意见后,将关联企业进行实质性合并重整。 2. 合并破产清算。关联公司虽然为形式上的独立法人,但实际上不具备独立的法人人格,不具备分别进行破产清算的法律基础,可以合并破产清算

主观题小案例

【案例】2016 年 5 月 21 日，案外人焦某因经营需要，从张某玲处借款 1000 万元，按月结息至还本为止，月利息 1%，双方签订了借款合同，未约定借款期限；德信鑫源公司、案外人正长公司作为担保人在两份借款合同上盖章，未约定担保期限及担保方式。焦某偿还借款利息至 2016 年 10 月 16 日，后未再偿还任何本息。2017 年 9 月 4 日，法院裁定受理德信鑫源公司破产重整一案。张某玲向法院申报债权，破产管理人未予确认。2018 年 2 月 12 日，张某玲起诉，要求确认债权本金 1000 万元及利息。

【考点】破产债权确认纠纷

【法院认为】

最高人民法院《关于适用〈中华人民共和国企业破产法〉若干问题的规定(三)》第 4 条第 1 款规定，保证人被裁定进入破产程序的，债权人有权申报其对保证人的保证债权。

本案中，德信鑫源公司是张某玲与案外人焦某债权债务的保证人，因德信鑫源公司现进入破产程序，张某玲有权申报破产债权。《企业破产法》第 46 条第 2 款规定，附利息的债权自破产申请受理时起停止计息。德信鑫源公司于 2017 年 9 月 4 日被裁定受理破产重整，因此，利息应计算至 2017 年 9 月 3 日。法院最终判决确认张某玲在德信鑫源公司的债权为本金 1000 万元及利息(利息自 2016 年 10 月 17 日起至 2017 年 9 月 3 日止，按月息 1% 计算)。

二、破产法实体性规则(☆)

债务人财产	包括破产申请受理时属于债务人的财产以及破产申请受理后至破产程序终结前取得的财产，但是债务人占有的别人的财产不属于债务人财产。主观题考试中需要注意，债务人的股东所欠缴的出资，应当在破产申请受理时补缴，不必等待期限届满
债务人财产的保护	为保护全体债权人的利益，防止债务人财产的不当减少，《企业破产法》规定了债务人财产的追回制度。主观题中需注意： 1. 欺诈破产行为的撤销。法院受理破产申请前 1 年内，涉及债务人财产的下列行为，管理人有权请求法院予以撤销：(1)无偿转让财产的；(2)以明显不合理的价格进行交易的；(3)对没有财产担保的债务提供财产担保的；(4)对未到期的债务提前清偿的(若该债权在破产申请受理前已经到期，管理人不能请求撤销该清偿行为)；(5)放弃债权的。另外，对于第(1)、(2)、(5)项，管理人不撤销的，债权人可行使合同法上的债权人撤销权。 2. 个别清偿行为的撤销。法院受理破产申请前 6 个月内，债务人具备破产原因，仍对个别债权人进行清偿的，管理人有权请求法院予以撤销。但是，个别清偿使债务人财产受益的除外。这些例外包括：(1)债务人对以自有财产设定担保物权的债权进行的个别清偿；(2)债务人经诉讼、仲裁、执行程序对债权人进行的个别清偿；(3)债务人为维系基本生产需要而支付水费、电费等的；(4)债务人支付劳动报酬、人身损害赔偿金的。 3. 特别追回权。债务人的董事、监事和高级管理人员利用职权从企业获取的非正常收入(如绩效奖金、普遍拖欠职工工资情况下获取的工资性收入、其他非正常收入)和侵占的企业财产，管理人应当追回，并计入债务人财产

破产取回权	法院受理破产申请后，债务人占有的不属于债务人的财产，该财产的权利人可以通过管理人取回。这种权利具有物权请求权属性。有几种特殊的破产取回权需要注意： 1. 在途标的物的取回。法院受理破产申请时，出卖人已将买卖标的物向作为买受人的债务人发运，债务人尚未收到且未付清全部价款的，出卖人可以取回在运途中的标的物。但是，管理人可以支付全部价款，请求出卖人交付标的物。 2. 代位取回权。债务人占有的他人财产毁损、灭失，因此获得的保险金、赔偿金、代偿物尚未交付给债务人，或者代偿物虽已交付给债务人但能与债务人财产予以区分的，权利人可以取回就此获得的保险金、赔偿金、代偿物。否则，权利人不能行使取回权，只能要求债务人赔偿损失。 3. 所有权保留买卖中的取回权。买方破产，所有权保留买卖合同继续履行的，买方的付款义务在法院受理破产申请时视为到期；买方不付款或不当处分标的物，卖方可以取回标的物，但买方已支付标的物总价款 75% 以上或者第三人善意取得标的物所有权或其他物权的除外
破产抵销权	债权人在破产申请受理前对债务人负有债务的，可以向管理人主张抵销。需要注意的是： 1. 破产抵销权与民法上的法定抵销权不同，它不受期限、标的物种类和品质的限制，如果破产管理人以标的物种类或者品质不同、债务尚未到期等理由主张抵销不成立，法院不予支持。 2. 债务人的债务人在破产申请受理后取得他人对债务人的债权的，不得抵销。 3. 债务人的股东对债务人的下列债务，不得抵销：(1) 债务人股东因欠缴债务人的出资或者抽逃出资对债务人所负的债务；(2) 债务人股东滥用股东权利或者关联关系损害公司利益对债务人所负的债务
破产程序中的担保物权	整体而言，债务人财产上的担保物权受到一些限制，包括： 1. 在破产清算程序中，只有在裁定宣告债务人破产时方可以行使担保物权。在此之前，哪怕已经具备《民法典》物权编规定的条件，如债务人不履行到期债务，也不得行使。 2. 在重整程序中，担保物权暂停行使。但是，担保物有损坏或者价值明显减少的可能，足以危害担保权人权利的，担保权人可以向法院请求恢复行使担保权。经法院审查，若管理人或者自行管理的债务人有证据证明担保物是重整所必需，并且提供与减少价值相应担保或者补偿的，法院应当裁定不予批准恢复行使担保物权
破产费用和共益债务	1. 受理后为全体债权人利益发生的程序性费用，为破产费用。具体包括： (1) 破产案件的诉讼费用；(2) 管理、变价和分配债务人财产的费用；(3) 管理人执行职务的费用、报酬和聘用工作人员的费用。法院裁定受理破产申请的，此前债务人尚未支付的公司强制清算费用、未终结的执行程序中产生的评估费、公告费、保管费等执行费用，可以参照破产费用的规定，由债务人财产随时清偿。此前债务人尚未支付的案件受理费、执行申请费，可以作为破产债权清偿。 2. 受理后为全体债权人利益发生的实体性债务，为共益债务。具体包括： (1) 因管理人或者债务人请求对方当事人履行双方均未履行完毕的合同所产生的债务；(2) 债务人财产受无因管理所产生的债务；(3) 因债务人不当得利所产生的债务；(4) 为债务人继续营业而应支付的劳动报酬和社会保险费用以及由此产生的其他债务（包括破产受理后为继续营业而发生的借款）；(5) 管理人或者相关人员执行职务致人损害所产生的债务；(6) 债务人财产致人损害所产生的债务

续表

破产债权	指在破产宣告前成立的、对破产人发生的、依法申报确认并得由破产财产中获得公平清偿的财产请求权。破产债权具有以下特征： 1. 基于破产宣告前的原因成立； 2. 对破产人发生的无财产担保的债权，或放弃优先受偿权利的有财产担保的债权； 3. 为财产上的请求权，即必须是表现为金钱或折算为金钱的债权，具有人身性质的财产权利不得作为破产债权； 4. 可强制执行，故已过诉讼时效之自然债权或非法债权不得为破产债权； 5. 依法申报登记并取得确认，有权在破产程序中受偿
综合性分配顺序	1. 物权优先：债务人占有的财产→取回权→别除权→破产财产； 2. 债权清偿：破产财产→破产费用→共益债务→职工债权→国家债权→破产债权

主观题小案例

【案例1】2015年10月22日，原审法院作出受理华芯公司破产清算申请的裁定。依据该裁定，华芯公司已于2015年4月25日停产，且截至2015年3月31日，华芯公司已处于资不抵债的境地。在合同约定的还款期限届满，而华芯公司未能清偿借款本金及利息的情况下，建行南新支行依照合同约定于2015年4月24日从华芯公司在该支行开立的账户扣划存款22,780元作为华芯公司的还款。现华芯公司管理人起诉，请求撤销上述个别清偿行为，即请求建行南新支行返还款项。

【考点】个别清偿行为的撤销

【法院认为】

《企业破产法》第32条规定："人民法院受理破产申请前六个月内，债务人有本法第二条第一款规定的情形，仍对个别债权人进行清偿的，管理人有权请求人民法院予以撤销。但是，个别清偿使债务人财产受益的除外。"依照上述规定，债务人对个别债权进行清偿构成可撤销行为必须具备以下三个条件：一是个别清偿行为发生在人民法院受理破产申请前6个月内；二是债务人必须具有《企业破产法》第2条第1款规定的情形，即债务人不能清偿到期债务，并且资产不足以清偿债务或者明显缺乏清偿能力；三是个别清偿行为使债务人财产减少。

本案中，上述扣划行为发生于人民法院裁定受理华芯公司破产清算申请的前6个月内，此时华芯公司已经不能清偿到期债务，而且扣划华芯公司银行账户存款显然对华芯公司其他债权人利益是不利的。建行南新支行上诉主张其扣划行为是善意的，并不属于《企业破产法》规定的可以撤销的个别清偿行为。但法院认为，《企业破产法》第32条规定并没有将主观上是否存在恶意作为撤销权的成立要件之一，个别清偿行为只要具备上述三个条件，都应当予以撤销。因此，建行南新支行于2015年4月24日扣划华芯公司银行账户22,780元存款的行为已经构成上述法律规定的应当予以撤销的个别清偿行为，依法应当予以撤销。

【案例2】2008年5月28日，一审法院受理东莞金卧牛公司破产重整申请。2008年8月14日，亿商通公司出借100万元给东莞金卧牛公司，双方约定东莞金卧牛公司只能把上述借款用于破产重整期间继续营业而应支付的劳动报酬、水电费用、安保费用和社会保险费用以及由此产生的其他费用，不得挪作他用。东莞金卧牛公司的破产管理人对此协议予以盖章确认。在东莞金卧牛公司重整期间，东莞金卧牛公司进入正常生产6个月后，一次性清偿。2009年10月16日，一审法院裁定宣告东莞金卧牛公司破产。2010年4月12日,亿商通公司向东莞金卧牛公司及其破产管理人提交债权申报表,申报案涉100万元债权,破产管理人回复不予确认。亿商通公司起诉至法院,请求判令东莞金卧牛公司偿还亿商通公司借款100万元及利息。

【考点】共益债务随时清偿

【法院认为】

本案中,东莞金卧牛公司向亿商通公司借款100万元发生于该公司破产重整期间,东莞金卧牛公司管理人亦在涉案《借款协议》上盖章确认。该笔借款系经由东莞金卧牛公司破产管理人确认且约定用于东莞金卧牛公司"破产重整期间继续营业而应支付的劳动报酬、水电费用、安保费用和社会保险费用以及由此产生的其他费用",系为维护全体权利人和破产财产利益而发生,属于《企业破产法》第42条第4款规定的"为债务人继续营业而应支付的劳动报酬和社会保险费用以及由此产生的其他债务"情形,依法应当认定为东莞金卧牛公司的共益债务。《企业破产法》第46条第2款规定:"附利息的债权自破产申请受理时起停止计息。"因此,亿商通公司向破产企业东莞金卧牛公司主张借款利息,缺乏法律依据,法院不予支持。《企业破产法》第43条前3款规定:"破产费用和共益债务由债务人财产随时清偿。债务人财产不足以清偿所有破产费用和共益债务的,先行清偿破产费用。债务人财产不足以清偿所有破产费用或者共益债务的,按照比例清偿。"因此,东莞金卧牛公司应依法向亿商通公司返还涉案借款100万元。综上,法院判决确认东莞金卧牛公司尚欠亿商通公司借款100万元,该债务为东莞金卧牛公司破产共益债务。

第十一讲 商事行为

一、票据法(☆)

票据是一种支付方式,因此,其可以与大部分民商法问题结合起来考查。另外,票据补救措施中的公示催告,也可以与民事诉讼法结合考查。

票据无因性	票据无因性是票据法最重要的原理,也是商法效率原则的集中体现。 1. 票据效力、票据行为的效力,通常不受其原因关系的影响。作为原因关系的买卖合同、租赁合同、承揽合同等法律行为无效、被撤销、被解除的,不影响票据的效力,也不影响出票或者背书等票据行为的效力。 2. 对于票据无因性带来的不公平问题,票据法和民法的救济方式不同。票据法上的救济,主要是票据对人抗辩;而民法上的救济方式,可以追溯到原因关系本身。例如,A、B签订买卖合同,A签发票据给B以支付价款,B将票据背书给C,现A、B之间的买卖合同被确认无效,那么基于票据无因性,票据效力不受影响,C取得票据权利,A承担出票人的票据责任。假设由于买卖合同无效,A最终将无法取得标的物所有权,却承担了票据责任(也就是要最终承担票据金额),A的权利如何救济?从票据法上看,A无法对抗C的票据权利,但是可以以欠缺原因关系为由对B主张对人抗辩。当然,这种机会很小,因为很难出现B向A主张追索权的问题,但是在民法上,A可以基于买卖合同无效向B主张返还价款,实际上是讨回了票据金额

续表

票据本身的规则	1. 票据行为的独立性原理。某一票据行为无效,不影响其他票据行为效力。 2. 票据背书规则。(1)背书不得附条件,附条件的,所附条件不具有汇票上的效力;(2)出票人在票据上记载"不得转让"字样,票据持有人背书转让的,背书行为无效;(3)背书人在汇票上记载"不得转让"字样,其后手再背书转让的,原背书人对后手的被背书人不承担保证责任;(4)回头背书的追索权受限。 3. 票据保证规则。(1)要式性。(2)保证不得附条件,保证附条件的,不影响对汇票的保证责任。(3)连带责任。保证人不享有先诉抗辩权,2 名以上的保证人之间承担连带责任。(4)追偿权。保证人清偿汇票债务后,可以行使持票人对被保证人及其前手的追索权
与民法有关的其他票据法规则	1. 行为能力。票据行为是复杂的有偿法律行为,行为人必须具备完全民事行为能力,行为能力有瑕疵者实施的票据行为无效,但是不影响其他真实行为的效力。 2. 代理。通常情况下,代理人以自己的名义签章,明确表明为被代理人实施票据行为,其后果由被代理人承担;没有代理权而以代理人名义在票据上签章的,由签章人承担票据责任;代理人超越代理权限的,就其超越权限部分承担票据责任。 3. 质押。票据质押,本质上是权利质押。(1)区分原则,票据质权必须以质押背书形式设立,即记载"质押"字样并签章。如果存在关于出质票据的约定,在没有法律和事实障碍的情形下,债权人有权请求出质人完善质押背书,使票据质权有效设立。(2)其公示方法为质押背书,因此也受到《票据法》关于背书规则的限制。例如,出票人限制背书的,质押背书无效,票据质权不能成立
恶意申请公示催告的权利救济	公示催告程序本为对合法持票人进行失票救济的法律制度,但实践中却成为票据出卖方在未获得票款情形下,通过伪报票据丧失事实申请公示催告、阻止合法持票人行使票据权利的工具。《民事诉讼法》司法解释已规定了相关制度进行救济。需明确以下问题: 1. 在除权判决作出后,付款人尚未付款的情况下,最后合法持票人可以根据《民事诉讼法》第 234 条的规定,在法定期限内请求撤销除权判决,待票据恢复效力后再依法行使票据权利。最后合法持票人也可以基于基础法律关系向其直接前手退票并请求其直接前手另行给付基础法律关系项下的对价。 2. 除权判决作出后,付款人已经付款的,因恶意申请公示催告并持除权判决获得票款的行为损害了最后合法持票人的权利,最后合法持票人请求申请人承担侵权损害赔偿责任的,人民法院依法予以支持。 3. 公示催告期间对票据进行背书的,背书无效

主观题小案例

【案例】案涉银行承兑汇票金额 200,000 元,号码为 40200051/22971609。出票人余姚标华公司,收款人湖北标华公司,付款人某农村银行,票据金额 200,000 元,出票日期 2012 年 9 月 20 日,到期日 2013 年 3 月 20 日。被背书人依次为:A 公司、B 公司、C 公司、D 公司、原告 E 公司、F 公司、G 公司、H 公司、I 公司、J 公司。上述背书均未记载日期。

原告 E 公司与 D 公司有买卖合同关系。2012 年 10 月 8 日,D 公司将票面金额 200,000 元,号码为 40200051/22971609 的银行承兑汇票支付原告 E 公司货款。

2013 年 1 月 11 日,法院受理了被告五金厂以遗失该汇票为由的公示催告申请,并于 2013 年 3 月 19 日作出除权判决,判决公告于同日发出。后 J 公司委托咸阳支行收款,付款行告知该票据已经由余姚市人民法院作出除权判决,并由被告五金厂作为公示催告申请人收取了票款。J 公司遂将上述汇票返还给其前手,其前手又返还给再前手,直至返还至原告 E 公司。

现原告E公司起诉，请求法院判令被告五金厂支付原告承兑汇票损失200,000元及其利息。

【考点】恶意申请公示催告的赔偿责任

【法院认为】

(1)以背书转让的汇票，背书应当连续，持票人以背书的连续证明其汇票权利。本案中，原告提供的银行承兑汇票背书连续，且能够证明其在公示催告前从前手合法取得该汇票；另因该汇票后手以票据被判决除权、银行拒付为由依次将该汇票退给原告，故原告是该汇票最后的合法持有人。

(2)被告五金厂没有在案涉票据背书栏内签章，亦未向法院提供有效证据证明其合法取得票据。被告并非票据的最后合法持有人，却依除权判决获得票据款项，客观上造成了原告的损失。对该损失，作为最后的合法持有人的原告理应获得赔偿。故原告要求被告赔偿承兑汇票损失200,000元及其利息的诉请合理合法，法院予以支持。

二、保险法

与合同相关的考查角度	1. 保险合同的格式性，体现在保险人说明义务、不利解释原则上。另外，提供格式条款的一方不合理地免除或者减轻其责任、加重对方责任、限制对方主要权利，或者排除对方主要权利的，该条款无效。 2. 保险标的转让时的自动承继原则：保险标的的受让人承继被保险人的权利和义务。保险标的已交付受让人，但尚未依法办理所有权变更登记，承担保险标的毁损灭失风险的受让人有权主张行使被保险人权利。 3. 附生效条件合同。当事人在财产保险合同中约定以投保人支付保险费作为合同生效条件，但对该生效条件是否为全额支付保险费约定不明，已经支付了部分保险费的投保人主张保险合同已经生效的，法院依法予以支持。 4. 基于合同相对性原理，再保险不影响保险人行使代位求偿权。 5. 基于公平原则，保险标的危险程度显著增加的，被保险人有通知义务；若被保险人未履行通知义务，可导致保险人免责
与侵权相关的考查角度	1. 责任保险的被保险人因共同侵权依法承担连带责任，保险人不得以该连带责任超出被保险人应承担的责任份额为由拒绝赔付保险金。保险人承担保险责任后，可以就超出被保险人责任份额的部分向其他连带责任人追偿。 2. 交通事故的受害人没有过错，其体质状况不属于减轻侵权人责任的法定情形，责任保险的保险人不得以此为由主张减轻赔偿责任
与《民事诉讼法》代位求偿权相关的考查角度	1. 第三人的行为可以是侵权，也可以是违约。 2. 以被保险人与第三人之间的法律关系确定管辖法院。 3. 保险人提起代位求偿权之诉时，被保险人已经向第三人提起诉讼的，法院可以依法合并审理。 4. 保险人行使代位求偿权时，被保险人已经向第三人提起诉讼，保险人向受理该案的法院申请变更当事人，代位行使被保险人对第三人请求赔偿的权利，被保险人同意的，法院应予准许；被保险人不同意的，保险人可以作为共同原告参加诉讼。 5. 被保险人和第三人在保险事故发生前达成的仲裁协议，对保险人具有约束力

第七编

行政法与行政诉讼法

第一讲　行政法与行政诉讼法概述

一、行政法与行政诉讼法

1. 基本框架

行政法的学习重在学以致用,把本讲义核心考点掌握后,一定要及时用对应的习题来加以稳固;诉讼法学不是仅凭学习知识点就能拿高分的,一定要将知识点放到题里,去感受如何运用考查,否则学了也是白学。所以大家在做完题后,可以把不会的题目和做错的题目中涉及的知识点还原到本讲义上,然后反复翻看、记忆到考前,行政法一定会顺利得分!

行政法主要的结构就是两个人,一件事,三个救济程序

政(行政主体) —— 行政行为[抽象、具体(行政许可、行政处罚、行政强制、信息公开)] → 民(相对人、相关人)

民(相对人、相关人) —— 不服的救济(行政复议、行政诉讼、国家赔偿) → 政(行政主体)

行政复议 ↓ 找上级　行政诉讼 ↓ 找法院

行政法就是在其基本原则指导下的行政主体为一定行政行为,对公民、法人或者其他组织产生影响,公民、法人或者其他组织通过行政救济主张合法权利的法律规范。

2. 主观题做题思路

案例分析题往往会包含诸多的陈述性内容和信息,这将对答题形成干扰,如何能够科学审题,厘清思路,第一时间收集关键信息就显得非常重要。为了实现这一目标,建议采取"三步走"的方法审题。

第一步:找主体。每一个案例分析题都是以行政机关在行政管理(主要是行政许可、行政处罚、行政强制或者行政公开)中针对行政利害关系人作出行政行为为开端,所以正确认定行政主体就是解答案例分析题的起点和关键。能否正确找到行政主体,直接关系着行政诉讼的被告、行政复议的被申请人、复议机关以及国家赔偿的赔偿义务机关的确定,进而也决定着行政诉讼的级别管辖等考点。

第二步:找行为。确定行政主体,是解决人的问题。接下来,应当顺藤摸瓜,确定人作出的事,即行政行为。行政行为与行政复议和行政诉讼的受案范围这一重要考点直接相关。同时,行政行为的类型影响着行政诉讼的地域管辖;行政行为的效力状况决定着行政复议的决定类型和

行政诉讼的裁判类型。

第三步：找相对人。行政行为是一个桥梁和纽带，联系着行政主体和利害关系人。利害关系人包括行政相对人和行政相关人，其中行政相关人包括受害人、相邻权人、公平竞争权人。这决定着行政复议和行政诉讼中的申请人、原告、第三人和国家赔偿中的赔偿请求人的确定。

二、合法行政原则

1. 法律优先

行政机关实施行政管理，应当依照法律的规定进行。

(1)在行政立法方面，行政立法不得超越法律，不得与法律抵触。这意味着行政立法可以就法律未规定的且不属于法律保留的事项进行规定，但是一旦有法律规定，必须与法律一致。

案例解析：《治安管理处罚法》规定："盗窃、损坏、擅自移动使用中的航空设施，或者强行进入航空器驾驶舱的，处十日以上十五日以下拘留。"某省政府为了加强公共管理，制定并实施了《公共安全管理办法》，就上述情形进行规定："盗窃、损坏、擅自移动使用中的航空设施，或者强行进入航空器驾驶舱的，处十日以上二十日以下拘留。"此规定违反了法律优先原则的要求。该省的规章因为与法律规定相违背而当然无效。

(2)在行政执法方面，行政机关必须积极行使法定职权，履行自己的法定义务，不得违反法律规定。

案例解析：《行政强制法》规定："行政强制措施由法律、法规规定的行政机关在法定职权范围内实施。行政强制措施权不得委托。"某区公安局将自己的查封、扣押权力委托给区教育局实施。此委托违背了行政强制措施权不得委托的规定，区公安局的委托行为当然无效。

2. 法律保留

行政机关的行政职权应当来自法律的授权。

(1)在行政立法方面，立法机关保留对某些事项的立法权限，行政立法不能仅仅是消极地不抵触法律，还需法律的明确授权。依法只能由法律规定的事项，行政机关除非获得授权，否则不得作出任何规定和决定。

案例解析：国务院根据全国人大常委会的授权制定《税收征收管理条例》，若无授权则不能制定，否则违反法律保留原则。

(2)在行政执法方面，如果没有立法文件进行规定，行政机关不得作出影响公民、法人和其他组织合法权益的行为。

案例解析：市场监督管理机关对拒不缴纳管理费的人员实施行政拘留。该行为明显违反了行政权行使的"法无授权即禁止"原则。

主观题小案例

【案例1】某市出现多起专车非法营运行为，为了严厉打击该行为，市交管局决定简化此类行为的处罚程序，以达到高效的目的。

问题：试从行政法角度分析市交管局的行为。

答案参考：市交管局的行为违反了合法行政原则。

行政处罚的程序是法定的，每一个程序对于保障公民权利，控制公权力的运行都有重要意义，行政机关无权简化处罚程序。所以，该做法违反了法律规定。

【案例2】甲某与乙某两人通过伪造户口本、身份证在当地乡政府办理了结婚登记，其后二人共同生活且育有一女。乡政府事后发现二人的伪造行为，欲撤销结婚登记，在此情况下甲某与乙某可基于诚实守信原则主张信赖利益保护。【错误】二人是通过违法手段登记结婚的，所产生的并非合法的信赖利益。

【案例3】法律、法规没有授予行政机关的权力，行政机关禁止行使，这符合合法行政原则的要求。【正确】

【案例4】流感期间，乙某在火车站体检时被发现有发热症状，车站派出所警员强制将其带至隔离室，在确诊并治愈前不允许乙某与旁人接触，这违反了合法行政原则的要求。【错误】警员的强制行为符合《行政强制法》的规定。

三、行政法与行政诉讼法核心考点分布

核心考点	命题方向	考查次数
管辖法院	级别管辖	2
行政诉讼被告	资格确认	7
行政诉讼原告	资格确认	2
行政复议	复议程序和决定类型	1
行政行为	行为性质的判断(包括行政协议、行政确认、行政处罚与行政强制措施等)	9
行政协议	认定、诉讼时效	2
行政处罚	听证制度、程序	3
负责人出庭应诉	行政机关负责人不能出庭的，应当委托行政机关相应的工作人员出庭	2
政府信息公开	公开方式、公开制度、诉讼	2
行政许可	设定、延续程序、行政许可程序	4
行政强制	程序、执行程序、行政强制措施	5
证据制度	举证责任	3
一审程序	立案、审理对象、审理方式、诉讼时效、判决	10
二审程序	二审申请撤诉的条件及二审审理对象、判决	5
国家赔偿	在行政赔偿、补偿的案件中，原告应当对行政行为造成的损害提供证据。被告导致原告无法举证的，由被告承担举证责任	2

行 政 主 体

第二讲　行政机关

一、一般行政机关和专门行政机关

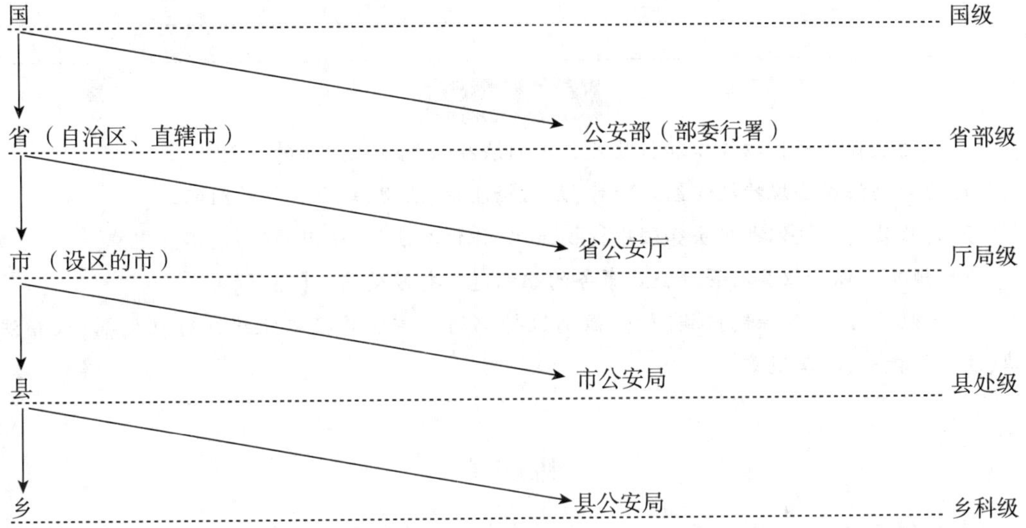

二、地方政府部门的派出机构

派出机构	所属机关	享有的职权
派出所	公安局	警告、500 元以下罚款
【注意】被告(被申请人)一般都是派出机构自己,唯一的例外为种类越权时被告(被申请人)为其所属机关。【这一点司法部四大本及主观题教材与最高人民法院立法者之间存在观点冲突,对于冲突考点一般是会避免命题的】		

三、其他行使权力的组织

项目	行政授权(谁授权)	行政委托(委托给谁)
后果	被授权者获得行政主体资格	被委托者没有行政主体资格 (以委托机关名义)"找帮手"
作出主体	法律、法规或规章授权	行政主体
对象	无行政权能的机构、组织	机关、机构、组织、个体(处罚:事业组织;许可:行政机关;强制措施:无)

【知识点拨1】

授权和委托最本质的区别在于：授权是法律、法规、规章将某项行政管理权彻底从行政机关手里“抢走”，交给了无行政权能的机构、组织；而行政委托制度中，权力还在行政主体手里，被委托者只是委托者的“帮手”。

根据最高人民法院《关于适用〈中华人民共和国行政诉讼法〉的解释》（以下简称《行政诉讼法司法解释》）第20条第3款的规定，行政机关在没有法律、法规或者规章规定的情况下，授权其内设机构、派出机构或者其他组织行使行政职权的，应当视为委托；当事人不服提起诉讼的，应当以该行政机关为被告。

【知识点拨2】

此处的法律法规授权组织和行政处罚中的法律法规授权组织的区别：

1. 此处的法律法规授权组织是简称，是指经法律、法规、规章授权的组织。

2. 行政处罚的主体也叫法律法规授权组织，但仅指法律、法规的授权，不含规章。

如：规章可以授权具有管理公共事务的组织进行行政处罚。【错误】

3. 行政许可、行政强制措施、行政强制执行中的法律法规授权组织同行政处罚，仅指法律、法规的授权，不含规章。

主观题小案例

【案例1】宋城区卫生局委托本区的小区居委会实施卫生行政处罚时，行政主体应是居委会。【错误】行政主体应是区卫生局。

【案例2】汉州市市场监管局颁发营业执照时属于行政主体。【正确】

【案例3】唐城市是一个县级市，唐城市政府派出的街道办事处以自身名义实施行政处罚时属于行政主体。【正确】

【案例4】明池乡政府内设的计划生育办公室以自身名义作出行政处罚决定时属于行政主体。【错误】乡政府内设机构没有独立的行政职权。

【案例5】行政机关就是行政主体，行政主体就是行政机关。【错误】行政机关是指由国家依宪法、组织法设立，行使国家行政职权，管理国家行政事务的组织。行政主体是指拥有行政职权，以自己的名义实施行政管理，并独立承担法律责任的国家行政机关和被授权组织。两者是不同维度的概念，行政机关未必是行政主体，反之亦然。

【案例6】经过合法授权的被授权组织应在授权范围内，以授权组织的名义进行行政活动，法律后果归属于授权组织。【错误】经过合法授权的组织以自己的名义行使行政管理职权，并独立承担相应的法律后果。A授权B，B以自己的名义实施行政管理，最终责任归属于B。

【案例7】所有的行政机关在任何时候都能成为行政主体。【错误】只有行政机关拥有行政职权，以自己的名义实施行政管理，并独立承担法律责任的时候才是行政主体。比如公安机关对违法行为人进行处罚时，就是行政主体；但公安机关工作人员去菜市场买菜的行为，则属于民事行为，此时其并不属于行政主体。

【案例 8】所有的行政主体都是行政机关。【错误】被授权组织也有成为行政主体的可能，比如公立高校颁发学位证、银行没收假币等。

【案例 9】所有的行政诉讼被告都是行政机关。【错误】被授权组织也可以作为行政诉讼的被告。

【案例 10】接受委托的组织也能成为行政诉讼的被告。【错误】行政委托是指行政机关根据管理的需要，依法委托其他组织实施行政行为，进行行政管理，其后果归属于委托的行政机关。A 委托 B，B 以 A 的名义实施行政管理，最终责任归属于 A。

【案例 11】甲县 A 乡公安派出所对蔡某作出 5000 元的行政处罚决定，蔡某不服，应当以甲县公安局为被告提起行政诉讼。【错误】法律已经授权派出所可以作出罚款这种种类的处罚，如果超过了幅度，即为幅度越权，还是要以派出所为被告。

【案例 12】甲县 A 乡公安派出所对刘某作出 5 日的行政拘留处罚决定，刘某不服，应当以 A 乡公安派出所为被告提起行政诉讼。【错误】种类越权的，应当以甲县公安局为被告提起行政诉讼。

【案例 13】金某因举报单位负责人贪污遭到殴打，于案发当日向某区公安分局某派出所报案，但派出所久拖不理。如金某不服，向法院提起行政诉讼，应以某区公安分局为被告。【错误】对于派出所的不作为不服起诉时，派出所即为被告。

行 政 行 为

第三讲 抽象行政行为

定义	抽象行政行为是指国家行政机关制定行政法规、规章和有普遍约束力的决定、命令等行政规则的行为。抽象行政行为具体分为行政法规、规章和其他规范性文件	
特征	1. 同时针对不特定的人和事，即具有普遍约束力； 2. 能够反复适用	
附带审查	条件	1. 只能一并审查其他规范性文件（排除行政法规、规章和国务院的其他规范性文件）； 2. 只能附带性地提出审查要求（当事人在对具体行政行为提起诉讼的同时，可以一并请求对抽象行政行为进行审查）； 3. 附带性审查的抽象行政行为必须与被诉的具体行政行为之间具有关联性； 4. 一并审查请求应当在一审开庭前提出；有正当理由的，也可以在法庭调查中提出
	审查程序	1. 法院在对规范性文件审查过程中，发现规范性文件可能不合法的，应当听取规范性文件制定机关的意见； 2. 制定机关申请出庭陈述意见的，法院应当准许； 3. 行政机关未陈述意见或者未提供相关证明材料的，不能阻止法院对规范性文件进行审查
	审查内容	法院可以从规范性文件制定机关是否超越权限或者违反法定程序、作出行政行为所依据的条款以及相关条款等方面进行审查。有下列情形之一的，属于规范性文件不合法： 1. 超越制定机关的法定职权或者超越法律、法规、规章的授权范围的；

续表

附带审查	审查内容	2. 与法律、法规、规章等上位法的规定相抵触的; 3. 没有法律、法规、规章依据,违法增加公民、法人和其他组织义务或者减损公民、法人和其他组织合法权益的; 4. 未履行法定批准程序、公开发布程序,严重违反制定程序的
	审查结果	规范性文件不合法的,不作为法院认定行政行为合法的依据,并在裁判理由中予以阐明。作出生效裁判的法院应当向规范性文件的制定机关提出处理建议,并可以抄送制定机关的同级政府、上一级行政机关、监察机关以及规范性文件的备案机关

第四讲 具体行政行为概述

一、具体行政行为判断标准(☆☆☆)

概念	具体行政行为是指行政主体依法行使行政权力,对特定的公民、法人和其他组织作出的有关其权利义务的单方行政职权行为。其目的在于产生一定的法律后果,使行政法上的权利义务得以建立、变更或者消灭。由此可知,行政行为不同于行政事实行为、行政协议行为、内部行政行为、行政立法以及刑事司法行为
判断标准	【行政性】行政行为是行政主体运用行政职权作出的行为。 (区别于国家行为、仲裁行为、行政协助执行行为、刑事司法行为) 【处分性】行政行为是按照行政主体主观上的意思表示对行政相对人法律上的权利义务进行的客观上的安排。 (区分于事实行为,如暴力侵权行为、行政指导行为、调解、重复处理行为、过程性行政行为) 【特定性】行政行为是行政主体针对特定对象作出的行为。 (区别于抽象行政行为) 【外部性】行政行为是行政主体针对外部对象、外部事务作出的行为。 (区别于内部行政行为)
分类	1. 以行为受法律拘束的程度分类:羁束性行政行为/裁量性行政行为。 2. 以行为对当事人权益的影响分类:授益性行政行为/负担性行政行为。 3. 以行为是否需要当事人申请分类:依申请行政行为/依职权行政行为。 4. 以行为是否需要法定的形式分类:要式行政行为/非要式行政行为。 5. 以行为是否需要双方意思表示一致分类:单方行政行为/双方行政行为

主观题小案例

【案例1】某县政府发布公告,要求兴旺小区居民与县政府协商拆迁安置补偿款事宜,根据补偿标准签订补偿协议,并于60日内搬离。

问题:试从行政法角度分析该公告的性质。

答案参考:该公告属于单方法律行为。

单方的具体行政行为类型下的行政命令行为,是行政主体依法要求相对人进行一定的作为或不作为的意思表示。

【案例2】为落实淘汰落后产能政策,某区政府发布通告:凡在本通告附件所列名单中的企业两年内关闭。提前关闭或者积极配合的给予一定补贴,逾期不履行的强制关闭。

问题:试从行政法角度分析该通告的性质。

答案参考:该通告属于具体行政行为。

区政府的通告是针对附件所列名单中的企业作出的,而附件所列的企业是特定可数的,可以逐一明确,因此该通告影响了特定人的权利义务,是行政机关针对特定行政相对人的处理,属于具体行政行为。

【案例3】具体行政行为一经成立即生效。【错误】具体行政行为的成立是生效的前提,但并非一经成立即生效。存在已成立但不能生效的无效行政行为,以及暂不生效的附条件、附期限行政行为。

【案例4】所有的行政行为皆为要式行政行为。【错误】具体行政行为可以分为要式行政行为与非要式行政行为。

【案例5】无效行政行为可能有多种表现形式,无法完全列举。【正确】

【案例6】未经送达受领程序的具体行政行为也具有法律约束力。【错误】具体行政行为在逻辑上只有先成立,才能产生法律效力。一个未经送达受领的具体行政行为是不可能生效的。

二、行政行为内容

成立	主体	合法——享有行政职权的行政主体作出
	内容	真实——向行政相对人作出具有完整明确的效果意思表示
	程序	正当——按照法律规定的时间和方式进行送达
生效	原则	若无重大明显的违法情形,原则上行政行为一经成立即生效
	例外	附生效条件的行政行为,自条件成就时发生效力。 若存在重大且明显违法的情形,则自始无效
效力	拘束力	一经生效即产生。行政相对人应服从、遵守;行政主体不得随意改变、撤销;其他机关和社会主体应当尊重
	确定力	争议期之后产生。行政行为确定的权利义务具有不再争议的效力、不得更改的效力
	执行力	履行期之后产生。具有强制执行力(国家强制力作保障)
合法	要件	事实清楚,适用法律法规正确,程序合法正当,未超越职权,未滥用职权,无明显不当。以上每一个都能构成违法的独立理由

主观题小案例

【案例1】当事人不履行具体行政行为确定的义务,行政机关予以执行,这是具体行政行为确定力的表现。【错误】这是具体行政行为执行力的表现。

【案例2】行政主体非经法定程序不得任意改变或撤销具体行政行为,这是具体行政行为确定力的表现。【错误】这是具体行政行为拘束力的表现。

【案例3】提起行政诉讼会导致具体行政行为丧失拘束力。【错误】拘束力,是指具体行政行为已经生效,行政机关和相关当事人都必须遵守,其他国家机关和社会成员必须予以尊重的效力。只要该具体行政行为尚未被撤销、废止,其就一直保有拘束力。申请行政复议或提起行政诉讼,不会导致争议的具体行政行为丧失拘束力,仅会导致其尚不具有确定力。

【案例4】市场监管局未经法定程序改变了清源公司营业执照上所载明的经营范围,则从行政法理论上说,该市场监管局违反了行政行为的确定力。【错误】违反了拘束力。

【案例5】行政处罚决定生效后,当事人如果不主动缴纳罚款,行政机关可以依法强制执行,这属于具体行政行为的拘束力。【错误】属于执行力的表现。

三、具体行政行为的无效、可撤销与废止

行政行为的无效	条件	具体行政行为重大且明显违法典型表现: 1. 不具有行政主体资格; 2. 行政行为没有法律依据; 3. 内容客观上不可能实施
	法律后果	1. 实体法上。无效的行政行为自发布之时就没有法律约束力,当事人不受其约束,不履行它所规定的义务,不会承担法律责任。 2. 程序法上。该行政行为致使合法权益受到损害的公民、法人或者其他组织,可以在任何时候主张该行政行为无效,有关国家机关可以在任何时候宣布该行政行为无效。 3. 后果处理上。行政行为被确定无效后,原则上应当尽可能恢复到行政行为发布前的状态
行政行为的可撤销	条件	具体行政行为一般违法
	法律后果	1. 程序上。可撤销的行政行为必须经过行政复议、行政诉讼程序,由复议机关、法院作出撤销决定,才能否定其法律效力,有关当事人、其他国家机关和其他社会成员无权擅自否定行政行为的法律效力。 2. 实体上。当事人在撤销决定作出之前一直要受到该行政行为的约束,但是撤销之后溯及既往地失去效力。 3. 处理后果上。行政行为因为被撤销而丧失或者不能取得法律效力后,如果相关义务已经履行或者已经执行,能够恢复原状的应当恢复原状。被撤销的行政行为给当事人造成损失的,应当由行政机关承担赔偿责任
行政行为的废止	条件	行为合法,但是情况发生了变化: 1. 所依据的法律、法规、规章、政策,已经被修改、废止或者撤销。 2. 行政行为所根据的客观事实已经发生了重大变化或者不存在。 3. 行政行为所期望的法律效果已经实现,没有继续存在的必要
	法律后果	1. 被废止的行政行为,自废止之日起丧失效力。 2. 造成损失的,给予必要的补偿

主观题小案例

【案例1】具体行政行为废止致使当事人的合法权益受到损失的,应给予赔偿。【错误】违法撤销赔偿,合法废止补偿。

【案例2】具体行政行为的成立是判断具体行政行为是否合法以及是否生效的前提。如果具

体行政行为不成立，则不能判断具体行政行为是否合法或是否生效。【正确】

【案例3】利益受到损害的主体才可以主张具体行政行为无效，并非所有主体都可以主张。【正确】

【案例4】滥用职权不是具体行政行为构成违法的独立理由。【错误】滥用职权在行政法上是一个实质违法的概念和制度，行政机关滥用职权所作的具体行政行为，即使在形式上符合条件，也是一个违法的具体行政行为。据此，滥用职权是具体行政行为构成违法的独立理由。

【案例5】遵守法定程序是具体行政行为合法的必要条件。【正确】

【案例6】为某人设定专属权益的行政行为，如果此人死亡，其效力转移给近亲属。【错误】这种情况下，该行政行为效力终止。

第五讲 行政许可

一、行政许可的特征

行政许可是指行政机关根据公民、法人或者其他组织的申请，经依法审查，准予其从事特定活动的行为。

特征	内涵
外部性	内外看身份，以下事项不属于行政许可： 1. 行政机关对其他机关或者对其他管理的事业单位的人事、财务等事项的管理； 2. 上级机关对下级机关的某事项请示予以批准的行为； 3. 行政执法人员的内部执法资格的认证
依申请性	无申请则无授权
授益性	准予许可意味着当事人被赋予了从事某种特定活动的资格和能力
要式性	许可之中无“口头”，必须都是书面形式
【注意】户籍登记/婚姻登记/学历证明是对已经存在的主体资格、法律事实、法律关系依法进行确认的行为，不属于许可	

主观题小案例

【案例1】企业的设立登记属于行政许可。【正确】

【案例2】民政局作出的婚姻登记属于行政许可。【错误】婚姻登记属于行政确认。

【案例3】对有数量限制的许可，行政机关应当按照当事人的申请顺序决定行政许可的发放。【错误】对有数量限制的许可，行政机关按照受理申请的先后顺序决定行政许可的发放，申请顺序不等于受理顺序。

二、行政许可的设定和具体规定(立法)

<table>
<tr><th>项目</th><th colspan="2">内容</th></tr>
<tr><td>可以不设定</td><td colspan="2">1. 公民、法人或者其他组织能够自主决定的;
2. 市场竞争机制能够有效调节的;
3. 行业组织或者中介机构能够自律管理的;
4. 事后监督能够解决的</td></tr>
<tr><td>可以设定</td><td colspan="2">1. 一般许可:从事直接涉及公共利益或个人重大利益的特殊活动(驾照、排污许可等)。
2. 特许:有限自然资源开发利用、公共资源配置以及直接关系公共利益的特定行业的市场准入(煤炭、航线使用许可等)。
3. 认可:赋予公民、法人或者其他组织从事特定行业、职业资格、资质的许可(法律职业资格许可、建筑企业资质等)。
4. 核准:特定设备、设施、产品、物品的检验、检测、检疫(生猪屠宰检疫、电梯安装运营许可等)。
5. 登记:企业或者其他组织的设立(工商营业执照、社团设立登记等)</td></tr>
<tr><td rowspan="3">行政许可的设定</td><td>经常性许可的设定</td><td>法律、行政法规、地方性法规</td></tr>
<tr><td>临时性许可的设定</td><td>国务院决定、省规章</td></tr>
<tr><td colspan="2">地方许可的限制:
1. 不得设定应当由国家统一确定资质、资格的许可。
2. 不得设定企业等组织的设立登记及其前置性许可。
3. 不得限制外地的生产、经营、服务、商品进入本地的市场</td></tr>
<tr><td>行政许可的规定</td><td colspan="2">1. 设定权属于立法性质的权力,指法的创制权,解决从无到有的问题。
2. 规定权属于执行性权力,解决的是从粗到细的问题。
3. 行政法规、地方性法规、规章都可以在上位法已设定的行政许可事项范围内,对行政许可设定的条件、程序、期限等进行细化</td></tr>
</table>

主观题小案例

【案例 1】某市政府发布文件规定:外地物流公司到本地运输货物,应事前得到当地交通管理部门的准许,并缴纳道路特别通行费。

问题:该行为在行政法上如何定性?

答案参考:该行为违反合法行政原则的要求。

《行政许可法》第 15 条第 2 款规定:"地方性法规和省、自治区、直辖市人民政府规章,不得设定应当由国家统一确定的公民、法人或者其他组织的资格、资质的行政许可;不得设定企业或者其他组织的设立登记及其前置性行政许可。其设定的行政许可,不得限制其他地区的个人或者企业到本地区从事生产经营和提供服务,不得限制其他地区的商品进入本地区市场。"据此可知,某市政府发布的文件中关于"限制其他地区的个人或者企业到本地区从事生产经营和提供服务"的内容违反合法行政原则的要求。

【案例 2】国务院设定非经常性行政许可,实施满 1 年需要继续实施的,应当及时制定法律。【错误】及时制定法律或者自行制定行政法规,没有时间限制。

【案例 3】省政府报国务院批准后可在本区域停止实施行政法规设定的有关环保事务的行政许可。【错误】只能停止经济类的许可。

三、行政许可的实施主体

行政机关实施	具备许可准予权的行政机关		
授权实施	法律、法规授权具有管理公共事务职能的社会组织		
委托实施	行政机关依据法律、法规、规章的规定，委托其他行政机关实施行政许可，并且对委托的内容和对象进行公告		
新型办公方式	一个机关	一个窗口对外	
	多个机关	权力所有权转移	集中许可(主体：国务院批准，省级政府决定)
		权力所有权不转移	联合许可(许可大厅)【地点上的集中】
			统一许可(并联式审批)

四、行政许可实施的一般程序(☆☆☆☆☆)

申请	方式	1. 书面； 2. 自己或委托代理人，但应亲自到场的除外； 3. 需要格式文本的，行政机关应当提供(不收费)
受理	补正材料	1. 当场可以更正的——应当允许当场更正。 2. 申请材料不齐全的，应当当场或者 5 日内一次性告知需要补正的全部内容。【注意】过了 5 日还不告知的，自收到申请材料之日起即为受理，但是受理≠许可
	形式	书面凭证(受理或者不受理，都应出具加盖本行政机关专用印章和注明日期的书面凭证)
审查	审查材料	实质审查——2 名以上工作人员
	跨级审查	1. 下级行政机关要在法定期限内将初步审查意见和全部申请材料直接报送上级行政机关。 2. 上级行政机关不得要求申请人重复提供申请材料
听证启动	主动(依职权)	1. 法律、法规、规章规定。 2. 涉及公共利益的重大事项
	被动(依申请)	申请人与利害关系人之间有重大利益关系的，应当告知申请人与利害关系人有申请听证的权利，如申请，行政机关应当组织听证
听证期限	申请	5 日内申请
	组织	20 日内组织
	告知	7 日前告知
颁发许可证、加盖印章、加贴标签	时间	作出许可决定之日起 10 日内颁发、送达许可证或者加贴标签、加盖印章(证、签、章)

续表

决定的期限	当场作出	申请人的申请符合法定条件、标准的,行政机关应当依法作出准予行政许可的书面决定
	自受理之日起 20 日内作出决定	经本行政机关负责人批准,可以延长 10 日。依法应当先经下级行政机关审查后报上级行政机关决定的行政许可,下级行政机关应当自其受理行政许可申请之日起 20 日内审查完毕。但法律、法规另有规定的,依照其规定。这里特别要注意"特别法优于一般法"的原则决定了例外规定
	按照联合办理、集中办理来受理的	决定期限为 45 日;经本级人民政府负责人批准,可以延长 15 日
变更和延续	变更	变更是对行政许可事项的范围、组织、条件等具体规定的改变。变更也必须是依申请进行的行为
	延续	1. 有效期届满 30 日前提出申请。 2. 如果在该许可有效期届满前没有作出是否准予延续的决定,就视为行政机关准予延续
【提示】 1. 行政许可中的听证免费(所有听证均免费),并且听证笔录具有案卷排他效力。 2. 事先参与许可事项或有直接利害关系的工作人员不得担任主持人。 3. 除了涉及国家秘密、商业秘密、个人隐私的外,听证应当公开举行		

主观题小案例

【案例 1】天龙房地产开发有限公司拟兴建天龙金湾小区项目,向市规划局申请办理建设工程规划许可证,并提交了相关材料。

问题:(1)公司应到市规划局办公场所提出申请。

(2)公司的申请材料不齐全的,市规划局应作出不受理决定。

(3)市规划局为公司提供的申请格式文本可收取工本费。

答案参考:

(1)错误。

《行政许可法》第 29 条第 2 款和第 3 款规定:"申请人可以委托代理人提出行政许可申请。但是,依法应当由申请人到行政机关办公场所提出行政许可申请的除外。行政许可申请可以通过信函、电报、电传、传真、电子数据交换和电子邮件等方式提出。"本题中涉及的许可是建设工程规划许可,不具有人身属性,不属于必须由申请人到办公场所办理的情况,是可以委托办理的。

(2)错误。

根据《行政许可法》第 32 条第 1 款第 4 项的规定,申请材料不齐全或者不符合法定形式的,应当当场或者在 5 日内一次告知申请人需要补正的全部内容,逾期不告知的,自收到申请材料之日起即为受理。由此可知,当申请人的申请材料不齐全的时候,行政机关是有告知补正的义务的,并非直接作出不受理的决定。

(3)错误。

根据《行政许可法》第 58 条第 2 款的规定,行政机关提供行政许可申请书格式文本,不得收费。由此可知,行政许可申请所涉及的格式文本是不得收费的。

【案例2】某市安监局向甲公司发放《烟花爆竹生产企业安全生产许可证》后,发现甲公司所提交的申请材料系伪造的。该安监局应当撤销该许可证。【正确】

【案例3】某规划局发放的建设用地规划许可证,直接涉及申请人与附近居民之间的重大利益关系,此时,该规划局应当告知当事人有听证的权利。【正确】行政许可直接涉及申请人与他人之间重大利益关系的,行政机关在作出行政许可决定前,应当告知申请人、利害关系人享有要求听证的权利。

【案例4】汉州市政府准备在元道村边建设一座污水处理厂,元道村村民认为会污染周围环境,则其有权申请听证。【正确】

五、行政许可的监督检查

<table>
<tr><td rowspan="2">实施许可过程中违法</td><td colspan="3">责令改正</td></tr>
<tr><td colspan="3">吊销许可证</td></tr>
<tr><td rowspan="4">获得许可证中违法</td><td rowspan="4">撤销</td><td colspan="2">主体:行政机关自己;法院;上级行政机关;被越权的机关</td></tr>
<tr><td colspan="2">行政机关违法行为造成的:赔偿</td></tr>
<tr><td rowspan="2">申请人违法行为造成的</td><td>申请过程中发现(未遂)1年禁止申请</td></tr>
<tr><td>已经取得后发现(既遂)3年禁止申请</td></tr>
<tr><td rowspan="3">公共利益废止许可</td><td colspan="3">撤回</td></tr>
<tr><td rowspan="2">补偿</td><td colspan="2">程序:行政机关先行处理,不服可以复议或诉讼。法院可以调解</td></tr>
<tr><td colspan="2">标准:1. 法定标准;2. 实际投入标准;3. 实际损失标准</td></tr>
<tr><td>许可证效力消失</td><td colspan="3">注销</td></tr>
<tr><td>收费</td><td colspan="3">行政许可的实施、监督检查,原则上不收取费用,法律、行政法规另有规定的除外</td></tr>
</table>

主观题小案例

【案例1】某企业的旅馆业特种经营许可证被认定为以贿赂手段取得而被撤销后,许可机关应将许可证吊销。【错误】许可证被撤销后,许可机关应该将许可证注销。

【案例2】刘某通过行贿取得行政许可证,被行政机关发现并撤销其许可后,应及时办理注销手续。【正确】

【案例3】正本公司的采砂许可证有效期届满后,没有申请延续,则行政许可机关应将该许可撤销。【错误】应注销该许可。

第六讲 行政处罚

一、行政处罚的种类

行政处罚:指行政机关依法对违反行政管理秩序的公民、法人或者其他组织,以减损权益或者增加义务的方式予以惩戒的行为。(目的:惩罚。方式:给当事人增加新的负担)

警示罚和声誉罚	1. 警告(书面); 2. 通报批评(公开)
财产罚	1. 罚款; 2. 没收违法所得和非法财物(直接用于犯罪活动且属于本人所有)
资格罚	1. 暂扣许可证件; 2. 降低资质等级; 3. 吊销许可证件
行为罚	1. 限制开展生产经营活动; 2. 责令停产停业(责令限期改正是行政强制措施); 3. 责令关闭; 4. 限制从业
人身罚	行政拘留(只能由公安机关决定和执行;15 日/合并不超过 20 日)
其他	法律、行政法规设定

点拨:滞纳金、超标排污费、撤销、注销、撤回和责令改正等不具有惩戒性,不是行政处罚。

主观题小案例

【案例 1】撤销、注销、撤回是独立的行政许可类型,其行为性质就是撤销、注销、撤回,不属于行政处罚。【正确】

【案例 2】工商局责令销售不合格商品的甲企业支付消费者 3 倍赔偿金的性质为行政处罚。【错误】该责令行为在学理上被认为是解决平等民事主体争议的行政裁决行为。

二、行政处罚的设定和具体规定(立法)

设定权从无到有	法律	可以设定各种类型的行政处罚
	行政法规	可以设定除限制人身自由以外的行政处罚
	地方性法规	可以设定除限制人身自由、吊销营业执照以外的行政处罚
	部门规章	警告、通报批评和一定数额的罚款(国务院规定上限)
	地方政府规章	警告、通报批评和一定数额的罚款(省级人大常委会规定上限)

续表

规定权 从粗到细	行政法规、地方性法规、规章都可以对上位法已经设定的处罚事项作出具体规定，但这种规定必须遵循上位法优先的原则，不得违反上位法规定的给予行政处罚的行为、种类、幅度	
补充设定 从有到全	行政法规为实施法律，可以补充设定行政处罚	
	地方性法规为实施法律、行政法规，可以补充设定行政处罚	

主观题小案例

【案例1】地方性法规《中原省外来流动人口管理条例》中就某一违法行为设定给予1万元至10万元罚款，省内地方政府规章《秦州市外来流动人口管理办法》中可以将该罚款幅度规定为1万元至5万元。【错误】降低了上位法规定的处罚幅度的上限。

【案例2】设区的市秦州市政府规章《秦州市外来流动人口管理办法》中可以设定吊销房屋租赁许可证的处罚。【错误】设区的市政府规章只能设定警告、通报批评和一定数额的罚款。

【案例3】设区的市秦州市政府规章《秦州市外来流动人口管理办法》中如果设定了罚款种类的处罚，则罚款数额范围由该市人大常委会决定。【错误】应由省级人大常委会决定。

【案例4】必要时，地方政府规章《秦州市外来流动人口管理办法》中可以设定限制人身自由的处罚。【错误】限制人身自由的行政处罚只有法律可以创设。

【案例5】地方性法规《中原省外来流动人口管理条例》中可以设定上位法未设定的新行政处罚种类。【错误】地方性法规无权创设新的处罚种类。

三、行政处罚的实施主体（☆☆☆）

行政机关	自行实施	由违法行为发生地的有权行政机关管辖（违法行为发生地包括行为实施地及直接结果的发生地）
	集中实施	主体限制：国务院或者省级政府可以决定一个行政机关行使有关行政机关的行政处罚权。 权力限制：限制人身自由的行政处罚权只能由公安机关和法律规定的其他机关行使
授权机关	1. 授权依据：法律、法规。 2. 授权对象：具有管理公共事务职能的组织。 3. 授权后果：成为行政主体，对实施行政处罚行为的后果独立承担法律责任	
委托机关	1. 委托主体：行政主体。 2. 委托对象的条件：（1）依法成立并具有管理公共事务职能；（2）有熟悉有关法律、法规、规章和业务并取得行政执法资格的工作人员；（3）需要进行技术检查或者技术鉴定的，应当有条件组织进行相应的技术检查或者技术鉴定。 3. 委托书：委托书应当载明委托的具体事项、权限、期限等内容。委托行政机关和受委托组织应当将委托书向社会公布。 4. 委托后果：被委托者不能获得行政主体资格，后果由委托人承担	

主观题小案例

【案例 1】某公安派出所以李某放任所饲养的烈性犬恐吓张某为由对李某处以 500 元罚款。

问题:派出所能否以自己的名义作出该处罚决定?

答案参考:可以。

派出所属于经过授权的派出机构,其被授权的权限范围是警告和 500 元以下罚款,派出所在授权范围内作出行政行为,自己具有行政主体资格,可以自己作被告或者被申请人。本题中派出所对李某作出的处罚为 500 元罚款,自己具有行政主体资格,可以以自己的名义作出。

【案例 2】李某多次发送淫秽短信、干扰他人正常生活,公安机关经调查拟对李某作出行政拘留 10 日的处罚。

问题:此处罚决定能否由公安派出所作出?

答案参考:不可以。

治安管理处罚由县级以上公安机关决定;其中警告和 500 元以下的罚款可以由公安派出所决定。据此,拘留处罚不可以由公安派出所作出。

四、行政处罚的管辖(☆☆☆)

级别管辖	一般情形	行政处罚由县级以上地方人民政府具有行政处罚权的行政机关管辖。法律、行政法规另有规定的,从其规定
	管辖权下放	省级政府根据当地实际情况,可以决定将基层管理迫切需要的县级人民政府部门的行政处罚权交由能够有效承接的乡镇人民政府、街道办事处行使,并定期组织评估。决定应当公布。承接行政处罚权的乡镇人民政府、街道办事处应当加强执法能力建设,按照规定范围、依照法定程序实施行政处罚
地域管辖	行政处罚由违法行为发生地的行政机关管辖。法律、行政法规、部门规章另有规定的,从其规定	
管辖争议	两个以上行政机关都有管辖权的,由最先立案的行政机关管辖。对管辖发生争议的,应当协商解决,协商不成的,报请共同的上一级行政机关指定管辖;也可以直接由共同的上一级行政机关指定管辖	
行政协助	行政机关因实施行政处罚的需要,可以向有关机关提出协助请求。协助事项属于被请求机关职权范围内的,应当依法予以协助	
行政执法和刑事执法的衔接	违法行为涉嫌犯罪的,行政机关应当及时将案件移送司法机关,依法追究刑事责任。对依法不需要追究刑事责任或者免予刑事处罚,但应当给予行政处罚的,司法机关应当及时将案件移送有关行政机关。 行政处罚实施机关与司法机关之间应当加强协调配合,建立健全案件移送制度,加强证据材料移交、接收衔接,完善案件处理信息通报机制	

五、行政处罚的实施程序（☆☆☆☆☆）

适用规则	内容		1. 公开：行政处罚的实施机关、立案依据、实施程序和救济渠道等信息应当公示。具有一定社会影响的行政处罚决定应当依法公开。公开的行政处罚决定被依法变更、撤销确认违法或者确认无效的，行政机关应当在3日内撤回行政处罚决定信息并公开说明理。 2. 回避：执法人员与案件有直接利害关系或者有其他关系可能影响公正执法的，应当回避。当事人认为执法人员与案件有直接利害关系或者有其他关系可能影响公正执法的，有权申请回避。当事人提出回避申请的，行政机关应当依法审查，由行政机关负责人决定。决定作出之前，不停止调查。 3. 参与：行政机关在作出行政处罚决定之前，应当告知当事人拟作出的行政处罚内容及事实、理由、依据。并告知当事人依法享有的权利。 4. 应急：发生重大传染病疫情等突发事件，为了控制、减轻和消除突发事件引起的社会危害，行政机关对违反突发事件应对措施的行为，依法快速、从重处罚。 5. 人数：执法人数不得少于2人，而且2人必须具有行政执法资格，法律另有规定除外
简易程序	条件		违法事实确凿并有法定依据。 【一般罚】对公民处以200元以下、对法人或者其他组织处以3000元以下罚款或者警告。 【治安罚】对公民作出200元以下的罚款或警告
	程序		1. 当场处罚。当场作出的行政处罚决定，必须报所属行政机关备案。 2. 当场送达。当事人拒签收的，应当在行政处罚决定书上注明
一般程序	立案		行政机关发现公民、法人或者其他组织有依法应当给予行政处罚的行为的，必须全面、客观、公正地调查，收集有关证据；必要时，依照法律、法规的规定，可以进行检查。符合立案标准的，行政机关应当及时立案
	程序	出示证件	出示执法证件。执法人员不出示执法证件的，当事人或者有关人员有权拒绝接受调查或者检查
		陈述申辩	未经陈述申辩的，不得作出行政处罚决定。当事人明确放弃的除外
		接受询问	当事人或者有关人员应当如实回答询问，并协助调查或者检查，不得拒绝或者阻挠。询问或者检查应当制作笔录
		保存证据	1. 条件：在证据可能灭失或者以后难以取得的情况下。 2. 程序：经行政机关负责人批准。 3. 期限：7日内
	审核		有下列情形之一，在行政机关负责人作出行政处罚的决定之前，应当由从事行政处罚决定法制审核的人员进行法制审核；未经法制审核或者审核未通过的，不得作出决定： 1. 涉及重大公共利益的； 2. 直接关系当事人或者第三人重大权益，经过听证程序的； 3. 案件情况疑难复杂、涉及多个法律关系的； 4. 法律、法规规定应当进行法制审核的其他情形。 行政机关中初次从事行政处罚决定法制审核的人员，应当通过国家统一法律职业资格考试取得法律职业资格
	决定	决定主体	1. 原则：行政机关负责人决定； 2. 例外：对情节复杂或者重大违法行为给予行政处罚，行政机关负责人应当集体讨论决定
		决定期限	行政机关应当自行政处罚案件立案之日起90日内作出行政处罚决定。法律、法规、规章另有规定的，从其规定
	送达		1. 当事人在场的，当场送达；2. 当事人不在场的，应当在7日内送达；3. 当事人同意并签订确认书的，行政机关可以采用传真、电子邮件等方式，将行政处罚决定书等送达当事人

续表

<table>
<tr><td rowspan="9">听证程序</td><td>范围</td><td colspan="2">行政机关拟作出下列行政处罚决定，应当告知当事人有要求听证的权利，当事人要求听证的，行政机关应当组织听证：
1. 较大数额罚款；
2. 没收较大数额违法所得、没收较大价值非法财物；
3. 降低资质等级、吊销许可证件；
4. 责令停产停业、责令关闭、限制从业；
5. 其他较重的行政处罚；
6. 法律、法规、规章规定的其他情形</td></tr>
<tr><td rowspan="8">程序</td><td>期限</td><td>1. 当事人要求听证的，应当在行政机关告知后5 日内提出。
2. 行政机关应当在举行听证的7 日前，通知当事人及有关人员听证的时间、地点</td></tr>
<tr><td>回避</td><td>听证由行政机关指定的非本案调查人员主持；当事人认为主持人与本案有直接利害关系的，有权申请回避</td></tr>
<tr><td>费用</td><td>行政机关承担听证费用</td></tr>
<tr><td>代理</td><td>当事人可以亲自参加听证，也可以委托1 人至 2 人代理</td></tr>
<tr><td>公开</td><td>除涉及国家秘密、商业秘密或者个人隐私依法予以保密外，听证公开举行</td></tr>
<tr><td>终止</td><td>当事人及其代理人无正当理由拒不出席听证或者未经许可中途退出听证的，视为放弃听证权利，行政机关终止听证</td></tr>
<tr><td>质证</td><td>举行听证时，调查人员提出当事人违法的事实、证据和行政处罚建议，当事人进行申辩和质证</td></tr>
<tr><td>笔录</td><td>1. 听证应当制作笔录，笔录应当交当事人或者其代理人核对无误后签字或者盖章。
2. 行政机关应当根据听证笔录，依照相关法律的规定，作出决定（案卷排他效力）</td></tr>
</table>

主观题小案例

【案例 1】对非法营运的私家车车主李某，市交通局决定没收其车辆和违法所得，并处罚款 1 万元。

问题：就罚款 1 万元的处罚决定，是否应当由市交通局负责人集体讨论作出？

答案参考：不一定。

行政处罚的决定应当由行政机关的负责人作出，对于情节复杂或者重大的处罚案件，还需要由行政机关的负责人集体讨论作出决定。本题没有交代本案是否为情节复杂或者重大的处罚案件，所以条件不充分不能判断如何作出处罚决定。

【案例 2】李某多次盗版印刷他人书籍，在文化局调查时，李某欲将书籍焚烧。经过负责人批准，文化局 2 名工作人员将书籍先行登记保存。

问题：试分析登记保存的法律性质。

答案参考：登记保存的性质属于为了预防证据损毁的行政强制措施。

【案例 3】处罚决定书当场交付当事人，当事人不在场的则 7 日内按照《民事诉讼法》的规定送达。【正确】

【案例4】汉州市市场监管局执法人员发现正本公司经营侵犯商标权的商品，于是对正本公司当场作出罚款500元的处罚，该处罚决定违反了法律规定。【错误】不违反，对组织处罚3000元以下可以当场作出。

【案例5】唐城县公安局对贾某当场作出了500元的罚款，符合法律规定。【错误】警告或200元以下的治安处罚才能当场作出。

【案例6】汉州市公安局对互相殴打的甲某和乙某两人进行调解后签订调解协议，后甲某反悔不履行协议，乙某有权提起行政诉讼。【错误】当事人可以提起民事诉讼。

【案例7】汉州市公安局对治安违法行为人作出1000元罚款，此时应当告知其享有听证的权利。【错误】只有2000元以上才需要告知听证权利。

【案例8】唐城县公安局对贾某作出拘留决定前应当告知其享有听证的权利。【错误】行政拘留不是法定听证的事项。

六、行政处罚的实体规则及证据

实体规则	不处罚	1. 无责任能力者不处罚。 2. 情节轻微者不处罚。 3. 主观没有过错不处罚。 4. 超过处罚时效不处罚。违法行为在2年内未被发现的，不再给予行政处罚；涉及公民生命健康安全、金融安全且有危害后果的，上述期限延长至5年。法律另有规定的除外
	不再罚	1. 对当事人的同一个违法行为，不得给予2次以上罚款的行政处罚。 2. 同一个违法行为违反多个法律规范应当给予罚款处罚的，按照罚款数额高的规定处罚
	责令改正	行政机关实施行政处罚时，应当责令当事人改正或者限期改正违法行为
证据制度	种类	1. 书证；2. 物证；3. 视听资料；4. 电子数据；5. 证人证言；6. 当事人的陈述；7. 鉴定意见；8. 勘验笔录、现场笔录
	要求	1. 行政机关应当依法以文字、音像等形式，对行政处罚的启动、调查取证、审核、决定、送达、执行等进行全过程记录，归档保存。 2. 以非法手段取得的证据，不得作为认定案件事实的根据
	特别规定	1. 行政机关依照法律、行政法规规定利用电子技术监控设备收集、固定违法事实的，应当经过法制和技术审核，确保电子技术监控设备符合标准、设置合理、标志明显，设置地点应当向社会公布。 2. 电子技术监控设备记录违法事实应当真实、清晰、完整、准确。行政机关应当审核记录内容是否符合要求；未经审核或者经审核不符合要求的，不得作为行政处罚的证据。 3. 行政机关应当及时告知当事人违法事实，并采取信息化手段或者其他措施，为当事人查询、陈述和申辩提供便利。不得限制或者变相限制当事人享有的陈述权、申辩权

主观题小案例

【案例1】思思在直播平台从事淫秽表演活动，公安局发现思思组织淫秽表演的行为已经构成犯罪，应先予以治安处罚再移送追究刑事责任。

问题：此案行政处罚中的罚款和拘留能否折抵思思刑罚中的罚金和有期徒刑？

答案参考：不可以。

既然在处罚之前已经发现当事人的行为构成犯罪，则不需要处罚后再来折抵，而应当直接不予处罚。只有在处罚执行后，发现当事人构成犯罪，才有可能适用折抵制度。

【案例2】年满16周岁的贾某实施了行政违法行为后，可以对其免除行政处罚。【错误】已满14周岁就不能免于处罚。

【案例3】正本药店从3年前开始出售假药，当地市场监管局发现后不能对其处罚，因为已经超出了处罚时效。【错误】正本药店出售假药的行为一直持续，没有超出2年的处罚追诉时效。

七、行政处罚的执行

罚款的执行	原则	罚执分离	
	例外	当场收缴	1. 简易程序前提下：(1)100元以下的罚款；(2)不当场收缴事后难以执行的(不必同时具备)。 2. 特殊地区。行政机关在边远、水上、交通不便地区，当事人到指定的银行或者通过电子支付系统缴纳罚款确有困难，经当事人提出，行政机关及其执法人员可以当场收缴罚款
	强制执行	1. 执行罚(每日加处罚款的3%)。 2. 强制执行。将查封、扣押的财物拍卖、依法处理或者将冻结的存款、汇款划拨抵缴罚款	

主观题小案例

【案例】经传唤调查，某区公安分局以散布谣言、谎报险情为由，决定对孙某处以10日行政拘留。

问题：如孙某对处罚决定不服直接起诉，孙某起诉后，可否暂缓执行行政拘留的处罚决定？

答案参考：不能。

暂缓拘留需要同时满足以下条件：(1)当事人已申请行政复议或提起行政诉讼；(2)当事人主动申请；(3)公安机关认为暂缓执行不致发生社会危险；(4)被处罚人或其近亲属提出符合条件的担保人，或按每日拘留200元的标准缴纳保证金。

八、治安管理处罚法(☆☆)

处罚主体	1. 一般主体：县级以上公安机关。 2. 授权主体：派出所(职权范围——警告，500元以下罚款)
处罚种类	警告、罚款、行政拘留、吊销公安机关发放的许可证。对外国人可以限期出境或者驱逐出境

续表

一般程序	调查	传唤	1. 对象:违法行为人(证人、被侵害人不可传唤)。 2. 办案部门负责人批准,使用传唤证传唤(书面)。 3. 现场发现的,出示工作证件可口头传唤,但应在询问笔录中注明。 4. 告知义务:应当将传唤的原因和依据告知被传唤人。 对无正当理由不接受传唤或者逃避传唤的人,可以强制传唤
		询问	1. 对象:违法行为人、证人和被侵害人。 2. 询问查证的时间不得超过8 小时;情况复杂可能适用行政拘留处罚的,不得超过 24 小时。 3. 询问不满 16 周岁的人,应当通知其父母或者其他监护人到场。 4. 询问被侵害人或者证人的,可以到其所在单位或住处进行;必要时,也可以通知其到公安机关提供证言。 5. 询问笔录(核对无误后,被询问人及询问人签名或盖章)
		检查	1. 对象:与违法行为有关的场所、物品、人身。 2. 人民警察不得少于 2 人,并应当出示工作证件和县级以上人民政府公安机关开具的检查证明文件。 3. 情况紧急,确有必要立即进行检查的,人民警察经出示工作证件,可以当场检查。 4. 检查公民住所,应当出示工作证件和县级以上人民政府公安机关开具的检查证明文件。 5. 检查妇女的身体,应当由女性工作人员进行。 6. 应当制作检查笔录,由检查人、被检查人和见证人签名或者盖章;被检查人拒绝签名的,人民警察应当在笔录上注明
		扣押	1. 不得扣押善意第三人财产,不得扣押被侵害人财产。 2. 不得扣押与违法活动无关的财物
	决定	期限	自受理之日起不超过 30 日,案情重大复杂的,经上一级公安机关批准可以延长 30 日
	送达	期限	当场决定,当场送达;无法当场,2 日内送达
调解	1. 对于因民间纠纷引起的打架斗殴或者损毁他人财物等违反治安管理行为,情节较轻的(前提),公安机关可以调解处理。经公安机关调解,当事人达成协议的,不予处罚。 2. 经调解未达成协议或者达成协议后不履行的,公安机关应当依照《治安管理处罚法》的规定对违反治安管理行为人给予处罚,并告知当事人可以就民事争议依法向人民法院提起民事诉讼		
简易程序	1. 仅限于警告,200 元以下罚款。 2. 出示工作证件,填写处罚决定书,交付被处罚人;有被侵害人的,并将决定书副本抄送被侵害人		
听证	条件:吊销许可证;2000 元以上罚款		
执行	1. 当场收缴罚款: (1)处 50 元以下罚款且被处罚人无异议的; (2)在边远、水上、交通不便地区作出罚款决定后,被处罚人向指定银行缴纳罚款确有困难并自愿当场缴纳的; (3)被处罚人在当地没有固定住所,不当场收缴事后难以执行的。 2. 拘留:由作出决定的公安机关送达拘留所执行;有多种违法行为的应当分别决定,合并执行。合并执行的拘留不得超过 20 日。 3. 行政拘留暂缓执行的条件:不服 + 复议或诉讼中 + 提出申请 + 不致发生社会危险 + 保证人或保证金(200 元/天)		
时效	治安管理处罚:6 个月内未被公安机关发现的,不再处罚		

主观题小案例

【案例1】因王某以刻画方式损坏博物馆里的文物，区公安分局决定对其作出拘留15日的处罚。

问题：若王某对此不服，在处罚之前王某是否有权要求举行听证？

答案参考：有权。

命题人认为处罚听证分为法定听证和约定听证，约定听证针对的是法定听证范围外的事项，如果行政机关和当事人意思表示一致，同意听证，自然可以举行听证。具体模式上，行政机关可以告知当事人有申请听证的权利；当事人也可以向行政机关申请听证。

【案例2】交通局工作人员李某依法扣押非法营运车辆时，司机唐某等人以暴力方式强行阻碍，并将李某打伤。市公安局经调查，拟决定对组织人员唐某处10日拘留的治安处罚。

问题：本案中对唐某询问查证的时间最长为多久？

答案参考：24小时。

对违反治安管理的行为人，公安机关传唤后应当及时询问查证，询问查证的时间不得超过8小时；情况复杂，依照法律规定可能适用行政拘留处罚的，询问查证的时间不得超过24小时。

【案例3】李某和张某因工作产生矛盾。某日晚上，李某醉酒后将张某打成轻微伤，张某随即向公安机关报案。公安局调查后决定对李某打人行为罚款200元。

问题：公安局是否有权当场处罚并当场收缴。

答案参考：无权。

当场处罚并不等于当场收缴。当场收缴是罚执分离原则的例外，在当场收缴的情况下，行政处罚的决定者与收缴者是重合的，通俗地说，就是一边送罚单，一边钱包里掏钱。《治安管理处罚法》规定以下情形可以当场收缴：(1)处50元以下罚款且被处罚人无异议的；(2)在边远、水上、交通不便地区作出罚款决定后，被处罚人向指定银行缴纳罚款确有困难并自愿提出当场缴纳的；(3)被处罚人在当地没有固定住所，不当场收缴事后难以执行的。

第七讲 行政强制

一、行政强制措施/执行的概念

1. 行政强制措施，是指行政机关在行政管理过程中，为制止违法行为、防止证据损毁、避免危害发生、控制危险扩大等情形，依法对公民的人身自由实施暂时性限制，或者对公民、法人或者其他组织的财物实施暂时性控制的行为。

2. 行政强制执行，是指行政机关或者行政机关申请人民法院，对不履行行政决定的公民、法人或者其他组织，依法强制履行义务的行为。

行政强制措施	特征	预防性、制止性、保障性
	种类	1. 限制公民人身自由； 2. 查封场所、设施和财物； 3. 扣押财物； 4. 冻结存款、汇款； 5. 其他行政强制措施
行政强制执行	方式	行政机关自行、申请法院
	种类	1. 直接执行：划拨、拍卖、清除污染； 2. 间接执行：代履行、执行罚（每日3%，不超本数）。 做题小技巧：如果题目考查某一行政行为是直接执行还是间接执行，可以用排除法，除了代履行和执行罚，其余的都是直接执行
区别	1. 前提条件不同。实施行政强制措施的前提条件是情况紧急，并不需要有待履行义务和已生效的行政决定先行存在，行政强制措施本身就是“第一次行为”。实施行政强制执行的前提条件是行政决定，其是在先前作出的行政行为确定的义务未得到履行的情况下实施的行为，是先行政行为的后续行为，具有明显的依附性，属于“第二次行为”。 2. 法律效果不同。行政强制措施是对相对人人身、财产权利的临时性约束和处置；而行政强制执行具有终局性，是将已生效行政行为确定的义务动态实现的过程，通常是行政程序的最后一个阶段。从对当事人财产权的影响程度或法律效果上看，行政强制措施是对财产权利中使用权的限制，并未涉及其所有权；而行政强制执行是对财产所有权的剥夺，故具有终局性。 3. 针对当事人的行为不同。当事人负有“不作为”和“容忍”义务的强制行为，属于行政强制措施。例如，当事人无权去银行冻结自己的存款，而当有权机关去银行冻结当事人的存款时，当事人有“容忍”的义务。当事人负有“作为”义务的强制行为，则属于行政强制执行。例如，针对拆除违章建筑的行政决定，当事人负有在规定的期限内自行拆除的作为义务	

主观题小案例

【案例1】行政处罚、行政许可有听证程序，行政强制没有听证程序。【正确】

【案例2】暂扣驾驶证6个月的行为性质属于行政处罚。【正确】

【案例3】在突发流感类的公共卫生事件期间，火车站派出所警员将检测到发热的旅客予以强制隔离属于行政强制执行。【错误】属于行政强制措施。

【案例4】某交通局在检查中发现张某所驾驶货车无道路运输证，遂扣留了张某驾驶证和车载货物，要求张某缴纳罚款1万元。张某拒绝缴纳，交通局将车载货物拍卖抵缴罚款。扣留驾驶证和扣留车载货物的行为为行政强制措施；拍卖车载货物的行为为行政强制执行。【正确】

【案例5】只有法律、行政法规有权设定行政强制执行，其他任何规范均不得设定。【错误】只有法律有权设定行政强制执行。

二、行政强制的设定

行为类型	法律	行政法规	地方性法规	规章
行政强制措施	各种类型	各种类型(除限制人身自由和冻结外)	查封、扣押	不得设定
行政强制执行	各种类型	不得设定	不得设定	不得设定

主观题小案例

【案例1】某省地方性法规规定,若专车公司存在私家车加入网络软件平台从事非法客运行为的情况,行政机关有权查封其公司,并可冻结其违法所得。【错误】冻结财产只能由法律设定。

【案例2】省规章可以设定扣押的行政强制措施。【错误】规章就扣押等行政强制措施、滞纳金等行政强制执行手段没有任何设定权。

【案例3】浙江省人民代表大会制定的地方性法规可以创设冻结存款的行政强制措施。【错误】只有法律可以创设"冻结"的行政强制措施。

【案例4】除紧急情况外,实施行政强制措施前,执法人员应出示执法身份证件。【错误】实施行政强制措施前,执法人员必须出示执法身份证件。

【案例5】行政强制措施程序中制作的现场笔录由当事人和行政执法人员签名或者盖章,当事人拒绝的,该笔录不能作为证据使用。【错误】现场笔录由当事人和行政执法人员签名或者盖章,当事人拒绝的,在笔录中予以注明。该笔录具有证据效力。

【案例6】当事人不到场的,邀请见证人到场,由见证人和行政执法人员在现场笔录上签名或者盖章。【正确】

【案例7】实施行政强制措施时应当场告知当事人采取行政强制措施的理由、依据以及当事人依法享有的权利、救济途径。【正确】

【案例8】林某在河道内修建了"农家乐"休闲旅社,在紧急防汛期,防汛指挥机构认为需要立即清除该建筑物,林某无法清除。防汛指挥机构可以不经催告立即决定实施代履行。【正确】

三、行政强制措施的实施程序(☆☆☆☆☆)

一般程序:报请行政机关负责人批准——2名以上行政执法人员并表明身份——通知当事人到场——告知当事人权利——听取陈述申辩——制作现场笔录——各方签名或盖章。

实施主体	法律、法规规定的行政机关实施
	授权机关:法律、行政法规授权具有管理公共事务职能的组织
	委托机关:禁止委托

续表

一般程序	内部程序	【事先报批】实施行政强制措施之前必须向行政机关负责人报告并经批准。 【紧急情况】可以先不经过批准当场实施,24小时内向负责人报告并补办批准手续。但人身类的强制措施应立即向负责人报告并立即补办批准手续
	外部程序	1. 表明身份(出示执法证件); 2. 通知当事人到场; 3. 当场告知理由、依据和权利; 4. 听取陈述申辩; 5. 制作现场笔录(如实记录)
查封、扣押的程序	要求	1. 限于涉案的场所、设施或者财物,与违法行为无关的不得查封、扣押。 2. 已经被其他国家机关查封的,不得重复查封。 3. 公民个人及其所扶养家属的生活必需品不得查封、扣押
	程序	1. 制作并当场交付查封、扣押决定书及清单。清单一式两份,分别保存。 2. 期限不得超过30日,经本机关负责人批准延长期限不得超过30日,即最长期限为60日。其他法律、行政法规另有规定的,从其规定。扣除期限:检测、检验、检疫或者技术鉴定的期间不计算在内。 3. 财物的妥善保管:行政机关不得擅自使用或者损毁。可以委托第三人保管,费用由行政机关承担;因第三人的原因造成损失,行政机关先行赔付后,有权向第三人追偿
	后续处置	1. 违法事实清楚,对财物进行没收、销毁。 2. 解除查封、扣押的适用情形: (1)当事人没有违法行为; (2)查封、扣押的场所、设施或者财物与违法行为无关; (3)行政机关对违法行为已经作出处理决定,不再需要查封、扣押; (4)查封、扣押期限已经届满
冻结的程序	要求	1. 对象是与违法行为涉及的金额相当的存款、汇款。 2. 不得重复冻结
	程序	1. 负责人批准——2名以上行政执法人员并表明身份——制作笔录——向金融机构交付冻结通知书。 2. 金融机构收到通知书后立即冻结。 3. 3日内送达冻结决定书。 4. 期限不得超过30日,若复杂经批准可延长30日
	后续处置	1. 划拨:违法且被冻结款项依法应当收缴。 2. 解除冻结

主观题小案例

【案例1】某超市售卖过期变质的香肠,市监局对其作出没收香肠和罚款1万元的处罚决定,但超市逾期不缴纳罚款。

问题:此时,市监局能否拍卖香肠抵扣罚款?

答案参考:不能。

拍卖权的行使条件可概括为“山穷水尽疑无路,扣的货款抵罚款”。该案例中没有交代该超市不复议、不诉讼、经过了催告程序也不履行,并不满足拍卖的构成要件。

【案例 2】县林业局认定陈某未办理林木采伐许可证而砍伐 2 棵杨树，告知其拟罚款 300 元，并责令补种 5 棵杨树。陈某辩称杨树归自己所有不应处罚。林业局认为陈某对抗执法，遂处罚陈某 500 元，并补种 10 棵杨树。

问题：如陈某收到通知之日起 15 日内未补种 10 棵杨树，林业局能否对其按日加处处罚？

答案参考：不可以。

行政机关依法作出金钱给付义务的行政决定，当事人逾期不履行的，行政机关可以依法加处罚款或者滞纳金。但只有金钱给付义务行政机关才可以加处处罚，本题为补种树木的人身义务，不能按日加处处罚。

【案例 3】某区城管局以甲摆摊卖“麻辣烫”影响环境为由，将其从事经营的小推车等物品扣押。该扣押甲物品的行为属于行政强制执行。【错误】扣押之前，行政机关并没有作出基础性行政决定，所以扣押是为了调取证据而采取的调查性的行政强制措施，而不属于强制执行。

【案例 4】对于交通局扣押的车辆，停车场保管不善，导致扣押车辆损毁的，当事人有权向停车场申请民事赔偿。【错误】当事人有权向行政机关申请国家赔偿。

【案例 5】行政强制措施实施过程中的扣押保管费用应该由当事人承担。【错误】行政强制措施实施过程中的扣押保管费用应该由行政机关承担，而非由当事人承担。

四、行政强制执行的实施程序

<table>
<tr><td rowspan="3">间接强制执行</td><td>主体</td><td colspan="2">所有的行政机关(普遍授权)</td></tr>
<tr><td rowspan="2">程序</td><td>执行罚</td><td>1. 执行前提。当事人逾期不履行金钱给付义务。
2. 标准告知。行政机关加处罚款或者滞纳金，应当将收取标准告知当事人。
3.“罚不超本”原则。加处罚款或者滞纳金的数额不得超出金钱给付义务的数额。
4. 催告。自行政机关作出加处罚款或者滞纳金决定之日起，当事人超过 30 日仍不履行的，行政机关需要对当事人作出催告。催告不仅要求当事人履行原基础行政决定所确定的金钱给付义务，而且要求当事人履行执行罚所确定的新的金钱给付义务。
5. 强制执行。经催告当事人仍不履行的，具有行政强制执行权的行政机关可以强制执行。无强制执行权的行政机关，只能申请法院强制执行(原行政行为确定的给付义务 + 执行罚所确定的新的金钱给付义务)</td></tr>
<tr><td>代履行</td><td>1. 条件：
当事人不履行 + 经催告还不履行 + 后果危害交通安全、造成环境污染、破坏自然资源 + 行政机关自己或者委托第三人代为履行。
2. 程序：
送达代履行决定书——代履行 3 日前催告当事人——派员监督——签名或者盖章确认——收费(当事人支付)。
3. 立即代履行：
当事人在场的，行政机关责令当事人予以清除，当事人不能清除的，行政机关可以决定立即实施代履行；当事人不在场的，行政机关事后立即通知当事人，并依法收取费用</td></tr>
</table>

续表

<table>
<tr><td rowspan="7">直接强制执行</td><td rowspan="4">主体</td><td rowspan="3">有权机关</td><td>公安局、国安局:将被处罚人送达拘留所执行</td></tr>
<tr><td>税务局:扣缴存款抵扣税款或罚款(划拨)</td></tr>
<tr><td>海关:扣缴存款抵扣税款或罚款(划拨)</td></tr>
<tr><td>无权机关</td><td>县级以上人民政府:拆除违反规划法的建筑物</td></tr>
<tr><td rowspan="3">程序</td><td>有权机关</td><td>申请法院执行</td></tr>
<tr><td rowspan="2">无权机关
非诉执行</td><td>过了履行期——催告——当事人陈述申辩——强制执行</td></tr>
<tr><td>1. 当事人不复议、不诉讼、不履行,期满后3个月内申请法院强制执行。
2. 申请前先催告当事人,催告后10日,可申请法院强制执行。
3. 申请机关所在地法院,不动产例外。
4. 法院5日内受理,不受理,可申请上一级法院复议。
5. 法院行政庭书面审查,7日内裁定;实质审查,30日内裁定。
6. 紧急情况,院长批准裁定后5日内执行。
7. 被执行人承担合理费用</td></tr>
<tr><td colspan="4">点拨:海关、税务既可以自己强制执行,也可以申请法院非诉执行</td></tr>
</table>

主观题小案例

【案例1】哒哒公司为了抗议交通局强制收缴罚款的行为,将10辆报废车辆丢弃在城市主干道上,影响交通安全。市交通局责令哒哒公司立即排除妨碍,哒哒公司拒不履行。

问题:交通局能否自己将车辆强行拖走,立即排除妨碍?

答案参考:可以。

行政机关依法作出要求当事人履行排除妨碍、恢复原状等义务的行政决定,当事人逾期不履行,经催告仍不履行,其后果已经或将危害交通安全、造成环境污染或破坏自然资源的,行政机关可以代履行,或者委托没有利害关系的第三人代履行。哒哒公司将10辆报废车辆丢弃在城市主干道上,影响交通安全,行政机关也已经催告其立即排除妨碍,哒哒公司拒不履行,所以,行政机关可以代履行,或委托没有利害关系的第三人代履行。

【案例2】徐某在沿街边修建违章建筑物,区规划局向徐某发出《拆除所建房屋通知》,要求徐某在30日内拆除房屋。到期后,徐某未拆除所建房屋,次日,区规划局将其违章建筑物强制拆除。

问题:规划局强制拆除行为是否违法?

答案参考:规划局强制拆除是违法的行政行为。

第一,有权作出责令拆除决定的是规划主管部门,而有权决定强制拆除执行的是县级以上政府。因此,区规划局强制拆除行为主体违法。第二,在拆除时,区规划局没有按照《行政强制法》的要求催告当事人、听取徐某陈述申辩,属于程序违法。同时,《行政强制法》第44条规定:"对违法的建筑物、构筑物、设施等需要强制拆除的,应当由行政机关予以公告,限期当事人自行拆除。当事人在法定期限内不申请行政复议或者提起行政诉讼,又不拆除的,行政机关可以依法强制拆除。"区规划局既未公告,也没有在徐某起诉期和复议期满后实施强拆行为,属于时限违法。

【案例3】任何行政行为都可以用代履行的方式实现。【错误】人身属性的义务,无法代履行,如行政拘留。

【案例4】行政机关申请人民法院强制执行前,应当催告当事人履行义务。催告书送达10日后当事人仍未履行义务的,行政机关可以向所在地有管辖权的人民法院申请强制执行。【正确】

【案例5】一般情况下,人民法院应当自受理之日起7日内作出是否执行的裁定。【正确】

【案例6】某市建设委员会以某公司的房屋占压输油、输气管道线为由,作出限期拆除决定,要求某公司自收到决定之日起10日内自行拆除。但某公司逾期未拆除,亦未在法定期限内提起诉讼,某市建设委员会应当向其所在地的法院申请强制执行。【错误】行政机关申请人民法院强制执行其具体行政行为,由申请人所在地的基层人民法院受理;执行对象为不动产的,由不动产所在地的基层人民法院受理。本案执行标的为不动产,应向不动产所在地法院申请。

【案例7】行政机关申请人民法院强制执行时,需缴纳申请费。【错误】行政机关申请人民法院强制执行,不缴纳申请费。强制执行的费用由被执行人承担。人民法院以划拨、拍卖方式强制执行的,可以在划拨、拍卖后将强制执行的费用扣除。

第八讲 其他行政行为

一、行政协议(行政合同)(☆)

<table>
<tr><td>含义</td><td colspan="3">行政协议,是指行政机关为实现行政职能,同公民、法人或者其他组织经过协商设立、变更和终止双方权利义务关系的协议。如特许经营协议和农村集体土地使用权的承包协议等</td></tr>
<tr><td>种类</td><td colspan="3">1. 政府特许经营协议;
2. 土地、房屋等征收征用补偿协议;
3. 矿业权等国有自然资源使用权出让协议;
4. 政府投资的保障性住房的租赁、买卖等协议;
5. 政府与社会资本合作协议;
6. 其他行政协议</td></tr>
<tr><td rowspan="2">主体</td><td>被告</td><td colspan="2">1. 签订行政协议的行政机关。
2. 因行政机关委托的组织订立的行政协议发生纠纷的,委托的行政机关是被告</td></tr>
<tr><td>原告</td><td colspan="2">1. 公平竞争关系。
2. 物权关系。
3. 其他关系</td></tr>
<tr><td rowspan="3">效力</td><td>未生效</td><td colspan="2">法律、行政法规规定应当经过其他机关批准等程序后生效的行政协议,在一审法庭辩论终结前未获得批准的,人民法院应当确认该协议未生效</td></tr>
<tr><td rowspan="2">效力终止</td><td>无效</td><td>1. 行政协议存在重大且明显违法情形的,人民法院应当确认行政协议无效。
2. 人民法院可以适用民事法律规范确认行政协议无效。
3. 行政协议无效的原因在一审法庭辩论终结前消除的,人民法院可以确认行政协议有效</td></tr>
<tr><td>可撤销</td><td>行政协议存在胁迫、欺诈、重大误解、显失公平等情形时,为可撤销的行政协议</td></tr>
</table>

诉讼时效	1. 公民、法人或者其他组织对行政机关不依法履行、未按照约定履行协议提起诉讼的，参照民事法律规范关于诉讼时效的规定。 2. 对行政机关单方变更、解除协议等行为提起诉讼的，适用《行政诉讼法》及其司法解释关于起诉期限的规定
举证责任	1. 被告对于自己具有法定职权、履行法定程序、履行相应法定职责以及订立、履行、变更、解除行政协议等行为的合法性承担举证责任。 2. 原告主张撤销、解除行政协议的，对撤销、解除行政协议的事由承担举证责任。 3. 对行政协议是否履行发生争议的，由负有履行义务的当事人承担举证责任
判决形式	1. 被告变更、解除行政协议的判决形式： (1)合法的变更、解除行政协议。在履行行政协议过程中，可能出现严重损害国家利益、社会公共利益的情形，被告作出变更、解除协议的行政行为后，原告请求撤销该行为，法院经审理认为该行为合法的，判决驳回原告诉讼请求；给原告造成损失的，判决被告予以补偿。 (2)违法的变更、解除行政协议。被告变更、解除行政协议的行政行为违法，法院判决撤销或者部分撤销，并可以责令被告重新作出行政行为。法院还可以判决被告继续履行协议、采取补救措施；给原告造成损失的，判决被告予以赔偿 2. 未履约行为： (1)合法的不履约； (2)违法的不履约
性质	1. 行政协议性质的双重性。 一方面，行政协议以双方当事人意思表示一致为成立要件，行政机关不能以行政命令强迫当事人签订行政协议；另一方面，在行政协议的履行、变更或者解除中，行政机关享有行政优先权，行政机关与企业或者其他当事人已签订的合同，可以根据国家行政管理的需要，依法变更或解除，而相对人则不享有单方的变更和解除权。 2. 行政协议中非行政主体的一方当事人就行政协议的履行、变更或者解除发生争议的，依法可以通过行政复议和行政诉讼途径寻求救济
特征	1. 行政协议的一方主体必须是行政机关。行政协议是行政机关行使行政权的一种方式，该合同必定是在行政机关和作为公民、法人或者其他组织的相对方之间签订的。 2. 行政机关单方解除或者变更行政协议而引起行政协议纠纷的行为，是行政机关行使行政管理职权的一种行为，是行政机关单方意思表示、单方意志的体现
解除	1. 行政机关要单方面解除合同，必须要有职权和法律上的合理依据，并遵循公平、合理、合法原则。 2. 行政机关因为公共利益的需要而解除行政协议，导致合同相对方财产上遭受损失的，应予以合理的补偿。 3. 若行政机关违法单方面变更、解除合同给相对方造成损失，行政机关应予以赔偿

主观题小案例

【案例1】甲市乙区政府为了进行旧城改造，发布了《国有土地征收补偿公告》，对所划定的区域内的国有土地进行征收补偿。乙区政府与乙区管委会签订《征收补偿授权协议书》，授权乙区管委会以乙区政府的名义实施征收补偿事务。

黄某是一名个体工商户，在公告所划定的区域内有厂房，该厂房登记在黄某名下，评估公司评估该房屋价值260万元，黄某与乙区管委会签订了《资产收购协议》，约定补偿数额为300万元，同时协议中约定，如果发生争议，双方先协商解决，协商不成，任何一方均有权向仲裁机构申请仲裁。黄某认为补偿数额过低，向法院提起诉讼要求确认协议无效。

经法院查明，乙区管委会是甲市政府设立的派出机构，乙区管委会是经乙区政府授权实施征收事宜的。因黄某认为补偿数额过低，向乙区政府申请公开其他被征收人补偿数额的信息，乙区政府以涉及第三人隐私为由拒绝公开。

问题：(1)《资产收购协议》是否属于行政协议？

(2)本案约定的仲裁条款是否有效？为什么？

(3)如何确定本案诉讼时效？

答案参考：

(1)《资产收购协议》属于行政协议。

依据《行政诉讼法》及相关规定，行政协议是指行政机关为实现公共利益或者行政管理目标，在法定职责范围内，与公民、法人或者其他组织协商订立的具有行政法上权利义务内容的协议。本案中区政府为了对外实施行政管理，为了公共利益的需要，与黄某签订的具有行政法上权利义务内容的协议，属于行政协议。

(2)本案约定的仲裁条款无效。

依据最高人民法院《关于审理行政协议案件若干问题的规定》的规定，行政协议约定仲裁条款的，人民法院应当确认该条款无效。

(3)本案的诉讼时效为3年。

公民、法人或者其他组织对行政机关不依法履行、未按照约定履行行政协议提起诉讼的，诉讼时效参照民事法律规范确定。本案中，当事人黄某的诉讼请求是请求确认行政协议无效，适用民事诉讼中3年诉讼时效的规定。

【案例2】因与行政机关委托的组织订立的行政协议发生纠纷的，委托的行政机关是被告。【正确】

【案例3】行政协议属于具体行政行为的一种。【错误】行政协议属于行政行为的一种，但不属于具体行政行为。

【案例4】公民、法人或者其他组织向人民法院提起民事诉讼，生效法律文书以涉案协议属于行政协议为由裁定不予立案或者驳回起诉，当事人又提起行政诉讼的，人民法院应当依法受理。【正确】

【案例5】行政机关可以直接将行政协议作为强制执行的依据。【错误】行政机关不能直接将行政协议作为强制执行的依据，行政机关需要先在催告后作出要求当事人履行协议的决定。

【案例6】在履行行政协议过程中，可能出现严重损害国家利益、社会公共利益的情形，被告作出变更、解除协议的行政行为后，原告起诉，法院经审理认为该行为合法的，判决驳回原告诉讼请求；给原告造成损失的，判决被告予以补偿。【正确】

二、常见的具体行政行为(☆☆☆)

行政确认	概念	行政确认,是指行政主体依法对行政相对人的法律地位、法律关系或者有关法律事实进行甄别,给予确定、认可、证明并予以宣告的行政行为
	内容	1. 事实。 2. 法律关系
	主要形式	1. 确定。对公民、法人或者其他组织的法律地位与权利义务的确定。 例:行政主体颁发土地使用权证、林权证、宅基地使用权证、房屋产权证书来确定相对人的财产权利。 2. 认可。对公民、法人或者其他组织已有法律地位和权利义务以及确认事项是否符合法律要求的承认和肯定。 例:市场监督管理部门对产品质量是否合格的认证。 3. 证明。行政主体向他人明确肯定被证明对象的法律地位、权利义务或某种情况。 例1:高等院校向学生颁发学位、学历证书以证明其研究水平与学习经历。 例2:公安机关对自然人居民身份的证明。 4. 登记。行政机关应申请人要求,在政府有关登记簿册中记载相对方某种情况或事实,并依法予以正式确认的行为。 例:不动产登记、户口登记、社会登记、婚姻登记。 5. 鉴定。行政主体对特定事项或客体的性质、状态、质量等进行客观评价。 例:纳税鉴定、审计鉴定、会计鉴定。 【复习建议】掌握行政确认的主要形式及其表现,主观题考查过行政许可与行政确认的异同,复习时应从此点把握
行政征收	概念	行政征收,是指行政主体为了取得国家的财政收入及宏观调节经济活动的需要,根据国家法律、法规规定,依法向负有法定义务的行政相对人强制性、无偿性征集一定数额金钱或实物的行政行为
	特征	1. 行政征收及征收对象的特定性。 2. 征收条件的无偿性。 行政机关为了履行其职能,维持其运行,需要一定的物质钱财作支撑;而作为管理机构的国家行政机关,因为其自身并不从事生产,因而只能凭借其行政权力,通过行政征收来满足所需物质钱财。这里的征收只能是无偿的,以相对人负有法定缴纳义务为前提,是财产的单向流转,无须向被征收者支付对价。 3. 征收内容及征收范围的法定性。 行政征收对相对人的财产权益具有直接的侵害性,因此为了确保相对方的合法权益不受违法行政征收行为的侵害,必须确保征收法定原则,使整个行政征收过程完全纳入法律的调整范围。 4. 征收手段的强制性。 行政征收权是对相对方权益的侵害,此权力具有强制他人服从的效力。 【复习建议】掌握行政征收的特征及常见种类,注意与行政处罚的区别,行政处罚是对行政相对人违法行为的制裁,而行政征收不具有制裁性

续表

行政裁决	含义	行政裁决,是指行政机关依照法律授权,对平等民事主体之间发生的,与行政管理活动密切相关的特定民事争议进行审查并作出裁决的行政行为。简言之,行政裁决是指行政机关作为中立的第三方就民事纠纷作出裁决的活动
	特征	1. 行政裁决的主体是法律授权的特定行政机关。 2. 行政裁决的对象是特定的民事纠纷。 3. 行政裁决是依申请的行政行为
	易混概念	1. 行政裁决与行政调解的区别:行政裁决与行政调解都是行政机关对民事纠纷的处理。行政裁决具有处分性,当事人必须服从行政机关对其作出的权利义务安排,受到该行政行为的拘束;而行政调解没有处分性,当事人可以不遵守调解协议。 2. 行政裁决与行政确认的区别:行政裁决中行政机关是作为第三方中立的主体身份出现的,在行政裁决法律关系中,必然会涉及三方主体;但行政确认是行政机关和行政相对人之间的双方法律关系,行政机关是以管理者的身份,而非第三方中立主体的身份出现
行政给付	概念	行政给付又称行政物质帮助,是指行政机关对公民在其年老、疾病或者丧失劳动能力等的情况下,或者为促进社会和经济发展向个人或者企业,依照法律、法规、规章或者政策等规定,赋予一定物质利益或者与物质有关的权益的行政行为
	特征	1. 行政给付的对象是特定的公民、法人或者其他组织。行政给付并不是向所有人作出,而只是针对出现了特殊困难和特殊情况的群体,其对象是特定的。 2. 行政给付是依申请的行政行为。 3. 行政给付的内容是赋予被帮助人以一定的物质权益或与物质权益相关的权益。 4. 行政给付在通常情况下属于羁束性行政行为。法律规范对行政给付的对象、条件、标准项目、数额都会作出具体规定,行政机关必须严格依照法律进行给付

主观题小案例

【案例】甲公司工作人员张某下班途中发生车祸死亡,公司请求市劳动局申请工伤认定,劳动局驳回了其认定请求。

问题:请从行政法的角度分析工伤认定的性质。

答案参考:行政确认。

行政确认是对业已存在的主体资格、法律事实与法律关系依法进行认定,赋予其法律效力并宣示该效力的行为,户籍登记、婚姻登记和工伤认定均属于行政确认。行政确认是行政机关和行政相对人之间的双方法律关系,行政机关是以管理者的身份,而非第三方中立主体的身份出现。

第九讲 政府信息公开

政府信息:指行政机关在履行职责过程中制作或者获取的,以一定形式记录、保存的信息。

公开主体	1. 谁制作,谁公开;谁保存,谁公开。 2. 行政机关获取的其他行政机关政府信息,由制作或最初获取该政府信息的行政机关公开(首次接触原则)。 3. 共同行为:牵头机关公开(可以征求其他机关意见,被征求者 15 个工作日内回复;不回复的,视为同意)

续表

<table>
<tr><td>是否公开</td><td colspan="2">1. 国家秘密,一律不公开。
2. 商业秘密、个人隐私原则上不公开。例外:权利人同意;不公开可能对公共利益造成重大影响。
3. 内部信息可以不公开(人事管理、后勤管理、内部工作流程等)。
4. 过程性信息及行政执法案卷信息可以不公开(法律、法规、规章另有规定的除外)。
【注意】不能确定是否可以公开的,应当依照法律、法规和国家有关规定报有关主管部门或保密行政管理部门确定</td></tr>
<tr><td rowspan="2">主动公开</td><td colspan="2">期限:信息形成或变更之日起 20 个工作日内公开;法律、法规另有规定的除外</td></tr>
<tr><td colspan="2">场所:应当在国家档案馆、公共图书馆、政务服务场所公开</td></tr>
<tr><td rowspan="5">申请公开</td><td colspan="2">取消了申请者生产、生活、科研等特殊需要的要求</td></tr>
<tr><td>方式</td><td>自然人——口头或书面;企业——必须书面</td></tr>
<tr><td>内容</td><td>1. 申请人的姓名或者名称、身份证明、联系方式。
2. 申请公开的政府信息的名称、文号或者便于行政机关查询的其他特征性描述。
3. 申请公开的政府信息的形式要求,包括获取信息的方式、途径</td></tr>
<tr><td>公开期限</td><td>能当场答复的当场答复;不能当场答复的在 20 个工作日内答复,可延长 20 个工作日,但是征求第三方和其他机关同意的时间不计算在内</td></tr>
<tr><td>答复方式</td><td>1. 公开:
(1)根据申请人的要求及行政机关保存政府信息的实际情况,确定提供政府信息的具体形式;按照申请人要求的形式提供政府信息,可能危及政府信息载体安全或者公开成本过高的,可以通过电子数据以及其他适当形式提供,或者安排申请人查阅、抄录相关政府信息。
(2)申请公开的信息中含有不应当公开或者不属于政府信息的内容,但是能够作区分处理的,行政机关应当向申请人提供可以公开的政府信息内容,并对不予公开的内容说明理由。
(3)不收取费用。但是,申请数量、频次明显超过合理范围的,可收取信息处理费。
2. 不公开:
(1)行政机关依据本条例的规定决定不予公开的,告知申请人不予公开并说明理由。
(2)经检索没有所申请公开信息的,告知申请人该政府信息不存在。
(3)所申请公开信息不属于本行政机关负责公开的,告知申请人并说明理由;能够确定负责公开该政府信息的行政机关的,告知申请人该行政机关的名称、联系方式。
3. 材料补正:
政府信息公开申请内容不明确的,行政机关应当给予指导和释明,并自收到申请之日起 7 个工作日内一次性告知申请人作出补正,说明需要补正的事项和合理的补正期限。答复期限自行政机关收到补正的申请之日起计算。申请人无正当理由逾期不补正的,视为放弃申请,行政机关不再处理该政府信息公开申请</td></tr>
</table>

续表

申请公开	特殊情况	滥用申请权	【申请人申请公开政府信息的数量、频次明显超过合理范围】 1. 行政机关可以要求申请人说明理由。 2. 行政机关认为申请理由不合理的,告知申请人不予处理。 3. 行政机关认为申请理由合理,但是无法在法定期限内答复的,可以确定延迟答复的合理期限并告知申请人
		要求加工处理	需要行政机关对现有政府信息进行加工、分析的,行政机关可以不予提供
		申请动机不单纯	【申请人以政府信息公开申请的形式进行信访、投诉、举报等活动】 行政机关应当告知申请人不作为政府信息公开申请处理并可以告知通过相应渠道提出
		已经公开的	【申请人提出的申请内容为要求行政机关提供政府公报、报刊、书籍等公开出版物的】 行政机关可以告知获取的途径
		信息有误	【政府信息记录不准确的,可以要求行政机关更正】 1. 有权更正的行政机关审核属实的,应当予以更正并告知申请人。 2. 不属于本行政机关职能范围的,行政机关可以转送有权更正的行政机关处理并告知申请人,或者告知申请人向有权更正的行政机关提出

主观题小案例

【案例1】某环保公益组织以一企业造成环境污染为由提起环境公益诉讼,后因诉讼需要,向县环保局申请公开该企业的环境影响评价报告、排污许可证信息。

问题:该环保公益组织提出申请时是否需要出示其负责人的有效身份证明?

答案参考:需要。

根据《政府信息公开条例》第29条的规定,政府信息公开申请应当包括申请人的姓名或者名称、身份证明、联系方式。所以,根据该规定,为了防止权利滥用,现在申请政府信息一律需要提供有效身份证明。

【案例2】当事人向行政机关申请获取政府信息的,只能采用书面形式(包括数据电文形式)。【错误】采用书面形式确有困难的,申请人可以口头提出,由受理该申请的行政机关代为填写。

【案例3】为了防止权利滥用,申请政府信息一律需要提供有效身份证明。【正确】

【案例4】行政机关获取的其他行政机关政府信息,由制作或最初获取该政府信息的行政机关公开。【正确】

【案例5】当事人向行政机关申请获取政府信息,行政机关不能确定是否可以公开的,应当依照法律、法规和国家有关规定报有关主管部门或保密行政管理部门确定。【正确】

【案例6】申请公开的信息中含有不应当公开或者不属于政府信息的内容的,则不予公开该申请的信息。【错误】先判断是否能够作区分处理,如果能区分处理,行政机关应当向申请人提供可以公开的政府信息内容,并对不予公开的内容说明理由。

【案例 7】当事人向行政机关申请获取政府信息的，行政机关可以收取相关的成本费。【错误】申请政府信息公开不收费；但是，对于申请数量、频次明显超过合理范围的，可收取信息处理费。

【案例 8】当事人申请的政府信息需要行政机关对现有政府信息进行加工、分析的，行政机关可以不予提供。【正确】

【案例 9】共同制作的政府信息由牵头制作信息的行政机关负责公开，而不是所有参与制作的行政机关都有公开义务。【正确】

【案例 10】涉及商业秘密和个人隐私的政府信息一律不能公开。【错误】涉及商业秘密或个人隐私的信息，如果征得权利人同意或行政机关为公共利益需要权衡后可公开。

【案例 11】属于主动公开的政府信息，应当自信息形成或变更之日起 15 个工作日内公开。【错误】应该是 20 个工作日内。

行政救济

第十讲　行政复议和行政诉讼的衔接关系

自由选择	除非法律法规规定必须先申请行政复议，当事人可以自由选择申请复议或者提起诉讼。 1. 不能同时进行，已经诉讼，不得复议；已经申请复议，暂缓诉讼。 2. 已经申请行政复议，在法定复议期间内又提起诉讼的，法院裁定不予立案。 关系展示： 具体行政行为 → 复议 ——→ 诉讼 具体行政行为 → 诉讼
复议前置	1. 有下列情形之一的，申请人应当先向行政复议机关申请行政复议，对行政复议决定不服的，可以再依法向人民法院提起行政诉讼： (1)对当场作出的行政处罚决定不服； (2)对行政机关作出的侵犯其已经依法取得的自然资源的所有权或者使用权的决定不服； (3)认为行政机关存在《行政诉讼法》第 11 条规定的未履行法定职责情形； (4)申请政府信息公开，行政机关不予公开； (5)法律、行政法规规定应当先向行政复议机关申请行政复议的其他情形。 2. 对上述情形，行政机关在作出行政行为时应当告知公民、法人或者其他组织先向行政复议机关申请行政复议。 关系展示： 具体行政行为——→行政复议——→行政诉讼
选择但终局	被申请人是省部级单位（省、自治区、直辖市人民政府依照《行政复议法》第 24 条第 2 款的规定、国务院部门依照《行政复议法》第 25 条第 1 款第 1 项的规定），复议后可选择诉讼或者国务院裁决。但国务院裁决为最终裁决，不能再诉。 关系展示： 省部级具体行政行为 → 省部级复议 ——→ 国务院裁决（终局） 省部级复议 → 行政诉讼 省部级具体行政行为 → 诉讼

主观题小案例

【案例】甲海关是海关总署的直属海关,在执法检查中,发现达重公司从海外偷运回一批已被国内强制召回的达重汽车,甲海关将汽车扣押。

问题:对于该扣押行为,达重公司向海关总署申请行政复议,若不服复议,达重公司是否可以申请国务院终局裁决?

答案参考:不可以。

只有在省部级机关原级复议,也就是自己做自己案件"法官"的情况下,在经过一级复议后,当事人才能够向国务院申请二次复议(终局裁决)。本题复议被申请人是甲海关,复议机关是海关总署,当事人如果对复议结果不服,只能向法院提起行政诉讼,不能向国务院申请终局裁决。

第十一讲　行政诉讼的受案范围(☆☆☆☆☆)

<table>
<tr><td>正面列举</td><td colspan="2">1. 行政处罚;
2. 行政强制措施和行政强制执行;
3. 行政许可类行为;
4. 关于确认土地、矿藏等自然资源的所有权或者使用权的决定;
5. 征收、征用决定及其补偿决定;
6. 不履行保护人身权、财产权等合法权益的法定职责;
7. 侵犯经营自主权或者农村土地承包经营权、农村土地经营权;
8. 滥用行政权力排除或者限制竞争;
9. 违法集资、摊派费用或者违法要求履行其他义务;
10. 未依法支付抚恤金、最低生活保障待遇或者社会保险待遇;
11. 认为行政机关侵犯其他人身权、财产权等合法权益</td></tr>
<tr><td rowspan="5">反面排除</td><td>无行政性</td><td>1. 国家行为。
2. 刑事司法行为。
3. 行政协助司法行为</td></tr>
<tr><td>无处分性</td><td>1. 暴力侵权行为。
2. 行政指导。
3. 行政调解和仲裁。
4. 重复处理行为。
5. 过程性行为。
6. 信访行为</td></tr>
<tr><td>无特定性</td><td>抽象行政行为(不可以直接起诉)</td></tr>
<tr><td>无外部性</td><td>1. 对公务员的奖惩任免决定。
2. 行政机关之间内部行为。
3. 上级对下级层级监督行为</td></tr>
<tr><td>法定最终裁决行为</td><td>1. 国务院的复议决定。
2. 针对外国人和其他境外人员的限制人身自由的复议决定</td></tr>
</table>

续表

行政协议可受案	概念	行政协议,是指行政机关为实现公共利益或行政管理目标,在法定职责范围内,与公民、法人或者其他组织协商订立的具有行政法上权利义务内容的协议
	主要种类	1. 政府特许经营协议; 2. 土地、房屋等征收征用补偿协议; 3. 国有资源使用权出让协议
	受案特点	民告官,不允许官告民
可附带审查的抽象行政行为	对象	除国务院规定外的其他规范性文件
	时间	一审开庭前提出,有正当理由的,也可在法庭调查中提出
	处理结果(不合法)	1. 不作为认定行政行为合法的依据。 2. 向制定机关提出处理建议;裁判生效 3 个月内,向制定机关提出修改或废止的司法建议。多部门联合制定的,向主办机关或者共同的上一级机关发送司法建议。 3. 可以抄送制定机关的同级政府、上一级机关、监察机关、文件的备案机关
	处理结果执行	1. 接到司法建议的行政机关在收到建议之日起 60 日内书面答复。 2. 情况紧急的,法院建议制定机关或上一级机关立即停止实施
	处理结果备案	1. 文件不合法,生效后,报上一级法院备案。 2. 国务院部门的文件,层报最高人民法院;省级机关的文件,层报高级人民法院

主观题小案例

【案例 1】辉煌公司向河水中超标排放污水,区环保局向其送达《限期整改通知》,要求其在规定时间内达标排放。期限届满,经过检测,辉煌公司排放污水仍然不符合国家标准,于是区环保局对该公司作出水污染防治设施验收不合格认定书,后责令该公司停业整顿。

问题:辉煌公司能否就该决定书提起诉讼?

答案参考:可以。

水污染防治设施验收不合格认定属于行政确认,是行政机关对特定法律事实、法律关系或者法律状态作出的具有法律效力并且予以证明的行政行为。行政确认属于具体行政行为的一种,会对当事人的权利义务带来影响,所以,行政确认是可诉的。

【案例 2】2019 年 1 月国务院发布了《关于在市场监管领域全面推行部门联合“双随机、一公开”监管的意见》(国发〔2019〕5 号)。

问题:简单分析该文件性质。

答案参考:《关于在市场监管领域全面推行部门联合“双随机、一公开”监管的意见》为国务院制定的其他规范性文件,判断方法如下:第一,行政法规的名称一般为“条例”,也可以称“规定”“办法”等。第二,行政法规会以国务院令的方式公布颁行,比如行政法规《食品安全法实施条例》,其发文号为中华人民共和国国务院令第 721 号。

【案例 3】人民法院认为规范性文件不合法的,应当在裁判生效后报送上一级人民法院进行备案。涉及国务院部门、省级行政机关制定的规范性文件,司法建议还应当分别层报最高人民法院、高级人民法院备案。【正确】

第十二讲　行政诉讼的参加人

一、行政诉讼的原告

行政诉讼的原告是指认为行政行为侵犯其合法权益，而依法向法院提起诉讼的公民、法人或者其他组织。原告和被诉行政行为之间有法律上的利害关系。

1. 行政相对人必然具有原告资格。

2. 行政相关人在一定情况下具有原告资格。例如：(1)侵权关系；(2)物权关系；(3)公平竞争关系。

考点点拨：

如果甲乙之间是合同关系，关于相对人乙是否有原告资格，口诀为："有民诉，没行政；没民诉，有行政"(如果乙可以通过民事诉讼救济自己的权利，就不具有行政诉讼的原告资格，反之则具有)。

主观题小案例

【案例1】某公司向规划局申请建设用地规划许可证。刘某的房屋紧邻该许可规划用地，刘某认为建筑工程完成后将遮挡其房屋采光，向法院起诉。法院认为因建筑工程尚未建设，刘某权益受侵犯不具有现实性，因此刘某不具有原告资格。

问题：法院做法是否正确？

答案参考：错误。

规划许可证一旦颁发，该公司就获得按照规划许可建设的权利，与此对应，也就为刘某设定了不得妨害该公司工程建设的义务。但本案中刘某的权利因该公司的建筑工程受到影响，已具备法律上的利害关系。

组织的原告资格的确认：

合伙组织	1. 合伙企业起诉，应当以核准登记的字号为原告。 2. 未依法登记领取营业执照的个人合伙的全体合伙人为共同原告；全体合伙人可以推选代表人，被推选的代表人，应当由全体合伙人出具推选书
个体工商户	【无字号】以营业执照上登记的经营者为原告。 【有字号】以营业执照上登记的字号为原告，并应当注明该字号经营者的基本信息
非营利法人	事业单位、社会团体、基金会、社会服务机构等非营利法人的出资人、设立人认为行政行为损害法人合法权益的，可以自己的名义提起诉讼(原告可以是出资人、设立人自身)
业主委员会	1. 业主委员会对于行政机关作出的涉及业主共有利益的行政行为，可以自己的名义提起诉讼。 2. 业主委员会不起诉的，专有部分占建筑物总面积过半数或者占总户数过半数的业主可以提起诉讼
股份制企业	股东大会、股东会、董事会等认为企业经营自主权受到侵犯的，可以企业的名义起诉(原告是企业)
投资人	认为联营、合资、合作企业权益或自己一方合法权益受到侵犯的，联营、合资、合作企业的投资人均可以自己的名义起诉(原告可以是投资人自身)

非国有企业	被行政机关注销、撤销、合并、强令兼并等而认为经营自主权受到侵犯的,企业或其法定代表人可以自己的名义起诉(原告是企业或法定代表人)

【案例2】某城市已有哒哒公司一家专车公司,为满足需要,该市人民政府拟在该市范围内再发放一个专车运行许可证。神汽公司和一到公司先后向该市人民政府提出申请,神汽公司获得批准。

问题:此时,哒哒公司和一到公司是否均有权起诉?

答案参考:不是。

神汽公司和一到公司是同时申请该行政许可的公平竞争权人,如果一到公司认为在竞争中遭遇了不公平对待,有权提起行政诉讼。但是,哒哒公司并非公平竞争权人,因为哒哒公司与另外两家公司不处于同样的竞争地位,它的既得利益是否受到侵犯不具有必然性,所以,法律不保护哒哒公司这样的既存的经营者。所以,哒哒公司不具有原告资格。

【案例3】李某与房屋征收主管部门签订国有土地上的房屋征收补偿安置协议。

问题:此时若李某不履行协议,房屋征收主管部门能否向法院起诉?

答案参考:不能。

因为行政诉讼是“民告官”的诉讼,没有“官告民”的诉讼。

【案例4】4S店将一辆车卖给了李某,后该车被行政机关认定为走私车并予以没收,对于没收行为,4S店可以提起行政诉讼。【正确】

【案例5】股东会、股东大会、董事会等认为企业经营自主权受到侵犯的,可以自己的名义提起行政诉讼。【错误】只能以公司的名义,代表公司提起行政诉讼。

二、行政诉讼的被告(☆☆☆☆☆)

情形	被告	
作出行政行为的是行政机关	该行政机关(即使越权,被告还是它自己)	
法律、法规、规章授权的组织	法律、法规、规章授权的组织	
行政机关委托的机关	委托的行政机关	
被撤销的行政机关	继续行使其职权的行政机关;无继续行使其职权的行政机关的,以其所属的人民政府为被告;实行垂直领导的,以垂直领导的上一级机关为被告	
内设机构、派出机构作出的行为	以所属机关的名义	所属机关为被告
	以自己的名义	派出机构为被告 例外:种类越权,以其所属机关为被告
开发区管理机构作出的行为	国务院、省级政府批准设立的(类似于区政府)	开发区管理机构和其职能部门对各自行为均可独立作被告
	非国务院、省级政府批准设立的,取得有效授权的	开发区管理机构为被告
	非国务院、省级政府批准设立的,未取得有效授权的	设立该机构的人民政府为被告

续表

情形	被告
共同行为	共同作出一个行政行为,共同被告(错变驳,漏加转为第三人)。 【注意】如果行政机关与企业等非行政主体联合执法,属于“假共同行政行为”,应当以作出决定的行政机关为被告,非行政主体是第三人
经过复议的案件	1. 复议不作为:原告不服谁,谁就是被告(选择告一个,不能同时起诉)。 2. 复议维持:原行政机关和复议机关为共同被告(漏加列为共同被告)。 3. 复议改变:复议机关为被告——仅限于实体结果的改变
房屋征收补偿行为	1. 市、县级人民政府确定的房屋征收部门实施房屋征收与补偿工作过程中作出行政行为,被征收人不服提起诉讼的,以房屋征收部门为被告。 2. 征收实施单位受房屋征收部门委托,在委托范围内从事的行为,被征收人不服提起诉讼的,应当以房屋征收部门为被告
上级批准的案件	1. 复议看职权——找上级。 2. 诉讼看名义——谁盖章,谁被告
【提示】 1. 共同行为告漏了被告,通知原告追加,原告不同意追加的列为第三人;共同行为告错了,通知原告变更被告,原告拒绝变更的,法院裁定驳回起诉(想变就变,不变就走)。 2. 复议维持告漏了被告,法院通知追加,原告不同意追加的,列为共同被告。 3. 复议维持的判断——“审过且结果没变”,特别注意如果复议机关改变了法律依据和事实依据,只要行为结果没有变,就属于复议维持。只要沾边维持的行政机关都共同为被告	

主观题小案例

【案例1】内设机构、派出机构以所属机关名义作出行政行为,被告为所属机关;以自己名义作出行为,只有在“种类越权”时才以其所在机关为被告,其他情况下仍以自己为被告。【正确】

【案例2】行政复议决定既有维持原行为内容,又有改变原行为内容或者不予受理申请内容的,作出原行为的行政机关和复议机关为共同被告。【正确】

【案例3】市卫生局联合消费者协会对某食品生产公司罚款5万元,本案的被告是市卫生局和消费者协会。【错误】市卫生局是被告,消费者协会为第三人。

【案例4】复议机关决定维持原行政行为的案件中,原告只起诉作出原行政行为的行政机关或者复议机关的,人民法院应当告知原告追加被告。原告不同意追加的,人民法院应当将另一机关列为共同被告。【正确】

【案例5】市、县级人民政府确定的房屋征收部门组织实施房屋征收与补偿工作过程中作出行政行为,被征收人不服提起诉讼的,以人民政府为被告。【错误】市、县级人民政府确定的房屋征收部门组织实施房屋征收与补偿工作过程中作出行政行为,被征收人不服提起诉讼的,以房屋征收部门为被告。此时不是以人民政府为被告。

【案例6】某企业被甲市乙区环保局罚款20万元,该企业对此不服,向市环保局提起复议,甲市环保局(位于甲市丙区)改为罚款10万元,该企业依然不服,提起诉讼。

问题：本案诉讼中被告是谁？

答案参考：本案中复议机关将罚款改为10万元，属于改变处理结果（实体权利义务）的复议改变行为，所以，被告应当为复议机关市环保局。

三、第三人

特征	与被诉行政行为有利害关系但未起诉，或者与案件处理结果有利害关系。申请参加或者法院通知参加	
种类	原告型第三人	1. 与被诉行政行为有法律上利害关系的原告型第三人。 【点拨】与原告的利益相反的利害关系人，直接追加为第三人；与原告的利益一致的利害关系人，应首先考虑追加为共同原告，当事人不同意的，才能追加为第三人。 2. 与案件处理结果有法律上利害关系的原告型第三人。 行政机关根据当事人的违法事实作出同一类行政行为，未起诉的主体，可以作为第三人
	被告型第三人	1. 与行政机关共同署名作出处理决定的非行政组织。 2. 两个以上行政机关作出相互矛盾的具体行政行为，非被告的行机关可以是第三人。 3. 应追加被告而原告不同意的，法院通知其作为第三人参加诉讼。 4. 复议改变后再起诉，被告为复议机关，原机关为第三人
参加诉讼程序	时间	须在一审中，诉讼程序已经开始，但判决未作出以前。 【一审应通知而未通知，二审的处理方法】一审法院应当通知参加诉讼而没有通知参加诉讼的，属于遗漏了必须参加的诉讼当事人，二审法院应当撤销原判，发回重审。 【一审、二审应通知而未通知的处理方法】因不能归责于本人的事由未参加诉讼，但有证据证明发生法律效力的判决、裁定、调解书损害其合法权益的，可以自知道或者应当知道其合法权益受到损害之日起6个月内，向上一级人民法院申请再审
	方式	1. 申请参加。 2. 通知参加。 【应当通知】同一个行政行为涉及两个以上利害关系人。 【可以通知】同一类行政行为涉及两个以上利害关系人。 看行政行为的个数。 法院通知后，第三人不参加诉讼的视为放弃诉权，不影响案件的审理
复议与诉讼不同	复议第三人只有“可以通知”	

主观题小案例

【案例1】甲企业被发现用过期肉制作三明治，该区市监局对其罚款3000元，甲企业不服，向区政府申请行政复议，区政府认为原机关处罚过轻，于是改为罚款5000元。

问题：甲企业以区政府为被告提起行政诉讼，法院追加区市监局为第三人的做法是否正确？

答案参考：正确。

本案属于违法的复议改变，但依然是复议改变，被告为复议机关。

【案例2】某区卫计局以董某擅自开展诊疗活动为由作出没收其违法诊疗工具并处5万元罚款的处罚。董某向区政府申请复议，区政府维持了原处罚决定。董某向法院起诉。

问题：如董某只起诉区卫计局，法院能否追加区政府为第三人？

答案参考：不可以。

《行政诉讼法司法解释》第134条第1款规定："复议机关决定维持原行政行为的，作出原行政行为的行政机关和复议机关是共同被告。原告只起诉作出原行政行为的行政机关或者复议机关的，人民法院应当告知原告追加被告。原告不同意追加的，人民法院应当将另一机关列为共同被告。"据此，董某只起诉区卫计局，法院应告知董某追加区政府为被告；董某不同意追加的，法院应当追加区政府为被告。

第十三讲　行政诉讼的管辖

地域管辖	一般管辖	原告就被告——被告所在地法院（最初作出行政行为的行政机关所在地）管辖
	不动产案件	行政行为导致不动产物权变动的案件，由不动产所在地的法院专属管辖 【提示】不动产已登记的，以不动产登记簿记载的所在地为不动产所在地；不动产未登记的，以不动产实际所在地为不动产所在地
	经过复议的案件	由原行政机关所在地或复议机关所在地法院管辖
	限制人身自由的案件	对行政机关基于同一事实，既采取限制公民人身自由的行政强制措施，又采取其他行政强制措施或者行政处罚不服的，由被告所在地或者原告所在地法院管辖。 【提示1】只有"被关了的人"起诉，才会有多重地域管辖，受害人起诉只能由被告所在地法院管辖。 【提示2】诉求中必须包括限制人身自由的行政强制措施，才会有多重地域管辖，拘留类的行政处罚（无论是单纯的拘留，还是拘留加罚款等财产类行为）只能由被告所在地法院管辖。 【提示3】原告所在地包括户籍所在地、经常居住地、被限制人身自由地
级别管辖	中级人民法院管辖	1.【级别高】被告为国务院部门或县级以上政府（县政府、市政府、省政府；此处的政府不包括政府的工作部门）。 2.【专业性强】海关处理的案件、证交所为被告或第三人（专门法院、人民法庭不审行政案件）。 3.【人数众多】本辖区内社会影响重大的共同诉讼、集团诉讼。 4.【涉外案件】涉外行政案件＋涉港澳台、国际贸易案件、反倾销、反补贴案件
	提示	复议维持后，原机关和复议机关为共同被告的，以作出原行为的行政机关确定案件的级别管辖（就低原则，仅指级别管辖，与地域管辖无关）

主观题小案例

【案例1】某区环保局因某新建水电站未报批环境影响评价文件，且已投入生产使用，给予其罚款10万元的处罚。水电站不服，申请复议，复议机关作出维持处罚的复议决定书。水电站对复议决定不服向法院起诉。

问题：本案管辖法院如何确定？

答案参考：只要经过复议，不管维持还是改变，管辖法院就有原机关所在地和复议机关所在地两个地方的法院。法院的级别就低不就高。

【案例2】张某在甲地修建了一栋别墅，不动产登记簿上登记的地址为乙地。后县政府查明，张某的别墅违法占道，限期张某自行拆除。到期张某并未拆除，于是县政府对张某别墅进行了强拆。张某不服，向市政府申请复议，市政府认为县政府的行为合法，作出维持决定。张某不服，提起诉讼。

问题：本案管辖法院如何确定？

答案参考：

1. 地域上：在本案中，有两个因素会影响地域管辖，一是不动产案件，二是经过复议的案件，这二者同时存在时，一般要先考虑不动产案件的地域管辖规则，所以必须以不动产所在地法院确定地域管辖。同时根据相关司法解释的规定，不动产已经登记的，以不动产登记簿上所载的地址为不动产所在地，因而本案从地域管辖上来考虑应该是乙地法院有管辖权，甲地虽然是不动产实际所在地，但是甲地法院不具有管辖权。

2. 级别上：从级别管辖来看，因为本案是经过复议的案件，且是复议维持案件，所以县政府和市政府作共同被告。在复议维持中，基本的原则是以原行为作出机关确定级别管辖，因而是中级人民法院管辖。

【案例3】在强制关停某养猪场的过程中，养猪场工作人员李某与执法人员张某发生冲突。李某将张某打伤，市公安局将李某强制传唤8小时并罚款5000元。如果李某就罚款起诉，本案应当由原告住所地和被告住所地法院管辖。【错误】只有“关了的人”诉“关了的强制措施”，才适用多重地域管辖原则。本案中，李某仅仅起诉了罚款行为，适用一般地域管辖原则，应为被告所在地法院管辖。

【案例4】唐城区房管局对贾某的房屋所有权进行了变更登记，若贾某不服起诉，则应到区房管局所在地的中级人民法院起诉。【错误】应到房屋所在地的基层人民法院起诉。

第十四讲　行政诉讼程序

一、行政诉讼的起诉

一般条件	1. 有原告资格；2. 有明确的被告；3. 有具体的诉讼请求和事实根据；4. 属于法院受案范围和受诉法院管辖

续表

时间条件	诉作为	1. 全知道:自知道或者应当知道行政行为作出之日起 6 个月内,法律另有规定的除外。 2. 知一半(知行为):知道或者应当知道起诉期限或诉权之日起 6 个月内,且在知道或者应当知道内容之日起 1 年内(知道内容不知道诉权)。 3. 全不知:从知道内容之日起 6 个月内,且在行政行为作出之日起 5 年内,不动产 20 年内
	诉不作为	1. 明确拒绝的:拒绝之日起 6 个月内。 2. 有履行期的:履行期届满后 6 个月内起诉。 3. 无履行期的:申请满 2 个月后起诉,期限为 6 个月。 4. 紧急情况下,即时可以起诉,期限为 6 个月
	经过复议	1. 复议作为的:收到复议决定书之日起 15 日内,法律另有规定的除外。 2. 复议不作为的:收到复议决定书或者复议期满后 15 日内起诉,法律另有规定的除外
	【提示】民事诉讼中超过了诉讼时效,当事人没有丧失起诉权,丧失的是胜诉权。 行政法中超过了起诉期,法院不予立案,已经受理的裁定驳回起诉	

二、行政诉讼的受理

立案登记制一律接收起诉状,分别处理	处理方式	1. 当场或者 7 日内能够判断符合起诉条件的:登记立案。 2. 当场能判断不符合立案条件的:裁定不予立案并载明理由。 3. 当场不能判断的:第一步,先接收起诉状,7 日内决定是否立案;第二步,7 日内仍不能判断的,应当先予立案。 4. 起诉状内容或材料欠缺的:法院应当指导和释明;一次性全面告知需要补正的内容、材料和期限
	救济途径	不立案:上诉
		不接收起诉状或接收后不出具凭证的或不一次性告知当事人需要补正的内容的:向上级法院投诉,上级法院应当责令改正,并对直接责任人依法给予处分
		既不立案又不作出不予立案的裁定:向上一级法院起诉,上一级法院认为符合起诉条件的,应当立案、审理,也可指定其他下级法院立案、审理

主观题小案例

【案例】郭某不服房屋征收部门对其作出的征收决定,提起行政诉讼。

问题:如法院当场不能判定起诉是否符合条件,该如何处理?

答案参考:根据《行政诉讼法》第 51 条第 2 款的规定,对当场不能判定是否符合《行政诉讼法》规定的起诉条件的,应当接收起诉状,出具注明收到日期的书面凭证,并在 7 日内决定是否立案。不符合起诉条件的,作出不予立案的裁定。裁定书应当载明不予立案的理由。原告对裁定不服的,可以提起上诉。

三、行政诉讼的审理(☆☆☆☆☆)

一审普通程序	庭前程序	1. 审理前的准备:法院将起诉状副本 5 日内给被告⟶被告收到后 15 日内向法院提交证据和答辩状⟶法院 5 日内将答辩状副本给原告。 2. 开庭 3 日前,传票传唤当事人(其他人用通知书的方式)。 3. 起诉状副本送达被告后,原告提出新的诉讼请求,法院不予准许,但有正当理由的除外(行政赔偿案件可在一审庭审结束前提出)
	审理对象	1. 审查被诉行政行为合法性。 2. 复议维持的,原行政行为的合法性和复议决定的合法性
	审理方式	行政诉讼第一审程序必须进行开庭审理。应遵循以下原则: 1. 必须采取言词审理的方式。 2. 以公开审理为原则;但是,国家秘密、个人隐私绝对不公开,商业秘密经申请可以不公开。 3. 法院审理政府信息公开行政案件,应当视情况采取适当的审理方式
	审理期限	6 个月;需延长由高级人民法院批准,高级人民法院审理的由最高人民法院批准
一审简易程序	范围	【法定简易】事实清楚、权利义务关系明确、争议不大的案件。 1. 当场作出的行政行为; 2. 案件涉及 2000 元以下的款额; 3. 政府信息公开案件。 【约定简易】一审案件各方当事人同意适用简易程序的。 【排除适用】二审案件、发回重审的案件、再审案件均不得适用简易程序
	要求	1. 一人独任审理。 2. 45 天审结(民事诉讼:3 个月审结;应当当庭宣判)。 3. 简易转普通的,期限自立案之日起算
二审程序	1. 上诉主体:一审原告、被告、第三人。 2. 上诉期:判决书送达之日起 15 日内向上一级法院上诉;裁定为 10 日内。 3. 方式:开庭审理,没有新的证据事实的,也可以不开庭审理。 4. 对象:全面审理(原法院的判决、裁定和被诉行政行为的合法性)。 5. 期限:3 个月	

主观题小案例

【案例 1】甲公司与乙公司发生纠纷,甲公司向工商局申请公开乙公司的工商登记信息。该局公开了乙公司的名称、注册号、住所、法定代表人等基本信息,但对经营范围、从业人数、注册资本等信息拒绝公开。甲公司向法院起诉,法院受理。

问题:关于此事法院能否适用简易程序审理?

答案参考:可以。

根据《行政诉讼法》第 82 条第 1 款第 3 项的规定,人民法院审理政府信息公开的第一审行政案件,认为事实清楚、权利义务关系明确、争议不大的,可以适用简易程序。本案为政府信息公开案件,故本案一审审理可以适用简易程序。

【案例 2】法院审理政府信息公开的行政案件,应当视情况采取适当的审理方式。【正确】

【案例 3】对于适用简易程序审理的行政案件,审限为 45 日,如果案情复杂的话,经高级人民法院同意,可以延长审理期限。【错误】对于适用简易程序审理的行政案件,法院应当在立案之日起45日内审结,且不存在延期的情形。

【案例4】行政诉讼中,对于需要出庭的人员,例如当事人、证人、鉴定人等,使用传票的方式传唤出庭。【错误】对于当事人使用传票传唤,其他人用通知书的方式通知其到庭。

【案例5】一审案件当事人各方同意适用简易程序的,可以直接适用简易程序。【正确】

【案例6】行政诉讼案件中,一并审理相关民事争议的,按照行政案件、民事案件的标准分别收取诉讼费用。【正确】

第十五讲 行政诉讼证据

举证和证据补充	被告	原告
举证责任	1. 被告需证明行政行为合法性。 2. 被告不提供或者逾期提供证据,视为没有相应证据。若涉及第三人合法利益,第三人提供证据的除外。 3.【复议维持】 (1)原机关和复议机关对原行政行为合法性共同承担举证责任,可由其中一个机关实施举证行为。 (2)复议机关对复议决定的合法性承担举证责任。 【点拨】复议机关作为共同被告的案件,复议机关的复议程序中依法收集和补充的证据,可以作为法院认定复议决定和原行为合法的依据	1. 起诉时,提供证明符合起诉条件的相应的证据材料。 2. 依申请行政行为的不作为案件,应当提供其向被告提出申请的证据。但被告主动履行或原告因正当理由不能提供的除外。 3. 行政赔偿或补偿诉讼,对损害事实的存在承担举证责任。但是被告导致原告无法就损害事实举证的,被告承担举证责任(谁的损害谁知道)。 【点拨】原告对其他事项不承担举证责任,但可以行使举证权利,原告提供证据证明被诉行政行为违法的理由不成立,不免除被告对被诉行政行为合法性的举证责任(仅要求原告"说明",不是"举证")
举证期限	1. 收到起诉状副本之日起15日内提交。 2. 有其他正当事由,可以向法院书面申请,经批准在事由消除后15日内举证	开庭前或法院指定的证据交换之日提交,因正当事由申请延期提交的,经法院准许可以在法庭调查中提供。逾期提供证据的,法院应当责令其说明理由;拒不说明理由或理由不成立的,视为放弃举证权利
一审证据补充	一审中,原则上不允许被告补充证据,但是一审中原告或第三人提出行政处理程序中未提出的理由或证据,被告经法院批准可以补充	一审中,原告原则上可以补充证据。但提出在行政程序中应被告合法要求应提出而不提出的证据,一般不予采纳

主观题小案例

【案例1】某区工商分局对一公司未取得出版物经营许可证销售电子出版物100套的行为,予以取缔,并罚款6000元。该公司向市工商局申请复议。

问题:在复议过程中,区工商分局是否能自行向申请人和其他有关组织或个人收集证据?

答案参考:不能。

在行政复议过程中,被申请人不得自行向申请人和其他有关组织或者个人收集证据。

【案例2】纳美公司排污,被市环保局处罚。市政府在复议过程中对纳美公司的污水进行了抽样鉴定,作出了维持决定。纳美公司不服起诉,市政府向法院提交了抽样鉴定意见。

问题:该抽样鉴定意见能否用于证明被诉行政行为合法?

答案参考:可以。

复议维持后,原行为和维持决定成为“同呼吸、共命运”的一体行为,所以根据《行政诉讼法司法解释》第135条第3款的规定,复议机关作共同被告的案件,复议机关在复议程序中依法收集和补充的证据,可以作为法院认定复议决定和原行政行为合法的依据。

【案例3】鉴定意见应有鉴定人的签名或鉴定部门的盖章。【错误】鉴定意见应有鉴定人的签名和鉴定部门的盖章。

【案例4】原告或者第三人对现场笔录的合法性或者真实性有异议的,可以要求相关行政执法人员作为证人出庭作证。【错误】可以要求相关行政执法人员出庭说明。

第十六讲 行政诉讼特殊制度

<table>
<tr><td rowspan="6">撤诉制度</td><td rowspan="4">自愿撤诉</td><td>一改</td><td>动因:被告主动或法院建议。
表现:1. 实质改变:改变行为结果;改变事实依据;改变规范依据并影响其定性。
2. 视为改变:履行法定职责;采取补救补偿措施;对裁决案件,书面认可原告和第三人达成的和解。
时间:一审、二审、再审</td></tr>
<tr><td>二撤</td><td>原告表示撤诉</td></tr>
<tr><td>三裁</td><td>法院裁定准予撤诉</td></tr>
<tr><td>特殊</td><td>被告改了,原告不撤诉(新行为审不审看诉没诉;旧行为审不审看撤不撤;旧的不撤新的也诉,合并审理)</td></tr>
<tr><td>视为撤诉</td><td colspan="2">情形:
1. 原告经传票传唤,无正当理由拒不到庭(不来的)。
2. 原告未经法庭许可中途退庭(先走的)。
3. 原告没交受理费的(不交钱的)</td></tr>
<tr><td>结果</td><td colspan="2">法院裁定准许原告撤诉,原告以同一事实和理由重新起诉的,人民法院不予立案</td></tr>
<tr><td>首长出庭</td><td colspan="3">行政机关负责人原则上应当出庭应诉;不能出庭的,应当委托行政机关相应的工作人员出庭。
细节1:首长包括正职、副职、分管负责人。
细节2:负责人有正当理由不能出庭的,应当向法院提交情况说明,并加盖行政机关印章或该机关主要负责人签字认可。若拒绝说明理由,不影响案件的审理效果。
细节3:“行政机关相应的工作人员出庭”包括该机关具有国家行政编制身份的工作人员以及其他依法履行公职的人员。被诉行为是地方人民政府作出的,地方人民政府的所属法制工作机构的工作人员以及被诉行为具体承办机关的工作人员也可以视为被诉人民政府相应的工作人员。
细节4:首长出庭,可以另行委托1~2名诉讼代理人。(出庭时一般为3人,1名领导+2名代理人)
细节5:不得仅仅委托律师出庭(出庭时一般为2人,1名工作人员+1名律师)</td></tr>
<tr><td>调解制度</td><td colspan="3">1. 范围:赔偿、补偿或者自由裁量权的案件。
2. 达成协议制作调解书,加盖法院印章,签收生效(类似结案方式,可作为强制执行的依据)。
3. 不公开为原则,公开为例外(同意)</td></tr>
</table>

续表

保全和先予执行(同民诉)	诉前保全	1. 情形:利害关系人因情况紧急,不立即申请保全将会使其合法权益受到难以弥补的损害的(依申请)。 2. 担保:申请人应当提供担保,不提供的,裁定驳回申请。 3. 时限:法院必须在 48 小时内作出裁定,裁定后,立即实施。 4. 救济:当事人不服的,可申请复议,复议期间不停止执行。 5. 解除:申请人在法院采取措施后 30 日不起诉的,解除保全;涉及财产的,被申请人提供担保的,法院解除保全
	诉中保全	1. 情形:不能或者难以执行的案件(依申请或依职权)。 2. 可以责令申请人提供担保。 3. 紧急情况,48 小时内裁定。 4. 救济:当事人不服的,可申请复议,复议期间不停止执行。 5. 解除:涉及财产的,被申请人提供担保的,法院解除保全
	先予执行	情形:抚恤金、最低生活保障金和工伤、医疗社会保险金。 救济:当事人不服的,向作出先予执行裁定的法院申请司法行政复议(法院/原告/被告都有复议权)

主观题小案例

【案例 1】县政府针对甲乙两村土地使用权争议作出的处理决定被诉后,甲乙两村达成和解,县政府书面予以认可,可以视为行政诉讼中被告改变被诉具体行政行为。【正确】在行政裁决案件中,书面认可原告与第三人达成的和解可以视为被告改变其所作的具体行政行为。

【案例 2】法庭辩论终结后原告申请撤诉的,法院不应准许。【错误】法庭辩论终结后原告申请撤诉的,法院可以准许,但涉及国家利益和社会公共利益的除外。

【案例 3】行政机关负责人有正当理由不能出庭的,应当向法院提交情况说明,并加盖行政机关印章或该机关主要负责人签字认可。若拒绝,不影响案件的审理效果。【正确】

【案例 4】当事人自行和解或者调解达成协议后,可以请求法院按照和解协议或调解协议的内容制作判决书。【错误】调解和判决不兼得。

第十七讲　行政诉讼的裁判与执行

一审判决	行政行为合法	判决驳回原告诉讼请求	
	行政行为违法	作为	1. 能撤销就撤销。 2. 不能撤销就确认违法。 (1)撤销会给国家利益、公共利益造成重大损害; (2)诉讼中被诉行政行为已经被撤销、改变; (3)不具有可撤销的内容; (4)程序轻微违法,但对原告权利不产生实际影响; (5)无效行政行为。 3. 处罚明显不当、其他行为涉及款额有误可撤可变
		不作为	1. 能作为的就作为:履行判决(行为)、给付判决(给钱)。 2. 不能作为则确认违法

<table>
<tr><td>特别说明</td><td colspan="2">1. 撤销判决和确认无效的转换。
(1)原告请求撤销行政行为,法院经审查认为行政行为无效的,应当作出确认无效的判决(直接无效判决,不需要原告同意)。
(2)原告请求确认行政行为无效,但经法院审查认为属于可撤销的:
①经释明,原告请求撤销行政行为的,应当继续审理并作出相应判决。
②经释明,原告拒绝变更诉讼请求的,判决驳回其诉讼请求。
“就高不就低,就低要同意,如果不同意,哪来回哪去”。
【提示】原告起诉请求确认行政行为无效,但法院经审查认为属于可撤销的,如果撤销行政行为已超过诉讼时效,法院应裁定驳回起诉。
2. 变更判决的特殊适用。
(1)行政处罚明显不当。
(2)其他行政行为涉及对款额的确定、认定确有错误的。
3. 复议改变后判决的形式。
复议改变原行政行为的,法院判决撤销复议决定时,可以一并责令复议机关重新作出复议决定或者判决恢复原行政行为的法律效力</td></tr>
<tr><td>二审判决</td><td colspan="2">1. 驳回上诉,维持原判【原来的没错】。
2. 依法改判【事实认定清楚,但法律适用错了】。
3. 剩下的全是发回【严重违法 + 漏人漏事】。
4. 改判和发回:一审事实不清,证据不足,一般发回,发回只限一次。
5. 原审遗漏赔偿请求。
(1)一审判决遗漏赔偿请求,二审法院审查认为不予赔偿的,应判决驳回行政赔偿请求。
(2)一审判决遗漏赔偿请求,二审法院认为应当赔偿的,先就赔偿问题进行调解,调解不成,就赔偿部分发回重审。
(3)遗漏普通的诉讼请求,行政诉讼二审判决和民事诉讼相同,均是撤销原判,发回重审。
(4)如果二审当事人提出新的赔偿请求,应当先调解,调解不成的,告知另行起诉</td></tr>
<tr><td rowspan="2">宣判制度</td><td>公开宣判</td><td>对公开审理和不公开审理的案件,一律公开宣判</td></tr>
<tr><td>宣判时间</td><td>【当庭宣判】应当在 10 日内发送判决书。
【定期宣判】宣判后立即发送判决书</td></tr>
</table>

主观题小案例

【案例 1】市交通局调查非法营运的专车司机向某后作出处罚,但是该决定书超过了法定送达时间,延期 1 天后才送达,法院经审理认为行政处罚行为程序轻微违法,但对原告权利不产生实际影响。

问题:法院应当如何判决?

答案参考:应当判决确认处罚决定违法。

根据《行政诉讼法》第 74 条第 1 款第 2 项的规定,行政行为程序轻微违法,但对原告权利不产生实际影响的,法院应当判决确认被诉行政行为违法。此处的“程序轻微违法”一般指的是:第一,处理期限轻微违法;第二,通知、送达等程序轻微违法。如果剥夺了原告依法享有的听证、陈述、申辩等重要程序性权利,则可能会对实体权利产生实质损害,因为听证程序有搜集证据的功能,应听证而未听证就属于有可能会损害原告合法权益的程序违法,法院是可以撤销该行政行为的。本题仅仅是送达程序轻微违法,不影响实体权利,如果法院撤销后,再让被告按期作出相同内容的行政决定,完全没有必要。所以,该题法院应当判决确认违法。

【案例2】李某聚众吸食违禁品,区公安局对其罚款5000元。李某不服申请复议,市公安局以李某向他人销售违禁品为由,将罚款决定改为了8000元。李某不服提起诉讼。法院应当撤销复议决定,并责令市公安局重新作出处罚行为。【错误】复议机关加重处罚,属于违法行为,法院应当撤销复议决定,如果需要责令重作,那么责令对象为复议机关,则本题表述正确。但2018年《行政诉讼法司法解释》还增加了一个新的处理方案:判决恢复原行政行为的法律效力。所以,该题表述过于绝对。

【案例3】市税务局认为哒哒公司有逃税行为,向其补征50万元营业税,法院经审理认为,税务局对哒哒公司营业额认定有误,应当征收30万元。对此,法院可以作出变更判决。【正确】变更判决指人民法院经审理,认定行政处罚明显不当,或者其他行政行为对款额的确定、认定确有错误的,直接改变行政行为的判决。

【案例4】对公开审理和不公开审理的案件,一律公开宣判。【正确】

【案例5】人民法院审理行政案件,不能直接作变更判决。【错误】人民法院经过审理,认为行政处罚明显不当或者其他行为涉及款额有误的,可以作变更判决。

【案例6】原告起诉请求确认行政行为无效,但法院经审查认为属于可撤销的行政行为,如果撤销行政行为已超过诉讼时效,法院应裁定驳回起诉。【正确】

第十八讲 行政复议

【提示】本部分内容根据2023年修订的《行政复议法》重新编写。

一、行政复议(☆☆☆)

行政复议的受案范围	有下列情形之一的,公民、法人或者其他组织可以依照本法申请行政复议: 1. 对行政机关作出的行政处罚决定不服; 2. 对行政机关作出的行政强制措施、行政强制执行决定不服; 3. 申请行政许可,行政机关拒绝或者在法定期限内不予答复,或者对行政机关作出的有关行政许可的其他决定不服; 4. 对行政机关作出的确认自然资源的所有权或者使用权的决定不服; 5. 对行政机关作出的征收征用决定及其补偿决定不服; 6. 对行政机关作出的赔偿决定或者不予赔偿决定不服; 7. 对行政机关作出的不予受理工伤认定申请的决定或者工伤认定结论不服; 8. 认为行政机关侵犯其经营自主权或者农村土地承包经营权、农村土地经营权; 9. 认为行政机关滥用行政权力排除或者限制竞争; 10. 认为行政机关违法集资、摊派费用或者违法要求履行其他义务; 11. 申请行政机关履行保护人身权利、财产权利、受教育权利等合法权益的法定职责,行政机关拒绝履行、未依法履行或者不予答复; 12. 申请行政机关依法给付抚恤金、社会保险待遇或者最低生活保障等社会保障,行政机关没有依法给付;

续表

	13. 认为行政机关不依法订立、不依法履行、未按照约定履行或者违法变更、解除政府特许经营协议、土地房屋征收补偿协议等行政协议； 14. 认为行政机关在政府信息公开工作中侵犯其合法权益； 15. 认为行政机关的其他行政行为侵犯其合法权益
行政复议的申请人	依照《行政复议法》申请行政复议的公民、法人或者其他组织是申请人。 有权申请行政复议的公民死亡的，其近亲属可以申请行政复议。有权申请行政复议的法人或者其他组织终止的，其权利义务承受人可以申请行政复议。 有权申请行政复议的公民为无民事行为能力人或者限制民事行为能力人的，其法定代理人可以代为申请行政复议
行政复议的被申请人（类似于诉讼的被告）	1. 公民、法人或者其他组织对行政行为不服申请行政复议的，作出行政行为的行政机关或者法律、法规、规章授权的组织是被申请人。 2. 两个以上行政机关以共同的名义作出同一行政行为的，共同作出行政行为的行政机关是被申请人。 3. 行政机关委托的组织作出行政行为的，委托的行政机关是被申请人。 4. 作出行政行为的行政机关被撤销或者职权变更的，继续行使其职权的行政机关是被申请人
行政复议第三人	申请人以外的同被申请行政复议的行政行为或者行政复议案件处理结果有利害关系的公民、法人或者其他组织，可以作为第三人申请参加行政复议，或者由行政复议机构通知其作为第三人参加行政复议。 第三人不参加行政复议，不影响行政复议案件的审理
复议代理人	1. 申请人、第三人可以委托 1 名至 2 名律师、基层法律服务工作者或者其他代理人代为参加行政复议。 2. 申请人、第三人委托代理人的，应当向行政复议机构提交授权委托书、委托人及被委托人的身份证明文件。授权委托书应当载明委托事项、权限和期限。申请人、第三人变更或者解除代理人权限的，应当书面告知行政复议机构。 3. 符合法律援助条件的行政复议申请人申请法律援助的，法律援助机构应当依法为其提供法律援助
复议代表人	同一行政复议案件申请人人数众多的，可以由申请人推选代表人参加行政复议。 代表人参加行政复议的行为对其所代表的申请人发生效力，但是代表人变更行政复议请求、撤回行政复议申请、承认第三人请求的，应当经被代表的申请人同意

主观题小案例

【案例 1】肖某提出农村宅基地用地申请，乡政府审核后报县政府审批。肖某收到批件后，不满批件所核定的面积，申请复议。

问题：本案复议机关如何确定？

答案参考：复议机关应当是市政府。

经批准的行为被告/被申请人的确立标准是“诉讼看名义，复议直接告上级”。所以，本案行政复议的被申请人是两个机关中的上级机关县政府，复议机关应当是市政府。

【案例 2】甲市市容管理办公室是甲市市政府设立的负责管理市容市貌的事业单位,根据该市人大制定的地方性法规《甲市市容管理暂行办法》的有关规定,可以对有碍市容市貌的各种行为作出罚款处罚。刘某的杂货店超出规划,市容管理办公室作出了罚款 1 万元的决定。

问题:本案的复议被申请人如何确定?

答案参考:复议被申请人是甲市市容管理办公室。具备行政处罚权的有效授权文件为法律、法规,所以,该办公室取得有效授权,自然可以成为诉讼被告/复议被申请人。

【案例 3】李某不服区公安分局对其作出的行政拘留 5 日的处罚,复议机关如何确定?

答案参考:复议机关为区政府。

根据《行政复议法》第 24 条第 1 款第 1 项的规定,县级以上地方各级人民政府管辖对本级人民政府工作部门作出的行政行为不服的行政复议案件。

二、行政复议的程序(☆☆☆☆☆)

申请	1. 申请人申请行政复议,可以书面申请;书面申请有困难的,也可以口头申请。 2. 书面申请的,可以通过邮寄或者行政复议机关指定的互联网渠道等方式提交行政复议申请书,也可以当面提交行政复议申请书。行政机关通过互联网渠道送达行政行为决定书的,应当同时提供提交行政复议申请书的互联网渠道。 3. 口头申请的,行政复议机关应当当场记录申请人的基本情况、行政复议请求、申请行政复议的主要事实、理由和时间。 4. 申请人对两个以上行政行为不服的,应当分别申请行政复议。 【提示】复议中 3 日、5 日、7 日、10 日均是工作日,不含法定休假日
期限	复议 60 日(法律规定可长),经行政复议机构负责人批准可以适当延长,最多不得超过 30 日;诉讼 6 个月,特殊情况批准延长(《行政诉讼法》第 81 条)。 1. 行政机关作出行政行为时,未告知公民、法人或者其他组织申请行政复议的权利、行政复议机关和申请期限的,申请期限自公民、法人或者其他组织知道或者应当知道申请行政复议的权利、行政复议机关和申请期限之日起计算,但是自知道或者应当知道行政行为内容之日起最长不得超过 1 年。 2. 因不动产提出的行政复议申请自行政行为作出之日起超过 20 年,其他行政复议申请自行政行为作出之日起超过 5 年的,行政复议机关不予受理
受理	1. 行政复议申请材料不齐全或者表述不清楚,无法判断行政复议申请是否符合《行政复议法》第 30 条第 1 款规定的,行政复议机关应当自收到申请之日起 5 日内书面通知申请人补正。补正通知应当一次性载明需要补正的事项。 2. 申请人应当自收到补正通知之日起 10 日内提交补正材料。有正当理由不能按期补正的,行政复议机关可以延长合理的补正期限。无正当理由逾期不补正的,视为申请人放弃行政复议申请,并记录在案。 3. 行政复议机关收到补正材料后,依照《行政复议法》第 30 条的规定处理。 4. 对当场作出或者依据电子技术监控设备记录的违法事实作出的行政处罚决定不服申请行政复议的,可以通过作出行政处罚决定的行政机关提交行政复议申请。 5. 行政机关收到行政复议申请后,应当及时处理;认为需要维持行政处罚决定的,应当自收到行政复议申请之日起 5 日内转送行政复议机关。 6. 公民、法人或者其他组织依法提出行政复议申请,行政复议机关无正当理由不予受理、驳回申请或者受理后超过行政复议期限不作答复的,申请人有权向上级行政机关反映,上级行政机关应当责令其纠正;必要时,上级行政复议机关可以直接受理
审理程序	普通程序或者简易程序

续表

上可审下	上级行政复议机关根据需要，可以审理下级行政复议机关管辖的行政复议案件。 下级行政复议机关对其管辖的行政复议案件，认为需要由上级行政复议机关审理的，可以报请上级行政复议机关决定
行政复议中止情形	1. 作为申请人的公民死亡，其近亲属尚未确定是否参加行政复议； 2. 作为申请人的公民丧失参加行政复议的行为能力，尚未确定法定代理人参加行政复议； 3. 作为申请人的公民下落不明； 4. 作为申请人的法人或者其他组织终止，尚未确定权利义务承受人； 5. 申请人、被申请人因不可抗力或者其他正当理由，不能参加行政复议； 6. 依照《行政复议法》规定进行调解、和解，申请人和被申请人同意中止； 7. 行政复议案件涉及的法律适用问题需要有权机关作出解释或者确认； 8. 行政复议案件审理需要以其他案件的审理结果为依据，而其他案件尚未审结； 9. 有《行政复议法》第 56 条或者第 57 条规定的情形； 10. 需要中止行政复议的其他情形。 行政复议中止的原因消除后，应当及时恢复行政复议案件的审理。 行政复议机关中止、恢复行政复议案件的审理，应当书面告知当事人
行政复议终止情形	1. 申请人撤回行政复议申请，行政复议机构准予撤回； 2. 作为申请人的公民死亡，没有近亲属或者其近亲属放弃行政复议权利； 3. 作为申请人的法人或者其他组织终止，没有权利义务承受人或者其权利义务承受人放弃行政复议权利； 4. 申请人对行政拘留或者限制人身自由的行政强制措施不服申请行政复议后，因同一违法行为涉嫌犯罪，被采取刑事强制措施； 5. 依照《行政复议法》第 39 条第 1 款第 1 项、第 2 项、第 4 项的规定中止行政复议满 60 日，行政复议中止的原因仍未消除
复议期间停止执行的情形	行政复议期间行政行为不停止执行；但是有下列情形之一的，应当停止执行： 1. 被申请人认为需要停止执行； 2. 行政复议机关认为需要停止执行； 3. 申请人、第三人申请停止执行，行政复议机关认为其要求合理，决定停止执行； 4. 法律、法规、规章规定停止执行的其他情形
费用	复议免费；诉讼收费

主观题小案例

【案例 1】上级行政复议机关根据需要，可以审理下级行政复议机关管辖的行政复议案件。【正确】

【案例 2】张某开车被执法摄像头拍摄，被东城区交警部门处罚 100 元。张某对该决定不服，如何主张自己的权利？

答案参考：申请行政复议的，可以通过作出行政处罚决定的行政机关提交行政复议申请。

【案例 3】申请人在行政复议决定作出前自愿撤回行政复议申请的，经行政复议机构同意，可以撤回。【正确】

【案例 4】调查取证时，行政复议人员不得少于两人，并应当出示行政复议工作证件。【正确】

三、行政复议管辖

县级以上地方各级人民政府管辖	1. 对本级人民政府工作部门作出的行政行为不服的； 2. 对下一级人民政府作出的行政行为不服的； 3. 对本级人民政府依法设立的派出机关作出的行政行为不服的； 4. 对本级人民政府或者其工作部门管理的法律、法规、规章授权的组织作出的行政行为不服的
国务院部门管辖	1. 对本部门作出的行政行为不服的； 2. 对本部门依法设立的派出机构依照法律、行政法规、部门规章规定，以派出机构的名义作出的行政行为不服的； 3. 对本部门管理的法律、行政法规、部门规章授权的组织作出的行政行为不服的
“垂直领导”的管辖	1. 对海关、金融、外汇管理等实行垂直领导的行政机关、税务和国家安全机关的行政行为不服的，向上一级主管部门申请行政复议。 2. 对履行行政复议机构职责的地方人民政府司法行政部门的行政行为不服的，可以向本级人民政府申请行政复议，也可以向上一级司法行政部门申请行政复议

四、行政复议普通程序与简易程序(☆☆☆)

对比	普通程序	简易程序
适用条件	1. 正常适用，有符合简易程序的适用简易程序。 2. 适用简易程序审理的行政复议案件，行政复议机构认为不宜适用简易程序的，经行政复议机构的负责人批准，可以转为普通程序审理	1. 行政复议机关审理下列行政复议案件，认为事实清楚、权利义务关系明确、争议不大的，可以适用简易程序： (1)被申请行政复议的行政行为是当场作出； (2)被申请行政复议的行政行为是警告或者通报批评； (3)案件涉及款额3000元以下； (4)属于政府信息公开案件。 2. 除前款规定以外的行政复议案件，当事人各方同意适用简易程序的，可以适用简易程序
时限	自行政复议申请受理之日起7日内，将行政复议申请书副本或者行政复议申请笔录复印件发送被申请人。 被申请人应当自收到行政复议申请书副本或者行政复议申请笔录复印件之日起10日内，提出书面答复，并提交作出行政行为的证据、依据和其他有关材料	适用简易程序审理的行政复议案件，行政复议机构应当自受理行政复议申请之日起3日内，将行政复议申请书副本或者行政复议申请笔录复印件发送被申请人。被申请人应当自收到行政复议申请书副本或者行政复议申请笔录复印件之日起5日内，提出书面答复，并提交作出行政行为的证据、依据和其他有关材料
审理方式	当面或者通过互联网、电话等方式听取当事人的意见，并将听取的意见记录在案。因当事人原因不能听取意见的，可以书面审理	适用简易程序审理的行政复议案件，可以书面审理

续表

对比	普通程序	简易程序
听证要求	1. 审理重大、疑难、复杂的行政复议案件,行政复议机构应当组织听证。 2. 行政复议机构认为有必要听证,或者申请人请求听证的,行政复议机构可以组织听证。 3. 听证由1名行政复议人员任主持人,2名以上行政复议人员任听证员,1名记录员制作听证笔录	不涉及,重大疑难的就变成普通程序审理了
听证程序	1. 行政复议机构组织听证的,应当于举行听证的5日前将听证的时间、地点和拟听证事项书面通知当事人。 2. 申请人无正当理由拒不参加听证的,视为放弃听证权利。 3. 被申请人的负责人应当参加听证。不能参加的,应当说明理由并委托相应的工作人员参加听证	
行政复议委员会	1. 县级以上各级人民政府应当建立相关政府部门、专家、学者等参与的行政复议委员会,为办理行政复议案件提供咨询意见,并就行政复议工作中的重大事项和共性问题研究提出意见。行政复议委员会的组成和开展工作的具体办法,由国务院行政复议机构制定。 2. 审理行政复议案件涉及下列情形之一的,行政复议机构应当提请行政复议委员会提出咨询意见:(1)案情重大、疑难、复杂;(2)专业性、技术性较强;(3)《行政复议法》第24条第2款规定的行政复议案件;(4)行政复议机构认为有必要。 3. 行政复议机构应当记录行政复议委员会的咨询意见	

五、行政复议的结果(☆☆☆)

决定类型		主要内容	适用条件
被申请人胜	维持决定	维持原行政行为	行政行为认定事实清楚,证据确凿,适用依据正确,程序合法,内容适当的
	驳回决定	驳回复议请求	被申请人没有相应法定职责或者在受理前已经履行法定职责的
申请人胜	撤销决定	撤销或部分撤销行政行为,并可以责令被申请人在一定期限内重新作出行政行为	1. 主要事实不清、证据不足; 2. 违反法定程序; 3. 适用的依据不合法; 4. 超越职权或者滥用职权。 行政复议机关责令被申请人重新作出行政行为的,被申请人不得以同一事实和理由作出与被申请行政复议的行政行为相同或者基本相同的行政行为,但是行政复议机关以违反法定程序为由决定撤销或者部分撤销的除外
	确认违法	确认原行政行为违法	1. 依法应予撤销,但是撤销会给国家利益、社会公共利益造成重大损害; 2. 程序轻微违法,但是对申请人权利不产生实际影响。 3. 行政行为违法,但是不具有可撤销内容; 4. 被申请人改变原违法行政行为,申请人仍要求撤销或者确认该行政行为违法; 5. 被申请人不履行或者拖延履行法定职责,责令履行没有意义

续表

执行	1. 维持行政行为的行政复议决定书,由作出行政行为的行政机关依法强制执行,或者申请人民法院强制执行; 2. 变更行政行为的行政复议决定书,由行政复议机关依法强制执行,或者申请人民法院强制执行; 3. 行政复议调解书,由行政复议机关依法强制执行,或者申请人民法院强制执行

主观题小案例

【案例】哒哒公司向用户推送商业短信,某市市场监管局对哒哒公司作出责令停止发送、暂扣企业营业执照、罚款5万元的决定。哒哒公司不服向省市场监管局申请行政复议。省市场监管局认为本案件属于重大、复杂的案件,主动以开庭的方式审理了本案。【错误】行政复议中对于重大复杂案件的审理方式被称为听证方式,只有诉讼才能被称为开庭方式审理。

第十九讲　行政赔偿

范围	人身权+财产权	
	不予赔偿的范围:1. 行政机关工作人员实施的与行使职权无关的个人行为。2. 受害人自己的行为致使损害发生的。3. 法律规定的其他情形	
赔偿请求人	1. 受害的公民、法人或其他组织; 2.【转移】公民死亡的,其继承人和其他有扶养关系的亲属有权请求; 3.【转移】法人或组织分立、合并、终止的,权利承受人有权请求	
赔偿义务机关	类似被告。例外:1. 经过复议的案件,由最初造成侵权行为的机关赔偿;但是复议改变加重了原行为的,原机关赔偿原行为,复议机关赔偿加重的部分(按份原则)。 2. 派出机构作出的行为,由其所在的行政机关赔偿	
程序	单独提起	1. 知道或应当知道之日起2年内口头或者书面提出。 2. 赔偿义务机关先行处理(2个月内作出是否赔偿的决定)。 3. 赔偿请求人不服的,3个月内单独提起行政诉讼
	一并提出	复议再起诉
		直接起诉

主观题小案例

【案例1】经过复议的案件当事人申请行政赔偿的,由原机关赔偿。但是复议改变加重了原行为,原机关赔偿原行为,复议机关赔偿加重的部分。【正确】

【案例2】单独提起的行政赔偿程序与刑事赔偿程序都必须经过赔偿义务机关的先行处理程序,才能继续走程序。【正确】

【案例3】赔偿义务机关决定不予赔偿的,应当自作出决定之日起30日内书面通知赔偿请求人,并说明不予赔偿的理由。【错误】应为10日。

【案例4】贾某因聚众赌博被公安机关行政拘留,关押了一个月后释放,贾某要求公安机关赔

偿,此案属于行政赔偿的范围。【正确】

【案例5】市场监管局执法人员贾某在一次执法活动中偶遇素与自己不和的乙某,两人发生争执后贾某动手将乙某打伤,乙某要求市场监管局进行国家赔偿,此案属于行政赔偿的范围。【错误】执法人员私人恩怨导致的损害不属于国家赔偿的范围。

【案例6】某区规划局以一公司未经批准擅自搭建地面工棚为由,限期其自行拆除。该公司逾期未拆除。根据规划局的请求,区政府组织人员将违法建筑拆除,并将拆下的钢板作为建筑垃圾运走。

问题:如该公司申请国家赔偿,赔偿义务机关如何确定?

答案参考:区政府为赔偿义务机关。

本题中,区政府组织人员将违法建筑拆除并无违法之处,但“将拆下的钢板作为建筑垃圾运走”超出了区规划局限期拆除决定的范围,故区政府为赔偿义务机关。

第二十讲 司法赔偿

一、司法赔偿

赔偿范围	人身权	违法拘留	1. 违反《刑事诉讼法》的规定对公民采取拘留措施的,赔。 2. 合法拘留+超期羁押+被拘留人无罪,赔
		错捕错判	没罪关了就要赔,有罪关了也白关(结果责任)。 【提示1】“没罪”包括公民没有实施犯罪行为或者没有充分确凿的证据证明公民实施了犯罪行为两种情形。 【提示2】“关”指的是拘役、有期徒刑、无期徒刑等对公民的人身自由构成实际羁押的刑事行为,不包括减刑期间、保外就医期间、有期徒刑缓期执行和管制等
		例外	免罪关了分前后,赔后不赔前。 【提示1】免罪包括违法的未成年人、精神病人和《刑事诉讼法》第16条规定的不追究刑事责任的情况(显时特告死)。 【提示2】“前后”的含义是以判决生效为界限区分前后
	财产权		1. 违法对财产采取查封、扣押、冻结、追缴等措施。 2. 依照审判监督程序再审改判无罪,原判罚金、没收财产已经执行
	生命健康权		1.【暴力行为】刑讯逼供、殴打、虐待(自己或唆使、放纵他人)造成公民身体伤害或者死亡。 2.【违规使用武器、警械】司法机关及其工作人员违法使用武器、警械造成公民身体伤害或者死亡。 3. 其他造成公民身体伤害或者死亡的违法行为
不予赔偿	1. 行政机关工作人员实施的与行使职权无关的个人行为; 2. 因受害人自身行为致使损害发生的; 3. 不可抗力; 4. 第三人过错		

续表

<table>
<tr><td rowspan="6">程序</td><td>请求人</td><td>类似原告</td></tr>
<tr><td rowspan="2">司法赔偿义务机关</td><td>原则上谁作谁赔</td></tr>
<tr><td>例外:赔偿义务机关后置原则(谁最后作出有罪决定,谁赔偿)。
1. 错误拘留——→拘留决定机关。
2. 错误逮捕——→逮捕决定机关(法院或者检察院)。
3. 二审改判无罪或二审发回重审作无罪处理——→一审法院。
4. 再审改判无罪——→原生效判决的法院</td></tr>
<tr><td>司法赔偿程序</td><td>先行处理{法院→向上一级法院赔委会申请赔偿(终局)
请求人→向赔偿义务机关申请复议
公检→上一级公检复议→向复议机关所在地法院赔委会申请赔偿</td></tr>
<tr><td>赔委会决定</td><td>1. 申请书一式四份,不会书写的,人民法院代填。
2. 赔偿委员会的组成:3 人以上单数。
3. 赔偿委员会的审理方式:不公开审理,书面审查。必要时,经书面审理不能解决,可以听取双方陈述申辩、进行质证。
4. 赔偿委员会审理时,申请人可以委托律师,被申请人只能委托自身工作人员。
5. 赔偿委员会审理赔偿案件,可以组织赔偿义务机关与赔偿请求人就赔偿方式、赔偿项目和赔偿数额进行协商。
6. 赔偿决定书:加盖法院印章</td></tr>
<tr><td>时间要求</td><td>赔偿请求人知道或应当知道合法权益受到损害(2 年内提出)——赔偿义务机关先行处理(2 个月)。
1. 法院——30 日内向上一级法院赔委会申请赔偿(终局)。
2. 公、检——30 日内向赔偿义务机关的上一级公、检申请复议——2 个月作出决定——30 日内向复议机关所在地同级法院赔委会申请赔偿(终局)。
如果终局的赔偿确有错误,请求人或赔偿义务机关可向其上一级法院赔委会提出申诉,注意要有书面的申诉申请(双方均可)</td></tr>
</table>

主观题小案例

【案例 1】某县公安局以涉嫌诈骗为由将张某刑事拘留,并经县检察院批准逮捕,后县公安局以证据不足为由撤销案件,张某遂申请国家赔偿。

问题:赔偿义务机关如何确定?

答案参考:县检察院。

对公民采取逮捕措施后决定撤销案件、不起诉或者判决宣告无罪的,作出逮捕决定的机关为赔偿义务机关。所以,本案中逮捕后案件被撤销,应该由批捕机关县检察院作为赔偿义务机关。

【案例 2】赔偿委员会审理国家赔偿案件的时候,申请人和被申请人都可以委托律师。【错误】赔偿委员会审理时,申请人可以委托律师,被申请人只能委托自身工作人员。

【案例 3】二审发回重审后一审法院作无罪处理的案件,当事人申请司法赔偿,赔偿义务机关为检察院。【错误】二审发回重审后一审法院作无罪处理的案件,当事人申请司法赔偿,赔偿义务机关为一审法院。

【案例 4】只有法院判决无罪,并且刑罚已经执行,才属于刑事赔偿范围;如果是重罪改判轻罪,则不属于刑事赔偿的范围。【正确】

【案例 5】公安机关刑警在抓捕一名刑事逃犯时,因担心追不上逃犯,没有鸣枪示警就掏枪将

逃犯击毙,逃犯的家属要求国家赔偿,此案属于刑事赔偿范围。【正确】

二、国家赔偿项目和标准

人身自由权	按日支付;作出决定时的国家上年度职工日平均工资
生命健康权	1. 身体伤害:医疗费、护理费、误工费(按日计算,不超过上年度职工年平均工资的5倍)。 2. 死亡的:死亡赔偿金 + 丧葬费 + 扶养的无劳动能力人的生活费。 3. 造成部分或者全部丧失劳动能力的:医疗费、护理费、残疾生活辅助具费、康复费等因残疾而增加的必要支出和继续治疗所必需的费用,以及残疾赔偿金。残疾赔偿金根据丧失劳动能力的程度,按照国家规定的伤残等级确定,最高不超过国家上年度职工年平均工资的20倍。造成全部丧失劳动能力的,对其扶养的无劳动能力的人,还应当支付生活费
财产权	1. 罚款、罚金、追缴、没收、征收——→返还财产。 2. 查封、扣押、冻结——→返还财产、恢复原状、金钱赔偿。 3. 财产被合法拍卖——→给付拍卖的价款。违法拍卖和变卖价格明显低于财产价值的,支付赔偿金。 4. 责令停产停业、吊销许可证和执照——→停产停业期间必要的经常性费用,预期利润不赔。 5. 其他损失——→赔偿直接损失
程序	请求人申请支付赔偿金——→赔偿义务机关7日内向财政部门申请——→财政部门收到申请之日起15日内支付赔偿金

主观题小案例

【案例1】限制人身自由的时间是计算精神抚慰金的唯一标准。【错误】限制或者剥夺人身自由、殴打虐待或者违法适用警械等对公民造成严重伤害的,都可以申请精神抚慰金。

【案例2】侵犯公民人身自由的,每日赔偿金按照国家上年度职工日平均工资计算。这里的上年度指的是当事人申请时的上年度。【错误】这里的上年度指的是赔偿义务机关、复议机关或者法院的赔委会作出赔偿决定时的上年度。

【案例3】赔偿义务机关可就赔偿方式和数额与当事人协商,但不得就赔偿项目进行协商。【错误】赔偿义务机关作出赔偿决定,应当充分听取赔偿请求人的意见,并可以与赔偿请求人就赔偿方式、赔偿项目和赔偿数额依法进行协商。

第八编

文 书 题

法律文书是法律人之间沟通的“桥梁”,能够体现法律人的专业技能。2018年主观题试卷刑诉题目以“开放类”考查方式进行了命题:“结合以上证据以及相应法律法规,法院应作出何种判决?”备战主观题的考生要掌握基本的文书结构,注意起诉状、判决书的结构。法律文书的重点在于案情分析,即法律人思维的核心在于“事实与理由”部分。说白了这类题目就是案例题的变形。每一种法律文书的精髓都在于“事实与理由”这个部分。

文书题目在2002年出现过一次,2003年出现过一次,2005年出现过一次,2010年以问答的形式出现过一次,2013年出现过一次,2018年出现过一次。本书收录了有价值的题目,供考生练习参考,并为考生总结出法考文书题的考查形式。

对于文书题的备考,大家首先要了解法考对文书题的命题规律,然后看一下近几年考试的试题,最后总结法律文书的结构。备考的时候大家多注意以下几类文书。

刑事方面:起诉书(包括自诉状)、辩护词、刑事上诉状、判决书。

民事方面:起诉状、答辩状、反诉状、判决书。

行政方面:起诉状、答辩状、判决书。

第一讲 法律文书概述

一、法律文书基本结构

法考大纲中列有法律文书作为主观题考查内容,自2005年之后就没有考过完整的法律文书题,考试前花半天时间把本书的文书格式看看即可。法律文书题目需注意以下问题:

第一,单独考查。在司考卷四主观题第六题或者第七题,给一个案件,要求根据案件写一篇司法文书;或者给一篇有格式错误的法律文书,要求改错。

第二,结合考查。可以与部门法案例结合起来考查法律文书,既涉及格式问题,也涉及法律文书内容的问题。

第三,一般是选做题。【注意】如果是选做题,请只选择一个作答,如果几个问题都作答,只有第一个有效。

对于法律文书，许多考生或许会产生畏难心理，实际上法律文书比论述题好做，因为法律文书需要的内容、信息，题目在介绍案情时就已经全部包括了，考生只需要根据格式表述出来即可。因此考生无须害怕。

法律文书的思路：法律文书继续延续主观题思维方式，即三段论，所有的法律文书都会涉及法律规定、案件事实、结论这三个要素。考生时刻记着这三个要素即可。

法律文书的结构：

1. 首部：(1)制作机关、文种标题、编号；(2)公诉人、当事人基本情况；(3)案由、案件来源等情况。解释一下编号写法：

(2022)×行终字第××号：某人民法院行政庭2022年终审判决第××号。

(2022)×民初字第××号：某人民法院民庭2022年一审判决第××号。

(2022)×刑终字第××号：某人民法院刑庭2022年终审判决第××号。

2. 正文：事实、理由、处理意见等。

3. 尾部：说明有关事项，签名、日期、印章，附注事项等。

阅卷的时候，司法文书题目也是根据这三个部分来阅卷的，当然正文部分所占篇幅和分值都会较大，其也是最能体现三段论的部分。

【注意】法律文书的考查，应该不考查特别冷门的文书，而是主要集中在民事起诉状(刑事附带民事起诉状、刑事自诉状)、答辩状、检察院起诉书、一审判决书、辩护词或者代理词(辩护词和代理词格式要求相对较低，所以考得可能性更小)，这几个文书要重点掌握。根据以往的经验，为了避免有的考生完全不会，命题老师会给一个选做题，就是要求考生根据案情写一篇法律文书，可以是起诉书、代理词或辩护词、一审判决、二审判决、答辩状等。对此，选一个自己擅长的就可以。

二、写作题注意问题

考生如果在法律文书题上失分，多出于以下原因：第一，法律文书格式出现错误。这是致命错误，一旦出现，可能不及格。第二，文书格式基本正确，但是文书正文部分写得不好，因此虽然及格，但是难得高分。

阅卷老师首先看格式是否正确，决定是否及格，其次阅读正文，看表述是否准确有据，决定是否给高分。因此，考生首先要熟悉掌握常考文书的格式，其次要通过练习使自己的文字表述通顺、题目分析完整，争取高分。要得高分，需要注意以下事项。

(一)【观点】突出，避免旁逸斜出

与简答题、论述题、案例题一样，一篇法律文书只有一个中心观点，比如起诉状中的“诉求”、判决书的“判决结果”都是核心观点。

为了证明这个观点，需要大前提(法律规定)、小前提(案件事实)来支撑。在写作中，凡是与核心观点、中心主题没有关系的大前提、小前提，即使再好也不要保留。

(二)【小前提：案件事实】的写作要求

1. 叙述简明。对案件事实的叙述要平实、简明、扼要，以自然顺序、时间顺序、前因后果顺序进行叙述，切不可使用夸张、委婉、倒叙、抒情等手法。

2. 重点突出。围绕观点需要的事实进行剪裁，无关信息一律删除。

3. 细节精准。在叙述案情中涉及的人名、时间、行为方式、数字等关键细节，一定要对案情有重大影响，务求准确无误。

4. 实事求是。叙述案件事实时，不能用主观判断、感情色彩浓厚的词汇，比如说"我认为他这样做是因为……""这样一个坏人只能做出这种坏事""从某某的一贯表现来看，这不可能不是他所为"。这些叙述是主观推测、臆断，是不为法律所承认的。

5. 证据意识。在案件交代的所有事实中，必须要有证据意识，把有证据证明的事实挑出来进行加工。所有的案件事实必须有证据支持。比如出现车祸，案件里面没有交代得很全面，在谈到经济损失时，应该提到"有医院发票证明医疗费为3万元"，或者"有证人某某证言""某某亲笔写的欠条一张，已经通过笔迹鉴定确认"等。这样叙述事实，才能体现法律人的思维，才能够得到阅卷老师的认可。

（三）【大前提：法律依据】的写作要求

1. 法条引用。如果需要非常具体的法条，题目里面会给出来。没给就检索出具体条文，必须要有"依据《民事诉讼法》第××条"或"《刑事诉讼法》第××条"等的表述。

2. 因果关系。法律文书题比论述题更复杂的一点，在于需要说明因果关系：为什么这个案件里面要适用这个法条，为什么不适用另外的法律规定。这个因果关系要有所交代。

3. 需要法理。在法律文书的大前提里面，如果法条不是很充分，还可以用两三行来写一条法理，比如"公序良俗""道德习惯""善良感情"等，这些都可以放在大前提里（在论述题里学到的许多原理和原则可以用在这里面）。好多恶性案件的判决书中，都会有对这种暴行的鞭挞，这就属于此情形。

（四）格式正确，形式完整

（五）重在练习

只是背诵格式而没有下笔去写，法律文书题目肯定是低分徘徊，为了能顺利通关，一定要下笔写。考试前，亲笔写几篇比较完整的法律文书出来才算合格。这样自己也会感觉到越写越熟练。

三、改错题注意问题

与法律文书制作相关联，法律文书改错题，一般会在以下几个环节设置陷阱。

（一）首部中的错误

1. 标题错误。各类文书都有标题，检察院、法院制作的法律文书，都会冠以制作机关的名称，遗漏就是错误。

2. 遗漏当事人相关诉讼身份。基本情况部分最容易丢落的是当事人在另外关联案件中的诉讼身份，如反诉人（本诉被告）、被反诉人（本诉原告）；刑事附带民事诉讼原告……系××案被害人；刑事附带民事诉讼被告……系××案被告人；上诉人（原审×告，反诉×告）、被上诉人（原审×告，反诉×告）。

（二）诉讼请求部分

1. 诉求明确。诉讼请求必须明确、具体，如果模糊，则算是错误。如果涉及损害赔偿，赔偿金额一定要具体明确,不能用约数、概数。

2. 因果关系正确。诉求与本案有直接联系,如果与本案无直接联系,则算错误。比如,在刑事附带民事诉讼中,只能对“犯罪”引起的损害结果提出诉求。纯粹的民事赔偿,应该另案起诉。

3. 精神损害赔偿诉求合法。有一些诉讼是没有精神损害赔偿的,比如刑事附带民事案件中,就只有物质损害赔偿,此时不能有精神损害赔偿,否则就算错误。

(三)事实和理由

1. 案件事实叙述准确。凡是涉及案件事实的叙述必须准确、全面。如涉及损失赔偿方面,造成的各类损失必须明确,比如医疗费具体多少元、误工费多少元、后续治疗及伤残费用多少元,都必须具体明确,如果没有或者模糊,则算是错误。

2. 法律引用部分要有针对性。【在写作题里面可以写“根据我国《刑法》第××条的规定”,这不算错,因为考生不可能把每一个法律条文都记下来,确定后尽量检索。】在改错题里面,一定要有法律依据,如果没有法律依据,就算是错误,因为结构不完整。

(四)尾部

1. “此致”两个字,另起一行,空两格写。【有的书上把此致另起一行,放在这一行最右边,也不算错。】另起一行,表示对机关的尊敬。

2. “此致”写完,另起一段,顶格写“×××人民法院”,表示尊重。【在古代,书信竖写,凡是写到对方姓名或称呼,都要另起一行顶格写,表示尊敬。信写完了,自己的落款都靠右边写,是表示尊敬对方,对方称呼都是顶格靠左边写的。】

3. “起诉人”不能是诉讼代理人,必须是起诉人本人。但是有的文书落款可以是律师,“解除强制措施申请书”的申请人就可以是律师。“取保候审申请书”的申请人可以是犯罪嫌疑人近亲属。

【注意】申请人基本情况介绍,最后一句话必须交代申请人与犯罪嫌疑人之间的关系。

4. 落款需注意:(1)落款和时间必须靠右边。(2)要有时间,其与案情中出现的时间需吻合。(3)落款如果是律师,需要写“××律师事务所(章)××”。(4)如果落款人是法人,直接写法人名称加盖公章,与文书最前面基本情况介绍里的信息一致即可。

5. 法律文书最后,一定要有“附注”,内容包含两项:第一,法律文书的份数;第二,同案提交的证据目录。“附注”一般写在文书最后。

这里的证据目录,可以自己编写,凡是“案件事实”部分提到的就可以写出来,如果是发生交通事故,造成损害的,“附注”可以这样写:

附:

(1)本状副本×份【有几个被告,就几份】;

(2)某某证人证言;

(3)某某医院病历;

(4)某某医院收费收据×张;

(5)原告工资证明一份;

(6)华东政法大学司法鉴定中心鉴定意见一份。

【如果是改错题,这些项目少了,就是错了,尽量补充齐全。一般证据目录至少写两个。如果试卷最后的空间不够了,证据目录只能缩到一行里面写,则中间用分号。最后可以注明“如果空

间充足,证据名单应该每项独立成行”等。】

(五)其他错误

1. 判决书,最后没有写“当事人行使上诉权”的告知条款的,属于格式错误,如2013年真题。

2. 适用简易程序应该只有一位审判员署名。普通程序有一位审判长、两位审判员署名。这两个程序如果弄错了,颠倒了,也属于错误。

3. “本件与原件核对无异”应该是合议庭署名下一行靠左边空两格写。时间下面是(院印),书记员署名在(院印)的后面。

4. 判决类文书,没有“附注”。起诉类文书为了证明自己观点,有“附注”。

第二讲　文书题命题规律

法律文书每年考前都会陷入考与不考的争论中。从应试的角度看,文书是法律人发表自己观点的方式,必须熟练掌握。文书是法律人之间沟通的媒介,无论是做律师还是检察官、法官,都要与文书打交道。关于文书的命题方式主要有两种:

1. 开放类命题,即通过案例,让考生写出文书中的一部分,或者从中找出错误进行改正。2018年、2010年、2003年对此进行了命题。

2. 传统类命题,即直接撰写法律文书。2013年、2005年、2002年对此进行了命题。

【特殊提示】

如果做律师,连个起诉状都写不出来,那还怎么收当事人的代理费呢?如果做法官,连个判决书都写不出来,那案子的判决也是经不起推敲的。复习过程中不要抱着押宝的态度,而是重点温习一下重要的几种法律文书:民事起诉状、判决书,刑事判决书。

【命题方式】

1. 假如你是检察机关负责审查逮捕的检察官,就本案的事实及证据,对张某某涉嫌故意杀人的行为是否构成犯罪进行评判。

2. 本案侦查人员的非法取证行为,应该如何处理?

3. 运用因果关系理论,谈谈你对该辩护意见的看法。

4. 假如你是负责本案审查起诉的检察官,请起草补充侦查提纲并作出相应说明。

5. 假如你是本案的法官/律师,请根据本案事实写判决书/代理词。

6. 关于强制执行,请代为拟定一份强制执行申请书。

7. 请分析本案中某某的诉讼请求和法律依据能否成立,并说明理由。

8. 本案中张三认罪认罚,如果你是负责本案的检察官,应当如何处理?

第三讲 开放式真金题

2018年"回忆版"真题

王大某日和李四一起去饭店吃饭,碰见了王大的仇人张三。王大和张三发生口角,李四劝阻不成,王大用饭店的板凳打张三的头部致其昏迷。李四将张三送往医院,但李四到达医院停车场后并未立即送张三就医,而是将车停在停车场,第二天凌晨再将张三送往医院时,张三已经死亡。

1. 李四供述:王大将张三打昏迷后,自己当晚10:20左右和饭店店员赵二将张三抬上自己的车,自己10:50驾车至医院停车场,后发现张三大量出血,呼吸微弱,害怕担责任所以不敢把张三送到医院,于是把车停在停车场后,自己回去找王大商量。第二日凌晨5:00,与王大回到医院停车场,把张三送到医院,医院认定张三已经死亡。

2. 王大证言:自己将张三打伤后,李四送张三去医院。后来听李四说,将人送到医院停车场的时候,张三已经没有了心跳呼吸。后来李四找自己商量与张三家人私了事宜,次日凌晨返回将张三送医。

3. 赵二证言:当晚10:20左右将张三送到李四车上的时候,张三只是昏迷,仍有心跳和呼吸,觉得如果及时抢救,张三应该可以被救活。

4. 饭店监控录像:当晚10:20李四和赵二一起将张三抬上车。

5. 医院停车场监控录像:当晚10:50左右李四的车出现在医院停车场,李四独自下车离开,一直将车留在停车场,直到次日凌晨5:00,李四和王大又一起出现在停车场,将张三抬往医院。

6. 法医死亡鉴定:张三头部被重击,蛛网膜破损,重击痕迹与饭店板凳吻合,无其他伤,张三自身有凝血性障碍,因大量出血而死亡,但无法鉴定出具体死亡时间。

7. 医院接诊记录:凌晨5:00王大和李四将张三送往医院,但医院认定张三已完全死亡。

李四因涉嫌故意杀人罪被提起公诉。庭审过程中,李四翻供,并提出其供述为受刑讯逼供作出,实际上,他当晚将张三送至停车场时,张三已经没有呼吸心跳,完全死亡,但迫于侦查人员的淫威他才承认张三当时并未死亡。李四提供了刑讯逼供的侦查人员姓名、手段和时间等线索。李四的辩护律师提出非法证据排除的申请。检察机关提供的录音录像材料并不完整,未显示并没有刑讯逼供行为的发生。李四的辩护人提出重新鉴定张三具体死亡时间,但新的证据无法证明张三的具体死亡时间。

【问题】

结合以上证据以及相应法律法规,法院应如何作出判决?(30分)

答案参考

李四不构成故意杀人罪,检察机关的指控不能成立,法院应该作出证据不足,指控的犯罪不能成立的无罪判决。

根据《刑事诉讼法》及相关规定,认定有罪需达到犯罪事实清楚,证据确实、充分。

《人民法院办理刑事案件排除非法证据规程(试行)》第9条规定:"被告人及其辩护人申请

排除非法证据,应当在开庭审理前提出,但在庭审期间发现相关线索或者材料等情形除外。”

根据现有证据法院可以查明的是:案发当晚,王大用板凳直接对张三头部进行重击,造成张三受伤昏迷。当晚 10:20,李四和赵二将张三抬上李四的车准备送医。此时,张三仍有呼吸心跳,未死亡。案发当晚 10:50,李四开车将张三送到医院停车场后,独自一人离开。次日凌晨 5:00,李四和王大回到停车场将张三送医,但此时张三已经死亡。

本案需要进一步查明的是,张三的死亡时间是在案发当晚 10:50 之前还是之后。换言之,张三在案发当晚 10:50,即李四将张三送往医院抵达医院停车场的时候是否还未死亡。由于李四的先前行为,即独自开车将张三送往医院,此时张三的生命法益风险处在李四支配的特定领域——其所开的车内,李四负有对其生命危险救助的义务,即将张三送往医院救治。如果李四不将张三送医救治,而是在车开到停车场后将张三弃于车内,最终张三因为得不到及时救治而死亡,则李四构成不作为的故意杀人罪。但如果张三在案发当晚 10:50,即李四将张三送往医院抵达医院停车场的时候,张三已经死亡,即使李四此时再送医救治也不能避免张三死亡结果的发生,则张三的死亡结果不具有避免的可能性。换言之,张三的死亡和李四的不及时送医之间不具有因果关系,此时李四不构成故意杀人罪。

就本案的证据来看,关于张三死亡时间的认定,由于张三自身有凝血性障碍,被重击后大量出血,死亡速度可能比一般人要快,法医无法判断具体死亡的时间。根据王大的证言,案发当晚李四告诉王大:李四将张三送到医院停车场的时候,张三已经没有了心跳气息。李四在侦查阶段的供述称,其将张三送到医院停车场的时候,发现张三大块出血气息微弱但仍然活着。然而在庭审的时候,李四翻供称自己遭到了刑讯逼供,并指出案发当晚自己将张三送至停车场时张三已经死亡,是由于侦查人员的刑讯才被迫承认张三当时并未死亡。根据案情的内容,李四庭审中提供了刑讯的侦查人员姓名,以及刑讯的时间和地点,即向法庭提供了侦查人员非法取证的线索。法庭启动了取证合法性的调查程序,检察机关提交了讯问过程中的录音录像材料,但提交的录音录像材料不完整,只能显示部分时段内没有刑讯逼供行为的发生,不能全程反映争议时间段内讯问过程的合法性。

最高人民法院《关于建立健全防范刑事冤假错案工作机制的意见》第 8 条第 2 款规定:“除情况紧急必须现场讯问以外,在规定的办案场所外讯问取得的供述,未依法对讯问进行全程录音录像取得的供述,以及不能排除以非法方法取得的供述,应当排除。”据此,本案中的录音录像未能反映部分时间段内的讯问活动,法院应当认定在此期间不能排除有刑讯逼供的可能,由此获得的供述应当予以排除。因此,李四在侦查期间关于案发当晚 10:50 其将张三送到医院时,张三还活着的供述将作为非法证据予以排除。剩下的证据只能证明案发当晚 10:50 李四将张三送至医院停车场,而案发当晚 10:50 张三是否死亡无法查明,属事实不清、证据不足。按照存疑有利于被告的原则,法院宜认定张三在案发当晚 10:50 已经死亡,李四当时即使将张三送医也不能避免张三死亡结果的发生,因此李四不构成故意杀人罪。

第四讲 传统式真题

一、2002 年题目

被告人李某书,男,1970 年 8 月 2 日生,汉族,农民,住赤山市龙安村。2000 年 9 月 7 日上午,被告人李某书路经该市郊区时,见被害人徐某珍(女,34 岁)一人在草滩上牧羊,便上前搭话。交谈中李某书产生了强奸邪念,便将徐某珍拉入附近沟内按倒在地,强行撕扯徐某珍的裤子欲行强奸。徐某珍极力反抗,大声呼救。李某书害怕罪行暴露,掏出随身携带的匕首向徐某珍的腹部猛刺一刀。徐某珍继续呼救,李某书一手卡住徐某珍的脖子,另一手用匕首向徐某珍的腹部猛刺数刀,致徐某珍当场死亡。李某书取下徐某珍手上戴的手表和身上的 80 元钱,并将徐某珍的尸体移到附近掩埋。随后,李某书将被害人放牧的 125 只绵羊赶到邻近的高家店村,准备销赃时被发现。李某书畏罪潜逃,后被抓获归案。

【问题】

现假定你为本案的公诉人,请根据上述案情撰写一份起诉书。(11 分)

本题答题要求:

1. 格式正确,应具备的事项齐全;
2. 请求合法有据,定性准确;
3. 文字通顺简练,无语法错误和错别字;
4. 题中未涉及的当事人自然情况及司法机关的名称、文号等可自行编撰,但不得署应考人员姓名,否则本试卷不得分。

赤山市人民检察院

起 诉 书

赤检刑诉字〔2000〕第 45 号

被告人:李某书,男,1970 年 8 月 2 日生,汉族,农民,江西省赤山市人,住赤山市龙安村。2000 年 9 月 7 日因强奸(未遂)、故意杀人、盗窃罪被赤山市公安局刑事拘留,2000 年 9 月 15 日被赤山市人民检察院批准逮捕,2000 年 9 月 15 日被赤山市公安局执行逮捕,现羁押于赤山市公安局看守所。

被告人李某书强奸(未遂)、故意杀人、盗窃一案经赤山市公安局侦查终结,移送至本院审查起诉,本院于 2000 年××月××日收到,并于××××年××月××日告知被害人近亲属有权委托诉讼代理人,依法讯问了被告人,审查了全部案件材料。经本院审查查明,被告人的犯罪事实如下:

2000 年 9 月 7 日上午,被告人李某书路经该市郊区时,见被害人徐某珍(女,34 岁)一人在草滩上牧羊,便上前搭话。交谈中李某书产生了强奸邪念,便将徐某珍拉入附近沟内按倒在地,强行撕扯徐某珍的裤子欲行强奸。徐某珍极力反抗,大声呼救。李某书害怕罪行暴露,掏出随身携带的匕首向徐某珍的腹部猛刺一刀。徐某珍继续呼救,李某书一手卡住徐某珍的脖子,另一手用匕首向徐某珍的腹部猛刺数刀,致徐某珍当场死亡。李某书取下徐某珍手上戴的手表和身上的 80 元钱,并将徐某珍的尸体移到附近掩埋。随后,李某书将被害人放牧的 125 只绵羊赶到邻近的高家店村,准备销赃时被发现。

上述犯罪事实,有被告人供述、物证、勘验检查笔录等证据。事实清楚,证据确实充分。

本院认为:

第一,被告人李某书违背妇女意志,使用暴力手段欲与被害人徐某珍发生性关系,但因被害人的极力反抗并未得逞,其行为已经触犯了《刑法》第 236 条和第 23 条的规定,构成强奸罪(未遂)。第二,被告人李某书在强奸未遂后怕自己罪行暴露,用匕首将被害人徐某珍杀害,其行为已经触犯了《刑法》第 232 条的规定,构成故意杀人罪。第三,被告人李某书以非法占有为目的,将被害人放牧的 125 只绵羊以及被害人的手表、80 元钱窃为己有。其行为已经触犯了《刑法》第 264 条的规定,构成盗窃罪。

被告人李某书的犯罪情节极其严重,社会影响极其恶劣,造成的危害极其严重。本院为维护法律的尊严,维护社会秩序,保护广大人民群众的利益,根据《刑事诉讼法》第 176 条的规定,提起公诉,请依法严惩。

此致

江西省赤山市中级人民法院

检察长(员):×××

××××年××月××日

(本题由真实案例改编,题目中信息有限,考生的答案只需包含题目中信息即可。)

二、2005 年题目

甲(男,26 岁,汉族)与乙(男,24 岁,汉族)系表兄弟。2003 年 3 月,二人相约一起进城务工,在同一农贸市场分别摆摊做水果生意,并合租一小院共同居住。由于甲善于经营,生意一直比乙好,乙因此有些怨气。

2005 年 8 月 6 日下午,因一单苹果批发买卖,乙认为甲抢走了自己的生意,遂到甲摊前理论。甲说:"我的苹果质量好、价格低,人家愿意买我的,你不能怨我。"乙说:"人家本来要买我的苹果,是你故意压价,抢走了我的生意。你不帮我就算了,但你不该连表弟也欺负。我忍你已经很久了!"乙越说越急,抓起旁边的水果刀,向甲刺去。甲见状,急忙伸手抓刀。相持间甲右臂被刀刺伤。后经在场的买主丙、丁等人阻拦、劝说,乙放下了水果刀,向流血不止的甲道歉说:"我只是一时气愤,请表哥原谅。"并送甲到附近区中心医院医治。经鉴定,甲为轻伤。甲住院治疗期间,乙主动承担了医疗费用,并为甲洗衣送饭,帮助护理。但因甲住院,生意无人照料,致使数百斤水果腐烂,损失 3000 余元。

甲伤愈出院后,认为此事使自己在市场上丢了面子,生意损失严重,十分生气,在前来探望的妻子的坚持下,向农贸市场所在地的区人民法院提起刑事诉讼。法院受理了此案,并在法定期限内依法作出了处理。

【问题】假定你是甲聘请的律师或者乙聘请的律师,或是本案的主审法官(任选其中一个身份),请根据上述案情撰写一份法律文书。(25 分)

【提示】文书中涉及的当事人自然情况、司法机关名称、证据种类和名称等相关事项可自行编撰,但不得署考生本人姓名,否则本卷不得分。

答题要求：

1. 文书种类的选择符合选定的身份，符合法律规定，格式规范，应具备的事项齐全；

2. 请求或答辩事项清楚，事实、依据论证充分，或者作出的处理合法有据，定性准确；

3. 文字简练通畅，无语法错误和错别字。

首先，根据案情可知，这是一个刑事自诉案件，附带民事诉讼。因此，围绕刑事自诉案件制作文书是本题的关键核心点。

其次，作为甲聘请的律师，应当制作刑事附带民事自诉状；作为乙聘请的律师应当制作刑事答辩状（附带民事答辩）；作为主审法官可以制作刑事附带民事判决书或者调解书。

最后，对于考生来说，选择甲方律师角度是相对简单的。

以下是选择作为甲方律师应当撰写的起诉状。

刑事附带民事起诉状

自诉人：甲，男，26岁，汉族，××××年××月××日生，居民身份证号码××××××××××××××××××，住×××市××区××街道××号。

被告人：乙，男，24岁，汉族，××××年××月××日生，居民身份证号码××××××××××××××××××，住×××市××区××街道××号。

案由：故意伤害罪。

诉讼请求：

1. 请求依法追究被告人乙故意伤害的刑事责任；

2. 请求判令被告人乙赔偿甲的水果腐烂造成的经济损失3000余元；

3. 请求判令由被告承担本案诉讼费用。

事实与理由：

甲与乙系表兄弟。2003年3月，二人相约一起进城务工，在同一农贸市场分别摆摊做水果生意。2005年8月6日下午，因一单苹果批发买卖，乙认为甲抢走了自己的生意，遂到甲摊前理论，后乙越说越急，抓起旁边的水果刀，向甲刺去。甲见状，急忙伸手抓刀。相持间甲右臂被刀刺伤。后经在场的买主丙、丁等人阻拦、劝说，乙放下了水果刀，向流血不止的甲道歉并送甲到附近区中心医院医治。经鉴定，甲为轻伤。甲住院治疗期间，乙主动承担了医疗费用，并为甲洗衣送饭，帮助护理。但因甲住院，生意无人照料，致使数百斤水果腐烂，损失3000余元。

由于受伤，原告生意损失严重，给原告的生活、精神等方面带来极大影响，故依法向人民法院提起诉讼，请求人民法院支持原告全部诉讼请求。

证据和证据来源，证人姓名、住所：

1. 书证：医院诊断书、处方、发票，由××医院出具；出租车票，由××出租车公司出具；水果腐烂的照片。

2. 证人丙、丁的书面证言。

此致

××区人民法院

自诉人：甲

××××年××月××日

三、2013 年题目

孙某与钱某合伙经营一家五金店，后因经营理念不合，孙某唆使赵某1、赵某2兄弟寻衅将钱某打伤，钱某花费医疗费2万元，营养费3000元，交通费2000元。钱某委托李律师向甲县法院起诉赵家兄弟，要求其赔偿经济损失2.5万元，精神损失5000元，并提供了医院诊断书、处方、出租车票、发票、目击者周某的书面证言等证据。甲县法院适用简易程序审理本案。二被告没有提供证据，庭审中承认将钱某打伤，但对赔偿金额提出异议。甲县法院最终支持了钱某的所有主张。

二被告不服，向乙市中级人民法院提起上诉，并向该法院承认，二人是受孙某唆使。钱某要求追加孙某为共同被告，赔偿损失，并要求退伙析产。乙市中级人民法院经过审查，认定孙某是必须参加诉讼的当事人，遂通知孙某参加调解。后各方达成调解协议，钱某放弃精神损害赔偿，孙某即时向钱某支付赔偿金1.5万元，赵家兄弟在7日内向钱某支付赔偿金1万元，孙某和钱某同意继续合伙经营。乙市中级人民法院制作调解书，调解书送达各方后结案。

【问题】(25分)

1. 请结合本案，简要概括钱某的起诉状或法院的一审判决书的结构和内容。(起诉状或一审判决书择一作答；二者均答时，评判排列在先者)

2. 如果乙市中级人民法院调解无效，应当如何处理？

3. 如果甲县法院重审本案，应当在程序上注意哪些特殊事项？

4. 近年来，随着社会转型的深入，社会管理领域面临许多挑战，通过人民调解、行政调解、司法调解和民事诉讼等多种渠道化解社会矛盾纠纷成为社会治理的必然选择。同时，司法改革以满足人民群众的司法需求为根本出发点，让有理有据的人打得赢官司，让公平正义通过司法渠道得到彰显。请结合本案和社会发展情况，试述调解和审判在转型时期的关系。

答题要求：

1. 根据法律、司法解释规定及民事诉讼法理知识作答；

2. 观点明确，逻辑清晰，说理充分，文字通畅；

3. 请按提问顺序逐一作答，总字数不得少于600字。

案情分析

孙某唆使赵某1、赵某2打伤钱某，应当以钱某为原告，赵某1、赵某2、孙某为共同被告；钱某起诉后提供了一系列证据可能会涉及证据的理论和法定分类的考点；二被告在庭审中承认打伤钱某的事实，属于自认。二被告提起上诉，二审中钱某要求追加孙某为共同被告，此时涉及的问题是一审中遗漏必须参加诉讼的当事人，考生应当想到二审法院可以调解，调解不成发回重审这一考点；同时钱某要求退伙析产属于二审中新增诉讼请求，考生应当想到二审中新增诉讼请求，法院可以调解，调解不成告知另诉，也要想到如果当事人同意由二审法院一并审理，则可以由二审法院一并审理这一考点。

1. 请结合本案,简要概括钱某的起诉状或法院的一审判决书的结构和内容。(起诉状或一审判决书择一作答;二者均答时,评判排列在先者)

【答案参考】

【起诉状的结构和内容】:

(1)民事起诉状;(2)申请起诉的法院;(3)原告和被告的基本情况,其中原告情况内容要求比被告详细;诉讼代理人的基本情况;(4)原告的诉讼请求:赔偿经济损失2.5万元,精神损失5000元;(5)支持原告诉讼请求的事实和理由;(6)本案的证据附录;(7)原告的签名及时间。

起 诉 状

原告:钱某,男,×岁,×族,××××年××月××日生,居民身份证号码××××××××××××××××××,住×××市××区××街道××号。

委托代理人:李某,××律师事务所律师。

被告:赵某1,男,×岁,×族,××××年××月××日生,居民身份证号码××××××××××××××××××,住×××市××区××街道××号。电话号:1××××××××××。

被告:赵某2,男,×岁,×族,××××年××月××日生,居民身份证号码××××××××××××××××××,住×××市××区××街道××号。电话号:1××××××××××。

诉讼请求:

1. 请求判令二被告共同向原告赔偿经济损失2.5万元,精神损失5000元;

2. 请求判令二被告承担本案诉讼费用。

事实和理由:

二被告于××××年××月××日在××处寻衅,并将原告打伤。原告为治疗花费医疗费2万元,营养费3000元,并花费交通费2000元,同时由于受伤给原告的生活、精神等方面带来极大影响,故依法向人民法院提起诉讼,请求人民法院支持原告全部诉讼请求。

证据和证据来源,证人姓名、住所:

1. 书证:医院诊断书、处方、发票,由××医院出具;出租车票,由××出租车公司出具。

2. 证人周某的书面证言。

此致

甲县人民法院

起诉人:钱某

××××年××月××日

写判决书的结构和内容也可以!

【判决书的结构和内容】:

(1)民事判决书。(2)判决书的编号。(3)原被告基本信息,代理人基本信息。(4)原被告诉称或辩称的基本事实和证据依据。(5)法院对双方当事人提供证据的采纳及理由;审理查明的事实及理由;适用的法律及理由。(6)诉讼费用的负担,当事人上诉的权利、上诉法院、上诉期限、上诉状及副本数量。(7)审判组织成员签名、法院印章及日期。

甲县人民法院

民事判决书

(2013)甲民初字第×××号

原告:钱某,男,××××年××月××日生,住×××××××××。

委托代理人:李某,××律师事务所律师。

被告:赵某1,男,××××年××月××日生,住×××××××××。

被告:赵某2,男,××××年××月××日生,住×××××××××。

原告钱某与被告赵某1、赵某2人身损害赔偿纠纷一案(案由),本院于××××年××月××日立案受理后,依法适用简易程序,由审判员张三担任独任审判员,公开开庭审理了本案。原告、被告均到庭参加诉讼,本案现已审理终结。

原告诉称二被告于××××年××月××日在××处寻衅,并将原告打伤,原告为治疗花费医疗费2万元,营养费3000元,并花费交通费2000元,同时由于二被告的侵权行为给原告的生活、精神等方面带来极大影响,故请求人民法院判令被告支付医疗费、营养费、交通费共计2.5万元,并支付精神抚慰金5000元。

二被告当庭承认对原告实施了侵权行为,但对原告主张的赔偿数额提出异议。

经审理查明,二被告于××××年××月××日在××处寻衅,并将原告打伤。以上事实,二被告当庭表示承认,本院依法予以采信。原告为治疗花费医疗费2万元,营养费3000元,并花费交通费2000元,同时二被告的侵权行为给原告的生活、精神等方面带来极大影响。以上事实,有医院诊断书、处方、发票、出租车票、证人周某的书面证言予以证实,本院依法予以采信。

本院认为,二被告寻衅并殴打原告,侵害原告的人身权利,依法应当承担侵权损害赔偿责任。依据《民法典》第××条,判决如下:

二被告赵某1、赵某2于本判决生效后10日内向原告钱某支付医疗费、营养费、交通费共×××元。如果未按照本判决履行支付金钱义务,应当根据《民事诉讼法》第260条之规定加倍支付迟延履行期间债务利息。

案件受理费×××元,由被告赵某1承担××元、被告赵某2承担××元。

如不服本判决,可以自本判决书送达之日起15日内通过本院或者直接向××市中级人民法院上诉。书面上诉,应当提交上诉状正本一份,副本二份。

审判员:张三

(甲县人民法院印章)

××××年××月××日

书记员:李四

【注意】题目已经明确适用简易程序审理,故案件由审判员独任审理,有些考生直接套用判决书格式,画蛇添足,列出了三名审判人员,是不细心所致的错误。

2. 如果乙市中级人民法院调解无效,应当如何处理?

【答案参考】

如果乙市中级人民法院调解不成,应当发回原审法院重审。

原审法院遗漏了必须参加诉讼的当事人,为了维护当事人两审终审的审级利益,二审调解不成的，应当发回一审法院重审。对于钱某退伙析产的诉讼请求，调解不成，二审法院应当告知原告另行起诉或者征求当事人同意后一并审理。

3. 如果甲县法院重审本案，应当在程序上注意哪些特殊事项？

【答案参考】

(1)重审本案，应当适用一审程序，但应当另行组成合议庭；原来是独任审理的，重审时应当采用合议制，原来参加审判组织的成员不能参加新的合议庭。

(2)甲县法院应当追加孙某作为共同被告参加诉讼，并为其指定举证期限。

(3)应在6个月内审结。重审的判决，当事人不服的，可以上诉。发回重审的案件审理后，当事人不服又上诉的，不得再次发回重审。

4. 近年来，随着社会转型的深入，社会管理领域面临许多挑战，通过人民调解、行政调解、司法调解和民事诉讼等多种渠道化解社会矛盾纠纷成为社会治理的必然选择。同时，司法改革以满足人民群众的司法需求为根本出发点，让有理有据的人打得赢官司，让公平正义通过司法渠道得到彰显。请结合本案和社会发展情况，试述调解和审判在转型时期的关系。

【答案参考】

(1)纠纷解决方式的多元化是纠纷类型化解决的需要，能有效缓解社会转型期间大量涌现的纠纷和司法资源有限之间的矛盾。不同纠纷解决方式有利于诉讼的分流解决，各自有其发挥作用的空间，因此要防止民事纠纷解决的唯诉讼论。

(2)调解有利于纠纷主体矛盾的彻底解决，有利于纠纷主体关系的恢复。因此，当事人之间关系密切的案件，如本案中的合伙人之间的纠纷，适宜以调解方式解决，应尽量促使当事人调解解决。

(3)调解分为法院调解和诉讼外调解，不仅要发挥诉讼外调解的作用，在诉讼中也要发挥法院的主观能动性，实行立案调解、审前调解等有效的调解方式。

(4)应树立司法(诉讼)最终解决和最终保障的观念。不能一味强调调解，调解不成的，应当及时判决，以保护当事人的诉权。

【提示】

本题的第四问为论述题，没有标准答案。考生可以将调解和审判作为两个基本点进行阐述。

首先，明确调解和审判均为民事诉讼法所规定的纠纷解决方式，均是运用国家审判权解决平等主体之间的人身、财产权利义务纠纷，二者对于解决纠纷、化解矛盾都具有重要意义，而正确处理二者关系对于解决纠纷，实现司法的政治效果、法律效果和社会效果有着重要意义。

其次，分别阐述调解的作用(诸如有利于彻底解决纠纷，促进当事人的团结，维护社会秩序和稳定；有利于提高诉讼效率，节约司法资源；有利于执行，在一定程度上化解执行难问题等)和审判的作用(通过国家裁判权的行使解决纠纷，维护当事人的合法权益，彰显公平正义，维护宪法法律权威，实现法律效果等)。

最后，落脚到正确处理二者关系。诸如“调解优先，调判结合”，充分发挥调解化解社会矛盾、维护社会稳定、促进社会和谐的积极作用，但是调解必须建立在自愿和合法的基础上，遇到当事人不愿意调解或者无法调解的案件，应当及时进行审判，不能久调不决，应当认识到调解和审判都是人民法院解决民事纠纷的方式，什么情况下以调解方式结案，什么情况下以判决方式结案，取决于案件的性质和发展等客观情况，不应因片面地追求调解结案率，而忽视甚至抹杀审判的作用。

延伸扩展

通过真题可以总结出,如果考查文书题目,让考生直接写一个原原本本的文书的可能性不大,因为文书题从2005年就开始灵活了,考生选择一个自己熟悉的文书作答即可,而2018年的题目,实质上就是让考生写刑事判决书中最经典的部分,即“本院认为……”这一部分在认定事实以后。运用法律解决问题,最能体现一个法律人的基本功,考试如果考查刑事判决书,必然会考查这个部分。本编的内容基本上可以涵盖主流的文书。辩护词题目是考查律师的基本功,给考生整理一个辩护词范本供大家参考:

郭××非法行医案辩护词【姓名+涉嫌罪名+辩护词】

审判长、人民陪审员:

【写明辩护的依据】根据《中华人民共和国刑事诉讼法》的规定,我受被告人郭××的委托,担任他的辩护人,查阅了本案的全部材料,会见了被告人,并进行了必要的调查了解,今天又参加了法庭的调查审理,这使我对本案的事实有了更深刻的了解。辩护人提供如下辩护意见,供合议庭参考。

【一个理由一个标题】一、被告人……可以酌情从轻处罚

被告人为改善村里医疗环境,利用其在宜阳县中医院学到的中医知识开办个体诊所为村民治病,大大地方便了本村村民……辩护人希望法庭判决时能注意到这个情节,酌情从轻处罚。

【一个理由一个标题】二、被害人刘女士的……可以酌情从轻处罚

被告人给被害人配药时曾交代被害人“白酒浸泡7日后服用”,但被害人泡制后在次日早晨即口服,明显违反医嘱,以致命丧。很明显,被害人对自己的死亡有一定过错,可以作为对被告人从轻处罚的酌定情节。

综上所述,辩护人认为被告人可以酌情从轻处罚,请求法庭考虑辩护人的意见,对被告人作出从宽处理的决定。

北京市某事务所律师
张某律师
2023年1月5日

第五讲 四类法律文书背诵模板

经过深入研究,笔者发现百余种法律文书,最好是将其分为四个类别:起诉类、判决类(调解书也属于此类)、代理与辩护类、申请类。前两者是司考(法考)必考的文书,第三类相对于前两种文书格式简要,如果是选做题,选第三类,格式方面出问题的可能性可以降低。第四类因为太简单一般不考。

一、起诉类

首部：名称、基本情况。

正文：案由、诉求（观点）、案件事实（小前提）、法律依据（大前提）、结论。

尾部：对象、落款、附注。

名称	民事起诉状	××人民检察院起诉书	刑事自诉状	刑事附带民事起诉状
基本情况	原告、被告及代理人	被告人（或犯罪嫌疑人）	自诉人（代理人）、被告人	原告：系本案受害人；被告：系本案被告人
案由	—	本案—公安—时间—移交本院	××罪	—
观点（诉讼请求）	1. 赔偿、还款； 2. 诉讼费用	—	1. 刑事：定罪； 2. 民事赔偿	1. 赔偿…… 2. 赔偿……
小前提	事实和理由—证据	现查明： 案情—证据	事实和理由—证据	事实和理由—证据
大前提	依照××法律，应该……	本院认为：构成××罪	触犯《刑法》第×条，应惩处	据《刑事诉讼法》第×条提起诉讼，请依法判决
对象	此致 ××法院	此致 ××法院	此致 ××法院	此致 ××法院
落款	起诉人： 时间	检察员： 时间	自诉人： 时间	刑事附带民事诉讼原告： 时间
附：	1. 起诉状副本1份； 2. 原被告双方签订的《装修协议》1份； 3. 被告亲笔所写欠条1份； 4. 笔迹鉴定报告1份	1. ××押于××看守所； 2. ×证人证言各1份； 3. ××医院的诊断证明书； 4. ××司法鉴定中心鉴定意见1份	1. 起诉状副本1份； 2. 证人证言各1份； 3. ××司法鉴定中心鉴定报告1份	1. 起诉状副本1份； 2. ××医院的诊断证明书； 3. 证人证言

二、判决类

首部：名称、编号、基本情况。

正文：案由、原告—代理人；被告—代理人；法院判断。

法院怎么说：经审理查明（小前提）、本院认为（大前提）、判决结果（结论）

尾部：落款。

名称	××人民法院 民事判决书	××人民法院 刑事判决书	××人民法院 刑事附带民事判决书
编号	(2022)×民初字第×号	(2022)×刑初字第×号	(2022)×刑初字第×号
基本情况	原告、被告、第三人(可能有法定代表人、代理人)	公诉机关×××××× 被告人×××。辩护人××	公诉机关×××××× 被告人×××。辩护人×× 附带民事诉讼原告、代理人
案由	××案,受理—合议庭—开庭审理—参加人—审理终结	检察院—时间—某罪—起诉,受理,开庭,参加人,审结	同左。增加:附带民事诉讼原告向本院提出附带民事诉讼
原告	原告诉称:案件、证据、法律依据	检察院指控:案件、证据、法律依据	检察院指控:案件、证据、法律依据
代理人	原告代理人代理意见	—	原告代理人意见
被告	被告辩称:案件、证据、辩护意见	被告辩称:案件、证据、辩护意见	被告辩称:案件、证据、辩护意见(刑事、附带民事)
代理人	代理人意见	辩护人意见、证据	辩护人意见、证据
法院认定	小前提:经审理查明:案件—证据	小前提:经审理查明:案件—证据	同左,增加:附带民事诉讼原告的经济损失事实
	大前提:本院认为:法律分析	大前提:本院认为:法律分析	刑事犯罪;民事赔偿
结果	观点:据……法判决如下	同左	刑事。民事:给付时间
告知上诉权利	判决书送达之日起15日内提起上诉	判决书送达第2日起10日内提起上诉	同左
落款	合议庭三人、时间(院印) 本件与原件核对无异 书记员	合议庭三人、时间(院印) 本件与原件核对无异 书记员	合议庭三人、时间(院印) 本件与原件核对无异 书记员

三、代理与辩护类

首部	名称	代理词	辩护词
	称呼	尊敬的审判长、审判员	尊敬的审判长、审判员
序言	自我介绍	接受委托,案前准备,发表代理意见如下:	接受委托,案前准备,意见如下:
正文	观点	核心主张	核心主张
	小前提	案件事实、证据方面意见	案件事实、证据方面意见
	大前提	法理分析、法律依据	法理分析、法律依据
	结论	结论	结论
尾部	—	署名、时间	署名、时间

四、申请类

(　　)申请书

申请人:

委托代理人:

【诉求】×××案,××律师事务所接受委托人委托,现提出申请:

【小前提:事实依据、证据】

【大前提:法律依据】

　　此致

某某人民法院(或其他单位)

申请人:×××

××××年××月××日